LES DYNAMIQUES TERRITORIALES DES RÉGIONS CÔTIÈRES DE L'ÉQUATEUR AU XXe SIÈCLE

Recherches Amériques latines
Collection dirigée par Denis Rolland
et Joëlle Chassin

La collection *Recherches Amériques latines* publie des travaux de recherche de toutes disciplines scientifiques sur cet espace qui s'étend du Mexique et des Caraïbes à l'Argentine et au Chili.

Dernières parutions

Jean-Pierre TARDIEU, *Esclaves et affranchis dans la vice-royauté du Pérou. L'impossible vie affective et sexuelle (XVIe-XVIIIe s.)*, 2017.
Denis ROBERGE, *Signification et fonction des jeux dans le Pérou préhispanique et colonial*, 2017.
Marianne BOSCHER-GONTIER, Mathieu VICENS, *Paroles d'exil. Treize auteurs latino-américains témoignent*, 2017.
Daniel Emilio ROJAS, *Amérique latine globale. Histoire connectée, globale et internationale*, 2017.
Céline GEFFROY, *Jeux de mort. Ivresse et rites funéraires dans les Andes boliviennes*, 2017.
Danielle CAVALERI, *Traditions textiles maya du Yucatán (Mexique XXIe siècle). Usages rituels et codes symboliques*, 2017.
Charlotte PUJOL, Emilie DORÉ, Félicie DROUILLEAU, Susana VILLAFUERTE, *Les Amériques créatives. Regards croisés sur les discours et les pratiques*, 2017.
Maria Luiza TUCCI CARNEIRO, *Le Brésil face à l'holocauste et aux réfugiés juifs (1933-1948)*, 2016.
Charles LANCHA, *L'Argentine des Kirchner (2003-2015). Une décennie gagnée ?*, 2016.
Antoine FAURE, Franck GAUDICHAUD, Maria Cosette GODOY H., *Chili actuel : gouverner et résister dans une société néolibérale*, 2016.
Charlie DAMOUR, *La mort et le désir d'immortalité dans l'œuvre de Gabriel Garcia Marquez*, 2016.
Eliott MOURIER, *État et Églises dans le Brésil du XXIe siècle. Les partenariats Public-Religieux*, 2016.
Julieta QUIROS, *La politique vécue. Péronisme et mouvements sociaux dans l'Argentine contemporaine*, 2016.
Beatriz PALAZUELOS, *Acapulco et le galion de Manille. La réalité quotidienne d'un port au XVIIe siècle*, 2016.

Anne COLLIN DELAVAUD

LES DYNAMIQUES TERRITORIALES DES RÉGIONS CÔTIÈRES DE L'ÉQUATEUR AU XXe SIÈCLE

L'Harmattan

5-7, rue de l'École-Polytechnique, 75005 Paris

http://www.editions-harmattan.fr

ISBN : 978-2-343-13361-4
EAN : 9782343133614

INTRODUCTION

Au cours du milieu du XXe siècle, mettant à profit des changements profonds et rapides, l'Équateur a pris rang, parmi les pays exportateurs les mieux placés de l'Amérique latine, pour le pétrole et pour certaines productions tropicales. Ce démarrage économique est le résultat de la mise en valeur de vastes régions productrices situées dans le secteur occidental. La Côte délaissée jusqu'ici parce que marginale à la vie de la Sierra et hostile aux établissements humains permanents par son insalubrité, présente brusquement des avantages incomparables par rapport aux rêves amazoniens. Grâce à sa position en bordure de la voie maritime du Pacifique, elle permet de répondre aux besoins nationaux et surtout à la très forte demande internationale en produits tropicaux. La rapidité avec laquelle cette région a été défrichée et peuplée pour produire en vue du commerce spéculatif a dépassé tous les efforts précédents de colonisation de terres chaudes. La Sierra ne reste pas à l'écart du développement général et profite de l'effort côtier. Mais les facteurs du dynamisme sont plus vigoureux et plus prometteurs sur la Côte, et ce, malgré le retard initial.

Planteurs traditionnels et colons pionniers vont transformer une grande partie de la forêt côtière en plantations commerciales à destination du marché international. C'est, en effet, la demande extérieure par l'intermédiaire des compagnies d'exportation qui va faire et défaire les nouveaux secteurs de production à peine établis. Le dynamisme de la demande extérieure a donc créé de véritables zones de production tournées uniquement vers l'exportation. La Côte offre les avantages exceptionnels d'un milieu neuf, situé à proximité de la mer et dépourvu de contraintes sociales héritées d'un passé agraire comme dans le système andin.

Premier fournisseur de cacao vers 1920, l'Équateur est devenu un grand producteur de café avant de prendre une place exceptionnelle, depuis 1950, dans la production bananière mondiale. La plus grande partie des plaines et collines occidentales au centre et au sud ont été encadrées par le secteur mercantile de Guayaquil. Le grand port de l'Équateur abrite une classe beaucoup plus cosmopolite que la capitale Quito, et les activités commerciales d'exportation d'une bourgeoisie active ont exercé un effet d'entraînement sur la production commerciale sur les marchés extérieurs. Guayaquil dirige tout un système économique régional en fonction de l'étranger. Chaque ouverture d'un marché extérieur déclenche soit une modification du système de culture, soit la colonisation agricole de nouvelles terres, physiquement mieux adaptées mais aussi parfois juridiquement ou socialement disponibles.

L'histoire du développement général de la Côte se juxtapose avec celle de Guayaquil. La migration des Indiens du Manabí vers les plaines du Guayas en lents glissements vers l'amont des fleuves du bassin, puis celle plus récente des Indiens de la Sierra vers le sud et le centre-nord des régions côtières se calquent sur l'occupation agricole du sol. Or cette dernière répond beaucoup moins à la nécessité de trouver des terres en système micro-foncier d'autosubsistance qu'à celle de fournir une production commercialisable par Guayaquil. La situation de ce port, au départ excellente par rapport à la pénétration fluviale, cessera-t-elle d'être un avantage quand les terres mises en exploitation déborderont le bassin du Guayas ? La puissance commerciale de Guayaquil maintiendra-t-elle intacte son système exportation-production-occupation du sol autour de la métropole ?

Les profits de l'import-export vont étayer le premier système financier privé de l'Équateur. Les investissements se tourneront vers l'industrie dont les plus-values consolideront plus qu'elles ne concurrenceront le système guayaquilénien initial. En effet, l'industrie intégrera en partie la production agricole avant de se substituer à l'importation des biens de consommation.

Mais Guayaquil, cependant, va faire croître et diversifier ses activités. Avec plus de 1 200 000 habitants la ville portuaire est une métropole complexe qui attire les émigrants des campagnes côtières et mêmes andines. Le marché intérieur urbain, le commerce local et l'industrie, les transports, et naturellement la construction font que la ville dépasse le seuil où elle trouve son entraînement dans sa propre dynamique démographique. Le système exportation-colonisation agricole n'en continue pas moins à fonctionner. La maîtrise financière, au contraire, permet de mieux suivre les pulsations, voire les emballements du marché extérieur. Quant à l'industrie, elle est doublement concernée ; d'abord par la mise en valeur, ses équipements et la capacité de production agricole, mais aussi par la hausse des revenus d'une population plus nombreuse et mieux rémunérée. En revanche et parallèlement à cette évolution, Quito qui s'appuie sur la Sierra, la société andine foncière mais aussi urbaine, et donc la classe dirigeante nationale traditionnelle, met à profit la possession des leviers de commande de l'État et les nouvelles ressources du budget, liées au pétrole, pour répondre régionalement et sectoriellement à Guayaquil. Des réformes, même partielles, de l'État s'ajoutant aux nouvelles ressources du budget permettent de redéployer le système des grands équipements, en débloquant la Sierra, mais aussi le nord de la Côte. L'industrialisation de Quito et la progression démographique puis économique le long des axes Quito-Manta et Quito-Esmeraldas marquent le début de l'établissement d'un réseau régional septentrional complémentaire entre la Sierra et la Côte, puis de l'Amazonie.

En effet, jusqu'en 1972, la Côte ou Costa, en assurant plus de 85 % des exportations du pays, apportait à l'économie nationale une rentrée en devises d'une importance considérable qui profitait au développement de la Sierra. Cependant, à partir de 1972, l'apparition du pétrole amazonien dans les exportations retire une partie du monopole d'exportation à la Côte. Néanmoins, ce produit actuellement décisif pour la nation entière n'intervient que pour renforcer les bases de développement déjà implantées sinon solides. Le pétrole, par l'ampleur des possibilités nouvelles qu'il autorise, va entraîner le pays dans un nouveau bond comme jamais auparavant. La mise en valeur du littoral a apporté non seulement un souffle dynamique dans l'économie nationale, mais a considérablement agrandi l'espace occupé équatorien. Cette croissance s'est donc réalisée de façon très indépendante de la Sierra, essentiellement à partir de Guayaquil. En effet, le port a commandé les fronts pionniers, leur localisation en fonction d'une communication rapide par les fleuves, puis par la route. Les deux grandes régions équatoriennes (Sierra-Costa) commencent seulement à s'organiser pour profiter de leur complémentarité après avoir vécu plusieurs siècles côte à côte. Les efforts les plus récents tentent, en effet, de réaliser une véritable intégration régionale et nationale pour former un nouvel espace enrichi et fort. De simples traversées de la zone côtière d'est en ouest, ou du sud vers le nord, font découvrir une variété extrême de paysages et de types d'occupation du sol. Sans parcourir de grandes distances, on passe d'un littoral aride et vide où s'échelonnent de petites communautés de pêcheurs à une vallée irriguée et prospère, ou de collines désertes et sèches à des collines intensément défrichées et peuplées. Ailleurs, la forêt dense, intacte parfois sur les piémonts, cédera la place à des petits secteurs de colonisation ou même à de vastes zones de mosaïques de forêts et clairières de plantations. La plaine centrale offrira, elle aussi, ces contrastes entre les terrasses livrées aux grandes plantations et les savanes d'interfluves abandonnées à l'élevage extensif en saison sèche.

La Côte se découpe en un grand nombre d'unités naturelles et humaines à des stades d'évolution très variables en fonction de leur dynamisme propre. La recherche des limites de ces unités, l'analyse des facteurs et l'étude du dynamisme particulier de chacune d'entre elles constituent l'essentiel de cette géographie du changement que propose l'observation de la Côte équatorienne. Rares sont les régions dans le monde tropical à offrir un découpage régional aussi varié. En effet, dans une région tropicale d'étendue relativement faible on pouvait s'attendre à une certaine homogénéité des données du milieu naturel, au moins dans ces conditions climatiques. Il n'en est rien, en raison d'éléments décisifs qui font de la Côte équatorienne une zone de transition très courte entre le désert côtier chilien-péruvien aride et les forêts équatoriales de la Colombie pacifique. Les petites cordillères côtières, la dépression de la plaine centrale et le versant andin ont également échelonné d'ouest en est toute une succession de conditions très variées.

Jusqu'à maintenant, le milieu physique par ses contraintes et tout autant par ses dispositions favorables ici ou là explique, en grande partie, chacun des découpages régionaux qui se dessinent sur la Côte, l'intervention humaine façonnant des cellules d'activité sur des micro-écosystèmes. Les difficultés imposées par le milieu expliquent le désintérêt séculaire pour une région dont l'insalubrité en faisait un monde hostile par rapport aux bassins situés en altitude plus sains pour l'homme.

Le premier peuplement et la mise en valeur de la Côte se réalisent en fonction de cette contrainte vitale. L'occupation sera, de ce fait, très faible et très ponctuelle toujours à l'écart des zones forestières et des zones inondables. C'est pourquoi, la trame humaine ancienne n'a ni marqué les paysages en dehors de quelques secteurs précis, ni imposé de structures sociales anciennes, à l'exception du Manabí et de la péninsule de Santa Elena. C'est, en effet, dans ces deux régions que l'occupation historique est la plus forte. D'importantes communautés indiennes d'agriculteurs s'étaient réfugiées sur les sommets et les pentes des collines favorables à une agriculture sèche et à un petit élevage de subsistance. Aujourd'hui, ce sont des secteurs très peuplés, avec une structure agraire de très petites exploitations. Partout ailleurs, le peuplement ancien est limité à quelques petites communautés indigènes de pêcheurs et à des groupes d'Indiens chasseurs-cueilleurs dispersés dans la forêt septentrionale À l'inverse de ce qui s'est passé dans la Sierra, la colonisation espagnole a laissé peu d'empreintes sur la Côte. Elle s'est attachée à créer et à développer Guayaquil sans vraiment chercher à mettre en valeur le milieu environnant. Quelques *encomiendas* et petits agriculteurs ont pourtant déjoué l'hostilité du milieu en se fixant sur les berges non inondables des fleuves. Cette première fixation servira de point de départ à la colonisation contemporaine, liée au cacao, mouvement qui sera très largement dépassé par celui de la banane au milieu du vingtième siècle. La grande intervention humaine du XXe siècle se réalise alors de façon très rapide, dans une zone pratiquement vide, mais dans un milieu devenu moins hostile, par suite des efforts entrepris depuis 1945 pour faire disparaître la malaria et la fièvre jaune. En effet, la Côte qui ne comptait que 350 000 habitants, 30 % de la population nationale, en 1900 passe à 1 298 000 habitants en 1950 soit 40 % pour atteindre 4 560 000 habitants en 1982. La Côte est devenue la première région démographique avec près de 52 % de la population équatorienne à la fin du XXe siècle.

Cependant, les contraintes du milieu ne sont pas supprimées pour autant, car les productions nouvelles auront leurs exigences. Il faut produire en tenant compte de la demande extérieure qui intervient de façon très sélective dans ces vastes zones forestières, en choisissant telle vallée, terrasse ou colline. Chaque petit secteur sera tour à tour bénéficiaire ou victime des circonstances : éloignement, altitude, précipitations, maladies parfois même décisions d'abandon de telle variété. C'est la raison essentielle du maintien de petites unités géographiques plus ou moins vastes, dans leurs paysages naturels, tandis que d'autres sont très vite transformées.

Le peuplement et la mise en valeur se sont réalisés simultanément, en grande partie grâce à l'impulsion donnée par des sociétés d'exportation en tenant compte non pas du peuplement préexistant mais du milieu physique et surtout de Guayaquil. En effet, tout au début, le mouvement s'est porté sur toutes les petites vallées reliées à un port sur le Pacifique (Esmeraldas, Puerto Bolívar, Bahía, Manta) mais très vite il s'est réalisé en majorité à partir de Guayaquil, en s'étendant dans le bassin central du Guayas et ses prolongements vers le sud-est. L'objet de cette étude sera en effet de montrer la conquête du pouvoir économique des groupes dominants de Guayaquil sur un espace nouveau.

Le pouvoir de décision des Sociétés étrangères et des hommes d'affaires équatoriens, fixés dans le port, l'a emporté sur les obstacles. Les inconvénients présentés par Guayaquil, port maritime international, mais situé au fond d'un golfe et derrière les nombreuses îles d'un delta n'ont pas tenu devant la position de la cité, excellent point de convergence des rivières méridiennes qui drainent le grand bassin alluvial du Guayas. Progressivement, Guayaquil a étendu son influence et organisé ses marches pionnières vers le nord du bassin grâce à la route. Dernière venue, celle-ci, impose de nouvelles perspectives aux fronts pionniers, en favorisant les plantations récentes qui en bénéficient au détriment des *haciendas* plus anciennes des berges. Elle relie aujourd'hui toutes les régions les unes aux autres pour les intégrer à un ensemble dynamique. La route permet un début d'organisation régionale tout en renforçant la concurrence ou la complémentarité de chaque région. Comment est-elle devenue leur trait d'union entre Quito et Guayaquil malgré les rivalités historiques ?

Guayaquil, première ville du pays avec 1 200 000 habitants, maintient sa position séculaire de plus grand foyer économique du pays par ses activités commerciales industrielles et financières. Son pouvoir s'affirme à travers les décennies sur un espace de mieux en mieux organisé.

CARTE PROVINCE ET CANTONS

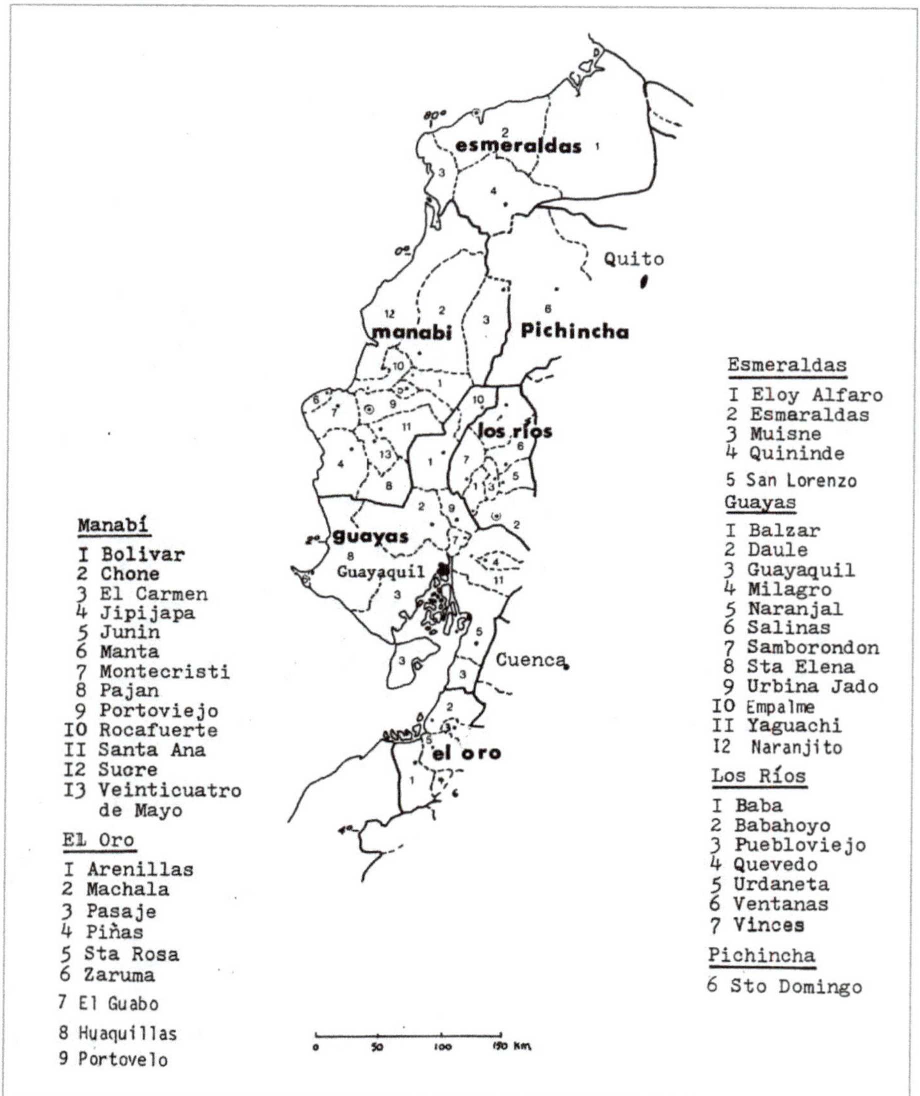

PREMIÈRE PARTIE

LES FACTEURS DE MISE EN VALEUR ET DE CHANGEMENTS

CHAPITRE I

DES ÉCOSYSTÈMES TRÈS VARIÉS DOMINÉS PAR UNE GRANDE MÉTROPOLE

1. Un littoral accueillant et un réseau fluvial de pénétration

La Côte équatorienne s'étend sur un territoire vaste d'environ 70 000 km² de terres basses entre le pied de la Cordillère des Andes et le littoral pacifique. Cette région s'allonge sur plus de 600 km entre les deux frontières colombienne et péruvienne et sa largeur varie de 20 à 200 km de la cordillère andine à l'océan. Le littoral proprement dit offre de nombreuses petites baies accessibles souvent de l'intérieur par de vastes estuaires et, de plus, le Golfe de Guayaquil assure un abri naturel, large et profond derrière ses îles, loin des houles et des tempêtes de l'océan. C'est d'ailleurs pour cette raison que le port de Guayaquil a pu prospérer malgré le détour qu'il imposait aux navires.

Cette situation permettait avant tout d'utiliser le grand système fluvial du bassin du Guayas navigable sur près d'une centaine de kilomètres, prenant à revers les collines et crêtes littorales du Manabí. Quant aux régions marginales du sud comme El Oro, et du nord comme l'Esmeraldas, leurs facilités d'accès maritimes étaient fort contrebalancées par un arrière-pays forestier dense, voire marécageux, très contraignant.

2. Des terres disponibles et une forte mobilité des populations des régions périphériques peuplées

Après une évolution très lente jusqu'au milieu du XXe siècle, des changements fréquents et rapides, liés aux productions commerciales, elles-mêmes dépendantes des oscillations du marché mondial, ont marqué chacune des régions côtières. Certaines ont traversé chaque cycle économique avec bénéfice pour leur équipement et la fixation de leur population. D'autres n'ont eu qu'une prospérité éphémère, apparemment sans lendemain, tandis qu'ailleurs une diversification des productions permettait parfois à une région en crise de retrouver un essor plus équilibré et plus stable.

Par ailleurs, un peuplement fort inégal et une grande mobilité de la population caractérisent ces régions côtières. Des travailleurs venus de la Sierra et du Manabí migrent régulièrement. Une grande partie d'entre eux y demeure fixée définitivement. De graves problèmes sociaux surgissent lorsque la prospérité est passée et que les petits colons restent seuls avec leurs produits invendus. Il appartient alors à l'État d'entreprendre le sauvetage et la reconversion de ceux qui n'auront pas déserté le terrain pour de nouvelles terres promises et freiner ainsi les départs vers Guayaquil.

C'est la conséquence de cette exploitation sauvage dans laquelle tout le monde s'engage, ruraux, citadins, gouvernements, sans tenir compte des risques de mévente et de baisse des prix. La facilité de culture de la banane et les gains rapides ont trompé de nombreux ruraux et même des citadins qui se sont mis à défricher et à produire inconsidérément en gaspillant sol, énergie et investissements. Les compagnies d'exportation se déchargeront de la production et de ses risques pour ne garder que les circuits commerciaux.

3. Une participation régionale au développement agricole très différente selon les contraintes du milieu et de la demande extérieure

Des régions longtemps à l'écart du développement

La maîtrise du milieu, le maintien des productions d'exportation et la proximité de Guayaquil déterminent en fonction de leur poids un dynamisme différent d'une région à l'autre. En effet, de vastes secteurs n'ont pas été touchés par la fièvre de défrichement du XXe siècle parce que les contraintes du milieu étaient trop sévères ou encore parce que leur extrême isolement les tenait à l'écart des axes de communication. C'est le cas des zones sahéliennes de la presqu'île de Santa Elena, de la majorité des collines forestières de l'Esmeraldas, du nord Manabí et du grand piémont septentrional. Ce sont des régions qui ne participent guère au développement régional. Les retombées du développement des régions voisines plus dynamiques leur sont au contraire néfastes en y accélérant le départ des plus jeunes.

Viennent ensuite des régions plus limitées en superficie qui ont changé par suite d'une intervention économique à un moment donné. Il s'agit des régions spécialisées du cacao, du riz, du café ou de la banane qui sont nées avec la demande de chacun de ces produits, mais qui n'ont pu, une fois celui-ci disparu, se reconvertir en fonction des nouvelles exportations réclamées par les marchés. C'est le cas de la vallée d'Esmeraldas qui, à partir d'une petite polyculture traditionnelle, s'est lancée dans la banane Gros Michel. Mais, trop éloignée et victime du mal de Panama, la région végète aujourd'hui pour n'avoir pas su effectuer le changement de variété bananière.

La grande zone pionnière Quevedo-Santo Domingo a été défrichée en quelques années pour cultiver l'association cacao-banane Gros Michel. Lorsque cette dernière ne s'est plus vendue, toute cette région s'est retrouvée avec ses plantations abandonnées, sans emplois ni revenus. Créée par la demande extérieure, cette région n'a pas eu le temps d'en profiter pour s'équiper et se diversifier.

C'est aussi le cas de noyaux de colonisation très moderne liée à la banane, comme par exemple Tenguel, au sud-est de Guayaquil, qui ont offert jusqu'en 1975 un aspect désolé après avoir connu une phase de prospérité comme nulle part ailleurs en Équateur. L'empreinte de cette intervention humaine liée à la demande extérieure n'a pas eu le temps de préparer l'avenir. Mais elle a détruit la forêt et fixé une partie de la population, principalement la moins favorisée, incapable de se reconvertir. Seuls quelques grands propriétaires peuvent s'y maintenir grâce à des investissements importants.

Des régions favorisées par les communications

D'autres régions ont pu bénéficier à fond de ces vagues de production. Ce sont celles qui, grâce aux communications, étaient à même de participer par leur aptitude physique, leur position, la capacité d'investissement des propriétaires, de passer rapidement d'une production à l'autre. C'est le cas des grandes plantations traditionnelles des berges des fleuves centraux de Babahoyo, Catarama et Vínces et le sud du Guayas et El Oro. Les propriétés y étaient suffisamment vastes pour garder toujours une plantation de cacao, produit de sécurité, une bananeraie pour la spéculation, des pâturages pour l'élevage, des rizières pour utiliser les terres marginales et même des parcelles de maïs, fruits, arachide, soja ou palme africaine qui seront les produits demandés dans les années à venir. La faculté d'adaptation caractérise ces entreprises et ces régions.

À côté de ces terres bénéficiaires, il existe des régions qui ont traversé toutes les périodes en se maintenant à un bon niveau. Il s'agit des régions déjà très transformées par le peuplement ancien et dense comme le Manabí qui a continué sa polyculture intensive mais qui a profité aussi, très modestement d'ailleurs, du commerce d'exportation en se spécialisant en fonction de la demande en café, coton et banane. Cependant, malgré le dynamisme des exportateurs et l'entraînement qu'ils exercent sur le développement de la production, l'espace côtier n'a commencé à s'organiser qu'à partir de la seconde moitié du XXe siècle. La Côte équatorienne a donc reçu des flux d'investissements et des flux migratoires par saccade et selon les écosystèmes propres à une culture donnée. L'espace s'est transformé en une marqueterie de secteurs de production dépendant pour tout de Guayaquil, sur toute la Côte, sauf tout au nord, Esmeraldas, disputée par Quito. Le réseau fluvial du Guayas a offert sa trame aux liaisons matérielles facilitant le déplacement de la main-d'œuvre et des productions.

Tout le bassin du Guayas est relié à Guayaquil par un système de voies d'eau, composé comme un chandelier à trois branches dont l'estuaire forme le pied. Chaque *hacienda* communiquait directement avec la métropole par une rivière. Les bourgades étaient réduites à leur plus simple expression. Petits ports de transit, centres de commerce de détail, chefs-lieux politiques aux administrations squelettiques et sans aucune autonomie de pouvoir, elles végétaient depuis des siècles. Elles n'ont commencé à grandir qu'avec la croissance démographique et la prolétarisation des paysans. Les *haciendas* en se modernisant à partir des années 1950 ont "libéré" leurs métayers et l'explosion démographique a fini par faire des bourgades des centres de recrutement d'ouvriers temporaires. Babahoyo et Milagro ont débuté ainsi. Mais ce sera la route qui provoquera l'essor des petites villes et un embryon d'organisation. Le réseau routier n'est pas créé ex-nihilo par une politique volontariste. Il correspond à une urgence technique dans une économie en pleine croissance, à partir des années 1960, car l'essor de la production, la diversification et la modernisation des systèmes d'exploitation, transformations profondes de la société avec le double essor d'un prolétariat rural et d'une classe d'entrepreneurs moyens, vont nécessiter des routes et des villes relais. Ingénieurs, commerçants, membres des professions libérales profitent du boom des exportations pour créer des entreprises agricoles. Les agences de matériel, les succursales de banque suivent. L'administration avec retard et réticence, faute de moyens, tente de faire de même. Des villes de pionniers, colorées, parfois très animées, finissent par s'imposer aux carrefours des routes et des fleuves. Guayaquil ne cesse de contrôler ces antennes audacieuses. Babahoyo, Milagro, Quevedo et Machala ne sont pas des pôles, il s'en faut, mais de bons relais dans une économie en effervescence. Ce sera donc, au départ de cette étude un des principaux buts, d'ordonner dans le temps et l'espace les facteurs qui ont contribué au peuplement et à la mise en valeur du territoire côtier. Facteurs d'établissement, facteurs de changement aussi, de secteurs liés autant au marché international qu'au milieu physique varié à l'extrême, construiront une grille de sous-régions, écosystèmes mis à profit par un type d'exploitation relié à un centre relais.

L'étude de la grille des facteurs sera donc celle des écosystèmes recoupés par les cycles de production agricole et du développement des communications, mais aussi, depuis 1950, de la transformation, sinon révolutionnaire du moins profonde, de la société équatorienne côtière. Il appartiendra donc de bien discerner les caractères fondamentaux, physiques et humains, historiques et contemporains, de l'occupation et de l'organisation de l'espace côtier, et les corrections ou les promotions apportées par l'intervention d'un nouvel État, soucieux depuis une dizaine d'années d'intervenir dans l'organisation de l'espace. Le milieu du XXe siècle met en place tous les facteurs de développement qui feront émerger une nouvelle région économique à côté d'une cordillère andine traditionnelle et une Amazonie à peine explorée. La décennie 1970 est bien celle du grand changement avec la consolidation des secteurs économiques anciens et l'arrivée de nouveaux en particulier, le pétrole exploité en Amazonie exporté pour la première fois en 1972, apportera lui aussi ses effets sur la région côtière.

CHAPITRE II

UN RELIEF ALTERNÉ DE BASSINS ET COLLINES ET DES CONDITIONS CLIMATIQUES CONTRASTÉES COMPOSENT UN QUADRILLAGE DE MICRO-ÉCOSYSTÈMES BIEN INDIVIDUALISÉS

1. Une disposition en bandes méridiennes

Les plaines et les collines de l'Équateur occidental s'ordonnent selon quatre bandes méridiennes disposées parallèlement depuis la cordillère des Andes jusqu'aux rivages de l'océan Pacifique. De l'est à l'ouest, le grand ensemble que les Équatoriens appellent la Costa comprend donc le piémont andin, la gouttière du Guayas, la cordillère littorale et des plaines ou plateaux littoraux (*tablazos*).

À chacune de ces grandes bandes correspond un type de relief glacis et cônes d'épandage du piémont, terrasses alluviales et collines de la gouttière du Guayas, bas plateaux et lignes de crêtes de la cordillère[1]. Dans le détail, les styles de relief apparaissent assez peu variés pour le piémont andin et les plaines alluviales centrales. La relative simplicité structurale du versant andin, l'ampleur et la symétrie du Guayas justifient le caractère homogène des grands ensembles tandis que les composantes méridiennes des isohyètes expliquent les faibles changements des modelés climatiques.

Il n'en est pas de même pour les plateaux, collines et crêtes de la cordillère littorale. Tant la nature variée du matériel géologique que son ordonnance heurtée impliquent une histoire structurale[2] longue et complexe où de larges ondulations d'ensemble ont été dérangées dans le détail par une néotectonique active. De plus, cette région connaît une progression très rapide de la pluviométrie du sud au nord qui entraîne de forts contrastes dans les systèmes d'érosion.

2. La Côte équatorienne, point d'application de grands facteurs climatiques planétaires et continentaux

Étirée entre le 4ème parallèle sud et le 1er parallèle nord, la Côte équatorienne est géométriquement située dans la zone équatoriale. Toutefois, déjà excentrée par rapport à l'Équateur géographique puisque l'axe de symétrie de la Côte

[1] Ces lignes de crêtes sont parfois vigoureuses mais d'altitude médiocre dépassant rarement 600 m pour atteindre exceptionnellement 1000 m.

[2] Anne Collin Delavaud : *La morphogenèse des plaines et des collines du secteur occidental de l'Équateur*, Bulletin Inst. Fr. Et. And. Lima, 1976.

passe par le parallèle 130 sud, la Côte se développe entièrement au sud de l'Équateur thermique, et son extrémité méridionale distante d'environ 8,5 à 9 degrés. La Côte équatorienne appartient donc théoriquement à la zone subéquatoriale de l'hémisphère austral. Mais, géographiquement, elle s'étend le long d'une façade occidentale de continent de l'hémisphère sud où l'écrasement en latitude de la zone tropicale humide est encore plus prononcé que dans l'hémisphère nord, Les facteurs géographiques propres à l'Amérique du sud occidentale – allongement continental jusqu'au 58° de latitude sud, barrière montagneuse continue de direction méridienne et d'altitude supérieure à 4 500 m et masse océanique du Pacifique sud – renforcent les phénomènes planétaires qui entraînent l'extension vers les basses latitudes de la zone tropicale aride sur les façades occidentales des continents. La région équatorienne est la région du globe qui connaît la transition la plus écrasée en latitude entre la zone climatique subaride et la zone équatoriale. En effet, en trois degrés et demi de latitude, de Santa Elena sur le 2° sud, à Limones, sur le 1°30 nord, on passe du subaride (200 mm annuel), avec huit mois de sécheresse aux précipitations moyennes inférieures 5 mm au climat franchement équatorial avec 2 500 mm par an et seulement un mois inférieur à 50 mm. Les éléments de la circulation atmosphériques générale semblent donc fortement modulés par des facteurs géographiques propres à cette région du globe. Tout d'abord à l'échelle continentale et océanique avec le heurt des courants atmosphériques et marins contre la longue et haute barrière méridienne de l'Amérique du sud, mais aussi régionale avec la disposition des reliefs en grandes bandes nord sud parallèles à la Côte. Enfin à cette situation très particulière de la Côte équatorienne et à ses originalités climatiques s'ajoute une irrégularité particulièrement poussée que l'on attribuait traditionnellement jusqu'à ces dernières années aux anomalies des courants océaniques Humboldt et Niño, mais l'ensemble des travaux récents considèrent les mouvements de ceux-ci comme une conséquence de la circulation atmosphérique générale, et notamment de l'amplitude et de la position de l'anticyclone du Pacifique sud.

Le balancement apparent des centres de hautes pressions subtropicales règle le régime climatique de l'Équateur mais sa situation excentrée dans l'hémisphère austral le place, à l'exception de l'extrême nord, sous l'influence de l'anticyclone du Pacifique sud pendant au moins sept mois. Le climat de la Côte équatorienne, des confins péruviens jusqu'à Esmeraldas, s'apparente donc à un régime tropical depuis la nuance subaride sahélienne jusqu'au régime tropical à deux saisons bien tranchées. Au-delà, vers le nord, commence seulement le climat subéquatorial où la saison humide dure sept à huit mois pratiquement ininterrompus, sans doubles maxima.

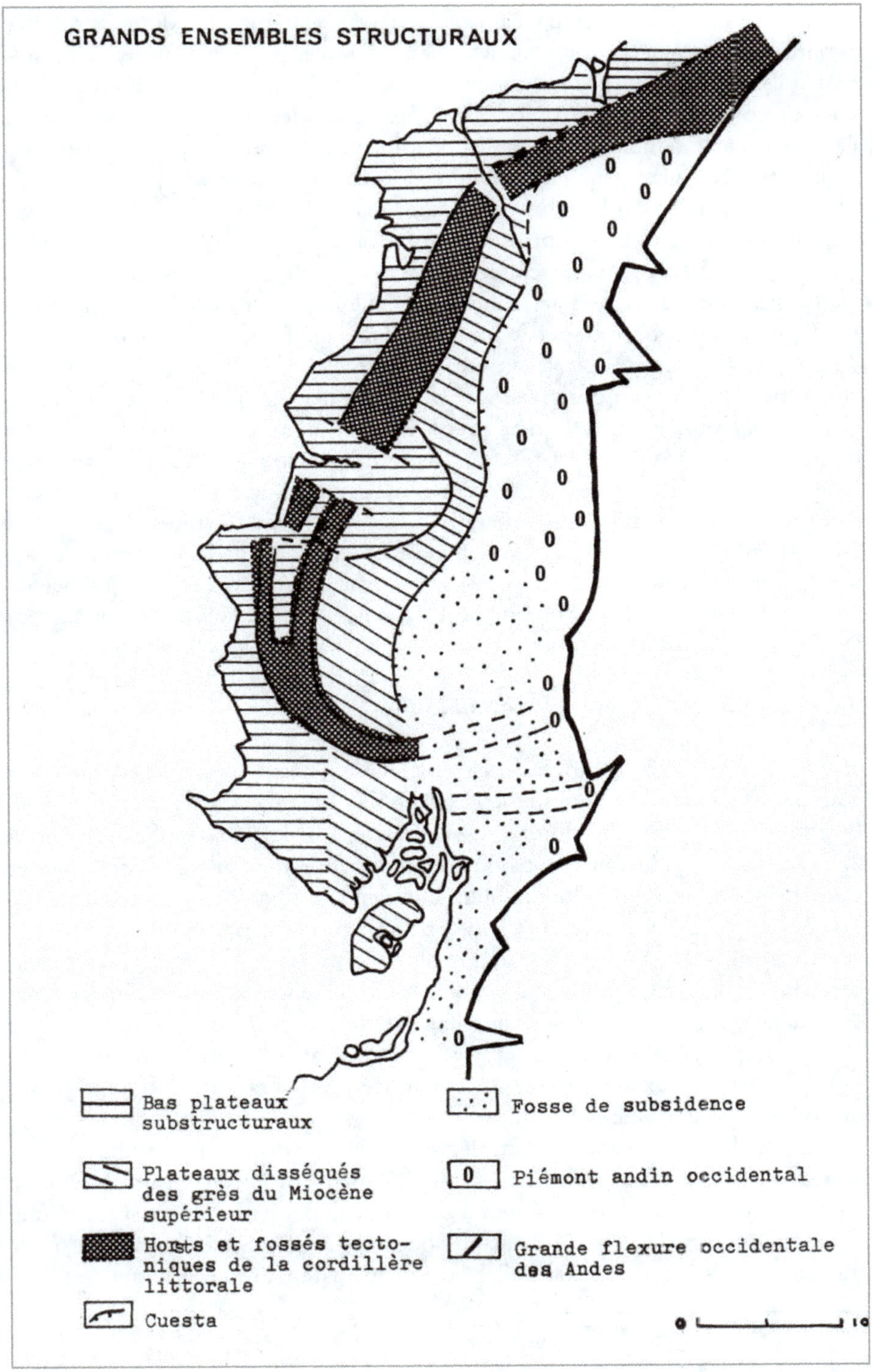
GRANDS ENSEMBLES STRUCTURAUX
Bas plateaux substructuraux
Plateaux disséqués des grès du Miocène supérieur
Horsts et fossés tectoniques de la cordillère littorale
Cuesta
Fosse de subsidence
0
Piémont andin occidental
Grande flexure occidentale des Andes
0
10

L'agent principal est bien l'anticyclone du Pacifique sud dont la montée apparente provoque l'aridité sur les quatre cinquième de la Côte et dont seul l'affaiblissement permet le glissement vers le sud des masses d'air humide de la zone de convergence intertropicale. La Côte équatorienne est donc marquée par l'exceptionnelle remontée des hautes pressions subtropicales jusqu'aux latitudes équatoriales et même sur l'hémisphère boréal. La période de quatre mois de pluviosité réduite à 50 - 70 mm en Valdéz sur le 1,30 ° nord en est la preuve. Certaines années, les hautes pressions australes débordent la Côte équatoriale et affectent le sud de la Côte colombienne. En revanche, les hautes pressions subtropicales boréales ne parviennent pas, même au cours des hivers boréaux exceptionnellement secs, à atteindre le nord de l'Équateur, il s'en faut. La zone de convergence intertropicale en années normales ne recouvre donc la Côte équatorienne dans son ensemble que de huit à trois mois, du nord au sud, et l'anticyclone du Pacifique domine tout le reste du temps. La couche d'inversion thermique en est une des manifestations les plus stables, au moins pendant le long hiver austral de juin à décembre, mais parfois pendant presque toute l'année. La couche d'inversion thermique la plus basse évolue entre 800 et 1400 m empêchant toute convection tout en provoquant la formation d'une mer de stratus liée à l'humidité de l'air superficiel provoquée par la présence de l'océan et notamment du courant de Humboldt dont les effets se conjuguent avec ceux de l'anticyclone pour en accuser (ou diminuer) les conséquences.

3. Les courants de Humboldt et du Niño

Dérive d'origine cosmique et planétaire, accusée par l'allongement continental et de direction méridienne et par la force de l'alizé du sud-est Pacifique, le courant de Humboldt se caractérise par son ampleur de 120 à 200 milles de largeur qui correspond à quatre courants parallèles au Pérou et encore trois en face du golfe de Guayaquil pendant l'hiver austral, la vitesse de l'alizé, de la brise de mer de midi et de phénomènes géographiques.

L'ensemble des masses d'eau qui évoluent en surface à proximité du littoral connaissent une vitesse moyenne de 4 à 15 cm/seconde en fonction de la force de l'alizé du sud. Outre son ampleur et son dynamisme, le courant est caractérisé par la salinité élevée et la température anormalement fraîche de ses eaux. Il s'agit d'eaux subpolaires intermédiaires, remontant de 200 à 300 m de profondeur pour affleurer à la surface[1].

Les incidences climatiques sont décisives sur les trois quarts méridionaux du littoral. La masse d'eau fraîche de 20 à 23,5° pendant l'hiver austral provoque un rafraîchissement sensible sur une profondeur de 30 à 60 km sur la Côte, notamment entre 11 h et 19 h quand souffle la brise marine diurne. Les eaux fraîches étalées sur 120 à 200 milles créent un vaste plan d'eau nettement plus

[1] Claude Collin Delavaud : *Le piémont côtier du Pérou septentrional.* Institut Français d'Études Andines. Lima, 1968.

fraîche que l'air qui ne favorise pas l'évaporation, renforçant certains caractères d'une aridité déjà déterminée par l'anticyclone du Pacifique sud.

Chercher la cause du désert dans le courant de Humboldt semble un peu confondre la cause et l'effet, ce qu'ont démontré tous les travaux entrepris depuis 1962 par les Instituts océanographiques du Callao et de Guayaquil, en collaboration avec les chercheurs nord-américains, notamment au sein de la commission interaméricaine du thon tropical. Le courant de Humboldt reste très étroitement lié pour sa vitesse, son ampleur et l'affleurement des eaux froides à la circulation atmosphérique générale de la façade orientale du Pacifique sud. Mais s'il n'est pas responsable de l'aridité zonale et régionale, il l'accuse puisqu'il ne favorise pas l'évaporation. Tous les travaux récents en chiffrent les éléments mais la simple observation permet d'induire que le courant côtier, loin d'augmenter l'aridité, l'atténue considérablement par l'abaissement des températures, par la nébulosité qui contrarie l'ensoleillement et donc l'évaporation et par l'humidité exceptionnelle de l'air et les précipitations occultes.

La nébulosité sur le littoral équatorien est un facteur climatique très important dans la mesure où elle freine l'insolation dans des proportions considérables[1]. Quant à l'humidité relative, elle reste élevée toute l'année sur les régions littorales. Elle passe de 84-85 % de moyenne mensuelle à Limones dans l'extrême-nord à 81-85 % à Salinas sur le parallèle de Guayaquil. Outre la rosée matinale, fréquente et abondante les matins d'hiver austral, en saison sèche, les régions littorales bénéficient aussi de bruines nocturnes, quand l'alizé du sud souffle très fort et que les eaux sont particulièrement fraîches (19-20°). Il s'agit d'une véritable précipitation, crachin appelé "*garua*" comme au Pérou, provoquant au sommet des collines du Manabí un changement de végétation très significatif. Les *garuas* sont plus fréquentes sur les collines littorales à forts abrupts et situées près d'indentations côtières provoquant des remontées d'eaux froides[2]. Sur la Côte de Salinas, en Équateur, tombant sur un sahel recevant en moyenne 300 mm, leur apport demeure négligeable.

Si le courant de Humboldt renforce éventuellement l'aridité zonale tout en atténuant localement par des effets secondaires cette même aridité, le courant El Niño a été pendant un siècle considéré comme la cause essentielle des pluies équatoriennes et surtout péruviennes. En effet, les observations populaires puis les premières mesures scientifiques ont constaté la coïncidence de la présence d'eaux nettement plus chaudes, de 6 à 7°, et coulant nord-sud pendant la période des pluies en Équateur. Et ce qui a frappé le plus les premiers voyageurs fut la coïncidence d'eaux chaudes marines et de pluies tout à fait exceptionnelles sur le désert péruvien. Les pluies estivales (australes) de tout

[1] Salinas a, en hiver, de juin à novembre, alors que le Humboldt et ses eaux fraîches ont leur grand dynamisme, un ensoleillement de 13 % (290 heures en 6 mois !) et encore seulement 25 % (560 heures) pendant les six mois de l'été austral de décembre à mai.

[2] Au Pérou, plus fortes, survenant sur un désert, elles provoquent des *lomas* ou prairies temporaires d'hiver.

l'Équateur sont incontestablement dues au recul de l'anticyclone sud Pacifique ou à son affaiblissement. La zone de convergence intertropicale progresse vers le sud, généralement, guère plus de 6° de latitude, affleurant à peine et pas tous les ans l'extrême-sud du pays. L'air subsidient et stable est remplacé par un air turbulent. La couche d'inversion thermique disparaît et les pluies de convection apparaissent. Avec la disparition de l'alizé, le courant de Humboldt diminue de vitesse, disparaît même en surface et toute la dérive superficielle tend à s'écarter de la Côte, à partir de points très variables selon les années. La corrélation entre la circulation atmosphérique générale et les eaux superficielles a été établie. L'affaiblissement de l'alizé entraîne celui de la dérive de surface et l'arrêt des remontées d'eau froide intermédiaire.

Le Niño, courant superficiel issu de l'impact de la dérive contre-équatoriale sur la Côte pacifique de la Colombie, contenu pendant l'hiver austral par le dynamisme du Humboldt, peut glisser sur les eaux froides pendant l'été austral. Les balancements apparents de la zone de convergence intertropicale et de Humboldt et du Niño sont synchrones. Et ceci, avec une très grande rigueur. L'affaiblissement de l'alizé est suivi en moins de douze heures du ralentissement du courant de Humboldt. En 1965 et en 1972, deux années exceptionnellement pluvieuses ont vu un affaiblissement très anormal de l'anticyclone du Pacifique sud. Les pressions au sol ont baissé, l'aire de subsidence s'est rétrécie, aussi bien au nord qu'au sud. Le centre de l'anticyclone non seulement a baissé au sol mais a éclaté en trois têtes aux emplacements instables. En effet, en août 1972, il a plu loin vers le sud du Pérou (Cañete) mais aussi loin vers le nord du Chili à 300 km au nord de la Serena ! Les masses d'air humide atlantique austral venues d'Amazonie ont franchi les Andes par "bouffées" locales, produisant des pluies plus inattendues que réellement violentes, ici et là, mais sans aucune relation avec la zone côtière pacifique de convergence intertropicale, émettant des pulsations limitées vers le sud de l'Équateur jusque vers le Piura péruvien. Les croisières océanographiques ont observé que les eaux chaudes au large du Pérou central provenaient de langues d'eaux tropicales du large, parvenant à la Côte par suite de quasi disparition du courant de Humboldt en surface. En revanche, au nord des Illescas péruviennes au 7ème degré sud, les eaux chaudes provenaient du courant du Niño venant de la dérive contre-équatoriale pacifique et baignaient toute la Côte équatorienne.

Si les analyses récentes ont montré que le moteur climatique essentiel restait donc bien la circulation atmosphérique générale il ne semble cependant guère douteux que la présence d'eaux chaudes, contre-équatoriales ou tropicales du large contribue à renforcer les précipitations estivales tropicales ; dans quelle mesure ? Encore faudrait-il prouver que le gradient thermique entre l'eau chaude du Niño et l'air chaud intertropical plus important qu'entre les eaux fraîches du Humboldt et l'air frais régnant sous la mer de stratus a un effet considérable. Il est voisin entre 22° et 20,7°, du Humboldt à Salinas en juillet et 24° et 26,1° toujours à Salinas, le Niño en mars en année plutôt sèche (1964). L'eau de mer est encore plus chaude en hiver en saison sèche et par contre plus froide que l'air en saison humide, ce qui est exactement le contraire des schémas habituels. Le rôle du Niño semble donc, toute mesure faite, bien faible et sans rapport avec celui du balancement apparent de la zone de convergence intertropicale.

4. L'irrégularité des précipitations

Liée donc, essentiellement aux très inégales avancées vers le sud de la zone de convergence intertropicale, l'irrégularité des précipitations est un des éléments déterminants du climat côtier équatorien. Années pluvieuses et sèches se succèdent relativement régulièrement selon ce que l'on n'a pas hésité localement à baptiser "cycles". Cycles certainement mais pas d'une régularité mathématique. Tout ce que l'on peut affirmer c'est que de la première moitié du XXe jusqu'en 1980, il n'y a pas eu de période de sécheresse (inférieure à la moyenne) de plus de trois ans. D'autre part, les grandes pluies sont moins exceptionnelles que dans le désert péruvien voisin et leur retour n'attend que rarement plus de sept ans et jamais plus de onze ans. En revanche, les années où les précipitations sont égales à la moyenne théorique paraissent bien rares. L'oscillation de part et d'autre de la moyenne est permanente et accentuée[1]. Plus que par irrégularité, la couverture végétale dans la zone tropicale à longue saison sèche semble frappée depuis la fin du XIXe siècle par une diminution générale des pluies. Beaucoup d'espèces arborées semblent, sur la Côte de la péninsule de Santa Elena et du Manabí méridional et central, être dans une situation de végétation relique par rapport aux précipitations actuelles. Il est certain que la forêt dense décidue, pratiquement sans savane, s'étend sur des zones qui ne reçoivent en moyenne que 500 à 700 mm. Les mesures météorologiques, régulières depuis 1948, accusent une diminution générale des précipitations sur toute la Côte. Les maxima comme les minima baissent. En fait, il semble bien qu'en dehors des périodes de sécheresse de 2 à 5 ans encadrées d'années très pluvieuses il y ait aussi des cycles de durée variable mais toutefois plus longue se décomposant en plusieurs petits cycles et où les précipitations baissent pendant 15, 20 ou 25 ans, encadrées par des cycles où la pluviosité se redresse. Le manque de recul dans le temps interdit toute schématisation et toute généralisation. Des oscillations de plus ample durée ont au moins depuis la fin du XIXe siècle entraîné des modifications climatiques suffisamment durables pour que la végétation en souffre. Il demeure au moins incontestable que la plus grande irrégularité climatique règne sur la région tropicale à la longue saison sèche de la Côte.

---

[1] Quevedo, avec annuellement 1900 mm, a une variation relativement modérée ; 1236 mm en 1968 et 3026 en 1949 évoluent dans le rapport de 1 à 2,5. En revanche, Guayaquil avec 700 mm de moyenne voit ses précipitations varier dans le rapport 4 (360 à 1510 mm). Enfin, à Puerto Bolívar, avec 500 mm de moyenne, le rapport passe à 8 (160 à 1350 mm) en se rapprochant du désert péruvien.

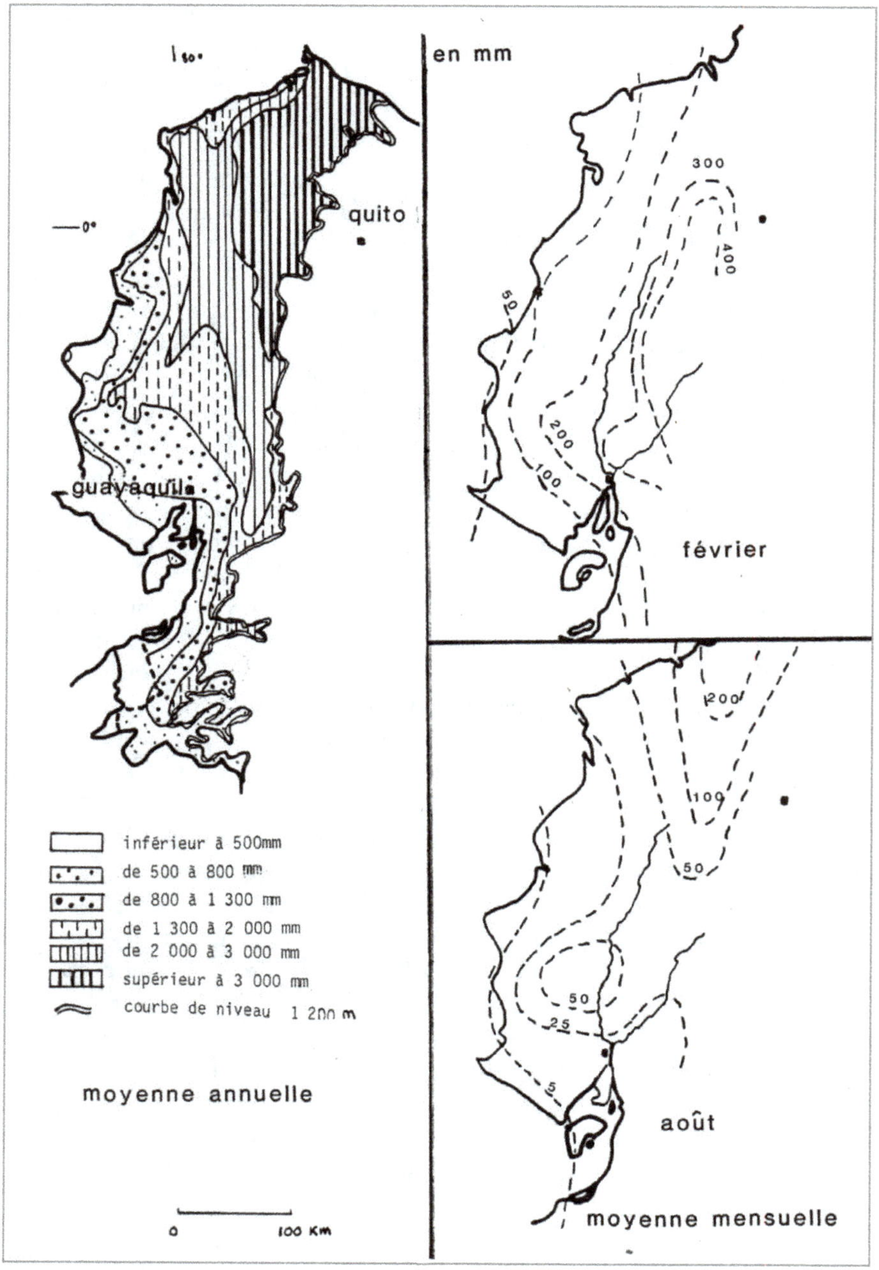

80°
0°
quito
guayaquil
inférieur à 500mm
de 500 à 800 mm
de 800 à 1 300 mm
de 1 300 à 2 000 mm
de 2 000 à 3 000 mm
supérieur à 3 000 mm
courbe de niveau 1 200 m
moyenne annuelle
0
100 Km
en mm
300
400
50
200
100
février
200
100
50
50
25
5
août
moyenne mensuelle

LES TYPES DE VÉGÉTATIONS

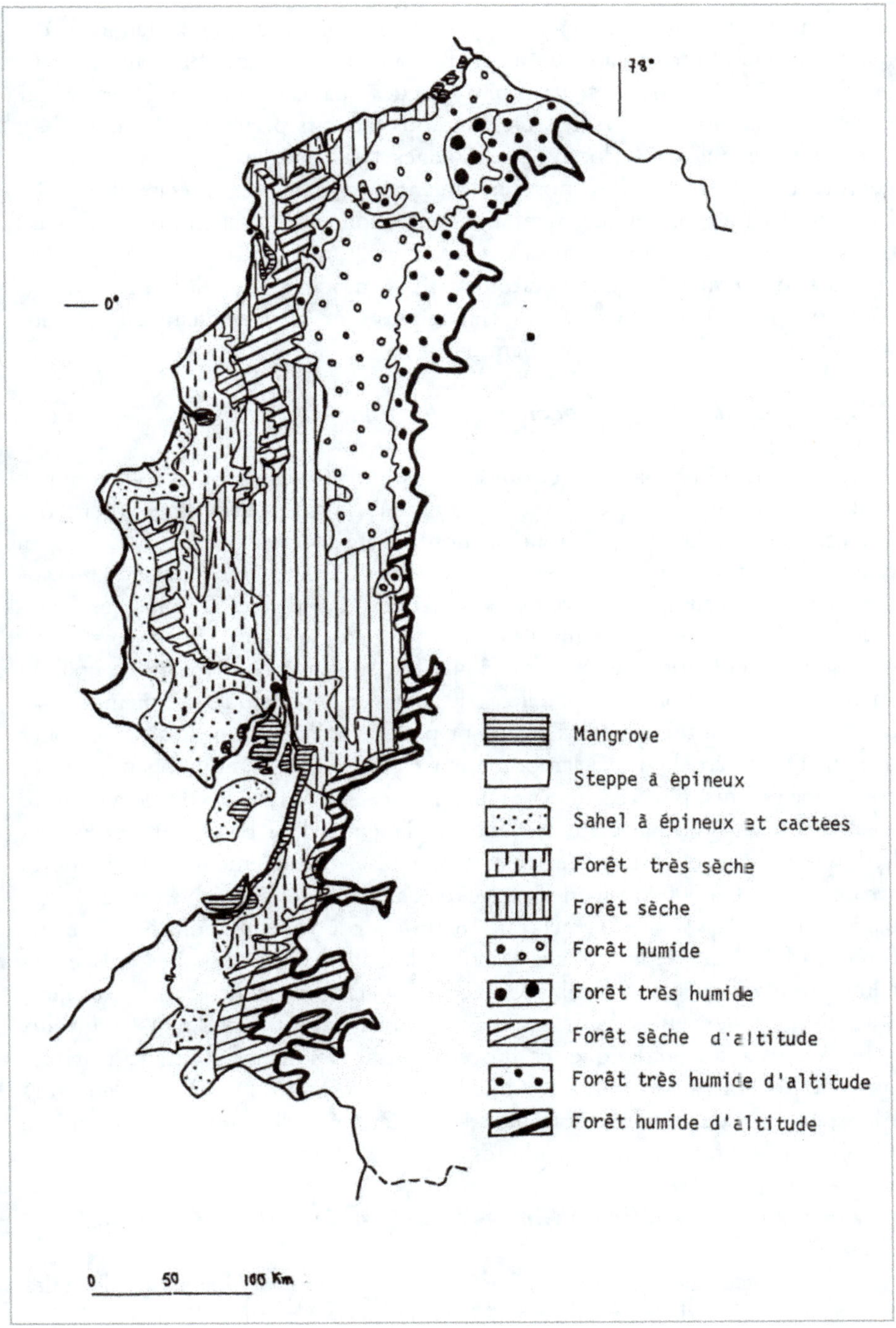

5. Les types de milieu

L'uniformité engendrée par la forêt prédominante et par la faiblesse des reliefs ne saurait être qu'apparente sur la Côte équatorienne. Bien au contraire les milieux équatoriens présentent plus que des nuances du milieu intertropical, parfois de véritables contrastes. Deux grands facteurs permettent de composer une grille de milieux ordonnés en losanges : les grandes lignes du relief se charpentent selon des directions méridiennes. Quant aux précipitations, les isohyètes s'allongent parallèlement à une direction sud sud-est, nord nord-ouest qui souligne remarquablement la diagonale aride qui enjambe les Andes. Les systèmes de pente vont refléter étroitement les modelés issus des affleurements rocheux, en fonction de systèmes climatiques d'érosion évoluant du subaride tropical au subéquatorial proprement dit.

Le Piémont du versant occidental des Andes

II est caractérisé par son étroitesse et sa forte inclinaison. La tectonique, brutale et toujours active des Andes, comme l'affaissement de la gouttière, ont empêché la formation d'un beau piémont, vaste et bien construit. En fait, il plonge dans la fosse et la coalescence des cônes d'épandage n'a pas eu le temps d'édifier un relief intermédiaire entre les Andes et la plaine. De plus, les fortes pluies, entre 500 et 2000 m d'altitude, joignent leurs efforts à l'instabilité géologique contemporaine pour disséquer les lambeaux de piémont en collines anarchiques. Au nord du parallèle de Quevedo (1° sud), le piémont, au contraire de celui du sud, va s'étaler sur plus de soixante km. Les vieux cônes d'épandage s'accrochent par lambeaux entre 800 et 1200 m et plongent sous les cônes coalescents, plus récents et moins pentus. Toute la fosse du Guayas nord n'est qu'un gigantesque cône d'épandage disséqué d'où divergent les réseaux hydrographiques du Guayas et de l'Esmeraldas. Relativement bien drainé et arrosé par 1800 à 3000 mm en fonction de l'altitude, cet ensemble est recouvert par une forêt de *nebelwald* vers 1200 -1800 m sur le versant andin puis par une forêt d'arbres sempervirents sur le cône de Santo Domingo. Les sols et les pentes des collines vont combiner une marqueterie de milieux assez sélectifs. Sommets grossiers et lessivés s'opposent aux bas versants aux dépôts colluviaux riches et instables tandis que les moyens versants sont au contraire instables après défrichements. Enfin, dans toute la région de Santo Domingo, d'énormes épanchements de cendres volcaniques ont entraîné la formation de sols à allophanes, très favorables aux cultures.

Les plaines alluviales du Guayas et de l'est du golfe de Guayaquil

La partie centrale comprend le bassin du Guayas formé de plaines alluviales et la plaine côtière de la province d'El Oro où les précipitations évoluent de 700 à 1 300 mm. L'unité de la région est déjà d'ordre géomorphologique et hydrologique. Il s'agit de la partie subsidente du golfe de Guayaquil et des plaines en voie de colmatage qui la bordent au nord, à l'est et au sud-est[1].

Ici, le système hydrographique déjà évolué du Guayas comme les rivières torrentielles descendues des Andes d'El Oro n'ont que très imparfaitement comblé cette fosse. Au sud, chaque rivière sortant d'un entonnoir du versant andin passe d'une pente torrentielle à une pente nulle ce qui entraîne des divagations et abandons de lits fréquents.

Dans le bassin du Guayas occidental, les rivières Vinces et Babahoyo ont des lits un peu mieux établis et des tracés principaux plus stables. La terrasse supérieure s'individualise bien et s'étend même sur de vastes superficies. La terrasse inférieure, inondable en année normale, reste liée aux cours, actuels ou anciens. Cette zone aux précipitations relativement abondantes (1300 à 1600 mm) est, du moins sur la terrasse supérieure, recouverte assez uniformément d'une forêt dense décidue à saison sèche très marquée. Vers le nord et l'est, apparaissent les arbres sempervirents qui annonce la forêt ombrophile du Piémont ; quant à la basse terrasse inondable elle est franchement marécageuse avec, outre les palmiers, (cependant moins importants que les *varzeas* amazoniennes), de gros fourrés de bambous. Le Centre sud du Guayas est la région la plus basse et la plus mal colmatée. La fosse du Guayas fermée par un horst au niveau de Guayaquil oblige les trois rivières Daule, Vínces et Babahoyo à se réunir en amont de Guayaquil en un seul fleuve, le Guayas. La subsidence contemporaine empêche l'individualisation et la hiérarchisation des rivières. La subsidence semble avoir actuellement deux axes selon les tracés des rios Daule et Babahoyo. Au contraire, l'axe central du bassin, légèrement plus élevé est marqué par les divagations extrêmes du rio Vinces qui, à travers une zone marécageuse, envoie deux de ces branches rejoindre à l'est le rio Babahoyo et à l'ouest le rio Daule (rio Pyla).

Le milieu se décompose en marécages permanents de lits mineurs, terrasses basses inondables pendant 4 à 6 mois et terrasses hautes d'interfluves, inondées non par le fleuve mais par les pluies d'été sur une topographie plane très indécise où l'eau stagne selon des étangs aux contours imprécis. Seuls les bourrelets de berge du lit majeur demeurent à l'abri. Ce sera le lieu privilégié des plantations de cacaoyers à l'abri de l'inondation. De Machala, dans El Oro, à Balzar sur le Daule, les précipitations totalisent en moyenne 700 à 1000 mm, mais l'irrégularité annuelle s'accentue ; aussi la couverture végétale présente-t-elle des caractères de xénophilie accusée sur la terrasse supérieure. La formation végétale générale est une forêt tropicale décidue à longue saison sèche de 7 à 8 mois, proche de la forêt claire sur les interfluves, d'autant plus que l'on progresse vers le sud-ouest où apparaît le kapokier. Malgré tout, le paysage de savane fermée des interfluves doit être considéré comme d'origine anthropique,

---

[1] Il s'agit d'une gouttière de remblaiement récent quaternaire à partir des cours d'eau descendus essentiellement des Andes et défluents.

lié à l'élevage. Tout le domaine central offre une riche palette de niveaux qui module sols et forêts : depuis la galerie de bourrelets à espèces sempervirentes jusqu'aux lambeaux de terrasses supérieures à forêt claire, on franchit des marécages à palmiers et, dans les terrasses intermédiaires inondées quatre mois par an, on rencontre la forêt dense décidue à nuance sèche. Les sols sont favorables à l'agriculture permanente, même si l'actuel manque de drainage ne permet de les utiliser que pour la riziculture ou, pire, l'élevage saisonnier. La marée remonte à 60 km vers l'intérieur, aussi certains secteurs ont-ils une salinité souvent élevée.

Le delta du Guayas est un milieu très composite et particulièrement répulsif où les bouches du Guayas forment initialement une ria après la transgression flandrienne. L'ensemble des îles qui encombrent les bouches du Guayas en aval de la ria sont des morceaux de continent comme l'île de Puná. Les sommets émergés signalent le horst transversal méridional dans lequel est encaissé l'estuaire. Ce dernier évolue donc maintenant en delta, chaque îlot continental fixant les alluvions que le faible marnage du Golfe de Guayaquil ne peut évacuer. Les îles se présentent généralement comme un noyau de collines recouvertes d'une brousse très xérophile, encerclée d'une ceinture alluvionnaire marécageuse elle-même colonisée par une mangrove.

Les plateaux et les crêtes du sud-ouest et du centre

Au-delà, vers l'ouest de la gouttière du Guayas, le relief se relève de 300 à 1000 m. La plaine alluviale fait place à une grande région de collines aux fortes pentes, ceinturées à l'ouest par un vaste demi-cercle méridien de lignes de crêtes abruptes. Une forêt tropicale décidue à nuance humide du type déjà rencontré à l'est du Bassin central du Guayas est favorisée par le bon drainage de ce secteur de collines et le nombre des espèces comme leur densité évolue en fonction de l'altitude. Les hauteurs de Chongón, Colonche et Balzar, à 500 m portant quelques espèces sempervirentes. En dehors des dernières lignes de crêtes taillées dans le matériel volcanique, tout l'ensemble a été disséqué au cours d'un soulèvement rapide en régime tropical humide. Il en est résulté un modelé de collines propre à un système d'érosion tropicale sur un plateau de roches imperméables très épaisses homogènes et diaclasées. Le résultat en est un enchevêtrement de collines dont le chevelu hydrographique, quoique très peu hiérarchisé, assure cependant un assez bon drainage vers le bassin du Guayas. Les fortes pentes et l'érosion mécanique limitent la mise en valeur des hauteurs. Toute cette région présente donc une uniformité relative, géomorphologique et climatique et le paysage de collines forestières tropicales décidues la recouvre presque systématiquement.

Les cordillères et les plateaux septentrionaux

Au nord du Manabí, de Chone jusqu'à la frontière colombienne, la zone de collines s'uniformise encore plus à partir d'une vaste surface structurale. La chaîne littorale ne dépasse pas 500 m, les horsts sont moins vigoureux. Le climat a un régime franchement subéquatorial avec un seul minimum de deux à quatre mois de 40-50 mm de précipitation et un total annuel de 1 800 à 3 500 mm. C'est la grande forêt équatoriale colombienne pacifique qui commence ici sur la Côte mais que l'on a déjà trouvée à 800 m sur le piémont de Santo Domingo. La forêt ombrophile prend ici toute sa densité et sa richesse sur les hauteurs dépassant 300 m et sur le piémont andin. Celui-ci au contraire de la retombée brutale des Andes équatoriennes plus méridionales descend graduellement de 2 500 à 300 m sur 60 à 70 kilomètres. C'est le secteur où la Cordillère littorale s'incurvant brusquement vers l'est se raccorde à la Cordillère occidentale des Andes en perdant de l'altitude et en s'approchant de la mer, comme partout ailleurs sur le littoral depuis la frontière péruvienne, le climat subit une transformation très rapide, les précipitations annuelles passant de 1 800 mm sur la cordillère de Cojímies à 500 m d'altitude à 750 mm à Esmeraldas en moins de 40 kilomètres ! On pénètre dans un domaine tropical sec.

Les littoraux subarides

De la frontière péruvienne, à Jama, au nord de Bahía de Caráquez et autour d'Esmeraldas le littoral connaît des nuances très sèches du régime tropical. Non seulement les précipitations sont inférieures à 700 mm et tombent à 100 mm dans la péninsule de Santa Elena mais, de plus, l'irrégularité atteint des données extrêmes. À Salinas, la moyenne annuelle est de 144 mm mais avec un minimum de 45 mm et un maximum de 517 entre 1950 et 1975[1]. En année normale, la saison des pluies s'étale de janvier à avril et sur seulement 20 jours et les autres mois ne dépassent pas 3 mm. En revanche la nébulosité s'interpose de 75 à 85 % du temps tout au long de l'année et l'humidité relative se maintient toute l'année entre 81 et 86 %. Cela réduit l'évaporation tandis que la brise marine passant sur le Humboldt abaisse la température moyenne des mois d'hiver austral, la saison sèche, à 20,8° avec des minima absolus de 15,4° et des maxima absolus de 32,1°.

Ces valeurs sont toutefois les plus sèches de tout le littoral. De Salinas vers l'est, elles augmentent rapidement jusqu'à Progresó où la moyenne annuelle atteint 500 mm. La saison des pluies reste étroitement liée à l'été austral, bloquée de janvier à avril. La mer de stratus provoque cependant en plein hiver austral dès les moindres collines de plus de 100 mètres des *garuas* suffisamment réguliers pour totaliser en moyenne une dizaine de mm de précipitations

[1] La concentration des fortes pluies peut s'exprimer dans deux records, de mars 1953 avec un total mensuel de 318 mm et de mars 1955 avec un total d'une seule journée de 111 mm.

franches qui s'ajoutent aux précipitations occultes dues à la forte humidité relative permanente (85%). Les précipitations n'augmentent que lentement du sud au nord. Manta, 200 km plus au nord ne reçoit annuellement que 213 mm. Il en résulte un bilan presque semblable sur toute la Côte du Guayas sud-ouest du Manabí.

À Bahía de Caráquez, 60 km plus au nord, on sent une évaporation plus rapide mais le total des précipitations de 531 mm reste bas. Le rapprochement vers la mer de la cordillère littorale de Cojímies va interrompre cette bande subaride côtière sur une centaine de km mais l'abaissement du relief dans l'ensellement du rio Esmeraldas va permettre le développement d'un dernier secteur subaride à Esmeraldas. En effet, ici, la moyenne de 739 mm/an des années sèches ne totalisant pas 400 mm de précipitation ne doit pas faire illusion. Sous le premier degré de latitude nord, avec une nébulosité nettement plus faible qu'au sud, de l'ordre de 5/8, et des températures moyennes de 25-26°, on a une évaporation beaucoup plus forte. L'unité de ces régions en dehors de leur proximité de l'océan est donc assurée par un relief de très bas plateaux dominés par des conditions climatiques subarides. La couverture végétale y est, en effet, discontinue. Du littoral vers l'intérieur, on passe d'une steppe à buissons épineux à la forêt claire où la xérophilie est marquée par des fourrés d'épineux, les succulents, soit d'énormes cactus-colonnes, et par une forêt très ouverte où dominent les *capparis* du type *zapote*, les acacias et enfin les *ceibos*. On passe vers 300 m d'altitude à la forêt dense décidue à nuance sèche. Le tapis herbacé de la forêt claire de Progreso ou de Portoviejo apparaît chaque année, même en année exceptionnellement sèche. Mais cette savane fermée fait place à un sahel à *capparis* et épineux en arrivant vers l'océan où l'irrégularité des précipitations est telle que, certaines années, les rhizomes ne peuvent émettre leurs tiges. On est ici parvenu aux confins septentrionaux du monde aride chilien-péruvien.

Au total, la côte équatorienne offre sur près de 70 000 km^2 une grille assez remarquable de milieux intertropicaux depuis le tropical très humide jusqu'à subaride. La succession de grandes bandes de reliefs méridiens depuis le versant andin jusqu'au Pacifique d'une part, l'allongement vers le nord et le blocage contre la cordillère des Andes de l'anticyclone pacifique, et la poussée extrême du courant de Humboldt d'autre part, ont très fortement modifié le système zonal au profit d'un échelonnement méridien des milieux. Bassins et collines, littoral et piémont andin présentent toute une palette de milieux où le relief et le climat se combinent pour nuancer à l'extrême leurs effets. Ajoutées au caractère exceptionnel de la transition climatique d'une bordure continentale orientale d'hémisphère austral, ces nuances vont permettre une occupation humaine très sélective, modulée en fonction de l'éloignement de la mer ou des fleuves, et des contraintes du relief, de la sécheresse ou du manque de drainage.

CHAPITRE III

L'UTILISATION DU SOL ET L'ORGANISATION DE L'ESPACE PENDANT LA PÉRIODE PRÉCOLOMBIENNE ET COLONIALE

1. Une occupation progressive de la Côte marquée par les contacts inter-régionaux

L'échelonnement des petites communautés de pêcheurs et d'agriculteurs le long de la Côte pacifique comme les deux groupes indiens sylvicoles (Cayapaz et Colorados) réfugiés dans les forêts du nord-est rappellent aux "*costeños*" plus récemment installés l'origine des premiers habitants des plaines et collines occidentales. Chacune des civilisations qui se sont succédé demeure indispensable à la compréhension du peuplement et de la mise en valeur contemporaine. Malgré des recherches archéologiques souvent ponctuelles, les travaux récents mettent en évidence l'importance de la Côte équatorienne comme une des étapes essentielles dans la formation du peuplement américain et l'existence de rapports culturels entre l'Équateur, les pays de l'Amérique centrale et le Pérou. La péninsule de Santa Elena accueille et retient les premiers chasseurs-cueilleurs-pêcheurs. À partir de là, commence la pénétration progressive vers l'intérieur des premiers agriculteurs et les premières marques sur l'espace côtier. L'état des recherches[1] rend difficile une généralisation définitive sur l'étendue du peuplement et les formes d'occupation du sol. Si les études sur la céramique ont fait de grands progrès, celles concernant les genres de vie, les sites et les centres de peuplement restaienr encore limitées il y a une cinquantaine d'années.

Les zones forestières offrent des obstacles redoutables qui ont rendu très difficiles les travaux de fouille comme d'ailleurs la conservation à travers les siècles de bien des matériaux. Les défrichements et l'utilisation nouvelle de machines agricoles puissantes font disparaître un grand nombre de sites, notamment de *tolas* ou monticules funéraires.

Les grandes innovations de la civilisation de Valdivía

La Côte offre de nombreuses découvertes d'un grand intérêt sur la période du Formatif (-6 000 à -2 500). La culture Valdivía a fourni des céramiques considérées comme les plus anciennes de l'Amérique. Elle recouvre un vaste territoire s'étendant sur le Guayas, le Manabí et El Oro entre -6 000 et 4 000 ans. La région offrait à l'époque un climat un peu moins aride que l'actuel.

---

[1] *Historia del Arte Ecuatoriano*, 1975, Salvat, Barcelona. H. Crespo, F. Samaniego, P. Vargas.

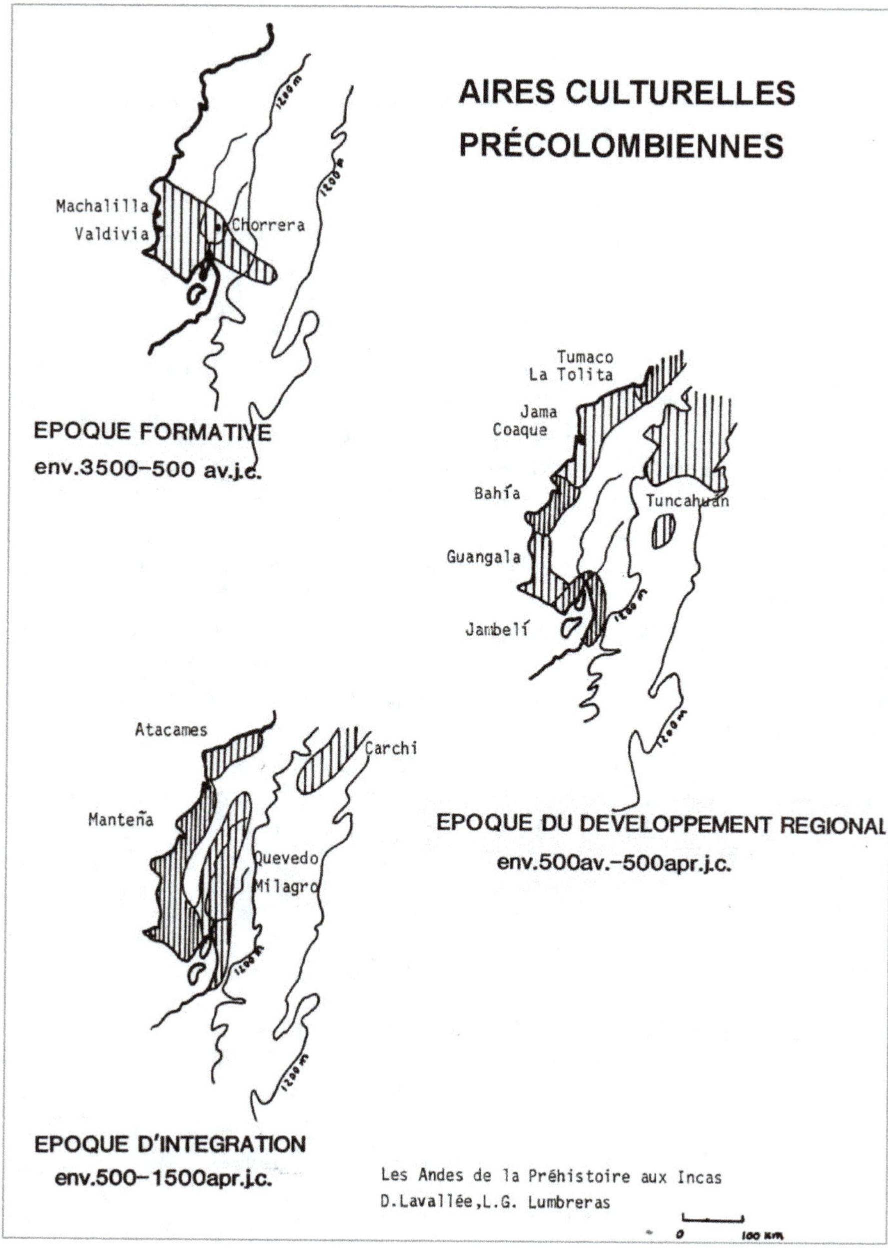
AIRES CULTURELLES
PRÉCOLOMBIENNES
Machalilla
Valdivia
Chorrera
1200 m
EPOQUE FORMATIVE
env.3500-500 av.j.c.
Tumaco
La Tolita
Jama
Coaque
Bahía
Tuncahuán
Guangala
Jambelí
1200 m
EPOQUE DU DEVELOPPEMENT REGIONAL
env.500av.-500apr.j.c.
Atacames
Carchi
Manteña
Quevedo
Milagro
1200 m
EPOQUE D'INTEGRATION
env.500-1500apr.j.c.
Les Andes de la Préhistoire aux Incas
D.Lavallée,L.G. Lumbreras
0
100 km

Outre la céramique, les hommes de Valdivía avaient su ajouter à la chasse à et la pêche, l'agriculture, ils cultivaient le maïs et probablement le haricot et les courges ; ils tissaient le coton sauvage. La culture du maïs fixe progressivement les groupes dans les petites vallées et bassins jusqu'à 400 m d'altitude dans la cordillère littorale. Le site de Real Alto en regroupant près de 1 000 personnes suppose l'existence d'une croissance démographique grâce à l'agriculture et à une certaine division sociale. Des échanges par cabotage le long du Pacifique suggèrent Valdivía comme un point de diffusion culturelle[1]. Continuité possible de Valdivía, la culture Machalila (-3 800 à -3 200) s'étend sur un territoire plus vaste et pour la première fois en Sierra et en Amazonie. On observe en effet, une diffusion du coquillage spondylus, résultat de relations commerciales et de migrations de petits groupes humains. Au cours du formatif supérieur, la culture Chorrera est le témoin non seulement d'une grande pénétration vers l'intérieur mais aussi d'une dispersion tout le long du littoral. On recherche les sites les meilleurs correspondant à une certaine maîtrise des techniques agricoles comme le prouvent les installations dans le bassin du Guayas. Sans doute gagna-t-elle les Andes. Elle continue surtout à maintenir ou à créer de nouveaux contacts avec les peuples voisins du nord et du sud. Chavín a subi davantage l'influence de Chorrera que Valdivía.

Le développement des cultures régionales (-2 500 à -500)

Sur l'ensemble de la Côte naissent et s'affirment des cultures plus importantes comme celles de Bahía, Guangala, Jama Coaque et la Tolita, que celles qui occupent le bassin du Guayas, c'est-à-dire Daule et Tejar. Le Manabí constitue le point fort grâce à un climat un peu moins sec et, de ce fait, plus à même de favoriser l'agriculture. Les groupes humains vont s'installer peu à peu en fonction des conditions bioclimatiques et de leurs oscillations : la déforestation de la péninsule Santa Elena, l'apparition d'une végétation plus aride sur le littoral et les retombées volcaniques des Andes sur Santo Domingo et Quevedo posent les principes d'une nécessaire adaptation et de l'abandon de certains secteurs par les premiers groupes. Le développement de l'agriculture et de certaines techniques facilitent la croissance démographique : sur la Côte, on rencontre de grandes concentrations de monticules (*tolas*) servant de base pour l'habitat dans le Manabí, Guayas et le littoral d'Esmeraldas. En Sierra on construit les pyramides de Cochasqui. Les échanges entre la Côte et les régions voisines ont permis le développement de la métallurgie (or, puis cuivre et argent). Le développement des techniques et l'abondance de l'artisanat supposent en effet une organisation sociale hiérarchisée autour d'une élite politique et religieuse. On a retrouvé des plateformes artificielles à Los Esteros et à l'île de La Plata. Le Manabí fut témoin de cette phase préurbaine comme

[1] Travaux de J. Marcos et O. Holm.

par exemple à Salengo, Jaramijó, Puerto Cayo, Puerto López, sites encore dynamiques aujourd'hui. Les éruptions volcaniques andines provoquent le vide dans le nord du Guayas tandis que la sécheresse explique celui de Santa Elena et d'El Oro. Ces régions ne disposent pas de rivières qui leur auraient permis d'organiser des secteurs irrigués comme dans le désert péruvien à la même époque. La culture de la Tolita est une des plus intéressantes. Le niveau de développement du peuple de la Tolita suppose une culture plus en contact avec les pays d'Amérique centrale et le Pérou. Si la céramique est relativement simple elle n'en présente pas moins des traits plus élaborés qui appartiennent à des civilisations plus complexes d'Amérique centrale. Le volume des productions de la Tolita dépasse largement les besoins locaux et correspondaient à un commerce important. La métallurgie enfin y atteint un niveau artistique de premier plan (platine pour la première fois). L'influence de la Tolita sur la culture de Tumaco en Colombie est très nette.

La progression de l'occupation du sol et de la multiplication des échanges pendant la période de l'Intégration (de 500 à plus de 1 500 après J-C)

À tous ces espaces régionaux assez indépendants les uns des autres succèdent de grands complexes culturels dont certains ont réussi à former des unités politiques séparées, voire des confédérations de peuples. La culture Milagro-Quevedo s'étend sur tout le bassin du Guayas jusqu'au rio Jubones. Pour la première fois, des groupes plus importants occupent cette région en partie forestière mal drainée et inondée une partie de l'année.

L'influence de cette culture s'étend peu à peu jusqu'en Esmeraldas. Dans les derniers siècles, les bassins du Guayas et d'Esmeraldas ont été habités par des tribus de même langue Chibcha, les Cayapaz et les Colorados. Dans tout le nord du Guayas de -500 à +1 500, on observe une densité démographique spectaculaire qui coïncide avec la phase archéologique "Milagro-Quevedo". De nombreuses "*tolas*" construites au-dessus des secteurs inondés des vallées étaient souvent reliées à une plus grande sur laquelle étaient édifiées de grandes constructions servant à l'autorité politique et religieuse. Les organisations préurbaines sont de plus en plus nombreuses. Atacames par exemple aurait regroupé plus de 2 700 personnes à la fin de l'Intégration[1].

La relation entre innovation et croissance démographique, cause ou conséquence, s'accompagne de nouvelles adaptations techniques dans l'utilisation de l'espace. L'observation aérienne a révélé l'existence de plateformes étroites et très longues (*camellones*) qui échappaient ainsi à l'inondation. L'abondance de ces constructions[2] témoigne de l'existence de fortes densités. La culture du manioc dans ce milieu qui lui est particulièrement favorable permet de grandes densités. Il ne semble pas toutefois qu'une petite

[1] Travaux d'À. Franch.

[2] Travaux de J. Parsons.

infrastructure hydraulique ait été développée pour lutter contre la sécheresse. On ne connaît aucun ouvrage, seulement quelques citernes pour recueillir les eaux de pluie au pied des collines (*jagüeles*) dans le Manabí.

Sur le littoral proprement dit, une civilisation originale s'est développée sur la frange pacifique avec quelques pénétrations dans l'intérieur entre le rio Chone et l'île de Puná. Elle se divise en deux sous-groupes : la culture Manteña pour le Manabí et la culture Huancavelica composée en majorité de pêcheurs, du sud du Manabí à la péninsule et le golfe du Guayas. Sans doute ces deux cultures se mêlaient profondément dans la vallée du Daule avec la culture Daule-Quevedo. Peut-être existaient-ils des avancées et des reculs dans l'espace de l'une ou de l'autre[1]. Au contraire des Huancavilcas plus pêcheurs qu'agriculteurs, les Manteños du nord ont développé une civilisation des collines liée à la population d'agriculteurs et d'artisans qui la composent en majorité. La grande nouveauté reste avant tout la modification du genre de vie avec une spécialisation des membres de ces communautés et l'extension de l'urbanisation. Limitées jusqu'ici à des groupements plus importants que d'autres, les villes du Manteño sont désormais plus vastes avec une architecture plus élaborée comme en témoignent les murailles en pierres de l'antique cité des Mantas avec des places et des terrasses permettant une vraie vie urbaine. Cette cité aurait eu 2 000 habitants. D'après P. Rivet, les Manteños exerçaient une certaine suprématie sur toutes les tribus de la Côte jusqu'à Atacames près d'Esmeraldas. La consolidation du pouvoir se faisait grâce à des alliances avec les peuples voisins. Les artisans, enfin, devaient être assez nombreux pour avoir su développer une belle sculpture sur bois ou pierre (sièges de pierre retrouvés souvent sur les sommets des collines) une céramique originale et une métallurgie plus perfectionnée qu'ailleurs[2].

Les échanges commerciaux se sont développés, d'une part entre le nord et le sud de la Côte équatorienne et bien au-delà et, d'autre part, entre l'ouest et l'est vers la Sierra et l'Amazonie. Les coquillages spondylus trouvés sur le littoral du sud de la Californie jusqu'à Guayaquil sont des objets de culte échangés dans les hautes terres intérieures contre de la coca ou du cuivre, par exemple. Sur mer, le cabotage commercial relie tout le littoral du Pérou au Mexique. Les bateaux en balsa, bois léger spécifiquement équatorien, sont pourvus de grandes voiles de coton.

Un avenir fort inégal pour chacun des grands peuplements

Après l'affirmation des tendances régionalistes qui se retrouve également au Pérou avec la culture Mochica, Paraca, Nazca et Tiahuanaco, la formation des cités et d'une autorité capable de dominer les peuples voisins réussissent à

[1] Les chroniqueurs espagnols qui ont longé les côtes équatoriennes ont décrit ces tribus maritimes comme étant les seules. Ils ont admiré leur radeau à voile capable de naviguer sur l'océan et de faire des échanges commerciaux avec les peuples voisins.

[2] P. Rivet, *Ethnographie ancienne de l'Équateur*, Paris, 1912.

donner une certaine unité au développement des populations côtières sans anéantir leurs particularités. Les deux grandes civilisations de l'Intégration correspondent pratiquement aux deux milieux de la Costa. D'un côté, les terres subarides de l'ouest avec les Manteños et les Huancavilcas et, de l'autre, les plaines inondables du bassin du Guayas et les collines septentrionales très humides avec les Milagro-Quevedo.

Ces deux milieux géographiques opposés ont sans doute amené les divergences de résistance et de maintien des populations dans les siècles qui suivirent. Tout d'abord, les régions côtières ont échappé à la domination inca. Celle-ci n'a fait qu'effleurer certains secteurs. De toute évidence, le territoire a été parcouru entre le littoral et la cordillère. Mais au contraire de la Côte péruvienne, occupée par l'empire inca, l'Équateur côtier a évité les bouleversements incaïques grâce à ses forêts, à l'éloignement et à la résistance des Punae et des Huancavilcas. Difficultés du milieu des plaines du Guayas ou faiblesse de la population par rapport à la Sierra, il est difficile de trancher. Néanmoins, par contrecoup, la Côte n'a pu bénéficier de cette organisation de l'espace imposé par l'administration d'un aussi vaste territoire que celui de l'empire inca. Aussi, au quadrillage administratif et routier établi très tôt dans les bassins andins, ne correspond qu'un ensemble de centres peu hiérarchisés et souvent mal distribués à travers l'espace côtier. Le Manabí et la péninsule de Santa Elena sont les seules régions à posséder de grosses communautés qui encadrent une densité de population plus élevée qu'ailleurs. Ceci explique leur maintien jusqu'à nos jours et la création de la première cité espagnole sur l'une d'entre elles, Portoviejo à 30 km de Manta, la capitale trop vulnérable par sa position maritime. Par contre, les terres basses humides et malsaines du Guayas verront disparaître très vite leur population par la forte mortalité inhérente au contact des Espagnols ou par intégration plus rapide. Ces deux groupes subsistent encore, les Cayapaz et les Colorados isolés dans la forêt septentrionale mais condamnés dans leur genre de vie par la progression des défrichements de la colonisation.

2. La faiblesse de l'occupation de la Côte pendant les deux premiers siècles de la colonisation espagnole

L'exploration et les premières bases de l'encadrement colonial

La colonisation espagnole marqua très modestement la Côte équatorienne à l'inverse de l'occupation des bassins andins. L'économie coloniale, en effet, ne s'intéresse guère à cette région qui n'offre que des bois pour la construction des bateaux par comparaison avec les ressources minières de la Sierra. Du nord au sud et d'ouest en est, les conquérants espagnols exploreront le territoire équatorien avec une rapidité incroyable, traversant les régions forestières de la Côte, grimpant sur les bassins et les cordillères de la Sierra pour gagner les terres amazoniennes. Peu nombreux, les Indiens n'offrirent qu'une très faible résistance aux nouveaux venus qui se sont souvent contentés de passer sans s'installer, notamment dans les régions occidentales côtières. Quelques groupes, comme les habitants de Puná, offriront une résistance plus sérieuse. L'immensité des terres vides facilitait la cohabitation.

Le 6 décembre 1534, Diego de Almagro fonde Quito, le 1er mai 1535 San Gregorio de Portoviejo et le 25 juillet 1535 Santiago de Guayaquil. La première cité du Guayas fut détruite par les Huancavelica qui incendièrent la ville et assassinèrent les Espagnols. Les Indiens de Puná n'offrirent pas un meilleur accueil aux tentatives de pénétration sur leur île, position stratégique que les Espagnols auraient bien voulu avoir à l'entrée du golfe. La ville fut reconstruite une deuxième et troisième fois quelques années plus tard sur des emplacements différents[1]. Si les Indiens du Guayas furent peu accueillants, ceux de la Côte occidentale permirent aux Espagnols de pénétrer dans leurs centres d'Atacames, de Manta, de Bahía de Caráquez avant de se diriger par le Daule vers le Guayas et la Sierra. Les deux *asientos* de Daule et Bodegas seront créés aux points de contact de liaison fluviale et terrestre. Déjà le souci de relier Quito à l'océan par la route la plus courte prend naissance et diverses tentatives essayeront de rejoindre Esmeraldas.

L'encadrement administratif et Quito

Dans l'ensemble, l'encadrement colonial fut beaucoup plus lâche sur la Côte que dans la Sierra. En effet, Quito la capitale fait partie du Vice-Royaume du Pérou établi en 1543. Divisée plus tard, en 1563, en deux *Gobernaciones*, la Real Audiencia de Quito s'étendait de Popayán à Païta. Sur la Côte équatorienne, le Manabí et le Guayas se rattachaient à la *Gobernación* de Quito, tandis que les confins septentrionaux dépendaient de la *Gobernación* d'Esmeraldas. Cette division administrative dura jusqu'au milieu du XVIIIe siècle avec la division de la *Real Audiencia* de Quito en dix gouvernements. Chacun est divisé en *Corregimiento* comme celui de Guayaquil divisé en treize puis quinze *Tenencias*.

L'essor rapide du port de Guayaquil, unique débouché des Andes équatoriennes, suscita de la part des pays voisins quelques envies insurmontables au point que le port et sa région furent tantôt séparés du Vice-Royaume du Pérou ou tantôt annexés au nouveau Vice-Royaume de Grenade. Mais ces événements furent épisodiques et ont eu peu d'influence sur la Côte. Enfin, en 1763, le district de Guayaquil devint *gobernación*. Les habitants de Puná

---

[1] Dès la fin du XVIe siècle, Guayaquil occupa la deuxième place dans la hiérarchie des ports de la côte du Pacifique, immédiatement après El Callao. Point de regroupement des productions andines vers le reste de la colonie, Guayaquil doit son importance à la création de chantiers navals qui devinrent très importants grâce aux bois imputrescibles du bassin du Guayas, dernières forêts avant le désert peruano-chilien côtier. Toutefois la ville ne compte pas plus de 800 habitants au début du XVIe siècle.

réussirent à faire de leur île une *gobernación* entièrement indigène. La colonisation de la Côte fut particulièrement lente. L'éloignement de la capitale ou de Lima freine les initiatives alors que l'administration présente s'exerce avec rigueur. Le port de Guayaquil est soumis aux tracasseries de la métropole qui donne la préférence aux ports mexicains et vénézuéliens. Ce favoritisme dans le commerce colonial est responsable, en partie, du retard de la mise en valeur de la Côte. Les centres de peuplement, une fois mis en place, végètent plus qu'ils ne prospèrent. Portoviejo, effectivement, est moins peuplé que les communautés indigènes voisines. La baisse de la population se fait sentir très vite sur toute la Côte dès les premières décennies de la conquête.

La lente occupation du sol pendant la Colonie et un embryon d'organisation de l'espace

Si l'encadrement administratif fut réalisé très vite sur la Côte, l'occupation économique fut lente à s'installer. En effet, les conditions difficiles du milieu forestier et l'absence de ressources minières ne retinrent pas les colons espagnols qui ne firent que passer pour gagner les hautes terres. Quelques expéditions essayèrent en vain de retrouver les gisements d'émeraudes de l'Esmeraldas. La répartition des terres en *encomiendas* est très mal connue jusqu'ici, une partie des archives de Guayaquil a disparu dans les incendies de la ville. L'extension des *encomiendas* fut, malgré l'immensité des terres forestières, limitée dès 1535. Ces vastes propriétés étaient chargées de fournir en produits tropicaux les bateaux de Guayaquil et les caravanes à destination de Quito et se composaient d'une superficie généralement réduite aux possibilités de mise en valeur. Les Indiens devaient payer un tribut qui consistait, surtout pour ceux du Guayas, en écorces de palétuvier et en porcs, en raison de leur facilité de transport. Les échanges entre les Indiens et les Espagnols furent favorables aux uns comme aux autres. Le porc, objet de curiosité de la part des Indiens, fut très vite adopté. Au XVIe siècle, les Indiens de Puná en vendaient déjà sur toute la Côte. Le commerce avec la Sierra, auquel participaient les Indiens, consistait en tabac, sucre, chapeaux et fruits. Les Serranais vendaient sur la Côte des tissus de laine, des cuirs et des céréales.

Les premières plantations de canne à sucre s'installèrent dans quelques *encomiendas* du littoral méridional et dans les vallées basses de la Sierra. Les Jésuites ont souvent été à l'origine des premiers *trapiches* et moulins. Les premières plantations de cacao remontent au XVIe siècle mais si Guayaquil détient le monopole du commerce de la Real Audiencia de Quito, celle-ci reçoit l'interdiction de vendre du cacao. Le marché colonial est si faible qu'il faut le protéger également par des taxes de toutes sortes. Tout commerce hors des colonies est même interdit à l'Équateur qui détournait cette mesure en exportant son cacao par le Mexique. Cette interdiction freine l'essor des plantations autour de Guayaquil et provoque la première baisse des prix.

En 1650, ceux-ci passent de 36 pesos l'*arrobe* de 11,5 kg à trois *pesos*. Les planteurs n'abandonnent pas aussi facilement et envoient à grands risques des navires décharger à Acapulco, centre de regroupement du Pacifique. Mais la contrebande ne peut dépasser les 30 000 charges pendant tout le XVIIe siècle ; ce qui joue à l'encontre de la production cacaoyère est au contraire très favorable aux textiles serranais produits par des dizaines d'ateliers *(obrajes)* dont la production et l'exportation sont un monopole de l'Audiencia de Quito. Tous les produits exportés de la Côte et de la Sierra se rencontraient au port de Guayaquil où arrivaient les navires en provenance d'Espagne. Les transports de marchandises entre la Sierra et le port se faisaient à dos d'hommes et de mules en de longues caravanes qui descendaient régulièrement des Andes pendant la saison sèche. Les caravanes empruntaient toujours le chemin "royal" à la hauteur de Babahoyo, vers Chimbo et Riobamba, par des sentiers et des pistes souvent escarpés. Le transport des Bodegas Reales (appelées plus tard Babahoyo) à Guayaquil s'effectuait par bateau et radeau. Ce petit centre voyait gonfler sa population chaque année au début de la saison sèche avec l'arrivée des caravanes. Elles apportaient les céréales, les pommes de terre et des tissus de laine pour le commerce extérieur.

Le rétrécissement de l'espace occupé au début de la colonie

Sur le littoral, les établissements maritimes indigènes végètent et perdent leur influence avec la nouvelle réorganisation commerciale de la colonie Les formes intensives de cultures sont abandonnées à l'intérieur et l'agriculture itinérante reprend place dans les régions forestières. La province d'Esmeraldas se coupe du reste du pays. En fait, l'organisation coloniale ne s'intéresse qu'à Guayaquil, Portoviejo et Babahoyo, ce dernier, point de rupture de charge entre la voie fluviale et la piste gravissant les Andes. Aucune autre route ne relie la Côte au reste de l'Audience. Ainsi commence une vie différente entre la Côte et la Sierra : deux types d'espace, juxtaposés et d'intérêts souvent contraires[1].

Le système de l'*encomienda* assurait à l'Espagnol qui en bénéficiait la mainmise sur une population indigène qui devait lui payer un tribut et souvent du travail. Il semble qu'il n'y ait jamais eu de travail collectif réciproque ou *mita* sur la Côte. Les Espagnols s'installeront surtout dans les terres vides du Guayas.

Dès les premières années, se pose le grave problème de la main-d'œuvre, avec la baisse de la population observée dans tous les pays de colonisation espagnole au cours du XVIe siècle, qui s'étendit aussi à la Côte, alors qu'il existait une certaine pression démographique avant l'arrivée des conquérants (manuscrit des Archives du Guayas non publié en 1974). On vit disparaître les fortes densités du nord du Guayas et d'Esmeraldas[2]. Cela signifie un rétrécissement de l'espace utilisé par les précédemment pendant les cinq siècles suivants.

---

[1] J.P. Deler, N. Gomez, M. Portais : *El manejo del espacio en el Ecuador, geografía básica del Ecuador*, Quito, 1983.

[2] Ces collines ne seront plus occupées avant la deuxième moitié du XXe siècle.

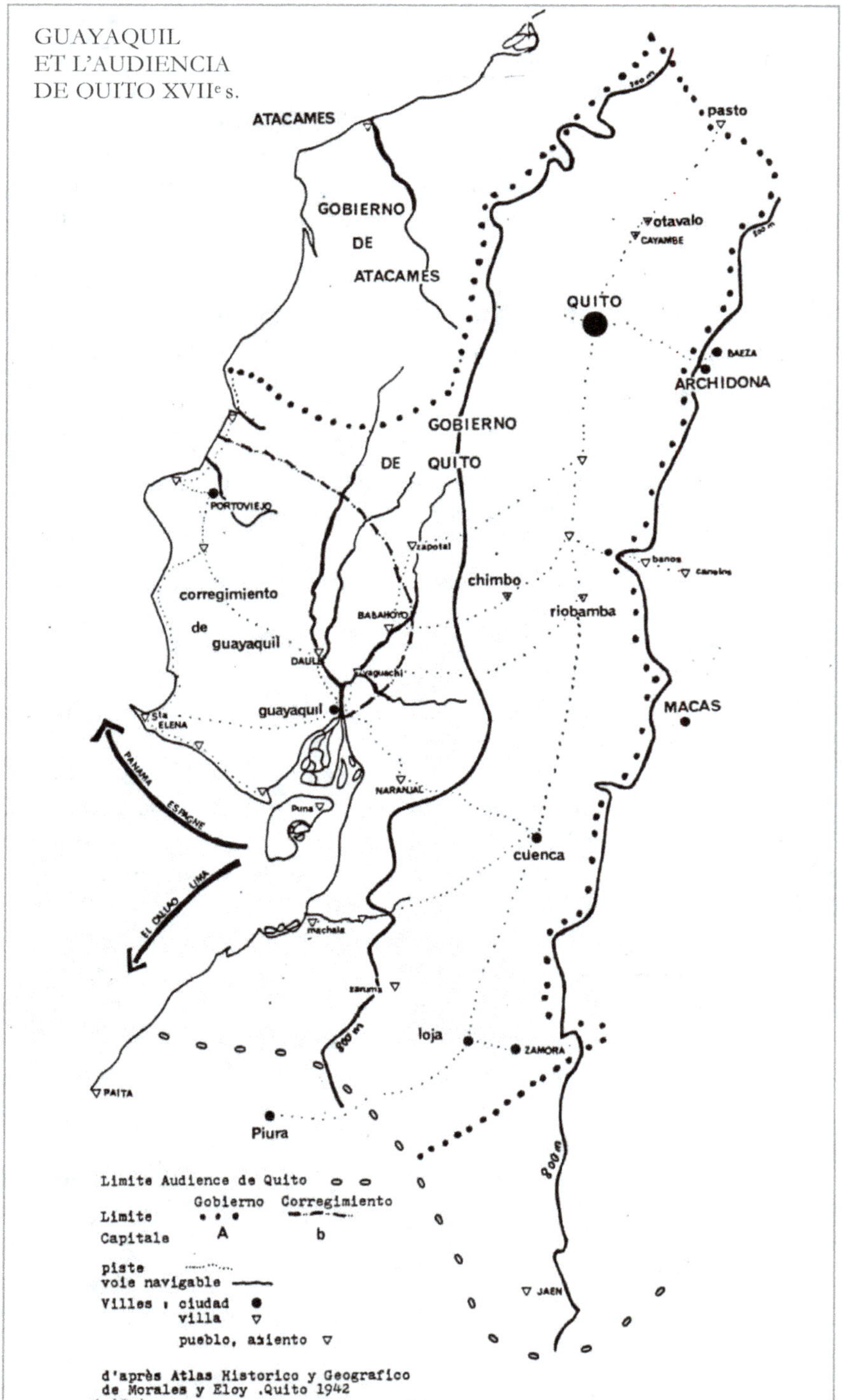

GUAYAQUIL
ET L'AUDIENCIA
DE QUITO XVIIe s.

d'après Atlas Historico y Geografico
de Morales y Eloy .Quito 1942

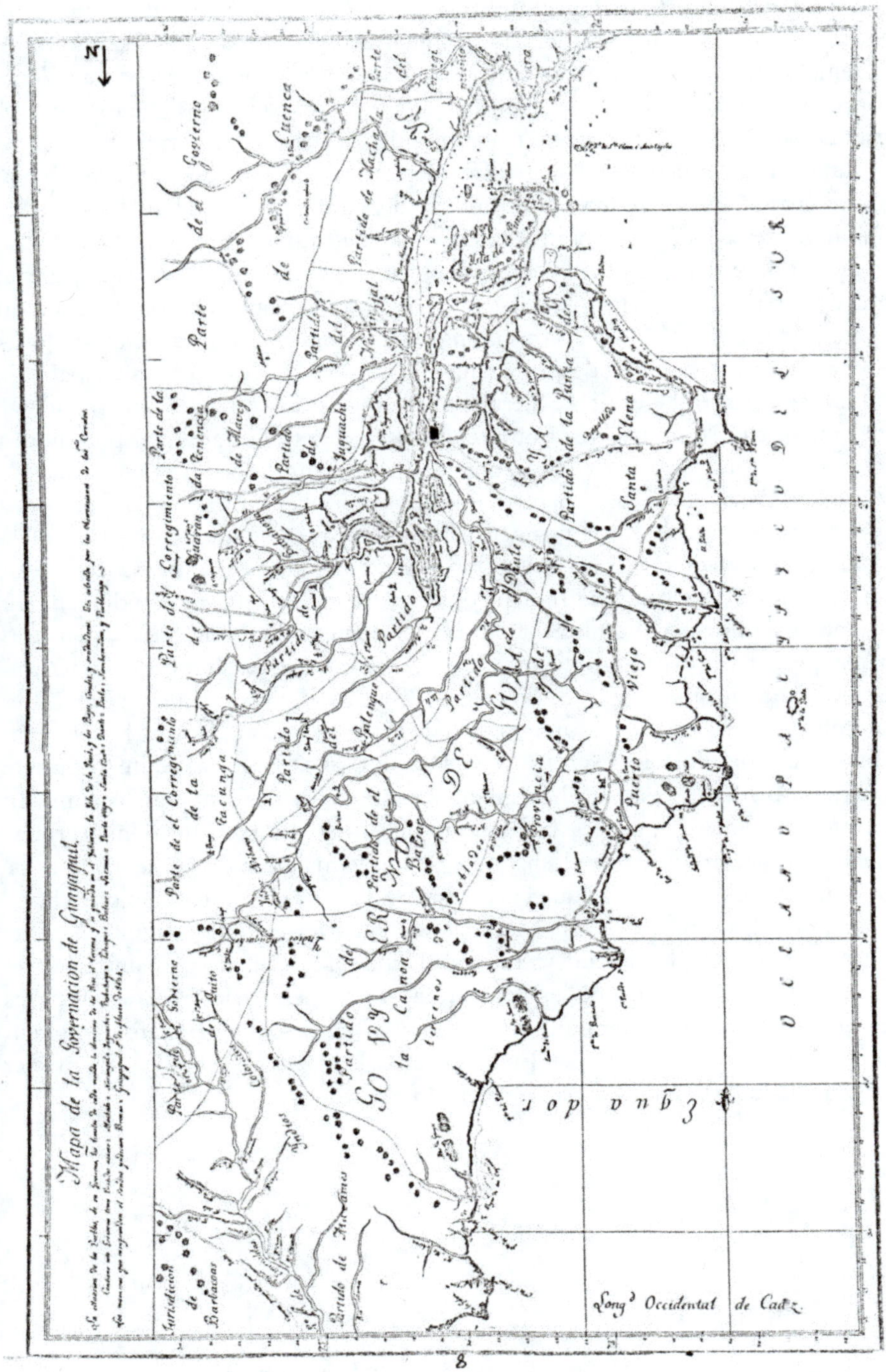
Mapa de la Governacion de Guayaquil
Partido de Santa Elena
Partido de la Puna
Puerto Viejo
Provincia
Long.d Occidental de Cadiz
Oceano Pacifico del Sur
Parte de el Goviero de Cuenca
Parte del Corregimiento de Guaranda

Le Vice-Roi du Pérou confirme cette baisse de la population de la plaine du Guayas qui réduit considérablement la valeur des *encomiendas*. Elle est manifeste également dans les zones de fort peuplement du Manabí et Santa Elena, pourtant à l'écart des courants de la Colonie, quelques petits centres disparaissent à jamais à la suite d'épidémies de rougeole et de variole.

La mise en valeur des *encomiendas* dépendit très vite des esclaves Noirs d'origine africaine. Leur arrivée fut très rapide, c'est à Guayaquil qu'ils furent les plus nombreux : c'était le point d'arrivée des bateaux négriers. Au XVIe siècle, on dénombrait déjà plus de 8 000 esclaves Noirs et 42 000 *zambos* (métis noir et indigène) répartis dans les plantations du Guayas et dans celle de la vallée du Chota dans la Sierra nord. Néanmoins, le nombre des esclaves fut toujours insuffisant pour faire face à la demande. On voit, très tôt, les Espagnols s'intéresser aux Indiens de la Sierra. Cette migration serranaise ne se fit pas facilement, car de nombreuses interdictions venaient contrarier les projets des *encomenderos*. Outre la vie en communauté, les Indiens n'étaient guère tentés de descendre dans ces terres chaudes souvent mortelles pour les habitants des hautes terres[1]. Pour les faire venir, il fallait à l'*encomendero* une autorisation de la justice de Guayaquil. Ces interdictions devinrent plus fréquentes encore, car, très vite on reconnut que les Indiens de la Sierra mouraient très rapidement sur la Côte et que leur nombre diminuait également dans la Sierra. Un fort métissage s'effectua très rapidement sur la Côte dont le résultat est le "*montuvio*" actuel, fruit du métissage des Indiens, des Espagnols et des Noirs. Les communautés du littoral adoptèrent très vite la langue, la religion et le vêtement espagnols. Toutefois le maintien à travers les siècles, de la petite propriété indienne ou métisse est un phénomène spécifique de la Côte équatorienne en dépit des premières grandes plantations installées sur la Côte. Une certaine cohabitation entre Indiens et Espagnols permit le maintien de populations et de structures foncières qui explique l'organisation de l'espace côtier d'aujourd'hui.

Guayaquil, dont la population et les activités feront l'objet d'un chapitre, regroupait tous les éléments de cette population en une société urbaine très vite hiérarchisée. On distinguait les Espagnols de la péninsule ou *chapetones*, les Espagnols nés en Amérique ou *criollos*, les métis, les Indiens (souvent domestiques en ville), les Noirs, les mulâtres et les *zambos* (métis de sang noir et indigène). Les différences sociales étaient très marquées.

---

[1] J. Bernard : *Le sang et l'histoire*, Buchet-Chastel, Paris, 1983, "Les populations vivant en altitude ont un sang qui ne contient plus d'immunoglobuline et ne peuvent, de ce fait, résister aux microbes des terres basses, chaudes et humides".

CHAPITRE IV

UNE FORTE DEMANDE EXTÉRIEURE

1. Les grands cycles économiques

La demande et l'organisation mondiale du marché des produits tropicaux

La très forte augmentation de la consommation mondiale en produits tropicaux a attiré peu à peu l'attention sur ce pays andin. Le cacao, depuis la fin du XIXe siècle, avait déjà fait l'objet d'une forte mise en valeur dans ces régions côtières équatoriennes.

Depuis, les produits tropicaux sont entrés dans la consommation de masse dans les pays occidentaux avec l'abaissement des coûts de transport. De plus, le maintien des prix de production à un taux très faible ainsi que des politiques commerciales dépassant le cadre national ont permis à des fruits, même fragiles, de franchir d'énormes distances. Organisée progressivement par les pays consommateurs, la politique de diversification des lieux de production impose une concurrence redoutable aux premiers pays producteurs. Des plantes, limitées jusqu'ici à un ensemble de régions, se retrouvent diffusées très rapidement sur d'autres continents, ruinant ou causant de sérieux problèmes de concurrence. Souvent, cette dernière est voulue par les compagnies et les sociétés d'exportation pour assurer un approvisionnement régulier malgré les difficultés climatiques, sociales et politiques des pays producteurs. Dans la plupart des cas, ceux-ci sont faiblement représentés par de petites compagnies d'exportation qui dépendent la plupart du temps des décisions prises par les grandes compagnies.

L'Équateur, comme la plupart des pays sud-américains, est très dépendant des décisions de compagnies commerciales. Toutefois, une bourgeoisie d'affaires, née de la "belle" époque du cacao, a permis à quelques Guayaquiléniens, de contrôler une partie du commerce extérieur. La situation des pays d'Amérique centrale dominés par une grande compagnie d'exportation ne se trouve pas en Équateur car, après une tentative de la United Fruit de diriger la production bananière, les compagnies préfèrent se retirer de la production directe, et laisser les difficultés aux planteurs nationaux. Cette nouvelle politique de ne plus s'occuper que du transport et de la commercialisation a permis à deux ou trois grandes multinationales d'en détenir le monopole dans le monde.

Dans le système mondial des produits tropicaux, l'Équateur est apparu très tardivement à cause de sa position géographique moins privilégiée par rapport aux pays d'Amérique centrale, à une époque où le canal de Panama n'existait pas. Par la suite, la disponibilité de terres vides, proches de l'océan, et les transports maritimes devenus de moins en moins chers, renversèrent la situation. Toutefois la concurrence est si forte entre les producteurs qu'il est difficile à un petit pays d'imposer ses conditions sur le marché des prix. L'Équateur, après avoir été le premier exportateur de cacao et de banane du monde, est donc progressivement devenu, un pays "réserve" pour les grandes compagnies commerciales.

Une alternance de périodes de prospérité et de crise

L'histoire de la mise en valeur de la Côte se confond avec celle des exportations des produits agricoles tropicaux en provenance dans un premier temps du bassin du Guayas. Chacune à leur tour ou simultanément, ces productions vont intervenir en fonction de leur développement dans le peuplement, la transformation de l'espace et dans l'économie régionale et même nationale. La demande extérieure est le moteur principal de l'occupation du sol et ses exigences suscitent une alternance de prospérité et de crise. Ces périodes s'apparenteront tantôt à de véritables cycles économiques fréquents en Amérique latine, tantôt à une fièvre passagère liée à une demande de très courte durée.

L'intervention commerciale européenne relayée ensuite par l'Amérique du Nord pénètre plus intensément en Équateur que n'avait pu le faire l'Espagne pendant la Colonie. Elle déplace rapidement le centre d'intérêt séculaire de la Sierra pour ces régions forestières délaissées de la Côte. Elle fait de Guayaquil sa base de pénétration et de commercialisation au détriment de Quito moins bien placé pour répondre aux nouvelles nécessités. En effet, le port de Guayaquil au rôle modeste dans l'ensemble de la colonisation sert de point de départ à toutes les formes de pénétration étrangère. Cette bourgeoisie commerçante bientôt renforcée par quelques étrangers habiles au commerce sera la force de l'Équateur. Elle lui évitera de céder la partie productive à des sociétés étrangères comme ce fut le cas en Amérique centrale. Les compagnies étrangères influenceront fortement les producteurs, mais ceux-ci resteront équatoriens : grands et petits propriétaires participent à cette demande, tentant d'en retirer le maximum possible. Cette sauvegarde du secteur de production et la participation de petits exploitants à cette économie de marché international constituent les traits dominants et originaux de l'économie de la Côte équatorienne. L'espace côtier porte dans ses paysages, son peuplement et son organisation des moyens de communication, les effets de ces avances et de ces reculs de production ; autant de traits qui seront mis en évidence dans l'étude régionale.

Une mise en valeur rapide sur des terres neuves ou peu marquées par des structures agraires héritées

La succession dans le temps et dans l'espace des cycles de production permet un peuplement progressif accompagné d'une mise en valeur par une colonisation des terres. En dehors d'une tentative de colonisation semi-officielle près de Santo Domingo dans les années 1950, toute l'occupation de la Côte se réalise spontanément par des petits et grands colons sans aucune aide de sociétés privées ou étatisées comme dans d'autre pays.

La position centrale du Guayas entre deux régions fortement peuplées, la Sierra et le Manabí favorisa sa mise en valeur grâce à l'afflux de cette main-d'œuvre. Les premières plantations de cacao ont fourni du travail aux paysans sur place, aidés très tôt, pour les récoltes, par les Indiens du Manabí et de la Sierra. Avec la poussée des défrichements, en particulier pour la culture du riz et de la banane, on assista à une intensification du mouvement migratoire, liée à une forte demande de main-d'œuvre. Attirés par un travail fixe, libre et salarié, beaucoup de paysans sont venus spontanément sur ces terres nouvelles. Les habitants du Manabí, victimes des irrégularités climatiques qui occasionnent de longues périodes sans ressources, sont venus plus nombreux. Pour les Serranais, l'accession à la propriété, même petite, ou à un salaire, leur permettait d'échapper aux systèmes de relations alors en vigueur entre propriétaires et travailleurs.

Or, au début du XXe siècle, le problème de la main-d'œuvre est toujours difficile car la fièvre jaune et le paludisme déciment les populations côtières et déprécient même les exportations en provenance de Guayaquil. Ce n'est qu'à partir des années 1945-1950 que seront peu à peu écartées, grâce à l'effort national et international, ces terribles maladies. Les difficultés d'acclimatation des Serranais ont été un frein et un facteur d'affaiblissement pour ces travailleurs. L'adaptation de cette population manabite et serranaise déterminera la réussite de la mise en valeur de la Côte qui nécessite des changements de système et de culture. Elle se déplacera pour trouver un emploi lorsque telle ou telle zone stagnera ou progressera. Cette mobilité est très importante pour le système commercial qui va imposer ses choix de régions productrices sans tenir compte des habitants mais de ses intérêts et des facilités de transport.

Enfin, la faiblesse de la mise en valeur de l'ensemble côtier constitue un aspect très favorable pour les nouveaux pionniers qui ne vont pas, de ce fait, s'affronter aux paysans traditionnels installés sur place. La grande disponibilité de terres facilite la venue de nouveaux planteurs qui ouvrent rapidement de vastes secteurs de production encouragés par des aides financières de l'État et surtout par la réussite économique rapide. De son côté, la Sierra évoluera très lentement et plus tardivement dans ses structures agraires héritées du passé colonial. Au contraire, la Côte n'aura pas réellement besoin d'une réforme agraire pour supprimer quelques situations fortement déplorables localisées en général dans la zone rizicole du bassin du Guayas. Ce sont surtout les changements de la demande extérieure qui provoqueront la vente et la parcellisation des terres ainsi que l'emploi d'une main-d'œuvre salariée.

Le rôle décisif du cacao et de la banane

Deux grandes productions vont marquer la vie côtière et nationale en jouant un rôle déterminant : le cacao et la banane. La première enrichit depuis le XIXe siècle les planteurs et le pays tout entier à l'exception d'une longue crise d'une trentaine d'années. La seconde a permis d'ouvrir de vastes régions à la production en finançant également une partie de l'infrastructure des terres nouvelles : routes, pistes, ponts et canaux d'irrigation et de drainage. Elle a, plus que la première encore, modifié le peuplement de la Côte en attirant des zones très peuplées du Manabí et de la Sierra des travailleurs qui viendront s'installer dans les zones pionnières du nord du bassin du Guayas. D'autres productions plus éphémères (riz), plus discrètes (café et canne à sucre) ou plus récentes (oléagineux et fibres) sont intervenues plus ou moins durablement dans l'économie locale et la transformation des zones de colonisation. Le café a maintenu une partie de la population du Manabí sur place. Le cacao a permis le premier démarrage avec la constitution des premières plantations, d'une infrastructure commerciale et financière organisée par une élite locale qui en a certes profité à l'extrême, mais qui a su se maintenir malgré la crise de 1920. L'essor de la banane, à partir de 1950, favorise par son intensité la multiplication du nombre des petits exploitants bénéficiaires de cette fièvre d'exportation et l'extension des terres cultivées tout en dotant la région d'une infrastructure routière et portuaire indispensable. Si les éléments négatifs de la dépendance sont nombreux, bien ressentis comme tels au niveau local, il n'en demeure pas moins que le bilan apparaît plus solide qu'il n'aurait jamais pu être sans cette intervention. La relève du pétrole, premier produit non agricole et non côtier, au premier rang des exportations, peut alors intervenir plus sainement sur une base préparée et hâter ainsi un développement plus harmonieux de toutes les régions.

2. Le cacao, première grande exportation et base de la mise en valeur de la Côte

Les nouvelles conditions économiques

L'histoire du cacao équatorien se confond pratiquement avec le démarrage économique de la Côte. "*La pepa de oro*" fait sortir de son isolement cette région en l'ouvrant au commerce extérieur. Liée à la diffusion du cacao en Europe, la consommation mondiale passant de 64 000 t. en 1884 à 421 000 t en 1922, la demande extérieure pour cette fève provoque la première phase de mise en valeur de cette région occidentale. À partir du XVIIIe siècle, le cacao va occuper progressivement la première place dans les productions très variées des rares *haciendas* échelonnées le long des rives des fleuves du Guayas. À la fin du XVIIIe et surtout au début du XIXe siècle, les conditions économiques changent aussi en Équateur avec la libéralisation du commerce édictée par les rois Carlos III et Carlos IV. Guayaquil qui avait toujours plus ou moins continué de produire du cacao en le vendant irrégulièrement au Mexique, peut enfin commercer avec les pays de la colonie. En 1774, c'est une première diminution des taxes et en 1789 une plus grande libéralisation du commerce dans l'espace colonial. Aussitôt les exportations se multiplient par deux entre 1765 et 1779 puis doublent à nouveau entre 1779 et 1809.

De 1810 à 1818, une période de mévente suscite le mécontentement des élites de Guayaquil contre le pouvoir colonial. Elles réclament la libération du commerce et l'élimination définitive du contrôle des commerçants liméniens sur tous les navires qui devaient à l'aller comme au retour passer par El Callao. Ainsi les fèves équatoriennes auront une position plus forte face au cacao vénézuélien. C'est la rupture des amarres coloniales par Guayaquil qui prend, sans tenir compte de Quito, son indépendance et décide du principe de libre échange en 1820. L'économie de Guayaquil retrouve une certaine prospérité ; c'est le triomphe des grands commerçants, lesquels échangeaient avec risque du cacao contre des produits européens qui ne passaient pas par l'Espagne ou Lima. C'est la fin du commerce clandestin. Le cacao représente environ les deux tiers des exportations. Le nombre des commerçants du canton de Guayaquil passe de 100 environ en 1800 à 263 en 1832.

La libéralisation du commerce ruine en partie les ateliers textiles de la Sierra et provoque une dépression économique fort sévère dans les hautes terres qui se replient sur elles-mêmes, à l'exception du sud qui vend de la quinine, alors que s'ouvrent à l'extérieur les terres basses occidentales. Le cacao, c'est aussi la relève des chantiers navals qui se maintiennent difficilement. Cette activité de Guayaquil est en déficit depuis longtemps, par suite de la réduction du trafic colonial dû à l'épuisement des gisements miniers américains et le remplacement des galions par de nouveaux bateaux que Guayaquil n'est pas en mesure de construire. Le port n'offrait que le bois, tout le reste venant d'ailleurs.

Les premières grandes plantations de cacao de la fin du XVIIIe [e] siècle

Le recul de la frontière agricole

La grande zone de cacao, dès la fin du XVIIIe siècle, se localise dans les cantons de Baba et de Babahoyo où se multiplièrent très vite de vastes cacaoyères à partir des premières *haciendas*. Pour agrandir son domaine, il suffisait de dénoncer 6 ou 8 lieues de terres à proximité des rizières ou pâturages occupés. Cette délation s'accompagne non seulement de la prise de terres incultes, mais aussi de terres de paysans en situation très précaire dépourvus de titre de propriété. Dépossédés, les colons quittent ces cantons pour défricher de nouveaux secteurs, ou y restent comme métayers.

Tableau n°1

Exportations annuelles de cacao entre 1700 et 1842

(nombre de charge de 91 livres)

1700-1718	34 000
1729-1736	35 000
1737-1741	45 000
1765	34 000
1791	69 206
1809-1819	100 000
1823	143 000
1835	170 000
1840	176 000
1842	82 000

Sources diverses

À la fin du XVIIIe siècle, il reste des terres vacantes en assez grande proportion autour des *haciendas* coloniales[1]. À tel point qu'une *cedula* de 1780, pour encourager le peuplement, garantissait les terres vacantes royales à qui les sollicitait et voulait bien les cultiver. Après l'Indépendance, de grandes *haciendas* continuent de se constituer soit par dénonciation de terres incultes, soit par don du Municipe, soit par appropriation de terres communales indiennes. Ces dernières, protégées par la Couronne, commencèrent à être réclamées dès la fin du XVIIIe siècle. Passées à l'État, elles furent souvent vendues à des particuliers. Dans l'ensemble, au cours de la décennie 1830 se multiplient des *haciendas*[2], petites ou grandes, liées à l'essor du cacao. Les plus importantes ne semblent pas avoir atteint les dimensions extrêmes de 1900. Seules les berges des rivières sont recherchées. Le reste disponible n'a pas encore vraiment de valeur. Bien délimitée du côté du fleuve, l'*hacienda* avait plus de liberté pour s'étendre sur les autres côtés de la concession. Effectivement, beaucoup de propriétaires ont gagné les étendues marécageuses et les bois. Ces accaparements de terres inutilisées ne dérangeaient, au départ, personne, car le plus utile était d'avoir accès au fleuve et aux superficies de terrasses non inondées. En général, la loi accordait un titre de propriété à celui qui avait occupé une

[1] On estime qu'en 1820 tout était vendu dans le Guayas et Los Ríos. Quevedo se situe hors de Los Ríos à cette époque. Des *haciendas* furent données par le Cabildo en récompense de services rendus contre les pirates, ou pour la reconstruction de la ville après les incendies.

[2] Quelques militaires ont également obtenu des propriétés pendant la guerre d'Indépendance.

terre pendant 30 années consécutives. C'est ainsi que périodiquement les grandes *haciendas* agrandissaient leurs possessions.

Parmi les grands propriétaires de *latifundio* connus à l'époque, on peut citer Manuel Antonio Luzarraga qui possédait plus de 100 000 cacaoyers dans la paroisse de Machala et plus de 125 000 dans celle de Puebloviejo[1]. L'inventaire des biens de la famille de Martin Icaza mentionne l'hacienda de Cachari (Babahoyo), avec 3 000 bovins, 300 juments, 100 poulains, 30 mules et cinq esclaves et 325 000 cacaoyers dans la paroisse de Puebloviejo. Domingo Santistevan, propriétaire d'un immeuble avec 18 magasins à Babahoyo avait 125 000 cacaoyers à Puebloviejo. Le canton de Puebloviejo apparaît comme la grande zone de monoculture cacaoyère tandis que celui de Babahoyo reste plus diversifié avec une dominante pastorale tandis que les berges portent de la canne à sucre.

Les terrasses du littoral méridional se spécialisent également dans le cacao entre Machala et Pasaje où les plantations sont presque continues. Les *haciendas* de Balao, de Naranjal et de Machala produisaient déjà des bananes (14 530 régimes) et du bétail (1 100 bovins en 1832). Une économie complémentaire s'était organisée entre El Oro et la Sierra méridionale. Les propriétaires d'*hacienda*, souvent d'origine serranaise dans cette région, faisaient venir par les chemins de mules, légumes, fromages, textiles et volailles qu'ils ne produisaient ou n'élevaient pas localement. Les Indiens du littoral fournissaient aux producteurs de cacao, des poissons et du sel. Du fait de l'isolement, la région de Pasaje-Machala vivait davantage en relation avec la Sierra qu'avec le Guayas.

M. Hammerly dans son "*Historía social y económica de la Antigua Provincia del Guayas*" 1763-1842 estime le nombre des cacaoyers dans le Guayas, entre 4 et 4,5 millions d'arbres et la production de 75 à 100 000 charges par an. Entre 1821 et 1825, la récolte annuelle dans le district de Guayaquil était de l'ordre de 190 000 charges. Dans la décade des années 1830, on avait planté au moins 700 000 nouveaux plants justifiant la forte production des années 1835 et 1840 qui permit d'exporter 170 000 charges de 71 livres et 176 000 charges de 5 livres (Cf. tableau N° 5 page suivante). Les grands producteurs vendaient directement aux commerçants étrangers ou consignaient leurs récoltes aux agents pour la vente à l'extérieur. Par contre les petits propriétaires et les colons livraient leur récolte aux intermédiaires qui assuraient leur transport en radeau de balsa jusqu'au port. Guayaquil retirait de ce produit le maximum de son trafic et de ses activités. Les fèves représentent déjà les deux tiers ou les trois quarts des exportations nationales alors qu'elles sont le résultat du travail de 17 % seulement de la population côtière.

---

[1] L'habitude d'avoir des plantations réparties dans plusieurs régions commence très tôt, souvent pour des raisons de complémentarité écologique.

La première crise du cacao

La hausse de la production continuera plus ou moins régulièrement jusqu'en 1842, date à laquelle une grande épidémie de fièvre jaune frappera le port et les habitants du Guayas. 5 000 Guayaquiléniens et 3 566 Manabites y ont perdu la vie. L'économie locale fut disloquée par la fuite générale devant cette grave épidémie. Le port et toute la Côte furent soumis à la quarantaine sur terre comme sur mer. Les exportations tombèrent dans la seule année de 1842 de 140 000 charges de 74 livres à 89 950 charges de 52 livres. La reprise ne fut pas immédiate une fois l'épidémie écartée car de nouvelles crises réapparurent en 1853, 1867, 1877, 1880, 1884 avec, à chaque fois, une diminution des exportations.

Le port a beaucoup souffert de cette mauvaise réputation d'insalubrité qui pourtant n'était pas plus grande que dans les autres ports du Pacifique. Après la disparition de la fièvre jaune, la production pourra augmenter régulièrement et ce sera le début de la deuxième époque du cacao.

LES CYCLES ÉCONOMIQUES SUR LA CÔTE

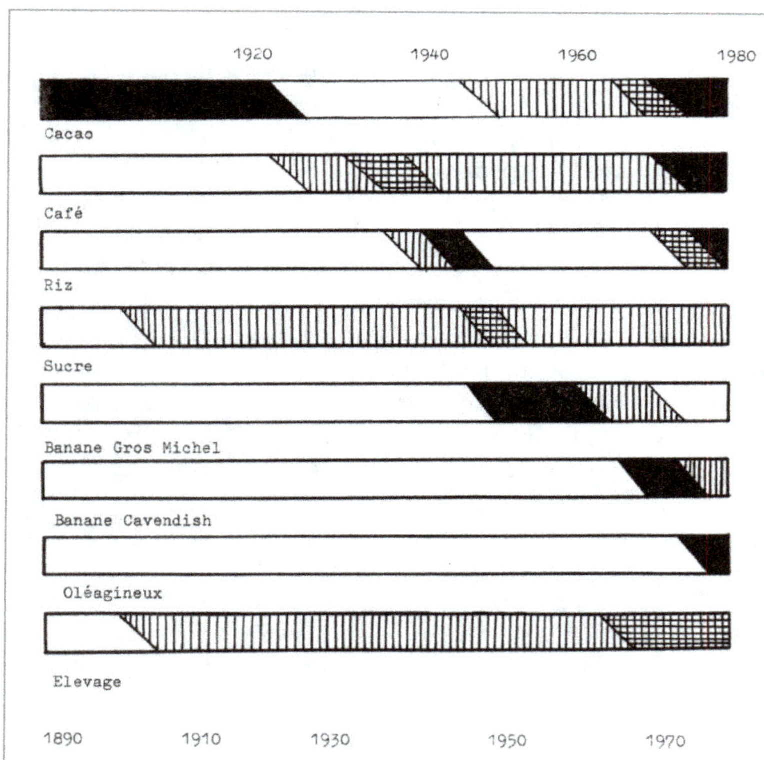

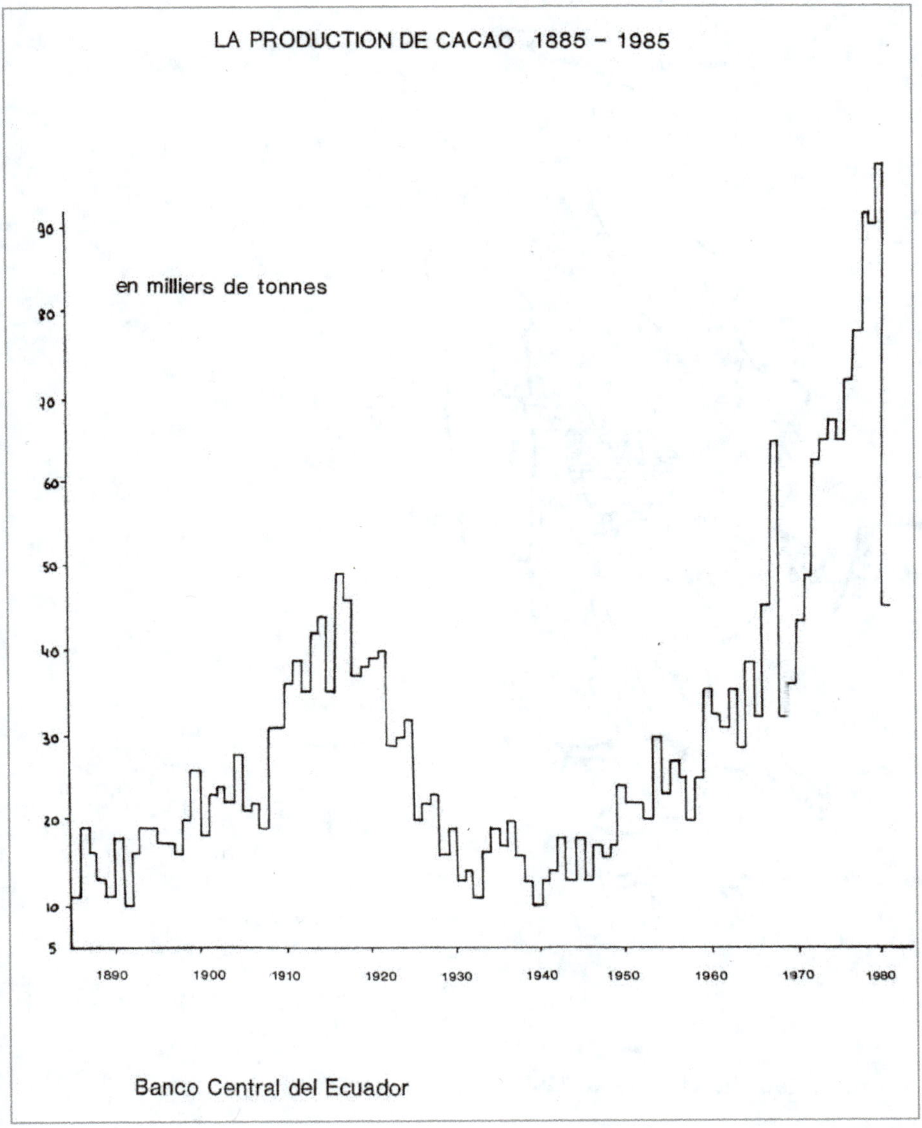
LA PRODUCTION DE CACAO 1885 - 1985
en milliers de tonnes
90
80
70
60
50
40
30
20
10
5
1890
1900
1910
1920
1930
1940
1950
1960
1970
1980
Banco Central del Ecuador

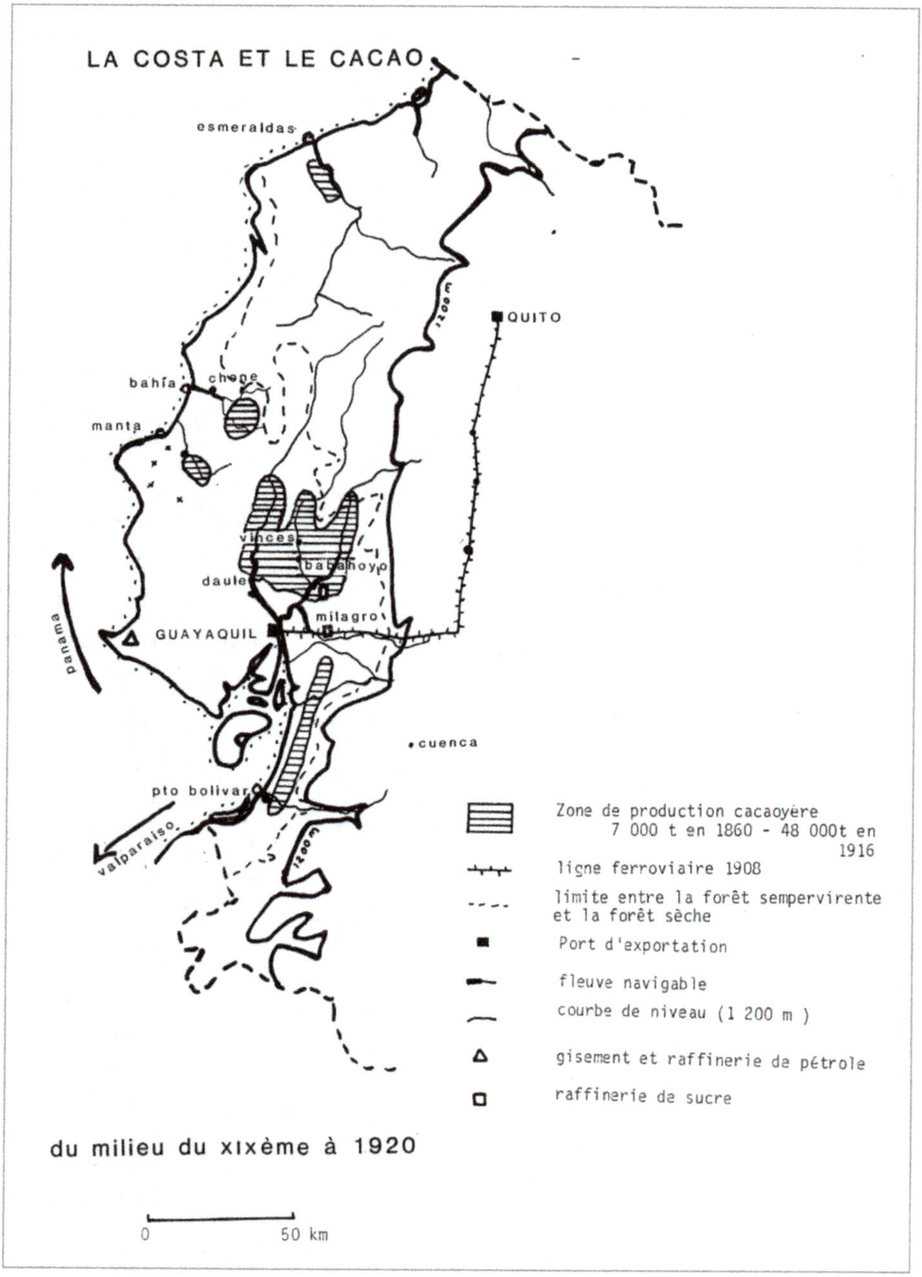
LA COSTA ET LE CACAO
esmeraldas
QUITO
1200 m
bahía
chone
manta
vinces
babahoyo
daule
milagro
GUAYAQUIL
panama
cuenca
pto bolivar
valparaiso
1200 m
Zone de production cacaoyère
7 000 t en 1860 - 48 000t en 1916
ligne ferroviaire 1908
limite entre la forêt sempervirente et la forêt sèche
Port d'exportation
fleuve navigable
courbe de niveau (1 200 m)
gisement et raffinerie de pétrole
raffinerie de sucre
du milieu du XIXème à 1920
0
50 km

Tableau n°2

Le cacao dans le Canton de Puebloviejo à la fin du XVIIIe siècle et au début du XIXe siècle

Quelques exemples de familles de planteurs	Nbre de cacaoyers en milliers d'arbres	
Martin Icaza	325 000	
Domingo Santistevan	125 000	
Josefa Pareja	200 000	
Francisco Vitores	200 000	
Manuel Antonio Luzarraga		
Nombres d'arbres en milliers et production en charges de 91 livres en 1832	**en milliers d'arbres**	**Charge**
Palenque-canton de Baba	567 000	14 200
Puebloviejo-canton Babahoyo[1]	454 000	11 400
Machala-canton de Machala	520 648	13 000
Estimation totale avec Balao, Naranjal et Bahía	4 à 5 millions	175 à 200 000
Planteurs et travailleurs dans les cantons de Baba, Babhoyo et Machala	**1832**	**1840**
Travailleurs	152	
Propriétaires	282	
Journaliers	359	
Total	793	5755

Sources : d'après M.Hammerly, *Historia social y económica de la antigua provincia de Guayaquil 1763-1842.*

Les entrepreneurs guayaquiléniens ne se laissent pas abattre par ces difficultés. Ils investissent sans cesse dans les plantations et organisent eux-mêmes le transport des fèves, leur entrepôt et l'exportation. Ils créent enfin des scieries, des égraineries, des distilleries et des moulins qui apparaissent peu à peu dans cette région du Guayas bien drainée par les trois grands fleuves qui servent de voie de transport. Cet arrière-pays de Guayaquil devient en peu de temps la région la plus dynamique du pays. Mais l'État, malgré les revenus assurés par les taxes douanières sur le cacao, n'effectue aucun travail d'infrastructure ni sur la Côte ni dans le reste du pays.

[1] On estime à plus d'1 500 000 le nombre des arbres de ce canton de Puebloviejo en production tandis que l'ensemble Baba, Puebloviejo, Machala, Balao, Naranjal et Bahía comptait plus de 4 500 000 arbres soit 175 000 à 200 000 charges.

Le tabac s'impose dans la vallée du Daule

Les rives du fleuve Daule ont connu une évolution particulière à la suite d'une décision de la Couronne espagnole d'imposer le monopole, vers 1870, de la culture du tabac aux meilleurs *vegas* de Daule à Balzar. Le tabac y était une culture traditionnelle associée aux cultures vivrières, aux bananiers et à l'élevage bovin. Cette décision consolida la structure agraire en petites et moyennes propriétés alors qu'ailleurs l'essor du cacao était marqué par l'extension des *haciendas* traditionnelles. L'administration principale, *la Factorla Général y Fabrica de la Real Renta, Polvera y Naipes de Guayaquil* commença ses activités en 1778. Malgré les irrégularités climatiques, la production parvint peu à peu à satisfaire la demande de l'Équateur comme celle du Pérou durant la dernière décade du XVIIIe siècle et au début du XIXe siècle. En 1809, Guayaquil exportait 1000 quintaux de tabac à Lima.

Le développement du tabac nécessita une forte main-d'œuvre. Dès 1871, on cultivait plus de 22 millions de plants de tabac sur les rives du Daule, près de Portoviejo, Baba et Yaguachi avec des travailleurs sur des terres de l'État. Mais pour augmenter la production, on fit appel à des travailleurs privés. Pour maintenir le monopole, des facilités de paiement étaient accordées aux travailleurs sur leur récolte à venir. La vente du tabac représentait des ressources monétaires pour tous les habitants des rives du Daule. Pendant les deux premières décades, le nouveau monopole fut un succès financier. La vente du tabac à la Sierra et au Pérou rapporta plus de 24 000 pesos par an. Mais, plusieurs événements contribuèrent au déclin de la Factorerie des Tabacs : l'enrôlement des travailleurs dans la milice militaire pendant la guerre d'indépendance, les difficultés pour obtenir de Lima le règlement des achats de tabac, les sécheresses succédant à la décision prise à la fin du XVIIIe siècle de limiter la culture à Daule et Balzar, la spéculation, la contrebande comme les cultures interdites provoquèrent autant de difficultés qui hâtèrent le déclin de cette institution. L'Estanco Real ne put bientôt plus satisfaire la demande du Pérou ni même celle de la Sierra.

Le gouvernement de Guayaquil Indépendant abolit le monopole du tabac. Bogotá pendant le bref rattachement de l'Équateur à la Colombie, le restaura quelques années plus tard et le vendit à un commerçant pour cinq ans. En 1830, la première Convention de l'Équateur nia la concession et restaura le libre commerce du tabac. Vers 1836, la production atteignait de nouveau 238 000 livres d'une valeur de 38 000 pesos.

Le peuplement progressif du Guayas aux XVIIIe et XIXe siècles

L'essor démographique de la Côte

L'essor économique de la Côte de la fin du XVIIIe et du début du XIXe siècle s'explique par la modification de la répartition de la population en faveur de la plaine du Guayas. Des circonstances exceptionnelles vont permettre son peuplement à partir des Indiens et métis du Manabí, de la péninsule de Santa Elena et de la Sierra. La population côtière se multipliera par quatre en quatre-vingt ans. L'ancienne province de Guayaquil absorbe, en effet, entre 1780 et 1825, toute la croissance naturelle de la Sierra et du littoral côtier. De 7 % en 1780, la population de la Côte passe à 15 % de la population équatorienne en 1840. Cent ans plus tard, elle représentait un quart de la population et un tiers en 1929. Dans l'ensemble du pays, qui compte un demi-million d'habitants au début du XIXe siècle, la croissance naturelle reste très lente avec un taux de 0,2 % de moyenne par an. La population y est avant tout serranaise (93 %) ; or celle-ci diminue par suite d'une longue dépression économique particulièrement dure pendant la décade de 1740. En effet, au cours de cette période, des catastrophes en série s'abattent sur la Sierra et principalement dans les Andes centrales. Victimes de la désorganisation du système commercial colonial, les serranais seront de plus victimes de catastrophes naturelles : éruptions volcaniques, fortes pluies, sécheresses prolongées et épidémies. Il s'ensuivit de longues périodes de pénurie alimentaire provoquant de nombreux soulèvements indiens et des luttes paysannes à la fin de la période coloniale. Ces événements favoriseront les départs vers la Côte.

Les deux tiers du peuplement du Guayas à la fin du XVIIIe siècle se limitent à quelques "*pueblos*" et "*villorios*", situés près de "*vegas*" de tabac et des premières *haciendas* de cacao et d'élevage sur les rives du Daule et de quelques affluents. On estime à 22 445 le nombre total des habitants du Guayas en comptant Guayaquil et les paroisses rurales voisines. Daule, le plus grand centre de la Côte après le port, compte 1000 habitants environ. Babahoyo, malgré son rôle de relais avec la Sierra pendant la saison sèche, a beaucoup moins d'habitants.

Beaucoup plus importante que celle de la Sierra, sera la venue de populations indiennes et métisses du littoral occidental vers le centre et le sud de la Côte. En effet, la province du Manabí et le canton de Santa Elena constituaient au milieu du XVIIIe siècle un véritable réservoir de main-d'œuvre par leur population relativement nombreuse. Lors de périodes de sécheresse, les habitants qui avaient situé leurs villages à une distance raisonnable de la mer, en partie pour éviter les attaques des pirates et pour se rapprocher des terres de culture retrouvaient vite dans la pêche une alimentation complémentaire. Au contraire, les éleveurs se déplaçaient avec le bétail vers les zones de l'intérieur plus humides jusqu'au retour des pluies bénéfiques. Une très forte natalité, un taux de fécondité élevé ont fait fortement progresser la population. Elle passe, en effet, de 8 334 en 1765 à 37 144 en 1840. C'est cette croissance spectaculaire que D. Hammerly qualifiera de "révolution démographique", amorce du démarrage économique de la Côte centrale. Plus d'un million en 1983, les Manabites constituent encore l'essentiel des petits colons pionniers dans les nouveaux fronts de défrichement. Ils vont chercher à occuper de nouvelles zones comme la vallée du rio Chone, mais n'iront guère plus au nord. Par contre, ils subiront l'attraction des collines méridionales et surtout de la vallée du Daule puis de celle du Vinces et de Babahoyo.

Tableau n°3

Évolution de la population côtière

	1779-1780	1825	1838-1840	1857-1858
Esmeraldas	2497	2352	5229	6429
Manabí	7 699	17 444	23 641	30 208
Guayaquil	22 644	55 048	62 565	91 620
Côte	32 840	74 844	91 435	128 257
Par rapport à la Sierra	7%	15,1%	14,8%	17,1%
Sierra	400 949	402 210	525 757	620 040
Oriente	13 177	11 420		
Équateur	433 789	477 054	617 192	748 297

Sources : D. Hammerly, *Historia social y económica de la antigua provincia de Guayaquil*, 1972, Guayaquil.

Guayaquil représente 18 % de la population côtière en 1870 contre 40 % en 1840. En 1780, tous les habitants du Daule étaient Noirs ou mulâtres ; en 1840, ils sont en grande majorité indigènes ou métis. Cette modification du peuplement se reflétera sur la dimension des exploitations qui resteront, comme dans le Manabí, formées de petites parcelles familiales avec quelques plantations de taille moyenne contrastant fortement avec les *latifundios* de l'est de la plaine du Guayas. Entre 1765 et 1825, la population du Guayas central et méridional augmentera davantage que celle du littoral occidental et de Guayaquil. La paroisse de Puebloviejo, par exemple, augmentera de plus de huit fois ; par contre, les migrations indiennes se feront davantage au débouché des vallées sur le point de contact entre la Sierra et la Côte. Sabaneta en 1858, dans le canton de Babahoyo comptait 159 Serranais sur ses 320 habitants. De même, les habitants des bassins de Loja et d'Azuay descendront de préférence dans la vallée du Jubones près de Pasaje et Machala. La population de la ville de Guayaquil de 4 914 habitants en 1765 passe à 13 700 en 1804 pour atteindre 25 000 habitants en 1857.

Tableau n°4

Distribution de la population en 1765, 1825 et 1840

Provinces	Superficie km2	1765	1825	1839	%
Guayas	21 278	17 792	42 807	51 437	59
Los Ríos	5 947	4 297	10 367	10 045	11
Manabí	20 442	5 240	17 444	23 641	3
El Oro*	2 532	106	1 874	1 173	3
Total	50 199	27 445	72 492	86 296	100

Sources : Wolf, *Geografía y Geología del Ecuador, Quito 1892,* réédité en 1976.*Guía comercial, agrícola e industrial del Ecuador* 1908. Hammerly, *Historia social y económica de la Antigua Provincia del Guayas.*

* Seulement les paroisses de Machala et de Pasaje

L'attraction des plantations de cacao va attirer cette population de migrants à prédominance masculine et rurale dans des terres nouvelles, en quête d'un emploi salarié sans pour autant que les conditions sanitaires aient changé. Les pertes humaines sont toujours nombreuses. Les plus enclins au travail individuel colonisèrent les terres voisines dans les collines de la cordillère qui séparent le Manabí du Guayas. Le ravitaillement de la ville et des bateaux s'arrêtant au port nécessitait une zone de production vivrière à proximité. La vallée du Daule remplissait les conditions grâce à ses rives très fertiles.

Le démarrage de la Côte centrale et l'état sanitaire exigeant le renouvellement de la main-d'œuvre fut rendu possible beaucoup plus par la croissance démographique de la Côte occidentale que par le déclin de la Sierra. La reprise démographique de la Sierra commencera après l'Indépendance, dans les zones rurales, les villes restant très peu peuplées. En effet, incapables de nourrir leur population, Quito et Cuenca, elles-mêmes, se videront d'une partie de leurs habitants.

La composition ethnique du peuplement côtier

Le peuplement de la plaine du Guayas s'est effectué à partir de populations très différentes sur le plan ethnique. Leur répartition évolua en fonction des étapes de la mise en valeur et de la force des courants migratoires. Pendant longtemps, le port de Guayaquil reste une ville de Noirs et de Blancs pour devenir ensuite un fantastique kaléidoscope si bien décrit[1] par les voyageurs étrangers de l'époque. L'étude démographique est rendue peu aisée par le dénombrement de la diversité ethnique et des classes sociales différentes selon les sources. On trouve ainsi : soit *blancos, indios, libres de varios colores, esclavos*. Soit *blancos, mestizos (indios, mulatos, zambos, negros libres, negros libertos) et negros esclavos*. Le clergé est rattaché aux Blancs. La population blanche représentée par les Espagnols et les Créoles est peu nombreuse sur la Côte par rapport à la Sierra. Elle comprend environ 5 % de la population et vit en majorité à Guayaquil. Seuls les centres de Daule et de Babahoyo ont une petite colonie blanche. La répartition géographique très simple à l'époque coloniale, Indiens et métis sur le littoral, Noirs et mulâtres dans la plaine centrale, tend à disparaître au profit des Indiens et métis qui passent de 35-40 % à 55-60 % environ de 1780 à 1840. La fusion de toutes ces populations est à l'origine de l'expression "*montuvio*". L'essor démographique des Indiens du Manabí et de Santa Elena et leur arrivée dans le Guayas est difficile à cerner, même au début du XIXe siècle, car beaucoup se déclarent métis pour échapper au tribut. Néanmoins la population indienne de Daule passe officiellement de 805 à 5 848 de 1780 à 1840 et celle de Babahoyo de 46 à 670. La diminution du nombre des Noirs se fait sentir surtout à partir de 1780. Auparavant, 57 % de la population était composé de Noirs, de mulâtres, de *zambos*. Près de 2 000 d'entre eux étaient esclaves, dont la moitié vivait dans le port.

---

[1] Inventaire détaillé, dressé par Acosta Solis dans son livre *Investigadores de la geografía y la naturaleza de America tropical.*, Quito, 1976, et par Dario Lara, *Viajeros franceses al Ecuador en el siglo XIX*, Quito, 1972.

Ils apparaissent moins efficaces que les migrants libres, indiens, avec de plus un taux de mortalité et de désertion très élevé. Les lois de 1821 améliorent leur statut en leur donnant le droit de se racheter ; dès 1822, la liberté est donnée aux enfants nés de mères esclaves ; enfin, en 1852, est promulguée l'abolition complète de l'esclavage. Cette dernière loi bénéficiera aux 922 derniers Noirs encore non libres du Guayas et à 256 Noirs du Manabí.

L'essor des villes côtières

Le XIXᵉ siècle voit naître sur la Côte un premier réseau urbain autour de Guayaquil lié à l'établissement du modèle économique agro-exportateur. Au contraire de la Sierra qui dispose dès le XVIIIᵉ siècle d'un réseau urbain relativement important avec trois grandes cités Quito, Cuenca et Riobamba, le littoral ne dispose que d'une seule ville Guayaquil (6 000 habitants à la fin du XVIIIᵉ siècle) jusqu'au milieu du XIXᵉ siècle. Les points de rupture de charge entre la navigation fluviale et les transferts terrestres comme Babahoyo, Daule et Yaguachi ont des fonctions urbaines très élémentaires et actives pendant une partie de l'année à cause des crues et des inondations. L'essor du cacao favorise la croissance de villes portuaires même si elles restent sous la dépendance du port principal. Guayaquil, qui double sa population entre 1780 et 1804, perd ensuite un peu de son dynamisme démographique avec les épidémies et les difficultés du cacao entre 1830 et 1870, puis passe ensuite de 12 000 à 90 000 habitants. Les bonds de sa croissance suivent ceux des exportations du cacao. Elle dépassa Cuenca et devint la deuxième ville du pays durant la décennie 1830 et la première ville à la fin du XIXᵉ siècle, dépassant Quito avec 81 500 habitants en 1909. Le chemin de fer qui unit Guayaquil à Quito à partir de 1908 sera un trait d'union entre les deux cités, entre les deux grandes régions de l'Équateur.

Les villes côtières de plus de 5000 habitants au début du XXᵉ siècle sont situées le long des axes de communication près des grandes zones de production. Elles sont dotées d'une fonction administrative locale ou provinciale. C'est le cas de toutes les villes sous influence directe de Guayaquil comme Babahoyo, Milagro, Daule, Vinces. Les villes portuaires constituent le deuxième groupe de centres urbains : il s'agit des ports d'exportation non seulement du cacao, mais aussi des matières premières locales traditionnelles : ivoire végétal (*tagua*), latex, kapok, bois, il s'agit d'Esmeraldas, Bahía, Manta et Machala, reliées à Guayaquil par cabotage. Les deux premières sont au débouché d'une grande ria qui facilite le transport vers l'arrière-pays.

Tableau n°5

La population de la ville de Guayaquil

1765	1780	1790	1804	1832	1840	1842	1857
4 914	6 000	8 000	13 700	12 000	13 093	18 000	25 000

Soit 18% de la population de la Côte en 1870 et 14% en 1840.

Source : D. Hammerly, *Historia social y económica de la Antigua Provincia de Guayaquil,* 1972, Guayaquil.

3. La grande époque du cacao (1880-1920)

L'essor rapide du cacao

Producteurs et exportateurs se lancent à fond dans l'exportation de cacao tant la demande européenne est forte. En effet, les exportations mondiales doublent de 1895 à 1905, et de nouveau, de 1905 à 1915. C'est "la belle époque" pour l'Équateur, premier pays exportateur du monde. Les ventes passent de 5 000 tonnes en 1855 à 20 000 tonnes en 1900, pour atteindre 50 000 tonnes en 1928. À la fin du XXIe siècle s'ouvre une ère nouvelle pour l'Équateur marquée par une première poussée de modernisme et par un certain libéralisme avec l'arrivée au pouvoir de Garcia Moreno de 1860 à 1875. Le pays souhaite un développement de son agriculture, de ses mines et de son industrie pour lesquelles des travaux d'infrastructure seront accomplis. Des lois sont édictées pour faciliter la création d'un système bancaire propre et un marché de capitaux dès 1860[1]. Ces progrès se font grâce aux taxes sur les exportations et aux emprunts auprès des banques de Guayaquil. Ces projets ne se réalisent pas aussi vite que prévu malgré une conjoncture internationale particulièrement favorable à l'essor des produits tropicaux. La vente d'autres productions n'est pas négligeable. La quinine, le caoutchouc, le café, les plantains, les bois, les cuirs et les chapeaux de paille sont également demandés. Les ventes à l'étranger rapportent environ 7 à 8 millions de $ par an puis 11 millions entre 1870 et 1920 et consolident les activités des Guayaquiléniens tant dans leurs plantations que dans le commerce d'import-export, élément dynamique de l'économie. À noter aussi les premières initiatives d'industrialisation réalisées surtout à Guayaquil notamment avec l'*ingenio* sucrier de Valdéz en 1874. La construction du chemin de fer, commencée par Garcia Moreno et achevée par Eloy Alfaro, renforce les liens avec la Sierra. Mais aux pouvoirs économiques des exportateurs financiers de Guayaquil s'adjoint pour la première fois à la fin du siècle dernier le pouvoir politique. La France, l'Allemagne et l'Angleterre achètent les trois quarts du cacao équatorien. Mais dans la seconde décade du XXe siècle, les achats américains augmentent au point de couvrir 55 % et parfois 75 % des ventes

[1] Avant 1860, il y avait à, Guayaquil, seulement la banque de Luzarraga. En 1862, y sont créées la Banco Particular de Descuento y Circulación, en 1868, la Banco del Ecuador et la Banco de Crédito Hipotecario en 1871. La première banque quiténienne est créée en 1869.

équatoriennes. Ce changement s'observe également dans les importations où les Nord-Américains remplacent les Anglais et les Allemands comme principaux fournisseurs de produits manufacturés. En conséquence, l'économie équatorienne devient peu à peu vulnérable en augmentant sa dépendance vis-à-vis d'un seul pays.

Tableau n°6

Les pays acheteurs du cacao équatorien en %

Année	USA	France	Angleterre	Allemagne	Autres
1911	25	37	7	16	12
1914	27	34	9	6	25
1916	48	12	206		18
1918	77		7		15
1920	55	3	17	3	20

Source : Weinman, *Cocoa and Ecuador*, 1970 .

Les pays acheteurs fixaient le volume et les prix. Le transport échappait déjà à l'Équateur qui ne possède pas de lignes maritimes. Il dépendait surtout des lignes européennes et surtout de la "*Pacific Steam Navigation Cy*" (GB) puis après la Première Guerre mondiale de plusieurs compagnies nord-américaines. Cette dépendance était très forte. Entre 1905 et 1913, le prix du transport augmenta de 25 % sans que les planteurs ne puissent intervenir, affectant non seulement le cacao mais aussi les autres productions comme la *tagua* (ivoire végétal), le café et le caoutchouc. Malgré tout, le prix du cacao justifiait l'engouement et les efforts. Très vite, en effet, les planteurs et les exportateurs édifièrent des fortunes considérables qui dépassèrent largement celles des grands propriétaires de la Sierra.

L'extension de la frontière agricole

Les terres basses du bassin du Guayas constituent la principale zone de production. Les *haciendas* continuent de s'étendre sur les premières terrasses à l'abri des inondations à côté des rives de tabac, de canne à sucre, des huertas de fruits et légumes. Les *haciendas* traditionnelles convertissent de plus en plus les espaces boisés et bien drainés en cacaoyères en choisissant les berges mêmes étroites le long des fleuves qui permettent le transport des fèves vers le port de Guayaquil en bateau ou en radeau. Il en sera de même pour les plantations nouvelles de Balao, Machala, Chone ou Esmeraldas. Les cacaoyères s'échelonnent le long des rivières du Vinces et de Babahoyo et de leurs affluents. Les centres de Babahoyo, Pimocha, Baba, Puebloviejo, Vinces et Palenque doivent au cacao leur premier essor comme point de regroupement des sacs de fèves à destination de Guayaquil. La frontière du cacao recule peu à peu vers le nord. En 1860, la province de Los Ríos est créée avec les cantons de Babahoyo, Baba, Vinces, Puebloviejo, Guara, Chimbo. On lui rattachera ensuite les cantons Urdaneta, Ventanas et Quevedo. Les limites administratives suivent celles du cacao. Toute la vie des plantations est marquée par cette dépendance des fleuves, des crues et des basses eaux qui rendent problématiques les transports. Mais les fèves se gardent bien une fois la fermentation et le séchage effectués, aussi peut-on choisir l'époque de meilleure navigation pour les transporter au port. Les petites exploitations de polyculture ravitaillent la ville et les bateaux du port de Guayaquil. En raison de son éloignement du Guayas, ce secteur de Balzar et Quevedo offre des terres forestières libres à la fin du XIXe siècle.

La région méridionale de la Côte est la deuxième grande zone de production avec en première position le groupe des grandes *haciendas* de Balao, Tenguel et Naranjal, suivie par le secteur d'El Oro autour des centres de Pasaje et de Machala. Les sacs de fèves sont amenés par cabotage à Guayaquil à partir de petites rivières qui débouchent sur le Golfe de Guayaquil. Dans le Manabí, troisième zone de production, on trouve quelques cacaoyères autour de Chone et le long du rio Tosagua. Les plantations bénéficient, d'une part, de la proximité de l'océan par le rio Chone et par l'absence de fièvre jaune dans cette région plus sèche et plus saine. D'autre part, le long estuaire offre un abri aux habitants de Bahía et aux bateaux malgré la barre à l'entrée de la ria.

Vers 1890, Bahía compte 500 habitants pour la plupart commerçants-acheteurs de cacao. Des exportateurs s'y fixent. Un agent consulaire nord-américain s'y installe même en 1884, montrant l'intérêt récent des entreprises américaines. Quito, de plus, soutient le développement de Bahía comme port de cacao, plus proche de la capitale que Guayaquil. Quelques plantations apparaissent dans l'Esmeraldas mais elles resteront très limitées.

La consolidation des plantations à la fin du siècle dernier

La constitution des grandes haciendas du cacao

La fin du XIXe siècle voit se constituer de nouvelles propriétés à partir soit d'anciens domaines hérités de la période coloniale, soit des *haciendas* de colonisation vers le nord. La frontière agricole est largement repoussée, mais le fait le plus spectaculaire c'est la dimension de ces propriétés qui atteindront leur maximum de superficie à cette époque[1]. En 1923, parmi les 37 plus grandes plantations 13 ont plus d'un million de cacaoyers et 24 de 150 000 à un million. Le total s'élève à 23 millions d'arbres. L'appropriation concerne des pans entiers de forêts, des terres inondables et des marécages. La terre a désormais un prix. Or il faut de vastes surfaces pour posséder ces terrasses bien drainées sur les berges des fleuves. Entre 1870 et 1900, de grands mouvements de terre

[1] De véritables *latifundios* se forment de 20 à 60 000 ha avec plus d'un million de cacaoyers chacune.

transforment les situations foncières mises en place au début du siècle. Des héritages parfois considérables[1], le mariage (celui avec l'héritière de Tenguel apporte à Caamaño trois millions d'hectares) ou le retour d'Europe, qui permet de découvrir pour la première fois ces plantations dont on a entendu parler pendant toute son enfance, expliquent ces changements. Le maintien des grandes propriétés reposait sur une solide tradition familiale pour éviter la division. Quand la vente était inévitable, la totalité était vendue à un membre de la famille capable de l'acheter. Si ce n'était pas possible, on cédait des parties aux voisins immédiats de l'hacienda. Il semble que la bourgeoisie marchande d'origine étrangère de Guayaquil ait pu encore acheter des terres à la fin du XIXe siècle. Juan Krûger, représentant de Hambourg, possédait l'*hacienda* de San Remo, tandis que des marchands italiens détenaient l'*hacienda* Paradis dans la zone nouvelle de Balao. Mais on trouve aussi des Serranais possédant quelques *haciendas* sur la Côte, en particulier au débouché des vallées qui servaient de pistes et d'accès à la Sierra. Le rôle du chemin de fer dans le secteur de Yaguachi-Milagro (Guayas) est déterminant pour les *haciendas* jusqu'ici mal reliées au fleuve ; elles se sont développées au fur et à mesure de la pose des rails entre Duran, terminal ferroviaire face à Guayaquil, et Milagro, atteint en 1890. L'intérêt est tel que les planteurs locaux soutiennent les difficultés financières de la Compagnie[2].

Les grandes familles de planteurs

En 1890, le nombre des propriétaires reste peu important, mais la cohésion est forte. Chacun connaît ses limites d'*hacienda* avec ses repères et ses lieux dits pour se défendre contre d'éventuels occupants aux limites de la propriété. Celles-ci sont formées par les chenaux, le fleuve, les limites des *haciendas* voisines et la forêt. Néanmoins il n'était pas toujours facile pour un nouveau venu de savoir si telle ou telle terre appartenait au domaine de l'État ou à un particulier. La propriété était souvent formée de plusieurs ensembles de terres non contiguës. Une vingtaine de familles se partageait la plus grande partie des plantations de cacao. Ce sont L. Aspiazu, M. Seminario, À. Puga, J.M. Ycaza, Acevedo, Caamaño, Aviles, Aguirre, Duran-Ballen, H. Morla, À. Madinya, E. Baquerizo, C. Rosales et une dizaine d'autres. Les plus grandes propriétés du nord appartenaient aux frères Seminario dans Los Ríos. Il fallait naviguer pendant plus d'une journée sur le rio Caracol pour atteindre la limite de la propriété. Ces terres portaient plus de deux millions d'arbres en 1889. L'hacienda Clementina de Clémente Ballen en possédait un million et demi. Près de Balao, l'hacienda des Morla était plantée de plus d'un million de

[1] Le testament d'Amalio Puga, en 1889, cité par Weinman, illustre la grande propriété cacaoyère de l'époque qui compte dans les cantons de Puebloviejo et Babahoyo plus d'un million de cacaoyers répartis dans les haciendas d'Aguacacal, Ventanillas, Madrid, Playa Grande, Corozal, Carmen Sanchez et Pediche.

[2] Uggen J. Peasant, *Mobilization in Ecuador : a case study of Guayas province*, 1975.

cacaoyers ; celles de San Remo et de Paradis avaient également des cacaoyères de cette étendue. Un peu plus tard, Tenguel dépasse largement les autres avec plus de trois millions d'arbres illustrant bien un processus normal de formation des *haciendas*. Ancienne terre donnée par le roi d'Espagne, au début du XVIIIe siècle, à Doña Francisca Tomale pour la remercier d'avoir donné des hommes et de l'argent pour lutter contre un pirate hollandais qui avait attaqué Guayaquil, elle passa entre les mains de Don Jacinto Caamaño qui avait épousé l'héritière. Pendant la grande période du cacao, l'hacienda de Tenguel était dirigée par Leonardo Stagg, britannique, marié à une Caamaño. La terre était donc toujours entre les mains de la même famille mais on meurt jeune dans ces terres chaudes et humides, avant 50 ans, en laissant femme et enfants qui se retirent aussitôt à Guayaquil ou en France, confiant l'exploitation à un major-dome et à un fondé de pouvoir. La plantation plus ou moins bien gérée sans investissements sera progressivement abandonnée et vendue si l'un des héritiers ne revient sur le terrain remettre tout en état[1].

Les éléments actifs des planteurs profiteront de cette situation, se constituant de très grands domaines par rachats successifs et agrandissent leur héritage de ces *haciendas* achetées aux enchères. Les dénonciations de terres surtout forestières sont encore possibles en 1890, mais rares en 1900, sauf dans le secteur de Quevedo, frontière de l'occupation cacaoyère. À la mort de son père, survenue à 52 ans et héritier des terres achetées par son grand-père après l'indépendance, Lautaro Aspiazu né en 1861 va vivre jusqu'à 85 ans (1920). Il aura le temps d'acheter des *haciendas* et de se constituer un ensemble de 80 000 ha dont 6 000 ha seront plantés de cacaoyers. Entre 1870 et 1900, L. Aspiazu fournira 40 % du commerce du cacao, soit 2 % du cacao mondial. Peu à peu, L. Aspiazu achète tout autour de Palenque, près de Vinces. Il est allé, lui aussi, à Paris en 1900 mais il en revient définitivement en 1907. Il réussit grâce à son travail à acheter chaque année une hacienda et à planter jusqu'à deux millions d'arbres, à organiser des pâturages enclos et à y introduire des vaches espagnoles. Tous ses bénéfices sont investis sur place dans les plantations ou à Guayaquil (Cf. chapitre sur le cacao et Guayaquil).

Des accords établis à l'avance facilitent les ententes comme celui de 1890 entre les familles Aspiazu et Seminario qui, ainsi, ne se feront plus concurrence. Les premiers occuperont l'ouest, les seconds l'est de Los Ríos près de Puebloviejo. Les limites d'*haciendas* seront précisées. Certaines d'entre elles deviendront des limites de paroisses comme Mocache et Ventanas qui séparent les Puga et les Aspiazu. Ces acquisitions aboutissent à une situation de multipropriétés réparties sur les deux provinces du Guayas et de Los Ríos. Étant données les difficultés de transport (cheval et bateau) on s'efforce de concentrer au maximum ses achats d'*haciendas*. On défriche, on plante, on organise des pâturages, on fait venir des bêtes, on clôture de fil de fer barbelé.

---

[1] Conversations avec M. Aspiazu Carbo, À. Puga et E. Seminario à Guayaquil.

La population sur place, reste dispersée près des cacaoyères ; mais, on créé aussi des hameaux, des paroisses avec les nouveaux venus du Manabí ou de la Sierra. Les planteurs vivaient dans leurs *haciendas* pendant les premières années du démarrage des cacaoyères. Les petits centres urbains installés sur les rives des fleuves accueillaient également une partie des familles. Entourées de palétuviers, dans une ambiance très malsaine par suite de la grande humidité et du risque plus grand des épidémies, la ville de Guayaquil n'attirait guère.

Tableau n°7

Les très grandes propriétés du Guayas et de Los Ríos en 1923 et leur nombre de cacaoyers en millions

Famille ou societé	Localisation	Nbre de cacaoyers	Nbre d'*haciendas* connues
Caamano Tenguel Estate	Tenguel	3,5 (1 30000 ha)	6
Plantagen Clementina	est Babahoyo	2 s	
E. Baquerizo Moreno	Milagro	0,5	6
Sociedad Agricóla Bolívar (Seminario)	Puebloviejo	2	7
Heritiers Buenaventura		1,6	11
Aspiazu Estate (Lautaro)	Vinces-Palenque	80 000 ha	24
Rosario Saenz Plantagen	Puebloviejo, Babahoyo	1,5	3
Puga		1,1	12
R. Sanchez Bruno		1,2	2
C.B.Rosales		1,2	6
Morla héritiers		1	4
E.Aspiazu		1	
Isidoro Ycaza		1	

Sources diverses dont *Guía comercial, agrícola e industrial del Ecuador*, 1909.

Notes : Chaque société regroupe plusieurs *haciendas*, de 3 à 24. Il reste cependant difficile de les rassembler avec certitude.

Les petits centres de Baba, Palenque et Vinces doivent leur fortune à la formidable extension du cacao. Vinces, aujourd'hui peu animée et à l'écart de la route, était une petite ville en plein essor sur le bord du rio Vinces. Elle était un centre de résidence de propriétaires terriens, célèbre en 1900 pour ses soirées en fracs et robes longues à la dernière mode parisienne, ce qui lui valut d'être nommée "Pequeño París". Mais Vinces n'a gardé aujourd'hui de cette brillante société cosmopolite en majorité francophone, que quelques belles maisons de bois aux balcons richement décorés qui ornent la grande place face au fleuve.

La prospérité n'est pas garantie à tous. Les planteurs amenés à investir de plus en plus pour agrandir leurs cacaoyères durent faire appel à des capitaux sans cesse plus importants. Or la situation de l'Équateur au début du XXe siècle n'est plus aussi privilégiée avec l'apparition des plantations africaines du Ghana et du Nigeria.

La Première Guerre mondiale perturbe le commerce de Guayaquil par ses répercussions sur les échanges à destination de l'Europe. Les années de guerre virent revenir en Équateur plusieurs familles dans l'impossibilité de recevoir de l'argent. Pour trouver le financement de leurs achats de terres et la plantation de cacaoyers, les planteurs furent amenés à former des Sociétés associées au capital étranger, en particulier allemand.

Tableau n°8

Les nouvelles sociétés

Familles	Sociétés	Lieu et date	Arbre en millions
Seminario	Compania Agrícola Colón	Hambourg 1912	2
Duran-Ballen	Plantagengesellschaft Clementina	Hambourg 1890	1,8
Caamano-Stagg	Camaño Estate Limited	Londres 1910	3
Puga	Cacao Plantagengesellschaft Puga	Hambourg 1907	1,1
Aspiazu	Aspiazu Estate	Londres	2,8

Source : *La Guía comercial, agrícola y industrial del Ecuador*, 1909.

Il reste difficile de connaître le rôle joué par ces financiers étrangers et leur droit de regard sur la production et la vente. Toutefois, les consuls allemands et britanniques comptaient parmi les grands personnages de Guayaquil. Ambrosio Puga, venu en voyage en Équateur en 1900, y resta afin de mettre en valeur les trois grands groupes d'*haciendas* mal exploitées par ses frères dans Los Ríos : Ventanillas, Estrella et Corozal.

Tous les bénéfices étaient jusque-là dirigés sur Paris. Après avoir remis en état l'*hacienda* Corozal, il décida, en 1907, de créer une société anonyme à Hambourg "La cacao Plantagengesellschaft Puga" ; les banquiers allemands fournissaient des capitaux par un système de bons garantis par les *haciendas*.

Un milieu très favorable au cacao

Les plantations de cacao n'ont pu s'étendre sur la Côte équatorienne que grâce à un milieu très favorable. En effet, les plaines basses du bassin du Guayas offrent des conditions optimales au développement des cacaoyères sous couvert forestier ancien ou reconstitué. Le climat de cette région répond aux nécessités particulières de l'arbre[1]. Sur la Côte, les cacaoyères bénéficient également de sols bien drainés sur les terrasses, de part et d'autre des rives des fleuves. L'ombrage indispensable aux arbres dans leurs premières années pour éviter une transpiration excessive et pour limiter l'évaporation du sol, est fourni par l'abattage sélectif de la forêt primaire. Plus tard, on a reconstitué cet ombrage à partir d'arbres comme le Guabo qui ne laissent passer que 25 à 50 % de la lumière. Ces conditions excellentes font du cacao équatorien un des plus appréciés pour son arôme. Cependant l'évolution des goûts des consommateurs a détourné les achats vers des cacaos moins riches en graisse. L'arbre local d'origine ou "*cacao nacional*" appartient au groupe des Forastero de l'Amazonie, avec des caractéristiques propres qui le distinguent des autres. Selon J. Breaudeau "les fèves sont plus dodues avec des cotylédons de couleur violette plus claire et développent un arôme particulier très apprécié[2]. Les arbres équatoriens sont assez hauts et leurs troncs, lisses, ils peuvent être centenaires". Parmi les cacaos nationaux, on trouve en Équateur, plusieurs types différents dont le plus réputé et le plus répandu est le cacao "*de Arriba*", qui doit son nom à la position septentrionale de sa région productrice (Los Ríos) par rapport à Guayaquil. Sa richesse en fève était telle que 7 à 8 cabosses suffisaient pour obtenir une livre au lieu de 11 à 14 pour les autres arbres. En 1900, il fournissait 65 % de la production mondiale, mais, en 1950, 10 % seulement lorsque l'amertume, l'arôme et la richesse en graisse de ce cacao ne seront plus appréciés.

Pendant tout le XIXe siècle on ne planta que l'arbre national ou *criollo*. À partir de 1890, on introduisit des cacaoyers en provenance de Trinidad puis du Venezuela ou de la Colombie. Ces plants reçurent le nom de *trinitarios* ou *amarillos Venezuela* ou *morados Venezuela*. Ils furent choisis pour leur résistance, leur maturité rapide (7 à 8 ans) et pour leur rendement double.

Tableau n°9

Le cacao en Équateur en 1909

Provinces	Nombre d'*haciendas*	Nombre de cacaoyers en million d'arbres	Nombre de travailleurs
Los Ríos	1 594	30	8 057
Guayas	546	1,4	3 821
El Oro	977	6	1 740
Esmeraldas	27	0,2	62
Total	40 837	58	15 398

Source : *la Guía comercial, agrícola y industrial del Ecuador*, 1909.

[1] La température optimum est de l'ordre de 25 à 21° et surtout elle ne doit pas descendre en-dessous de 15° et de 125 mm pour les précipitations et la saison sèche ne doit pas durer au-delà de trois mois. L'altitude ne doit pas dépasser 100 m.

[2] J. Breaudeau, *Le cacaoyer*, Éditions Maisonneuve, Paris, 1969.

Tableau n°10

La production de cacao par région (en milliers de quintal de 46 kg)

Année	Los Ríos	Balao	Autres	Total
1880	232	33	81	346
1890	250	46	96	392
1900	369	49	92	410
1910	504	156	136	796
1917	676	176	155	1007
1920	606	129	135	870
1925	584	44	32	660
1930	263	83	69	415

Source : Sergio Seminario : *L'évolution de la sélection du cacao en Équateur*, 1960, d'après la Chambre de Commerce de Guayaquil.

Tableau n°11

Les exportations de cacao par année en milliers de quintal

Année	1841-1850	1851-1860	1861-1870	1871-1880	1881-1890	1891-1900	1901-1910	1911-1920	1921-1924
Date	233	141	171	220	259	370	370	817	722

Source : Weinman : *Ecuador and Cacao*, 1970.

La croissance des superficies et de la production

L'extension des cacaoyères s'est poursuivie tout au long du XIXe siècle pour atteindre son maximum au début du XXe siècle. Toutes les *haciendas* traditionnelles ont conservé d'autres secteurs de production sur les berges et de l'élevage bovin sur terres inondables. Les nouvelles *haciendas* se sont installées de part et d'autre des précédentes et se sont spécialisées dans le cacao.

Dès 1858, le géographe Villavicencio montre la répartition des cacaoyères par région, mettant en évidence la grande zone de production de Babahoyo, celle de Baba et de Vinces ; venaient en second lieu Machala et Balao. Étant donné la faible consommation locale, les exportations de cacao permettent d'évaluer l'importance de la production. On observe une croissance lente et régulière de la production exportée au cours du XIXe siècle, puis à partir de 1880, une accélération nette des exportations qui double en vingt ans entre 1890 et 1910.

En 1914, le record de 47 200 t est atteint pour la première fois. La demande ne cesse d'augmenter, les prix aussi pendant ces premières années du XXe siècle. L'Équateur est alors le premier pays exportateur du monde de cacao, titre qu'il conservera pendant plusieurs années jusqu'au moment où d'autres pays deviendront de gros producteurs comme le Brésil et l'Afrique Occidentale et lui raviront cette place vers 1920. Néanmoins, à cette date, l'Équateur fournit encore près de 20 % des fèves mondiales. Au niveau national, le cacao rapporte plus de 70 % de la valeur des exportations totales. De nombreuses questions restent posées. L'économie des terres du Manabí et de Santa Elena demeure peu connue. Le trop plein de main-d'œuvre qui trouve brusquement son exutoire dans le Guayas est-il dû uniquement à une forte natalité ?

À la répétition des sécheresses et à l'appauvrissement des conditions agricoles (usure des sols et érosion) s'ajoutent l'attraction de l'argent salarié. Les connaissances sur la situation sociale et foncière de la Sierra, pendant les années 1970, ne permettent pas d'approcher mieux les zones de départ, ni les motifs qui ont poussé les Serranais à descendre sur les terres chaudes. Enfin, on ne connaît guère les processus d'occupation du sol, l'adaptation à un système de grande plantation par des agriculteurs de régions complètement différentes par le milieu physique et humain, orientées vers la subsistance et non l'exportation.

Travail et travailleurs des plantations

Le travail dans les plantations exigeait de plus en plus de main-d'œuvre, surtout dans les premières années de plantation[1]. En général un contrat de *redención* était signé entre le propriétaire et le travailleur agricole (*sembrador ou desmontero*) qui recevait une parcelle de l'exploitation et les semences de cacao. Au bout de cinq années, ou plus, de travail, il devait rendre la parcelle au propriétaire après une évaluation des arbres plantés (*entrega*). Il recevait 20 à 30 *centavos* pour chaque plant. On déduisait bien entendu ses dettes à la boutique de l'*hacienda* et les avances demandées au propriétaire pendant la première année. Pendant la période du contrat, le travailleur, une fois le brûlis et la plantation terminés, pratiquait dans les intervalles de terre libres des cultures vivrières pour son propre compte. La première année : riz et manioc, la deuxième année : manioc et maïs, la troisième année : maïs, riz et première plantation de cacao, la quatrième année et les suivantes : cacao et plantain. On plantait donc le cacao seulement la troisième année, une fois les terrains nettoyés par les cultures précédentes. Le plantain servait d'ombrage aux jeunes cacaoyers qui atteignaient, selon les régions, leur pleine capacité de production à partir de 6 à 10 ans. Par la suite, les frais d'entretien des cacaoyères[2] demeuraient très faibles. Une ou deux fois par an, on pratiquait un émondage à la machette, unique instrument de travail des ouvriers agricoles. La récolte et le séchage recevaient également une attention limitée. Une fois la cabosse ouverte

[1] L'introduction d'une nouvelle variété, vers 1890, ne provoqua pas de changement de méthode de culture qui resta très extensive. Il faut attendre la reprise de 1950 et surtout les années 1970 pour que le système de culture du cacao soit plus intensif.

[2] On ne fait jamais de sarclage, ni de labour. Tenguel, la plus grande *hacienda*, avait 540 travailleurs pour trois millions d'arbres. San Rafael, 75 pour 300 000 arbres, Balzillas, 225 pour 850 000 arbres.

d'un coup de machette, on extrayait les graines qui étaient transportées à dos de mules vers le lieu de séchage. Les étaloirs à séchage étaient souvent installés en face de l'habitation principale, elle-même dominant les rives du fleuve. Les fèves séchaient sur un plancher de bambou et étaient couvertes la nuit par des feuilles de bananier. Cette méthode de séchage très rudimentaire assurait la fermentation des fèves, permettant le développement de l'arôme. Les sacs de cacao étaient ensuite transportés sur des radeaux ou des petits bateaux qui les acheminaient jusqu'à Guayaquil. Souvent, on achevait de sécher les fèves sur les trottoirs mêmes de la ville avant de les charger dans les cales des bateaux ancrés dans l'estuaire du Guayas. Les fèves récoltées pendant toute l'année assurait un travail régulier à la main-d'œuvre, même si on récoltait davantage de février à juin. Le stockage pouvait durer un an. Les grands propriétaires et surtout les exportateurs pouvaient jouer sur les stocks en attendant de meilleurs prix. Mais la demande était telle qu'on vendait assez rapidement. Le problème de la qualité due au manque de soin a pesé souvent sur les prix qui baissaient en conséquence sur les marchés de Londres et de Hambourg.

Le système de contrat *(redención)* de préparation des cacaoyères répondait à la nécessité de marquer sa présence par des travailleurs sur des terres possédées ou réclamées. Il ne faut pas oublier l'imprécision des limites des *haciendas* souvent fixées par des cours d'eau qui changent de lits. Ce contrat, en ne nécessitant pas de capitaux immédiats pour abattre la forêt, puis planter, facilita l'extension très rapide des cacaoyers[1]. Le travailleur produisait sa propre nourriture, mais il restait dépendant des décisions du propriétaire qui, une fois le contrat terminé, pouvait le renvoyer. En fait, le *sembrador* supportait seul les aléas des nouvelles plantations tandis qu'avec les premières ventes le propriétaire remboursait ses frais[2]. Malgré l'extension des plantations, l'insalubrité des zones cacaoyères s'est maintenue, d'où la nécessité de renouveler les travailleurs victimes de la malaria et de diverses maladies propres aux zones chaudes et marécageuses. La mortalité infantile était toujours très élevée et la population avait du mal à se fixer définitivement, surtout les Serranais. On essaya d'attirer des émigrants européens, mais sans succès entre 1890 et 1914. Des migrations temporaires de Colombiens, de Péruviens aidèrent quelques temps les plantations, mais elles furent arrêtées en 1910, quand l'Espagne arbitra les problèmes de frontière entre le Pérou et l'Équateur. Les mouvements de population indienne se poursuivent mais pas forcément vers les plantations. Un grand nombre d'entre eux défrichent les forêts du Guayas central et occidental en collectant la *tagua* (ivoire végétal) et pratiquent

[1] L'absence de liquidité gêna les propriétaires lors de la disparition des monnaies d'argent (*pesos*) ; Quelques-uns d'entre eux résolurent le problème en fabricant des jetons correspondant en valeur à une journée de travail. Ces jetons étaient acceptés en paiement dans Los Rios, le Guayas et Guayaquil.

[2] On trouve également des *peones*, ouvriers agricoles chargés de la récolte, du séchage ou du transport. Ils avaient parfois un lopin de terre.

une petite culture vivrière. On observe une grande mobilité de la part de ces petits colons qui cultivent pendant quelques années une terre pour se déplacer ensuite vers d'autres plus fertiles. Progressivement se forme un milieu humain nouveau résultat du mélange noir, blanc et indien commencé depuis le XVIIIe siècle. En effet, le *montuvio* est le symbole même du paysan libre et indépendant, s'adaptant bien au changement de milieu, de système de culture et aux contacts nouveaux. L'émigration des Serranais sur la Côte demeure faible. En effet, le contrat de métayage, *concertaje,* bien que supprimé par la loi de 1895 restait effectif et expliquait le manque de mobilité des paysans très souvent liés à l'hacienda pour dette. Toutefois, une partie de la population serranaise était libre de descendre sur la Côte Beaucoup le firent, attirés par un travail salarié estimé à "*un sucre*" par jour. Ce travail de journalier complétait celui des *sembradores* sous contrat.

Dans l'ensemble, les travailleurs restaient longtemps dans l'hacienda, même si celle-ci changeait de propriétaire. Assuré d'un salaire, le travailleur bénéficiait surtout d'une parcelle de terrain sur laquelle il construisait une maison, faisait pousser du manioc, du maïs, du plantain et faisait pâturer sa mule ou sa vache. Un certain paternalisme lui assurait une sécurité nouvelle et des conditions de vie nettement supérieures à celles de la Sierra. S'il existe un magasin sur l'hacienda, il est le plus souvent entre les mains d'un Chinois. La boutique vendait de l'eau-de-vie, des aliments dont une partie provenait de la Sierra mais surtout des produits importés comme la farine (Californie), le lard (Allemagne), le riz (Thaïlande), le sucre et le coton du Pérou, des textiles et objets manufacturés de Grande-Bretagne. La vente de ces articles révèle non seulement un certain pouvoir d'achat mais surtout une habitude alimentaire introduite par l'imitation des propriétaires et la facilité d'importation. Car la majorité de ces produits et articles était produite dans la Sierra mais, même avec le chemin de fer, les frais de transport restaient supérieurs à ceux du transport maritime.

Guayaquil, les ouvriers du cacao ou "*cacahueros*" étaient chargés des sacs de fèves dès leur arrivée sur les quais, pour un nouveau séchage sur les trottoirs de la ville, la mise en sacs puis le transport dans les cales du navire. Ils ont été les premiers à organiser un mouvement syndical vers 1890. Créée en 1908, la *Sociedad de los Cacahueros* fut à l'origine de nombreuses lois sociales concernant la réglementation du temps de travail (six jours par semaine) et d'autres progrès sociaux. Elle fonda même un journal *"El Cacahuero"*. Les emplois de dockers et de domestiques sont souvent occupés par les Noirs qui fournissent également une partie de la main-d'œuvre des premières fabriques et des ateliers du bois.

Le cacao dans la vie nationale

L'époque libérale équatorienne apparaît comme le résultat de cette période de prospérité. L'État s'affirme à partir de l'ouverture de régions nouvelles de production sur le monde extérieur ; il faut équiper le pays grâce aux taxes locales prélevées sur le cacao. Au fur et à mesure que prospère le commerce cacaoyer, les taxes sur l'exportation augmentent, passant par exemple de 3,5 *Sucres* en 1895-1897 à 7,9 en 1909 par quintal. C'est de cette époque que datent les grands projets de chemin de fer (1870). En plus de la grande ligne Quito-Guayaquil qui sera achevée en 1908, on prévoit neuf petites lignes de pénétration à partir de petits ports. Seulement quelques-unes seront construites. Des ponts, des écoles (de 1895 à 1923, on construit 1664 écoles primaires et 615 écoles secondaires), des travaux d'irrigation et des ouvrages somptuaires verront le jour sur la Côte comme dans la Sierra. Dans le Guayas, de nombreux projets locaux se réalisent sous l'influence des propriétaires. On aménage, on construit pour faciliter la production agricole et son transport[1].

Tableau n°12
Liens familiaux et économiques entre les Présidents de l'Équateur et le cacao

Noms	Date de la présidence	Liens
Vicente Rocafuerte	1835-1839	Sa mère est issue d'une grande famille coloniale (Puná).
Gabriel Garcia Moreno	1860-1875	Son frère Pedro G.M. est l'un des grands exportateurs de cacao.
Jose María Caamano	1884-1888	Propriétaire de Tenguel, la plus grande plantation de cacao d'origine coloniale
Eloy Alfaro	1895-1912	Ses campagnes électorales sont financées par la Banque Commerciale et Agricole de Guayaquil.
Leonidas Plaza Gutierrez	1912-1916	Même support financier
Alfredo Baquerizo Moreno	1916-1920	Membre de la direction de la Banque Commerciale et Agricole. Son frère est propriétaire près de Milagro.
Luis Tamayo	1920-1924	Avocat associé à la banque ci-dessus
Cordova	1925	Tous les membres de son cabinet représentent les intérêts de la Côte et de la banque sauf un.

Sources diverses.

Le gouvernement, installé dans la capitale de Quito, était lié aux banques de Guayaquil qui recevaient la majorité des fonds nécessaires aux exportateurs et

[1] V. E. Reyes, *Breve Historia del Ecuador*, Quito 1958.

aux importateurs. En effet, ce sont ces banques qui peuvent prêter de l'argent au gouvernement pour ses travaux d'infrastructure ou pour combler le déficit de son budget. Ce sont principalement la Banque de l'Équateur et la Banque Commerciale et Agricole de Guayaquil. Cette dernière, dirigée par les planteurs, joua un grand rôle dans le développement régional Elle était devenue propriétaire de l'Ingenio San Carlos en 1910. Le coup d'État militaire du 9 juillet 1925 a pour conséquence la fin de la loi du moratoire et la liquidation de la Banque Commerciale et Agricole. Ce soutien financier contribuait à la continuité de la prospérité côtière. En effet, la chance de l'Équateur fut avant tout de conserver le secteur productif et commercial intérieur et d'échapper un peu à la dépendance des sociétés étrangères comme ce fut le cas dans d'autres pays. La mainmise sur les terres équatoriennes fut donc évitée.

Au cours de toute cette période de prospérité, on enregistra une hausse régulière de la production par extension des cacaoyères sans chercher vraiment à améliorer les méthodes de production. La seule innovation fut l'introduction de clones du Venezuela et de Trinidad, mais ils ne modifièrent pas les systèmes de culture. Enfin, l'accaparement d'immenses superficies très partiellement occupées par les cacaoyères ou les pâturages immobilisaient de vastes zones qui auraient pu être mises à profit par les petits colons immigrants.

Le rôle important des autres exportations

À la grande mono-exportation du cacao, l'Équateur côtier ajoute une multitude de petites productions tropicales exportées vers l'Europe, les USA, le Pérou, le Chili et l'Argentine. Elles constituent moins de 30 % des exportations nationales, dans lesquelles la Sierra ne participe guère. Le tabac, production d'un grand nombre de petits paysans installés sur les rives des fleuves et surtout du Daule, continue à être exporté (9 000 q. en 1918) jusqu'à la ruine de la Compañía Nacional de Estancos del Litoral en 1924-1025. La forêt offre une grande variété d'exportation : bois, bambous, écorces de palétuviers, écorce de quinine, caoutchouc naturel, balsa et *tagua* en sont les principaux. Ils proviennent des régions éloignées comme l'Esmeraldas, le Manabí ou le Piémont andin. Ils sont acheminés par radeau jusqu'aux ports principaux.

La *tagua* est le fruit d'un palmier appelé de plusieurs façons en Équateur, *corozo, cadi, cade et yarima* dans l'Oriente ; la noix de *tagua* constitue la partie commercialisable la plus étonnante car c'est un ivoire végétal très recherché pour la fabrication d'objets d'art ou utilitaires. L'invention du plastique, qui permettra notamment la fabrication de boutons, ruinera le commerce de la *tagu*a. Une autre exportation joue un grand rôle pour le travail et le bénéfice qu'en retirent les populations rurales éloignées du grand commerce cacaoyer. C'est la vente des chapeaux de paille en Europe et aux USA. Originaire du Manabí, cet artisanat sera introduit comme ressource complémentaire en Sierra (Azuay et Cañar). Appelés "Panamas", parce qu'ils passaient par le canal, ces chapeaux étaient très appréciés en Europe et aux USA au début du siècle. Cette exportation n'a jamais cessé d'augmenter malgré la concurrence des chapeaux de paille italiens et de la fibre synthétique. Après 1945, sa baisse ruinera les villages de l'Azuay. Son extension est considérable dans la Sierra méridionale même si le Manabí fournit toujours la matière première, la "*paja toquilla*". La commercialisation des chapeaux passait par toute une série d'intermédiaires liés aux exportateurs de Guayaquil. Le café, longtemps sous-estimé dans le domaine des exportations, est apprécié comme production adaptée au relief vallonné où il entre dans la composition des *huertos* avec les arbres fruitiers. Les régions plus sèches, comme les pentes des collines du Manabí et les premiers étages du versant andin se sont progressivement spécialisées dans la culture du café. La production du coton en vue du commerce d'exportation commence au début du XXe siècle ; il est souvent intercalé avec des cultures vivrières.

La mise en place des grandes plantations de canne à sucre

La production de la canne à sucre était, jusqu'à la fin du XIXe siècle, à la fois limitée et dispersée à travers toute la Côte pour répondre aux besoins locaux des *trapiches* à traction animale, fabricant la *panela*. Le développement des premières grandes plantations prend place dans cette période dynamique de la dernière décennie du XIXe siècle. Il correspond à des investissements réalisés par des planteurs souvent très liés au cacao. Ces capitaux modestes au départ ne permettent pas de construire des raffineries (*ingenios)* de grandes capacités mais ils tirent parti de vastes terres plus ou moins délaissées car peu favorables au cacao dans les cantons de Yaguachi et de Milagro à proximité de Guayaquil[1]. Avec trente ans de retard sur le Pérou qui exporte déjà 80 000 t de sucre, l'Équateur augmente peu à peu ses superficies de canne et sa production de sucre passe de 17 700 q à 289 000 q entre 1909 et 1922. La première raffinerie (Valdéz) est installée en 1884, suivi par celle de San Carlos en 1895 et celle de Luz María. D'autres plus petits vont se créer dans cette même période, profitant du chemin de fer commencé en 1870, qui atteint les premières hauteurs en 1895 après avoir traversé Milagro. La voie ferrée valorise les terres environnantes, transporte plus vite que les rivières et résout enfin le problème de la main-d'œuvre qui freinait jusqu'ici l'expansion des surfaces. Des Indiens du Cañar, du Bolivar et du Chimborazo descendent temporairement dans les plantations de canne. C'est le début de l'essor de Milagro qui compte 8 000 habitants en 1912. La ville, grâce à la voie ferrée, est devenue le grand centre de commercialisation du riz (un tiers de la production nationale), du café et du sucre. On commence à exporter du sucre en petite quantité mais la concurrence des pays mieux rodés est trop forte. Le sucre manquera même en Équateur car les producteurs préféraient le vendre plus cher à l'étranger. Aussi sa vente sera-t-elle interdite en 1916 (Cf. tableau page suivante). Le premier moulin à sucre est fondé en 1884 par Rafaël Valdéz à l'hacienda Milagro. Comme les autres propriétaires

[1] Dans la sierra il y avait des plantations de canne dans la vallée du Chota (Imbabura) et près de Loja.

d'*ingenios* (H. Morla, J. Aspiazu) ses liens sont très étroits avec les plantations de cacao et les exportateurs de Guayaquil.

Tableau n°13

L'industrie sucrière en 1909 et en 1922 (en milliers de quintaux)

Ingenios	Propriétaires	Production 1909	Production 1922
Valdéz	Rafael Valdéz	45	90
San Carlos	Carlos Lynch	22	46
Luz María	Homero Morla	40	24
Iñes María	Carillos Hnos	20	18
Rocafuerte	Julian Aspiazu	20	17
El Condor	Felix Chevasco	5	13
María	Dario Morla	5	
Santa Ana	Héritiers Gonzales	7	5
San Pablo	J.Puig	15	17
Adelina María			19
Supaipungo			12
Eulalia			10
Chonana			5
Esperanza			4
La Compania			9

Sources : *Guía comercial e industrial de la República del Ecuador*, 1909, Guayaquil et *la Asociación de Agricultores del Ecuador. La agricultura de la costa ecuatoriana*, 1923.

4. La crise du cacao et les difficultés de la diversification des exportations

La crise du cacao

La chute des exportations et la baisse de la production

En 1921, l'économie équatorienne entre dans une grande période de récession qui se prolonge pendant trente ans, marquée par la chute des exportations de cacao. La crise est due à l'attaque rapide des plantations par des maladies jusqu'ici inconnues. L'effet de ces maladies, la Monilla en 1916 et la Escoba de bruja en 1922, provoque la diminution de la production de cacao de 20 à 50 %. Cette situation est d'autant plus grave que le cacao venait d'atteindre une production record en 1914 avec 47 200 t. exportées. Toutefois les exportations ne diminuent guère avant 1925 tant l'importance des plantations est grande. On continue même de planter. Des restrictions de vente s'étaient déjà fait sentir pendant la Première Guerre mondiale de la part des Européens ;

mais c'est surtout la reprise difficile en 1918 des échanges avec la concurrence croissante des autres pays producteurs de cacao, comme le Brésil et certains pays d'Afrique, qui affecte les ventes équatoriennes. En effet, entre 1920 et 1921, sur le marché de New-York, le cacao baisse de 26 à 6 dollars le quintal ; les stocks en 1920 sont considérables, de 468 000 quintaux à New-York et 750 000 quintaux à Guayaquil. En 1920, l'Équateur est au troisième rang dans le monde.

La production de cacao qui représentait en 1917 un million de quintaux, baisse de 884 000 quintaux en 1921 et à 447 000 quintaux en 1926, pour se stabiliser à 300 000 quintaux dans les années suivantes. Cette détérioration des ventes de cacao pendant une décennie frappe l'économie de ce petit pays trop dépendant d'une seule production. L'Association des Agriculteurs du littoral, créée pour défendre les prix sur le marché international, établit une taxe nouvelle de trois sucres par quintal de cacao exporté pour réaliser des réserves et faire la promotion du cacao équatorien à l'étranger[1]. Ce monopole fonctionna avec un succès relatif pendant la courte période de prix élevés mais, lorsque ceux-ci baissèrent, l'Association tomba. Elle rencontra même de graves difficultés pour écouler les récoltes accumulées dans l'espoir d'un prix meilleur. Les exportateurs durent établir un moratoire, en août 1914, pour sauver les banques et surtout la Banque Commerciale et Agricole. Pendant toutes ces périodes de guerre, les prix baissèrent sur le marché de Londres et de Hambourg car un grand nombre de bateaux ne pouvaient plus circuler. L'Association fut supprimée en 1925, avec une dette considérable auprès des banques nationales et étrangères. Le moratoire fut supprimé la même année.

Tableau n°14

La crise du cacao - 1920

Le cacao et les exportations équatoriennes en millions de sucre à prix courant

Exportations totales	Exportations de cacao	%
28	18,6	66,4
38,1	26,1	68,5
50,4	27,7	53
80,3	27,5	34,2
70,6	16,6	23,5

[1] La economía del Ecuador-CEPAL, 1954.

La chute des exportations en valeur de $

1911	12,7
1912	13,8
1913	15,5
1914	12,7
1915	12,3
1916	16,2
1917	13,5
1918	13,5
1919	20,2
1920	22,2
1923	8

Le maintien des exportations jusqu'en 1929

1920	39
1921	40
1922	39
1923	29
1924	30
1925	31
1926	20
1927	21
1928	21
1929	15
1930	18
1931	13

Sources : *La economía del Ecuador*, CEPAL, 1954. Zuniega, *Fenómenos de la realidad ecuatoriana*, Quito 1945.

Tableau n°15
La Participation de l'Association des Agriculteurs

Années	1913	1914	1915	1916	1917
Association des Agriculteurs	17 %	33 %	23 %	55 %	71 %
Le reste des Exportations	83 %	67 %	77 %	45 %	29 %

Source : Weiman, *Cocoa and Ecuador*, Los Angeles 1970.

Les maladies du cacaoyer

La *Monilla Roreri*

En 1912, on observe les traces d'une maladie qui se répand très rapidement à partir de 1917 dans toutes les plantations et abaisse le rendement parfois même jusqu'à 80 %. La propagation de cette maladie est tout de suite catastrophique pour ces régions. La Monilla[1] se rencontrait surtout dans les vieilles plantations aux arbres serrés et où l'humidité très forte favorisait le développement des champignons. C'est le champignon Monilla Roreri Cir et Par qui, attaquant les jeunes fruits, en provoque la moniliose ou pourriture des cabosses. Les fruits continuent néanmoins à se développer à l'intérieur de la cabosse. Les fèves pourrissent. Toutes les fèves d'une cabosse peuvent être entièrement détruites sans que des symptômes extérieurs puissent le laisser supposer. Le fruit semble absolument sain. On ne connaît aucune méthode de défense et de traitement contre cette maladie de la Monilla. La recherche de solution s'orienta surtout vers une sélection de variété résistante.

La *Escoba de bruja* ou « balai de sorcière »

Apparue pour la première fois à Balao en 1921, cette nouvelle maladie frappe en moins de cinq ans toutes les plantations équatoriennes de "cacao national" comme de cacao vénézuélien. *La Escoba de bruja* ou *Witches Broom* originaire d'Amazonie, plus préjudiciable que la *Monilla*, affecte davantage les rendements de cacao avec des pertes de plus de 50 % de la récolte. Le champignon s'attaque surtout aux jeunes pousses, bourgeons, qui présentent alors une prolifération de ramifications latérales d'où leur nom de "balais de sorcière", qui meurent au bout de 4 à 6 semaines[2]. Les cabosses affectées pourrissent sans jamais atteindre la maturité. Lorsqu'on laisse sur les arbres les balais morts et les cabosses atteintes, de petits champignons rosés apparaissent après quelques mois à la surface des tissus et disséminent la maladie.

La Monilla et la Escoba ont énormément affecté la production, cependant d'autres facteurs peuvent également expliquer la baisse de rendement comme les techniques culturales peu évoluées des petites plantations et l'absence d'engrais.

Les conséquences de la crise du cacao

L'abandon des plantations

Découragés par les maladies, les planteurs ne trouvèrent pas dans les prix les stimulants pour continuer à s'occuper avec soin des plantations. Non seulement, on ne planta plus de nouvelles surfaces, mais on laissa les vieilles plantations, dans l'espoir d'un retour à la normale, sans nettoyage, car les prix reçus à l'exportation étaient à peine suffisants pour dépasser les coûts de revient de la récolte sauvée des maladies. Il ne pouvait être question alors de réaliser des travaux de culture, de rénovation des arbres malades ou trop âgés. Par exemple, une propriété habituée à produire 25 à 30 000 quintaux n'obtenait

---

[1] Observée pour la première fois en Équateur, cette maladie s'est répandue très vite en Colombie, au Venezuela et au Pérou. Mais c'est en Équateur qu'elle fut la plus grave par suite de la faible insolation de la Côte.

[2] J. Breaudeau, *Le cacaoyer*, éd. Maisonneuve, 1967.

plus que 300 quintaux par an. Cet abandon progressif ou total s'est accompagné d'une réduction considérable du travail dans les *haciendas*. Celles-ci durent licencier une grande partie de leur main-d'œuvre au fur et à mesure que se prolongeait la crise. De graves problèmes de chômage se posèrent alors pour les travailleurs. Ayant créé des plantations par contrat qu'ils avaient remises aux propriétaires, ils se trouvaient alors sans un lopin de terre pour leurs cultures vivrières. L'exemple de la zone de Balao-Tenguel est significatif.

Tableau n°16

La production des *haciendas* de Balao de 1920 à 1925 en milliers de quintaux

Haciendas	Nbre de cacaoyers	1920	1924	1925
Tenguel	3 000	25 559	8 957	883
San Rafael	300	3 528	165	3
Mercedes	800	9 460	319	81
Valparaiso	80		77	
Independancia				
La Libertad	1 000	8 286	483	51
Colón	345	4 941	196	15
Balzillar	850	7 472	2 010	348
San José	401	4 393	1 720	180
Victoria	202	2 983	650	25
Dos primos	187	726	27	
San Pablo	15		31	2
Adelina y Mirador	300			
Cornelia	50	1 100	8	

Source : "Rohrer report" *in* L. N. Dillon, La crisis económica y financiera del Ecuador, 1927.

D'autres *haciendas* ont transformé leurs travailleurs en métayers. Les propriétaires devinrent donc les rentiers de leur sol, mais les anciens ouvriers avaient au moins une parcelle de terre pour vivre. Entre 1922 et 1925, plus de 1322 familles sont déjà sans travail pour la seule région de Balao parmi celles qui travaillaient exclusivement le cacao.

Tableau n°17

La diminution du nombre des ouvriers agricoles des *haciendas* de Balao entre 1922 et 1924

Haciendas	1922	1925
Tenguel	540	238
San Rafael	75	24
Mercedes	134	81
Valparaiso	280	19

Independancia	140	30
La Libertad	225	110
Colón	10	1
Balzillar	160	55
San José	120	10
Victoria	50	25
Dos Primos	25	12
San Pablo	83	1
Adelina y Mirador	80	1
Cornelia	8	1

Source : "Rohrer report" *in* L. N. Dillon, La crisis económica y financiera del Ecuador, 1927.

Les deux plus grandes *haciendas* de cette zone, Tenguel et San Rafaël, n'avaient plus, en 1924, que 886 arbres en pleine floraison et trois pour la seconde propriété au lieu de 23 000 et 4 000 arbres en 1918. À Tenguel, la production baissa de 25 000 quintaux en 1920 à 8 957 quintaux en 1924. Un réel marasme règna alors dans cette zone de monoculture. Pour toute la Côte, on estime que le nombre d'arbres en 1931 était de l'ordre de 55 millions au lieu de 85 millions en 1922. La Escoba de bruja avait provoqué une diminution de 35 % des arbres.

Une autre conséquence de la crise fut la disparition du cheptel bovin de la Côte. En effet les propriétaires, lorsque le prix des fèves était bas, durent pour équilibrer leur budget, vendre leur bétail. Pendant ce temps, à Guayaquil, les ouvriers du cacao, soutenus par la Sociedad du Cacao fondée en 1908, commençaient une longue grève en 1922.

L'intervention de l'État

L'élément moteur de son économie disparaissant, l'État équatorien ne pouvait rester indifférent à la crise de mévente du cacao. Le paiement des importations réalisées par le pays et auxquelles les Équatoriens s'étaient habitués depuis plusieurs années demandait une solution rapide. Tout en conservant l'espoir d'un retour d'une année à l'autre à la "Belle Epoque", le gouvernement entreprit toute une série de mesures qui se révélèrent plus ou moins efficaces. La dévaluation successive et constante de la monnaie permit de maintenir les prix internes, à l'exception toutefois de la période de 1930. L'expérience montra que ce ne fut pas un stimulant suffisant pour pousser les agriculteurs à améliorer leur production. Celle-ci n'évolua en fait qu'en fonction des améliorations temporaires des prix internationaux. Toutefois, la dévaluation permit aux Équatoriens de racheter leurs actions dans le cadre des sociétés établies avec des capitaux allemands. Les banques n'échappèrent pas non plus à la faillite. Pour plusieurs d'entre elles la crise était trop forte. Les premières mesures du gouvernement mis en place après la "révolution Juliana" de 1925 frappent les banques de Guayaquil avec le contrôle du crédit et la confiscation des fonds par la Banque Centrale créée en 1925. En même temps à Quito on fonde la Superintendance des banques, la Banque de Développement et la Banque Hypothécaire[1]. Le secteur financier de Guayaquil ne perd pas toutes ses forces. Il investit dans la construction d'édifices, dans la création de compagnies d'assurance pour étendre son pouvoir, mais recule dans les investissements industriels qui marquent un temps d'arrêt. L'essor des plantations de canne à sucre est soutenu par Guayaquil, en particulier par la Banque Commerciale et Agricole qui, pourtant très affaiblie en 1925, avait saisi sur hypothèques le grand *Ingenio* de San Carlos à son propriétaire qui ne pouvait rembourser ses emprunts. Les actionnaires de la Banque au moment de la faillite de celle-ci formeront la Sociedad Agricóla e Industrial San Carlos pour continuer les affaires. En 1937, lorsque la banque cesse toutes ses activités, elle laisse un grand nombre d'*haciendas* qu'elle avait achetées peu à peu. L'instabilité politique suivit cette période de crise avec 23 gouvernements qui se succédèrent entre 1925 et 1948, montrant bien l'incapacité de la classe dominante à coordonner les mesures pour régler les conséquences de la crise.

Ventes et reconstitution de nouvelles plantations

Quelques grandes *haciendas* ont pu survivre grâce à l'immensité des cacaoyères qui permettait une production minimum. La solidarité entre planteurs et exportateurs évita des ruines catastrophiques mais bien des familles furent touchées. Elles durent vendre à bas prix, car la terre n'avait plus guère de valeur. Un grand nombre de domaines passa de cette façon entre les mains d'autres familles de Guayaquil, qui avaient su commencer très tôt une diversification des productions agricoles.

Cette situation fit revenir en Équateur un petit nombre d'Équatoriens vivant en Europe, inquiets de ne plus recevoir suffisamment de revenus de leur fondé de pouvoir ou de leur parent resté sur place. Certains vendirent et s'en retournèrent à Paris ou se fixèrent dans le commerce à Guayaquil. Quelques-uns reprirent en main les affaires familiales et tentèrent de remettre en valeur les plantations plus ou moins abandonnées. Ce sont eux qui, par leur travail et leur obstination, ont été les premiers à maintenir en production ces vastes zones de plantation occupées parfois depuis le XVIIIe siècle. C'est le cas de Louis de Reizet, d'Ambrogio Puga, d'Eduardo Seminario et d'autres venus pour six mois en Équateur remettre en valeur leurs *haciendas*, et dont les familles y sont toujours. La crise économique liée au cacao et à la récession mondiale de 1930, est responsable du démantèlement de très grandes *haciendas*, qui ont changé de propriétaires au cours de cette période. Ces ventes ont permis à d'autres de constituer à leur tour de grands domaines dans le but de développer la canne à

[1] Voir chapitre sur Guayaquil, l'étude sur les banques et le cacao.

sucre pour les secteurs de Milagro et pour faire de l'élevage en attendant de nouvelles demandes du commerce extérieur comme ce sera le cas avec la banane. Les *ingenios* en profitent pour acheter des terres. Le grand domaine de Tenguel des Caamaño doit être vendu. Il est acheté par la United Fruit Cy en 1933, soit 18 000 ha. Celle-ci, grâce à un de ses subsidiaires, la Compañía Agricóla del Guayas achète aussi en 1935 une partie des terres d'un groupe chilien (Echeverria) qui détenait au moins 12 *haciendas* représentant 68 000 ha dans le secteur de Taura, au sud de Milagro. Enfin, un autre groupe chilien, la *Compañía Frutera Sudamericana* achète, entre 1933 et 1935, quatre *haciendas* et s'agrandit en 1945 avec l'achat de Balao Chico qui compte 22 000 ha. Cette reconstitution de très vastes domaines facilitée par le départ des ouvriers du cacao est réalisée en tenant compte de la future route reliant Guayaquil à Machala. Elle ne sera terminée en fait qu'en 1972. Enfin, cette période de crise a facilité l'introduction dans la région de groupes étrangers qui se lanceront les premiers dans la banane.

La concentration de la production sucrière en deux usines

La situation critique des exportations côtières va avoir des résultats tout à fait différents sur les plantations de canne et l'industrie sucrière. De nouveaux *ingenios* s'installent (El Canaveral, María Rosa, Loor et San José). Tous achètent des terres bon marché et profitent de la main-d'œuvre libérée par les cacaoyères abandonnées. Des nouvelles machines permettent d'améliorer les rendements et les techniques de production progressent. On assiste surtout à la concentration de l'industrie sucrière au profit des deux grands *ingenios*, San Carlos[1] et Valdéz qui, représentant déjà 47 % de la production de sucre en 1922, passent à 70 % en 1931. Les liens avec la Banque Agricole et Commerciale de Guayaquil facilitent l'essor de ces usines. Ils sont renforcés par une mesure prise par le Gouvernement Tamayo qui établit un monopole sur l'alcool pour trouver des ressources supplémentaires et forme pour cela la Compañía del Littoral dont le président n'est autre que le Gérant de cette grande banque Urbina Jado. Le contrôle de la production sucrière protège alors les deux grandes usines en limitant l'extension des petits planteurs. On comptait, en 1931, dix-sept *ingenios* qui employaient 2 500 personnes fixes et environ 6 000 saisonniers. La production était passée de 289 000 quintaux de sucre en 1922 à 552 000 quintaux en 1931.

Une succession de cycles secondaires ou les difficultés des exportations (1925-1940)

La grande crise mondiale de 1929-1930 s'abattit sur un pays appauvri après plusieurs années de mévente. Des dévaluations successives tentent de remédier à la situation mais, sans grand succès. Le pouvoir se renforce autour des

[1] Après saisie sur hypothèque pour non remboursement des emprunts, la Banque Commerciale et Agricole prend la direction de San Carlos à la mort du propriétaire (en 1925) jusqu'en 1937. Se constitue alors la Sociedad Agrícola e Industrial San Carlos qui continua la politique d'achat de terres.

hommes politiques de Quito. Les Guayaquiléniens n'ont plus les moyens de se faire entendre. Les exportations agricoles au début du XXe siècle qui avaient atteint 11 millions de dollars par an, tombent à 9 millions entre 1921 et 1941. La situation générale s'aggrave car les rentrées de devises limitent les possibilités d'importer et d'investir dans les travaux d'infrastructure dont manque tant le pays. La stagnation des produits d'exportation, à l'exception cependant du café, se maintient pendant toute la période 1930-1940. En effet, les termes de l'échange, après une courte reprise en 1928-1929, se sont rapidement détériorés pendant la crise mondiale et jusqu'en 1935 qui fut le point le plus bas. À cette date, en effet, l'Équateur pouvait acheter à l'extérieur 55 % seulement de ce qu'il obtenait en 1928-1929 avec le même volume de production exporté, or les importations sont difficiles à réduire (Cf. tableau).

Cette situation très dépendante du marché mondial suscite un effort de diversification des productions équatoriennes. Le café, qui a toujours été un produit marginal depuis 1925, s'étend considérablement entre 1930 et 1934 et représente même 17 % des exportations. Il prend la première place sur le cacao en 1934.

Tableau n°18

La chute des prix et des exportations de cacao de 1927 à 1938

Année	Cotisation $ or	Cotisation en milliers de tonnes
1927	14,4	21
1928	11,2	21
1929	11,7	15
1930	10,2	18
1931	7,7	13
1932	5,2	14
1933	4,4	11
1934	2,9	17
1935	2,8	20
1936	4,5	16
1937	5,4	20
1938	4	16

Source : Banque Centrale, Quito 1940.

Le pétrole de la péninsule de Santa Elena vient pour la première fois s'ajouter aux exportations demeurées jusqu'ici exclusivement agricoles. Commencée en 1925, la vente atteint près de 15 millions de sucres entre 1932 et 1936. Ce nouveau produit arrive alors au 2e rang des exportations. La Sierra n'exporte pratiquement toujours pas en dehors de quelques minerais précieux. La présence de petites plantations de café un peu partout permet un démarrage assez rapide dans les quelques années qui ont suivi la chute du cacao. Mais, pour des raisons écologiques on ne trouvera pas le remplacement systématique des cacaoyères par des caféières dans le Guayas et Los Ríos. Les efforts permettent à la production de doubler de 1925-1929 à 1935-1939. Mais, à partir de là, on note une stagnation pendant la décennie de 1940 (62 500 ha). La production remonte pour la première fois en 1950 à 20 500 t. Les apparitions et les disparitions du coton dans les exportations sont dues autant aux aléas climatiques qu'à la politique incohérente qui entourait ce marché. Il semble même que la production de coton ait complètement disparue de 1926 à 1930 sur la Côte alors qu'elle se maintient dans la vallée du Chota (Imbabura). Ce n'est qu'à la suite d'une crise dans la Sierra et à cause de la demande de six fabriques de textiles de la Sierra que les exploitants recommencent à planter du coton dans le Manabí et dans les zones sèches du Guayas. Le coton reste une culture combinée avec le maïs, les haricots, le manioc et l'arachide avec de faibles rendements et des maladies. Cette reprise vers 1932 est liée essentiellement à la demande interne qui offre des prix intéressants pour stimuler la production en dépit de l'invasion des textiles japonais. Parmi les autres productions commerciales, on trouve en progrès constant la *tagua* qui atteint en 1937 48 000 q. Le *balsa* se maintient au niveau de 35 000 q dont 16 000 pour le Guayas en 1936 soit une dizaine de millions de sucres en valeur. Le riz comme le coton suit les aléas climatiques et les oscillations du marché. La production profita de circonstances passées, comme le chemin de fer qui facilite la venue des travailleurs saisonniers de la Sierra, des ouvriers de cacao laissés sur place et qui font du riz pour vivre, rejoints par tous ceux sans travail pendant les années difficiles. Les récoltes passent de 20 000 t. en 1934 à 36 000 t. en 1940. On réussit à en exporter 5 000 t. en 1934, 22 000 t. en 1935, 9 000 t. en 1939 et 18 000 t. en 1940, lorsque commence la grande demande liée à la pénurie mondiale pendant la guerre. Le riz prend alors la première place dans les exportations.

L'essor économique pendant la Seconde Guerre mondiale provoque des cycles courts très circonstanciels

Les efforts du pays pour réajuster son économie après la chute du cacao ont amené des changements. La demande exceptionnelle des pays européens en guerre provoqua une fièvre de courte durée de certaines productions devenues rares par suite des bouleversements mondiaux. Le niveau des exportations va rattraper celui des années 1929 pendant les cinq années qui suivront la Seconde Guerre mondiale. Mais 1950 marque la fin de ces cycles éphémères liés à la guerre ; c'est le début d'une nouvelle période qui ouvre l'économie de l'Équateur vers un développement plus effectif. Si la reprise du cacao est importante puisque la production régionale retrouvera le niveau des années 1920-1925, c'est surtout le début de la banane. Pendant la décennie 1940, les exportations équatoriennes se diversifient et augmentent fortement. Le riz gagne le premier rang pendant toute la durée du conflit. Les autres productions continuent leur croissance tandis que d'autres, comme les produits spécifiques de la Côte, le *balsa*, la *tagua* et le caoutchouc vont, après avoir connu un bond en avant unique, disparaître à cause de la reprise des marchés traditionnels et à cause de la forte concurrence des produits synthétiques. Dans l'ensemble les exportations restent essentiellement agricoles et d'origine côtière.

La reprise du cacao

Les années qui suivirent la Seconde Guerre mondiale furent marquées par la reprise spectaculaire des exportations de cacao grâce à une forte hausse des prix sur le marché international ; elle provoqua un brusque changement d'attitude des agriculteurs de la Côte qui se mirent de nouveau à penser en termes de cacao. Cette reprise d'attention envers les vieilles plantations provoqua immédiatement une hausse de la production. Brusquement, entre 1945 et 1955, les exportations passent à 23 000 t, soit 30 % des exportations nationales.

L'aboutissement partiel des longues recherches sur le cacaoyer vint compléter la stimulation provoquée par la demande et la hausse des prix à la fin de la décennie 1940. En effet, en Équateur, comme dans les autres pays cacaoyers, on ne trouva guère de solution aux maladies qu'en recherchant de nouvelles variétés plus résistantes. Pour accélérer la mise en place de nouveaux plants apportés de Trinidad, on créa à la demande de l'Association des Agriculteurs du Littoral, la "Empresa Renovadora del cacao", sorte d'Institut du cacao, chargé de préparer les plants résistants[1]. En fait, la reprise du cacao est arrivée trop tard. Cette action ne fut pas suivie à cause de la concurrence naissante d'une nouvelle production, la banane, qui allait, dès 1947, par sa facilité et sa rentabilité immédiate, mobiliser l'attention de toutes les capacités d'investissements de la Côte.

La reprise du cacao doit beaucoup aux initiatives individuelles prises par les grandes *haciendas* comme la Clementina, Tenguel, La Bolívar. Dès 1943, les recherches avaient commencé à Pichilingue avec le Servicio Interamericano Coopérative (SCIA) et, en 1949, E. Seminario et M. Aspiazu obtiennent des clones ICS et ICS 95 à partir de plants importés de Trinidad. La United Fruit utilisait à la même époque des plants du Costa Rica. L'hacienda Clementina introduisit aussi, dès 1948-1949, des clones du type ICS de la Trinidad mais les 450 hectares nouvellement plantés furent détruits entièrement par une nouvelle maladie, le "*mal de machete*". Les changements de plants amenèrent des modifications dans le système de culture, l'espacement des arbres, l'ombrage et les techniques de séchage et de fermentation. Les nouveaux types de cacao ont remplacé assez vite une partie des cacaos nationaux qui se maintenaient par habitude et parce qu'ils offraient une qualité supérieure. La progression des nouvelles variétés se fit au détriment de la qualité. Après la moniliose et le "balai de sorcière", une nouvelle épiphytie vint frapper les cacaoyères de l'Équateur. À partir de 1950, une maladie déjà répandue au Venezuela, en Colombie et au Mexique attaque les plantations en cours de rénovation. Déjà présente sur la Côte, elle était restée sans gravité ; c'est même là qu'elle fut détectée pour la première fois dans le monde, et baptisée "*mal de*

[1] Des stations expérimentales furent créées à Pichilingue près de Quevedo, Vinces, La Julia, Rocafuerte, Najanjal et Machala. Une seule fonctionnait encore en 1980, celle de Pichilingue créée en 1943.

machete" à cause des blessures faites au cacaoyer au cours des opérations de récolte et de nettoyage.

Tableau n°19
La reprise du cacao (1947-1950)

Noms des *haciendas*	Nbre d'*haciendas* enquêtées	Superficie en ha des *haciendas*	Superficie des cacacoyères	%
Arriba (Vinces Babahoyo)	158	219 000	29 800	13,6
Balao	24	185 000	12 400	6,4
Bahía	36	9 000	800	11,4
Machala	40	24 000	2 800	11,7
Total	288	437 000	45 800	10,7

Sources : R. Fowler et G. Lopez : *The cacao industry of Ecuador*, 1949, Cepal 1954 et Acosta Solis.
Ces 288 *haciendas* représentent 35 % de la zone cacaoyère totale.

L'infection se propage à l'arbre entier dont elle provoque la nécrose qui peut entraîner la mort très rapide de toute une branche ou de l'arbre si l'attaque est forte. Les cabosses pourrissent en même temps. Le "cacao national" est moins sensible à cette maladie que les *trinitarios* ICS I et ICS 45. Aussi se pose à nouveau le problème de la variété en fonction de sa résistance.

L'essor constant du café

Après avoir été au deuxième rang des exportations de 1935 à 1939, derrière le cacao, avec 17 % de la valeur des ventes, le café n'est plus qu'au quatrième rang, pendant la Seconde Guerre mondiale (9 %) derrière le riz, le cacao et les chapeaux de paille. La production entre 1940 et 1950 montre une stagnation autour d'une moyenne de 11 milliers de tonnes. Si le café présente de grandes irrégularités annuelles (de 6 à 19 milliers de tonnes), il n'en reste pas moins un produit constant servant d'appoint non pas tant à l'économie nationale qu'à de très nombreux petits planteurs. Les mauvaises années y sont durement ressenties, d'autant plus que la demande extérieure en café reste permanente et les prix intéressants. Les conditions techniques de production sont souvent responsables des faibles rendements. Les méthodes de culture sont restées élémentaires avec une absence de sélection des plants, un nettoyage défectueux des arbres, une récolte sans distinction de maturité, affectant gravement la qualité et la vente. Les rangées de caféiers sont le plus souvent plantées dans le sens de la pente, provoquant une forte érosion du sol lors des pluies.

Le café reste prépondérant dans les collines du Manabí qui regroupe 45 % des 62 500 ha estimés en 1951 et répartis dans de petites *fincas* de 0,5 à 3 ha en moyenne. Quelques-unes dépassent 3 ha dans le Guayas (11 %), Los Ríos (8 %), El Oro (14 %), Esmeraldas (5 %) ; mais en général, ce sont des *huertos* de café de faible superficie selon la CEPAL dans son *Informe económico del Ecuador* (1954). Un système de métayage permet à de petits paysans de bénéficier pendant les premières années de la terre et des récoltes avant de la remettre au propriétaire. Celui-ci le paye en fonction des plants de production. Les grands planteurs et le gouvernement ne se sont guère préoccupés de planter du café, qui reste avant tout une production de petits paysans. En 1944 seulement, les banques provinciales de développement accordent quelques crédits à court terme pour les plantations existantes. De plus, il est créé un Institut du Café chargé de l'amélioration technique et de l'extension des surfaces ; mais, sans ressources, cet organisme ne peut rien faire. Seulement 2 100 ha ont été plantés de 1949 à 1952. En 1950, le café reprend la première place avec 30 % des exportations. Mais cette position de tête sera de courte durée car, dès 1951, la banane gagne le premier rang et pour plus de vingt ans. Le café, produit "discret" de l'économie côtière, se maintiendra ensuite au deuxième rang.

Tableau n°20
Le café entre 1925 et 1952

Années	Exportation en milliers de tonnes	% dans les expor. nationales	Place dans les exportations
1925-1929	6,5	15	2ème
1930-1934	9,4	16,5	3ème
1935-1939	13,3		
1940-1945	11,8	9,1	4ème
1950	20,2	29,5	1er

Source : *El Desarrollo Económico del Ecuador*, CEPAL, 1954.

La croissance de la production de canne à sucre

Dans le cadre des productions en plein essor sur la Côte pendant la période 1940-1945, la superficie de canne a considérablement augmenté. Le pays double sa production de sucre et en exporte après avoir satisfait la croissance de la demande interne. La consommation de sucre raffiné dans le pays était demeurée jusque-là très faible par suite de la consommation de *panela*, mélasse produite artisanalement un peu partout et meilleur marché. Mais, peu à peu, la consommation de sucre raffiné passe de 9 kg par personne par an en 1930-1934 à 15 kg en 1950. La forte demande du commerce extérieur incite les sucreries à étendre leur superficie qui passe de 7000 à 22 164 ha entre 1934 et 1950. La production, de ce fait, augmente de 137 % par rapport à la production de 1930-1934 et, en 1950, elle atteint le record de 52 326 tonnes.

Tableau n°21
La canne à sucre de 1930 à 1950 (en tonnes)

	Production	Exportation	Importation
1930-1934	22 080	4 415	848
1935-1939	20 584	80	8 170
1940-1944	27 224	96	1 620
1945-1949	38 571		3 299
1950	52 326	3 900	4

Source : *El Desarrollo Económico del Ecuador*, CEPAL, 1954.

L'État encourage fortement l'essor de la canne à sucre grâce à des crédits et à des prix assurés aux producteurs. Il interdit d'importer du sucre et accorde une exemption des taxes d'importation sur les machines industrielles.

Le rôle des deux grands *ingenios* de Valdéz et de San Carlos est prépondérant dans cette croissance. Ce sont eux qui ont enregistré les augmentations les plus fortes. En effet, en 1950, ils représentent 82 % de la production totale du pays avec 19 425 tonnes de sucre contre 1 341 tonnes de sucre pour tous les autres petits *ingenios*. Vers 1951, Valdéz et San Carlos ont chacun environ 5 à 6 000 hectares de canne irrigués, ainsi que des réserves de terre assez vastes pour permettre des extensions futures. Les propriétaires ont aménagé eux-mêmes toute l'infrastructure nécessaire pour l'irrigation à partir des rivières voisines. Pour l'évacuation de la canne à sucre vers l'usine, ils ont également construit des lignes de petits chemins de fer comme d'ailleurs la plupart des pistes et routes. La hausse de la production est due non seulement à l'extension des terres de canne mais aussi à l'amélioration technique, (mécanisation, utilisation d'engrais et meilleure irrigation). En 1944, on comptait environ une quinzaine de petites sucreries en fonction, mais seulement 8 en 1950. Les rendements y sont très faibles. Partout sur la Côte, on trouve dans beaucoup de petites *fincas* de la canne pour la fabrication artisanale de la *panela* et de l'eau de vie sur environ 7 700 hectares, y compris les premières pentes et vallées du versant andin où la canne pousse jusqu'à 1500 mètres. La Sierra a environ 21 000 ha de canne presque uniquement pour la fabrication de la *panela*.

La lente progression du coton

La production progresse légèrement grâce à la hausse des prix mais avec des oscillations très fortes liées aux fluctuations climatiques du Manabí qui fournit 80 % du coton ; le maximum est atteint en 1950 avec 3100 t. La trop grande irrégularité n'encourage pas à améliorer la production.

Le coton, dès le début, est avant tout une agriculture de paysan, sur un ou deux ha, associé à des plantes vivrières. Quelques *haciendas* plus grandes ont tenté de cultiver jusqu'à 15 ha, en louant des parcelles à des métayers. L'absence de bonnes techniques de culture et d'irrigation est responsable de la faiblesse des rendements. La superficie varie pendant toute cette période de 35 à 40 000 ha. Le pays dut, pour garantir aux usines une certaine quantité et qualité, acheter à l'étranger ce que la Côte n'arrivait pas à fournir.

La grande période du riz (1940-1949)

L'exportation du riz enregistre une hausse spectaculaire pendant toute cette période avec un taux de croissance de 217 % entre 1930 et 1950 malgré une évolution irrégulière. À partir de 1940, les conditions favorables du marché international avec l'entrée en guerre des pays asiatiques font passer les exportations de riz de 18 000 t en 1940 à 64 000 t en 1944 et atteindre le record de 117 000 t en 1947. Rapide et spectaculaire, le cycle du riz joue un grand rôle dans l'économie côtière pour son alimentation et ses exportations. Le riz qui ne représentait que 2,2 % des exportations en 1925-1929 gagne le premier rang pendant la décennie 1940 avec une moyenne de 2,5 % des exportations.

La superficie passa de 15 000 ha environ en 1930 à 62 000 ha en 1949. Cette hausse spectaculaire n'empêcha pas sa disparition brutale du marché. Ainsi, en 1950, l'exportation du riz arrive au 4e rang et disparaît totalement en 1951. De telles irrégularités sont lourdes de conséquences. L'augmentation spectaculaire des prix assure aux producteurs de riz une rentabilité sans commune mesure avec le cacao, le café ou la banane. La hausse continue incite à produire davantage mais la guerre finie, les prix tombent immédiatement, les exportations et la production diminuent brutalement en 1950-1951, entraînant une réduction considérable des rizières. Or le riz avait attiré un grand nombre de petits paysans sans terre qui pratiquaient une culture extensive du riz avec beaucoup de travail dans les zones jusqu'ici délaissées. De leur côté, les propriétaires virent dans la riziculture le moyen de mettre en valeur des secteurs non cultivés de leur plantation. C'est dans le sud du bassin du Guayas que l'on cultiva le plus de riz, près des ríos Yaguachi et Milagro et de leurs petits affluents. Les crédits furent distribués surtout par l'intermédiaire des coopératives organisées par les banques elles-mêmes. Le total des crédits atteint son maximum en 1946 avec plus de 37 millions de sucres. Les moulins à riz *(piladoras)* qui recevaient les récoltes furent autorisés, pour payer les paysans, à donner des "*recibos*", sorte de document de crédit, coté sur le marché. Les banques et les commerçants acceptaient d'acheter et de vendre ces reçus et assuraient au paysan des ressources comme si sa récolte était payée en argent. Les usuriers jouèrent aussi un grand rôle en permettant à tous ces petits paysans sans terre et sans garantie de se lancer immédiatement dans la production.

Le résultat des récoltes dépend essentiellement des précipitations. En général, les petits paysans ne font qu'une seule récolte pendant les pluies et très rarement en été dans les petites mares ou *pozas*. Ce système de culture extensif, est en fait inhérent au mode de tenure des rizières. En effet, à côté de quelques petits propriétaires indépendants, l'immense majorité des riziculteurs sont des métayers dont la location suit rarement le barème légal établi (63 sucres par ha). En réalité, le paysan paie au propriétaire deux quintaux ou 161 kg de riz paddy par ha. La superficie louée ne dépasse jamais 4 hectares. Les sols de la région sont de bonne qualité grâce aux alluvions mais les techniques de culture sont insuffisantes pour en tirer le meilleur parti. La jachère de deux à trois ans après chaque récolte impose la recherche de nouvelles parcelles ou de nouveaux propriétaires pour obtenir un contrat. Aussi ne prépare-t-on guère le sol avant de semer à l'*espeque* des variétés de riz locales peu sélectionnées (Chato, Canilla et Fortuna). L'association avec élevage ou culture de légumineuse reste très exceptionnelle comme d'ailleurs la mécanisation. Le gouvernement fit venir des tracteurs, mais ce fut un échec dans ces terres très argileuses. Pourtant, là où des efforts d'irrigation étaient entrepris, on obtenait deux récoltes annuelles. Le petit paysan sur qui reposait son essor incroyable est devenu au début des années 1950 le principal obstacle à l'amélioration de la culture.

"Les Panamas" : une exportation particulière

Les chapeaux de paille, longtemps le seul article élaboré d'exportation, enregistra également une forte hausse pendant cette décennie ; ils représentèrent jusqu'à 20 % de la valeur des exportations en 1946. Cette activité à la fois côtière et serranaise était très importante par le nombre de personnes qui y travaillaient, estimées à 20 000 à plein temps et à 40 000 autres en activité secondaire. 80 % de la production venait des provinces pauvres du Cañar et de l'Azuay. Originaire du Manabí, qui continue d'être la région pourvoyeuse de paille, cet artisanat fut introduit dans la Sierra sur l'initiative du gouvernement comme ressource complémentaire dans cette zone surpeuplée. Les chapeaux étaient exportés jusqu'à Panama, d'où leur nom. De là ils étaient réexportés dans le monde entier. Le rôle des exportateurs a été très important dans la promotion et la diffusion de ces chapeaux. Entre l'achat de la paille et la vente des chapeaux se sont établis de nombreux intermédiaires.

Tableau n°22

Les exportations de chapeaux de paille entre 1940 et 1950

Année	Valeur en milliers de $	% par rapport aux exportations totales
1939	371	4,9
1940-1944	2 075	10,8
1945-1949	4 530	13,9
1946	6 117	
1950	3 776	6
1951	3 200	5,8
1952	2 558	3,3
1954	1 480	

Source : *El desarrollo económico del Ecuador*, CEPAL, 1954.

Le paysan achète la paille ou rafia (*paja toquilla*) à la foire la plus proche où elle arrive par caravane de la Côte. Un intermédiaire (*perro*) se charge de regrouper les chapeaux pour le compte de l'exportateur. C'était l'unique moyen pour les paysans de recevoir quelque monnaie. Fort apprécié en Europe et aux États-Unis, ce chapeau dit de Panama va disparaître à cause de la concurrence des chapeaux bon marché vendus aux USA, en provenance de Chine, du Japon, des Philippines et de l'Italie. Dès 1950, c'est la mévente et la surproduction. Les tisseurs sont obligés de travailler davantage pour obtenir toujours la même valeur car les prix se sont effondrés. C'est en fait une catastrophe dans les régions concernées très peuplées. Face à la gravité de la situation, l'État créa un

Institut de *Recuperación Económica* de las Provincias de Azuay y Cañar, chargé de développer les activités agricoles et industrielles de cette région.

5. La fièvre de l'or vert et la montée des exportations bananières

La Côte et l'économie générale de l'Équateur basée sur l'exportation de produits tropicaux, ont profité au maximum de "la fièvre de l'or vert". En effet, la production bananière était très modeste au début du siècle mais les exportations progressaient lentement, passant de 71 000 régimes en 1910 à 921 000 en 1928, pour atteindre 3 millions en 1948 au moment où démarrent les grands défrichements[1]. En une année, on enregistra une hausse spectaculaire des exportations de 9,6 millions de régimes d'une valeur de 170 millions de Sucres en 1951 à 16 millions de régimes d'une valeur de 320 millions de Sucres en 1952. L'accroissement se maintint jusqu'en 1962 avec l'exportation de 34 millions de régimes d'une valeur de 1 116 000 sucres. Le taux de croissance des exportations suivait donc l'incorporation de nouvelles terres à l'exploitation bananière. Elles permirent à l'exportation équatorienne de passer de 7 % en 1950 à 26,6 % en 1962 dans sa participation au commerce bananier mondial et de prendre la première place devant l'Amérique centrale. L'Équateur fut le premier pays producteur à dépasser le cap du million de tonnes à l'exportation.

Au niveau national, l'exportation de bananes prenait le premier rang devant le café et le cacao. Dès 1955, la banane représentait plus de 40 % des exportations, elle atteint même en 1963/64 53 %. Elle garde cette position jusqu'à l'arrivée du pétrole en 1972.

L'Équateur, premier exportateur mondial

Les débuts de l'essor bananier : des enclaves étrangères

Les grandes sociétés de commercialisation fruitières se mettent en place à partir de la décennie de 1920. Il s'agit surtout de la United Fruit Cy dont la filiale équatorienne, la Compañía Bananera del Ecuador achète 30 000 ha à Tenguel et de la Compañía Frutera Sudamericana à Balao Chico. La première vend surtout à l'Amérique du nord, la seconde au Chili. Elles appliquent les mêmes principes d'organisation qu'en Amérique centrale et exportent par les rives du Golfe de Guayaquil. À Tenguel[2], 1365 ha de banane sont plantés. Il s'agit d'une véritable enclave disposant d'équipements modernes inconnus sur le reste de la Côte.

Dès 1938, les compagnies sont obligées d'acheter hors de leurs plantations un tonnage équivalent. Cette mesure gouvernementale stimule en quelque sorte les planteurs traditionnels à reconvertir dans la banane leurs vieilles cacaoyères. Cet essor, relativement lent sur le reste de la Côte entre 1925 et 1950, prépare

---

[1] Elle représente encore 22 % des exportations non pétrolières et le premier rang en valeur de ces ventes en 1982

[2] L'hacienda Tenguel est étudiée dans la deuxième partie.

en quelque sorte l'expansion future : "Il semble, qu'on était parvenu au seuil de décollage de cette activité quand la Seconde Guerre mondiale vint briser cette tentative de percée commerciale. Grâce à ses terres abondantes et fertiles, la Côte équatorienne a vite su répondre aux sollicitations de la conjoncture et accepter les changements techniques qui lui étaient proposés sous l'impulsion, d'abord des grandes compagnies, puis des sociétés nationales[1]".

Une forte demande extérieure

Des facteurs stimulants d'origine externe au pays ont provoqué cette spéculation fruitière. En effet, les difficultés temporaires survenues dans les exploitations de l'Amérique centrale, à la suite d'ouragans et de maladies ont détruit et ravagé les bananeraies. Elles ont contraint les Compagnies exportatrices nord-américaines à chercher de nouvelles zones plus sûres, à l'abri des aléas climatiques et des maladies[2]. Le choix de la Côte équatorienne convenait parfaitement malgré la distance plus grande des grands centres de consommation des fruits. Dès 1952, l'Équateur s'affirme comme le premier pays producteur et exportateur devant les Antilles, l'Amérique centrale et le Mexique avec 20 % du marché mondial. Le développement de l'exportation bananière après 1945 s'accompagne de changements importants dans la géographie de la consommation de ce fruit concentré jusqu'ici aux USA et au Canada. Ce marché avait tenu, depuis toujours, la première place, mais son importance décline relativement pendant la période du boom bananier en Équateur. Pour les exportations, il passa de 70 % entre 1945 et 1949 à 31 % en 1971, à la suite de la stabilité de la consommation de ce fruit. Les conséquences immédiates furent la recherche par les compagnies de nouveaux débouchés. Elles se tournèrent vers l'Europe qui devint le plus gros client et, en particulier, vers l'Allemagne. Cette ouverture permit à l'Équateur de vendre ses bananes car les nouvelles plantations de l'Amérique centrale commençaient à reprendre leur place en Amérique du nord. Les exportations équatoriennes à destination des USA représentaient 80 % en 1953 et seulement 68 % en 1955, et 27 % pour l'Europe à la même date. Le remarquable développement du marché bananier en Europe sauve donc l'Équateur d'une première crise, grâce à la forte hausse de consommation qu'elle représente, 168 % entre 1945 et 1949. L'ouverture du marché japonais assura la continuité de ce mouvement mais sur une base fausse car on créa en même temps de vastes zones de plantation en Asie même. Les pays socialistes, nouveaux venus sur le marché bananier, contribueront, un peu, à maintenir le niveau. Les prix d'exportation de la banane augmentent régulièrement. Entre 1944 et 1951, la hausse est spectaculaire : 415 %. Le prix de vente d'un régime double en deux ans. Ceci explique facilement la fascination des Équatoriens devant ce fruit.

---

[1] J. Cl. Maillard, *Le marché mondial de la banane, étude géographique d'un "système commercial"*, Bordeaux 1983, 1650 p.

[2] Le mal de Panama obligeait les Compagnies, la U.F.C. en particulier, à déplacer sans cesse leurs plantations pour déjouer cette épiphytie par des terres nouvelles.

Tableau n°23

Prix moyen d'un régime de bananes de 1935 à 1952 (en *sucre*)

1935	1,74
1944	3,51
1945	4,14
1946	5,67
1947	8,62
1948	9,53
1949	12,32
1950	16,11
1951	18,07

Source : Banco Central del Ecuador

Les prix du cacao qui stagnaient depuis plusieurs années à un niveau assez bas avaient fortement progressé vers 1948, mais ils furent dépassés par ceux de la banane. Il en fut de même du café qui offrait des conditions également très favorables intéressant d'autres régions écologiques. Par contre, les grandes régions rizicoles ont été vidées en partie de leurs travailleurs temporaires après la baisse des prix en 1948 liée à la reprise de production des pays asiatiques.

Le rôle des compagnies fruitières étrangères et la relève originale des sociétés équatoriennes

La présence à Guayaquil des représentants des grandes compagnies d'exportation fruitière et de leurs délégués dans les autres ports a joué un rôle incontestable dans la promotion de la banane. La plupart des compagnies étaient liées aux capitaux nord-Américains, les autres, plus modestes, étaient équatoriennes ou chiliennes. Elles stimulèrent la production en offrant des facilités de crédit. Elles se chargeaient, outre de la vente et du transport vers l'Amérique du nord ou l'Europe, d'aider, par leurs conseils techniques, les planteurs. Les compagnies aidèrent les "*bananeros*" en échange de contrats de vente sur un prix fixé. Le crédit officiel bancaire était en effet très limité et ne permettait pas aux planteurs de grandes bananeraies de couvrir les frais au-delà des premiers travaux. Ce crédit avait l'avantage de s'accommoder aux circonstances précises mais le délai n'était, en général, que de huit semaines. Les compagnies ne touchaient pas d'intérêt pour ces prêts. On comprend donc l'attrait de tous les planteurs pour ce système. Ce crédit est estimé à environ 20 millions de *sucres* par an, En fait, l'aide des compagnies dépassa largement cette somme en intervenant surtout pendant les périodes de restriction du crédit bancaire ou en apportant la garantie nécessaire pour obtenir l'aide des banques. Les grandes compagnies fruitières qui se partagent le marché mondial sont présentes en Équateur. Il s'agit d'entreprises de toutes tailles soucieuses de prendre pied dans la commercialisation en plein essor. Un grand nombre ont eu une existence fugitive. La majorité est d'origine étrangère. Le numéro un du commerce bananier, la United Fruit Cy, l'emporte largement avec 240 000 tonnes transportées. Mais sa principale rivale, la Standart Fruit Cy, arrive progressivement à rattraper son niveau. Neuf des vingt-quatre sociétés présentes assurent 85 % des ventes équatoriennes. Des changements importants intervinrent dans la décennie 1960 à la suite de la modification variétale. La United Fruit Cy (U.F.C.) réduit progressivement ses exportations et sa production agricole à partir de 1957. Elle cessa en 1963 ses opérations de production à Tenguel et suspendit ses achats directs en Équateur en 1964[1].

Tableau n°24

Les compagnies d'exportation en 1959 (en milliers de tonnes)

Compañía banannera del Ecuador (U.F.C.)	240
Exportadora de frutas del Ecuador	132
Exportadora Noboa	103
Union de Bananeros Ecuatorianos S.À.	98
Frutera sud Americana	84
Frutera de Astral	62
Compañía Interamericana	58
Agrícola San Vicente	51
Standart Fruit	136

Source : J.CL. Maillard, *Le marché international de la banane, étude géographique d'un système commercial*, Bordeau, 1973.

Le vide laissé par le départ de la UFC fut largement comblé par les progrès de trois sociétés : Noboa qui double ses chargements entre 1961 et 1963 (116 000 à 227 000 tonnes), par la Standart (3000 000 tonnes) et UBESA.

Cette période de changement fut marquée aussi par la disparition de quatre grandes sociétés entre 1962 et 1968. Il s'agit en fait d'une réduction des grandes affaires d'exportation à capitaux étrangers opérant en Équateur au profit d'un contrôle des ventes par l'Équateur. La Société équatorienne Noboa affirme en effet à ce moment-là sa prépondérance commerciale, en dépassant la Standart.

Grand pourvoyeur du marché mondial, la Société Noboa distribue 7 à 8 % des bananes consommées hors des zones de production tropicales. Exemple remarquable d'une entreprise d'exportation orientée à ses origines vers le marché latino-américain qui est parvenue à s'imposer en Europe dès 1965 en Italie, en 1970 au Benelux, ailleurs elle réussit à ouvrir de nouveaux marchés en direction du Japon, des pays socialistes et des pays du Golfe Persique. Elle cherche à être présente même dans les pays de consommation modeste. C'est une société qui intègre la totalité de la chaîne de distribution de la banane depuis la plantation jusqu'à la vente des fruits en gros. À côté de cet exemple

[1] Toute l'histoire commerciale des compagnies fruitières est étudiée par J. CL. Maillard dans son livre sur le marché international de la banane.

équatorien, assez exceptionnel dans le monde bananier, on trouve depuis 1967 des sociétés d'exportation issues de l'initiative locale qui renforce encore l'originalité de la position équatorienne. Des consortiums se sont créés sur la base d'un contrat de fourniture régulière de production :

1967 - Consorcio de Productores de Banana (CONPROBA)
1968 - National Fruit Cy
1969 - Consorcio de Bananeros de El Oro (CONBAORO)
1969 - La Exportadora Quirola

Ces transformations profondes aboutissent à un contrôle de l'Équateur sans cesse plus important. De 20 % en 1959 à 30 % en 1966 et 50 % en 1971. Elles maintiennent la spéculation fruitière en Équateur, en dépit de la concurrence de zones plus dynamiques parce que mieux placées pour les marchés. La situation de producteur de réserve qui lui avait été assignée par les principales compagnies fruitières a été dépassée grâce à des initiatives nationales. Elles ont su élargir le rayonnement commercial en ouvrant de nouveaux débouchés. Le pays possède donc, grâce à cela, une certaine liberté d'action.

Un front pionnier dynamique

Le mouvement de colonisation lié à la banane

La forte demande de bananes sur le marché mondial a développé tout un mouvement de défrichement dans les zones forestières. En effet, la recherche de terres vides a entraîné progressivement les planteurs à gagner le nord du bassin du Guayas, au-delà des plantations de cacao ou de café installées sur les berges des grands fleuves. L'avance vers les collines septentrionales fut aussi très liée à la recherche de conditions plus appropriées, de sol et de précipitations, que celles du sud. Toutefois, plusieurs bananeraies défrichées très vite durent attendre parfois deux ou trois ans la fin de la route pour pouvoir enfin évacuer leur production. À 150 km de l'estuaire du Guayas, toute la zone bananière centrale ne trouva qu'un seul débouché, Guayaquil, rapidement accessible par sa situation au confluent des rivières. Les ports du Manabí, Manta ou Bahía, comme celui d'Esmeraldas, sont encore difficilement accessibles à travers la petite cordillère littorale ou les vastes forêts de l'Esmeraldas. Quelques plantations profitèrent cependant de leur proximité pour créer des bananeraies. Mais les exigences du changement de variété ont concentré les trafics vers Guayaquil. Esmeraldas devra attendre 1972 pour reprendre des activités avec le pétrole.

Dans le sud, le fièvre bananière s'empara de la province d'El Oro qui reconvertit une grande partie de ses cacaoyères et étendit au maximum sa superficie utilisable en bananeraies. Le mouvement de colonisation a donc joué sur l'ensemble des régions déjà mises en valeur et créé entièrement la province de Los Ríos.

L'intensité de la colonisation bananière

La rapidité des défrichements reste gravée dans les souvenirs des premiers planteurs. Encore aujourd'hui, il est difficile de mesurer l'étendue de cette colonisation bananière autrement que par des estimations de superficie, par province, pour le début de la période. Estimées à environ 2 000 hectares de 1915 à 1945 pour toute la Côte, les bananeraies dépassèrent les 30 000 hectares en 1951 pour atteindre 153 000 hectares en 1954. Cette superficie s'est maintenue quelques années pour diminuer ensuite à 139 000 ha en 1965. Mais, à cette période, on ne tenait compte dans les statistiques que des superficies enregistrées pour le contrôle phytosanitaire. Une grande partie de la zone centrale échappait ainsi. En effet, très rapidement les superficies du Manabí et de l'Esmeraldas diminuent par suite de l'absence de route et par leur éloignement du centre de décision : Guayaquil. De plus, les compagnies préfèrent fixer leurs efforts dans Los Ríos et El Oro, mieux placées près du port du Guayas et de Puerto Bolívar. La nouvelle région bananière de Quevedo, regroupe dès 1954, 73 000 hectares défrichés et plantés. En moins de six ans, elle représentait déjà la moitié de la superficie et de la production nationale avec 36 millions de régimes. Les plantations du seul Los Ríos septentrional passent de 28 000 à 57 000 hectares de 1956 à 1962. La croissance du Cotopaxi et du Pichincha est le résultat de l'avance vers le nord et l'est (Santo Domingo et Quinindé). En fait, la frontière septentrionale se stabilise lorsqu'on peut obtenir, en quantité suffisante, la qualité recherchée. Cette progression vers le nord provoque le recul et les difficultés des bananeraies du sud : Guayas, Babahoyo et Daule où les aléas climatiques obligent les planteurs à entreprendre des travaux d'irrigation.

LES RÉGIONS BANANIÈRES

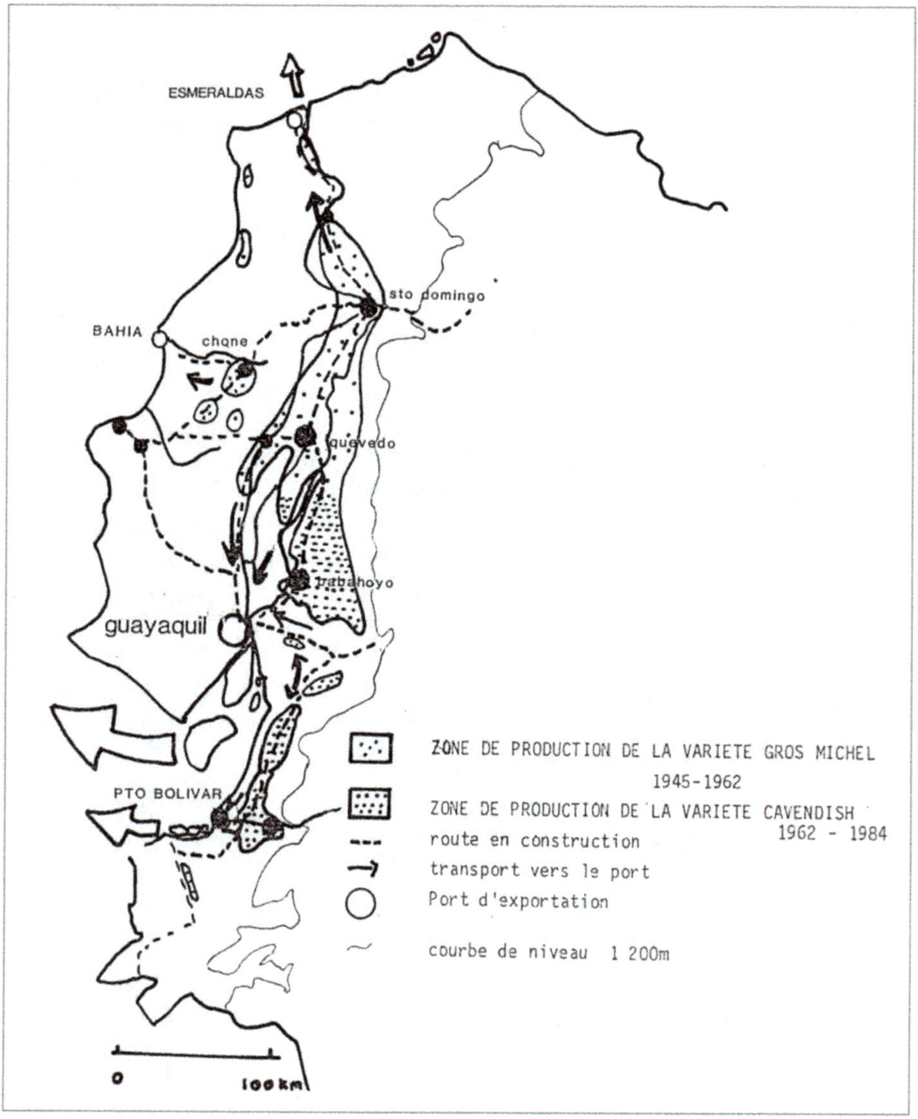

Ces investissements et le mal de Panama découragèrent un grand nombre de planteurs. L'espace forestier disparaît au profit d'une frange bananière le long de la grande route qui gagne Pichincha, la Mana ou Puerto Ila. Tout un réseau de pistes, plus ou moins bonnes en hiver, permettent de joindre les bananeraies à la route. On observe alors une parcellisation géométrique qui se manifeste par les tracés rectilignes des chemins. Petites ou grandes *haciendas*, par leur caractère pionnier, mais surtout à cause de l'absentéisme de leurs propriétaires, n'offrent qu'un hébergement des plus élémentaires. Les ouvriers agricoles, qui ont eu le droit d'occuper un petit lopin de terre sur la propriété, se sont dispersés en bordure des bananeraies ou encore regroupés en hameaux le long des routes. Contrairement aux autres pays bananiers de l'Amérique latine, les trois quarts des plantations équatoriennes ont moins de 50 hectares.

Une production de petits planteurs

Plusieurs catégories sociales ont vécu la fièvre bananière de la région de Quevedo-Santo Domingo. En effet, un grand nombre de colons profita des conditions favorables d'achat de terre appartenant à l'État pour devenir planteurs. Si la plupart étaient agriculteurs dans d'autres régions côtières ou serranaises, on trouve également de nombreux colons d'origine citadine en provenance de Quito, Guayaquil ou de petits centres urbains. Il s'agit de militaires en retraite, d'employés, de commerçants et d'artisans. Sans attaches terriennes, cette colonisation de citadins constitue un des éléments originaux de la mise en valeur. L'État leur a favorisé l'accès à la propriété en leur donnant de préférence les lots de la colonisation officielle de Santo Domingo au détriment d'agriculteurs de la Sierra ou du Manabí. Dans les *fincas* de moins de 20 ha, la banane fait partie d'une combinaison culturale dans laquelle entre un peu de cacao, de café, des arbres fruitiers et des cultures vivrières localisées en marge des grandes plantations. Le petit colon dépend alors d'un intermédiaire pour la vente des bananes. Il faut dépasser 20 ha pour que l'exploitation puisse commencer à être rentable. Cette importance de l'exploitation moyenne est le résultat de la parcellisation en unités de 50 ha environ, réalisée par le gouvernement et les anciens grands propriétaires de forêt le long des rivières et des routes. Ces petites *haciendas* peuvent acquérir un début d'organisation rationnelle du travail et réaliser, au moins lors de la grande période bananière, de grands bénéfices.

La première catégorie sociale à s'être intéressée à la banane, reste avant tout, celle des planteurs du cacao ou du café du sud des provinces du Guayas et de Los Ríos habitués aux risques et aux changements de productions. Ils ont, les premiers, donné l'exemple en convertissant une partie de leurs terrasses alluviales en bananeraies. Ils achètent aussi des terres dans les nouvelles régions de production. Les grandes *haciendas* du siècle dernier ont, en général, divisé et vendu des lots aux nouveaux colons pour pouvoir amortir leurs investissements. Les *haciendas* de plus de 500 ha sont peu nombreuses mais cette parcellisation systématique cache la réalité car les propriétaires ont souvent acheté des lots dans des provinces différentes. Parmi les grandes plantations, on trouve quelques *haciendas* appartenant aux grandes compagnies d'exportation gérées par des Équatoriens, mais elles restent proportionnellement peu importantes. Pendant la grande période du boom bananier, les propriétés de plus de 100 ha offrent rarement des techniques plus avancées de production que celles de 50 à 100 ha. On ne trouve une véritable rationalisation du système de culture que dans celles de plus de 500 ha d'un seul tenant et dans celles situées plus au sud de la région à cause de l'irrigation indispensable.

L'ouverture de nouvelles zones de production nécessitait une main-d'œuvre abondante qui ne pouvait être trouvée sur place. Aussi des salaires élevés ont-ils attiré de nombreux travailleurs agricoles d'autres régions comme il sera vu plus loin. Cette troisième catégorie sociale apparaît dès le début très composite, formée de paysans déracinés et peu habitués aux problèmes de culture en terres chaudes. Une fois le défrichement et la plantation réalisées, les travaux de nettoyage des bananeraies, de la récolte et du transport des régimes étaient répartis selon les cas à des travailleurs payés à la journée, à la tâche ou au forfait. Au manque de main-d'œuvre des premières années a succédé une abondance relative de travailleurs, surtout au moment où la banane Gros Michel commença à ne plus se vendre aussi bien. La région centrale devenait un point de concentration de population au taux de croissance particulièrement rapide.

6. Une offre d'emploi exceptionnelle

L'accroissement de la main-d'œuvre

Les recensements mettent en évidence l'accroissement considérable de la population côtière, qui dépasse, dès 1970, trois millions d'habitants, c'est-à-dire plus de la moitié de la population nationale avec un taux de croissance de 4,1 %. La Sierra représentait encore en 1962, avec 2,5 millions d'habitants, 55 % de la population équatorienne mais avec un taux de croissance de l'ordre de 2,6 %. On constate surtout que les plus grandes augmentations correspondent aux zones de concentration de l'activité bananière, les ports de commercialisation (Guayaquil, Esmeraldas et Puerto Bolívar) et la province de Los Ríos dont le canton de Quevedo qui passe de 33 000 à 77 000 de 1950 à 1962. Celui de Santo Domingo (Pichincha) et celui de Pasaje (El Oro) suivent le même rythme. La forte demande de main-d'œuvre a attiré un grand nombre de travailleurs de toute la Sierra et du Manabí. Les premiers déplacements de population furent d'abord temporaires pour les récoltes de canne à sucre et de riz dans les provinces de Guayas ; la banane les rendit définitifs. L'éradication de la malaria et de la fièvre jaune favorisa le maintien de la population dans ces régions jusqu'alors insalubres. La composition familiale s'équilibra progressivement avec la disparition de la surpopulation masculine.

Les facilités de culture

Les facilités de culture ont renforcé encore l'adhésion rapide des agriculteurs et même celle des planteurs citadins. En effet la préparation du sol exigée par la banane se limite au défrichement de la végétation par le feu. Un an après on peut récolter les premiers régimes. Le bananier cultivé est le "Gros Michel", variété qui est très appréciée au début de la période par l'Amérique du Nord. Très grande plante pouvant atteindre pour son seul tronc de 4 à 5 mètres de hauteur, le "Gros Michel" donne un régime en moyenne 13 mois après sa plantation et le régime du rejet successeur 8 à 12 mois après. Le poids du régime peut atteindre 60 kg. Des équipes effectuent le travail de disposition des plants et deux ou trois désherbages avant de "livrer" la bananeraie, six ou sept mois après la plantation. Aucun labour n'a été réalisé car beaucoup de terres sont d'ailleurs franches, perméables et suffisamment légères pour permettre une bonne pénétration des racines sans travail d'ameublissement préalable. La machette, unique outil possédé par tout paysan permet d'effectuer tous les travaux des bananeraies. La fertilité exceptionnelle des sols[1] permit à d'immenses superficies de la zone centrale de produire sans repos, sans engrais et sans irrigation pendant plus de 25 ans ! La récolte est également très simple, par n'importe quel travailleur une fois la "qualification" obtenue d'un technicien d'une compagnie. Le transport jusqu'au port d'embarquement est facilité par le fait que les régimes de "Gros Michel" sont peu fragiles. Enveloppés dans des feuilles de bananier, ils supportaient les manipulations à dos d'hommes ou de mulets jusqu'au camion ou au bateau.

Le rôle de l'État dans la mise en place de l'infrastructure

Le gouvernement équatorien participa très activement au démarrage de la banane devenue l'élément le plus dynamique de son économie. Par l'intermédiaire de la Commission de Orientación y Credito para el Banano qui fonctionna avec la banque de Développement, il accorda quinze millions de Sucres qui furent distribués à près de 950 *bananeros* de la Côte. À l'époque ces prêts, d'environ quatre sucres par plante, convainquirent de nombreux agriculteurs ou citadins sans terre. Toutefois cet appui bancaire ne put suffire aux plus grands car aucun prêt ne dépassa 50 000 sucres.

---

[1] F. Colmet Daage, *Caractéristiques de quelques sols d'Équateur dérivés de cendres volcaniques*, Cahier ORSTOM, Paris, 1967.

Tableau n°25

Le crédit des banques de développement (en milliers de sucres)

Années	Crédit pour les cultures agricoles	Crédit pour la banane	Crédit pour la banane en % du total
1945	59 067	624	1,06
1950	96 699	21 467	22,20
1955	138 404	31 515	22,80
1960	86 059	13 948	17,20

Source : Junta Nacional de Fomento.

À la fin de 1949, la Commission cessa de fonctionner et laissa à la Banque Nationale de Développement le soin de diriger les opérations qui diminuèrent progressivement. Le crédit pour la banane passa de dix millions de *sucres* attribués en 1948 (9,01 % du total) à vingt-huit millions en 1949 (25,3 %). À la suite de la période de mévente, l'A.N.B.E[1] intervint dès 1956 auprès des banques pour que celles-ci n'attribuent plus de crédits pour de nouvelles plantations. Mais cette intervention n'eut pas de conséquences puisqu'on enregistra une superficie record l'année suivante. Les crédits, en s'adressant à n'importe quelle région et à des non-ruraux, favorisèrent la diffusion dans des zones écologiques peu aptes et multiplièrent les échecs. Néanmoins l'action de la Banque de Développement fut décisive en octroyant un crédit spécial à l'À.N.B.E. pour la réalisation des premiers contrôles phytosanitaires. Outre cette politique de prêts, le gouvernement, soucieux de stimuler ce mouvement vendit à bas prix le domaine de l'État, en lots de 50 à 60 ha, par les soins de l'Institut National de Colonisation, par exemple : 29 000 ha à 313 familles en 1959, 99 300 ha à 1862 familles et 19 000 ha à 284 familles en 1961. L'essentiel a été attribué à des coopératives : groupes de familles réunies pour avoir la terre et solliciter la viabilité. Les premières années, le principal obstacle au développement des bananeraies fut le manque de routes. Aussi, lorsque fut entreprise la viabilité par le gouvernement et les organismes provinciaux, celle-ci resta parallèle au développement bananier. La navigation sur les fleuves du Guayas demeurait trop lente pour les régimes de bananes. Il faut un temps très court entre la coupe et l'embarquement. Les pistes praticables quelques mois par an permirent le recul des zones cultivées, à la fois sur les interfluves et vers les collines septentrionales de Quevedo. Le succès de la province d'El Oro vint en partie des possibilités de chargement direct des navires grâce à sa rade en eau profonde à Puerto Bolívar. La mauvaise qualité des fruits équatoriens au début de la grande période venait des dommages subis pendant le transport qui s'effectuait à dos de mulet, jusqu'au petit bateau de Quevedo à Guayaquil en hiver et de Daule à Guayaquil, transbordé ensuite sur les cargos frigorifiques. Si la première route construite en dur sur la Côte desservait la zone pétrolière de la

[1] L'Association Nationale des Bananiers Équatoriens.

Libertad-Santa Elena, la seconde gagnait Daule, Balzar et Quevedo et toutes les zones bananières de la région occidentale du bassin du Guayas. Les routes Duran-Tambo et Babahoyo-Quevedo furent beaucoup plus tardives car elles dépendaient du franchissement de l'estuaire du Guayas par un pont[1]. La plupart du temps les nouvelles zones ont précédé la route. Des étapes se sont créées sur ces nouvelles routes, c'est le cas d'El Empalme.

Les projets, encore à l'étude en 1971, de faire de Bahía le port de la zone bananière n'ont jamais abouti car l'habitude et la présence des compagnies à Guayaquil l'emportèrent sur le raccourcissement de distance que présentait la route Quevedo-Bahía : 90 à 100 km au lieu de 140 km. À côté des grandes routes de liaison avec le port, éléments décisifs de l'organisation régionale, il faut compter aussi sur les nombreuses pistes et chemins privés construits par les planteurs. En effet, chaque petit planteur de plus de 25 ha, en même temps qu'il défrichait, construisait ses chemins (*gardarrayas*) et parfois des ponts pour l'évacuation des fruits. Ces investissements étaient très coûteux à cause des transports de pierres et graviers. Les ports fluviaux de Quinindé, Quevedo, Daule ou Catarama ont offert leurs services aux *haciendas* situées à proximité. Mais la médiocrité des quais d'embarquement et la lenteur du transport due aux nombreux méandres, ont attiré l'attention sur la route. Trois ports bananiers se sont imposés : Esmeraldas, Puerto Bolívar et Guayaquil. Les deux premiers ont, pendant un temps, assuré l'évacuation des bananes de la grande zone bananière de Quevedo. Esmeraldas s'est effacé lorsque la route Santo Domingo-Quevedo-Daule fut achevée. De plus, l'inauguration du port maritime de Guayaquil fut une des plus grandes contributions à l'amélioration de la qualité des exportations de bananes. Les travaux furent réalisés grâce à une taxe à l'exportation payée par les compagnies, d'environ 0,20 sucre par régime. La localisation et la concentration en un seul point de toute l'activité bananière à l'exception d'El Oro allait définitivement renforcer le rôle de la métropole dans l'aménagement régional.

7. Une organisation en perpétuelle mutation

Au bout de quelques années d'euphorie et de prospérité générale, sans faille jusqu'en 1960, apparaissent les premiers signes avant-coureurs des difficultés qui provoquent la réduction des activités bananières. Les maladies ravagent les plantations en abaissant les rendements ; or l'extension démesurée des superficies provoquait déjà une surproduction nationale qui rencontrait celle des autres pays producteurs. Dans cette période de mévente s'installe un fait nouveau qui bouleverse le monde de la banane : la reconversion des bananeraies "Gros Michel"

---

[1] Les grandes plantations du Guayas méridional chargeaient directement de leur appontement privé sur des petits bateaux de cabotage qui rejoignaient les cargos-bananiers ancrés dans l'estuaire du Guayas.

en "Cavendish", variété plus résistante mais plus périssable. Or ce changement se fait au détriment de la grande zone pionnière de Quevedo.

La propagation des épiphyties

Les planteurs ne se préoccupèrent pas outre mesure des premiers signes de maladies observés pourtant très tôt en Équateur. L'extension des bananeraies en quelques années facilita la propagation rapide de deux maladies graves : le mal de Panama et la Sigatoka. La première est apparue dès 1936 dans les plantations de la *United Fruit* à Tenguel où, malgré des études très poussées, on ne put trouver le moyen de lutter contre le champignon parasite (*fusarium oxysporum cubense*). La diminution des rendements des plantations affectées est telle que beaucoup de planteurs abandonnèrent cette spéculation. Plus développé dans les terres basses du Guayas et d'El Oro, le mal de Panama est moins fréquent dans les collines de Quevedo. Par contre, la Sigatoka, ou cercosperiose du bananier, infection des feuilles causée par un champignon (mycosphaerella) fait des dégâts considérables dans le nord du pays au climat très humide. Apparue en 1949 en Équateur, elle ravage la zone de Quevedo en 1955 et provoque de nombreux abandons. Jusqu'en 1956 la seule réponse à ce mal est l'abandon et l' établissement de nouvelles bananeraies un peu plus loin.

Cette extension inquiète les planteurs qui s'unirent pour rechercher des méthodes de lutte. L'Asociación Nacional de Bananeros del Ecuador (A.N.B.E.), créée en 1955, allait entreprendre les recherches et les moyens d'intensifier les cultures avec l'aide du Service Coopératif Interaméricain d'Agriculture et l'Institut Français de Recherche Agronomique (I.F.A.C.). Dès 1956, l'A.N.B.E. commença un programme de la Campagne de Défense de la Banane avec le contrôle phytosanitaire de toutes les plantations inscrites, au moyen d'aspersion par avion. Les fonds de cette campagne reconnue "d'importance nationale", étaient trouvés grâce au prélèvement de 0,60 sucre par régime exporté. Cette campagne concernait plus de 50 000 hectares[1].

La surproduction bananière

L'essor bananier dans plusieurs pays aboutit dès 1958 à un sur-approvisionnement du marché mondial. L'ouverture de vastes zones de l'Équateur renforce cette surproduction par le rôle croissant que prenait ce pays dans le commerce mondial bananier. Une des premières conséquences fut le renversement des prix ; or cette baisse arrive au moment où les planteurs devaient investir pour changer de variété. Il est certain que la zone de Quevedo fut très touchée par cette mévente. Mais la confiance était telle que l'on continuait toujours à planter. La superficie bananière diminuait ou stagnait sur

---

[1] Dans les années 1980, les fumigations se poursuivent toujours à l'instigation du Programme National de la Banane.

toute la Côte sauf dans la zone centrale où elle augmenta de 35 771 hectares entre 1960-61 et 1964-65 ! La superficie totale inscrite pour le contrôle passe même de 77 000 en 1960 à 113 500 hectares. La production de la région de Quevedo, soit 62 millions de régimes en 1965, pouvait, à elle seule, approvisionner la demande d'exportation nationale. Aucune mesure gouvernementale n'intervint pour interdire les nouvelles plantations. Les compagnies se préoccupent essentiellement de la régularité des ventes et considèrent peu à peu la Côte équatorienne comme une réserve bananière en cas de cataclysme dans d'autres pays bananiers. Elles furent en partie responsables de l'avenir du secteur de Quevedo en préférant inconditionnellement la région d'El Oro comme premier secteur fournisseur de banane. Cette sélection frappa de plein fouet la masse des petits colons de la région de Quevedo qui devaient attendre l'arrivée d'un bateau "imprévu" pour obtenir le coupon de vente. Plusieurs semaines et même des mois pouvaient s'écouler entre deux ventes[1].

Le changement de variété très rapide et ses conséquences

À la crise de surproduction s'ajoutèrent de nouveaux changements. En effet, le marché mondial va se faire uniquement à partir d'une nouvelle variété de banane, la Cavendish, plus résistante au mal de Panama. Les grandes Compagnies venaient de renouveler en Cavendish toutes leurs plantations de l'Amérique centrale décimée plus tôt par la même maladie lorsque l'Équateur commença en 1963 à la substituer au "Gros Michel". En moins de cinq ans la majorité des grandes et moyennes plantations avaient renouvelé leurs plants, illustrant par là même l'adaptation rapide et la capacité d'investissement des planteurs équatoriens. La "*variedad*", il est vrai, offrait des rendements deux à trois fois supérieurs à ceux de la "Gros Michel" mais nécessitait, en échange, des conditions de culture plus techniques qu'auparavant. En effet, plus fragile, la Cavendish requiert une irrigation régulière, des engrais et une manutention très soigneuse. Au contraire de la "Gros Michel" dont les régimes supportaient des manipulations, brusquement la cueillette facile se transformait en une agriculture tropicale intensive plus coûteuse et moins lucrative. Cette évolution fut fatale à un très grand nombre de petits et moyens planteurs équatoriens qui se découragèrent devant les investissements très lourds à entreprendre.

La Cavendish exige des soins particuliers dans le transport. La vente au poids impose des équipements inconnus jusqu'ici, le hangar d'emballage (*l'empacadora*). Les nouvelles exigences imposent une amélioration du transport. Désormais on charge directement de *l'empacadora* les camions qui apportent les cartons de bananes au quai d'embarquement, dans les chambres frigorifiques du bateau.

---

[1] En 1960, les marchés extérieurs modifièrent le conditionnement des fruits et imposèrent la construction de stations d'emballage.

L'abandon de la zone centrale

Une grave crise s'est installée pour de nombreuses années dans la zone centrale à la suite du changement de variété de banane. En effet, la région de Quevedo-Santo Domingo qui devait son existence au "Gros Michel" ne pouvait profiter de la Cavendish pour plusieurs raisons. Les conditions favorables vingt ans auparavant ne convenaient plus à cause, d'une part, de la légère altitude de l'ensemble des collines et, d'autre part, d'une topographie ondulée qui rendait difficile l'irrigation devenue indispensable quelques semaines par an.

Les compagnies d'exportation se rendirent très vite compte que la zone centrale, si elle se convertissait à la Cavendish, ne serait jamais capable d'obtenir les mêmes résultats que les autres secteurs de la plaine alluviale du Guayas, ou d'El Oro, plus aptes à développer une irrigation. Surtout elles offraient des superficies suffisantes avec les hauts rendements de la Cavendish pour assurer la demande extérieure. À ce désintérêt des compagnies il faut ajouter une durée du trajet (plantation-port) trop longue pour la nouvelle variété. En effet l'insuffisance du réseau secondaire et la distance moyenne de 160 km à parcourir une fois sur la route principale, pour relier Guayaquil, imposaient de mauvaises conditions de transport à ce fruit délicat. Enfin, l'emballage en carton des "mains de bananes" restait difficilement accessible aux petits planteurs qui sollicitent ce service des planteurs voisins. Or, après plusieurs années de mévente de la "Gros Michel", la capacité financière des petits planteurs est nulle. L'intensification des cultures est donc apparue très vite, trop difficile pour les petits planteurs habitués à produire sans problème un fruit qui se vendait bien. Livrés à eux-mêmes, ils pratiquèrent des cultures vivrières à côté des bananeraies abandonnées et des lambeaux de forêt qu'ils n'avaient pas eu le temps de défricher. Un grand nombre d'entre eux, et surtout, les travailleurs sans terre, partirent et vinrent gonfler les quartiers périphériques des centres urbains de la Côte.

L'évolution des zones bananières de la Côte
en milliers d'hectares en 1968, 1970, 1972, 1976 et 1978

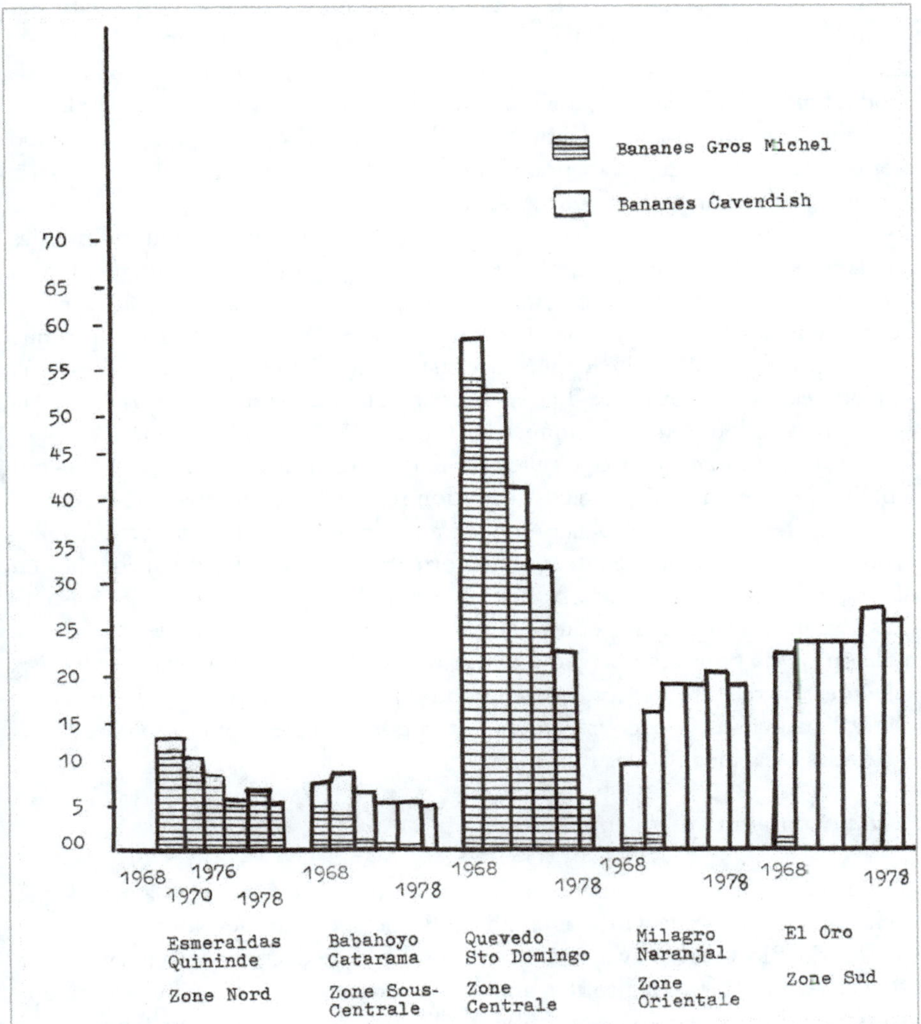

8. Une diversification difficile

Lenteur du changement et spécialisation régionale nouvelle

Ce maintien de vastes superficies est dû au refus d'abandonner les plantations dans l'espoir d'une période meilleure. En 1968, la plupart des planteurs ne vendirent pas un seul fruit et ceux qui ont pu le faire n'ont vendu que 30 à 50 % de leur production. Le rebut est estimé à la moitié de la production. Le gaspillage est immense car les efforts pour utiliser ces surplus en sont encore vraiment à leur début. Seul l'élevage en absorbe un peu, à condition d'être proche. Le refus d'abandon des plantations fut justifié en 1969 par la demande exceptionnelle en provenance du Japon. En effet, la région centrale absorba à elle seule cette hausse liée aux ouragans qui avaient détruit les plantations d'Amérique centrale. Cette occasion fit même augmenter la superficie l'année suivante ! La zone centrale doit-elle attendre le cyclone destructeur des plantations concurrentes ? Ce n'est déjà plus possible puisque les compagnies ont planté depuis de vastes bananeraies, mieux placées, aux Philippines et à Formose. Les grands planteurs, mieux équipés pour la commercialisation, ont pu continuer le "Gros Michel" quelques années de plus. Les grandes *haciendas*, surtout celles de part et d'autre du Rio Quevedo, ont tenté un peu de Cavendish, mais la sélection régionale des compagnies s'abattait aussi sur elles. Il ne restait plus rien d'autre à faire que d'introduire de nouvelles productions. Les grands planteurs transformèrent très vite leurs bananeraies en pâturages cultivés qui, progressivement, se peuplèrent de zébu croisé Holstein. Puis chacun essaya sur de petites parcelles du soja, de l'arachide, des palmiers à huile ou l'*abaca* pour ses fibres, ou encore des fruits comme l'ananas. Les années suivantes, la réussite de ces nouvelles productions fit disparaître à jamais de vastes bananeraies. L'encouragement fut apporté par les cours mondiaux très élevés des oléagineux et des fibres.

La campagne de diversification

Lancée par le gouvernement, ce fut une tentative de réponse à la grave crise sociale. La D.N.B. puis la Commission d'Études pour le Développement de la Cuenca du Rio Guayas avaient étudié le projet de réduction des bananeraies à 50 000 ha en 1980, au profit d'autres productions[1]. Ainsi on prévoyait une croissance de 8 % par an des cacaoyères, l'extension des pâturages semés pour les bovins et l'augmentation des porcs et volailles pour lesquels on développe le maïs. Parmi les oléagineux, le soja, l'arachide et le palmier africain restaient les plus adaptés aux conditions naturelles. Parmi les fibres végétales, l'abaca fut encouragé par la Banque Nationale de Développement. Chaque année on

---

[1] Informe de la Comisión de la Dirección Nacional del Banano sobre el plan de diversificación de cultura en las zonas bananeras del Ecuador, 1965.

disqualifia un peu plus de bananeraies en refusant de les traiter. Enfin, la Station Expérimentale de Pichilingue, près de Quevedo, fournit des semences sélectionnées. Malgré ces efforts, la diversification fut lente jusqu'au début des années 1970. L'effort réalisé vingt ans plus tôt pour le défrichement et le "Gros Michel" ne s'est pas renouvelé parmi les petits colons car, entre 1965 et 1973, le choix d'une production était difficile, tant le marché était aléatoire, les prix peu favorables. De plus, les productions assurées de réussir nécessitaient de gros investissements hors de la portée de la plupart des planteurs. Parmi les oléagineux, le palmier à huile réclame quatre à huit ans avant d'obtenir un rendement normal, le soja ou l'arachide nécessitent la mécanisation. Or les prêts pour acheter les tracteurs et les moissonneuses sont, en général, inaccessibles et les permis d'importer les machines sont rares jusqu'en 1972. Le grand changement sur la Côte vint de la nouvelle spécialisation régionale imposée par les compagnies d'exportation. En abandonnant successivement l'Esmeraldas, le Muisne, la zone Centrale, les exportateurs renforcèrent les plantations du sud de Los Ríos, du Guayas méridional et d'El Oro. La nouvelle variété trouvait dans ces régions une possibilité d'irrigation que les collines du nord ne pouvaient offrir. La proximité du port de Guayaquil et de Puerto Bolívar joua aussi un rôle important. Les plantations étaient capables de produire l'essentiel des ventes extérieures grâce aux rendements supérieurs de la Cavendish qui ne justifiaent plus de grandes extensions.

Une dépendance accrue des exportations traditionnelles

En monopolisant tous les efforts, la fièvre de l'or vert freina les investissements en faveur des autres productions et masqua même les croissances obtenues par le cacao ou le café. Tout ce qui n'est pas banane apparaît pendant cette période comme mineur tant les revenus obtenus par ce fruit dépassent les autres. Il faudra attendre les premières difficultés (maladies et reconversion) pour qu'on se remette de nouveau à la culture du cacao. Si toutes les régions ont tenté de participer à cette fièvre bananière, ce sont les productions traditionnelles, cacao et café, qui ont permis à des secteurs peu favorables à la banane de maintenir un niveau de participation non négligeable au commerce extérieur. Le secteur primaire fournit toujours l'essentiel du commerce extérieur avec 82 % en 1950, 93 % en 1955-60 et 87 % en 1970. La dépendance envers trois produits se maintient et augmente même puisqu'elle passe de 67 % en 1950 à 80 % en 1970 montrant la faible diversification commencée pourtant pendant la décennie 1940-50. Le riz qui, en 1946 représentait 28 % de la valeur des exportations, disparaît totalement des échanges. L'économie équatorienne dépend donc des variations des prix de ces trois grandes productions.

Tableau n°26

Les exportations de 1945 à 1970 (en millions de dollars U.S. -FOB-)

	total	banane	%	cacao	%	café	%	% de ces 3 produits
1945	22	0,2	0,9	4	15	2	9	25
1950	63	7	11	18	28	18	28	67
1955	87	36	41	18	20	23	26	87
1960	102	45	44	21	20	22	20	84
1965	133	51	38	19	14	38	28	80
1970	201	94	46	22	10	50	24	80

Source : Anuario comercio exterior - Banco Central

La dépendance envers les pays étrangers est toujours aussi forte même si les États-Unis, principal acheteur, ne représentent plus que 41 % en valeur contre 52 % en 1950, par suite de la montée progressive des achats japonais, surtout en banane, dans la dernière décennie. Leur part en effet, passe de 0,1 % en 1950 à 17 % en 1970. La C.E.E. et surtout l'Allemagne et l'A.L.A.L.C. avec la Colombie et le Chili constituent les autres clients des productions équatoriennes[1]. Le café augmente donc dans l'ensemble régulièrement avec de très fortes oscillations annuelles mais il est passé de 23 000 t en 1959 à 43 000 t en 1965. Le quota de production qui lui est accordé en 1963 limite son essor. Le Manabí fournit 587 000 q sur les 766 000 q recensés en 1954. Le cacao, après son extension du début des années 1950, attendra la fin de la décennie 1960 pour augmenter sa production en relation avec de meilleurs prix. Les U.S.A. sont toujours le principal acheteur (35 %), suivis de l'Allemagne (10 %) et de l'Italie (7 %). La production oscille entre 20 et 35 000 t entre 1950 et 1960, elle progresse ensuite autour de 44 000 t. Les hybrides mis en place offrent une meilleure résistance aux maladies. Les autres productions exportées sont essentiellement le riz, le balsa et, et pour une très faible part, la *tagua*, les panamas et les produits pharmaceutiques. On note l'apparition de nouvelles rubriques qui joueront dans la décennie 70 un rôle de plus en plus important et qui témoignent d'un effort de diversification et d'un embryon d'articles industrialisés ; ce sont les élaborés de cacao (beurre de cacao et chocolat), les conserves et le poisson. Le thon congelé passe de 6 000 t en 1955 à 29 000 t en 1961. Très lié aux prix internationaux, le sucre obtient un meilleur quota au début des années 1960, qui lui permet d'exporter plus de 62 000 t en 1962. Mais la très forte demande interne favorise son essor. La superficie couvre alors 44 000 ha. Elle est le fait surtout des deux grands *ingenios* de la Côte. Le riz, qui représentait en valeur 28 % des exportations en 1940, est tombé

[1] Les Japonais ont acheté pour un million de dollars de bananes en 1960 et pour 34 millions en 1970.

progressivement à 3 % en 1955. Avec la disparition des prix avantageux et la concurrence de la banane, la riziculture n'intéresse plus que les petits métayers du bassin du Guayas dont la production est destinée aux marchés urbains. La superficie est passée de 77 000 ha en 1953 à 112 000 ha en 1962. La production oscille entre 40 000 et 100 000 t selon les années. La culture extensive du riz s'est maintenue en grande partie par cette disponibilité de terres qu'offraient les régions de Daule, Babahoyo et Milagro. La faiblesse des rendements est liée à la faible technicité et à la quasi absence d'irrigation. Le coton, enfin, progresse à la fois dans le Manabí où il représente plus de 32 000 ha (60 %) et dans le Guayas (28 %). Mais en culture extensive et souvent complantée, il n'offre pas la qualité requise par les usines qui doivent en importer.

9. L'éclatement des cultures tropicales (1972-1983)

Pétrole et répercussion de la hausse des prix des matières premières sur la Côte

Les premières exportations de pétrole en 1972 ont provoqué une escalade des exportations équatoriennes qui passent de 200 millions de dollars à 552 en 1973 pour atteindre 1491 en 1978. L'économie équatorienne fait un bond en avant avec un taux de croissance de 7 à 8 % par an. La Côte est la principale bénéficiaire de l'augmentation de la demande interne. Le produit agro-pastoral passe de 2,3 % en moyenne par an pendant les années 1965-1972 à 6,2 % entre 1972 et 1976. Le secteur de la pêche augmente de 12 à 22,5 % pendant la même période. Les oléagineux, les fibres (30 % par an), le riz et le maïs font un bond sans précédent. La stagnation des bananes est compensée par l'essor des fruits (ananas, orange). De même l'élevage bovin qui n'enregistre qu'un taux de 2 % est largement équilibré par la poussée porcine et les volailles.

De leur côté, les exportations agricoles après les années difficiles de 1965 à 1970 ont atteint des dimensions nouvelles avec le réajustement mondial des prix des matières premières. On observe le doublement en valeur des ventes non pétrolières. En quatre ans, de 1972 à 1976, ces exportations doublent alors qu'il avait fallu plus de dix ans entre 1960 et 1970 pour passer de 100 à 200 millions de dollars. La participation de la Côte dans les exportations reste prépondérante. C'est véritablement l'éclatement des cultures tropicales traditionnelles : cacao, café et bananes qui sont relayées maintenant par d'autres productions. L'essor du café s'est traduit par une augmentation de 70 % en valeur unitaire entre 1975 et 1976 et de 90 % pour le volume expédié. Le cacao de son côté atteint en 1977 des sommets. N'atteint-il pas en valeur la moitié des exportations pétrolières ? Il s'agit de circonstances exceptionnelles liées aux difficultés dans les autres pays producteurs. La banane, qui partage la première place avec le café et le cacao, a perdu son importance relative. Sa part dans les ventes qui était de 40 % en 1972 passe à 10 % en 1976 mais à 22 % en 1982.

Les produits halieutiques enregistrent des croissances marquées par des temps de repos. La vente des crevettes (*camarones*) constitue désormais une rubrique importante avec les conserves de poisson (thon). Témoins d'une industrialisation nouvelle et plus solide, les beurres de cacao et les appareils ménagers sont les résultats de l'essor de l'industrie alimentaire, une des branches les plus dynamiques[1]. Ces nouveaux produits exportés montrent l'effort sans précédent de la diversification des activités, pyrèthre, chapeaux de Panama (Sierra), thé (Oriente), mélasse et sucre, farine de banane sont toujours présents dans les ventes mais ne progressent guère. Le balsa et les produits pharmaceutiques augmentent un peu plus que les précédents.

La Sierra et l'Oriente (pétrole exclu) participent toujours faiblement au commerce extérieur. Néanmoins le schéma d'une Côte orientée vers le marché externe et d'une Sierra tournée vers l'approvisionnement du marché interne est de moins en moins prononcé du fait de l'essor des cultures côtières destinées à la consommation : riz, maïs et oléagineux avec le soja et les palmiers à huile. De son côté, la Sierra améliore ses rendements de céréales tandis que progresse l'élevage. Mais, par suite de mauvaises récoltes liées à la sécheresse, blé, seigle et haricots ont diminué ou stagné. La Côte bénéficie des changements dans le niveau de vie des citadins de la Sierra qui fait appel à ses produits tropicaux. L'Oriente dont la colonisation rencontre plus de difficultés que prévues, n'intervient que très faiblement. Pourtant tout n'est pas aussi aisé et régulier dans cette croissance. Les sécheresses de 1973, 1974, par exemple, abaissent de 30% les récoltes de la Côte et de la Sierra et provoquent des pénuries. Plus durement atteinte, la Sierra enregistre une baisse de 24 % pour le maïs et les haricots et de 18 % pour les pommes de terre[2]. Sur la Côte, le riz est largement insuffisant puisqu'on en importe de Colombie. Mais les produits d'exportation sont aussi touchés dans leur volume (café -10 %, banane -0,3 %, cacao -6 % et sucre - 2 %). La hausse des prix sur le marché mondial cache ces baisses de volume. Cette crise révèle un certain délaissement des activités agricoles traditionnelles.

---

[1] Anne Collin Delavaud, "Situation de l'industrie agroalimentaire de la Côte équatorienne", Document de Recherche n° 8, CREDAL, 1983.

[2] Le pays importe du riz, du blé et du lait !

LES EXPORTATIONS TRADITIONNELLES
ENTRE 1950 ET 1983 EN VALEUR DE DOLLARS

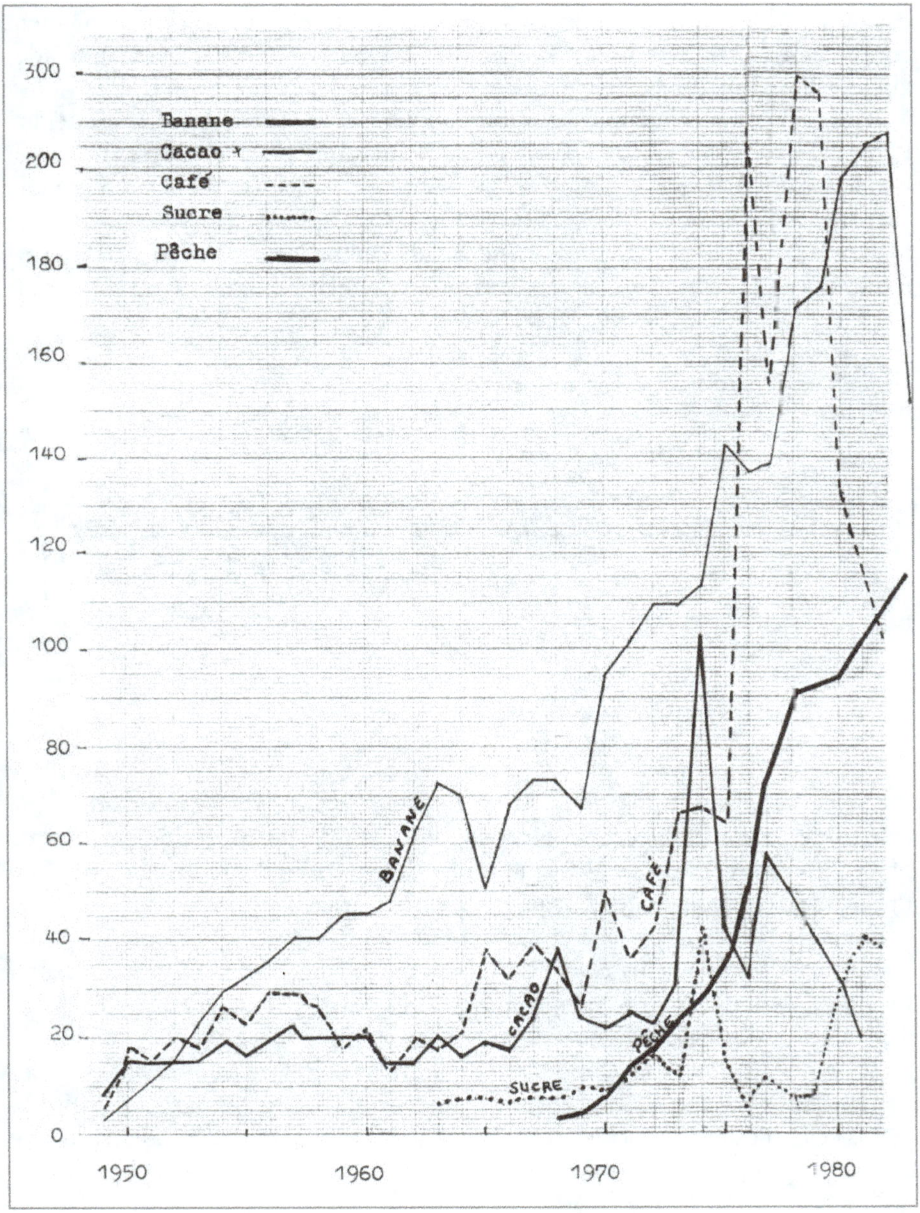

Source : La Banque centrale de Quito.

10. La flambée des prix du cacao et du café

Au cours de la décennie 1970, le cacao représente en valeur de 11 à 28 % des exportations non pétrolières et bénéficie de prix exceptionnels[1] liés à la diminution de la production au Brésil. Récolte et superficie augmentent régulièrement. Il fait partie du grand programme de diversification des anciennes régions bananières et obtient pour cela des crédits importants.

Ce sont aujourd'hui plus de 287 000 ha de cacaoyers qui permettent à l'Équateur de produire 70 000 t de cacao. Jamais une production n'avait atteint une telle superficie sur la Côte. 56 000 planteurs participent à cet essor devenu l'affaire, non seulement des grands planteurs, mais aussi des plus petits. Il est maintenant présent sur toute le Côte car il accompagne les colons des fronts pionniers de l'Esmeraldas.

Tableau n°27

Les exportations de cacao (en millions de dollars)

Années	Fèves	Beurre de cacao	Total	% *
1972	23	6	29	11
1974	102	22	124	28
1976	32	62	94	16
1978	50	207	257	26
1980	30	180	210	21
1982	63	55	118	12,3

*Par rapport aux exportations totales, (pétrole et dérivés exclus).

Source : Banco Central. Ecuador.

La province de Los Ríos est devenue la première zone de production. Sa progression est surtout liée au fait que, dès 1965, les planteurs de bananes de Quevedo ont commencé à planter des arbres dans leurs bananeraies. Le Programme National du Cacao, récemment mis en place, accorde son encadrement technique aux rénovations des vieilles plantations, plus de 7 500 ha. Les rendements sont encore faibles, 283 kg contre 413 kg par ha au Brésil. De grands changements sont survenus dans les exportations, les fèves, depuis 1976, occupent la deuxième place derrière le cacao élaboré ou beurre de cacao (80 %). C'est le résultat d'une transformation industrielle facilitée par des abaissements de taxe à l'exportation. À côté de la Universal, créée à la fin du XIXe siècle, plusieurs chocolateries ont été installées à Guayaquil. Leur capacité de broyage est passée de 9 000 t en 1965 à 16 000 t en 1976.

[1] L'Équateur est au 6e rang dans le monde pour le cacao avec 5 % de la production mondiale.

LES EXPORTATIONS NOUVELLES ENTRE 1970 ET 1985

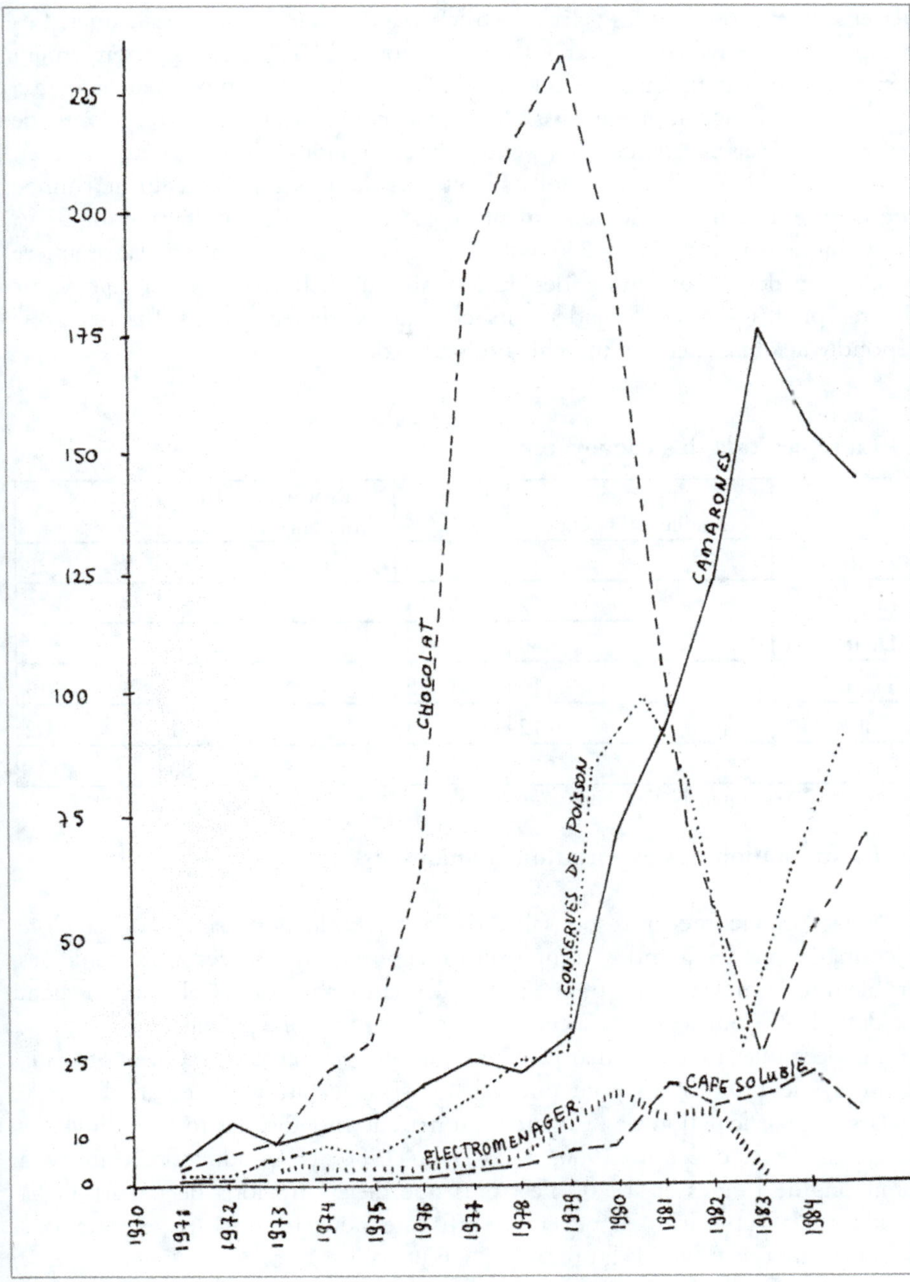

Source : Banco Central

Les treize usines, dont trois grandes, produiront plus tard en fonction de leur capacité, on atteindra près de 120 000 t. Le café a gagné en 1976 le premier rang en valeur dans les exportations. Ascension amorcée déjà en 1970, et plus nettement encore après les gelées destructrices des plantations brésiliennes. Les perspectives sont difficiles car les quotas alloués à l'Équateur sont largement dépassés mais à la fin du XXe siècle on continue de planter un peu partout sur la Côte. Le café accompagne aussi les petits colons des nouveaux foyers de colonisation car il convient aux pentes de ces régions. La valeur exportée en 1976 était de 205 millions de dollars, soit plus de trois fois la valeur de l'année précédente du fait d'un accroissement de 70 % de la valeur unitaire et de 90 % du volume expédié. Avec 230 000 ha, le café continue d'être la première production des zones semi-arides du Manabí ou d'El Oro où il est cultivé sur de très petites surfaces. Rendements et qualités demeurent insuffisants pour répondre aux exigences du marché international.

Tableau n°28

La répartition des cacaoyères

	Superficie en milliers d'hectares	%	Production en milliers de tonnes	%
Los Ríos	116	40	30	38
Guayas	72	25	30	38
Manabí	40	13	14	17
El Oro	16	5	5	6
Esmeraldas	12	4	1	1,2
Total	256	87	80	

Source : Programme National du Cacao, 1976.

11. La stagnation des exportations bananières

À la fois victime et responsable de la surproduction bananière, la Côte encouragée par les grandes compagnies d'exportation doit résoudre seule ses problèmes de mévente qui frappent inégalement les régions. Celles qui avaient été défrichées pour répondre à cette demande sont les plus pénalisées.

La décennie 1970 est marquée par une stagnation des exportations aux alentours de 1 200 000 t pour une valeur oscillant autour de 220 millions de dollars. La participation de l'Équateur au marché mondial est tombée de 40 % au début de la décennie 1960, à 20 % en 1980. La production, estimée à 3 millions de tonnes en 1970, n'est plus que de 2,1 millions de t. Surtout, la moitié de la superficie est devenue suffisante pour fournir ces exportations puisque un ha de Cavendish produit 75 à 60 t contre 10 à 16 t de bananes Gros Michel. La stagnation des exportations, plusieurs années consécutives, réussit mieux qu'aucune politique de diversification à convaincre les planteurs de diminuer les superficies de 110 000 ha en 1970 à 66 500 ha en 1977. La spécialisation régionale s'est accentuée du même coup puisque la Gros Michel occupe alors 10 300 ha dans la zone de Quevedo et la Cavendish 56 600 ha situés presque entièrement dans EL Oro et la zone de Balao-Tenguel qui représentent 40 et 27 % des superficies. Ce sont les seules régions à avoir maintenu leur superficie. La zone centrale est passée de 50 500 ha en 1971 à 5 500 ha en 1978.

Tableau n°29

L'évolution des bananeraies entre 1971 et 1978

	1971	1974	1978
El Oro	24,5	25	25,8
Guayas	17,5	18,8	18
Los Ríos-Quevedo	50,4	33,1	5,5
Los Ríos -Babahoyo	6,3	6,4	5,8
Esmeraldas	10,7	7	4
Manabí	0,4	1	0,4
Total	109,8	91,3	59,5

Source : d'après le Programme National de la Banane, Guayaquil. 1979.

Cette réduction évite un gaspillage énorme : on fumigeait par avion des bananeraies dispersées qui ne vendaient que très irrégulièrement. Le changement de variété s'est poursuivi rapidement : en 1977 on ne compte plus que 10 300 ha de Gros Michel alors qu'elle couvrait en 1966 toute la superficie en banane, soit plus de 140 000 ha. Le bilan qualitatif s'améliore et permet de mieux supporter la concurrence internationale[1]. Les États-Unis sont toujours le principal acheteur avec 440 000 t (35 %). Ce niveau s'est maintenu pendant toute la décennie alors qu'en 1964 les achats nord-américains représentaient 54 %. L'Europe occidentale achète 28 % des bananes équatoriennes dont la plus grande part se dirige vers l'Allemagne et la Belgique. Le Japon fut, au début de la décennie 1970, le meilleur acheteur de banane de l'Équateur (35 %) mais sa demande baissa brusquement en 1975 avec l'arrivée sur le marché asiatique des fruits produits à Taïwan, aux Philippines et au sud-Japon (Mindanao) par les mêmes compagnies nippones qui avaient accordé leur préférence à El Oro. Parmi les nouveaux marchés[2] les pays de l'est augmentent régulièrement leurs achats chaque année et représentent 20 % en 1980 mais ils imposent en compensation des produits en valeur équivalente. Ainsi, en échange de banane, l'Équateur obtient du matériel, des engrais et des équipements comme des Fiat Yougoslaves.Trente-trois compagnies d'exportation dont quatre grandes

[1] J. Champion estimait la surproduction de banane à la moitié de la production. Paris, 1969.

[2] J .Cl. Maillard, *Les transformations récentes du marché mondial de la banane*, BAGF, 1975.

dominent le marché : Noboa représente 43 % des ventes, la Standard Fruit 16 %, UBESA 12 % et Constructora Régional 8 %. Une partie des trente autres exportateurs correspond à des unions de producteurs. Les compagnies depuis quelques années essaient d'obtenir du gouvernement et du Programme National de la Banane des contrats d'achat à prix fixe. C'est le cas de la Standard Fruit dans les secteurs d'El Oro, de Del Monte pour la Côte ouest des U.S.A. (pendant 10 ans, 80 000 t) et de Noboa.

12. La demande interne croît à son tour

La croissance démographique et l'élévation du niveau de vie impose à la Côte de développer de plus en plus les productions alimentaires réclamées sur le marché interne aussi bien côtier qu'andin. Les échanges complémentaires entre la Sierra et la Côte se multiplient tandis que la croissance rapide des villes change la géographie de l'approvisionnement. Une plus grande facilité de transport grâce aux routes et aux camions autorise des échanges inter-régionaux plus importants et partant d'une certaine spécialisation locale et régionale.

Enfin, les progrès de la transformation industrielle des produits agricoles à Guayaquil et Manta, voire même à Quito, ont encouragé le développement de nouvelles cultures pour les industries assurées d'un débouché national. La progression des cultures vivrières comme le riz, le maïs, le plantain et les fruits montre bien l'essor de la demande interne. Ainsi, entre 1974 et 1976 le maïs est passé de 76 000 hectares à 115 000 hectares sur la Côte en seulement deux ans ! Profitant de la topographie ondulée, du climat humide et de l'abondance de la main-d'œuvre, l'*abaca* (sorte de bananier utilisé pour ses fibres) convient bien aux anciens petits colons du Gros Michel. 12 000 ha ont été plantés près de St. Domingo sur l'exemple d'une plantation japonaise de 2 000 ha. Les grands espaces forestiers du nord de la Côte ne jouent qu'un faible rôle dans les exportations tant les progrès sont lents ; on commence à exporter des meubles et de l'aggloméré. Le balsa occupe le premier rang dans les productions forestières, avec 90 % des besoins mondiaux fournis par l'Équateur ; la production centralisée à Guayaquil a doublé de 1965 à 1972, la valeur a doublé entre 1973 et 1975.

L'essor du riz

La demande de riz est telle que cette céréale est passée en surface au troisième rang dans les productions côtières derrière le cacao (287 000 ha), le café (230 000 ha) et devant la banane avec 66 000 ha. En fournissant 96 % de la production, le bassin du Guayas est devenu le grenier à riz du pays avec 25 % des terres en rizière pour la province du Guayas et 10 % pour Los Ríos.

Si la majorité des planteurs (60 %) cultivent moins de 20 ha et plus souvent même, moins de cinq, de grandes *haciendas* ont participé également à cet essor sur des superficies de plus en plus vastes.

Tableau n°30

Superficie et production de riz (en milliers)

Année	Superficie en ha	Production en t	Excédent en t
1970	77	122	20
1973	61	105	-7
1975	131	215	77
1977	103	162	6

Source : Programme National du Riz.

La dépendance des pluies est encore très forte pour la plupart des petits riziculteurs. En 1975, la moitié de la superficie ne bénéficiait d'aucune irrigation et seulement 45 000 ha étaient cultivés en été contre 85 000 ha en hiver. La formation de coopératives de production rizicole organisée avec l'aide de l'État pour les crédits et un certain contrôle des prix facilitèrent cet essor survenu au moment où la terre est attribuée aux métayers (décret 1001 de 1970). Les associations de coopératives ont réussi à encadrer les nouveaux groupements nés de la redistribution de la terre. Le riz, production des paysans au contrat précaire, puis de petits propriétaires est devenu ensuite l'affaire des grandes plantations. Celles-ci se sont lancées avec leurs capitaux et l'aide des Banques dans une technification et motorisation nouvelles en Équateur : nivellement, arrosage par aspersion, moissonneuses-batteuses, silos et même semailles par avion. Cette concurrence est dure pour les petits riziculteurs peu aidés pour la commercialisation par l'organisme d'État (ENAC).

La montée des oléagineux

En augmentation dans la consommation nationale (15 % par an), les corps gras apparaissent pour la première fois dans les exportations. Les terres basses offrent des milieux très variés et des systèmes de production capables de répondre à la production de cycles courts et longs. Cet essor s'accompagne d'une mise en place d'huileries qui raffinent 45 000 t par an, environ. Soja, sésame et arachide trouvent leur place dans la région de Quevedo et Sto Domingo en quête de nouvelles productions mais c'est également à l'est de Guayaquil, que se multiplient les surfaces qui portent en deuxième culture du riz ou du maïs. En effet, les oléagineux à cycle court en entrant dans une rotation de deux et parfois trois cultures annuelles renforcent l'intensification de la production générale de la Côte. La productivité est donc vingt ans après sans comparaison avec les anciennes bananeraies de Gros Michel. En 1977, le soja couvrait déjà 17 000 ha, le sésame 4 000 ha et l'arachide 2 500 ha. À côté du cocotier et du palmier royal, la palme africaine (Elaïs) s'est fortement implantée dans la région de Sto Domingo avec près de 22 000 ha dont 18 000 en production en 1978, soit 2 à 3 000 ha plantés chaque année. Cinq extractrices appartenant le plus souvent aux grands planteurs extraient le jus des régimes de palme avant de l'envoyer pour être raffiné dans les huileries de Guayaquil, Manta, Quito et, récemment, à Santo Domingo. Le ricin par contre correspond à la situation des petits planteurs du Manabí qui l'associent au coton et fournissent 98 % de la production entièrement exportée. L'Équateur apporte 5 % du ricin commercialisé dans le monde et le vend essentiellement à la France et aux États-Unis. Ce volume avait fortement baissé dans la dernière décennie pour reprendre progressivement, l'usine de trituration de Manta permet de l'exporter sous forme d'huile.

Un élevage de plus en plus intensif

L'élevage n'apparaît pas dans les exportations en dépit de centaines de bovins passés sur pied dans les deux pays voisins ; il a fait ces dernières années un bond en avant concurrençant même la vocation pastorale de la Sierra puisqu'on compte aujourd'hui autant de bovins sur la Côte que dans la Sierra avec plus de 1 140 000 hectares de pâturage dont 36 % pour la seule province du Manabí. D'importants prêts bancaires ont favorisé la croissance du cheptel bovin de l'ordre de 6,7 % par an. Or le retard à combler est encore important puisqu'en 1967 l'Équateur comptait 0,29 tête par habitant contre 1,1 en Colombie ; la consommation ne peut qu'augmenter avec l'amélioration du niveau de vie et la croissance démographique. De 8 kg de viande par an par habitant en moyenne dans le pays, elle est déjà à 17 kg à Guayaquil, contre 25 kg en Colombie et 30 kg au Pérou. Avec l'introduction des zébus croisés avec des Saint Gertrudis, des Brown Swiss et des Charolais dans la décennie 1960-1970, la Côte se spécialise surtout dans la production de viande laissant le lait à la Sierra en raison des problèmes délicats de ramassage et de distribution difficiles à organiser en terres chaudes. Si l'extension des pâturages améliorés (70 % de Guinea) fut spectaculaire[1], la production de légumineuses reste très faible. Parasites et maladies se développent rapidement. Si le Manabí offre un climat plus sain, idéal pour les animaux en terres tropicales, l'absence de pâturages pendant une partie de l'année dans les secteurs trop secs oblige à chercher dans l'intérieur de la Côte des zones plus vertes.

[1] L'extension des pâturages a été favorisée par suites des mesures de réforme agraire contre les terres non mises en valeur. Aussi, entre 1960 et 1970, pendant la période de mévente de Gros Michel, des bananeraies ont été converties en pâturages.

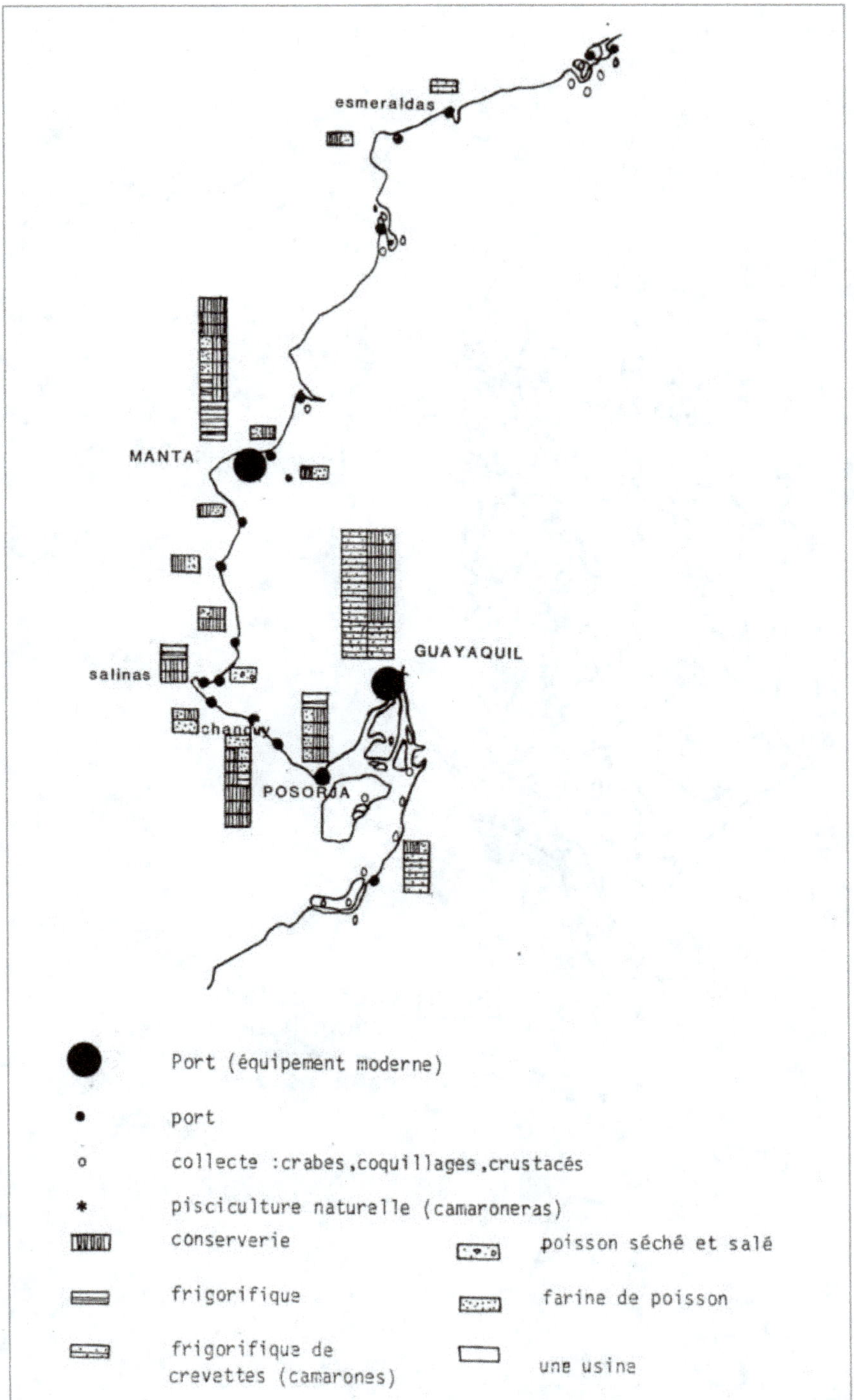
esmeraldas
MANTA
GUAYAQUIL
salinas
chanduy
POSORJA
Port (équipement moderne)
port
collecte :crabes,coquillages,crustacés
pisciculture naturelle (camaroneras)
conserverie
poisson séché et salé
frigorifique
farine de poisson
frigorifique de crevettes (camarones)
une usine

LES PRINCIPALES RÉGIONS AGRICOLES DE LA COSTA

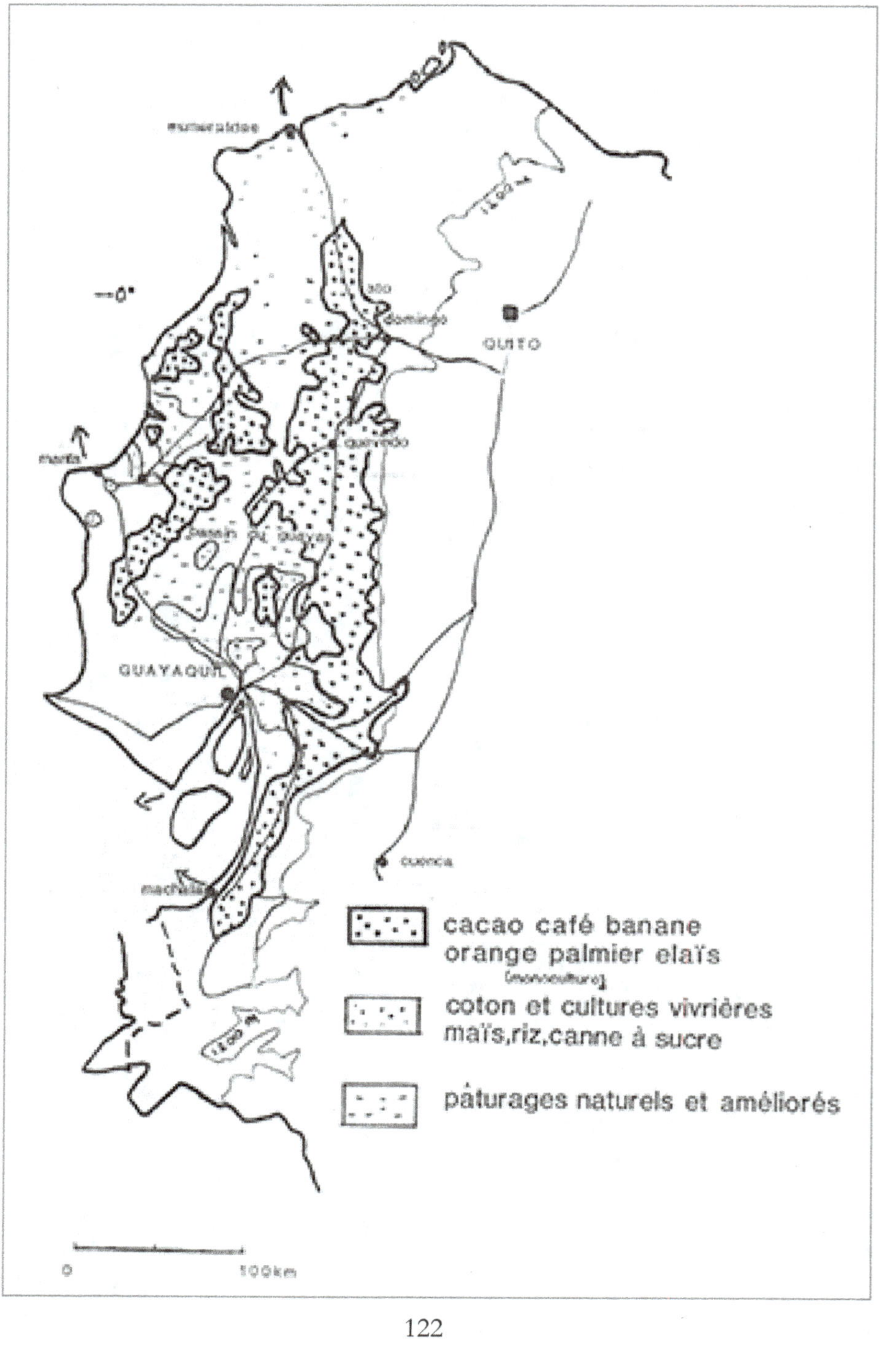

13. L'essor spectaculaire de la pêche

Les années 1970 sont marquées par les progrès de la pêche qui entre pour 17 % dans les exportations en 1982 contre seulement 4 % en 1970, soit en valeur 165 millions de dollars contre 7 millions en 1970. La progression régulière dans les cinq dernières années contraste avec les oscillations des autres productions traditionnelles de la Côte et même du thon dont les bancs avaient pratiquement disparu en 1972 et 1973. Les crevettes et le thon représentent encore 96 % des produits de la mer exportés congelés ou en conserve. En même temps, la production industrielle a augmenté de 50 % entre 1970 et 1976 (thon congelé, sardines en boîtes et farine de poisson). Les trois quarts du thon sont vendus aux U.S.A., le reste en Argentine et au Japon tandis que les conserves sont destinées à tous les pays de l'Amérique du Nord et du Sud. Langoustes et mollusques jouent un rôle secondaire. La farine de poisson a fait un bond : 40 000 t en 1980 contre 30 000 t en 1970 grâce à vingt-deux petites usines. Cet essor est dû aux investissements nombreux dans ce secteur jusqu'ici en retard par rapport au dynamisme des pêches du Pérou. Puis la modernisation de la flotte a permis, grâce à des prêts consentis par les banques internationales, de constituer des unités de production plus vastes et mieux équipées. La montée, sur le marché international, de la crevette équatorienne (*camarón*) est le résultat d'une spéculation pendant les années 1970 grâce au milieu naturel très favorable à son expansion qu'offre le littoral. En effet, les pêches classiques le long des côtes, en particulier de l'Esmeraldas, sont renforcées par une véritable pisciculture dans les vastes étendues d'eau semi-lagunaires du littoral d'El Oro et près de Bahía. Cette pisciculture débuta à El Oro en 1968 et intéresse en 1979 plus de 30 000 habitants. Elle rapporta 122 millions $ en 1982, (73 % de la valeur des exportations piscicoles).

14. Vers de nouvelles spécialisations régionales

L'évolution agricole des années 1970 a mis en place de nouvelles spécialisations régionales amorcées très tôt pour le bassin du Guayas et le Manabí et plus récemment pour El Oro et les zones colonisées de l'Esmeraldas. Dans l'ensemble une meilleure utilisation du sol est recherchée. L'éclatement des cultures tropicales sur la Côte favorise donc une certaine organisation de l'espace ; ainsi les zones planes et irriguées se spécialiseront dans les cultures mécanisées (riz, maïs et soja) ou les plantations fruitières et arbustives pour l'exportation, les vallées étroites mais densément peuplées dans les fruits, les légumes, le tabac. Les collines sèches porteront le coton, le ricin et le maïs tandis que les secteurs humides, les versants des collines se couvriront de pâturages ou de plantations d'abaca et de palmier à huile. Enfin on trouvera dans les zones vallonnées des champs de soja, maïs, arachide et riz pluvial. Le café et le cacao se glissent dans chacun des écosystèmes, ce qui explique leur grande extension et diffusion à travers l'espace côtier et leur succès autant dans les grandes plantations modernisées du bassin du Guayas que dans les zones de colonisation du Quinindé où ils accompagnent les cultures vivrières. L'évolution agricole des dernières années renforce le poids économique du bassin du Guayas. Avec 26 278 km², l'ensemble drainé par les grands fleuves a su tirer parti de chacun des cycles économiques qui frappèrent la Côte depuis plus d'un siècle. C'est aujourd'hui la première région sucrière, bananière et cacaoyère du pays. La province du Guayas seule représente 90 % de la production sucrière nationale, la principale zone rizicole et cotonnière du pays. La banane, grâce aux extensions dans le sud de la province, occupe depuis peu la place détenue par Los Ríos. Cette dernière demeure la principale zone cacaoyère de la Côte après avoir été jusqu'en 1975 environ la "grande bananeraie" de l'Équateur. Elle détenait aussi le second rang en 1968 pour le café, le troisième depuis 1975. Plantain, maïs et oléagineux arrivent au second rang pour la Côte.

De dimension réduite, la province de Los Ríos dépend encore beaucoup des trois grandes exportations (cacao, café et banane). En effet, la diversification amorcée vers les oléagineux et les céréales paraît beaucoup plus importante dans la province du Guayas qui bénéficie de conditions très variées lui permettant de se tourner autant vers les cultures vivrières que commerciales sans oublier l'élevage, les fruits et les légumes de la vallée du Daule. C'est donc bien la variété des milieux écologiques et leurs sols favorables qui permettent à ce grand bassin central d'être à la fois la première région d'exportation du pays et de production destinée à la consommation nationale. La province d'El Oro affirme de plus en plus sa spécialisation commerciale bananière, tout en accordant une place non négligeable au cacao. L'étendue limitée (2 500 km²) des terres côtières d'El Oro restreint les productions vivrières aux secteurs marginaux des vallées irriguées. Le café n'intéresse vraiment que la partie serranaise de la province. Le Manabí maintient sa diversité puisqu'il est à la fois une zone de production, pour l'exportation, avec le café qui occupe le premier rang suivi du cacao ; le ricin y a un rôle très secondaire. C'est la grande région de production vivrière avec le maïs au premier rang, puis l'élevage, les fruits, le coton et les légumes. Le plantain a acquis une position durable alors que la banane n'a fait que passer. Cette variété de ressources attira très tôt les commerçants serranais qui, chaque semaine, échangent les produits de la zone tempérée contre des produits tropicaux. Marginale géographiquement, l'Esmeraldas l'est également dans ses productions. L'extension rapide des pâturages confirme la vocation pastorale de ces collines septentrionales. Si le café et le cacao accompagnent les cultures vivrières des colons après le défrichement, il est alors encore trop tôt pour que s'amorce une spécialisation régionale dans ces terres pionnières, pour lesquelles l'État encourage l'exploitation forestière.

Cette grande diversification amorcée au début des années 1970 n'a pas encore donné tous ses fruits la décennie suivante. Néanmoins de nouvelles exportations ont surgi en fonction de la demande mondiale qui nécessite oléagineux, fibres, bois, produits de la mer que les milieux équatoriens peuvent aussi bien fournir que la banane, le café et le cacao. Plus significatif du changement et de la diversification reste le démarrage des articles élaborés et manufacturés qui enregistrent une croissance très rapide au cours de la décennie 1970 ; cette valorisation montre la nouvelle orientation industrielle de la Côte et de l'Équateur. La région côtière est riche et encore peu mise en valeur par rapport à d'autres régions tropicales comparables. Rendement et qualité peuvent augmenter encore ainsi que la productivité. La décennie 1970 est celle de la diversification, mais aussi celle de la modernisation et de l'intensification des systèmes de culture. La spéculation provocatrice de grandes richesses mais aussi de graves gaspillages est toujours présente mais plus réduite et plus localisée. Le vrai changement vient surtout de cette meilleure adaptation aux conditions écologiques locales.

CHAPITRE V

L'ENTRAÎNEMENT DES ACTIVITÉS AGRICOLES SUR L'ÉQUIPEMENT ET L'ESSOR DÉMOGRAPHIQUE ET ÉCONOMIQUE

1. L'élargissement de l'espace utile

L'extension des superficies cultivées est une des conséquences les plus spectaculaires du dynamisme côtier. Les défrichements qui se sont succédé sur des rythmes fort différents selon les périodes ont marqué à jamais les paysages de la Côte. La disponibilité de terres forestières a facilité l'extension de l'occupation du sol notamment vers le nord même, si le recul de la frontière agricole laissait, plus au sud, de vastes espaces incultes, inondables ou marécageux. Peu à peu, les interfluves sont utilisés pour parer au manque de terre mais aussi à l'éloignement désormais trop grand entre les terres pionnières et le port de Guayaquil. Cette lutte est devenue possible depuis les années 1970 grâce à l'arrivée d'engins de nivellement ou de défrichement qui accélère la transformation du paysage et les conditions d'exploitation. Le changement de production modifie également bien des aspects en passant des cacaoyères sous ombrage aux bananeraies, puis aux plantations de palmiers à huile, mais grâce à la mécanisation la plantation arbustive devient un champ ouvert permettant les céréales. Toutes les surfaces ont augmenté dans les années 1970 à l'exception des bananeraies alors qu'elles avaient, plus encore que le cacao, gagné des surfaces immenses grâce à 140 000 ha de défrichements dans le nord du Guayas. Enfin des productions comme le coton, le riz et le maïs occupent chaque année des espaces fort variables selon les irrégularités climatiques et les prix offerts sur le marché.

Tableau n°31

L'évolution du nombre d'exploitations entre 1954 et 1974

	1954	1974	Taux de croissance en % de1954 à 1974	Taille moyenne en ha - 1974
Esmeraldas	6 677	14 832	122	25
Manabí	38 028	64 937	69	18
El Oro	8 400	17 077	67	14
Guayas	22 831	47 641	108	13
Los Ríos	8 729	28 303	224	19
Côte	84 665	169 250	99	19

Source : *Estructura agraria del Ecuador-M. Arias* 1971 - Censo 1974 Santo Domingo non inclus.

Tableau n°32

L'évolution des grandes productions côtières (en milliers d'hectares)

Années	1965	1968	1975	1977
banane	173	130	80	66
cacao				238
café				260
fruits			7	15
canne à sucre				47
riz	102	111	131	130
coton		82	38	13 à 17
maïs dur		76	95	95
plantain	35	38	45	50
palmier à huile		1	2	22
soja		1	8	171
sésame				4
arachide				3
ricin	23	15	43	
abaca				16
pâturages		77	1 040	1 040
Bovin (unité)		1 022	2 127	

Source : *Estimación de la superficia cosechada*, MAC et *Programas Nacionales*.

2. La forte augmentation de la population côtière

Le poids démographique de la Côte

Avec un million d'habitants de plus tous les douze ans, les plaines et les collines de l'ouest de l'Équateur deviennent la région la plus peuplée du pays. Le déséquilibre numérique entre la Sierra et la Côte disparaît à la fin du XXe siècle. En effet, au recensement de 1974, la population côtière est plus importante que celle de la Sierra, alors qu'en 1950, elle représentait 40 % avec 1 298 000 habitants et encore seulement 46 % en 1962 avec 2 178 000 habitants. En 1983, les cinq provinces côtières et le canton de Santo Domingo (Pichincha) comptent plus de 4 200 000 habitants, soit plus de 51 % de la population équatorienne. Des mouvements migratoires sans précédent ont amené dans le bassin du Guayas, puis dans son pourtour et enfin vers le nord, des Indiens du Manabí et de la Sierra en quête de terres neuves et d'emplois. Ce sont ces migrations qui ont créé le peuplement de ces terres basses.

Au début des années 1980, la Côte maintient un fort taux de croissance démographique de l'ordre de 3,7 % par an qui en fait une région jeune à forte natalité, mais c'est aussi le résultat d'une attraction toujours plus forte aussi bien dans les secteurs d'ancien peuplement que dans ceux de colonisation récente. Pendant la même période (1962-1974), la Sierra augmentait d'environ 2 % par an. La moyenne nationale est de 3,4 %.

Tableau n°33

La répartition de la croissance démographique (en milliers)

Années	1950	1962	1974	1982
Équateur	3 203	4 721	6 522	8 053
Sierra	1 904	2 542	3 147	3 806
Quito	210	355	600	858
Côte	1 298	2 180	3 180	3 926
Guayaquil	260	510	825	1 175
Guayas	582	1 003	1 513	2 016
Manabí	401	627	809	874
Los Ríos	150	255	384	451
El Oro	89	165	260	335
Esmeraldas	75	128	203	247

Source : INEC – recensement de 1950, 1962, 1974, 1982.

La répartition provinciale met en évidence le poids démographique du Guayas qui augmente de 500 000 habitants soit la 1/2 du gain en population de la Côte en douze ans. Cette province représente actuellement un quart de la population totale du pays et un peu plus de la moitié de la Côte. Il est vrai que Guayaquil regroupe, avec plus d'un million d'habitants, la moitié de la population du Guayas. La ville, à elle seule, est déjà plus peuplée que le Manabí tout entier.

Le Manabí, en dépit des immigrations constantes en direction de toute la Côte, regroupe en 1982 un quart des *costeños* avec 872 000 habitants, tandis que Los Ríos et El Oro, de peuplement plus récent, abritent alors 451 000 et 335 000 habitants ; enfin, Esmeraldas, province immense et vide n'a encore que 247 000 habitants et une densité très basse (trois habitants au km²) qui en fait la grande zone d'accueil de la fin du XXᵉ siècle.

Une inégale répartition du peuplement

La forte croissance démographique de la Côte et le maintien des mouvements migratoires vers les zones rurales continuent de modifier l'occupation du sol et l'intensité du peuplement. Celui-ci, longtemps linéaire en fonction des rives des fleuves puis des routes, s'est dispersé dans tous les espaces intermédiaires. Les densités évoluent surtout en fonction du pouvoir d'attraction de chacune des régions. Dans l'ensemble, la Côte est passée de 18 h/km^2 en 1950 à plus de 45 h/km^2 en 1974 et dépasse 60 h/km^2 en 1980.

La diffusion en profondeur du peuplement, permet une meilleure répartition de la population rurale dans les secteurs dotés de bons sols mis à l'écart jusque-là par manque de moyens de communication. À la marche vers les terres neuves du nord et même du sud correspond un souci d'occupation plus intense des espaces déjà contrôlés. La carte des densités confirme bien le rôle des axes de peuplement le long des fleuves et des routes, comme d'ailleurs l'importance des zones vides que représente la grande cordillère côtière dessinant un vaste arc de cercle à travers l'ouest de l'espace côtier et qui forme une barrière au peuplement en entourant le Manabí central. Cet isolement semble toutefois rompu par les avances récentes des petits colons sur son pourtour.

Le littoral pacifique regroupe des noyaux de fortes densités correspondant à des ports de pêche ou à des vallées agricoles mais n'offre pas une frange continue. En effet, l'aridité n'autorise guère d'activités agricoles importantes. De son côté, le delta du Guayas avec ses nombreuses îles à palétuviers ne retient que de petites communautés de pêcheurs, c'est le cas de tout le golfe de Guayaquil avec les îles de Jambelí. Le vide des environs de Guayaquil s'explique par l'aridité locale qui se prolonge vers Santa Elena et qui interdit sans irrigation une occupation agricole autre qu'extensive. Dans la péninsule, la population concentrée en gros centres, le long de la route principale, renforce l'impression de désert humain. L'opposition qui existe entre le nord et le sud du Manabí est compliquée aussi par la forte concentration de la population dans les vallées du centre, elles-mêmes entourées de collines où l'habitat est dispersé en général sur les hauteurs. À l'est, la dissémination des habitants s'effectue sur plusieurs lignes par rapport aux deux axes Chone-Santo Domingo et Portoviejo-Quevedo en fonction de l'avance successive des colons dans ces collines de l'intérieur. Le même phénomène s'observe dans les zones de colonisation de l'Esmeraldas où les densités le long de l'axe principal demeurent plus élevées que sur les rives des fleuves ou même plus modestement le long de la voie ferrée des confins septentrionaux. Partout ailleurs on trouve les plus basses densités de peuplement. À côté de ces faibles densités des espaces semi-arides ou forestiers, la Côte offre des secteurs très peuplés. Les foyers de fort peuplement ne correspondent pas toujours aux zones les plus favorables, comme les vallées de Valdivía ou d'Arenillas. De même, les densités des vallées du centre de Manabí sont proches d'un surpeuplement relatif en fonction des techniques actuelles. En général, les densités sont élevées dans les zones de peuplement ancien et dans les zones cacaoyères et rizicoles du Guayas et de Los Ríos. Les densités de la Côte ne dépassent pas 160 h/km^2 et sont, de ce fait, moins fortes que dans les bassins andins.

L'INÉGALE RÉPARTITION DES DENSITÉS

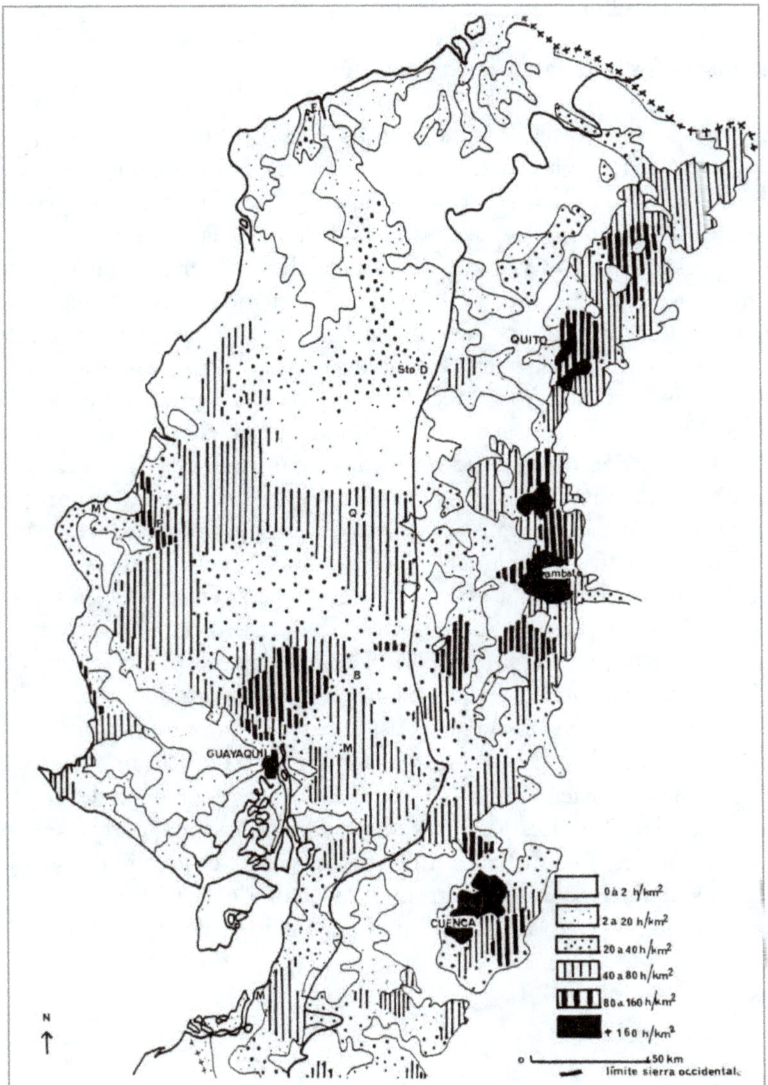

La cordillère des Andes n'offre pas toujours une vraie coupure entre le peuplement serranais et côtier comme pourrait le faire penser le changement d'altitude. En dehors de l'Esmeraldas et un peu de l'Azuay occidental, une véritable occupation de l'espace se maintient, notamment entre Guaranda et Babahoyo ; la continuité du peuplement y est très nette.

3. Les points forts de la croissance côtière

Les zones de fortes augmentations entre 1962 et 1974 (+ 90 %) correspondent à deux grands secteurs : le plus vaste regroupe toutes les collines au nord du bassin du Guayas (Sto Domingo-Quevedo-Quinindé) et confirme le maintien de l'attraction liée à l'essor bananier. À la colonisation pionnière toujours présente sur le versant de la cordillère (Puerto-Quito) succède un peuplement le long des axes vers le Manabí en même temps que s'intensifie l'occupation des interfluves et que grandissent les centres urbains, points d'accueil des anciens travailleurs des bananeraies. À l'est de Guayaquil se situe le deuxième point fort de croissance correspondant à l'amélioration de l'axe de pénétration vers la Sierra et à la création du pont et de la route de Taura-Naranjal. L'essor démographique est lié au dynamisme des plantations. Près de Taura, des coopératives ont été créées sur des terres occupées entre 1960 et 1970, celles des domaines ayant appartenu à de grands propriétaires. Machala et la zone frontière offrent quelques secteurs attractifs, avec 90% d'augmentation de la population. Une croissance un peu moins forte – 30 à 60 % – est enregistrée dans les axes qui traversent les collines du Manabí, soient les deux du nord, soit celui plus récent de Nobol animé par l'essor du coton. Plusieurs petits foyers de croissance correspondent en partie à l'attraction des villes dans des régions peu peuplées jusqu'ici. C'est le cas de Limones et San Lorenzo sur le littoral, Atacames en Esmeraldas, le sud de Muisne, Chone, Puerto López, Valdivía, Salinas-Sta Elena pour le Manabí et le Guayas et enfin des deux foyers de Balao et Naranjal. Les secteurs de faible croissance correspondent aux régions à la fois les plus difficiles à mettre en valeur et les moins peuplées : le nord et le sud de la cordillère littorale, le cœur de la péninsule et quelques paroisses du Guayas central ont connu moins de 30 % de croissance.

LES POINTS FORTS DE LA CROISSANCE DÉMOGRAPHIQUE

ENTRE 1962 ET 1974

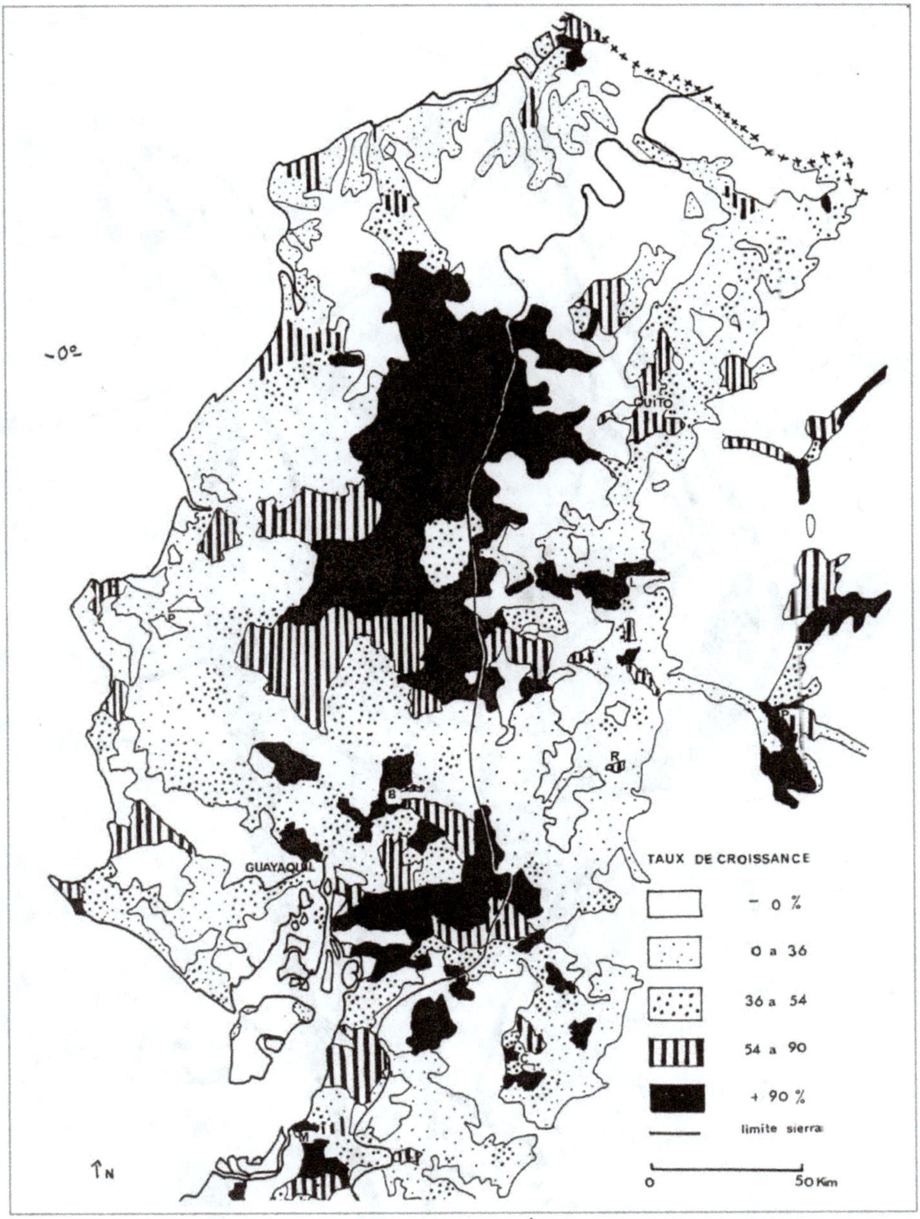

Source : Atlas géographique de l'Équateur IGM 1978.

LES MIGRATIONS PAR PROVINCES

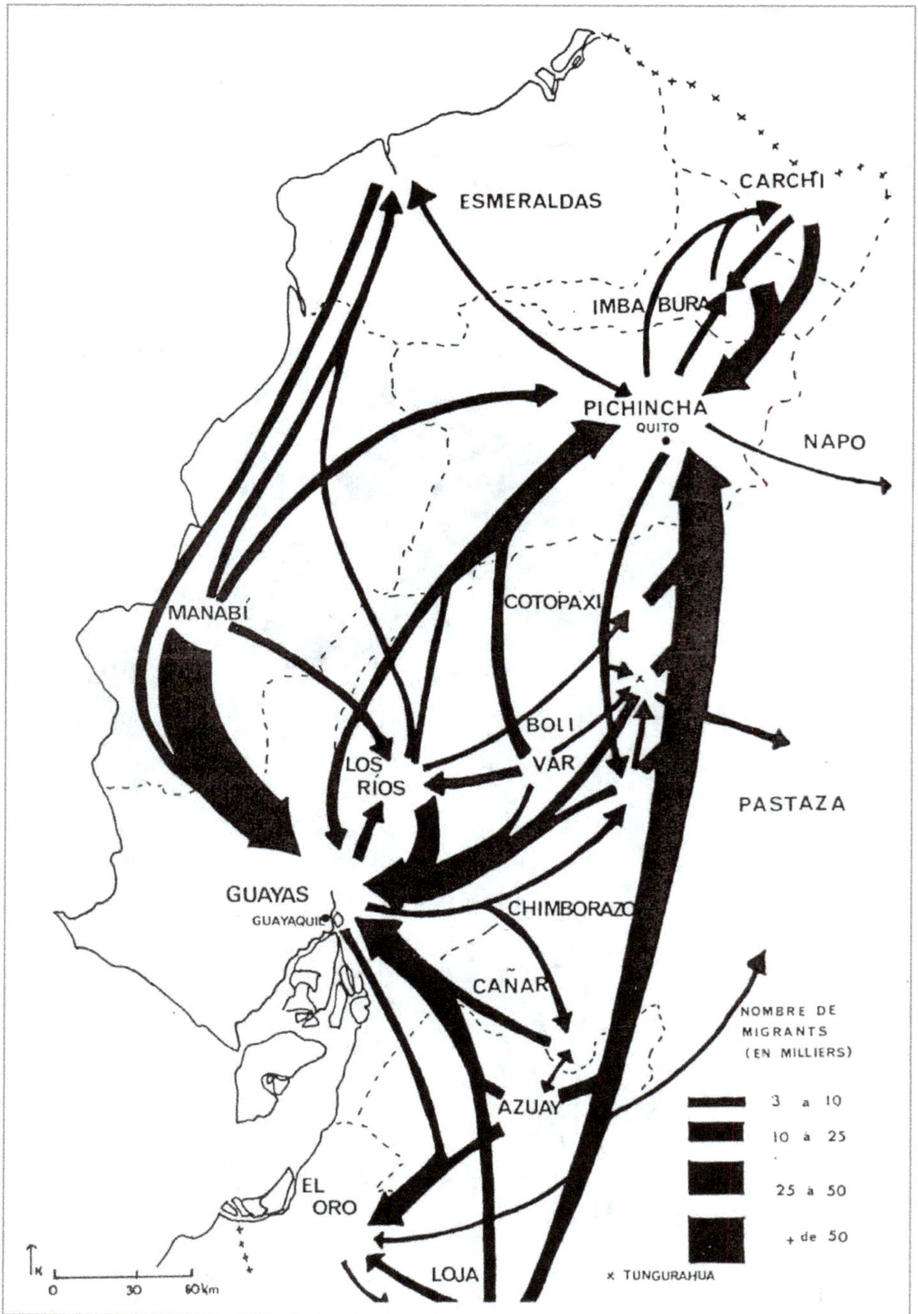

Source : d'après le recensement 1974.

4. Le maintien des migrations à partir des zones très peuplées

Les mouvements migratoires modifient la répartition du peuplement côtier en fonction des zones d'attraction. Avec un solde négatif de 105 000 personnes, en 1974 le Manabí détient toujours le record des départs, non seulement pour la Côte mais aussi pour la Sierra puisque Loja et Azuay ont perdu chacune 62 805 et 47 673 habitants. Les manabites orientés vers les plaines du Guayas se dirigent alors vers les collines qui entourent la province au nord comme au sud. Une étude plus précise au niveau de la paroisse met en évidence un léger ralentissement de la croissance naturelle dans le cœur même de la province du Manabí et l'extraordinaire poussée des cantons et paroisses périphériques du Guayas et de 1'Esmeraldas sur les marges occidentales de Los Ríos. Là, en effet, se trouvent les foyers de colonisation spontanée, parfois fort éloignés de la route. Les terres basses n'envoient guère de migrants vers la Sierra. Seul le Pichincha, avec l'attraction de Quito, a une balance positive. En effet, la capitale attire non seulement des travailleurs venus de toute la Sierra mais aussi du Guayas qui en fournit 27 %.

Les zones attractives

Avec un bilan migratoire positif de 180 000 personnes, le Guayas continue d'être la province la plus attractive de la Côte. Cependant, au niveau national, le Pichincha vient en premier plan avec 190 000 migrants. L'absence de statistique par canton ne permet pas de départager les migrants selon leur destination : zones basses du Pichincha (Santo Domingo) ou Quito. El Oro apparaît ensuite comme la troisième province d'accueil pour la Côte, suivie de 1'Esmeraldas. Les provinces de l'Oriente viennent ensuite, ce qui montre bien qu'en dépit de la politique de colonisation de l'Oriente, les Serranais descendent de préférence sur la Côte. Le cas de Los Ríos qui avait encore en 1962 un solde migratoire positif a perdu 4 376 personnes en 1974. En réalité, c'est le sud de la province qui, avec les transformations récentes des modes de production (recul bananier et mécanisation) rejette une main-d'œuvre trop nombreuse, tandis que le nord continue de fixer de nouveaux colons.

L'apport extérieur au milieu du XXe siècle n'a d'importance sur la Côte que dans 1'Esmeraldas où des Noirs colombiens ont pénétré dans le pays par la forêt ou par cabotage. Les changements de régimes du Chili et du Pérou ont amené aussi bien dans le monde rural que dans les milieux urbains un certain nombre d'exilés. De toute la Côte, Guayaquil abrite le plus grand nombre d'étrangers (7 700) chiffre dépassé par Quito en raison de sa fonction de capitale (12 000).

LA CROISSANCE URBAINE ENTRE 1962 ET 1974

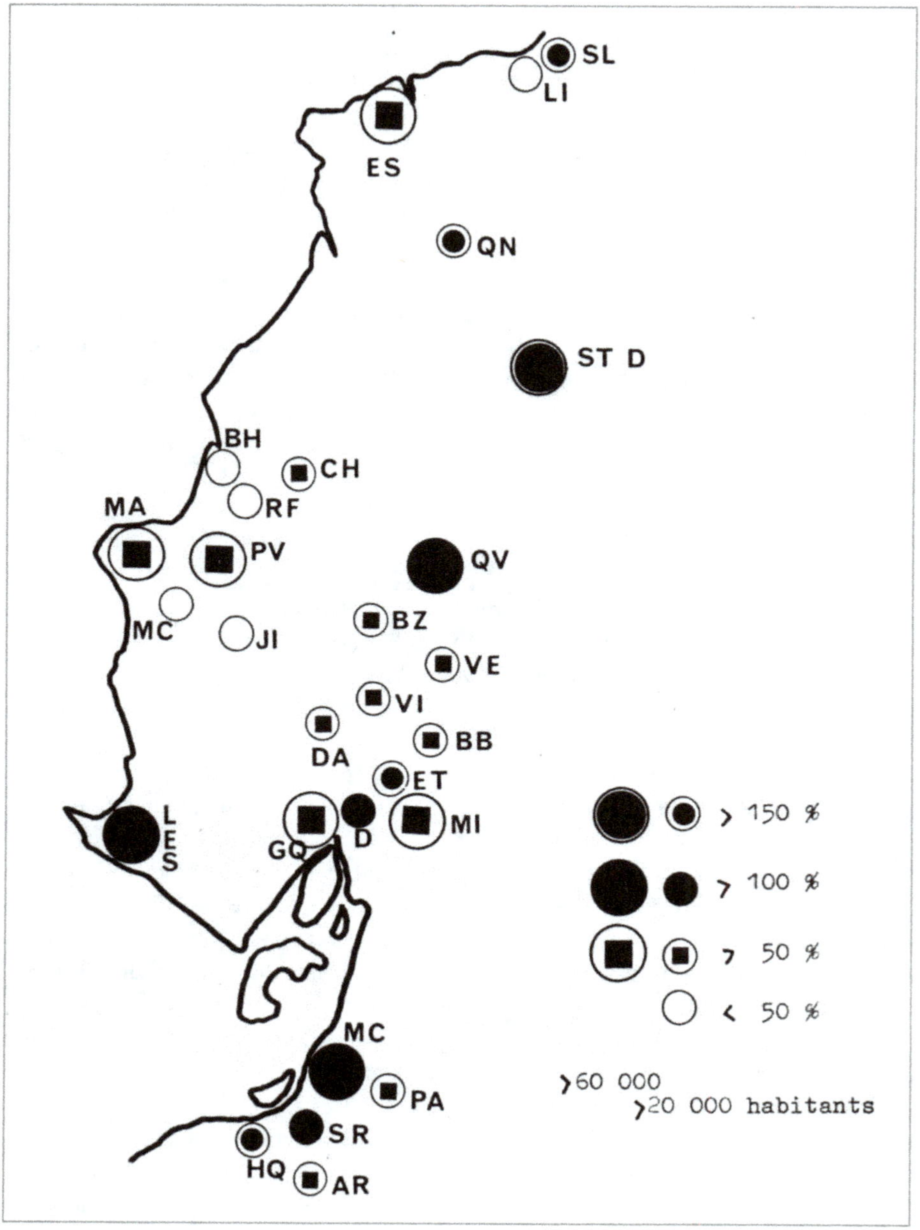

Source : recensement de la population en 1962 et 1974

Tableau n°34

Les balances migratoires par province en 1974

BILAN POSITIF	en milliers	Taux de balance migratoire %
1° Pichincha	190	19,5
2° Guayas	180	12
3° El Oro	29	10
4° Napo	18	29
5° Esmeraldas	17	8
6°Zamora	14	39
BILAN NEGATIF		
1° Manabí	-105	-13
2° Loja	63	18
3° Azuay	48	12,5
4° Chimborazo	42	13,5
5° Bolivar	38	26
6°Cotopaxi	36	15
7°Tungurahua	27	10
8°Carchi	20	16
9°Cañar	18	12
10°Imbabura	7	3
11°Los Ríos	4	1

Source : M. Portais : *Las migraciones de población en el Ecuador.* MAG-ORSTOM, Quito 1975.

En conclusion, ce sont les régions côtières les plus peuplées avec un haut indice de fécondité et une instabilité rurale en relation directe avec l'aridité et les irrégularités des précipitations qui envoient leur population dans les secteurs déjà bien peuplés mais économiquement diversifiés et vers les zones vides et pionnières du nord de Los Ríos, le Pichincha côtier et 1'Esmeraldas .

Le maintien des migrations temporaires

Toujours difficiles à appréhender par les statistiques, ces migrations sont liées aux demandes de main-d'œuvre pour les récoltes du riz, coton, canne à sucre et café. La moitié d'entre elles vient de la Sierra dont un petit nombre engagé par contrat. Certains reviennent tous les ans pour semer et récolter le riz suivant un système de métayage qui leur assure un lopin de terre en échange d'une grande partie de la récolte. Le contrat souvent oral permet au propriétaire de ne pas reprendre l'année suivante le même travailleur. Les conditions de misère supportées dans ce système de métayage ont été remises en question par la réforme agraire et par la loi sur la précarité de 1971. L'évolution s'est accélérée au cours de cette décennie avec l'essor de l'exploitation directe liée à la mécanisation. L'utilisation, pendant la période des pluies, des paysans d'autres provinces, s'effectue également avec les manabites pour le coton. Toutes ces migrations temporaires aboutissent souvent à la fixation définitive mais les changements de cultures réalisés d'une région à l'autre ont provoqué une grande instabilité de la main-d'œuvre. En général les secteurs côtiers très dynamiques et souvent urbains voient affluer des travailleurs du Manabí, de la Sierra ou des zones de plantation en déclin ou mécanisées. Il semble que ce soit les campagnes marquées par un fort indice de fécondité et par une certaine scolarisation qui envoient le plus de migrants vers la ville[1].

Une urbanisation sans précédent

Une armature urbaine de plus en plus diversifiée

L'urbanisation de la Côte repose sur une grande cité de plus d'un million d'habitants et sur un ensemble de soixante-dix villes de 2 000 à 100 000 habitants, la moitié se situant entre 2 000 et 5 000 habitants. En 1982, la population urbaine, avec 1 500 000 habitants, représente 45,7 % de la population totale de la Côte montrant que malgré les migrations rurales très nombreuses dans tout le territoire, la croissance des villes est aussi rapide, voire même plus importante que celle des campagnes. Dans ce monde aussi neuf, des changements peuvent encore bouleverser la carte récente de l'implantation urbaine. En effet, en moins de vingt-quatre ans, entre 1950 et 1974, le nombre des localités de plus de 2 000 habitants a presque triplé, passant de vingt-quatre à soixante-dix. Tous les centres urbains ont enregistré une croissance démographique plus ou moins forte. Seuls, les deux secteurs fort isolés de l'île de Puná et Muisne ont régressé pendant la période de 1962-1974, victimes de l'attraction de Guayaquil pour le premier et du repli bananier pour le second.

La croissance urbaine spectaculaire avec l'apparition de nouvelles villes est le résultat de plusieurs mouvements liés non seulement à la création d'activités industrielles mais surtout au reflux des paysans qui n'ont pas réussi à s'implanter dans de nouvelles zones rurales. L'isolement et l'éloignement des équipements sanitaires et scolaires sont les causes les plus souvent évoquées. Effectivement, si on réussit à trouver un emploi, on vivra mieux en ville qu'à la campagne et en attendant les jours meilleurs on ne vit pas seul dans sa misère. Les villes enregistrent une augmentation de leur population tout à fait exceptionnelle, accompagnée d'une multiplication des commerces et des services. Aussi voit-on actuellement des commerçants de la capitale du Guayas

[1] D'après les travaux de M. Portais, ORSTOM, Quito.

attirés dans les villes de la Côte devenues capables de leur fournir un niveau d'opération suffisant. Bien des affaires commerciales ou industrielles guayaquiléniennes ont des agences et succursales dans les autres villes. Dans le même temps, Quito est obligé de nommer des fonctionnaires locaux le plus souvent et d'organiser tous les rouages administratifs traditionnels ; les services suivent.

5. Une forte croissance urbaine dans toutes les villes

Les forts taux de croissance des villes les plus importantes de la Côte commencent à prendre progressivement un rang occupé jadis par des villes serranaises. Capitales provinciales et ports ont tous un taux de croissance de plus de 80 à 135 %. Babahoyo, en dépit de son dynamisme commercial et de ses services, reste un peu en arrière par rapport à sa rivale voisine Milagro, centre de regroupement de la main-d'œuvre et des productions des plantations les plus riches du Guayas. À l'exception de Milagro, toutes les villes dans un rayon de 100 km de Guayaquil ont moins de 35 000 habitants. Le rio Daule n'a pas donné naissance à de grandes villes. Daule atteint à peine 18 000 habitants. Aussi semble-t-il que les villes de fondation ancienne comme Babahoyo, Vinces et Daule, centres très actifs au temps du cacao, aient vu leur rôle diminuer avec la création des routes qui raccourcit la distance-temps et affaiblit de ce fait leur position de relais. Les villes plus récentes comme Quevedo et Sto Domingo ont profité de leur éloignement tant de Quito que de Guayaquil. Leur répartition montre bien la relation entre forte densité de population et forte urbanisation à l'exemple du Manabí. Les plus forts taux de croissance se rencontrent dans la zone de grande colonisation du centre nord de la Côte (Sto Domingo, Quinindé) dans des points stratégiques : San Lorenzo à la frontière colombienne à l'arrivée du chemin de fer à Huaquillas, poste frontalier avec le Pérou. La nouvelle route de l'est de Guayaquil a suscité à chacun de ses carrefours un centre nouveau très dynamique comme el Triunfo, Truncal et San Carlos. Ces villes-champignons ont des taux de croissance de 200 à 500 % de 1962 à 1974. Quevedo et Sto Domingo, qui avaient moins de 5 000 habitants en 1950 ont chacune 66 000 habitants. On note ensuite une croissance relativement faible pour les villes de taille modeste, en général, de moins de 20 000 habitants et surtout de moins de 10 000 habitants qui se trouvent dans le Manabí et le Guayas, déjà plus urbanisés auxquels il faut ajouter Limones et Catarama. La plupart sont à l'écart des grands axes ou proches d'autres villes qui ont su capter le dynamisme. Enfin, une certaine stagnation urbaine est observable dans les secteurs en difficulté.

Guayaquil avec un taux de croissance de 43 % contre 61 % entre 1962 et 1974 et 96 % dans la décennie précédente, laisse entrevoir un certain ralentissement au profit des villes de son arrière-pays. Les deux premières villes de l'Équateur représentent la moitié de la population urbaine, soit un peu plus de deux millions. Guayaquil a quadruplé sa population en vingt-cinq ans, tandis que Quito a triplé. Guayaquil maintient sa croissance en nombre parce qu'elle a su la première créer des activités capables de donner des emplois. En dirigeant l'économie côtière elle a concentré l'essentiel des activités urbaines à son seul profit.

Tableau n°35

La croissance de la population urbaine en milliers d'habitants

Province					Taux de croissance annuel 1950-1974 %	Taux d'urbanisation 1982 %
Esmeraldas	15,2	41,5	72	118	15,8	47
Manabí	71,6	130,8	218	328	8,5	37
Los Ríos	20	53	97	148	15,8	32
Guayas	288,6	640	956	1 372	9,6	68
El Oro	17,2	70,3	126	214	26	63
Total	412,6	935,6	1 500	2 080	11	49,5

Source : Recensements (en 1974, « l'aire urbaine » a plus de 2 000 h).

6. L'amélioration et la création d'équipements

La route, facteur de développement régional

La croissance des volumes de production force le pays à construire des moyens d'échange adaptés. Voies navigables et caravanes de mules ne suffisent plus. L'orientation commerciale à destination de l'étranger a décidé du choix des priorités et du tracé du réseau en éventail s'ouvrant à partir de Guayaquil. Puis, par raccords progressifs, les petits réseaux embryonnaires autour de Manta, Puerto Bolívar se sont reliés à ce noyau vital. Aujourd'hui, les frontières du nord au sud, sont unies par une route longue de plus de 765 km. On peut donc parcourir en 1978 plus de 3120 km asphaltés sur la Côte contre seulement 1461 km en 1950. Cet effort considérable fut entrepris grâce à des prêts internationaux et pendant la décennie 1960 sous l'impulsion du Président Velasco. Indispensable à la production bananière, la route sera l'élément déterminant dans la reconversion agricole et facilitera l'occupation de nouveaux espaces à l'écart des grands fleuves. Les bénéfices du pétrole ont permis de refaire et d'achever des tronçons laissés en souffrance et même de construire de nouvelles routes associées à la colonisation du nord d'Esmeraldas. Le parc automobile connaît une croissance rapide sur la Côte. La province du Guayas possède 28 % du parc automobile national.

VILLES DE LA CÔTE

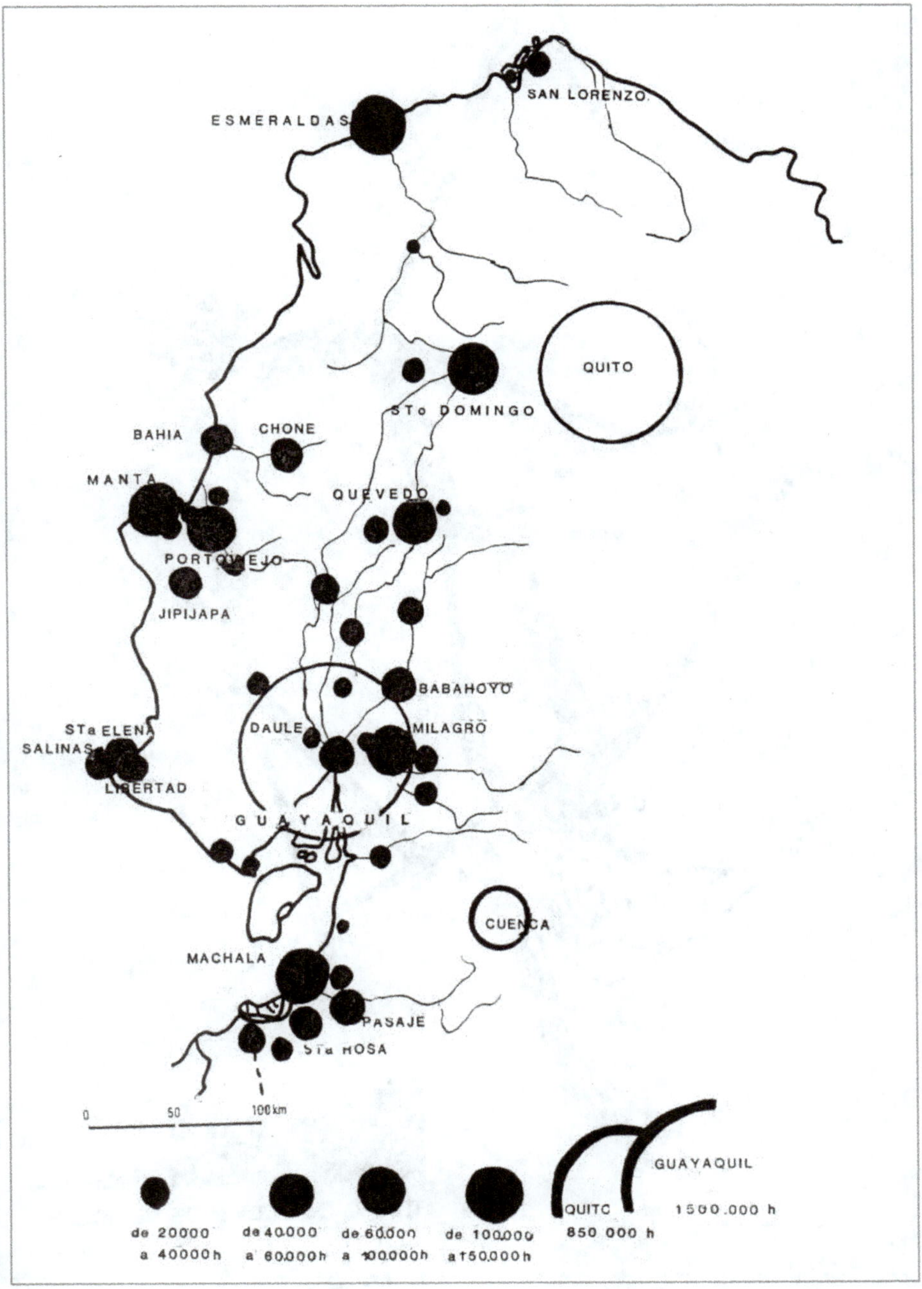

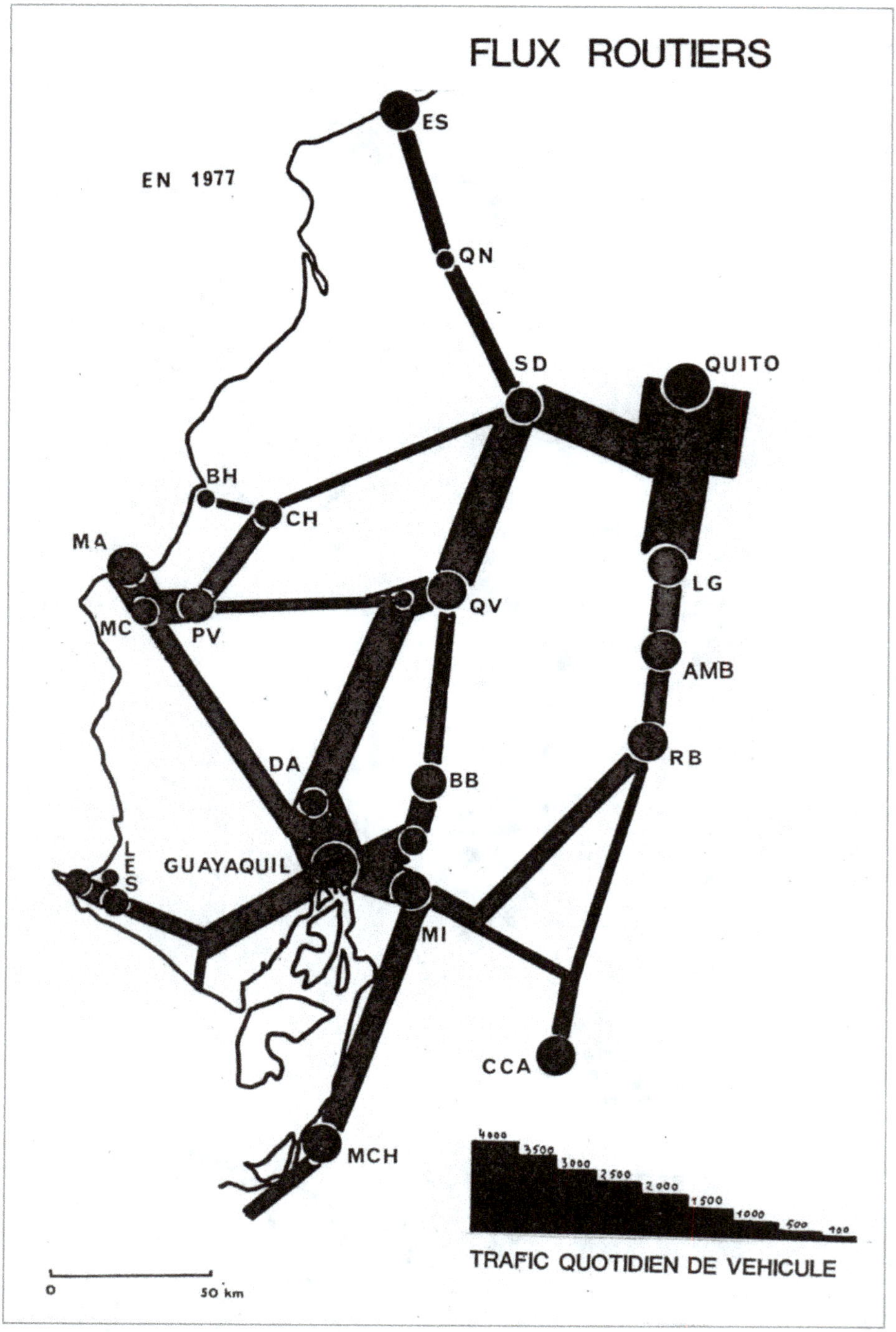
FLUX ROUTIERS
EN 1977
ES
QN
SD
QUITO
BH
CH
MA
MC
PV
QV
LG
AMB
RB
DA
BB
LES
GUAYAQUIL
MI
CCA
MCH
4000
3500
3000
2500
2000
1500
1000
500
100
TRAFIC QUOTIDIEN DE VEHICULE
0
50 km

Tableau n°36
L'augmentation du parc automobile en nombre de véhicules (voitures et camions)

	1965	1975	%
Esmeraldas	438	1 591	1,3
Manabí	1 816	6 475	5,2
Los Ríos	13 026	34 805	28
Guayas	1 265	3 851	3
El Oro	1 118	4 754	3,8
Côte	**17 963**	**51 476**	**43**
Pichincha	10 248	39 554	32
Sierra	**19 734**	**69 757**	**57**
Équateur	37 698	121 233	100

Source : Junta de Planificación

La circulation urbaine augmente bien au-delà des possibilités routières dans le centre de Guayaquil. Les voitures légères remplacent de plus en plus les land-rover devant les banques et les bureaux du centre : signe d'une hausse du niveau de vie et de l'amélioration des routes vers les campagnes. Les sociétés de transport sont nombreuses, mais le plus souvent les compagnies ne possèdent qu'un camion et son chauffeur desservant toutes les directions. Le développement anarchique de l'organisation commerciale fait place très lentement à une sectorisation. Les autobus offrent à des heures de plus en plus régulières des départs toutes les demi-heures pour les villes du Guayas et toutes les heures pour tout le reste du pays. Toutes les compagnies de bus ne sont pas guayaquiléniennes même si la plupart desservent la capitale.

La route fut souvent déterminante pour décider du sort d'une région. Les premiers tracés ont été effectués dans des conditions techniques peu aisées par manque de données topographiques et par suite des difficultés rencontrées dans les terres basses mal drainées en proie aux inondations qui provoquent encore aujourd'hui des changements de lits des rivières, détruisent des ponts et les systèmes d'irrigation et de drainage. Les inondations de 1983 ont détruit de nombreux tronçons de route et des ponts. Long de 1,3 km, le pont sur le Guayas à la confluence favorisa dès 1970 le développement régional de l'est du Guayas, freiné jusque-là par le passage par bac sur l'estuaire. En une semaine d'août 1975, on y releva en moyenne le passage de 22 à 28 000 véhicules légers et 16 à 17 000 camions, soit en moyenne 5 200 véhicules par jour. Le Plan Maestro de Programación Vial de 1973 encourage la pénétration et la liaison des zones jusqu'ici défavorisées. Mais le manque de coordination entre les divers ministères a entraîné l'exécution d'autres projets tandis que l'on étudie l'autoroute[1]. Les chemins d'été sont plus nombreux sur la Côte (6 823 km) que dans la Sierra (4 514 km). Le Manabí compte plus de 1 818 km de piste.

Tableau n°37

Routes transitables toute l'année

	1930	1955	1962	1970
Esmeraldas			170	200
Manabí			486	781
Los Ríos			940	1 023
Guayas			660	333
El Oro			550	313
Côte	719	1 461	2 492	3 120
Sierra	1 521	4 852	6 246	9 915

Source : *Ministère des travaux publics – Plan Maestro Vial* 1973.

Les chemins d'été sont plus nombreux sur la Côte (6 823 km) que dans la Sierra (4 514 km). Le Manabí compte plus de 1 818 km de piste.

7. Le rôle secondaire de la navigation et du chemin de fer

Témoins du démarrage côtier, les fleuves ne portent plus que des petits bateaux à fond plat assurant un cabotage vers les ports. Les méandres trop nombreux, les bancs de sable et la remontée de la marée ralentissent trop la navigation pour envisager un renouveau, même avec un matériel rénové. La rivalité de la route et du camion est fatale au fleuve, en reliant directement sans transbordement ni débarquement les produits de la plantation au port ou de l'exploitation au marché urbain ; au lieu de six heures de bateau, moins d'une heure suffit pour parcourir les 65 km de route entre Guayaquil et Babahoyo. De son côté, le chemin de fer, vétuste et lent, traverse seulement 80 km de la région côtière en gagnant de la Sierra le terminal ferroviaire (Duran) situé en face de Guayaquil, ce qui nécessite un transbordement. Il dessert de moins en moins les plantations de canne à sucre et ne transporte pratiquement que les produits pétroliers vers la Sierra. Il en est de même du petit chemin de fer de San Lorenzo, construit en 1952, demeuré jusqu'alors unique échappatoire à cet immense piémont forestier du nord puisqu'aucune route ne le traverse encore. La pénétration prévue depuis le sud et non plus à partir de la Sierra bouleversa l'organisation de l'espace des confins frontaliers.

[1] Il est alors prévu que l'autoroute franchisse deux fois la cordillère en dessinant un vaste cercle, traversant à l'Est les bassins de la sierra et la plaine et les collines du Guayas (Quito, Quevedo, Guayaquil, Riobamba, Quito).

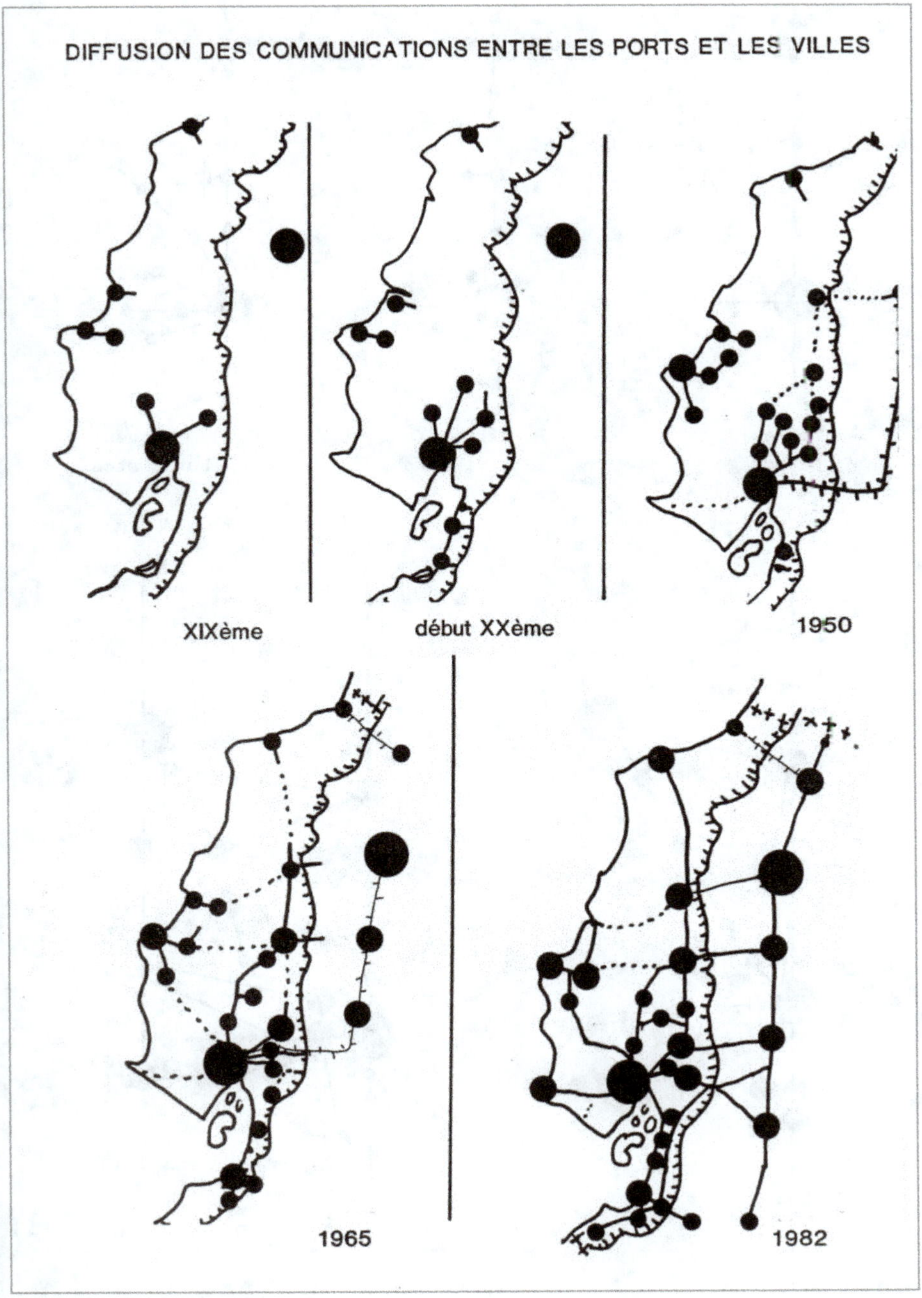
DIFFUSION DES COMMUNICATIONS ENTRE LES PORTS ET LES VILLES
XIXème
début XXème
1950
1965
1982

DIFFUSION DES MODES DE COMMUNICATION ENTRE LES PORTS ET LES VILLES

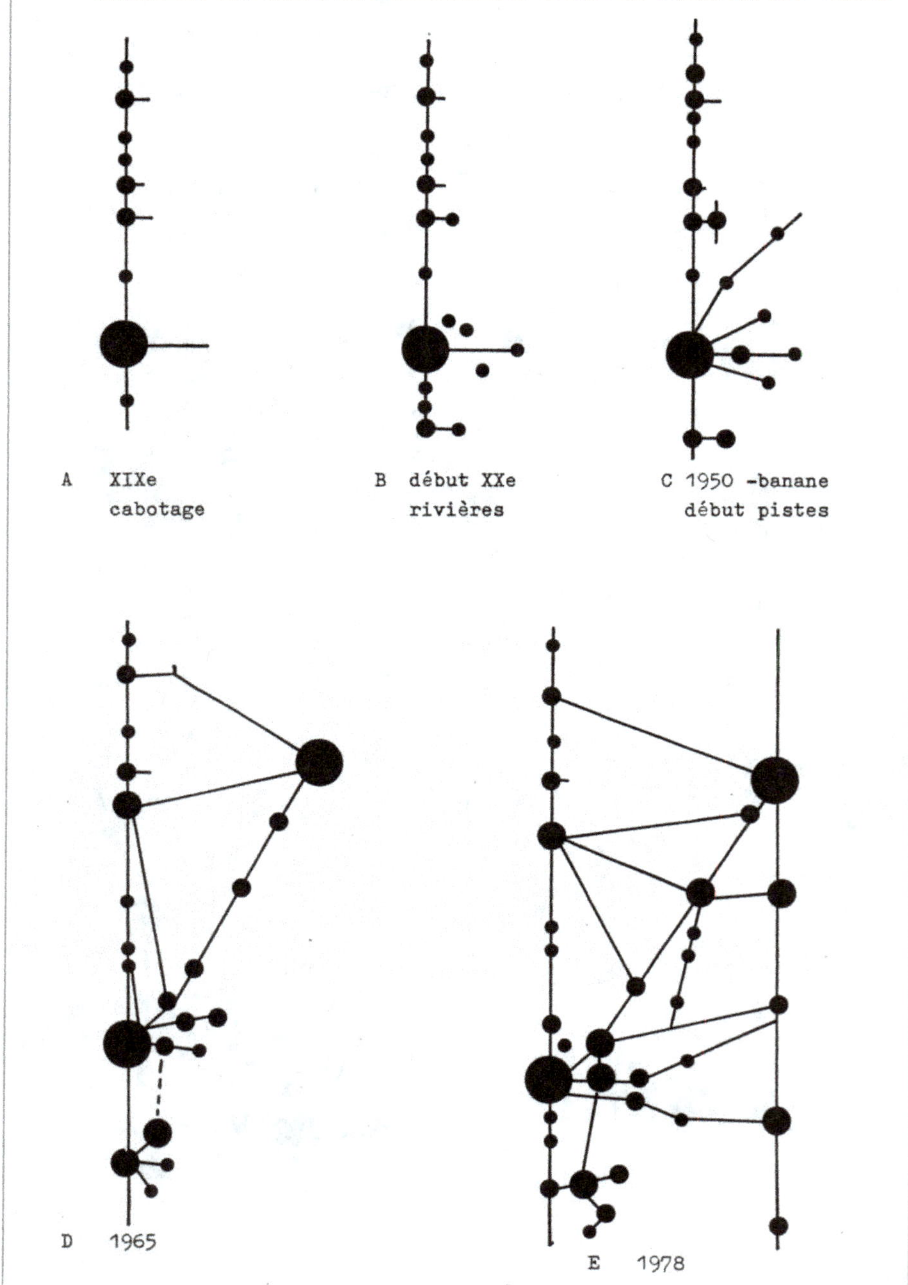

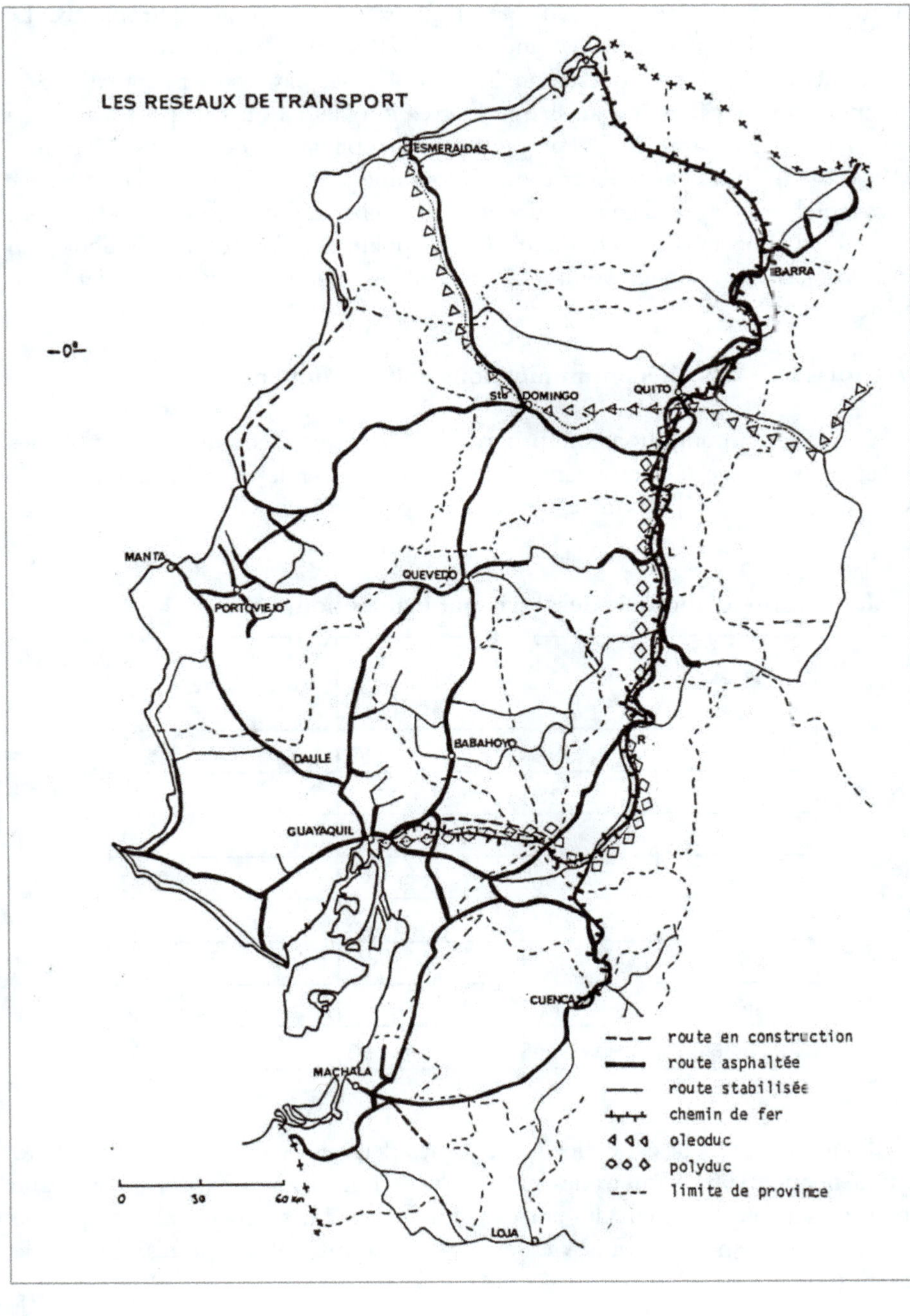

LES RESEAUX DE TRANSPORT
ESMERALDAS
IBARRA
-0°-
Sto DOMINGO
QUITO
MANTA
QUEVEDO
PORTOVIEJO
L
BABAHOYO
R
DAULE
GUAYAQUIL
CUENCA
MACHALA
LOJA
0
30
60 km
route en construction
route asphaltée
route stabilisée
chemin de fer
oleoduc
polyduc
limite de province

8. L'amélioration des équipements portuaires

Les ports ont bénéficié des faveurs du gouvernement. Accessible aux gros bateaux le nouveau port de Guayaquil offre des équipements à la mesure de sa fonction et de sa spécialisation dans l'exportation de produits tropicaux. Le chargement des gros bateaux ancrés dans l'estuaire par des petites *lanchas* continue de se pratiquer occasionnellement pour les navires de petite taille. Son agrandissement est prévu ainsi que la création d'un nouveau port à Posorja directement sur la mer. Le programme d'Habilitation des Ports Maritimes (1964-1973) pour éviter de lier toute l'économie à un seul port, en l'occurrence Guayaquil, préconise d'équiper un port dans chacune des zones productrices, fut-elle d'importance secondaire. Cette politique voulait promouvoir un développement régional complet. Esmeraldas, Puerto Bolívar et Manta en bénéficient.

9. Croissance des télécommunications et des équipements

Les télécommunications ont progressé de la même façon que l'ensemble des équipements avec une croissance très modeste pour le Manabí tandis que le Guayas, pourtant déjà favorisé, dépasse la moyenne nationale.

Tableau n°38
Le nombre d'abonnés desservis par le téléphone

	1965	1973	Taux de croissance entre 1965 et 1973 en %
Esmeraldas	300	989	229
Manabí	2 015	2 514	24
Los Ríos	336	825	145
Guayas	17 673	48 690	175
El Oro	453	1 945	329
Côte	20 777	54 963	164
Sierra	31 679	78 036	146
Pichincha	25 657	61 360	139

Source : d'après I.E.T.E.L. 1978.

Tout l'équipement est concentré dans les deux villes de Guayaquil et Quito qui détiennent 60 % du trafic interne de grande distance et 95 % du trafic international au détriment des autres villes et des zones rurales. Depuis peu, le télex, outil indispensable à la vie des affaires, se multiplie et se distribue de la façon suivante :

Tableau n°39

La répartition des canaux de telex

Quito	320
Guayaquil	320
Esmeraladas	25
Manta	40
Portoviejo	40
Babahoyo	15
Salinas	25

Source : d'après I.E.T.E.L 1978.

Pour faire face à une consommation plus grande en énergie électrique et pour donner des facilités aux industriels, l'INECEL (Institut Équatorien d'Électricité) a entrepris des travaux de grande envergure pour satisfaire la demande sans cesse croissante (14 % par an). 40 % seulement de la population équatorienne dispose d'électricité. Toute la production côtière est d'origine thermique. Les ressources hydrauliques côtières limitées ne sont pas encore exploitées ; c'est en fait la Sierra qui fournira l'essentiel du courant avec ses grands barrages. La seule ligne puissante de 230 000 KW relie Quito par Guayaquil et Quevedo à la plus grande centrale hydraulique du pays (Paute).

Tableau n°40

La consommation d'énergie par province

	Énergie consommée en milliers de W/h		Nombre d'abonnés	
	1978	1982	1978	1982
Esmeraldas	28	43	10	15
Manabí	84	141	35	56
Los Ríos	19	26	9	14
El Oro	38	74	20	32
Guayas	974	1 552	205	275
Pichincha	583	793	146	196

Source : INECEL 1978 (Santo Domingo non compris).

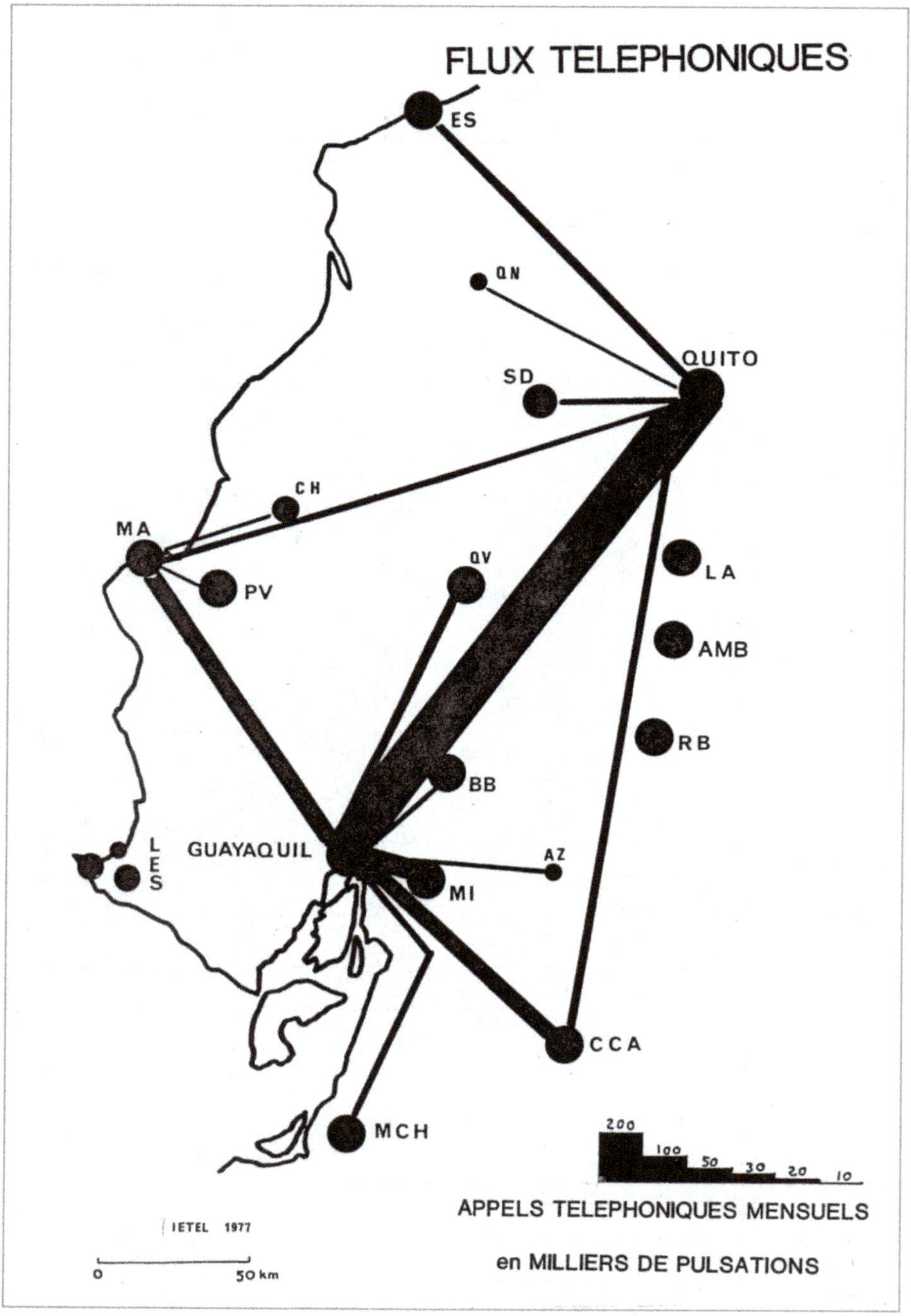
FLUX TELEPHONIQUES
ES
QN
QUITO
SD
CH
MA
PV
QV
LA
AMB
RB
BB
LES
GUAYAQUIL
AZ
MI
CCA
MCH
200
100
50
30
20
10
APPELS TELEPHONIQUES MENSUELS
en MILLIERS DE PULSATIONS
IETEL 1977
0
50 km

En 1965 le niveau de consommation est supérieur en Sierra mais dix ans après il est dépassé par celui de la Côte. Rien qu'entre 1978 et 1982, les changements sont considérables. Au niveau régional, l'écart s'accentue entre Guayaquil et les autres secteurs des régions côtières. Enfin toutes ces améliorations ne doivent pas cacher une réelle situation de sous-équipement qui caractérise les campagnes encore très démunies.

10. L'évolution des structures de production

L'importance des petites et moyennes propriétés

Les bouleversements spatiaux et économiques observés sur la Côte au milieu du XXe siècle n'ont pu se faire sans transformation des structures agraires et des systèmes de production. L'emprise relativement faible des *latifundios* sur l'espace côtier a permis l'occupation rapide de vastes secteurs forestiers limitrophes, puis de ceux plus éloignés appartenant à l'État, par un grand nombre de petits colons. Ces derniers forment aujourd'hui la base de la paysannerie côtière des régions du nord, tandis que dans le bassin du Guayas et dans Los Ríos se renforce la petite propriété. Le Manabí garde enfin ses petites exploitations mais celles-ci se divisent de plus en plus. À la dimension figée des contrats de métayage et des techniques de production peu évoluées de certains secteurs de la Sierra, correspond au contraire sur la Côte, un système plus adapté aux nécessités de pays neufs. En effet les zones de plantations destinées au marché extérieur évoluent très vite, contraintes en quelque sorte par chaque crise commerciale à modifier leurs surfaces et systèmes d'exploitation alors que les secteurs de cultures vivrières tardent à se moderniser. La majorité des exploitants de la Côte sont propriétaires (60 %) sur 87 % de la superficie. 32 % sont métayers et 8 % sont colons de l'IERAC[1] c'est-à-dire de futurs propriétaires. Sur la Côte elle est passée de 36 ha à 22 ha entre 1954 et 1974 et dans la Sierra de 18 à 9 ha dans la même période, montrant bien le fractionnement des exploitations qui se sont multipliées sans être gagnées automatiquement sur de nouvelles terres et ceci dans toutes les provinces, sauf en Esmeraldas où la colonisation joue en sens inverse. Si les grandes exploitations diminuent régulièrement, le nombre des petites augmente considérablement surtout dans la tranche des moins de 5 ha, seuil très bas. Ce dernier regroupe en effet 52 % des exploitations. Cette situation de *minifundio* s'aggrave dans les zones de petites exploitations comme le Manabí ou El Oro et la vallée du Daule[2].

[1] IERAC : Instituto Ecuatoriano de Reforma agraria y de Colonización.
[2] En Sierra, 78 % des Unités d'Exploitation Agricole (U.P.A.) ont moins de 5 ha.

Tableau n°41

La répartition des exploitations selon la superficie en 1974

1 – Nombre d'exploitations en milliers

	1 à 5	5 à 20	20 à 50	50 à 100	100 à 500	500	Total
Guayas	30	11	4	1	1	0.2	49
Los Ríos	16	7	3	1	0.7	0.12	28
Manabí	34	16	8	3	1,9	0,88	65
Esmeraldas	3	4	4	2	0,8	0,08	15
El Oro	7	3	1	5	0.5	0.06	14
Total Côte	91	44	22	8	5	0,74	170
%	78	15	4	1,8	0,9	0,1	100
Total Sierra	252	47	14	6	3	0,6	322
%	78	15	4	1,8	0,9	0,1	100

2 – Superficie en milliers d'hectares

	0 à 5	5 à 20	20 à 50	50 à 100	100 à 500	500	Total
Guayas	54	115	141	94	197	475	1079
Los Ríos	26	75	94	72	134	149	553
Manabí	63	170	271	217	345	75	240
Esmeraldas	9	49	112	120	138	91	520
El Oro	14	37	45	37	98	60	290
Total Côte	166	448	665	540	912	850	3581
%	4	12	19	15	25	23	100
Total Sierra	363	436	421	368	504	976	3074
%	14,4	14	13,6	12	16,3	31	100

Source : recensement agricole 1974.

Les exploitations moyennes de 20 à 100 ha environ ne représentent encore que 17 % des UPA et 32 % de la superficie. Elles se situent un peu partout sur la Côte avec une nette prépondérance dans les secteurs de colonisation de Quevedo, Sto Domingo et Quinindé montrant bien le souci de l'IERAC de maintenir une paysannerie. Mais même ici tout évolue très vite, soit par fractionnement des lots, soit par vente à des propriétaires qui reconstituent de grands domaines d'un seul tenant. Ce qui caractérise la Côte, c'est une juxtaposition des petites, moyennes et grandes exploitations à travers tous les espaces de plaines et de collines et quels que soient l'ancienneté de l'occupation du sol et les changements de mise en valeur. À part les vallées du Manabí où la petite exploitation est vraiment prédominante, partout ailleurs toutes les situations se retrouvent mêlées. Les paysages en portent bien la marque.

11. Le rôle de la Réforme Agraire

Des lois successives inégalement appliquées

La loi de Réforme Agraire et de Colonisation de 1964 se propose de corriger les défauts de la structure agraire, d'améliorer l'utilisation de la terre et d'éliminer les formes précaires de tenure. Peu précise, quant à son application réelle pour les différents types de mise en valeur de régions aussi variées que celles trouvées sur la Côte, la loi eut surtout pour résultat d'accélérer le processus de changement de production et de parcellisation. De 1964 à 1970, l'Institut de Réforme Agraire et de Colonisation (IERAC) concentra ses efforts sur la suppression des contrats de métayage les plus injustes rencontrés surtout dans le sud de la Sierra. Le *huasipungo* devient propriétaire de la parcelle qu'il travaillait en échange de services et corvées à merci. Le manque de main-d'œuvre empêcha sur la Côte l'établissement de ces relations sociales semi-féodales et favorisa le salariat. En 1970, la loi d'abolition du travail précaire interdit toute exploitation de la terre sous forme de parcelles louées ou par tout autre système de travail précaire en agriculture. Les travailleurs ne sont plus obligés de payer leur location, que ce soit en nature ou en espèces. Paru la même année, le décret 1 001 constitue un complément d'importance décisive en matière d'abolition du travail précaire en déclarant d'utilité publique, sujettes à expropriation et immédiate occupation, toutes les terres destinées à la culture du riz. Celles-ci, situées en grande majorité dans le bassin du Guayas, étaient exploitées par des métayers (*sembradores*). Cette loi reconnaît donc et légalise dans certaines conditions les occupations de terre. En fait, le terme de « précariste » est applicable selon le décret "à tout travailleur agricole insuffisamment pourvu de terre pour vivre". Sont concernés les travailleurs saisonniers temporaires, les ouvriers agricoles sans terre, les métayers quels que soient les contrats et même les petits propriétaires.

Pour obtenir la légalisation d'une parcelle occupée, il faut justifier d'un emploi dans l'hacienda envahie ou expropriée, c'est-à-dire d'un contrat ou d'une reconnaissance de l'ancien propriétaire. De ce fait, ce décret favorise les anciens métayers et ouvriers devenus, sur le champ, propriétaires et écarte à jamais tous ceux qui pouvaient avoir travaillé sur l'hacienda, temporairement ou sans contrat. Or les "délaissés" du décret 1 001 sont nombreux et sans espoir de solution future. Après les années de sécheresse de 1968 et 1969 qui avaient obligé à importer des céréales, des incidents violents liés à la spéculation et à la contrebande avaient éclaté à Guayaquil. La situation s'était aggravée par le fait que les propriétaires prévoyant ces occupations de terre avaient déjà commencé à diminuer la superficie en riz pour ne plus avoir de métayers sur place afin de conserver leur terre. C'est dans ce contexte que la loi de 1970 et le décret 1 001 suivi du décret 373 suppriment le droit de propriété sur toutes les terres où sont maintenues des formes précaires de travail agricole et imposent le salaire en argent. L'établissement de contrats de travail rémunérés en espèces, en terre ou en droit d'eau, ne sont plus reconnus.

Une nouvelle loi en 1973 revient sur les occupations spontanées. IERAC ne peut en effet reconnaître comme travailleurs de l'hacienda tous les occupants puisque seuls les salariés avec contrat sont considérés comme pouvant bénéficier de l'expropriation. Pour éviter de nouvelles occupations qui ne peuvent que créer des foyers de misère, l'État maintient son programme d'installation dans des terres forestières à coloniser. Elle s'attaque aux propriétés insuffisamment exploitées et propose des obligations : 80 % de la superficie doivent être mis en valeur ; des niveaux de productivité sont même fixés par le ministère de l'Agriculture ! Ces imprécisions et l'incapacité d'enrayer les conflits rapidement et légalement ont abouti à des abus sans nombre. Ainsi des terres de pâturages naturels et de forêts ont été effectivement occupées et attribuées par l'IERAC aux précaristes. Mais on a vu aussi des occupations d'exploitations bien gérées, modernisées avec deux récoltes annuelles. En 1974, un décret adoucit cette loi et établit que le paiement des propriétés efficacement cultivées qui seraient expropriées s'effectuerait selon une indemnisation actualisée. L'IERAC précise même que seront respectées toutes les propriétés qui accomplissent leur "fonction sociale". Et que toute occupation de terre sera réprimée par la force publique ! Moins concernées par la première loi de 1964 les exploitations se trouvent brusquement remises en question avec les décrets 1 001 et 373 et la loi de 1973. Au total 81 558 ha ont fait l'objet d'une adjudication par IERAC après négociation, expropriation ou réversion. Les provinces de la Côte ne participent pas toutes de la même façon à ces changements. En effet, le bassin du Guayas et les collines de Los Ríos sont les grands champs d'application de ces lois et décrets[1]. Le Manabí a trop de petites exploitations et de terres à coloniser, El Oro n'a guère de surface disponible alors que l'Esmeraldas offre encore des possibilités à la colonisation. Les terres de l'État, nombreuses au nord de la Côte sont affectées en priorité à l'installation des colons. Contrairement à la Sierra on trouve très peu de domaines appartenant à l'Église ou à des entités administratives.

[1] Dans le Guayas, la superficie concernée par le décret 1 001 est de plus de 65 000 ha pour 13 700 bénéficiaires.

Tableau n°42

La réforme agraire sur la Côte de 1964 à 1975 (en milliers d'hectares)

	Superficie affectée	Bénéficiaires	Négociation et expropriation	Liquidation des précaristes	Nombre de précariste
Total Équateur	292	41 474	86	43	
Sierra	211	35 354	38	14	1 656
Côte	81	6 120	47	34	3 136
El Oro	5	297	5	0,2	17
Esmeraldas	0.2	1	0,1		
Guayas	56	4 578	29	27	2 382
Los Ríos	20	1 220	13	6	713
Manabí	0.1	24		0.1	24

Source : IERAC – M.A.G.

Les premiers résultats dans le bassin du Guayas

La diminution des grandes exploitations est une des premières conséquences des lois de Réforme Agraire. Quelques grandes *haciendas* avaient réussi à se maintenir, tout en ayant déjà réduit leur superficie. Mais on compte encore quarante et une propriétés de 2 500 ha dans le Guayas en 1974. Les évolutions sociales et économiques renforcées par les exigences nouvelles de la modernisation et la crainte de l'application de la Réforme Agraire accélèrent le processus de réduction des étendues possédées. On assiste alors à un fractionnement des *haciendas* en divers lots répartis entre tous les membres de la famille et alliés, tout en conservant l'unité d'exploitation. Parfois aussi on cède des parcelles aux ouvriers de *l'hacienda*. La nouvelle loi de Réforme Agraire de 1973 renforce et précise la première de 1964 sans apporter de réels changements dans la pratique et l'application. Mais ces dix années ont mis un frein à la grande exploitation traditionnelle en proie souvent à des problèmes de main-d'œuvre de plus en plus serrés aboutissant souvent à une occupation de l'hacienda. Menaces et conflits surviennent régulièrement entre les propriétaires et les travailleurs fixés sur place. Ces actions souvent de force ne sont pas toujours en rapport avec la qualité de l'exploitation elle-même, c'est-à-dire de son extensivité ou non. Rapport de force dans lequel les deux groupes peuvent tout gagner ou tout perdre. L'IERAC soucieux de ne pas se compromettre dans des problèmes de justice dans le cas de terres bien exploitées, est forcé de freiner ces mouvements difficilement contrôlables. La crainte de la Réforme Agraire eut également un aspect plus positif en forçant les propriétaires à mettre le maximum de terres en valeur pour éviter d'être dénoncées comme terres inoccupées. Ce problème fut l'un des plus sévères pour les planteurs puisque cette pression de mise en valeur totale du domaine se situait dans une période de mévente et d'absence de politique d'orientation agricole à long terme du gouvernement.

Tableau n°43

Résultats de l'application de la Réforme Agraire dans la Province du Guayava

1. Réversion			
canton	superficie totale	Superficie attribuée	nombre de bénéficiaires
Daule	245,14		
Guayaquil	761,8	761,8	76
Urbina Jado	374,15	112,67	2
Milagro	5 811,16	5 811,16	238
Naranjal	11 557,15		
Total	18 749,40	6 685,63	316
2. Expropriation			
Daule	29,64	29,64	
Milagro	19 511,74	4 906,37	510
Yaguachi	5 704,45	1 650,06	161
Total	25 245,83	6 586,07	671
3. Négociations directes			
Daule	6 176,70	3 819,10	109
Guayaquil	19 511,74	11 164,58	1 195
Milagro	4 370		
Naranjal	17 949,46		
Total	48 007,90	14 983,68	1 304
Grand Total	92 003,13	28 255,38	2 291
4. Application du décret 1001 (expropriation)			
	Nombre de propriétés	Superficie totale	Superficie attribuée
Balzar	9	6 016	4 388
Daule	44	11 088	9 999
Guayaquil	4	1363	764
Naranjal	2	11 854	2 296
Samborondón	22	10 582	5 428
Urbina Jado	35	7 575	3 292
Yaguachi	34	12 571	7 631
Total	150	61 051	33 802

Source : IERAC – MAG Évaluation de la Réforme Agraire.

Leur unique solution fut de défricher et de nettoyer au mieux la forêt pour en faire des pâturages naturels. Une grande partie des paysages furent transformés de cette façon sans pour autant augmenter la production puisque les propriétaires ne purent acheter suffisamment de bétail.

Face à cette tendance irréversible, les propriétaires commencèrent à vendre les secteurs périphériques mal situés. La reconversion, en nécessitant des fonds importants a fortement encouragé ce mouvement de vente de lots et d'*haciendas*. On vend une hacienda un peu éloignée pour pouvoir acheter des tracteurs et une moissonneuse. Le choix de la production s'est alors fait maintenant de plus en plus en tenant compte non seulement des impératifs du marché intérieur et extérieur mais aussi dans l'optique d'éviter à tout prix les problèmes de main-d'œuvre. Seule la mécanisation et la motorisation permettent d'y accéder. Or celles-ci ne sont devenues possibles qu'après 1972, avec l'ouverture de larges crédits pour l'importation de matériels agricoles. L'abandon des bananes Gros Michel avait pour la première fois provoqué une réduction de la superficie des *haciendas* pour pouvoir effectuer le coûteux changement de variété, l'essor des oléagineux et maïs à cycle court et les conflits imposent la deuxième diminution accompagnée à chaque fois d'une amélioration de l'intensivité et d'une réduction des personnels employés. Les progrès de l'agriculture côtière passe donc par le départ des ouvriers agricoles fixés ou non. Celui qui veut aujourd'hui garder sa terre doit se "débarrasser" avant tout de ses employés et les remplacer par un petit nombre de techniciens salariés payés au travail et par des tracteurs.

L'*hacienda* Santa Rita située près de Babahoyo avait 350 hectares de bananes sur terrasse et 1 500 ha de bois et broussailles. Un nouveau propriétaire en 1973 nettoie les bananeraies et nivelle le sol. Malgré la proximité du port de Guayaquil et les bons résultats des bananeraies, le choix est porté sur le riz cultivé intensivement sur 1 400 hectares, grâce à de gros investissements (nivellement, digues, canaux d'irrigation et drainage) et dans la mécanisation. Quarante-cinq travailleurs sont employés en permanence. Un moulin et un séchoir à riz fonctionnent sur place. On est donc passé de l'étape "*hacienda* bananière" utilisant une partie des terres à la grande exploitation moderne entièrement mécanisée.

Dans l'ensemble du Guayas et de Los Ríos, de nombreuses interventions de l'IERAC se sont succédé ainsi sans planification. La lenteur de l'application est liée aux nombreuses difficultés que rencontre l'IERAC à cause de l'absence d'écriture des *haciendas*. De plus, les levées planimétriques sont parfois en contradiction avec les titres de propriété correspondant aux zones de controverse. Il s'agit surtout d'intervention d'urgence. Partout la Réforme Agraire apparaît intégrale mais non intégrée. La loi du plus fort l'emporte presque toujours. Les luttes paysannes sont axées exclusivement sur la récupération des terres et, de ce fait, ne remettent guère en question les structures mêmes de l'agriculture. Les coopératives ont été converties par les paysans en instrument d'organisation pour la récupération des terres notamment dans le bassin du Guayas. Une fois les terres obtenues elles sont souvent abandonnées en pratique bien qu'elles subsistent juridiquement.

Tableau n°44

Nombre de coopératives approuvées par IERAC 1969-1978

Provinces	Coopératives	nombre de membres
El Oro	47	1 641
Esmeraldas	24	896
Guayas	343	11 836
Los Ríos	118	4 964
Manabí	27	769
Total Côte	559	20 106
Sierra	526	20 279

Source : MAG – IERAC 1978.

Encouragée par l'État, la colonisation a pour objectif, d'une part d'élargir l'espace occupé, notamment dans les secteurs frontaliers, d'autre part de favoriser la sécurité de l'approvisionnement du marché interne en multipliant les petites exploitations de cultures vivrières.

Tableau n°45

La colonisation par province de 1972 à 1977

Provinces	Bénéficiaires	Superficie en hectare
El Oro	204	5 467
Esmeraldas	1 758	81 270
Guayas	259	10 733
Los Ríos	307	8 341
Manabí	1 618	51 637
Côte	8 299	157 448

Source : MAG – IERAC 1978.

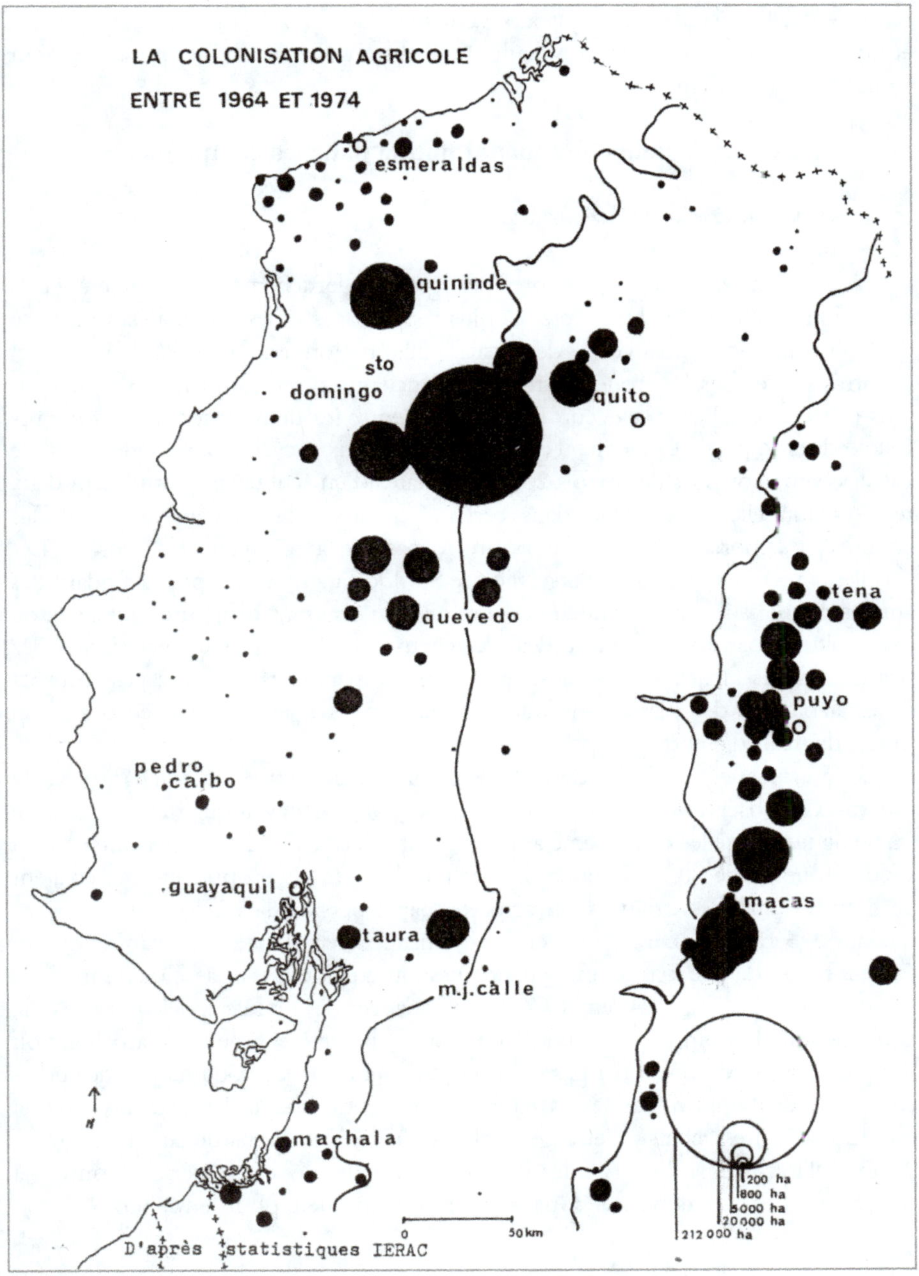
LA COLONISATION AGRICOLE
ENTRE 1964 ET 1974
esmeraldas
quininde
sto domingo
quito
tena
quevedo
puyo
pedro carbo
guayaquil
macas
taura
m.j.calle
machala
200 ha
800 ha
5000 ha
20 000 ha
212 000 ha
0
50 km
D'après statistiques IERAC

Après les grands mouvements pionniers du nord de Los Ríos[1], l'IERAC encourage et légalise les installations de colons dans l'Esmeraldas et le Manabí septentrional. Toutefois, comme ailleurs, il s'agit de légaliser des occupations de fait plus que d'installer de nouveaux venus sur des lots déjà planifiés quant aux équipements et encadrement. Seule l'obligation d'être en coopérative pour solliciter la terre demeure.

12. De nouveaux facteurs de transformation dans les campagnes

Le crédit favorise la mécanisation

C'est la mécanisation qui, après les grands défrichements bananiers et la formation de pâturages, bouleverse le plus les paysages et les mentalités. On passe de la plantation arbustive à de vastes champs ouverts nivelés, labourés et débarrassés de tous les troncs d'arbres de l'ancienne forêt. Le planteur devient de plus en plus céréalier ou éleveur. Le contraste entre les deux systèmes est toujours visible dans le paysage. Depuis l'essor des oléagineux à cycle court et du maïs, de vastes champs ouverts de parfois 20 à 40 hectares d'un seul tenant permettent deux récoltes annuelles, voire trois dans certains cas avec du riz hâtif. Rotation des cultures et apports d'engrais ont assuré le passage à une culture intensive. Les excellents sols de Los Ríos et du secteur de Sto Domingo ont supporté pendant des années des bananeraies sans aucun engrais ; il n'en sera plus de même avec deux ou trois cultures par an. La culture des oléagineux à cycle long (palmier à huile) des plantes à fibres (abaca) et des cacaoyers maintient par contre les paysages arbustifs et les habitudes des plantations traditionnelles, mais malgré tout avec beaucoup moins de main-d'œuvre que dans les bananeraies.

Un autre aspect est celui de la transformation des zones rizicoles du sud du Guayas. On observe d'immenses rizières là où jadis il n'y avait que de la broussaille ou de petites parcelles de riz semé avec le retrait des eaux. La forte demande en riz a modifié une partie du système de production. Les grands propriétaires aménagent de grandes parcelles irriguées ou arrosées par aspersion là où jadis ils laissaient quelques Serranais faire pousser une maigre récolte. La mécanisation et l'amélioration de l'infrastructure dépend aussi du crédit qui est passé de 82 millions de *sucres* en 1973 à 224 en 1976 pour financer le drainage, les chemins, la construction de pompes, le matériel de récolte, les tracteurs, etc... L'amélioration des pâturages et du bétail n'a pas été non plus oubliée avec 936 millions de sucres en 1976. Les importations de matériels ont contribué à l'accélération de la mécanisation. Les achats à l'étranger s'élèvent à 3 255 millions de sucre en 1973 à 9 593 millions en 1976. La destination régionale de ce matériel montre la supériorité des achats pour le Guayas et, en second lieu, pour le Manabí.

---

[1] Tout le mouvement de colonisation est étudié dans la deuxième partie.

Les succursales de Babahoyo et de Daule ont distribué, après l'agence de Guayaquil, la plus grande part du crédit correspondant à la demande rizicole liée en grande partie aux conséquences de l'application du décret 1 001 sur le précarisme[1] (1) qui transforme les métayers en petits propriétaires et permet les prêts aux coopératives. Plus efficace et mieux réparti, ce crédit facilita les grands progrès de l'agriculture côtière. Pour tout le système bancaire, le crédit destiné au secteur agricole est passé de 1 600 millions de Sucres à 6 658 millions entre 1970 et 1978. Ce montant représente une forte hausse puisqu'il fallait pour l'obtenir auparavant plus de six années consécutives. Malgré cet essor, l'agriculture reste encore très loin derrière le commerce qui demeurait le secteur toujours privilégié avec 155 800 millions de sucres en 1977 contre 6 396 en 1970, c'est-à-dire le niveau du crédit destiné à l'agriculture.

Tableau n°46

Distribution du crédit par les agences de la Banque de Développement (en millions de sucres)

Agences	1966	1975
Guayaquil	39	503
Milagro	4	53
Daule	5	193
Balzar	4	62
Naranjal		11
Machala	6	69
Babhoyo	4	184
Quevedo	2	67
Vinces	1	37
Quito	15	24

Source : Département de Statistiques de la Banque de Développement - 1977

Le gouvernement, en obligeant les banques commerciales à accorder à l'agriculture 25 % des portefeuilles de prêts des banques étrangères installées en Équateur et 20 % prêtés par les banques nationales, a libéré ainsi un crédit très important pour ce secteur. Enfin, l'État a accordé des exonérations de droits de douane pour les machines agricoles, les outils, les engrais.

[1]Auparavant le titre de propriété était obligatoire auprès des banques. Depuis, un titre de reconnaissance par l'IERAC suffit.

Les structures commerciales dominées par Guayaquil

De tels changements ont également eu pour effet de moderniser les structures commerciales. Quelques compagnies d'exportation ont disparu, trop spécialisées dans la banane ou vaincues par la concurrence. Les compagnies d'importation, souvent exportatrices elles-mêmes, ont profité de l'essor des achats effectués à l'étranger avec les rentrées pétrolières. En effet, entre 1972 et 1978 les importations passent de 462 millions à 1 401 millions de dollars US. La concentration des productions commerciales se maintient toujours à Guayaquil et secondairement à Manta. Puerto Bolívar a détourné à son profit la majorité des activités bananières. Mais, si le trafic évolue, les structures commerciales reposent encore trop souvent sur des bases traditionnelles : l'intermédiaire reste maître des prix offerts aux paysans, surtout aux plus petits. Ces derniers paient très lourdement la difficulté d'apporter leur production sur le marché. On enregistre quelques changements avec la création de coopératives de vente, mais elles ne donnent pas tous les résultats escomptés, sauf dans les cas de groupements de propriétaires déjà armés pour faire face à ces abus. Ce gouvernement a alors mis en place des organismes d'achat (ENAC) proposant un prix fixé pour les principales cultures vivrières. L'autre handicap vient des incohérences de la politique agricole gouvernementale qui encourage une culture (soja, maïs, riz, arachide) avec tout un encadrement mis en place : conseillers techniques des Programmes et crédit. Mais au moment de la récolte, personne n'est capable de stocker et de diriger la production vers les villes ou les usines de transformation. Les prix obtenus sont souvent trop bas et découragent les efforts. Aussi, l'année suivante, personne ne replante et c'est alors la pénurie ; le gaspillage n'est pas à l'échelon individuel mais national.

CHAPITRE VI

LE POIDS DE GUAYAQUIL

1. Les facteurs de la dynamique de Guayaquil

La situation géographique l'emporte sur le site portuaire

Guayaquil a été, dès sa fondation par les Espagnols de Francisco Orellana en juillet 1535, le port de Quito. Guayaquil a représenté jusqu'à l'avenement du trafic routier le meilleur emplacement possible pour joindre la capitale. En effet, si la petite rade de Manta et les estuaires, médiocres du reste, de Bahía de Caráquez et d'Esmeraldas sont en ligne droite plus rapprochés de Quito que Guayaquil, la traversée de la Cordillère littorale et de la fosse mal colmatée du bassin du Guayas pose de redoutables problèmes de circulation, sans évoquer ceux du climat et des fièvres. En revanche, la voie adoptée jusqu'à la fin du XIXe siècle à partir de Guayaquil permet de naviguer sur le *rio* Babahoyo sur 60km et de se rapprocher du versant andin. De là à Bodegas de Babahoyo, maintenant Babahoyo, point de rupture de charge entre les barges fluviales et la mule, des caravanes de bât franchissaient rapidement le piémont forestier en deux courtes étapes, en profitant des interfluves, des tributaires andins est-ouest, puis des contreforts. C'est-à-dire qu'en adoptant ce trajet de Guayaquil et non celui de Manta, Bahía ou Esmeraldas, on troquait avantageusement 200 à 300 kilomètres de forêts et de marécages et tout un système fluvial ramifié nord-sud à traverser contre cinquante kilomètres de terrasses hautes bien orientées est-ouest. Une fois parvenu dans un sillon longitudinal inter-andin, il y avait certes des cols (*nudos*) à franchir entre chaque bassin interne, mais ceux-ci, à l'époque de la mule, n'étaient pas un obstacle. Enfin, cet itinéraire présentait l'avantage considérable d'irriguer les bassins peuplés et mis en agriculture par les Indiens, puis exploités par les Espagnols et Créoles de Cuenca à Quito. Et le chemin de fer, à une vallée d'accès près, reprend, en raison de la configuration topographique, le même itinéraire entre Guayaquil et Quito. En effet, pendant plusieurs siècles, le bassin du Guayas n'offrait ni les mêmes débouchés, ni les mêmes productions que la Sierra. Mais, il y a encore de nombreuses autres raisons qui feront de Guayaquil un port privilégié, et quand Quito désirera briser l'élan de cette cité cosmopolite, intermédiaire obligatoire et bientôt rivale, les qualités "objectives" du port apparaîtront solides, tandis que l'essor économique régional autonome, suscité par Guayaquil, aura renforcé son rôle portuaire et sa puissance nationale en sortira consolidée sur tous les plans.

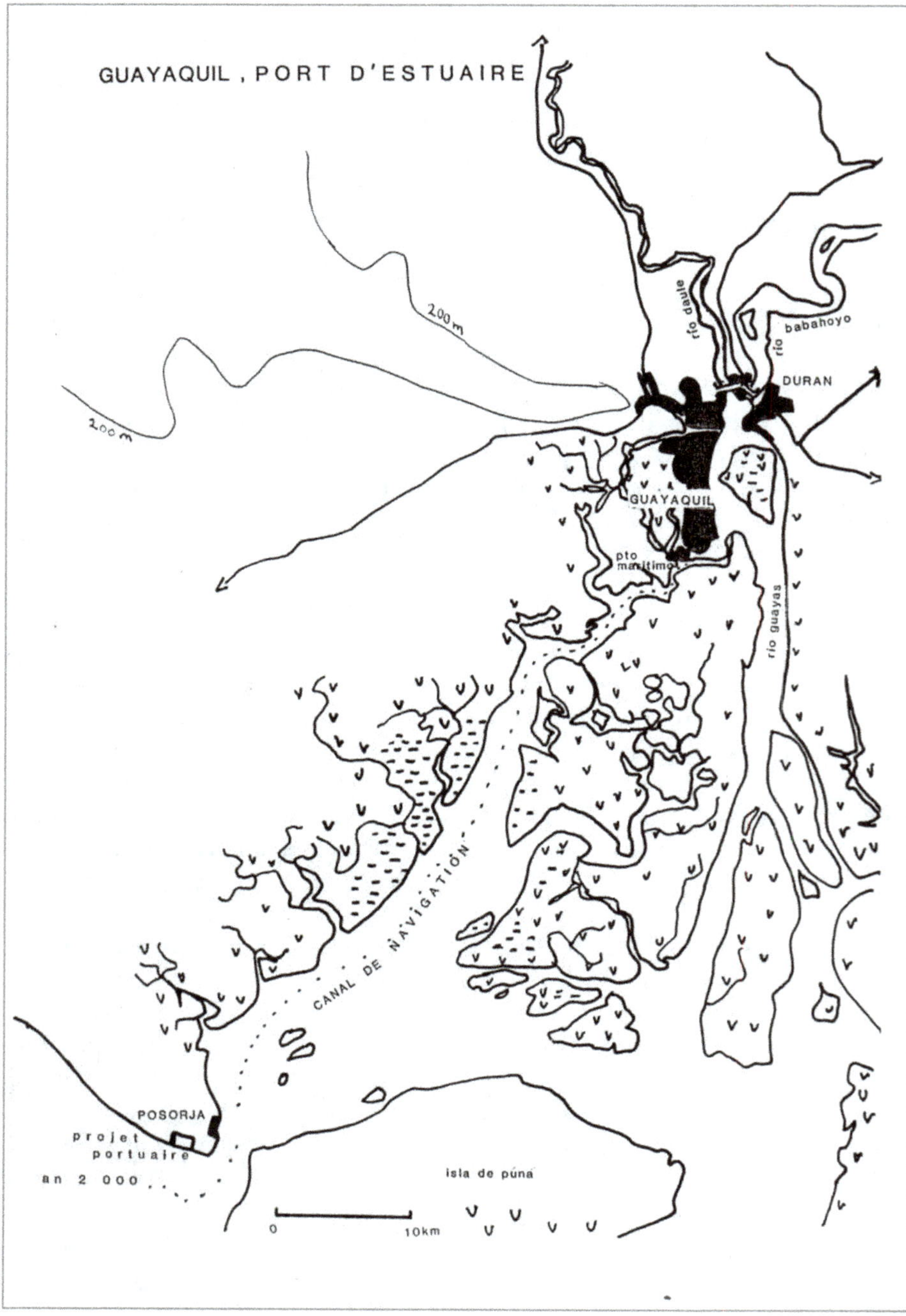
GUAYAQUIL, PORT D'ESTUAIRE
200m
200m
río daule
río babahoyo
DURAN
GUAYAQUIL
pto maritimo
río guayas
CANAL DE NAVIGATION
POSORJA
projet portuaire an 2 000
isla de puna
0
10km

Guayaquil est au fond d'un estuaire particulièrement bien abrité, et ceci pour une Côte pacifique qui, sur les 9 000 kilomètres de littoral de Panama à la Terre de Feu, ne compte guère de très bons mouillages. Le Rio Guayas est à la fois vaste, en eau profonde, abrité de l'alizé sud, des courants sud ou nord, de la forte houle et de la barre qui en résulte. La Côte forestière et marécageuse colombienne du Chaco et la Côte aride péruvienne ne sont guère prodigues de telles baies. Entre Panama et Lima, les "Buenaventura" de Colombie et de Païta, sont très médiocres et les "*mal abrigo*" restent le lot des échelles, ventées, barrées et aux faibles fonds. En Équateur même, la rade ouverte de Manta reste exposée à la houle avec des espaces restreints tandis qu'Esmeraldas et Bahía demeurent des estuaires fangeux, aux fonds capricieux. Enfin, jusqu'au XIXe siècle, tous les ports en avant-poste apparaissent dangereusement exposés aux corsaires et aux pirates. La Côte pacifique, bien qu'elle soit éloignée de l'Espagne, ne possède guère de grandes bases, Panama et le Callao exceptés. Entre les deux, les ports sont rares et donc distants et leur isolement est de plus renforcé par la très faible colonisation des régions côtières pacifiques de Colombie et de l'Équateur. Les pirates ont pillé tous les ports un instant sans surveillance. D'où la coutume de placer les villes à une certaine distance de la Côte y compris Lima, siège de la Vice-Royauté, malgré le site abrité du Callao. Portoviejo n'est pas le "vieux port" de Manta mais la ville de commerce et d'administration prudemment éloignée de la Côte. Chone est à l'abri des descentes qui ravageront Bahía. Le site précis pourra changer, mais le principal élément c'est l'abri, l'espace et la profondeur de l'eau. La baie offre tout cela et l'indentation prononcée, si elle retarde les bateaux, évite en partie l'arrivée inopinée et massive de corsaires. Elle est donc un excellent mouillage pour le port de l'Audience de Quito. Le détour affectera seulement la fonction d'escale. Pour les bateaux pressés, Bahía, Santa Elena, Cabo Blanco et Païta seront plus accessibles, mais moins sûrs. Et surtout moins bien approvisionnés.

En effet Guayaquil n'est pas qu'une baie, mais un estuaire qui regroupe les trois rivières du Guayas. Là on trouvera les bois durs et le balsa, la caña de Guayaquil ou bambou, tandis que le brai ou poix sera fourni par les gisements pétroliers affleurant de Santa Elena et Amotape. L'eau douce et fraîche y est plus qu'abondante ainsi que les fruits, le poisson frais ou séché, la viande boucanée, le sel, le cuir. Guayaquil sera une escale sûre et très bien approvisionnée sur une Côte généralement vide, très peu colonisée et souvent sans aucune ressource, ni pour les bateaux ni pour les hommes. Le site précis changera quelque peu. Au départ on a préféré l'île de Puná, plus saine et facile à défendre. La rupture de charge se faisait là et les barges fluviales partaient pour le Guayas. Ensuite, on s'installa sur les bords du fleuve même, en aval du confluent avec le Daule. La rive gauche inondable fut d'emblée abandonnée et on tenta deux sites de terrasses plus ou moins abritées mais restreintes à San Benalcazar et Francisco de Zaera, avant de s'établir définitivement au flanc du Cerro Verde rebaptisé Santa Ana. Le port proprement dit a peu bougé jusqu'en 1970.

La ville de Guayaquil sera faite de la consolidation des berges grâce aux carrières des avancées de la Cordillère de Chongón qui touche l'estuaire et du colmatage des marais de l'arrière-pays. Chaque expansion de la cité se fera au détriment de ces marécages[1]. Au total, Guayaquil est un excellent site de port qui correspond aussi bien par sa situation au débouché de la Cordillère des Andes qu'à un port d'escale sur la route des mers du sud. Il restait à la population de profiter aussi des doubles possibilités offertes par l'arrière-pays tropical humide et par la triple voie de pénétration fluviale. Dès 1534, le port est fixé le long des rives de l'estuaire du Guayas. Il faudra attendre le milieu du XXe siècle pour rechercher un autre site. Son extension : créé en 1960 sur l'Estero Salado, le port maritime répond aux nécessités des bananiers. Sa saturation et l'évolution des techniques oblige à la création d'un nouveau port à Posorja à 65 km de la ville mais sur le littoral océanique à proximité du delta.

L'histoire de Guayaquil, donc, malgré cette situation et ce site, est liée à la volonté de ses habitants. Le port fixe à cet endroit une population certes, mais rien dans le trafic réduit de l'Audience de Quito et de la Sierra jusqu'au milieu du XXe siècle, n'autorise à penser qu'une grande ville commerciale, financière et industrielle ait pu s'implanter à cet endroit, en apex d'un delta. La situation et le rôle portuaire ne sont responsables que de la permanence d'une population et de leurs liaisons avec le reste du pays. Cela suffira pourtant dans le cas de Guayaquil à déclencher une mise en valeur d'un vaste arrière-pays encore vierge en symbiose avec de nouvelles activités. Mais il aura fallu pour cela plus de trois siècles. En attendant, Guayaquil est une petite ville très modeste qui a du mal à se remettre après chaque attaque de pirates et chaque incendie.

2. Les activités portuaires pendant la période coloniale

Si Guayaquil est, dès 1535, le port de débarquement comme d'embarquement pour Quito, ses débuts restent cependant très modestes. Au XVIe siècle, la production agricole de l'Équateur est d'abord très faible et surtout sans intérêt pour l'exportation. Les Antilles et le Mexique sont beaucoup mieux situés. On débarque à Guayaquil des hommes, des chevaux, des bêtes de somme pour la Sierra et quelques biens de grande maison. Rien qui fasse de Guayaquil un emporium. Quant au rôle d'escale entre Panama et Lima, il va grandir certes, mais lentement. Le détour, quand il peut être évité, l'est. D'où la floraison d'échelles mal abritées et mal approvisionnées que l'on trouve entre Panama et Lima. Cependant les limites de la concurrence sont nettes. Si l'on a une avarie, si l'on recherche un approvisionnement abondant, seule Guayaquil offre un point d'escale solide, abrité et ravitaillé. C'est donc un poste espagnol stratégique sur la route de Lima. On y débarquait le tribut royal venu de Lima qui transitait par terre, via Quito et Bogotá et Carthagène quand la flotte anglaise menaçait.

[1] Aspiazu M., *Las fundaciones de Santiago de Guayaquil*, Guayaquil, 1955.

Guayaquil, port d'importation et d'exportation de la Sierra

Pendant la période coloniale, le développement des activités des bassins et des villes andines sous l'autorité de Quito assura une partie des échanges commerciaux transitant par Guayaquil à destination de Callao-Lima avant de gagner l'Espagne. Le trafic portuaire dépend donc de l'essor des productions agricoles et artisanales. La Sierra est, dans l'ordre économique colonial, chargée de fournir la Couronne en textile et farine principalement. Des caravanes, chargées de tissus, de laines et de cotonnades de Cuenca, de farines, de jambons, de fromages, de cordages et naturellement d'or, descendent des Andes pour gagner le port. Quelques-uns de ces articles sont vendus au passage aux habitants du Guayas. La croissance de la ville de Quito est d'ailleurs rapide. Le nombre de ses habitants, de ses ateliers de textiles et de ses monuments atteste une certaine prospérité. Une véritable vie urbaine s'y développe à partir de cette fonction de capitale de l'Audiencia qui lui assure la présence de nombreux fonctionnaires et membres du clergé espagnol. Pour eux, on importe directement d'Espagne des produits tels que du blé, du vin, de l'huile, des vêtements et surtout des articles manufacturés et du fer, sans parler d'objets de luxe de toutes sortes[1]. Si les importations l'emportent parfois sur les exportations, le volume global reste modeste par rapport au trafic du Callao à destination de toutes les villes péruviennes. Guayaquil, qui doit en quelque sorte sa fonction portuaire à ces échanges, ne progresse que très lentement. Son rôle de relais s'exerce sur un assez vaste secteur comprenant le Guayas et la Sierra équatorienne, laquelle s'étendait alors jusqu'à Popayan qui reçoit, au moins pendant le XVIe siècle, les produits de Quito. Le reste de la Colombie est desservi par ses propres ports de même que le nord du Pérou est desservi par Païta. C'est pourquoi lorsque Guayaquil dépendra de Bogotá ou lorsque des changements de frontières préciseront de nouveaux territoires, le commerce de Guayaquil ne sera guère affecté puisque sa zone d'influence reste la même. Guayaquil traverse la période coloniale en demeurant une petite ville après les attaques, pillages, incendies ou épidémies qui frappent durement. Même au XVIIIe siècle, la situation n'est guère prospère, malgré la construction navale, par comparaison avec la capitale Quito. Sa réputation de place commerciale est pourtant déjà bien assise même si le volume des échanges est modeste. Trois grandes pistes relient Guayaquil à la Sierra. La première passe par Babahoyo, Ambato, Latacunga, Quito et le nord de la Sierra. La seconde rejoint Yaguachi, Riobamba et Alausí, la dernière enfin passe par Naranjal pour gagner Cuenca et Loja.

Le centre de regroupement des productions côtières

Guayaquil, grâce aux rivières méridiennes qui se rassemblent dans l'estuaire du Guayas après avoir drainé des terrasses fertiles est devenu le point de

[1] J. Estrada Ycaza, *Historia del puerto de Guayaquil*, 2 tomes, Archivo Histórico del Guayas, 1974.

regroupement des productions côtières. La présence même des activités portuaires au service de Quito a encouragé les populations locales peu nombreuses à développer certaines productions assurées d'un débouché. Les "*vecinos*" du port ont eux-mêmes trouvé un intérêt à développer leur commerce.

Les rives du Daule fournissent du tabac à destination de Quito et Lima. Elles auront même pendant un temps le monopole de la production. On exporte d'autre part des fibres, des cordages, de la cire, du sel de Santa Elena, des chapeaux de Jipijapa. Le cacao, comme il a été vu plus haut, fort réglementé et même interdit pendant quelques décennies, constituait pourtant la principale production et assurait, lors des ventes permises, des revenus avantageux. La croissance de sa consommation dans les autres pays américains et européens n'entraînait aucun essor de Guayaquil et ne provoquait que des regrets de ne pouvoir y participer pleinement. C'est le bois qui constitue par contre une des grandes rubriques dans les exportations côtières : les forêts environnantes de Guayaquil et surtout la qualité et la diversité des arbres liées à des conditions climatiques variant de la savane à la grande forêt humide où le delta offre également des palétuviers dont les écorces sont appréciées. Les bois durs servent à la construction des maisons, des quais, des ponts et des bateaux. On acheminait par cabotage les bois de la péninsule de Santa Elena tandis que ceux des terrasses des fleuves du Guayas étaient regroupés en radeaux pour descendre en convois jusqu'au port. Cet environnement forestier que traversent les rivières du Guayas constitue certainement l'atout décisif pour le maintien et l'essor du port. Tout le littoral pacifique n'offre guère d'ensemble écologique semblable. La Côte désertique qui s'étend sur plus de 3000 km oblige Lima-Callao à rechercher des bois sur des terres lointaines. Pendant la période précolombienne, Guayaquil avait déjà fourni des bambous pour la construction de la grande ville de Chan Chan, près de Trujillo. Aujourd'hui encore l'Équateur continue d'exporter des bois et des bambous vers le Pérou.

On sait combien la péninsule de Santa Elena a souffert de ce commerce. Sa forêt riche en bois dur servit à la construction de plusieurs villes du vice-royaume péruvien, aux plus beaux navires du Pacifique et aux reconstructions successives des maisons de Guayaquil incendiées et enfin les derniers éléments servirent à faire des traverses de chemin de fer. La baisse des précipitations et cette déforestation abusive détruisirent l'équilibre écologique. Les forêts du bassin du Guayas ont d'ailleurs mieux résisté parce que les conditions d'humidité, certes plus fortes au départ, se sont maintenues. Ici, ce sont les plantations qui ont fait reculer les forêts. Il reste toutefois difficile d'en préciser les volumes et la fréquence des échanges. Enfin, la contrebande offrait une échappatoire aux lois rigides qui frappaient Guayaquil. Il semble juste de penser que sans cette possibilité aléatoire mais rentable, les plantations de cacao ne se seraient pas maintenues pendant plusieurs décennies.

La construction navale à Guayaquil

C'est l'activité la plus notable du port pendant toute la période coloniale, c'est elle qui apporte la réputation du "meilleur chantier naval de toutes les mers du sud", parfois comparés aux chantiers européens. La ténacité des premiers habitants et leur volonté de rester en cette ville peu hospitalière et sans cesse attaquée se trouvaient enfin récompensées. Le choix de Guayaquil comme chantier naval n'est pas sans laisser de nombreuses questions sans réponses. La présence de forêts tropicales n'est pas suffisante puisque le Venezuela et surtout Panama sont mieux placés avec une flore semblable. Le manque de main-d'œuvre est compensé par la venue d'esclaves Noirs arrivés de Panama. Selon J. Estrada Ycaza, c'est le système fluvial qui facilite la recherche et le transport puis assure définitivement le succès des ventes et de la transformation des bois. Les bois tropicaux étaient fort appréciés des Européens car ils assuraient une qualité et une plus longue longévité aux embarcations[1]. Toutefois Guayaquil ne réussit pas à obtenir le monopole de la construction navale, ni même le titre qu'on lui attribuait parfois de « chantier royal ». Il s'agit d'une activité très contrôlée à la fois par Lima et par Quito.

La construction des navires débute très tôt (avant 1 557) et devient très vite l'activité principale de la population composée de nombreux artisans très spécialisés. Les premières constructions se sont faites à Puná mais, très vite, le site est devenu complémentaire de Guayaquil. Les rives du Guayas déjà encombrées de produits en transit se transformèrent en de vastes chantiers de charpenterie et de menuiserie au sud. Au milieu des chantiers, vivait une grande partie des artisans. Si l'on ajoute que les rives du Guayas aménagées véritablement au XXe siècle abritaient des centaines de balsa-radeaux sur lesquels les Indiens construisaient leurs maisons, on comprend dès lors l'impression de désordre régnant à l'approche de la ville qui respectait cependant le tracé quadrillé colonial avec ses grandes places. Les *esteros* voisins abritaient parfois la construction d'un navire, tandis que sur d'autres flottaient les habitations indigènes.

Les échanges au XVIIe siècle se font de la façon suivante : Guayaquil reçoit d'Espagne par El Callao : blé, vin, huile, vêtements, articles manufacturés, fer et objets de luxe. Pour les chantiers navals d'Amérique latine, de Lima au Pérou : cruches, teintures, voiles de coton, du Chili : suif, du Guatemala épices. De Quito et de la Sierra : textiles (laines et cotonnades), farines, jambons, cordages et or. Guayaquil envoie à Quito : sel (El Morro-Santa Elena), cacao, cire, tabac, riz, cordages, poisson, coton, bovins, mules et chevaux. Au Pérou et en Espagne : bois durs, bambous, cacao, tabac, coton, fibres, cire, sel et chapeaux de paille.

[1] La construction navale dépendait également des brais de Santa Elena et des cordages fabriqués avec les fibres de Cabuya. Quito, le grand centre de tressage, en exportait à travers tout le Pacifique.

Les chantiers entraînèrent d'une part un petit commerce inter-colonial et devinrent d'autre part le grand chantier de réparation navale avec ses artisans spécialisés. La ville recevait ainsi des visites de navires pendant de longs mois en attendant l'achèvement des réparations. La réputation et l'intensité des activités du chantier n'entraînaient toutefois pas une véritable prospérité de la ville. Du moins les avantages obtenus ne semblent pas contrebalancer les événements négatifs qui appauvrissent régulièrement le port. Le Vice-Roi exigeait des Guayaquiléniens certains services de construction ou d'approvisionnement gratuits. L'épuisement de certaines espèces de bois rendit nécessaire la réglementation. Guayaquil n'obtint pas le monopole de la construction, puisque des navires de qualité semblable étaient construits à La Havane et à San Blas. La réputation de "meilleur chantier des mers du sud" concédée par la couronne d'Espagne n'avait pas entraîné d'exclusivité. Il faudra attendre le XVIIIe siècle pour que Guayaquil démarre et de son propre chef.

3. La croissance de Guayaquil et la production de cacao

Croissance démographique et expansion urbaine

À l'abri, dans le fond d'un golfe, Guayaquil se trouve brusquement bien placé par rapport au développement de ces nouvelles plantations de cacao ou de tabac grâce à sa position à la confluence des grandes rivières qui parcourent la plaine centrale. La population de Guayaquil augmente, en effet, entre 1765 et 1840 de 5 000 à 20 000 habitants, soixante-quinze ans plus tard. Cette croissance n'a été rendue possible que par l'arrivée d'immigrants tant la croissance naturelle de la ville reste faible. Guayaquil, du fait de ses activités traditionnelles de chantier naval et de sa nouvelle fonction d'entrepôt et d'exportation du cacao, va devenir un centre d'attraction. En 1765, la ville regroupe près de 21 % des habitants de la province actuelle du Guayas et 15 % en 1840 après avoir triplé le nombre de ses habitants. La campagne presque dépeuplée au milieu du XVIIIe siècle accroît elle aussi considérablement sa population. Par rapport à toute la Côte, Esmeraldas non comprise, la province de Guayaquil représente 57 % de la population en 1765 et 59 % en 1840. La suprématie démographique de cette province s'affirme et ne sera plus remise en question par la suite. Dès la décennie 1830, Guayaquil devient la deuxième ville d'Équateur, dépassant Cuenca et en 1880 elle prend la première place sur la capitale Quito. Cette base démographique et économique va permettre aux habitants du port de jouer un grand rôle dans l'émancipation de la province en 1820 vis-à-vis de l'Espagne, puis de tout le pays et de supporter sans grand dommage les révolutions de 1820-1925. Un gros effort de mobilisation sera demandé à la population côtière lors du soulèvement pour aider la Sierra à se libérer, notamment parmi les Blancs et les mulâtres, les Indiens n'étant pas armés[1]. Les cantons de Daule, Babahoyo et de Machala enregistreront pendant les périodes troublées une perte d'environ 22 % de leur population active masculine. Le port souffrira également au cours de cette décennie : on estime les pertes pour la ville à un quart de ses habitants. En 1832, le port ne compte plus que 12 000 personnes. S'il se repeuple par la suite, son taux de croissance sera toujours faible pendant toute la deuxième moitié du XIXe siècle à cause des épidémies de fièvre jaune dont la plus grande eut lieu en 1842.

Guayaquil profita largement du cacao et de sa prospérité surtout lorsque les propriétaires terriens résident en ville autour des entrepôts de cacao pour s'occuper des achats et des ventes à l'étranger. La situation du port à la confluence des trois rivières du Guayas, lui assure le regroupement des fèves de cacao de la plus grande région de production. La majorité des bateaux ne s'arrêtait qu'à Guayaquil pour charger le cacao, un petit nombre seulement à Bahía ou à Esmeraldas. Une main-d'œuvre spécialisée, souvent de couleur noire, s'affairait sur les quais du Guayas à proximité des entrepôts de cacao. Les taxes prélevées sur les exportations au bénéfice de la ville représentaient plus d'un tiers de la valeur des marchandises[2] ; les investissements des planteurs s'effectuent au début en majorité dans le défrichement et l'expansion des cacaoyères, ils se dirigent ensuite vers les biens immobiliers en Équateur ou à l'étranger. L'urbanisme et l'habitat de Guayaquil tirèrent un grand profit de cette prospérité, comme en témoigne l'architecture 1900 des principaux bâtiments administratifs et commerciaux construits en pierre alors que toutes les maisons étaient en bois avec de hauts plafonds pour laisser passer le plus d'air possible. La plupart des maisons en bois étaient construites autour d'un patio et conservaient le charme des résidences coloniales propre aux villes côtières du Pacifique. Enfin, le "Club de la Union " réunissait les élites du cacao dans de brillantes réceptions sur les rives du Guayas. Dans les conseils d'administration et de direction des banques les plus importantes de la ville, on retrouve les noms des planteurs de cacao les plus célèbres. Il en est de même dans les entreprises de service de la cité comme la Empresa de Carros Urbanos (1895) avec Aspiazu, Muller, Reyre, la Cia Nacional de Telefonos (1903) avec Aspiazu, Seminario, la Empresa de Luz avec Guzman et Aspiazu, la Cia de Alumbrado (1903) avec Muller et Seminario. Andres Guerrero distribue le capital possédé par l'élite guayaquilénienne de la façon suivante : 60 % pour le secteur intéressant les banques et l'exportation, 30 % pour les affaires commerciales, importation et redistribution, et 10 % seulement pour l'industrie[3].

[1] J. Estrada Ycaza, *Historia del puerto de Guayaquil*, Guayaquil, 1974.

[2] On prélevait par exemple 80 centavos par quintal pour le drainage de la ville, 5 centavos pour la municipalité. En 1906, 3 Sucres par quintal pour l'Association de Défense.

[3] A. Guerrero, *Hacendados cacaoteros, banqueros y commerciantes en Guayaquil* (1890-1910) – Manuscrit, 1977.

La rente cacaoyère, si elle a bénéficié à un groupe très restreint de personnes, a toutefois, par le nombre d'intermédiaires, transporteurs, agents, gérants, dockers (*cacahueros*) eut des retombées tant dans les campagnes que dans les villes. Elle a provoqué aussi une demande de biens de consommation qui fit prospérer un autre secteur commercial dédié à l'importation de biens à sa distribution formant à côté du petit groupe de propriétaires exportateurs liés au cacao une nouvelle classe sociale urbaine dès la fin du XIXe siècle. Les villes serranaises profitent de ces échanges beaucoup plus encore que les cités côtières peu nombreuses. En 1880, chaque jour, des caravanes de 70 mules portant 100 kg par animal entrent dans Quito, chargées de produits envoyés par les commerçants de Guayaquil.

Guayaquil a beaucoup gagné de cette époque du cacao en renforçant sa puissance déjà bien établie. En effet, ces ressources nouvelles ont facilité la formation non seulement d'une élite dynamique et fortunée, mais aussi d'une classe moyenne active dans une ville de plus en plus ouverte sur le monde extérieur. Simple port d'un état andin, après la décadence de ses chantiers navals, Guayaquil est devenu le grand port du cacao du premier pays exportateur dans le monde. C'était aussi par Guayaquil que rentraient les produits importés grâce aux devises obtenues. Le rôle des hommes d'affaires liés au cacao devint de plus en plus important. Ils prennent en main non seulement la commercialisation, mais aussi la production, en organisant les plantations. C'est à partir d'eux que la mise en valeur de la Côte va être entreprise.

La création d'une nouvelle société

Les premières générations des familles du cacao installées à Vinces, Baba ou Palenque ont durement lutté contre l'isolement et les difficultés du climat. Leurs héritiers résideront davantage à Guayaquil, laissant à un membre de la famille le soin de surveiller en vivant sur place l'exploitation, aidé de majordomes dans chacune des *haciendas*. En effet, dès la fin du XIXe siècle, les grandes familles avaient l'habitude de vivre à Guayaquil ou à l'étranger et en particulier à Paris. Tous les témoignages confirment la dureté de l'isolement pendant six mois au moins chaque année. Le voyage à Guayaquil depuis les plantations ne se faisait qu'à cheval ou en bateau. L'incendie de la ville en 1896 fit partir encore quelques familles en Europe. La salubrité du port n'était pas non plus assurée. En 1919, une Commission d'experts certifie l'extirpation complète de la fièvre jaune et rassure ainsi l'opinion. Il n'en demeure pas moins une certaine crainte devant les épidémies toujours possibles dans cette ville où chaque passage de bateaux pouvait provoquer de grands désastres. L'hôpital de Guayaquil est alors créé.

Le voyage en Europe ou aux États-Unis se faisait presque chaque année ou tous les deux ans. Il existait une certaine rotation entre les membres de la famille qui, chacun à leur tour, et en fonction de leur spécialité, s'installaient soit à l'hacienda, soit à Guayaquil soit à Paris. Mais l'insalubrité de la Côte justifiait l'éloignement des familles qui pouvaient se le permettre, le monde des affaires ne supportait pas une très longue absence[1]. De fortes critiques ont été faites sur la société des planteurs de cette époque. Effectivement, la colonie équatorienne à Paris était fort nombreuse, et, devenait de plus en plus étrangère au pays d'origine. On a surtout reproché à cette élite de dépenser les bénéfices du cacao en dehors de la terre équatorienne et d'en soustraire une bonne partie au détriment du développement national. On exagéra beaucoup le caractère luxueux de certaines importations. Celles-ci ne semblent pas toutefois avoir dépassé la proportion de 7 %. On parle encore des pianos amenés de France à Guayaquil, puis transportés en radeau jusque dans une hacienda ou encore portés à dos d'homme et de mulets jusqu'à Quito. En réalité la facilité d'acheter était telle que les gens de la Côte importaient même de la nourriture que la Sierra pouvait fournir. L'oligarchie locale, habituée à un certain niveau de vie par ses revenus et ses voyages en Europe, entraînait indirectement les autres propriétaires moins fortunés et les commerçants du port... Cet état d'esprit favorisa la naissance d'une bourgeoisie commerçante, soucieuse de vendre pour pouvoir acheter et servir elle aussi d'intermédiaire entre producteurs et consommateurs. La commercialisation interne se concentrait en grande partie dans les mains des migrants du Moyen-Orient, des Chinois et des Italiens qui occupaient les places vides laissées par les Guayaquiléniens occupés à des tâches plus lucratives. Toutefois, ces étrangers luttèrent sérieusement pour maintenir leurs affaires car les exportateurs s'occupaient également d'importation.

4. Les exportateurs

Dès le début, les compagnies d'exportation se partagèrent entre Équatoriens et hommes d'affaires étrangers : les frères Guzman (Colombiens) par exemple possédèrent la plus grande maison de commerce de Guayaquil dont les ventes se montèrent jusqu'à 5 millions de dollars entre 1912 et 1916 à destination des USA. Avec la croissance des exportations de cacao, d'autres compagnies étrangères s'installèrent comme la Cia Ecuadorian Overseas Corporation (US), la Andean Trading Cy (US), la Hermana Muller, la Parodi Budgese y Cia et contrôlèrent une partie du cacao exporté. Leurs relations directes en Europe et aux USA avec les maisons-mères leur apportaient un certain avantage sur les exportateurs équatoriens. Sur 27 exportateurs que comptait le pays en 1909, cinq étaient des planteurs. En effet, les très grands propriétaires d'hacienda eurent très vite besoin de former leur propre maison d'exportation et un réseau d'agences dans cinq ou six ports étrangers pour réaliser des ventes régulières.

[1] Ceux qui ne pouvaient partir loin changeaient d'air en allant à Posorja, El Morro, Chanduy ou à Païta (Pérou).

La plupart ne possédaient pas de bateau en dehors de quelques petits navires de cabotage ou fluviaux comme les vapeurs Aspiazu. Quelques planteurs devinrent représentants des compagnies de navigation de Southampton, Glasgow, Liverpool, Saint-Nazaire, Le Havre, Bordeaux, Hambourg, Barcelone, Gênes, San Francisco ou New-York. L'image de marque des grands noms de la ville, de ses grandes compagnies d'exportation et des maisons de commerce est manifeste dans la *Guía Commercial Agricóla e Industrial de la República* de 1909 qui se présente comme un guide commercial révélateur[1]. Les Guayaquiléniens ont toujours eu davantage de relations avec le nord du Pérou ou l'Europe et les États-Unis qu'avec Quito et Cuenca. Les pages destinées à chacune des compagnies d'exportation comprend la raison sociale de la maison, l'énumération des produits : cacao, *tagua*, café, caoutchouc, coton kapok ; on indique aussi l'adresse qui sera presque exclusivement l'avenue *9 de Octubre* ou le *Malecón* où sont situés les entrepôts. Une adresse londonienne ou parisienne rappelle discrètement l'importance de la maison et la date de sa fondation.

Les exportateurs servirent très tôt de banquiers en prêtant de l'argent aux planteurs qui reçurent du crédit sur les ventes anticipées de leur récolte. L'irrégularité des revenus développait une certaine dépendance vis-à-vis des exportateurs. En cas de non remboursement, les plantations étaient acquises par les exportateurs. Ces derniers servaient souvent de fondé de pouvoir (*apodero*) ou d'administrateur pour les propriétaires d'*haciendas* résidant à l'étranger. Quelques-uns devinrent par ce biais propriétaires. Ce fut le cas de Juan Marcos qui, avec une seule hacienda de cacao au départ, devint le chargé d'affaires de plusieurs propriétaires en Europe. Il sut acheter à temps quelques *haciendas* en faillite ou mises en vente par leurs propriétaires absents. Il s'occupa du commerce du riz et acheta peu à peu des actions de l'*ingenio* sucrier San Carlos. Pour faire face aux difficultés, les exportateurs créèrent, en 1903, la Sociedad Nacional de Agricultura pour protéger les intérêts locaux et rompre le monopole des pays importateurs. En 1910, un Comité de Défense fut organisé lorsque surgit la concurrence des cacaoyères des pays d'Afrique. Devenue, en 1911, l'Association des Agriculteurs de l'Équateur, elle proposa le contrôle des prix grâce à une taxe d'un sucre par quintal de fèves exportées. Elle spécula sur la hausse des prix qui, à cette époque, était régulière.

L'Association s'endetta auprès de la Banque Commerciale et Agricole, et plus tard auprès de la Mercantil Bank of America en achetant de grandes quantités de cacao pour imposer un prix unique à tout le cacao équatorial[2]. La Première Guerre mondiale renforça son monopole d'achat et d'exportation de

---

[1] Les grandes haciendas y sont généralement présentes grâce aux photographes des maisons des plantations et des élevages : on indique le nombre d'arbres, d'animaux, les équipements particuliers de chacune et le nom des propriétaires.

[2] L'Association fut dirigée par des exportateurs comme Miguel Seminario, Lautaro Aspiazu, Luis Vernaza, E.Galardo mais aussi par des commerçants : J. Marcos, J. Illigworth.

cacao, mais l'endettement devint très préoccupant lorsque les stocks de cacao furent trop importants à Guayaquil, à Londres et à New-York. Les planteurs avaient besoin de liquidités monétaires importantes pour répondre aux contraintes liées au cacao même, du fait de la longueur de son cycle végétatif, du transport océanique et de délais de paiement[1]. La tâche des exportateurs consistait dans l'achat du cacao sur le marché de Guayaquil et dans un deuxième temps dans la vente de celui-ci sur le marché mondial. Temps et espace ne sont pas les mêmes. Il s'écoulait souvent six mois entre l'entrée de la récolte au port et sa réalisation monétaire en Europe. Le prix du cacao variait aussi entre l'achat au producteur et sa vente aux fabriques européennes. Les exportateurs-banquiers se chargeaient donc d'acheter la récolte dans les *haciendas* souvent de façon anticipée. Ensuite ils entreposaient dans les maisons de négoce des grands ports européens sous le système de la consignation avant de revendre les fèves aux industriels (Poulain - Van Houten). Le gain des exportateurs et des banquiers venait de la différence entre le prix du cacao au départ de Guayaquil et le prix sur les places commerciales mondiales : les variations de prix à Guayaquil même avaient peu de liens avec les cotations en Europe. En effet, en Europe les oscillations suivaient le rythme de la conjoncture économique. Les cours des monnaies européennes et américaines compliquaient sérieusement les relations du triangle exportation – banquier – maison de commerce[2].

Le rôle des banques de Guayaquil

Planteurs et exportateurs furent-ils à l'origine des premières créations bancaires chargées des transactions ? À l'origine des banques équatoriennes, on trouve souvent de grandes maisons commerciales qui effectuaient toutes les opérations financières. Les exportateurs furent de ce fait les principaux agents contrôleurs des rentrées de devises du pays. Ce qu'ils exécutaient pour le cacao pouvait se généraliser pour d'autres ventes et les importations. La première est née de la maison Luzarraga, grande exportatrice de cacao au milieu du XIXe siècle. Outre les opérations de change, elle émit de la monnaie et prêta à l'État. En 1909, on trouve dix banquiers-exportateurs dont six avaient fondé leur négoce entre 1874 et 1896. La plupart n'avaient pas été propriétaires et n'ont pas, par la suite, réinvesti dans la terre. Le cas de Lautaro Aspiazu propriétaire, exportateur et banquier est exceptionnel et confirme la règle en quelque sorte. En 1894, la Banque Commerciale et Agricole s'est formée à partir du Banco Internacional. D'autres institutions financières se créèrent ensuite à Guayaquil comme la Compañía Guayaquil de Seguros (1905), la

[1] Pour plus d'informations se reporter aux travaux publiés à la fin du XXe siècle en Equateur sur la production et la commercialisation du cacao.
[2] Norero : *el cacao y su cultivo*, Madrid, 1910. Conversation avec des exportateurs et des planteurs. Travaux de Guerrero À. et Weiman R.

Compañía Nacional Comercial (1907), la Compañía de Prestamos y Construciones (1907), la Caja de Ahorros Filantrópica (1908) et la Caja de Ahorros Guayaquil (1911). Créée par les planteurs, la Banque Commerciale et Agricole devint très vite la grande banque du cacao bénéficiant de la hausse régulière des prix sur le marché mondial. Elle fut le principal bailleur de fonds des campagnes militaires d'Eloy Alfaro et finança les présidents de l'Équateur de 1895 à 1924. Son importance économique lui fit acquérir un poids politique national de premier plan.

Le contrôle économique qu'exerçait cette banque permit à l'Association des Agriculteurs de maintenir le monopole des ventes du cacao en contrôlant les taxes sur les exportations. La Banque et l'Association dominaient de fait le Gouvernement Central de Quito. On parla de "Tyrannie Bancaire" entre 1895 et 1925[1].

Tableau n°47

Les banques de Guayaquil

	date de création	date de disparition
Banco de Luzarraga	1859	1884
Banco Particular de Descuento y Circulacion	1862	1887
Banco del Ecuador	1868	
Banco Anglo Ecuatoriano	1884	
Banco Comercial y Agricóla	1894	1937
Banco Territorial	1887	
Banco Credito Hipotecario	1872	
Banco la Previsora	1920	

Sources : Dillon L. À., *La crisis económica y financiera*, 1927. Efren Reyes, *Breve historia general del Ecuador*, 2 t., Quito, 1972.

Les dettes de l'État envers les banques privées passent de 800 000 pesos en 1865 à 1,2 million de sucres en 1870, deux millions de sucres en 1890, quatre en 1898, six en 1909, 15 millions de sucres en 1920. Sans négliger l'apport des banques quiténiennes, l'évolution de cet endettement confirme le poids des banques privées de Guayaquil. La direction de la Banque Commerciale et Agricole peut imposer ses volontés en économie et jusque dans la nomination des membres du gouvernement. Les maisons commerciales ouvrent des succursales à Quito, Ambato, Riobamba et Cuenca. Le chemin de fer devait jouer un rôle décisif en favorisant l'introduction de produits étrangers. Sa construction avait imposé de lourds achats de matériel à l'étranger. À peine trois années après l'achèvement de la voie ferrée, l'accélération des échanges se

[1] Dillon L. À., *La crisis económica y financiera del Ecuador*, 1927. Efren Reyes, *Breve historia general del Ecuador*.

trouva renforcée par l'ouverture du canal de Panamá en 1914. L'espace maritime se rétrécissait. Guayaquil n'était plus qu'à dix-huit jours de Liverpool au lieu de 30 et New-York à 9 jours au lieu de 15. Les importations se multiplièrent par 5 entre 1905 et 1918 dans les villes reliées par le chemin de fer, grâce à de nombreux agents commerciaux allemands, italiens, anglais accompagnés de Syriens, Chinois et Péruviens. Quelques-uns d'entre eux resteront et s'intégreront à l'élite locale par mariage et par la réussite dans les affaires. Par contre, le petit commerce et l'artisanat locaux furent ruinés en partie. Le coût de transport entre Quito et Guayaquil resta supérieur à celui exigé entre les USA et Guayaquil.

Les caravanes d'hommes et de mules disparurent presque immédiatement. Enfin, le déficit économique s'accentua entre la Côte et la Sierra, cette dernière consommant alors plus qu'elle ne vendait. Pendant cette période, on créa même des Monopoles (*Estancos*) dont celui de l'alcool accordé au Directeur de la Banque, F. Urbina Jado. Il limita la culture de la canne à sucre aux petits planteurs, favorisant ainsi le développement de l'*Ingenio* San Carlos qui avait des dettes envers la fameuse Banque qui l'acheta en 1925 à son propriétaire C. Lynch. Les banques de Guayaquil contrôlaient également les importations du fait des rentrées de devises. La balance des changes très avantageuse, notamment entre 1900 et 1914, favorisa le groupe des importateurs. Ceux-ci étaient soit des exportateurs, soit des banquiers, soit des commissionnaires, soit des importateurs-grossistes ; ces derniers, la plupart, étaient des Chinois qui importaient de Chine tels que San Siong, Man Lee, Kuon San Lon, San Woo etc. ; ils se chargeaient essentiellement d'articles de bazar, des tissus, des produits d'usage courant. Par les activités auprès des planteurs, les banques étaient devenues également de grands propriétaires terriens. En tant que fondé de pouvoir, la Banque Commerciale et Agricole détenait en 1925 plus de 22 *haciendas* de valeurs différentes et l'Ingenio San Carlos. Il reste encore difficile de connaître le rôle et la part des capitaux étrangers, que ce soit dans les plantations ou dans les compagnies d'exportation. L'endettement des gouvernements auprès des banques de Guayaquil est l'atout suprême de cette force du port sur la capitale. La participation politique au gouvernement restera secondaire, même si en 1895, lors du cabinet d'Eloy Alfaro, parmi les cinq ministres on trouve deux grands commerçants de Guayaquil et un planteur de cacao. Les banques de Guayaquil fournirent aux gouvernements successifs entre 1860 et 1920 l'essentiel de leurs ressources. L'État recourt au crédit des banques privées pour financer les travaux publics. Les investissements étrangers (USA et Grande-Bretagne) interviendront à partir de 1897-1908 dans les installations ferroviaires (1897), électriques et téléphoniques, l'exploitation minière (l'or à Portovelo-1899) et l'exploitation du pétrole à Santa Elena (1911).

Le temps des crises

Quand, à partir de 1921, le cacao équatorien, en butte à la double attaque des maladies et de la chute des prix internationaux, voit s'effondrer sa production, la société guayaquilénienne possède les ressorts qui vont lui permettre de franchir le cap des années difficiles. Les exportations totales baissent de 53 % entre 1920 et 1921. Ce qui fait la principale force du grand port, c'est qu'il est capable d'assumer une fonction de promotion agricole dans son arrière-pays et non un simple rôle d'intermédiaire. Le système de Guayaquil dépend maintenant de ce que produit l'arrière-pays. Certes, l'effondrement du cacao est une véritable catastrophe pour tout le Guayas. Les ouvriers sont débauchés et affluent vers Guayaquil. Les *hacendados* eux-mêmes doivent vendre leur bétail pour survivre et Guayaquil, tout en voyant s'effondrer son trafic portuaire régional doit recevoir trente mille chômeurs ruraux entre 1922 et 1926. Sa population passe alors de 130 000 à 170 000 entre 1923 et 1934. Mais cette crise reste essentiellement agricole et syndicale. La Révolution de juillet 1925, la création du parti socialiste, en 1926, ne trouvent pas désarmées la classe des exportateurs ni celle des financiers. Cette époque est en effet celle de l'expansion du riz, du sucre et surtout du café. Le pétrole de Santa Elena est exporté pour la première fois en 1925. Le marché du bois et de la noix de *tagua* augmente de 50 % entre 1927 et 1938.

La crise économique générale de 1929 a été relativement moins rude pour la Côte équatorienne que la crise agricole de l'immédiat après-guerre. Les exportations de produits agricoles qui s'étaient ressaisies entre 1927 et 1929 sont évidemment touchées dès 1930 mais tandis que le café voit ses prix et ses exportations s'effondrer pour longtemps, le cacao en voie de développement, après le rude coup de la *monilla roreri*, supporte le choc entre 1930 et 1935. Dès 1936 son prix augmente de 85 % et les exportations se redressent. Mais la grave situation sociale et ses conséquences politiques, dès 1922, oblige le gouvernement à prendre toute une série de mesures douanières peu favorables à Guayaquil qui s'inscrivent dans la politique de méfiance et même de freinage menée jusque-là contre la métropole portuaire.

Les conséquences de la crise de l'après-guerre vont être aggravées après la Révolution de juillet 1925 par la décision gouvernementale de mettre fin au monopole bancaire et économique du Banco Comercial y Agricóla. Cette banque de Guayaquil était très liée à la puissante Association des Agriculteurs de la Côte. Toute la structure triangulaire, banque, production agricole et exportation reposait sur elle, dans la mesure où, faute de Banque Centrale, l'Équateur, et notamment Quito, ne pouvait contrôler ni la masse monétaire ni son taux de change. Dès 1922, on avait créé un Mercado Oficial et fixé à quatre sucres le dollar. Mais ce n'est qu'en 1925 que sera créée la Banque Centrale dont le siège sera fixé, non sans luttes, à Quito. La création, dès cette époque, indispensable pour un État moderne, de la Controlaria General de la Nación, de la Caja de Pensiones, de la Superintendencia de Bancos, del Banco Hipotecário ainsi que des lois monétaires de change et de douane mettent fin au pouvoir considérable qu'avaient fini par concentrer les banques et exportateurs de Guayaquil pendant l'ère du cacao. Pendant la période de crise du cacao, puis celle de 1930, l'industrie de Guayaquil profita d'une partie des capitaux accumulés pendant les décennies précédentes par le secteur d'import-export. La transformation des produits agricoles et la substitution d'articles importés se développent grâce à l'arrivée en ville de nouveaux travailleurs ruraux acceptant de bas salaires et au fait que les biens importés sont de plus en plus chers. Les industries nouvelles sont en quelque sorte protégées mais ne pourront poursuivre leur dynamisme car les bases de la prospérité de Guayaquil sont atteintes par ces crises mêmes. Guayaquil est considérée comme une des villes les plus chères du Pacifique par son extrême dépendance des importations non seulement pour les articles de luxe consommés par l'élite mais également pour tous les biens de subsistance. La ville n'a pas su ou n'a pas été intéressée par l'organisation de son propre ravitaillement[1]. Les conséquences les plus grandes pour la Côte sont l'apparition de nouvelles productions : le café l'emporte peu à peu sur le cacao tandis que la banane Gros Michel apparaît en culture complémentaire. Cette dernière s'implante en force dans le sud du Guayas avec la création des bananeraies de Tenguel par la grande compagnie fruitière d'Amérique centrale, la *United Fruit Cy*, dans une région pratiquement vide. Au sortir des crises, Guayaquil a perdu une partie de son pouvoir financier au profit de l'État équatorien, mais elle va maintenir sa domination économique grâce à une plus grande diversité de productions agricoles destinées à l'exportation. C'est le début de la fièvre bananière, "l'or vert" de la Côte.

5. Les croissances de Guayaquil

La croissance démographique

Une ville millionnaire

Guayaquil abrite en 1985, 1 500 000 habitants. Elle a vu doubler sa population en douze ans entre 1950 et 1962, où elle est passée de 259 000 à 567 000 habitants mais sa progression s'est fortement ralentie entre 1962 et 1974 où elle n'atteint que 3,4 % taux à peine supérieur au taux d'excédent naturel national. À ce rythme-là elle n'atteint la barre du million qu'en 1980.

---

[1] La production de fruits et de légumes du *Rio* Daule ne peut répondre aux besoins de la population portuaire sans cesse plus nombreuse.

Tableau n°48

La population de Guayaquil (en milliers d'habitants)

1857	23
1903	73
1930	116
1943	172
1945	216
1950	259
1962	567
1974	825
1980	1000
1982	1300
1985	1516

Sources : INEC, recensement de 1950,1962 et 1974.

En 1974, on dénombrait 267 000 enfants de moins de 12 ans soit 32 % de la population. Les moins de 15 ans en composaient 46 %. Le taux officiel de mortalité avait baissé de 1962 à 1964 de 11,4 % à 7,9 % et celui de la natalité de 36 % à 26 % dès 1976, ce qui illustre les limites de telles enquêtes. En élément contradictoire, le taux de mortalité infantile était tenu aux alentours de 11,5 %.

Théoriquement, le taux de croissance naturel en 1974 aurait été donc de 18,1 % et on estimait entre 16 et 17 % le taux d'immigration. Le phénomène migratoire est fondamental. Il est physiquement visible dans la rue comme dans la poussée des bidonvilles de l'ouest et du sud-ouest de la ville. En 1962 on dénombrait 137 000 immigrants dont 65 000 étaient venus de la Sierra. En 1974, leur nombre s'élève à 285 000 dont 27 % venus des hautes terres. Les migrants représentent, en 1974 33 % de la population de la capitale côtière soit 285 000 personnes entre 1962 et 1974 dont 72 000 d'origine rurale (Côte et Sierra) soit 29 % contre 33 % à Quito et 200 000 d'origine urbaine soit 71 % contre 67 % à Quito. Il est intéressant de souligner l'apport des villes à la croissance de Guayaquil : 8 757 en provenance des villes d'Esmeraldas, 32 917 de celles du Manabí, 27 422 de Los Ríos, 52 207 du Guayas, 8 738, d'El Oro. Quito lui envoie 14 754 personnes, Riobamba 10 540, Cuenca 10 975 et Ambato 7 430. Enfin, arrivent de l'étranger 13 000 personnes entre 1962 et 1974 (plus du double à Quito). Il apparaît donc que les villes côtières retiennent de plus en plus leur population et attirent les migrants ruraux. Le taux de croissance de certaines villes est beaucoup plus fort que celui de Guayaquil. Les migrations par étape, c'est-à-dire avec résidence dans les petites villes de la Côte, avant de gagner le port, sont peu fréquentes. Parmi les migrants : 30 % ont fait des études primaires, 26 % des études secondaires et 6 % des études supérieures. Sur les 285 000 personnes nées hors de Guayaquil 67 % sont nées sur la Côte dont 30 % dans le Guayas, 27 % dans la Sierra et 4,5 % à l'étranger.

Tableau n°49
Les provinces qui envoient le plus de migrants à Guayaquil

Guayas	30 %
Manabí	18,7 %
Los Ríos	14 %
Chimbrozo	15,8 %
Pichincha	15,3 %
Azuay	15,8 %
Tungurahua	9 %

Sources : *III censo de población*, 1974.

La Sierra nord et Loja sud envoient moins de migrants. L'attraction de Quito se fait plus forte. En 1974, 33 813 personnes ont moins d'un an de résidence à Guayaquil. 20 000 plus d'un an, 18 785 plus de deux ans, 17 187 plus de trois ans, 16 533 plus de quatre ans, 56 254 de 5 à 10 ans, 28 800 de 10 à 12 ans. Par comparaison, Quito : 266 000 migrants dont 95 000 du canton, de Pichincha (95 000 seulement entre 1950 et 1962) en 1974, 71 % de la Sierra, 15% de la Côte, 3 % de l'Oriente et 11 % de l'étranger.

(Sources : recensements de 1950, 1962 et 1974.)

En 1974, c'est 285 000 personnes qui déclarent être des immigrants sans que l'on puisse exactement dire, même avec des calculs théoriques, qui sont venus avant et après 1962, compte tenu du taux d'accroissement naturel différent des immigrants et de départs éventuels. On ne peut se fier qu'aux déclarations d'origine des personnes et naturellement, des personnes recensées. Les déclarations demeurent malgré tout intéressantes, par leur volume, plus d'un tiers des résidents recensés viennent d'ailleurs. Avec 23,2 % d'originaires de la Côte, 9,3 % de la Sierra et 4,5 % d'étrangers, Guayaquil reste une ville très cosmopolite.

Vivre à Guayaquil

La composition sociale de cette population est entrevue par des enquêtes fragmentaires car l'analyse des recensements ne permet pas toujours de la connaître. Trop de travailleurs ne bénéficient pas de la sécurité sociale, trop d'entre eux aussi n'ont pas un emploi stable, ce qui est un euphémisme si on considère que cette ville millionnaire ne recense aux ministères du Travail et de la Santé que 233 000 actifs et seulement 10 000 chômeurs sur une population totale enregistrée de 560 000 habitants de plus de douze ans, soit 41 %, et, sur les 825 000 recensés, 28 %. Or ce sont justement les « marginaux » qui n'ont pas été, entre autres, recensés. Sur 567 000 actifs potentiels de plus de 12 ans, 239 015 travailleurs sont enregistrés sur lesquels 97 683 seraient sans travail fixe ou défini. Et sur les 334 000 personnes non actives de plus de douze ans, il n'y aurait que 14 000 chômeurs officiels, environ 60 000 collégiens ou étudiants et 6 000 retraités pensionnés. En fait, au moins 58 % de la population de plus de douze ans, et surtout après avoir déduit collégiens et retraités, 48 % de la main-d'œuvre disponible échappent à toute occupation définie et 17 % n'ont qu'une occupation irrégulière. Alors vivre à Guayaquil, c'est être chômeur ou chômeur partiel pour 65 % de la population aux yeux des autorités. En fait, mille occupations échappent aux statistiques et c'est une population marginale, à tous les points de vue, qui semble majoritaire à Guayaquil. L'extension des quartiers spontanés correspond bien à environ un demi-million de personnes, dont un bon quart a un travail défini sinon régulier d'après les enquêtes sociales partielles. Les autres louent leurs bras à la tâche, à la journée, sont domestiques, vendeurs ambulants, trimardeurs, etc. et composent la palette bien connue de toutes les grandes cités du tiers monde. Visuellement, peut-être plus que d'après les statistiques douteuses, Guayaquil occupe dans la géographie du marginalisme urbain une bonne place. Mais l'activité générale de la ville n'en fait pas pour autant une agglomération refuge d'une population assistée. Mille emplois mal définis, instables et surtout non enregistrés empêchent Guayaquil de présenter un tableau net, mais le spectacle des bidonvilles, qui sont une certaine réponse au problème du logement en fonction de très bas revenus ne doit pas obligatoirement entraîner l'idée que la ville n'offre pas une certaine capacité d'emplois.

Tableau n°50

Les actifs employés en 1974 à Guayaquil

Gérants et cadres supérieurs	4 855
Cadres et carrières libérales	23 791
Employés	21 455
Commerçants Patentés	44 257
Agriculteurs et pêcheurs	5 373
Transporteurs	10 924
Artisan et ouvriers au mois	12 489
Ouvriers à l'heure	12 188
Domestiques, débardeurs	37 764
Indéfinis	28 224
Travailleurs irréguliers	31 495
Totale Population active	233 015
Demandeurs d'emploi	14 065
Totale	247 000

Sources : *III censo de Población*, 1974.

Si on ajoute que la population active enregistrée est également plus importante à Quito qu'à Guayaquil avec respectivement 52 % et 47 %, les enquêtes officielles sembleraient confirmer la vision purement subjective mais généralement admise par les observateurs directs que le marché du travail est plus sévère à Guayaquil qu'à Quito. Plus évidente et vérifiable apparaît la faiblesse du secteur secondaire, avec 15,8 % de la population active dans la première ville industrielle du pays. Le secteur tertiaire regrouperait 62 % des actifs. Le sous-emploi féminin est une deuxième constante révélée par les statistiques du travail enregistré. Et il évolue peu puisque le taux d'activité féminine n'a progressé que de 14 à 15,5 % entre 1962 et 1974 contre 46,8 et 46 % pour l'emploi masculin. La population scolarisée avec 140 000 élèves sur 265 000 enfants de moins de douze ans reste encore bien faible avec un taux de 53 %. Ce qui ne veut pas dire qu'il n'y ait pas plus d'enfants ayant fréquenté l'école, mais une forte proportion, plus de 50 % ne termine pas le cycle total primaire. Enfin 60 000 élèves ou jeunes de plus de douze ans passent dans le secondaire et 20 000 dans le supérieur. Une enquête effectuée en 1976 par l'INE concluait à la scolarisation primaire partielle de 662 000 des 710 000 habitants de Guayaquil de plus de six ans, seulement 48 000 personnes n'avaient jamais été à l'école. La scolarisation partielle marque ici de toute évidence l'analphabétisme qui, malgré l'effort énorme et incontestable des autorités, frappe encore alors la population équatorienne.

L'encadrement sanitaire

La santé paraît, malgré les conditions de vie dans les bidonvilles, un peu mieux garantie que dans les campagnes traditionnellement dépourvues de médecins et d'hôpitaux. On dénombrait en 1976 un médecin pour 670 habitants et un lit d'hôpital pour 1000 habitants. En fait Guayaquil est surtout protégé par un système de vaccinations massives, mais aussi, grâce à un quadrillage de dispensaires et d'hôpitaux. Les cas très graves bénéficient d'une intervention de choc. Mais la maladie courante et surtout à longue évolution demeure sans médecin ni remède pour la population marginale et les faibles revenus. Le taux de mortalité serait, on l'a vu, de 7,9 % malgré la jeunesse de la population. La mortalité spécifique de Guayaquil trahit une hygiène publique relative. L'eau potable échappe parfois à la vigilance de ses contrôleurs, et sa distribution dans les bidonvilles autorise tous les accidents. La promiscuité aussi. Le brassage des nouveaux venus entretient la malaria dont l'éradication totale est tout le temps remise en cause[1].

La campagne contre la malaria, effective à partir de 1957 et surtout entre 1960 et 1965, a permis son éradication tant que l'OMS se chargeait de tout.

[1] L'éradication de la fièvre jaune (Aedes Aegypti) ne date que de 1958 sur la côte.

La recrudescence depuis 1969 (9000 cas en 1969) a montré la fragilité de la situation et a provoqué la reprise des campagnes par l'État, mais de nouveau cette fois en association avec l'OMS. La peste et la lèpre sont alors à l'état endémique. Les campagnes antipolio ont été entreprises massivement à Guayaquil en 1967 et avec les vaccinations obligatoires à partir de 1971. La maladie de Chagas (Tryatominase américaine) frappe de nombreuses victimes à Guayaquil. Le type d'habitat en bambou et en bois est responsable en grande partie de la propagation des insectes vecteurs. En revanche, le très faible nombre de morts provoqué par la typhoïde (2), la polio (5) et la diphtérie (1) indique le succès de la systématisation des vaccinations, de même que l'on meure rarement d'une crise aiguë de paludisme. Les grands fléaux sont repoussés mais l'insalubrité de 70 % de l'habitat et la faiblesse des revenus limitent l'encadrement médical général.

L'échelle des revenus

En 1975, l'Institut de la Statistique croyait pouvoir classer les citoyens de la population urbaine en six catégories de revenus. Le revenu moyen est alors estimé à Guayaquil à 3 020 sucres : pratiquement la moyenne nationale 3 010 contre 3 170 à Quito et 2 844 dans l'ensemble des autres secteurs urbains du pays[1]. 48 % de la population n'a pas un revenu suffisant pour épargner ni accéder à un logement en dur, acquis ou loué. Il semble enfin que les strates de très bas revenus soient plus épaisses à Guayaquil qu'à Quito 20 % contre 19 % pour les revenus mensuels inférieurs à 1000 sucres ou 40 $ et 87 % contre 84 % pour les revenus inférieurs à 5 000 sucres ou 200$.

La croissance urbaine

Une extension très rapide sur des terrains peu aptes à l'urbanisation

L'espace urbanisé de Guayaquil a été jusqu'ici contenu dans les limites municipales qui avaient été fixées depuis le siècle dernier. La ville et l'agglomération ne font donc administrativement qu'un. D'autant plus qu'il n'y a pas de petites bourgades ni de villages proches qui aient pu ou qui soient sur le point d'être absorbés par la cité, puisque les plus proches comme Nobol sont à 15 km. Le site, dans une zone de colmatage, est coincé entre l'estuaire actuel du Guayas à l'Est et les ramifications de l'ancien estuaire, l'Estero Salado, à l'ouest. La ville est également freinée dans son développement par les mangroves du sud et les prairies inondées du Nord, de part et d'autre du Cerro Santa Ana, seul élément de roche en place. L'ancrage de la ville sur ce rocher assez escarpé s'est donc effectué sur le flanc sud en glissant le long de la rive même du Guayas dont le bourrelet a été aménagé et consolidé au fil des siècles.

[1] 25 sucres valaient alors un dollar US.

D'où la compacité de l'urbanisation. La bande portuaire, les quartiers immédiats développés en fin de XIXe siècle et sans cesse élargis jusqu'à la Seconde Guerre mondiale, ont gardé le plan orthogonal strict par *cuadras* d'environ 100 m et leur forte densité. Le quadrillage régulier propre à la plupart des villes du Nouveau Monde sera conservé ici selon les mêmes directions initiales sans infléchissements jusqu'à ce qu'on atteigne les *esteros* du sud-ouest. Il faudra attendre la fin des années 1960 pour que les structures courbes soient adoptées dans les quartiers résidentiels qui épousent le val du haut Estero Salado insinué dans les ultimes contreforts de la Cordillère de Chongón. Le développement spatial aura donc tenu, avec une rare vigueur, non seulement le damier et l'ordonnance initiale parallèle au fleuve, mais aussi une densité urbanisée à peine décongestionnée, au fur et à mesure de l'augmentation de la population.

En 1857, Guayaquil couvre seulement 25 ha pour 23 000 habitants le long du fleuve et les installations portuaires, les chantiers et les entrepôts ne s'étalent guère plus que sur une quarantaine d'hectares. En 1976, les espaces urbanisés pour les 900 000 Guayaquiléniens ont atteint 2 200 hectares.

Tugurios et *Suburbios* de Guayaquil

La densité très forte au départ, a lentement diminué et pourtant le centre de la ville n'a pas connu entre 1900 et 1950 le tassement de la génération des grands immeubles de 5 à 10 étages, car ceux-ci à Guayaquil ont été très rares, à cause de la nature du sol, et des tremblements de terre. Certes, des immeubles locatifs de deux ou trois étages se sont construits avant la crise, mais ils sont bien loin d'être majoritaires en plein centre de la ville et sur le Malecón. Pendant les longues crises de l'entre-deux-guerres, la construction est stoppée pratiquement alors qu'affluent les immigrants venus des *haciendas* ruinées. C'est le début de la taudification du centre de la ville à quelques *cuadras* à peine du bord du fleuve. Quant aux édifices de l'après-guerre, ils surgissent ici et là, sur à peine une trentaine de *cuadras* de part et d'autre du T formé par le 9 de Octobre et le Malecón, dominant les entassements de maisons de un à trois étages construits encore en canne de Guayaquil. Depuis 1975, de grandes tours antisismiques ont surgi de terre dans le centre-ville (banques surtout). Des résidences luxueuses de plusieurs étages ont remplacé les vieilles demeures de bois ou les petits immeubles vétustes.

L'ESPACE URBAIN À GUAYAQUIL

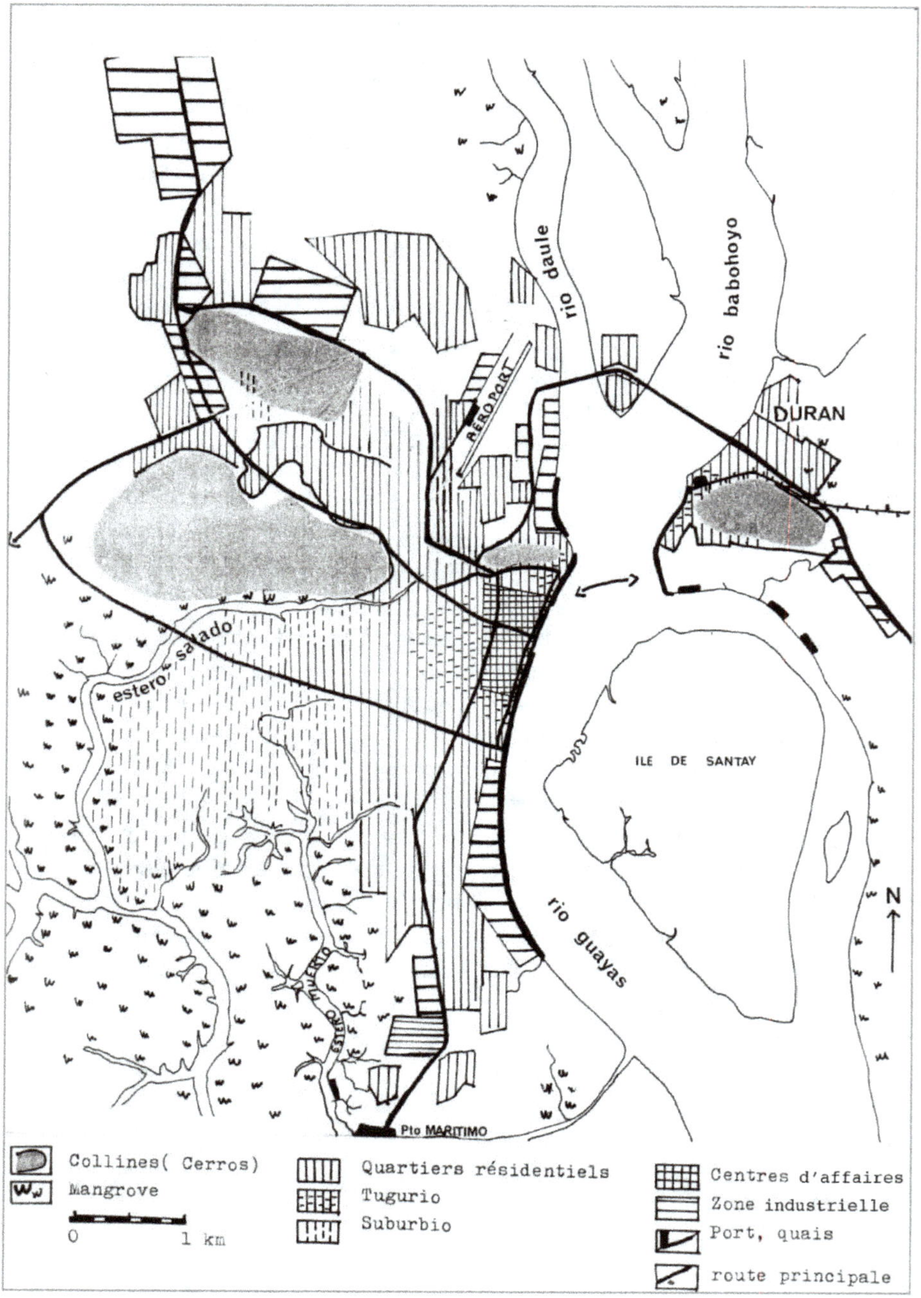

Tableau n° 51

Les trois secteurs de l'urbanisation

a. Le Suburbio
62 % de la population marginale ; densité 300 h/km
2,7 habitants par maison.
68 % des terrains étaient municipaux en 1964
58 % des maisons sont propriété privée
45 % des maisons sont construites en canne
41 % en canne et en ciment.
11 % en ciment.
52 % de la superficie stable est remblayée.
b. Le Tugurio
21 % de la population marginale ; densité 600 h/ha
80 % des maisons en dur, 70% des personnes sont locataires.
Souvent première étape avant le suburbio.
c. Le quartier flottant :
sur les tributaires de l'Estero Salado 17 % les plus démunis.

Tableau n°52

Approche des réalités sociales de Guayaquil en 1975

Population économiquement active
28 % artisans, ouvriers (fixes)
16 % petits vendeurs
13 % activités artisanales non industrielles
Sous-emploi et chômage pour 65% de la population active
Un tiers des familles gagnent moins de 200 francs par mois
moins de 80 francs dans le quartier flottant en 1 978
40 % de la population marginale est née à Guayaquil
30 % originaire des villes de la Côte et de la Sierra
30 % originaire des campagnes {sans étape intermédiaire)
43 % de la population a moins de 15 ans
72 000 enfants sur 95 500 vont à l'école primaire
35 300 enfants sur 52 950 vont dans l'enseignement secondaire
Un seul hôpital et 5 centres de santé. Taux de mortalité infantile : 125 %
Un médecin pour 3 317 habitants contre un pour 670 dans le centre-ville
Eau potable pour 37 % de la population sur 436 ha
(réservoirs au coin de la rue pour les autres)
Égoûts pour 20 % des habitants, la marée sous les pilotis pour les autres.
Électricité pour 10 % de la population

Sources : I.N.E.

Au contraire, le phénomène migratoire va provoquer l'extension démesurée de la ville après 1950. L'ancienne population indienne locale vivant sur les radeaux a fait place à des immigrants qui vont vivre en pleine mangrove ou sur les estuaires dans les maisons sur pilotis. Il ne s'agit pas de quartiers plus ou moins établis sur les zones alluviales inondables, mais de véritables palafittes reliées par les passerelles sur des secteurs soit totalement fluviaux, soit inondés selon le rythme de la marée. Leur densité est très faible, car alors, le "terrain" ne manque pas. Et, quand, à la fin des années 1960, de grands travaux de colmatage permettent d'assécher puis d'établir une infrastructure minimale d'urbanisation, les bidonvilles se densifient le long du quadrillage des nouvelles voies. Enfin, dans les années 1970, et notamment avec l'arrivée des bénéfices du pétrole, de nouvelles urbanisations correspondant à l'essor de la petite classe moyenne d'employés et d'ouvriers de manufactures sont établies au nord de la ville, au-delà des collines, sur la route de Daule. Là, sur sept kilomètres, s'allongent en ordre lâche et selon des plans courbes très originaux pour cette agglomération orthogonale, des quartiers de maisons doubles ou individuelle et à simple rez-de-chaussée.

Tableau n°53

L'évolution de la croissance démographique et spatiale de Guayaquil

Année	Population en milliers	Superficie urbanisée en ha	Densité hab. en ha
1857	23	25	920
1903	73	90	810
1930	116	170	680
1943	172	230	750
1950	259	370	700
1962	567	1 100	500
1974	825	1 950	420
1976	890	2 200	400

Sources : divers documents

Le coût de l'urbanisation

Entre les deux recensements de 1962 et 1974, le nombre de logements s'est élevé de 92 000 à 153 000 unités. Sur les 61 000 nouvelles maisons, 14 000 ont été l'objet d'un permis de construire[1] et répondent à tous les critères d'un immeuble bâti en dur, équipé, pour 12 000 d'entre eux, de l'électricité, de l'eau courante et du tout à l'égout. Les 49 000 autres maisons sont construites avec des matériaux légers, généralement le bambou, et ceci, sans permis de

[1] Encuesta de Edificaciones (Junta de Planificación) 677 permis en 1968, 551 en 1971, 839 en 1973, 1 244 en 1976 contre 3 086 à Quito à cette dernière date.

construire. Plus des trois-quarts d'entre elles correspondent à des cases d'habitat traditionnel spontané, mais généralement soignées, sur pilotis ou caillebotis pour éviter l'inondation et avec un toit de palme ou de tôle[1]. Il faut faire une distinction complète entre le *suburbio*, extérieur, à logement individuel familial et de densité relativement lâche, et le *tugurio*, intérieur dans l'agglomération correspondant à l'occupation progressive par les couches de plus en plus modestes des anciens quartiers de classes moyennes du centre même de la ville. Les premiers s'apparentent aux bidonvilles plus ou moins denses selon leur époque, leur emplacement et leur proximité de la ville ; la densité fait un grand bon quand on passe du marécage à la terre ferme. Les seconds forment de véritables taudis dans de vieux immeubles collectifs et théoriquement locatifs. Les avantages et inconvénients réciproques se révèlent comme partout, par une faible densité et par une certaine aération du tissu urbain, alors que les distances sont souvent considérables, du centre au *suburbio*, démuni de tout équipements urbains. Au contraire, le *tugurio* conjugue la centralité avec une insalubrité et un entassement extrêmement dangereux sans que les équipements urbains soient vraiment entretenus. À Guayaquil, près de 120 000 personnes vivent alors dans le centre taudifié et plus de 400 000 dans les grands secteurs d'habitat spontané extérieurs. Ces derniers renforcés chaque jour par de nouveaux venus du *tug*urio central ou des campagnes, augmentent plus vite que les lotissements planifiés[2]. Les invasions populaires débutèrent en 1935 à la périphérie de Guayaquil et n'ont jamais cessé depuis. Celle de Mapasinga, en 1977, en occupant les pentes d'une colline dominant le quartier résidentiel d'Urdesa a imprimé à jamais son empreinte dans l'espace urbanisé et visuel de la cité. Les préjudices causés à l'urbanisation de la cité furent nombreux mais le droit de propriété de l'occupant était sacré. Tôt ou tard, la municipalité et les particuliers s'arrangeaient avec les envahisseurs.

Un urbanisme éclaté

En 1960, c'est le début de l'apparition de vastes et nouvelles urbanisations, au sud avec l'unité de la Caisse d'Epargne, mais surtout au nord-ouest, où s'étalent successivement sur sept kilomètres le long de la route de Daule des urbanisations planifiées, privées ou publiques. Destinées à la petite classe moyenne, elles offrent sur de vastes superficies des maisons individuelles, ou mitoyennes pour deux familles, fonctionnaires, employés d'un certain âge ayant le même niveau de vie, voire aux ouvriers qualifiés, et naturellement aux petits cadres. À toutes les familles assurées d'un emploi stable et d'un salaire suffisant pour payer un loyer, ce qui suppose ici, à la fois, un double salaire et un sacrifice au niveau de cette classe encore modeste. La situation foncière à Guayaquil

---

[1] D'après le recensement de 1962, Guayaquil comptait 91 230 maisons particulières dont 70 785 permanentes, 20 445 semi permanentes, 88 740 avaient l'eau, 85 909 le tout à l'égout.
[2] El otro Guayaquil. Acción Internacional Tecnica. Junta Civica de Guayaquil, 1976.

n'est pas simple. L'État, le Municipe, la Marine, des organismes publics et privés ainsi que des propriétaires possèdent des terres. Chacune de ces entités, mais surtout le Municipe, peut donner des lots à des organisations ou entreprendre elle-même des lotissements à vendre ou à louer. Les dernières invasions compliquent la situation et déchargent pratiquement sur le Municipe toutes les tâches d'organisation et d'infrastructure laissées par les autres organismes propriétaires. Peu de secteurs périphériques sont épargnés, quelles que soient les mauvaises conditions du milieu physique. L'autre côté de l'Estero Salado résiste encore car l'État et la Marine contrôlent sérieusement cette zone. En général, l'État rétrocède au Municipe ses terres inondables une fois envahies, et bien souvent, les propriétaires de terres occupées font de même lorsqu'ils ne peuvent rien récupérer ni vendre. Au quartier du Guasmo sud, des expropriations ont permis à l'État de lotir et de donner des lots à bâtir à des institutions comme la Sécurité Sociale, l'Université, la Banque nationale du logement. Ces lots ont tous été envahis mais chacun de ces organismes a réussi à vider ses occupants par la force militaire, et à les vendre progressivement. Seul, celui du Municipe est resté envahi[1]. L'action des autorités municipales est donc difficile dans la mesure où elles ne maîtrisent pas l'espace communal mais en héritent avec les charges d'équipement une fois les invasions réalisées. Les rares études effectuées par divers organismes internationaux ont montré non seulement l'absence de planification en matière d'urbanisme, mais aussi la déficience administrative et financière pour exécuter des travaux. Le *tugurio* est saturé depuis déjà longtemps, le *suburbio* le devient si la densité d'habitat se maintient aussi faible. Il faut pour les nouveaux venus chercher plus loin. Le *suburbio* limité par l'Estero Salado et les collines ne peut plus fournir de solution. Il avait pourtant été une réponse encouragée par les responsables politiques qui, pour obtenir une clientèle électorale, avaient facilité les législations de terres par des donations comme les *barrios* I. Ayora, Velasco Ibarra, Santa Ana, Huancavilca, Mendoza et Aviles. Mais le grand phénomène de Guayaquil aura été l'explosion des aires fonctionnelles dans toutes les directions. Au nord et au sud, l'industrie se développe le long d'un réseau routier moderne et même prodigue d'un espace qui avait été jusqu'en 1960 si mesuré à Guayaquil. L'ère de l'industrialisation coïncide pour Guayaquil avec celle des gros engins de terrassements. Routes, digues, colmatage des prairies inondables et même de la mangrove vont faire gagner près de 7 000 ha colonisés. Certes, de façon chaotique par les entrepôts qui ont parfois le long du Guayas leurs propres appontements et quais, usines, gares et dépôts routiers, aéroports et même quelques cités ouvrières sur la route de Daule. La vaste île de Santay, face à Guayaquil n'a jamais été habitée, même par des immigrants tant le sol y est instable et l'inondation permanente. Les bidonvilles palafittes y sont interdits.

[1] Toutes les terres inondables appartiennent à l'État (Marine).

En revanche, le grand pont du Guayas met enfin en relation, en 1969, Guayaquil avec tout le bassin oriental du Guayas, El Oro et la Sierra centrale et méridionale. La première antenne de Guayaquil sur la rive orientale du Guayas est Duran (Eloy Alfaro) où l'on a établi le terminal pétrolier de la Sierra sud à côté du terminal du chemin de fer, celui-ci n'ayant jamais traversé l'estuaire. Le passage sur le pont malgré le péage ou la traversée en bac du Guayas ont permis à de nouveaux citadins de s'installer à Duran. La ville compte plus de 20 000 habitants en 1980 contre 2 600 en 1962.

6. La croissance industrielle

Une croissance industrielle récente

L'industrie équatorienne est à la fois faible en part du revenu national, destinée à la consommation intérieure, et très mal intégrée et encore très dépendante des capitaux extérieurs. C'est encore une jeune industrie, livrée aux poussées aléatoires des investissements privés. Si, un organisme public le CENDES, Centro de Desarrollo Industrial del Ecuador, prend en charge depuis le début des années 1970 la prospection des besoins industriels du pays, l'industrie demeure liée à l'initiative privée. L'intervention propre de l'État reste limitée aux équipements énergétiques portuaires et routiers et, dans le secteur industriel, au seul complexe pétrolier d'Esmeraldas. De plus, la rivalité entre Quito et Guayaquil défavorise cette dernière quant à l'intervention des entreprises d'État, mais aussi de certaines sociétés étrangères qui recherchent Quito pour profiter de l'appui de l'État. Cependant, Guayaquil conserve beaucoup d'atouts. La production agricole côtière de consommation et d'exportation est à la fois la plus importante et la plus transformable. Le marché côtier et celui de Guayaquil même représentent en valeur près de 65 %. Enfin, le port de Guayaquil est aussi la principale place financière du pays. Si on ajoute que la société mercantile libérale attire aussi les investisseurs étrangers, on peut accorder à Guayaquil un éventail de possibilités industrielles plus large que pour Quito. À celle-ci devront être laissées les grandes initiatives du pouvoir politique pour implanter des entreprises publiques mais aussi attirer de grosses firmes étrangères. En revanche, les industries moyennes et petites de transformation de la production agricole, de la construction et des biens manufacturés de consommation de la classe moyenne urbaine et rurale seront plutôt fixées à Guayaquil où, en plus de la production et le marché, elles trouveront un tissu de services, de commerce et de crédit beaucoup plus important et surtout plus souple que dans la Sierra. Tout d'abord, Guayaquil maintient fermement sa prééminence industrielle sur Quito avec 54,5 % du secteur secondaire national en 1965, date du premier recensement industriel et 55,3 % en 1975.

Ce qui n'empêche pas Quito de progresser un peu plus rapidement en passant de 23,5 % à 27,5 % de la production du pays entre 1965 et 1975.

La croissance absolue de l'industrie de Guayaquil reste cependant soutenue sans être pour autant explosive. Planifiée nationalement pour croître au rythme de 7,4 % entre 1968 et 1973, puis de 10 % après 1973, en comptant sur les rentrées pétrolières tant pour le financement que pour assurer la crédibilité du débiteur et de l'acheteur équatorien, le développement national du secteur secondaire n'a guère dépassé 6 %. Même si à Guayaquil la croissance a évolué autour de 7 % entre 1965 et 1973, le coup d'arrêt de la crise internationale a fait descendre ce rythme à 5,5 % dès 1974. Ensuite, la croissance a évolué aux alentours de 6 % même si le plan prévoit 10 %. Le rythme d'augmentation du PIB s'est abaissé à +3 % en 1979, puis à +2 % en 1982 pour devenir négatif en 1983. Le boom pétrolier a bien eu lieu dès le fin 1974, mais il a profité surtout aux équipements pétroliers. Et la part du secteur industriel dans le PIB national qui stagnait à 17,5 % entre 1965 et 1972, est brutalement monté à 19,5 % à partir de 1974 et a dépassé les 20 % en 1976.

En 1976, selon une enquête (INE) Guayaquil abrite 1143 usines[1] employant 93 890 personnes, totalisant un capital déclaré de 100 millions de dollars et un chiffre d'affaires d'environ 375 millions de dollars. Pratiquement toutes les moyennes et grandes entreprises sont enregistrées depuis la loi de 1957, à condition qu'elles soient soumises aux statuts de sociétés anonymes ou à responsabilité limitée. En fait, sur les 1 143 usines, un tiers seulement appartient alors à des sociétés enregistrées. Celles-ci, au nombre de 243, ont une ou deux usines employant plus de 15 ouvriers.

En 1965, on dénombrait seulement 713 usines réparties en 185 sociétés et employant 48 700 ouvriers. En onze ans, le nombre d'usines a augmenté de 66 %, tandis que celui des ouvriers progressait de 53 %. Dans le même temps la concentration du capital se renforce. Tandis que le nombre d'usines progresse de 66 %, celui des sociétés ne croît que de 31 %. En dépit d'un souci officiel de décentralisation ce sont les deux grandes villes qui captent la majorité des projets. Néanmoins, on note des créations dans les autres provinces suscitées par la présence d'une main-d'œuvre et des avantages fiscaux. En ce qui concerne la petite industrie localisée en dehors des provinces du Guayas et Pichincha elle, est passée entre 1972 et 1978 de 50 à 310 établissements[2].

---

[1] Selon le Directorio de Establecimientos Económicos (INE) de 198, Guayaquil compte 6 730 établissements industriels contre 6 337 à Quito et 53 038 ouvriers et employés contre 50 252.

[2] L'écart entre les deux villes pour la valeur de la production paraît erroné : 218 et 38 millions de sucres. Les critères utilisés variant d'une enquête à l'autre imposent une grande réserve.

Tableau n°54

Distribution du crédit industriel en 1971 en milliers de sucre

Pichincha	33	357 990
Reste Sierra	24	353 840
Guayas	33	362 200
Reste Côte	6	131 500

Source : *Corporación Nacional Financiera.*

Les industries traditionnelles

L'agroalimentaire constitue le secteur le plus ancien de l'industrie Guayaquilénienne. Dès le début du XIXe siècle, la transformation des productions agricoles dépasse le cadre d'une consommation urbaine avec la création de Cervezeras Nacionales et la Universal créées en 1914. L'une et l'autre étaient encore les plus importantes de leur catégorie en 1980 avec 400 et 700 ouvriers. Aux nombreuses fabriques de boissons gazeuses, biscuiteries, moulins, laiteries, conserveries, il faut ajouter six huileries qui tournaient selon leur capacité depuis la progression des superficies d'oléagineux sur la Côte. Les conserveries de fruits et légumes n'ont pas autant augmenté en raison du coût élevé de l'emballage importé. Seules celles de poissons ont profité des progrès récents de la pêche, mais les dernières créations ont été surtout implantées près des petits ports. L'essor le plus considérable dans la transformation agricole est enregistré dans la chocolaterie où, depuis 1972 une baisse des taxes à l'exportation a fait passer les ventes de sept millions de dollars en 1973, à 185 millions en 1977. Six usines nouvelles se sont implantées à Guayaquil. Ici, comme dans les autres secteurs, les établissements les plus vieux se trouvent dispersés dans la ville et le long du Guayas tandis que les entreprises nouvelles sont installées le long des axes de communication aux sorties de la ville. L'industrie textile y fut longtemps peu importante par rapport au Pichincha. Toutefois, on note de grandes entreprises comme San Antonio avec 1 000 ouvriers, Textiles Continental, Interama et Textiles de Littoral.

La construction de deux entreprises à Guayaquil montre l'intérêt d'une transformation sur place non seulement des textiles artificiels importés, mais aussi du coton produit dans les zones sèches qui approvisionnent trois égraineries à Guayaquil et trois autres à Manta. Jusqu'alors l'industrie cotonnière était davantage ouverte aux importations qu'à la production locale pourtant proche, mais de qualité et de quantité trop irrégulières. La fixation de coupons de coton et de fibres synthétiques importés permet de garantir l'achat de la production interne qui est restée très en retard malgré l'introduction de variétés à fibre longue. Quelques corderies, fabriques de sacs et tanneries ne dépassent pas le stade de la petite entreprise, dans la confection. Trois entreprises seulement dépassent 100 personnes. La construction navale jadis célèbre dans tout le Pacifique ne s'est pas développée malgré l'importance du cabotage et du transport fluvial prépondérants. Guayaquil reste toutefois le grand centre équatorien de construction pour le trafic interne, ne dépassant pas 500 t et les réparations pour les bateaux de 300 tonnes dans ses ateliers le long des rives du Guayas. Mais les progrès récents de la pêche ont donné l'avantage à Manta pour la construction des thoniers. Guayaquil n'est pas devenu non plus un grand centre du bois de l'Équateur (38 %). À part trois entreprises de plus de 200 ouvriers, ce sont surtout de petites scieries et de petites fabriques de meubles qui l'emportent. Presque exclusivement exporté, le balsa est travaillé dans de grandes entreprises comme la Compañia Equatoriana de Balsa, créée en 1940 avec 300 ouvriers lors de la forte demande, ou encore la International de Balsa avec 200 ouvriers et quatre autres entreprises de taille moyenne. Guayaquil est le point de regroupement pour l'exportation du *balsa* coupé et séché en partie déjà dans de petites scieries dans le secteur d'Esmeraldas et de Quevedo. En dépit des forêts côtières, l'essentiel du papier (96 %) est fourni par l'importation de rouleaux de papier kraft transformé à Guayaquil dans quatre fabriques et deux cartonneries. Depuis peu, l'une d'elles commence à fabriquer du papier. Dans le secteur de l'imprimerie, c'est la Reforma la plus grande avec 400 personnes. Toutes les autres et les entreprises d'édition sont beaucoup plus petites. Deux grands quotidiens *El Universo* et *El Telegrafo* sont réalisés entièrement dans la ville.

L'importance de l'industrie de la construction

La construction a toujours été à Guayaquil un investissement privilégié pour des capitaux locaux. Le risque est toujours limité dans cette ville de croissance assurée quelles que soient les crises économiques. On estime même alors qu'il faudrait construire 700 000 m², soit trois fois la superficie résidentielle actuelle, pour répondre aux besoins et donner un logement décent au million d'habitants. Les demandes de permis montreraient que la construction à Guayaquil est moins florissante qu'à Quito où la poussée des immeubles est très visible. Mais, à Guayaquil, on sait que plus des deux tiers des constructions se font sans permis. Les travailleurs du bâtiment sont passés de 11 500 en 1962 à 16 566 en 1974. La construction commerciale continue d'avoir la part belle à Guayaquil représentant plus de la moitié des permis de construction de tout le pays en 1975. Les fabriques de matériaux de construction, de carrelage, de verrerie importent leur matière première à 80 %. Le ciment est lui aussi importé en grande partie car les cimenteries nationales sont insuffisantes. Une nouvelle cimenterie, CEMEC (Cementos Ecuatorianos) société à capital mixte, située à la sortie de Guayaquil, produit, à partir de 1975, 15 000 tonnes de ciment par jour.

Les industries nouvelles

Le développement récent de l'industrie chimique est lié au démarrage industriel des années 1960-1970 et surtout, après 1972. Le pétrole équatorien remplacera les importations coûteuses mais, en attendant, l'industrie des engrais, des plastiques, du caoutchouc possède déjà quelques bases. L'industrie du plastique surtout, s'est développée pour répondre à la forte demande de la consommation locale. L'exploitation du gaz du Golfe devrait permettre la fabrication d'urée et d'ammoniaque et répondre à la demande nationale.

L'industrie métallurgique et mécanique a fortement progressé dans les dernières années. Faiblement représentée, elle s'est diversifiée en multipliant les importations. L'entreprise la plus grande, ANDEC, créée en 1969 dans le cadre du Pacte Andin avec des capitaux équatoriens et chiliens constitue le plus grand centre sidérurgique du pays. D'autres entreprises de transformation du métal, importé, se sont créées et on projetait une aciérie de 250 000 t si le gaz du Golfe est exploité. Toutes sortes de petites entreprises nouvelles tentent alors de répondre à la demande des consommateurs de la ville comme du pays entier en produits très variés. À cela, il faut également ajouter des ateliers de carrosserie et de réparations de véhicules. La fabrication d'appareils ménagers est en fait le secteur le plus dynamique de l'industrie mécanique. Favorisée dans le cadre du Pacte Andin, ce secteur intéresse aussi tous les pays andins, par les exportations qui représentent en 1977, sept millions de dollars contre à peine un million en 1972. En dehors d'une entreprise un peu plus grande que les autres, dans chaque catégorie d'industrie, on s'aperçoit de la faiblesse de l'industrie guayaquilénienne. Elle dépasse rarement le cadre de la production nationale et sa rivale Quito ne lui cède en rien pour une multitude d'articles. En réalité l'industrie de Guayaquil est à l'image de l'industrie nationale, qui, en dehors de quelques entreprises quasi séculaires à l'époque, est très jeune et de dimension modeste comme l'est également le marché local.

Guayaquil, centre de décision

Le schéma de la répartition géographique du pays entre Quito et Guayaquil encadrant réciproquement la Sierra et la Côte est par trop simpliste et ne tient pas compte, à la fois d'une répartition sectorielle et d'une concurrence, il n'en reste pas moins que le grand rôle de Guayaquil aura été de provoquer le développement de la Côte. Mais les interférences avec la Sierra auront été multiples. Guayaquil sera le port du pays tout entier et sa population cosmopolite aura créé un secteur de tolérance et d'innovation dont toute la nation aura finalement profité. Quant à la population côtière, à l'exception de l'extrême nord d'Esmeraldas, on peut considérer que les anciennes répartitions côtières ont été bouleversées par les migrations du littoral vers le bassin du Guayas, et, en sens inverse de la Sierra, vers Guayaquil. Guayaquil est toujours le port de l'Équateur et son système commercial et bancaire domine toute la Côte et s'il ne mord que partiellement sur celui de la Sierra, il a selon toute probabilité stimulé le système de Quito.

Si l'objet de cette étude ne peut appréhender toute l'opposition de type de société existant entre les classes dirigeantes de Guayaquil et Quito, celle-ci est malgré tout du "domaine public" et surtout, l'histoire parallèle des deux sociétés, leurs rivalités et leurs actions spécifiques mettent l'accent sur leur développement propre et leur intervention originale sur leur arrière-pays. Cependant, si les rivalités initiales historiques ou même contemporaines ne s'atténuent pas dans le domaine politique et économique, le caractère diamétralement opposé de leur type d'économie tend à disparaître. L'opposition demeure, mais chacune des métropoles intervient de plus en plus dans les rôles économiques jadis assumés par l'autre, tandis que les interférences géographiques s'imposent de plus en plus. L'image encore récente d'une société quiténienne, politique, administrative et militaire dominée par une classe terrienne latifundiaire luttant contre l'hégémonie communale et financière d'une société guayaquilénienne conduite par des exportateurs et des banquiers s'efface. Et, si les domaines géographiques respectifs de la Sierra et de la Côte existent encore, ils doivent cette répartition à l'espace géographique, à leurs sociétés distinctes de producteurs, tous deux facteurs objectifs. Mais, là aussi, les interpénétrations entre la Côte et la Sierra, au nord comme au sud et même au sein des deux métropoles, trahissent l'intégration nationale qui se réalise certes au prix de durs soubresauts politiques mais qui progresse malgré tout.

7. Le secteur public

C'est dans ce domaine que l'encadrement guayaquilénien demeure le plus faible. Ici, le centralisme quiténien joue en partie sur l'influence directe des ministères et des nombreuses agences de développement publiques ou parapubliques. En fait, l'encadrement public proprement guayaquilénien reste limité à sa province, celle du Guayas. Et le pouvoir administratif de Guayaquil demeure bien réduit si l'on ajoute qu'à l'intérieur même du bassin du Guayas de petits centres urbains comme Quevedo ou Milagro peuvent avoir une interférence quitéténienne au niveau de certaines administrations.

Cette situation demeure cependant théorique car le sous-encadrement public du pays et notamment des provinces trouve son contrepoids dans l'intervention d'innombrables agences parapubliques fortement inspirées et souvent financées par des organismes étrangers. Dès lors, des agences de développement comme celle de la CEDEGE[1] contrôlent les études statistiques, les projets et les équipements du Guayas, de Los Ríos et du versant oriental du Manabí à partir

[1] Comisión de Estudios Para el Desarrollo de la Cuenca del Río Guayas.

de Guayaquil, en fonction des rôles portuaire et exportateur, commercial et financier de Guayaquil. Électrification, télécommunications, réseau routier, s'ordonnent autour de la métropole, tandis que les investissements pour développer la production agricole, le crédit bancaire et l'aménagement du sol, le drainage et l'irrigation et la production agronomique s'articulent en fonction du système d'exportation de Guayaquil.

En revanche, les secteurs frontaliers d'Esmeraldas et d'El Oro appartiennent à des organismes d'intégration internationale commandés par les administrations centrales de Quito. Et la zone du Manabí, convoitée par Quito et commercialement tenue par Guayaquil, fait l'objet d'une nouvelle tentative d'influence à travers le Centre de Réhabilitation du Manabí sur tout le versant littoral. De même au centre de la Sierra et de l'Oriente, les habitants de Cuenca tentent-ils d'organiser un nouvel encadrement administratif dans les secteurs d'équipement et de développement du Comité de Réhabilitation de l'Azuay.

On assiste alors ici à une lutte d'influence entre le pouvoir public et le pouvoir économique. Le premier ne s'impose par l'encadrement administratif national que dans la mesure où le financement des équipements collectifs et des nouveaux facteurs de développement de la production l'emportent sur les réalités du complexe commercial bancaire de Guayaquil. Enfin, dans le domaine culturel, Guayaquil doit céder le pas très partiellement à Quito. Les trois universités de la capitale regroupent à elles seules 54 % des étudiants, sans pour autant écraser les autres universités au sud de la Sierra, Cuenca et Loja qui retiennent encore 11 % des effectifs nationaux dont la grande majorité à Cuenca. En revanche, Guayaquil concentre dans ses quatre universités 34 % des étudiants du pays. Or chaque université recrute avant tout dans son secteur. 89 % des étudiants de Quito proviennent de la Sierra et 84 % de ceux de Guayaquil de la Côte. L'osmose culturelle entre la Sierra et la Côte apparaît donc réduite, mais la primauté universitaire de la Sierra, sans être pesante, est assez nette et traduit bien les différences entre la classe cosmopolite agricole et négociante de Guayaquil et la classe dirigeante de Quito. Ce partage de l'influence culturelle entre la capitale et le grand port se fait également sentir par l'aire d'influence des deux grands quotidiens du pays : de Quito *El Comercio* se distribue majoritairement sur toute la Sierra sauf à Loja situé à l'extrême sud. En revanche *El Universo*, s'il domine totalement à Guayaquil et dans tout le sud de la Côte et à Loja, voit son influence très partiellement discutée dès le Manabí et notamment à Manta et Esmeraldas mais seulement mise en brèche à Santo Domingo où *El Comercio* de Quito a pris les trois quarts des lecteurs. À Cuenca, au sud de la Sierra, la proximité de Guayaquil et la traditionnelle réserve vis-à-vis de Quito font que les deux journaux se partagent le marché pour moitié avec une légère prédominance pour le quotidien quiténien. Comme pour l'université et l'ensemble de l'encadrement public le partage de l'aire d'influence culturelle des deux métropoles se fait donc en très grande partie selon le clivage Côte-Sierra mais avec une correction non négligeable selon une diagonale

Nord-Ouest – Sud-Est. Du point de vue touristique, Guayaquil accueille 25 % des entrées d'étrangers contre 42 % à Quito mais offrait 4 900 lits d'hôpital contre 4 200 pour la capitale en 1980.

8. La fonction commerciale

Guayaquil est née du commerce, a prospéré dans le commerce et a fondé toute sa puissance régionale et nationale à partir des bénéfices retirés du commerce. Port d'escale, chantier naval de réparation puis de construction de navires, Guayaquil a d'abord été le centre des importations et des exportations de la Sierra. Mais son commerce d'exportation a entraîné des bouleversements de la production comme du peuplement de la Côte. De là, les profits commerciaux accumulés ont assuré sa fonction financière régionale et partiellement nationale. Enfin l'emploi des fonds déposés dans les banques tout en privilégiant l'essor agricole et la fonction commerciale a également permis le financement d'une industrie étroitement liée à un gros marché représenté par un secteur régional productif agricole et à un foyer urbain, tous les deux en expansion continue.

Guayaquil, port de l'Équateur

Guayaquil demeure non seulement le premier port du pays mais également celui de la Côte comme celui la Sierra. Plus de la moitié des bateaux qui accostent en Équateur le font à Guayaquil qui, entre 1972 et 1977, aura reçu plus de 1 200 navires par an sur les 2 350 qui ont touché les côtes. Mais c'est surtout le tonnage débarqué qui montre l'écrasante supériorité du trafic de Guayaquil, car de nombreux bateaux qui touchent Manta ou Puerto Bolivar passent également à Guayaquil où le volume des marchandises débarquées y est souvent plus important. En 1973, année record, Guayaquil a vu débarquer 785 600 tonnes sur un total national de 950 000 tonnes[1] soit 82 % alors que les exportations ne comportaient que 785 600 tonnes sur un total de 1 726 000 tonnes soit 43 %. Le type même du commerce extérieur équatorien basé sur l'importation de biens manufacturés et d'équipement, sur l'exportation de produits agricoles et du pétrole, explique à l'évidence le rôle national de Guayaquil, port d'importation et son rôle régional comme port d'exportation. Esmeraldas, terme de l'oléoduc expédie près de neuf millions de tonnes de brut et Puerto Bolivar exporte 713 000 tonnes de bananes du secteur d'El Oro et du sud Guayas. Le trafic, sans compter le pétrole, diminue au début des années 1970 avec la crise et se relèvera de 1975 à 1977 pour atteindre 2,4 millions de tonnes.

---

[1] L'essor des importations élèvera le trafic total de Guayaquil à 2 417 tonnes en 1977, avec le pétrole et le trafic portuaire équatorien est passé de 3 200 000 tonnes en 1970 à 11 600 000 tonnes en 1977.

À l'échelle mondiale, le trafic de Guayaquil est modeste. Sur les entrées à Guayaquil, de 1972 à 1977, 63 % sont destinés à la métropole portuaire et la région côtière, 21 % à la Sierra nord et 16 % à la Sierra sud, alors qu'à Manta près de 70 % sont destinés à Quito. Mais il s'agit pour ce dernier d'un volume inférieur à 25 % de celui de Guayaquil. Quant à Esmeraldas et Puerto Bolívar, les importations sont strictement destinées aux équipements régionaux, voire locaux. Cependant, le port de Guayaquil voit son monopole de plus en plus menacé à la fois pour des raisons objectives, notamment géographiques et pour des causes politiques. Dans le domaine des exportations, le choix d'Esmeraldas comme port d'embarquement du pétrole s'imposait, étant donné la latitude des gisements de Lago Agrio et du passage de l'oléoduc par Quito. Au sud, la principale zone de production de bananes Cavendish depuis les années 1964 étant Machala, il était avantageux d'éviter plusieurs heures de camion aux caisses de fruits dont on connaît la fragilité et le court délai imposé entre la récolte et la mise en bateau réfrigéré. Une action locale, surtout appuyée par l'État, a permis le dragage d'un chenal et, avec un équipement extrêmement rudimentaire, de faire de Puerto Bolívar un quai d'appontement plus qu'un port d'embarquement. Mais l'intervention de l'État, et en fait, de la classe politique de Quito, paraît plus décisive dans le cas de Manta et d'Esmeraldas. Les exportations par Manta se limitent aux poissons et au café (un peu de cacao). Mais, depuis 1967, les aides ont permis de draguer puis de fermer et d'équiper la baie de Manta et d'en faire un port, sinon bien équipé en grues, du moins en eau profonde avec des quais d'accostage direct.

Dans le même temps une route directe reliait Quito via Quevedo puis une autre via Chone et Santo Domingo. Le but recherché, à savoir d'éviter la situation de monopole de fait de Guayaquil dans l'approvisionnement et les exportations de Quito, n'a pas été atteint. Bien que plus court de quelques dizaines de kilomètres, l'itinéraire routier de Manta à Quito, traversant la cordillère littorale puis la grande zone de collines forestières du Haut-Guayas, demeure trop sinueux et vite dégradé par les pluies équatoriales pour qu'il soit concurrentiel avec la bonne route de Guayaquil à Quevedo par Balzar et surtout l'axe rectiligne empruntant le pont du Guayas et passant par Babahoyo nouvellement tracé alors. De plus il n'y a pas de liaisons ferroviaires pour les équipements lourds. Aussi les importations de Quito par Manta ne représentent-elles que 25 % du total. Le nouveau port de marchandises d'Esmeraldas s'inscrit dans la lignée des tentatives de déblocage portuaire du nord de l'Équateur inaugurées en 1940 avec San Lorenzo l'unissant aux confins septentrionaux du Valdéz à Quito grâce à un chemin de fer escaladant la cordillère par Ibarra. De faible débit, très lent, long et souvent coupé, ce chemin de fer a un trafic d'importance quasiment nulle. En revanche, le nouveau port d'Esmeraldas relié par la route moderne de Santo Domingo à la Sierra pouvait prendre une part non négligeable du trafic d'importation. Tout dépendra de la poursuite de l'activité portuaire et routière entreprise, de l'équipement de levage et de stockage, de la formation d'une main-d'œuvre spécialisée qui fait cruellement défaut alors. En fait, cette action politique délibérée ne ralentit que très modérément le rôle d'importation de Guayaquil, bien placée au cœur du Guayas. Les freins à son activité sont en fait propres à la situation géographique même de Guayaquil et au site d'estuaire d'une part, à son sous-équipement et à des conflits sociaux, d'autre part. En effet, si Guayaquil est bien placé vis-à-vis de toute la Côte centrale et même de toute la Sierra pour la collecte et la distribution des marchandises par rail et route, c'est en revanche un port de fond de golfe et de fond d'estuaire qui contraint les navires effectuant une rotation le long des côtes du Pacifique sud à effectuer un détour de deux journées pour un aller et retour dans un cul-de-sac.

Le site portuaire a évolué. Après être resté pendant quatre siècles dans les bouches du même Rio Guayas et le long de la ville de Guayaquil, il a été transféré hors du périmètre urbain à 12 km de la ville le long de l'Estero Salado, estuaire mort mais bien battu par le courant de marée et dont la profondeur relative a permis au prix de faibles dragages, l'accostage de gros bateaux, sinon de minéraliers ou gros tankers dont on n'a pas besoin ici. L'obstacle est plutôt venu du manque de stabilité des berges, mangroves, marais et terres alluviales mal colmatées ayant entraîné de coûteux remblaiements pour stabiliser les quais et les aires d'entrepôts[1].

Tableau n°55

Le trafic portuaire de Guayaquil en milliers de tonnes

Guayaquil	Exportations	Bananes	Importations	Total
1970	888	668	567	1 445
1977	709	410	1 707	2 416
Équateur				
1970	1.690		1 756	3 416
1977	8 501		3 198	11 699

Sources : statistiques des autorités portuaires

Quant aux équipements de levage, ils demeurent insuffisants malgré les emprunts de la Chambre de Commerce de Guayaquil ; ici jouent les réticences de l'État pour financer leur renouvellement et leur amplification. L'ensemble des installations comporte 58 000 m^2 et on prévoit une extension de 28 000 m^2. Même pendant les périodes où les conflits sociaux, fréquents depuis les années 1970, ne paralysent pas les déchargements, les navires doivent souvent attendre à l'ancre une ou plusieurs journées, l'accès à un quai libre, et, si un matériel lourd ne peut être levé par les mâts de charge du bateau, l'insuffisance des grandes grues oblige les armateurs à les retenir plusieurs mois à l'avance et à calculer étroitement leurs rotations sous peine de dédits ou d'attente. Il ne

[1] Quelques entreprises ont leur propre quai et installations sur l'Estero Muerte et sur les rives du Guayas.

faudrait cependant pas des investissements considérables pour améliorer le trafic du port qui voit débarquer et embarquer à peine 2,4 millions de tonnes en attendant la construction d'un nouveau port prévu avant l'an 2000 à Posorja. En attendant on a achevé un quai de 550 m dans les travaux d'amplification du port existant.

Tableau n°56
Les importations de Guayaquil en 1976

	Volume en tonnes	Valeur en milliers $ US (FOB)
Biens de consommations non durables	25 077	41 521
Biens de consommations durables	9 983	26 747
Combustibles et lubrifiants	22 104	5 150
Matières premières pour l'agriculture	56 880	15 447
Matières premières pour l'industrie	675 055	247 624
Matières premières pour la construction	404 574	43 360
Équipements pour l'agriculture	6 276	17 067
Équipements pour l'industrie, l'énergie	43 321	175 776
Équipements pour les transports	40 363	105 662
Total	1 283 633	678 354

Sources : statistiques des autorités portuaires de Guayaquil

Le commerce d'import-export

Depuis la fin du XIXe siècle le commerce extérieur reste la fonction principale de Guayaquil en même temps qu'il demeure le principal moteur des transformations économiques et démographiques de toute la Côte méridionale et centrale. Et ce sont tout d'abord les exportations qui représentent les plus grands mouvements d'affaires, même si en volume le port de Guayaquil n'exporte, matériellement parlant, qu'environ 70 % du total non pétrolier.

Trois principaux produits agricoles, banane, café et cacao regroupaient, en 1970, 146 millions de dollars sur un total de 175 millions. En 1976, ils représentent 376 millions mais sur un total de 1 127 millions, le développement des exportations nationales s'est brutalement gonflé depuis la mise en service de l'oléoduc de Lago Agrío en 1974. Mais, entre 1970 et 1976, un nouveau poste d'exportation s'amplifie rapidement, celui des produits manufacturés qui atteint 64 millions de dollars. Quant à la classe des exportateurs, elle regroupe à Guayaquil 188 firmes contre 74 à Quito, 42 à Cuenca et 15 à Manta. Beaucoup d'entre eux exportent et importent plusieurs types de produits ; de 1970 à 1977, les exportations se diversifient considérablement. Tandis que la banane voit ses tonnages stagner et donc baisser relativement, le cacao se ressaisit, le café progresse et le soja fait une percée à partir de 1975 tandis que les produits industriels dérivés de l'agriculture, surtout les aliments pour bétail et ceux tirés du bois, commencent à être exportés, notamment dans le marché andin. Enfin, les industries de la conserve et du surgelé font de Guayaquil le deuxième port de pêche industrielle et d'exportation de poissons et de langoustes du pays après Manta. On dénombre, en 1976, 35 exportateurs de banane[1], 29 de café, 26 de cacao, 12 de crevettes (*camarones*), cinq de bois et deux de poissons congelés ainsi que sept de produits industriels. Dans la même année, Guayaquil traite un volume d'exportations de 785 000 tonnes dont la valeur atteint 295 millions de dollars US. Quant aux importateurs, ils sont encore beaucoup moins spécialisés et à la fois plus nombreux et plus divers dans leur importance. La variété extrême des produits importés, biens de consommation, biens d'équipement, matières premières, fait qu'il est nécessaire d'avoir à la fois des importateurs spécialisés dans tel ou tel secteur, machines, matières premières industrielles ou articles manufacturés de consommation comme l'électroménager et aussi des sociétés de grosse taille qui importent tout, de l'épingle au camion, en passant par les olives en conserve et des téléviseurs comme J.H. Kruger ou Casa Comercial Tosi.

Enfin, les grosses firmes internationales de gros équipement, agricole, industriel ou énergétique ont leur propre agent non seulement spécialisé mais souvent limité à leurs produits. Ils peuvent naturellement se confondre avec les exportateurs pour certains produits, mais ce n'est pas la règle majoritaire. Quelque 220 sociétés se livrent ainsi à l'importation dont environ une soixantaine fait indifféremment de l'Import-Export en grand tandis que le reste se spécialise dans quelques produits ou quelques marques. En 1976, les importateurs de Guayaquil ont importé 679 000 tonnes représentant une valeur de 755 millions de dollars.

Le commerce interne

Guayaquil, dans la mesure où elle domine le commerce extérieur et où elle représente un gros marché urbain, a un commerce de grossistes fort développé. Celui-ci couvre déjà tout l'approvisionnement de la cité et du Guayas, pour tout ce qui est produit tant sur la Côte que sur la Sierra. En revanche, il demeure peu concentré par l'approvisionnement en matières premières et en équipement des usines qui est réalisé beaucoup plus par les agences d'importation ou par les entreprises elles-mêmes. D'autant plus que tout le système des importations dépend en Équateur de licences d'importation délivrées à Quito même. Échappe aussi aux grossistes de Guayaquil l'approvisionnement de la Sierra par la Côte. On a déjà vu qu'il y a 74 importateurs exportateurs qui sont établis à Quito et 42 à Cuenca. Même s'ils font naturellement transiter plus de 80 % de leurs importations par Guayaquil, les affaires sont traitées directement de Quito et Cuenca. Quant aux productions alimentaires de la Côte destinées à d'autres

[1] En 1968, 40 exportateurs dont huit ont exporté également à Puerto Bolívar et à Esmeraldas.

secteurs côtiers que ceux où elles sont récoltées ou à la Sierra, elles sont très généralement collectées et expédiées directement sans transiter par Guayaquil vers les zones de consommation. Les villes de la Sierra notamment envoient grossistes et camions sur la Côte, et même de préférence directement dans les *haciendas* et non sur les marchés ruraux. Seule passe par Guayaquil la production locale et pas toute celle du Guayas, il s'en faut et naturellement celle provenant des industries de transformation : sucre, pâtes, riz, conserveries de poissons et de légumes. Et comme le secteur industriel guayaquilénien est encore prédominant dans le secteur agricole, il y a des relations étroites entre les entreprises industrielles et les sociétés de distribution de produits industriels.

Une enquête effectuée pendant une semaine d'avril 1972 avait établi que Guayaquil consommait 44 % de toutes les marchandises alimentaires qui y entraient, redistribuait vers l'intérieur seulement 4 % dont 3,5 % sur la Côte et 0,5 % en Sierra et exportait 43 % vers l'étranger. La ville de Guayaquil est donc axée sur l'exportation et la consommation interne mais beaucoup moins sur la redistribution nationale, ce qui est facilement explicable d'abord par sa situation excentrée, mais aussi par le système très actif des petits grossistes et collecteurs de la Sierra comme l'a démontré R. Bromley[1]. En fait, en dehors de Guayaquil et de ses environs immédiats, les grossistes de la métropole portuaire ne servent d'intermédiaires qu'avec les deux culs-de-sac régionaux de la péninsule de Santa Elena au sud-ouest et de la région frontière d'El Oro au sud. Quant à la distribution entre grossistes et détaillants, elle est beaucoup moins nette que dans nos pays où les réglementations commerciales et fiscales sont élaborées depuis longtemps. En fait, un grossiste peut revendre au détail et un détaillant peut s'approvisionner où il veut, en ville, à l'hacienda ou au marché de village des petits paysans. Le commerce est aussi anarchique qu'il est important dans la ville, et la distinction entre grossistes et détaillants tient plus à la taille de l'entreprise qu'à ses activités. De l'import-export au vendeur ambulant du coin de la rue, tout le monde achète et vend ; mais pas selon une hiérarchie rigoureuse. Certains circuits commerciaux échappent aux intermédiaires, dans le domaine industriel, national ou international, d'autres comprennent une pyramide d'intermédiaires, et, quant aux produits de la campagne, ils peuvent être vendus directement par le producteur ou le détaillant-collecteur local, ou, au contraire, comme pour la viande et le riz, être acheminés vers l'acheteur par une chaîne de grossistes, demi-grossistes et détaillants. Naturellement les quelques grandes surfaces n'échappent pas à la règle. Elles s'approvisionnent à la fois auprès des importateurs et des sociétés industrielles. Elles ont pour certains produits une centrale d'achats et elles acceptent certains légumes et fruits de paysans venus directement vendre à 5 h du matin au magasin.

Les statistiques concernant le commerce sont forcément inégales. Elles omettent les petits détaillants du commerce marginal alors que ce dernier offre

[1] R. Bromley, *Development planning in Ecuador*, Hove 1977.

une ressource à probablement 15 000 foyers, vendeurs ou restaurateurs ambulants, mais aussi revendeurs de produits industriels de consommation très courante, jouets, quincaillerie, crayons, livres à bon marché, etc. Seules sont vraiment chiffrées les sociétés commerciales anonymes ou à responsabilité limitée enregistrées soit, en 1974, 280 importateurs et grands distributeurs totalisant un chiffre d'affaires de 8 milliards de sucres sur un total de 19 pour l'ensemble de toutes les sociétés de Guayaquil, presque autant que celui des industries (9 412). Un recensement effectué en 1974 dénombre par ailleurs 56 000 personnes vivant du commerce, commerçants et employés. Enfin en 1977, on compte 799 établissements commerciaux ayant plus de cinq employés et aussi plus de 500 000 sucres de revenus. Sur les 799 établissements, 332 sont classés grossistes employant 8 000 personnes. Les autres sont de gros revendeurs de produits industriels seulement. En revanche, l'essentiel des 7 002 détaillants concerne l'alimentation. 2 245 ont des places dans les 15 marchés de la ville, 4 730 possèdent pignon sur rue avec magasins spécialisés et 27 sont des supermarchés de taille relativement modeste. Même si ces enquêtes peuvent paraître lacunaires et surtout leur classification très aléatoire, il n'en demeure pas moins réel que dans le paysage urbain et dans la structure de la société guayaquilénienne le commerce tient la première place. Outre tout le développement historique de la métropole portuaire, son rôle d'importateur et d'exportateur, sa société cosmopolite et l'ampleur de son marché propre, il faut naturellement ajouter que ce ne sont pas les 245 entreprises industrielles souvent fort modestes et leur chiffre d'affaires de neuf milliards de sucres qui font vivre une population active de 350 000 personnes ; pas davantage les transports qui regroupent 435 sociétés, mais qui ne déclarent que 736 millions de sucres de chiffre d'affaires. Même en comptant les banques, les compagnies d'assurance, les sièges de sociétés et les professions libérales, on se trouve ici devant une population qui vit essentiellement du commerce, d'import-export au détaillant, du port au revendeur de rue et dont les activités entraînent tout le système industriel, financier urbain et une très grande part du système agricole régional.

9. Guayaquil, siège de sociétés

En 1977, Guayaquil abrite 1 892 sociétés contre 944 à Quito. La Côte et la Sierra renforcent encore cette disparité en hébergeant hors des deux grandes métropoles 239 et 170 entreprises et il faut ajouter une centaine de sociétés d'influence mixte ou purement locale, comme à Cuenca, qui se répartissent entre la Côte septentrionale et la Sierra méridionale.

L'étude des sociétés anonymes en octobre 1977 offre un indicateur brut de la localisation des sièges, lesquels correspondent cependant pour plus de 90 % à l'emplacement des activités de production et de service. Les aires d'influence de ces sociétés commerciale, industrielles et financières peuvent en revanche déborder sur la Côte ou la Sierra. Il s'agit de sociétés enregistrées, de volume et d'activités extrêmement variés. On dispose surtout pour les comparer d'enquêtes sectorielles et du montant du capital déposé. Les limites de l'analyse sont alors atteintes et les règles particulièrement souples qui fixent les montants du capital déposé font qu'il est impossible d'en tenir compte comme critère quantifiable pour comparer des sociétés. Seule l'analyse des chiffres d'affaires et des bénéfices, cas par cas, permet de mesurer le volume et le dynamisme des sociétés. Souplesse législative et dissimulation fiscale rendent impossible une telle étude. C'est en fait le type d'activités et le nombre d'emplois qui sont les critères les plus objectifs. Mais là encore, l'étude des 1990 sociétés côtières enregistrées à la Sécurité Sociale fait apparaître de graves distorsions en fonction des types d'activités.

Les banques, les compagnies d'assurances et les sièges des grosses sociétés ont un personnel déclaré en sa quasi-totalité et il est fixe. Dans les industries, cette fiabilité diminue rapidement. Les grosses et les moyennes entreprises et tout le secteur artisanal échappent au contrôle et il en est de même des sociétés commerciales. Déjà inégales chez les gros exportateurs, les statistiques d'emploi deviennent douteuses au niveau des sociétés commerciales et de transport.

Dans la construction, cette activité étant par nature très cyclique et fractionnée, l'interprétation qualitative des données est extrêmement variable. L'emploi, souvent sous-qualifié et instable, échappe aux normes de la sécurité sociale.

Tableau n°57

Domiciliation des sociétés anonymes en 1977[1]

Côte		Sierra		Secteur de double influence	
Guayaquil	1892	Quito	944	De Quito	
Machala	32	Ambato	29	Esmeraldas	15
Manta	28	Riobamba	15	Santo Dominguo	
Quevedo	23	Ibarra	13	De Guayaquil	
Milagro	19	Latacunga	9	Cuenca	57
Yaguachi	15	Oriente	4	Loja	13
Daule	14	Autres	100		
Babahoyo	8				
Salinas	7				
Galápagos	1				
Autres	63				
Total Côte Guayaquil	210	Total Sierra-Quito	170		
Total général Côte	2 102	Total général Sierra	1 114	Total mixte	99
Total national	3 315				

Sources : Élaboré d'après les registres de la Superintendencia de Compañías, 1977.

[1] En 1967 : Guayaquil 2382 sociétés dont 307 déclarées Manta 62, Portoviejo 27 , Machala 27, Quevedo 9, Milagro 16, Yaguachi 6, Bahía 17, Esmeraldas 15, Sto Domingo 1, Balzar 6, total : 2 609. Quito: 895 sociétés, Cuenca 82, Ambato 35, Riobamba 32, Loja 24, Ibarra 3, Latacunga 7, El Puyo 7. Total : 1 097. Total général : 3 706.

L'analyse des types de sociétés devrait être précédée d'une classification. Mais ici les enquêtes effectuées par les différents ministères et l'Institut National de la Statistique offrent une palette variée généralement non assortie d'explications. L'enquête société par société du Directorio de Superintendancias de Compañías fait apparaître un total de 1 892 sociétés déclarées en 1977 contre 416 seulement en 1966. Cette progression ne reflète que le nouvel usage de l'enregistrement des sociétés entre les deux dates, mais non la progression de leur nombre réel, car on en dénombrait déjà 1 753 en 1968 après le décret sur l'obligation de l'enregistrement des sociétés par action. Le tableau, s'il montre la légère supériorité du capital d'entreprise à Guayaquil sur Quito, doit être complété surtout par le chiffre d'affaires déclaré des sociétés. Et celui-ci trahit au moins partiellement le réel mouvement d'affaires en 1977 de Guayaquil avec près de 14 millions de sucres contre 10,5 millions à Quito (3,8 et 2,4 en 1968). Mais c'est avant tout dans la nature des entreprises que se distingue Guayaquil de Quito et que l'on perçoit l'emprise de Guayaquil sur la Côte et une partie de la Sierra. Alors que la capitale abrite les sièges des grosses sociétés nationales ou des filiales des sociétés internationales par décision politique centrale ou par choix de résider près du pouvoir politique, la métropole portuaire au contraire voit se multiplier les sociétés agricoles et surtout commerciales. Le fait qu'il y ait à Guayaquil 1 216 entreprises de 10 000 à 999 000 sucres de capital déclaré contre 399 à Quito indique un type de société cosmopolite et rompu à l'utilisation de la société anonyme, de même que la ventilation par branche montre pour ces sociétés la part écrasante de l'agriculture et du commerce. Au-delà de 30 000 sucres, on trouve 11 industries alimentaires, deux industries textiles, quatre industries de la construction, une d'articles ménagers, trois compagnies de navigation, le journal *Universo*, une industrie de pharmacie, la succursale équatorienne Esso Andina, une fabrique d'engrais, un montage de machines et de véhicules agricoles et d'électricité. Et il est significatif que les quatre sociétés qui dépassent 100 millions de sucres soient deux sucreries, une brasserie et une cimenterie. Quant au reste de la Côte, avec 239 sièges de sociétés, soit tout juste 10 % pour plus des deux tiers de la population côtière, il ne fait que souligner sa dépendance totale envers Guayaquil, sauf à Manta et à Esmeraldas où 28 et 15 sociétés respectivement reflètent l'influence très partielle, non de la région, mais de Quito ou de l'étranger.

À Manta, la plupart des compagnies de pêche sont américaines ou américano-équatorienne et la grande huilerie et savonnerie ALES (78 millions de sucres) appartient au groupe quiténien Alvarez Barba. À Esmeraldas, l'usine de contreplaqué, une des plus importantes et modernes d'Amérique latine, dépend aussi de ce même groupe tandis que les installations portuaires pétrolières nouvelles dépendent de l'État. Au sud, à Machala, 32 très petites sociétés de transport routier ou de commerce de détail ou de stations-services marquent les limites de l'autonomie. Mais la banane et son exportation dépendent de Guayaquil, même si celle-ci est effectuée par le petit port de Bolivar, création provinciale financée par une taxe sur l'exportation et par l'État par l'intermédiaire d'une administration provinciale fort solide. En 1977, Guayaquil contrôle directement toute l'activité agricole commercialisée et son exportation pour la Côte ; son influence commerciale se fait sentir dans ce domaine sur toute la Sierra. Lui échappent, en revanche, toute l'importation de biens d'équipement et l'industrialisation de Quito et du nord de la Sierra, lui échappent également une grande partie de l'investissement industriel et les grands équipements nationaux puisque plus de 70 % des certificats d'importation sont émis par des sociétés nationales ou privées de Quito. Le bilan consolidé[1] des sociétés en 1974 ne permet guère une analyse détaillée de l'emploi des bénéfices nets.

Tableau n°58

Distribution des Sociétés Anonymes par capital déclaré en 1977

	Guayaquil nbre d'entreprises	capital	Quito nbre d'entreprises	capital
0 à 999	1216	368	399	138
1 000 à 4 999	467	867	317	551
5 000 à 9 999	89	605	103	682
10 000 à 19 999	66	905	62	842
20 000 à 29 999	22	516	28	656
30 000 à 39 999	12	403	10	336
40 000 à 49 999	8	349	9	397
50 000 à 59 999	5	302	9	542
75 000 à 99 999	3	256	0	
100 000 à 149 999	0		5	443
150 000 à 199 999	0		1	177
200 000 à 299 999	3	761	0	
300 000 à 399 999	1	378	0	
400 000 à 500 000	0		1	437
Total	1 892	5 710	944	5 201

Source : Élaboré d'après les registres de la Superintendancia de Compañías, 1977.

En 1974, les 1 112 sociétés anonymes et à responsabilité limitée enregistrées à Guayaquil vont totaliser un chiffre d'affaires de 19,4 millions de sucres (800 millions de dollars) laissant officiellement 2 003 millions de sucres de bénéfices nets dont 237 millions pour l'intéressement à 15 % des travailleurs, 175 pour les actionnaires nationaux et 268 pour les actionnaires étrangers. Il y a donc eu

[1] *Superintendancia de Compañías*, Quito, 1977.

théoriquement 680 millions de dividendes versés sur les 2003 de bénéfices. Sur les 1 323 millions qui restent, compensations de pertes et réserves légales et statutaires totalisent 294 millions, les assignations spéciales 53. Les sociétés ont donc retenu encore 415 millions pour réserves facultatives, ce qui peut se concevoir en période de crise, mais ont classé sous la rubrique "divers" sans aucune autre précision le montant de 561 millions qui échappe à toute analyse alors qu'il est presque aussi important que tous les dividendes distribués tant aux ouvriers qu'aux actionnaires. Sur les 14 637 millions évalués dans les coûts, on a en effet 7 603 d'achats de matières premières hors entreprise et 7 034 de produits fabriqués par l'entreprise. Et dans ce dernier exemple, la main-d'œuvre directe apparaît seulement pour 473 millions à côté des 5 029 de matières premières et surtout 1 532 pour des frais de fabrication indifférenciés.

Enfin, sur les 4 812 millions de bénéfices bruts sont déduits 3 251 millions de frais de gestion. Bien que l'on dispose d'une statistique pour Guayaquil seule, une enquête de la Superintendance des sociétés a établi qu'il y avait en 1976 pour 1 000 sociétés anonymes ou à responsabilité limitée en Équateur seulement 14 408 actionnaires, contre 800 000 en Colombie. De fait, alors que les très petites sociétés sont souvent créées par trois ou cinq membres d'une même famille, ou même par des associés sans lien familial, les moyennes et les grosses sociétés ont très peu d'actionnaires, le taux moyen est de 14, ce qui montre la structure très familiale des entreprises.

Tableau n°59

La ventilation de sociétés de Guayaquil en capital et actifs en 1974 en millions de sucres

	Nombre de Sociétés	Capital souscrit	Capital payé	Actif	Passif à long terme	Chiffre d'affaires
Agriculture	157	235	234	1 152	445	665
Mines	8	84	83	191	26	145
Industrie	243	2 249	2 207	9 684	1 633	9 412
Électricité	6	232	189	1 239	446	389
Construction	25	21	21	219	55	174
Commerce	240	482	475	4 969	1 105	8 030
Transports	24	27	26	229	59	359
Services privés	370	292	291	1 895	581	203
Services personnels	39	39	39	164	41	74
Total	1 112	3 661	3 565	19 742	4 391	19 451

Sources : *Superintendencia de Compañías,* Quito 1977, *Anuario de Estadísticas.*

Sur ces 70 sociétés, on dénombre deux banques, trois compagnies d'assurances, douze sociétés immobilières, le grand quotidien *El Universo*, dix-sept groupes d'import-export, une agence de transports, huit sociétés agro-industrielles et dix-sept entreprises industrielles. Mais, à côté de ces groupes familiaux se placent deux *holdings* polyfamiliaux qui assurent près de 50 % de l'actif de Guayaquil. Le premier, la Filantrópica lie 15 familles pour la plupart d'origine libanaise, 4 % du Banco Popular et même 6 % de la Banque du Pichincha de Quito, plus 100 % de la compagnie d'assurances Rocafuerte et 17 % de celle de l'Amazonas, mais il possède surtout 100 % des actions de 15 sociétés anonymes, des participations majoritaires dans 10 autres et des participations minoritaires dans 28 autres. Le deuxième *holding*, dit de Guayaquil, concentre cinq groupes familiaux guayaquiléniens, les Icaza, Arosemena, Estrada, Noboa et Carbo, imbriqués entre eux par le jeu des mariages. Il s'appuie sur les banques générales du Credito Hipotecario contrôlées à 96 % et possède 28 %, 15 % et 14 % de participation dans les quatre banques : Industrial, Comercial, de Descuento et Territorial. Il tient aussi respectivement 45,43 et 15 % du capital des compagnies d'assurance Condor, Ecuatoriana et Amazonas. Enfin sur les 72 sociétés anonymes du *holding*, il en contrôle 38 majoritairement, le plus souvent à 95 %, et possède une participation minoritaire dans 34 autres.

Tableau n°60

Secteurs d'activité des 139 sociétés des deux *holdings* de Guayaquil

	Filantropica	Guayaquil
Agriculture	1	22
Commerce	16	17
Transport	1	3
Immobilier	16	15
Presse	1	1
Industrie	18	14
Banque	3	3
Assurance	2	3
Total	61	78

Source : G. Navarro, *La concentratión de capitales en Ecuado*, Quito, 1976.

Ces deux groupes d'origine sociologique différente se différencient essentiellement par l'assise foncière et agricole de celui de Guayaquil formé par les vieilles familles locales d'origine coloniale ou alliées. En revanche, chacune d'entre elles a une participation à peu près égale dans toutes les autres branches d'activité, sauf dans le secteur bancaire où le *holding* Filantropica domine le crédit de la Côte. Le capital étranger également présent à Guayaquil occupe une partie croissante dans le crédit, les mines et le pétrole, le commerce et l'industrie. Dans le domaine bancaire, il contrôle 27 % de la Filantropica, 56 % du Banco de Guayaquil, 85% du Crédito Hipotecario, 12 % du Banco de Descuento, 52 % du Banco Territorial, 18 % de la Previsora, enfin 8 % du Banco de Pichincha qui est la grande banque privée de Quito, mais qui réalise 25 % des opérations de crédit de Guayaquil. De même, les investissements dans les compagnies d'assurances : il détient dans Guayaquil 19 % d'Amazonas, 5 % de la Union, 30 % de Condor, 15 % d'Ecuatoriana. Dans les autres sociétés anonymes, le capital étranger est surtout présent dans le pétrole, la prospection et l'exploitation du gaz, mais la nationalisation du groupe américain ADA qui opérait essentiellement dans le secteur de Santa Elena (Golfe de Guayaquil) a réduit leur importance dans le secteur de Guayaquil. Dans le Guayas, les entreprises étrangères ont, dès 1971, un capital de 667 millions de sucres et trois milliards de chiffre d'affaires, soit environ 40 % du total du capital privé investi dans la grande métropole. La part de ces investissements étrangers pour Guayaquil est de 44 %, de 44,4 % pour Quito et de 7,5 % pour Cuenca.

Enfin le secteur public investit aussi à côté du capital privé à Guayaquil, mais sa part reste nettement plus faible que dans la capitale, l'Amazonie et la Côte nord. Sur les 985 milliards de capital investis dans le secteur public équatorien, 149,5 soit 15 % concernaient la métropole portuaire, mais ils représentent cependant 38 % du capital social général.

10. Guayaquil, première place financière privée

Le rôle financier de Guayaquil a toujours été plus important que celui de Quito malgré l'importance politique de la capitale et les effets de sa stratégie de développement à partir des banques publiques d'équipement agricole et industriel. En 1969, E. Dalmasso[1] fait le constat de la prééminence guayaquilénienne pour les banques privées à la fois en volume des dépôts et des emplois, mais aussi avec un rapport emplois-dépôts plus élevé à Guayaquil (74,4 % contre 61,7 %) trahissant un flux bancaire convergeant vers Guayaquil. Le rapport du montant net des opérations entre Guayaquil et Quito atteint alors 160 % (2 589 à 1 610 millions de sucres). De même, l'aire d'influence de Guayaquil comprend toute la Côte, mais empiète aussi sur la Sierra au point de dominer à Loja et à Cuenca aux côtés des banques locales, tandis que celle de Quito déborde seulement sur la Côte nord en n'étant prépondérant et de justesse que dans l'axe de pénétration de la capitale vers le Manabí, à Quevedo et Portoviejo. Enfin, l'interpénétration réciproque des deux métropoles reste plus favorable à Guayaquil qui contrôle alors 35 % du montant des emplois à Quito alors que cette dernière n'intervient que pour 12 % chez sa rivale côtière.

---

[1]E. Dalmasso, « Aspects de l'organisation spatiale de l'Équateur », *Cahiers des Amériques latines*, IHEAL, Paris, 1973.

Cinq années après, en 1973, une fois l'exploitation pétrolière commencée, dirigée par Quito, la situation s'est légèrement améliorée au profit des banques privées de Quito. Les rapports entre les montants des emplois de Guayaquil à Quito sont tombés de 160 % à 142 % et l'influence réciproque des deux métropoles indique une part croissante de Quito à Guayaquil de 12 à 24 % alors que celle de la métropole portuaire à la capitale stagne à 35 %. En revanche, l'aire d'influence des banques côtières sur la Sierra s'élargit. Elle prédomine à Loja et Cuenca, Alausí, Riobamba et même Ambato. Elle représente encore 38 % des emplois à Latacunga. Surtout, dans les bassins agricoles du nord même de Quito, où l'agriculture se modernise et se commercialise, les banques de Guayaquil dépassent celles de Quito, représentent 50 % des opérations de Tulcan, 63 % de celles d'Ibarra et 90 % de celles d'Otavalo.

Tableau n°61

La participation des entreprises nationales par province (millions de sucres)

	Secteur public		Entreprises nationales		Entreprises nationales au niveau provincial		Entreprises familiales au niveau familial	
	Capital	CA	Capital	CA	Capital	CA	Capital	CA
Pichincha	306	861	23	116	126	550	122	198
Oriente	21	28					2	2
Guayas	149	665	2	19	71	525	78	661
Esmeraldas	842	35			0,4	0,4		
Manabí	6	10			7	212	0,6	20
Los Ríos			2	10	0,9	1	200	206
El Oro	2,5	22						
Total national	985	2 253	30	148	236	1 369	250	1 554

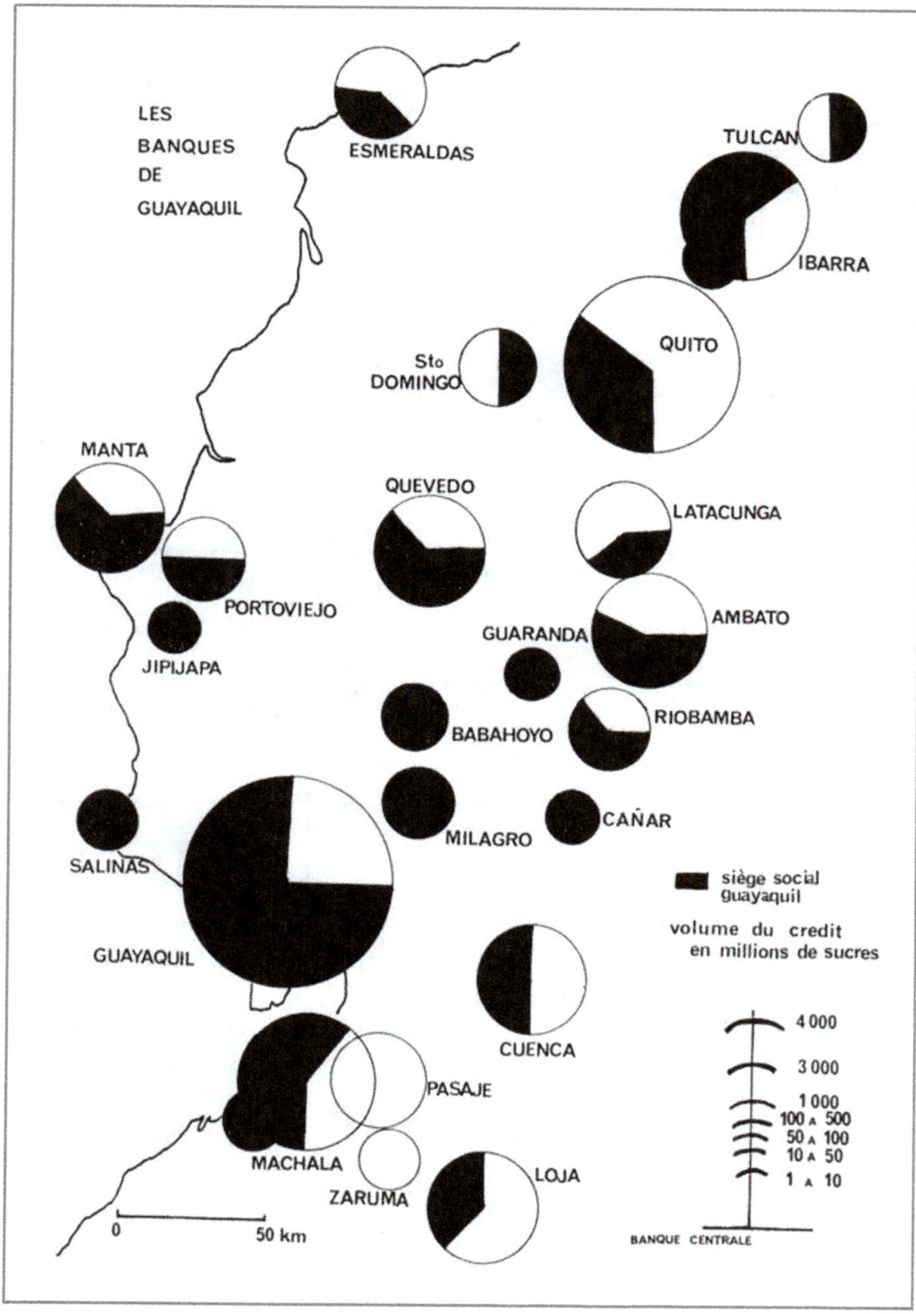
LES
BANQUES
DE
GUAYAQUIL
ESMERALDAS
TULCAN
IBARRA
QUITO
Sto
DOMINGO
MANTA
QUEVEDO
LATACUNGA
PORTOVIEJO
AMBATO
GUARANDA
JIPIJAPA
RIOBAMBA
BABAHOYO
CAÑAR
MILAGRO
SALINAS
siège social
Guayaquil
volume du credit
en millions de sucres
GUAYAQUIL
CUENCA
4 000
3 000
1 000
100 A 500
50 A 100
10 A 50
1 A 10
PASAJE
MACHALA
LOJA
ZARUMA
0
50 km
BANQUE CENTRALE

Or la poussée des banques de Quito vers le Manabí s'essouffle. Elles ne contrôlent respectivement les opérations de crédit que pour 50 % à Santo Domingo et Portoviejo, 38 et 36 % à Quevedo et Manta, en nette perte d'influence donc sur 1968. Quant au sud côtier, il reste la chasse gardée des banques côtières de Guayaquil et de Machala sans aucune intervention de celles de Quito. Si l'étude des flux proprement dits demeure impossible faute de statistiques autres que les bilans consolidés, il semble bien que les opérations entre Guayaquil et Quito soient encore nettement plus importantes que celles des métropoles avec les villes de leurs aires d'influence. Les opérations de crédit qui trahissent ces flux porteraient sur 1 250 millions de sucres de Quito à Guayaquil et de 1 300 dans le sens inverse, alors que dans tout le reste du pays, les opérations de crédit en provenance des deux métropoles ne totalisent que 1 800 millions de sucres.

Les transferts peuvent être induits globalement du fait que Guayaquil reçoit 41 % des dépôts et en revanche effectue 49,8 % des emplois contre 35,4 et 29,8 % à Quito toujours pour les banques privées.

CONCLUSION

Le poids économique de Guayaquil dépasse incontestablement le cadre de son espace régional. Ce rôle de premier plan au niveau national est le résultat de l'action menée depuis deux siècles d'une élite locale efficace qui a su saisir la chance qu'offrait la forte demande en cacao pour mettre en valeur son arrière-pays. À partir de ce moment-là, la situation économique provoque un mouvement irréversible en faveur de la Côte qui apporte au pays l'essentiel de ses ressources grâce aux exportations agricoles.

L'influence de Guayaquil sur la Côte ne fait que se renforcer depuis le XIXe siècle dernier même si le commerce extérieur n'est plus le seul moteur de la production, ni le seul créateur de ressources financières du pays tout entier. Le développement côtier s'est diversifié au profit d'une intensification des systèmes de production et d'une infrastructure adaptée. Guayaquil a su maintenir sa prédominance et assurer à ses activités commerciales une relève grâce à l'industrialisation. C'est aujourd'hui le premier centre industriel du pays en dépit d'un effort récent de la part de la capitale.

L'étude des différentes régions de la Gôte doit mettre en évidence cet encadrement mis en place progressivement en fonction des besoins commerciaux. Certains secteurs plus attractifs vont ainsi se trouver favorisés par rapport aux autres. Comment ont joué les facteurs du milieu naturel face aux impératifs du commerce extérieur ? Comment les hommes de la Côte ont-ils su s'adapter à toutes ces contraintes ? Quelles sont les tentatives d'aménagement entreprises pour répondre au souci d'intégration régionale, non seulement au niveau côtier mais aussi sur le plan national ?

DEUXIÈME PARTIE

LES ONDES DE CHOC DE GUAYAQUIL ET L'ORGANISATION DE L'ESPACE

INTRODUCTION

L'occupation rapide de l'espace côtier a trouvé dans le port de Guayaquil son moteur et dans les initiatives de son élite commerçante ses acteurs. Mais cette poussée extraordinaire enregistrée depuis la Seconde Guerre mondiale n'a pas frappé toutes les régions de la même façon. En effet, la diversité extrême du milieu, de l'héritage humain et de la distance ont décidé des avances, voire des reculs de cette onde de choc lancée de Guayaquil sur les commandes de produits tropicaux venue du monde entier.

L'influence de Guayaquil est d'autant plus forte que la distance et les conditions écologiques sont favorables au démarrage de la production demandée par le commerce extérieur. Cabotage et navigation fluviale facilitent l'accès au port de la plupart des régions, mais le transport plus aisé et régulier sur les grands fleuves du Guayas est un premier atout. C'est surtout la répartition de l'eau qui, en fonction de son abondance ou de sa rareté, a joué un rôle décisif en individualisant les régions, en décidant de leur mise en valeur plus ou moins rapide, de leur peuplement, des systèmes de culture et du maintien des productions. La réponse à cette demande assez homogène, portant sur un très petit nombre de produits, fut extrêmement variée. Les vagues de fièvres commerciales ne peuvent effacer les traits spécifiques de chacun des secteurs dont certains conservèrent une indépendance relative vis-à-vis de Guayaquil. L'onde de choc n'a pas toujours apporté la prospérité sur son passage et dans bien des cas après avoir enrichi pendant de brèves années les spéculateurs, elle laissa de vastes espaces forestiers gaspillés. Elle découragea aussi les hommes qu'elle avait attirés, les força à gagner les villes, une fois déracinés culturellement de leurs bases rurales. Elle a, par ses à-coups, empêché une mise en valeur rationnelle, une certaine planification et maintenu l'inégalité des ressources dans les campagnes.

Le bassin du Guayas est donc une région privilégiée, par sa proximité et ses conditions climatiques, pour être la grande zone de production commerciale et cela dès le début du cacao, au XVIIIe siècle. La plaine des fleuves sera la première atteinte par l'emprise du Guayaquil avec le cacao sur le Vinces et le Babahoyo, le tabac sur le Daule. Elle bénéficiera de tous les cycles de culture.

La variété des possibilités climatiques et des sols plus ou moins inondables offre une très grande diversité de types de culture. Le sud et l'ouest sont plus rizicoles que l'est et le nord de la province, plus aptes aux plantations fruitières. Le potentiel hydraulique est loin d'être utilisé. La maîtrise de l'eau commence à peine dans les secteurs les plus privilégiés, avec bien du retard par rapport à d'autres pays latino-américains. On se contentera de mettre en valeur les meilleures terres, quitte à s'éloigner du port avant de se lancer sur les secteurs plus arides, atteints seulement lorsque la pression démographique et commerciale l'exigera.

Dans une première étape, le sud du bassin du Guayas fut exploité en fonction des seules possibilités de la plaine alluviale, sans aucun aménagement. Les berges du Daule permirent le ravitaillement du port et des navires pendant la colonie ainsi que la production réglementée du tabac. Les berges des autres fleuves (Vinces et Babahoyo) et des rivières affluentes portèrent les premières *huertas* de cacao. L'élevage pénétra progressivement les interfluves et sur les meilleures terres les plus facilement drainées apparurent de vastes plantations de canne à sucre, du sud de Babahoyo à Milagro. Dans les interfluves les plus propices au retrait de l'eau d'inondation se répandirent une multitude de petites rizières.

CHAPITRE VII

LE BASSIN DU GUAYAS

L'AIRE D'INFLUENCE DIRECTE DE GUAYAQUIL

1. Une vallée de polyculture ancienne dans le Bas Daule

Une polyculture vivrière persistante

Les berges du Daule portent depuis plusieurs siècles sur le versant interne du fleuve appelé "vega" des cultures de légumes et de tabac tandis que sur le sommet des bourrelets s'est implanté l'habitat entouré d'arbres fruitiers. L'arrière berge, en fonction du niveau de l'eau des inondations, est aménagée en rizières ou laissée en jachère et en pâturage. Le contraste entre les espaces ouverts de l'arrière-berge et les jardins boisés des rives du fleuve est très marqué par les saisons ; les grands espaces jaunis par la sécheresse s'opposent aux damiers verdoyants des rizières comme les frondaisons toujours vertes au-dessus des bois grisâtres des arbres de la savane (*algarrobos* et acacias) des premières pentes de l'ouest. Le morcellement du paysage composé d'un grand nombre d'associations (cacao-manguiers, cacao-café, orangers-café), de petits lopins de tabac, de légumes et de riz, est rompu de temps en temps par de très grandes surfaces de rizières ou de pâturages qui reflètent souvent la situation foncière. En effet, le canton de Daule fournit, sur 24 % de la superficie de la province, 34 % de la production fort différente du reste du Guayas destinée non pas à l'exportation mais au ravitaillement de Guayaquil.

Le riz domine largement avec 84 % de la production du canton estimée à 20 900 hectares soit 75 %, superficie cultivée essentiellement en été au moment du retrait des eaux après la saison des pluies. 180 moulins à riz fonctionnent dans le canton sur 466 dans la province. À côté des fruits, légumes et tabac traditionnels, les oléagineux et le coton gagnent depuis les années 1960 en importance. Ricin, sésame, soja et coton profitent des aménagements réalisés par les grandes *haciendas* mais s'étendent également sur les pentes des collines périphériques. Près de 8 000 bovins pâturent sur les fonds humides et les chaumes des rizières car les prairies artificielles sont encore très insuffisantes.

2. Un potentiel territorial sous-utilisé

Cette impression de richesse des berges et des jardins au bord de la route correspondant à la zone irriguée cache néanmoins une utilisation du sol encore très faible, soumise aux aléas climatiques (1 020 mm en moyenne par an mais pouvant n'être que de 500 mm), aux inondations dévastatrices et à la jachère longue. Les sols de la plaine du Daule sont capables de porter, grâce à l'enrichissement en limon de l'inondation annuelle, deux récoltes de riz. Or en hiver seulement 21 % sont cultivés, soit 6 872 hectares dont 16 % en cycle court. À la non-maîtrise de l'eau en hiver s'ajoute une inégale distribution de l'eau d'irrigation en été. En effet, en 1971 seulement 1 521 agriculteurs sur 2 425, répartis sur 31 000 ha situés le long du Daule, du Pula, du Macul et de l'Estero Loco pratiquent l'irrigation à partir de pompes branchées sur le fleuve. 8 100 ha sont ainsi irrigués, ce sont à 90 % des rizières. Des efforts de nivellement, de construction de digues et de casiers réalisés surtout dans les grandes exploitations améliorent les rendements mais la sécurité des récoltes dépend encore trop de la vigueur des inondations qui peuvent s'étendre sur plus de trois km sur les interfluves de part et d'autre du Daule. Il faut donc s'en protéger sans perdre l'apport limoneux indispensable. La multiplication anarchique des pompes provoque des problèmes graves lors des périodes sèches car le Daule fournit également l'eau de consommation de Guayaquil.

Les structures agraires sont bien visibles dans le paysage du bas-Daule. À côté des grandes exploitations qui s'étendent fort loin en arrière-berge se maintiennent de très nombreuses petites exploitations au parcellaire en longues lanières à partir du fleuve ou de la route. Sur les 2 425 exploitations qui travaillent 31 718 hectares, 48 exploitations de plus de 100 hectares (2 % des propriétaires) possèdent 65 % des terres (27 000 hectares). Ces grands domaines en général nivelés, mécanisés et irrigués contrastent avec les petites *fincas* qui détiennent moins de 25 hectares et pour la moitié d'entre elles moins de 5 ha. Comme dans les autres zones rizicoles, un système de métayage (*desmonteros*) s'est maintenu plus fort qu'ailleurs ; 11 % de la superficie pour 58 % des exploitants. Cette situation a donné naissance à un très grand nombre de coopératives, une cinquantaine, dont 23 regroupent plus de 1000 hectares, les autres moins de 100 et parfois même moins de 50 hectares ; mais comment une union de personnes sans terres, sans connaissances, sans ressources financières peut-elle acheter la pompe indispensable et lutter contre les prix des moulins à riz ?

TYPES D'OCCUPATION DU SOL DANS LE DAULE
(1962-1974)

1 - Petits riziculteurs
- Pâturage inondable
- Rizière irriguée
- Pâturage d'interfluve non inondé
- Cacao, banane de bourrelet

2 - Petits propriétaires de Santa Lucia
- Légumes, tabac de berge inondable
- Cacao, banane et manguiers de bourrelet

3 - Grande exploitation traditionnelle
- Légumes, cacao, banane, café de métayers
- Cacao, corral et pâturage à Kapokiers de l'hacienda

La redistribution des terres, grâce au décret 1 001, et la multiplication du crédit (entre 1972 et 1976) ont changé considérablement les données pour une partie des paysans bénéficiaires. Ceux qui avaient des relations contractuelles avec des propriétaires ont pu obtenir de la terre et du crédit sur présentation du certificat de l'IERAC. Déclarées d'utilité publique les rizières ont été expropriées immédiatement. La vallée du Daule a largement profité de l'essor du riz, mais l'opposition entre ces nouveaux paysans et les journaliers sans terre n'a fait que se renforcer.

3. Guayaquil offre un marché proche

Le passage de la route n'a guère modifié les facteurs régionaux, elle a facilité non seulement le transport plus rapide des fruits et des légumes vers Guayaquil mais encore le départ des petits métayers du riz. Tout le canton reste sous-équipé même dans la capitale cantonale. Équipements et services sont très insuffisants par rapport à la moyenne provinciale. Le taux de croissance du canton est de 2,9 % avec une diminution de la croissance de la population rurale (1,5 %) au profit des villes (18 % entre 1962 et 1974). En dehors de Daule qui n'est toujours qu'une petite ville par rapport aux autres capitales cantonales des fleuves voisins (7 500 h. en 1962 et 13 000 en 1974), les autres ne sont que des petites bourgades de moins de 2 000 h. (Piedrahita, Palestina, Colimes et Santa Lucía) mais leur taux de croissance est de 5 % grâce au maintien d'une forte natalité. Aucune industrie n'est venue diversifier les emplois en dépit de la proximité de Guayaquil, les productions agricoles étant envoyées directement aux conserveries de la capitale. Le voisinage de Guayaquil n'a donc rien apporté de plus qu'un débouché à la production des fruits, légumes et céréales qui s'est organisée dès le XVIe siècle. Seules les quantités ont augmenté et le trafic fluvial a été en partie remplacé par les camions. En réalité, cette région du Bas-Daule fut peu marquée par la demande extérieure car l'irrégularité des précipitations n'a guère permis au cacao d'y prendre une grande place. La banane y est presque absente au-dessous de Colimes. Le café qui y trouve un climat meilleur n'a jamais pris de grande importance et se maintient en très petites *fincas* sur les collines. Le maintien d'un niveau de vie relativement bas est dû en partie au manque d'encouragement par les prix des productions locales et au manque de sécurité des récoltes. Tout peut changer, avec des travaux d'irrigation permettant d'étendre la superficie utilisée et de faire deux récoltes de riz par an dans les vastes interfluves. Parallèlement à la construction du barrage de Daule-Peripa prévu pour 1985 le Plan América décidé par l'INERHI et la CEDEGE en 1973 concernait 4 000 hectares dont 70 % de rizières. L'absence de pluie en 1974 souligna l'urgence de ce programme comprenant des digues de protection pour 7 000 ha et un canal construit dans l'année entre le rio Magro et l'Estero Loco sur la rive droite du Daule. Il englobait 17 coopératives formées sur les deux *haciendas* San Francisco et América (10 000 ha).

UTILISATION DU SOL À SANTA LUCIA (DAULE)

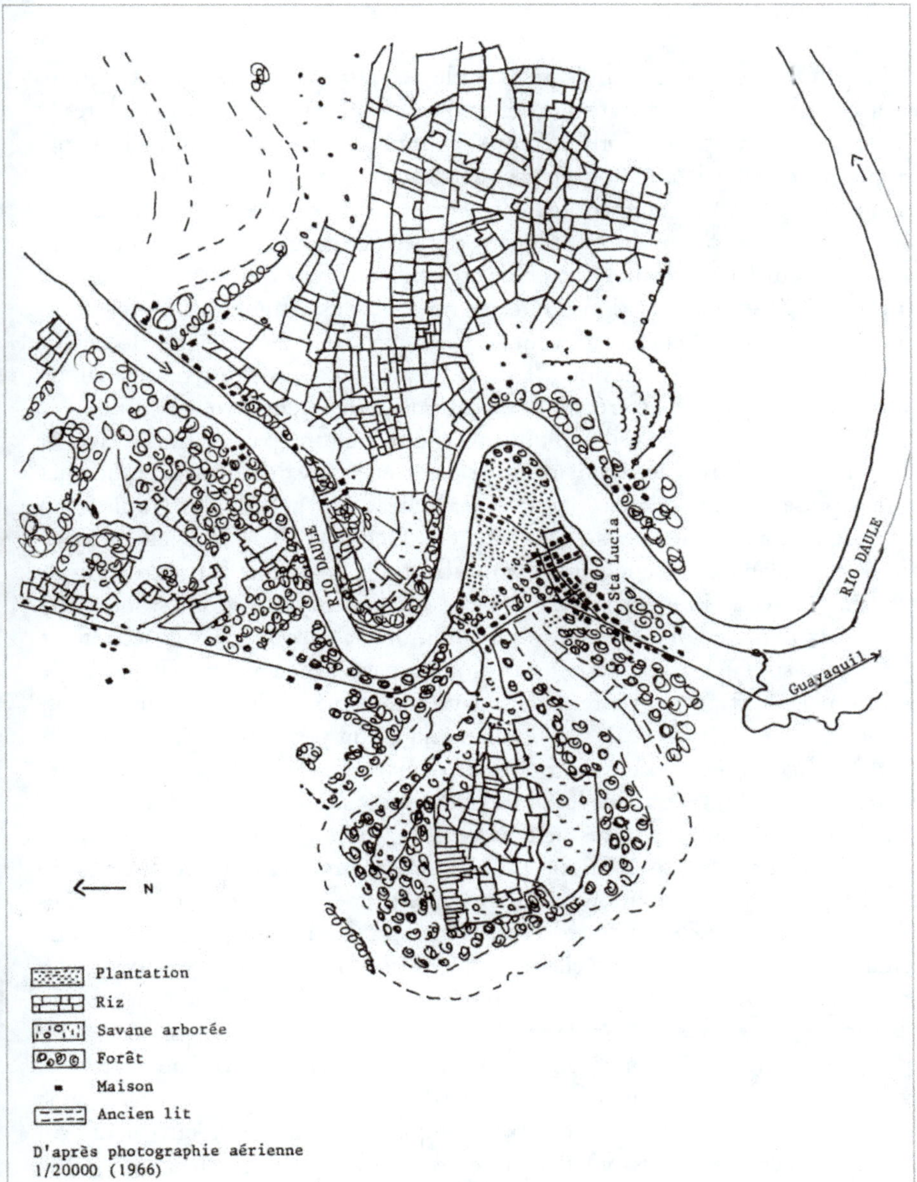

4. Les zones cotonnières de Pedro Carbo forment un nouveau secteur de production

Une colonisation récente par les Manabites

Un peu à l'écart des grands fleuves, le secteur de Pedro Carbo, Isidoro Aroya et Lomas assure la transition entre l'économie des collines manabites et du Guayas. Les précipitations irrégulières (750 mm), le vallonnement et l'absence d'irrigation en ont fait une zone faiblement occupée de petites cultures sèches pendant les meilleures années. Installés surtout sur les rives des affluents de droite, les colons possédant la plupart du temps moins de 5 ha travaillent alternativement maïs, manioc, arachide, sésame ou ricin qui accompagnent le coton criollo. Cette association limite les risques mais diminue les rendements en épuisant les sols. Achetée souvent sur pied par des intermédiaires, la récolte est dirigée vers les égreneuses de Manta et Guayaquil. Un peu de riz pluvial, un modeste élevage de bovins créoles et de caprins complètent cette économie. Un tiers des sols seulement est exploité avec une culture par an. L'élevage, le charbon de bois et les feux ont ruiné la forêt et la savane arborée. Quelques pompes puisant dans les rios Magro et Bachillero ont permis des cultures sur berges de melons, de légumes et du riz d'été. Depuis 1970, l'achèvement de la route vers le Manabí, devenue enfin praticable toute l'année et la progression du crédit du Banco de Fomento en faveur des cotonniers ont modifié toute cette région. Aux petits colons manabites plus nombreux encore après la sécheresse de 1968, se sont joints des colons de toutes parts, anciens travailleurs de la banane mais surtout entrepreneurs guayaquileniens, chiliens, commerçants venus de Pedro Carbo avec des capitaux ou du crédit pour tenter cette nouvelle spéculation cotonnière. Le vrai boom a démarré en 1973 avec les mêmes caractéristiques observées dans les autres fièvres côtières.

Au départ ce sont des terres peu cultivées, appartenant à l'État en majorité, qui ont été occupées. En 1976, 60 000 ha étaient en cours de reconnaissance par IERAC et d'attribution aux occupants ; de grandes et moyennes exploitations se sont également formées. Or seule une hacienda de 50 à 100 ha est rentable car elle permet nivellement, mécanisation, pompage ou forage. La période de récolte attire les journaliers saisonniers du Manabí, de Quevedo et de la Sierra. On trouve une seule grande hacienda de 2 000 ha près de Pedro Carbo. Cette poussée cotonnière a transformé le paysage des collines de forêts sèches et de savane où seuls les creux et les fonds plus humides (*bajiales*) ainsi que quelques pentes aux petits champs complantés étaient mis en valeur. En 1980, les espaces forestiers ont fait place à des plantations géométriques, à de grands pâturages et même à de vastes champs irrigués et nivelés portant du coton mais aussi des productions diverses comme les essais de melons de plein champ. L'hacienda de San Juan a défriché des collines entières pour y pratiquer un élevage de zébus. Cette poussée pionnière de petits et grands planteurs est partie du centre de Pedro Carbo et dessine un vaste cercle qui s'étend jusqu'aux limites du Manabí et au Daule à l'est. Grâce à ce secteur, le Guayas tient la première place pour le coton (avec 16 500 ha en 1974 contre 1600 en 1968).

5. Le coton se révèle aléatoire

Cette progression pourtant rapide n'est pas garantie. Superficie et production peuvent de nouveau être réduites non seulement en fonction des pluies mais surtout des prix qui n'encouragent guère le risque. L'industrie textile, par suite d'une politique mal coordonnée, a continué d'importer du coton, alors que les paysans ne vendaient pas le leur. Une usine à égrener à Pedro Carbo devait faciliter la vente pour les petits colons en éliminant les intermédiaires. Les grandes *haciendas* vendent directement à Manta ou à Guayaquil. Quel que soit l'avenir du coton, sa place sera prise à court terme par les autres productions qui progressent très vite, comme l'arachide, le soja et le ricin résistant à la sécheresse. Les petits centres situés sur la route enregistrent une croissance exceptionnelle en regroupant fibres et graines amenées à dos de mules ou ramassées par des camionneurs avant d'être acheminées vers Manta et Guayaquil. La construction d'une retenue sur le rio Bachillero et de canaux, permet d'irriguer 2 500 ha (208 exploitations de moins de 10 ha) pour développer la culture du coton et des oléagineux résistant à la sécheresse. Les travaux de contrôle des inondations du secteur qui font partie du plan América entre río Magro et río Daule comprennent la création d'une route-digue pour protéger 7 000 hectares dont 3 600 ont été irrigués par des canaux. Ces mesures ont permis aux 17 coopératives rizicoles créées sur les *haciendas* San Francisco et América (10 000 ha) d'avoir deux récoltes par an. Si les projets prévus intéressent les petits exploitants, les investisseurs guayaquiléniens ne demeureront sûrement pas absents dans les demandes en eau d'irrigation. Tout ce secteur risque de devenir une zone de production maraîchère.

Le cœur du bassin du Guayas, Babahoyo et Vinces

Un milieu géogaphique contraignant

Le centre du bassin du Guayas offre une unité de mise en valeur qui permet de regrouper dans la même étude les vallées du Vinces et du Babahoyo. En effet, à l'unité géographique nuancée cependant par la diminution des précipitations d'est en ouest, correspond une histoire, un peuplement et des plantations intéressant la province de Los Ríos à l'exclusion des collines du nord du canton de Quevedo au développement plus récent. Les fleuves qui descendent de ces hauteurs septentrionales commencent très vite, une fois passées les dernières collines de Quevedo, à divaguer dans la plaine très plate (moins de 5 m d'altitude sur 10 000 km^2) en décrivant de nombreux méandres, en changeant de lit, en construisant des berges, en les détruisant lors des crues pour inonder les immenses interfluves, vastes dépressions argileuses imperméables. L'eau laisse ici des empreintes considérables sur le paysage et l'organisation de l'espace marqué par l'alternance de pentes et vallonnements (végétation xérophile, sol craquelé et faiblesse des cultures pendant la saison sèche) et des secteurs déprimés, marécageux, parfois cultivés lorsque le drainage et l'irrigation y sont organisés. Au contraire, pendant la saison des pluies tout change brusquement, la végétation reverdit, rizières et champs de culture occupent alors les vastes interfluves qui s'assèchent. Seuls les bourrelets de berges (anciens et actuels), en formant des terrasses bien drainées, portent toute l'année des plantations arbustives. Ce sont elles qui ont permis la mise en valeur du Guayas et de Los Ríos avec les cacaoyères, les caféières et les bananeraies auxquelles la zone côtière doit tout son essor économique à partir d'un aménagement de l'espace encore modeste, par des planteurs originaires de tout le pays.

6. Du latifundio à la plantation

De grandes plantations traditionnelles menacées

Le centre et le sud de la province de Los Ríos forment, au-delà de la zone rizicole de la confluence, la grande région de plantations du Guayas. C'est sans doute celle dont les paysages côtiers ont le moins changé lors des années 1960-1970. Tous les cycles de culture qui se sont échelonnés depuis le cacao ont marqué chaque exploitation d'une empreinte de prospérité ou de repli. Mais le bilan est largement positif et permet alors aux planteurs de se lancer dans l'intensification culturale avant d'autres secteurs moins favorisés ou plus récents. Le cacao qui fut à l'origine de la mise en valeur de Los Ríos dès la fin du XVIIIe siècle a connu ici son extension maximale et occupe encore en 1976 la première place avec 123 000 hectares, soit un peu moins de la moitié de la superficie plantée sur la Côte (245 000 ha).

Tableau n°62:
La superficie des cacaoyères en milliers ha

Babahoyo	10
Catarama	18
Puebloviejo	20
Ventanas	15
Vinces	20
Baba	20

Source : Programme National du cacao, Guayaquil, 1977.

Les superficies augmentent régulièrement depuis 1970 avec une amélioration générale et une rénovation des anciennes cacaoyères. Les progrès sont les plus nets vers le nord en direction de Quevedo, plus humide mais aussi plus affecté par la reconversion bananière où le cacao remplace le Gros Michel. Les secteurs traditionnels du cacao demeurent autour de Vinces, Baba, Palenque et à l'est du rio Babahoyo. Au nord de cette dernière zone et surtout sur les premières pentes et les vallées de la Cordillère, les caféières l'emportent, souvent associées aux arbres fruitiers (orangers). Le café, deuxième grande production de Los Ríos avec 18 000 hectares, assure du travail à plus de 4 000 planteurs. Plus encore que le cacao, c'est l'affaire de petits propriétaires (70 %) et de métayers sous contrat. La banane, dès les premières années, est venue se glisser entre les plantations de cacao et en a même pris la place dans de nombreuses *haciendas*. Le manque d'espace non inondable et la présence d'autres productions commerciales ont toutefois empêché cette région de devenir, comme dans le nord de la province, une zone de monoproduction.

Depuis 1970, comme sur toutes les zones bananières de la Côte, on enregistre une diminution de la superficie plantée. La disparition rapide de la banane Gros Michel provoqua le départ des ouvriers agricole vers les terres de colonisation du Nord. Seulement 90 planteurs ont encore des bananeraies dans 311 *haciendas* et produisent en moyenne 190 000 t/an pour l'exportation. Quelques grandes *haciendas* ont conservé des superficies bananières importantes comme la Clementina (958 ha), la Julia (936), Martinica (460), Amalia (234), Bonita (170), Angela María (130). Mais l'ensemble de la production demeure le fait de petits et moyens planteurs de moins de 80 hectares.

Tableau n°63 :

L'évolution des superficies bananières dans la zone subcentrale du Programme National de la Banane(en hectares).

Secteurs	1970	1972	1974	1976
Ventanas-Catarama	1 593	2 764	2 720	1 417
Babahoyo-Isla Bejucal	1307		2 476	2 204
Vinces-Mocache	2605		1 161	910
Clementina-Puebloviejo	1 031			1 826
Total	8 842	7 086	6 375	6 357
Dont en variété				
Gros Michel	5 337	1 700	479	205

Source : Programme national de la banane, Guayaquil.

Dès la fin du XIXe siècle, les planteurs de cacao ont tenté de tirer parti des interfluves en pratiquant un élevage bovin migrant sur les *lomas* et les îles non inondées pendant la saison des pluies. Vendu après la crise du cacao pour pouvoir tenir jusqu'au retour à de meilleures ventes, le cheptel fut reconstitué et surtout amélioré par des croisements de zébus et de vaches européennes. Depuis 1970, à l'annonce d'une réforme agraire, les planteurs ont transformé en pâturages d'importants secteurs de broussaille, la demande croissante de viande ayant encouragé leurs efforts. Mais en 1974, 20 % seulement des pâturages sont réellement améliorés. À ces grandes productions côtières, il faut ajouter de nombreuses cultures secondaires destinées à l'exportation, à l'industrie locale ou au ravitaillement des villes. Plantain, maïs, manioc, fruits (tomates, melons, oranges, citrons et ananas) occupent des superficies non négligeables. Les oléagineux et le maïs progressent lentement par comparaison avec le nord de Los Ríos. La canne à sucre commence au sud de Babahoyo.

Une riziculture en plein essor

Le riz venu chronologiquement en troisième position occupe une place très importante sur les interfluves mais la superficie qu'il occupe et ses récoltes sont très irrégulières. La faible modernisation des techniques de culture s'explique en partie par le désintérêt des planteurs pour cette production après la grande demande liée à la Seconde Guerre mondiale. La terre était confiée à des locataires qui tentaient de tirer parti, avec peu de moyens, de ces espaces aux possibilités limitées. Avec moins de 2 ha, des semences non améliorées, peu de préparation du sol et pas d'irrigation, les résultats ne sauraient être bons. Le canton de Vinces, contrairement à celui de Babahoyo, regroupe un plus grand nombre de minifundistes propriétaires. Avec la hausse de la demande de riz pour la consommation nationale, des progrès ont été enregistrés, notamment dans l'utilisation de variétés à haut rendement préparées en Équateur par l'INIAP. De vastes rizières apparaissent dans les espaces plats laissés autrefois en jachère, par la reprise en main des terres par les propriétaires qui les exploitent de façon rationnelle car la culture du riz est devenue rentable. C'est là un nouveau bouleversement tant sur le plan spatial que social.

Une occupation du sol encore modeste

La discontinuité de l'occupation du sol demeure très importante. Partout, çà et là, alternent des zones marécageuses, des broussailles, des jachères et de la forêt, des plantations et des champs cultivés. Les paysages trop plats du bassin rendent encore plus ingrate la terre de Los Ríos. Leur aspect ne laisse pas deviner la mise en valeur relativement poussée et la place importante que joue cette région dans l'économie nationale. L'espace utilisé n'est pas fixe car, d'une saison à l'autre, les marais se transforment en de vastes étendues d'eau et font reculer les rizières. Ce qui frappe dans cette plaine alluviale riche et relativement peuplée alors, c'est la faiblesse de son aménagement. Après plusieurs décennies de productions commerciales, la lutte pour la maîtrise des conditions naturelles est médiocre, liée surtout aux efforts individuels. La protection contre les inondations reste faible : quelques murs, quelques digues.

Seule l'irrigation s'est développée grâce à l'essor de la banane dans les moyennes et grandes *haciendas*, mais elle n'est pas encore à la portée des petits producteurs. Le pompage direct dans la rivière et quelques canaux avec parfois une prise de dérivation à l'amont de la rivière (à son débouché des Andes) constituent l'essentiel de la technique hydraulique. Ce retard s'explique en partie par l'économie de plantations en système extensif, par la faiblesse du peuplement par rapport à l'abondance des terres. Il faudra attendre les années 1965-1970 pour que l'on envisage l'intensification des cultures pour faire face à la nouvelle demande en Cavendish, en oléagineux à cycle court et en riz amélioré plus exigeants en eau. L'arrivée de matériel moderne de nivellement et la construction de levées de terre compensera le retard. C'est aussi la première fois qu'on envisage au niveau régional des solutions au problème inondation-sécheresse avec le grand projet du Guayas.

Des plantations en pleine évolution

La structure agraire dans le bassin du Guayas est le résultat d'un processus historique de formation déjà ancien, sans cesse modifié par les apports successifs de chacune des périodes mettant en place un système d'exploitation remodelé sur les précédents ou entièrement nouveau dans les zones pionnières. Ceci explique la variété des situations, la succession mais aussi la juxtaposition de chaque mode d'exploitation dans une même hacienda.

Los Ríos a gardé aujourd'hui de grandes plantations : 160 propriétés de plus de 500 hectares (101 000 ha) soit 63 % de la superficie comprenant 43 502 exploitations qui totalisent 318 484 hectares. Ce sont les derniers "vestiges" des grands *latifundios* formés à l'époque coloniale où la terre avait peu de valeur car elle était difficilement exploitable et sans habitants. Le canton de Vinces abrite alors 129 exploitations de plus de 500 ha dont 10 de plus de 2 500 mais c'est aussi la zone la moins favorisée au point de vue sols et drainage. Pourtant le *latifundio* des débuts du cacao s'est trouvé plus vite qu'ailleurs, surtout par rapport à la Sierra, remis en question par la crise des années 1920-1940 et par la reconversion bananière de 1964-1970. L'abondance de terres disponibles et surtout plus aptes que celles des interfluves inondables a suscité la marche vers le nord (1947-1960) et a, de ce fait, freiné l'effondrement des grands domaines. Mais à partir de 1964, la pression sociale, encouragée par les lois de réforme agraire, a causé la diminution volontaire des superficies. Grâce à la parcellisation, l'*hacienda* traditionnelle a laissé la place à des sociétés anonymes qui, avec des salariés et des machines, sont devenues plus à même de répondre aux besoins modernes. Cependant, 24 000 petits exploitants possèdent moins de 5 ha dans la province de Los Ríos, soit 8 % de la surface. L'*hacienda* Agricóla Victoria avec ses 20 000 hectares de forêt, un peu de cacao et d'élevage entre le rio San Pablo et la route de Puebloviejo fut divisée entre 1965 et 1968 en plusieurs domaines dont l'*hacienda* Cristalina, Agricóla Chilintomo, la Rosita, el Tesoro de 150 à 300 hectares et d'autres plus petites. Le lot 159 appelé Agricóla Victoria (745 ha) est devenu, à la suite d'une hypothèque, la propriété de la Banque du Crédit Hypothécaire qui la divise en de nombreux lots. Certaines parcelles sont même exploitées par des occupants sans titre. Sous le même nom, le lot n° 208 de 1563 ha fut attribué à de nombreux propriétaires[1]. D'autres *haciendas* originaires de ce grand domaine furent expropriées dans le cadre du projet Babahoyo comme l'*hacienda* Palmar (1593 ha) ou l'*hacienda* Banon pourtant divisée en sept lots pour les sept fils. La mise en application est rendue difficile par l'imbroglio foncier général. L'IERAC a, dans le projet Babahoyo, exercé son droit d'affectation des propriétés pour deux raisons principales : la réversion de terres incultes à l'État (San Pablo) et l'expropriation qui signifie la vente obligatoire à l'État qui la revend le plus souvent aux précaristes.

L'*hacienda* Clementina est l'exemple d'une grande plantation originaire de la période du cacao qui, en se modernisant, réussit à maintenir aujourd'hui encore ses 18 000 ha. Elle était en 1965 (CIDA) la plantation la plus technicisée de l'Équateur. Des travaux de drainage et la création de routes permirent aux cacaoyères de compter jusqu'à un million et demi d'arbres au début du siècle. Des recherches effectuées à l'*hacienda* aboutissant à la reconversion des variétés de cacao servirent un grand nombre de planteurs dans les années 1948-1950. En 1965, l'*hacienda* est déjà fort diversifiée avec 900 ha de cacao, 700 ha de bananes, 200 de café et 900 ha de pâturages de bovins (zébus-Hollstein et Brown Swiss). La mécanisation assez précoce abaissa de 900 à 300 le personnel bénéficiaire des services scolaires et sociaux de la plantation[2]. La Clementina ne fut pas épargnée par les changements survenus dans les années 1960. Les conflits avec les métayers qui exploitaient près de 2 000 ha obligèrent l'*hacienda* à vendre 1 500 ha de jachère et de forêt. En 1974, furent plantés 1 000 ha de banane Cavendish selon des méthodes intensives et en exploitation directe auxquels s'ajoutèrent des rizières et des champs de maïs pour un élevage de poules. 8 000 ha étaient encore en forêt, 300 ha ont été plantés en teck. Les pâturages occupent le reste de la plantation.

---

[1] Chaque occupant, coopérarive ou propriétaire garde souvent les anciens noms. Les nouvelles appellations (ex. Lucha campesina) facilitent parfois l'étude foncière. La légalisation est encore très lente et maintient de ce fait des possessions et des occupations qui accordent un droit de jouissance en attendant un titre de propriété. On peut attendre 20 ans son titre de propriété.

[2] L'*hacienda* possédée par une famille de Guayaquil (Clemente Ballen) est passée aux mains d'une compagnie allemande pendant la crise du cacao qui l'exploitera jusqu'à la Seconde Guerre mondiale. Elle est depuis financée par des capitaux suédois. En 1972, la Société Agricole Julio Noboa était le plus grand actionnaire.

Tableau n°64

Répartition des exploitations dans Los Ríos en nombre d'unités de production agricole[1]

Canton	Total	moins 5 ha	5 à 50	50 à 500	500 à 2 500	plus de 2500
Babahoyo	5 650	3 073	2 185	265	25	2
Baba	2 730	2 087	503	125	14	1
Puebloviejo	1 156	696	389	65	6	
Urdaneta	1 891	1 128	643	118	2	
Ventanas	3 772	1 683	1 876	205	7	1
Vinces	28 303	15 751	10 556	1 867	119	10
Total Province	43 502	24 418	16 152	2 645	148	12
sans Quevedo						
Canton						
Babahoyo	Total	moins 5 ha	5 à 50	50 à 500	500 à 2 500	plus de 2500
Baba	109	6	32	34	23	15
Puebloviejo	43	3	6	17	12	4
Urdaneta	21	1	6	9	4	
Ventanas	28	2	10	15	2	
Vinces	60	3	29	20	4	3
Total Province	106	5	31	35	25	9
sans Quevedo	319	26	115	131	70	32

Source : Recensement agropastoral, distribution de la terre, Quito, 1974.

7. Routes et villes du cœur du Guayas

Un espace bien quadrillé

La distribution linéaire du peuplement le long des rivières a suivi l'orientation nord-sud du réseau hydro-graphique, lequel a imposé l'organisation commerciale vers le point de rencontre au port de Guayaquil à la confluence de ces voies navigables. Les routes dernièrement ouvertes alors n'ont fait que reproduire ce même schéma en le déplaçant parallèlement aux

[1] Tout terrain dédié totalement ou partiellement à la production agropastorale et travaillé, dirigé ou administré comme une unité technique et économique, un ou plusieurs lots ou parcelles de terrain. 9 198 U.P.A. ont moins d'un hectare.

berges des fleuves, les *haciendas* les plus anciennes se trouvent le long des fleuves, les plus récentes liées au développement bananier, le long des routes, lesquelles pour éviter les graves problèmes d'inondation, sont souvent construites sur digues. Moins régulièrement implantées que sur les berges, les maisons se réfugient ici sur les terres les plus hautes de part et d'autre de la digue ou bien supportent, grâce à leurs pilotis, quelques montées des eaux.

La concentration des activités d'exportation et de transformation en un seul port impose cette descente nord-sud des produits agricoles et la remontée beaucoup moins importante des produits manufacturés à redistribuer dans l'arrière-pays. Quant aux échanges ouest-est, s'ils apparaissent négligeables dans l'économie du bassin du Guayas, ils n'en sont pas moins révélateurs de courants très anciens et somme toute indispensables à l'équilibre. En effet il faut tenir compte des échanges entre la Sierra et la Côte qui augmentent régulièrement quelle que soit la demande extérieure. Fleuves, pistes et routes dessinent un quadrillage du bassin du Guayas où les axes nord-sud sont prépondérants. Depuis 1950, chaque nouvelle reconstruction et amélioration de la route renforce les deux axes nord-sud qui se rejoignent au-delà du bassin à Quevedo vers le nord et surtout vers Quito. Chaque rencontre avec des voies est-ouest a donné naissance à un centre relais entre les pistes et la rivière. Dans cette disposition quadrillée, les villes jouent un rôle différent selon leur situation sur l'un ou sur l'autre de ces axes. Celles qui sont restées uniquement fluviales stagnent quelle que soit la richesse locale. Situées sur les transversales ouest-est, elles progressent plus lentement que les centres situés sur les deux grands axes où les relais routiers sont devenus de vraies villes en quelques années. Échelonnés à des distances presque régulières, ces centres sont des lieux de regroupement des produits de la campagne avant de gagner leur destination finale (villes ou ports). Les camions y chargent ce que les mulets, pirogues et petits bateaux ont amené.

Toutefois les fonctions commerciales de ces centres se limitent, en dehors du commerce de détail très prospère, à servir de relais aux intermédiaires qui assurent le contact entre les petits planteurs et les représentants des compagnies d'exportation de Guayaquil. Le recensement de 1982 donne pour chaque canton le nombre d'habitants du canton, de la ville chef-lieu, de la périphérie rurale de ce chef-lieu et celui des autres paroisses. Il faut ajouter le canton de Quevedo qui appartient à la province de Los Ríos. Étudié dans le chapitre suivant, il regroupe 161 000 habitants dont plus de 66 000 pour la ville même de Quevedo. En dehors de Babahoyo, les centres ne dépassent guère 15 000 h. et le plus souvent moins de 5 000 h. Vinces exerce cependant une certaine attraction par sa position au cœur du bassin du Guayas. Au faible poids démographique correspond souvent un taux de croissance très modeste. Toutefois, Babahoyo, Vinces et Ventanas ont presque doublé leur population entre 1962 et 1974.

Il semble que ces campagnes aient gardé sur place leurs ruraux installés et fixés de longue date, bénéficiant de routes et d'autobus pour utiliser les services de ces petits centres assez dispersés. Ce qui explique qu'avec 451 000 h. c'est la région la plus peuplée du Guayas mais la moins urbanisée de la Côte (32 %) contre 900 000 h et 35 % urbanisés au Manabí. Le canton de Puebloviejo enregistra au moment de la crise bananière une diminution de la population. Le voisinage de Guayaquil est largement responsable de cette faiblesse urbaine dans une distance d'au moins 200 km à l'exception de Milagro. C'est pour cela que Babahoyo pourtant chef-lieu, voit alors son pouvoir diminué au profit de Quevedo plus éloigné.

Babahoyo, un chef-lieu au pouvoir limité

Pendant plusieurs siècles, Babahoyo s'est différencié des autres centres du bassin du Guayas par sa position fluviale, renforcée par le débouché du chemin vers les Andes, qui lui a donné fonction et rôle historique de Bodegas Reales, complétés ensuite par sa nomination de chef-lieu de la nouvelle province de Los Ríos en 1869. Son essor est lié aux plantations de cacao puis à la progression des colonisations vers le nord. La ville compte alors 45 000 h. Chef-lieu d'une zone de plantations fort variées, Babahoyo par ses dimensions et ses activités est un véritable centre de regroupement commercial, renforcé d'une fonction administrative importante pour toutes les transactions de plus en plus nombreuses dans une région d'agriculture moderne. Ces activités confèrent à Babahoyo une animation particulière qui ne pourrait que croître avec l'amélioration de la route vers la Sierra. Pourtant, le site de confluence ne favorise pas l'extension de la ville : les inondations de la saison des pluies et la construction du chemin de fer de Guayaquil-Quito passant par Milagro portent un sérieux coup à son dynamisme. Des incendies répétés (1876, 1901, 1902) obligent à des reconstructions successives. Enfin l'absence de pont sur le Guayas jusqu'en 1970 assure la primauté à l'axe routier passant par Daule pour les trafics entre les deux métropoles. Autant de freins spécifiques qui retardent sa croissance et l'empêchent d'acquérir un rôle au demeurant difficile, au niveau régional, du fait de la proximité de Guayaquil.

Le centre de Babahoyo s'étendait encore en 1978 sur deux rues cimentées et le quai encore peu aménagé du fleuve. C'est là que se trouvent, dans les maisons en dur qui ont remplacé les vieilles maisons coloniales en bois, les édifices à étages, les commerces, les administrations, les places et les églises, ainsi que le nouveau marché couvert. Les petits métiers, l'artisanat et la pêche pratiquée dans les *esteros* assurent un revenu à une partie de la population. Elle offre des services de première nécessité par ses entrepôts, ses grossistes, ses représentants en produits et machines agricoles qui en font un bon relais avant Guayaquil comme en témoigne sa foire annuelle. Les conditions de vie ne sont pas toujours très bonnes à Babahoyo. Les inondations continuent d'envahir chaque année une partie de la ville construite sur pilotis dans les quartiers non protégés. Les remblaiements avancent lentement rue après rue. Le remblaiement commencé en 1959 atteignait en 1973 seulement la cinquième rue parallèle au quai et la septième à l'est ; haut de 1,50 m, il enfouit parfois le rez-de-chaussée des maisons. Le quartier de Barreiro, relié depuis 1971 à la ville par un pont, ne bénéficiait pas encore d'amélioration. Pourtant près de 4 500 habitants profitent du voisinage immédiat de la ville pour occuper cette confluence des rios Babahoyo et San Pablo. Des habitations sur radeaux s'échelonnent le long des rives, montant et descendant avec la marée. En 1978, on note dans ce quartier de véritables lotissements de maisons construites sur pilotis parfaitement adaptées aux crues, aux inondations.

8. Un vaste projet d'irrigation pour la riziculture

Une utilisation du sol peu rationnelle

Le "projet de développement global Babahoyo" constitue le secteur pilote du vaste programme d'aménagement du Guayas. Après avoir étudié toutes les possibilités, la CEDEGE a retenu la mise en valeur de la région sud-est de Babahoyo, à 70 km de Guayaquil, comme la plus apte à être immédiatement réalisée, reportant à une date ultérieure les autres projets concernant Caracol, San Juan, Montalvo et Ventanas. Il s'agit d'irriguer 11 000 ha sur un ensemble de 18 500 ha répartis entre 1 500 familles environ. L'intensification rizicole donnée comme objectif premier répond aux aptitudes du sol mais aussi à la demande nationale actuellement non satisfaite. De vastes *haciendas* entourées de petites exploitations souvent minifundistes occupaient cette zone essentiellement rizicole (2 600 ha) sur les interfluves et arbustive (cacao, café 1 100 ha) sur les terrasses. La juxtaposition de parcelles trop petites (une seule récolte par an) et souvent mal exploitées par des métayers (*desmonteros*) et de grandes superficies non exploitées par manque d'aménagement contre les inondations et la sécheresse avait depuis longtemps créé une situation de conflit et d'injustice. Outre la complexité des systèmes de faire-valoir une enquête avait montré que seuls 11 989 ha étaient effectivement occupés et que le faire-valoir indirect augmentait en fonction de la superficie de l'hacienda. Les terrasses de cacao étaient par contre maintenues en faire-valoir direct ou gérées par des administrateurs et des majordomes. Plusieurs d'entre elles ont été occupées à partir de 1970 par les ouvriers et les métayers.

Tableau n°65

La croissance démographique de Los Ríos (Quevedo excepté)

CANTON	1950	1962	1974	1982
Villes				
BABA	17 423	20 517	25 142	27 918
Baba	471	693	953	1 368
BABAHOYO	37 083	57 492	88 515	105 785
Babahoyo	9 200	16 500	28 914	42 958
PUEBLOVIEJO	17 249	12 081	14 786	18 804
Puebloviejo	1 204	1 541	2 495	3 760
URDANETA	11 810	16 666	21 304	20 988
Catarama	1 569	2 424	2 868	3 338
VENTANAS		23 643	44 806	50 598
Ventanas		3 683	8 977	15 835
VINCES	33 623	42 895	58 499	65 942
Vinces	3 748	5 901	10 126	14 851
Total des Cantons	117 178	173 294	253 052	290 000

Sources : Recensement 1950 - 1962 - 1974 - 1982.

Tableau n°66

La répartition des terres dans la zone du projet Babahoyo 1970

En ha	Propriétaires	Propriétaires transaction en cours	Métayers	Occupants sans titres	Travailleurs saisonniers	Mixtes
0 à 5	1	3	8	63	96	31
5 à 25	21	18	14	47	47	38
25 à 100	30	21	5	10	7	9
100 à 500	11	1				4
plus 500	8		1			1
Total	71	43	28	120	150	83
%	14	8,6	5,6	29	30	16
Superficie	11 068	1 378	913	1 144	932	2 443
%	61	7,7	5,1	6,4	5,2	13

Source : CEDEGE, 1970.

Des riziculteurs trop encadrés ?

Des investissements considérables permirent de remodeler entièrement les périmètres à irriguer. On construisit 56 km de canaux pour amener l'eau des rios Chilintomo, San Pablo et Embarcadero redistribuée ensuite par plus de 100 km de canaux secondaires, les uns et les autres cimentés et accolés à une digue servant de chemin et de route offrant ainsi 157 km de voies de circulation de plus. La zone du projet a été divisée en trois secteurs avec chacun leur système de dérivation, d'irrigation par gravité et de drainage. Défrichement et nivellement ont permis de gagner de vastes superficies. Enfin tout a été conçu en fonction d'une protection générale contre les inondations assurée par des murs et des digues.

Tableau n°67

Les trois secteurs irrigués du projet de développement global de Babahoyo

Secteur	Superficie totale	Superficie irriguée	
À	4 300	4 000	
B	5 400	5 000	
C	2 300	2 000	
Total	12 000	11 000	

Source : CEDEGE, 1975.

Les enquêtes (1965-1970) ont mis en évidence que les travaux hydrauliques devaient également s'accompagner de changements sociaux. Le système de production traditionnel ne pouvait être défendu ni économiquement, ni moralement. C'est sur cette constatation de la CEDEGE, appuyée par le gouvernement, que l'État promulgue la loi contre le Précarisme en 1970 et décide le projet de Babahoyo qui doit servir de modèle pour une réforme agraire étendue plus tard à toute la Côte. En 1969, on trouvait sur place 16 coopératives et pré-coopératives mises en place en partie par l'AID et établies sur des terres qui avaient été vendues par les propriétaires aux métayers lors des partages en lots effectués dans la crainte d'une véritable application de la réforme agraire. En 1970, le décret 1001 encourage tacitement les occupations d'*haciendas* et facilite l'opération d'expropriation des *haciendas* qu'entreprend l'IERAC officiellement en 1974. L'année suivante, en 1975, 24 coopératives sont en place et possèdent environ 13 000 hectares pour la première fois cadastrés. Les propriétaires reçoivent 23 millions de sucres en bons de la réforme agraire selon un agrément signé entre l'IERAC et la CEDEGE en 1974. De leur côté, les ex-métayers bénéficient d'un important crédit du Banco de Fomento. Le projet dépasse donc le cadre d'une extension du domaine agricole et de l'intensification des cultures. Il veut aboutir à une restructuration sociale des familles bénéficiaires. Cinq nouvelles communautés ont été aménagées avec un Centre de service pour regrouper la population jusqu'ici dispersée. Chaque coopérative (ECA) représente 600 ha pour 60 familles environ. Une superficie de terre est répartie entre tous les membres et une autre est communale, souvent inférieure en importance à la première. Chaque coopérative possède entre 140 et 700 hectares cultivés individuellement et une partie beaucoup plus petite travaillée en commun. Très vite, le nombre croissant des membres de coopératives fausse le schéma de départ en aggravant la situation. Un encadrement particulièrement renforcé amène donc sur place un nombre impressionnant de techniciens, d'administrateurs et de spécialistes par rapport au nombre d'encadrés. Le rôle du colon bénéficiaire en est d'autant plus faible que toute initiative individuelle doit être soumise aux administrations qui coiffent l'ensemble. La coopérative constituait-elle un instrument de cette politique ou a-t-elle créé un autre pouvoir local relayant le pouvoir administratif de l'État représenté ici par ces administrations ? Mais qu'est devenu dans la pratique le pouvoir de ces nouvelles coopératives, leurs activités propres, leurs relations avec la CEDEGE ? Cette situation mal définie en 1976-1977 évolue également en fonction des tendances récentes du marché du riz. En effet, l'État, par des mesures de libéralisation du crédit dans tout le domaine rizicole du Guayas et de Los Ríos, avait permis l'essor de nombreuses coopératives rizicoles et leur modernisation ainsi que celle des *haciendas* qui se sont tournées récemment vers cette production, de façon intensive. L'État avait même fixé un prix pour tous les producteurs, et organisé l'achat de riz par des organismes type Enac et Emprovit, chargés de contrôler la commercialisation. Depuis 1975, le resserrement du crédit frappe les coopératives qui avaient tardé à rembourser leurs dettes et qui végètent au profit des *haciendas*.

Des résultats inégaux

Les travaux d'aménagement étaient presque tous terminés en 1980. Les rizières avaient déjà donné des récoltes satisfaisantes et l'on espèrait atteindre prochainement les buts poursuivis : deux récoltes annuelles avec un rendement de 140 q/ha au lieu des 50 q/ha jusque-là obtenus. Les plantations existantes de cacao et de café apportent des revenus complémentaires.

Tableau n°68

La répartition des terres du projet babahoyo

Année	1970	1976	Prévisions
Riz et jachère	7 150	6 000	7 400
Café, cacao	1 525	1 100	1 100
Cultures de cycle court	100	400	2500
Pâturages naturels	2 000	2 800	
Forêt	500	1 400	
Marécage	300		
Édifices, chemins, canaux		200	1 000
Total	11 575	11 900	12 000

Source : GEDEGE, Guayaquil, 1977.

Tableau n°69

Projet Babahoyo. Organisations paysannes assistées par le département de développement agricole.

	secteur	Nbre de personnes	Crédit en milliers de sucre	Superficie semée en hiver 1974		
À Projet Babahoyo-Montalvo				total	comunal	individuel
Coop. Buena Suerte	C	40	1 400	700	100	600
Coop Guaral	À	18	340	153	45	108
Coop Continental	À	34	991	238	63	175
Precoop Dios Patria Trabajo	B	40	315	186	186	
Precoop Campo Pena-Herrera	B	50	120	60	36	24
Coop Huaquilla	C	20	496	200	25	175
Precoop Nueva Victoria	C	41	500	212	50	162
Coop Rosalia	C	17	330	130	70	60
Precoop Lucha Campesina	B	38	525	90	90	
Precoop Palmar	B	70	660	196	40	156
Coop Union y Progreso	C	27	184	66		66
Coop Cedral	B	30		60	30	30
B Route Babahoyo, Chilintomo, Puerto Nuevo						
Coop 23 de Agosto	B	130	1 147	200		200
Precoop 17 de Septiembre	À	60	925	285		285
Precoop Luz de America	À	60			25	25
Precoop San Roman	À	46	700	410		410
Coop Nicolas Infante	À	46	759	370	70	300

Precoop Independiante	A	32	150	150		150
C - La Nueva Fortuna						
Banon	B					
Paraiso	B	21	560	70	70	
Total général		821	10 102	3 801	875	2 906

Source : CEDGE, Guayaquil, 1976.

La vocation rizicole des périmètres sert d'objectif premier dans la nouvelle utilisation du sol marqué par la suppression des jachères et la double récolte annuelle. En effet, une petite diversification à partir du maïs semé pendant la saison des pluies, le soja, l'arachide, le sésame et les haricots cultivés en saison sèche de secano libère la terre pour le riz en hiver, à la saison des pluies.

Toute la mécanisation des cultures – le stockage, le séchage et le contrôle phytosanitaire – a été mis en place par la CEDEGE sous la gestion des coopératives. La vente des récoltes se fait par une entreprise d'achat contrôlée par l'État. Les difficultés sociales tardent à trouver une solution. Pendant plus de dix ans, ces paysans ont entendu dire que tout allait changer pour eux, que cette masse de travaux et d'argent était dépensée pour eux. Les bonnes comme les mauvaises nouvelles leur parvenaient : la terre leur appartient mais il faut la payer, les travaux mécanisés sont indispensables mais il faut des tracteurs et des techniciens pour effectuer le travail. Certes, ces anciens métayers et petits paysans de la zone de Babahoyo sont devenus des propriétaires et leur niveau de vie a un peu changé grâce à l'aide offerte pour leur permettre d'attendre les premiers résultats. Mais après ? Quand ils se sont retrouvés seuls à supporter les risques de ce train de culture et qu'il a fallu commencer à rembourser, par rapport aux investissements réels ? De plus, l'IERAC en accordant des titres de propriété aux métayers installés sur place, n'a pu reconnaître tous les travailleurs, c'est-à-dire les temporaires, les métayers qui n'ont pas été admis par les propriétaires des *haciendas* expropriées et pour lesquels l'IERAC n'a rien fait. Ces exclus ont dû gagner, dans la plupart des cas, les villes de Babahoyo et de Guayaquil.

Quant au projet Babahoyo, il s'agit d'un projet "parachuté" par le gouvernement et les organismes internationaux vers une paysannerie locale, dans un milieu déjà partiellement mis en valeur. Ces paysans devenus propriétaires ont, en fait, changé de patron ; qui a, ici, le visage d'une entité administrative et technique, leur imposant la culture du riz et des techniques qui leur sont étrangères. Finalement, quel travail effectue le paysan de la coopérative puisque tout est mécanisé et confié à des techniciens ? Cette situation confère cependant au colon de la coopérative un pouvoir de gestion mais comment passer de *machetero* à gestionnaire en si peu de temps malgré les efforts de promotion paysanne réalisés par la CEDEGE ? Le colon est devenu propriétaire mais non exploitant direct et, de ce fait, peu motivé pour envisager la prise en main de la coopérative et payer lui-même ce que des organismes divers ont financé largement jusqu'ici. Le cercle se referme et on peut alors penser que si les colons n'existaient pas et si les rizières étaient cultivées par des techniciens salariés, le projet Babahoyo arriverait au même résultat de production sans avoir tous les problèmes sociaux qui pèsent sur son avenir.

9. Milagro, un secteur de grandes plantations modernisées

Une mise en valeur plus intense de la région orientale de Guayaquil

Une grande variété de productions

À 35 km à l'est de Guayaquil, la région de Milagro est un des plus riches terroirs de la Côte. Ses grandes *haciendas* jouent un rôle prépondérant dans la production côtière grâce à leurs vastes terrains plats bien drainés. Elles ont supporté les spéculations agricoles successives en palliant très tôt le manque d'eau par des travaux d'irrigation facilités par le passage de cours d'eau provenant de la Sierra. Variétés des productions (canne à sucre, cacao, café, tabac, fruits, riz, soja et maïs) mais aussi intensivité et technicité en font une région un peu à part. La plupart des propriétés ont été remodelées et aménagées récemment. C'est en effet le chemin de fer puis la route qui débloquèrent cette région à l'écart du passage de grandes rivières navigables. Les cultures traditionnelles (cacao, café) tendent dans certaines *haciendas* à être remplacées par des cultures annuelles et semi-permanentes (riz et banane), plus rentables, car tout est conditionné par le haut coût de l'eau. La principale zone d'ananas du pays se situe dans les paroisses de Naranjito, de R. Astudillo et de Milagro où les petites exploitations familiales peuvent maintenant répondre à la demande de plus en plus forte des conserveries. Ces activités compensent le recul de la banane qui enregistre en effet une certaine stabilisation des superficies autour des 4 780 ha recensés pour les six paroisses autour de Milagro. La banane fournit encore du travail aux *finqueros* du riz et aux coupeurs de canne à sucre. L'élevage est présent sur les terres des grandes *haciendas* à l'ingenio San Carlos, dans les *haciendas* San Rafael, Changuil et Lolita (Valdéz) ainsi que dans la zone comprise entre Barraganetal et San Pedro. Au total 84 000 têtes (brahmans et charolais) dont 14 000 rien que pour Valdéz et San Carlos. Les riziculteurs associent, lorsqu'ils le peuvent, le bétail à leur production en le faisant paître sur les chaumes de riz.

Des rizières de toutes tailles s'étendent dans la zone traditionnelle autour de Yaguachi, sur les rives des rios Chilintomo et Amar et autour des plantations de canne de Maridueño et Cone. Au total 12 906 ha en 1975 sur lesquels 6 500 donnent une récolte en été. Le *minifundio* domine dans cette zone rizicole où les travailleurs offrent, dans le meilleur cas, l'appoint d'un travail temporaire pendant la coupe. De nombreux conflits dans les paroisses de Yaguachi Nuevo,

P. Montero, Cone et À. Bacquerizo ont abouti à l'expropriation par l'IERAC de 60 000 hectares répartis entre 2 532 bénéficiaires.

Mais le niveau des rendements et de production reste faible et contraste avec celui des grandes *haciendas* voisines. Culture de secano et système de location des terres pendant six mois freinent le progrès de ceux qui, dès janvier, sèment aux premières pluies après une simple préparation du terrain à la machette. Sur certains sols un peu déprimés à la fin avril on repique le riz lorsque l'eau baisse. Grâce à l'apport de limon, les rendements de la récolte d'été sont bien meilleurs. La jachère y sera moins longue puisqu'il faut attendre parfois jusqu'à une dizaine d'années pour replanter. À la très petite superficie louée s'est ajoutée depuis quelques années, avec la parcellisation des *haciendas* de grande taille, une exploitation rizicole de dimension moyenne au niveau technique et aux rendements meilleurs. Ces deux derniers éléments augmentent avec la superficie. C'est dans ce secteur aussi que l'on trouve aujourd'hui les vastes rizières mécanisées des coopératives de Taura et Churute.

Contrairement à une tendance à la diversification des productions, l'hacienda San Antonio se spécialise avec 1 300 ha de cacao. C'était la plus grande cacaoyère du monde jusqu'en 1971, date à laquelle la même société (danoise et britannique) en créait une plus grande en Malaisie. San Antonio offre le spectacle d'une plantation de 3 km sur 4 km d'un seul tenant divisée en lots de 22 à 52 ha dont certains sont sous l'ombrage de Guabos plantés, eux aussi. Tout est mis en œuvre pour assurer un bon rendement grâce à des recherches constantes effectuées pour obtenir une hybridation résistant aux maladies, pour améliorer le séchage et la fermentation à partir d'un système d'escaliers sous toit de zinc. Enfin des canaux amènent l'eau d'irrigation du rio Chimbo. L'hacienda exporte directement par Guayaquil sa production et prépare la transformation sur place de cacao élaboré. Soixante-dix personnes travaillent en permanence et cent soixante-dix environ sont embauchées par contrat pour un travail précis. Elles viennent de Milagro, Bucay et Babahoyo et résident sur place. À côté de cette grande spécialisation cacaoyère qui répond à un souci de production de qualité pour le commerce extérieur, l'hacienda consacre à l'élevage 300 ha impropres à l'arboriculture : 700 ha de jeunes cacaoyères en 1972 étaient complantés de banane Baraganete, et on faisait des essais de poiriers, de piments et de poivriers.

Une évolution accélérée de la propriété

Tout l'est du bassin du Guayas, occupé par de vastes plantations, a subi de grands changements entre 1960 et 1980. Évolution de la demande externe, fréquence des conflits paysans, investissements coûteux et lois agraires ont modifié fortement la propriété foncière de la région de Milagro par de réels bouleversements des structures agraires. Les *haciendas* sont souvent remplacées par des exploitations modernes spécialisées de superficie plus réduite même si elles se situent entre 300 et 2 000 ha. Les remaniements successifs des propriétés aboutirent à la création d'exploitations aux dimensions adaptées à une meilleure mise en valeur. Aussi n'est-il pas étonnant que ces exploitations soient également celles où les innovations culturales et techniques passent le mieux. Un grand nombre de ces *haciendas* originaires de la période du cacao, ont été envahies par leurs propres ouvriers agricoles et métayers entre 1960 et 1973, encouragés par la Loi de Réforme Agraire de 1964, puis par le décret 1001 sur le précarisme. En général on observe un lien direct entre le bas niveau d'exploitation de la propriété et l'invasion. Après plusieurs années de lutte entre l'Institut de Réforme Agraire (IERAC), les métayers occupants et les propriétaires aboutissent à l'expropriation. L'hacienda se trouve divisée en petites parcelles de taille forte variable appartenant désormais, grâce à la législation de l'IERAC, aux petits paysans. On se trouve aujourd'hui devant une situation dramatique de minifundio, résultat d'une anarchie dans l'utilisation et l'acquisition trop lente de la terre. En légalisant simplement les occupations, sans chercher à redistribuer des lots rentables, l'IERAC a en fait préparé de nouvelles sources de conflit. L'action de l'INERHI se situe souvent dans le cadre de ces *haciendas* morcelées. C'est le cas du projet Milagro (1973) où quatre *haciendas* furent divisées entre 825 petits exploitants dont 530 ont moins de 10 ha. IERAC a dû inciter les paysans insuffisamment dotés à partir, avec une indemnisation.

Un grand nombre d'*haciendas* ont disparu ainsi. Celle de Villanueva (11 000 ha dont 7 000 cultivés par des *finqueros* et *sembradores*) fut divisée en 1966 au profit de trois coopératives, regroupant 2 000 membres. L'hacienda Churute (11 557 ha dont 6 000 aptes à l'agriculture) fit l'objet d'une dénonciation en 1964, présentée par une coopérative de 21 membres, suivie d'une demande d'adjudication. En 1971, c'est la réversion à l'État, en 1977, huit coopératives avaient déjà obtenu l'adjudication de 3883 ha pour 206 paysans, sur un ensemble qui comprendra près de 6 000 ha répartis entre 6 199 membres.

L'hacienda Pajonal formée de 22 propriétés achetées entre 1923 et 1946 fit l'objet de longs conflits entre l'État et le propriétaire qui conserva 319 ha sur les 8 903 ha. La coopérative Pajonal obtint 2 737 ha, le reste fut réparti entre de nombreux propriétaires. À 12 km de Milagro, l'hacienda Venecia appartenait avant l'intervention de l'IERAC à la Sociedad Agricóla Venecia et possédait 14 917 ha qui furent fractionnés en quatre secteurs en 1965 : 7 559 ha pour la Sociedad Agricóla et Industrial San Carlos et le reste pour trois propriétaires. L'un réalisa un partage privé, les deux autres laissèrent à l'IERAC le soin d'adjuger à des paysans sur place. Ces derniers (*finqueros-sembradores*) y étaient installés depuis plusieurs générations au début du cacao. Au moment de la grande époque du riz (1940-1946), de nombreuses terres furent données à des paysans pour faire du riz pendant trois ans.

Des conflits entre les travailleurs anciens et les nouveaux venus, soucieux de se fixer et de faire du cacao ou du café moyennant location, aboutirent à un projet d'évacuation des paysans en 1963. Mais l'IERAC en déclarant Milagro zone d'intervention expropria l'*hacienda* y compris les terres vendues à San Carlos. Celles-ci comptaient 900 *finqueros* qui en 1968 occupaient déjà ces terres. La sentence fut rendue en 1972, après neuf ans de conflits et de violences, l'IERAC légalisa les 1 373 parcelles occupées par quatre coopératives sans réussir à renforcer les lots de moins de 6 ha (66,8 %). L'absence d'encadrement technique et financier laissa dans le désarroi les paysans aux mains des usuriers et des intermédiaires. Toutes les propriétés ne sont pas occupées et morcelées par l'IERAC. Beaucoup d'entre elles se divisent d'elles-mêmes par la vente de lots de tailles fort variables permettant ainsi de concentrer les efforts d'investissement sur un espace plus restreint et bien desservi en eau et moyens de communication. Ainsi des plantations traditionnelles (Iñes María, Rocafuerte) se divisent en petites exploitations surtout au sud de Milagro et au nord de Naranjito-Cone où l'on trouve de petites *fincas* de café et fruits souvent intercalés. Seul le Guayas méridional a réussi grâce à son isolement plus long, à conserver quelques très grandes *haciendas*.

Les projets d'irrigation

Plusieurs projets achevés, en cours d'exécution ou d'étude, couvrent tout l'est du Guayas. Le premier, le projet Milagro, commencé en 1945 permet d'irriguer alors 5 000 ha, pour l'Ingenio Valdéz, et 1 000 ha, pour des particuliers, sous le contrôle de l'INERHI. L'eau puisée dans le rio Chimbo, amenée par l'*estero* Anapoyo, irrigue la zone de Naranjito et de Mariscal Sucre. Le surplus est conduit dans le Milagro où il est capté pour l'Ingenio. Des recherches nouvelles tentent d'améliorer ces conditions et la distribution de l'eau encore trop anarchique (7 000 ha supplémentaires doivent être gagnés). Les deux rives du río Milagro disposant d'une topographie uniforme apte à l'irrigation généralisée, la capture des eaux du Chimbo (débit 0 m^3) conduites à travers 8 km de canaux principaux et 65 km de canaux secondaires permet d'irriguer 7 000 hectares. Dans quatre *haciendas* occupées depuis 1964 s'installent définitivement 825 familles. L'action de l'INERHI soutenue par la Banque Mondiale réalise ce projet dans une optique de développement global à grand renfort d'assistance technique, de matériel des plus modernes et de deux stations expérimentales au profit des 6 000 habitants de Mariscal Sucre et Venecia. Le projet de M. J.Calle commencé en 1958 permet d'irriguer 15 000 ha grâce à des canaux revêtus qui amènent l'eau d'un petit barrage de dérivation sur le rio Cañar. Il a permis d'améliorer la colonisation du secteur Vainillo laissée par la United Fruit. Le projet Chilintomo servira à irriguer 2 000 ha à partir de la rivière du même nom. En 1975, un complément de travaux est décidé pour irriguer 2 400 ha supplémentaires destinés à 145 familles. Ce secteur comprenait encore 1 200 ha de banane-cacao. La présence du nouvel Ingenio Aztra a augmenté la superficie en canne, des *cañicultores* bénéficiant de l'eau d'irrigation. Toute la plaine comprise entre les rios Milagro et Chimbo a été intégrée dans un projet de 1 5000 ha appelé Banco de Arena. Comme partout dans le bassin du Guayas, les berges ou *campos altos* sont bien drainées tandis que les dépressions sont inondées une partie de l'année. En dehors des quelques secteurs des plantations de canne, 6 500 ha sont inondables dont 5 400 chaque année. On espère irriguer 13 000 ha en utilisant les eaux souterraines, en protégeant les terres des inondations du Chimbo et du Milagro et en luttant contre l'affleurement de la nappe phréatique pendant la saison des pluies. Cette recherche des possibilités souterraines vient du fait qu'une grande partie des eaux est déjà assignée à des utilisateurs hors de la zone. On envisage donc de doter chaque *finca* d'un puits pour atteindre l'eau située seulement entre 1,5 et 3 m de profondeur. Cette eau permettrait une deuxième récolte indispensable dans cette zone de *minifundio*. Les eaux souterraines doivent aussi fournir des compléments d'eau au secteur méridional de la province du Guayas compris entre le rio Naranjal et le rio Siete sur 8 000 hectares.

Un projet associant les eaux du rio Yaguachí et l'utilisation des eaux souterraines est actuellement à l'étude (10 000 ha près de Yaguachí). Un autre intéresse à Churute 5 000 ha avec les eaux du canal, entre la station de Boliche et Puerto Inca. La plaine est ici très mal drainée, inondée souvent, avec une forte salinité et une remontée de la nappe phréatique.

10. La grande région sucrière de l'Équateur

Un secteur de pointe

La zone sucrière est concentrée dans le secteur situé entre Babahoyo et Milagro autour des deux grandes plantations de Valdéz et San Carlos créées à la fin du XIXe siècle. Cinq autres petits *ingenios* se sont maintenus dont deux de taille moyenne comme Isabel María et Lúz María. Enfin, deux nouvelles usines se sont installées plus à l'est près de M. J. Calle et Taura. La Côte fournit 88 % de la production de sucre du pays. La canne à sucre a créé des paysages qui lui sont propres : de vastes étendues nivelées, irriguées, drainées par de grands fossés et reliées par un quadrillage de routes et de pistes à une usine.

La production sucrière est un secteur de pointe de l'agro-industrie équatorienne. En progrès très régulier, les raffineries de sucre du Guayas ont augmenté ces dernières années plus par une amélioration de la production que par la superficie (6 %). Surtout la capacité installée (19 800 t. m/jour) a été mieux utilisée grâce à l'apport de petits producteurs. En fait 70 % de la production sucrière sont fournis par les trois grands *ingenios* Valdéz, San Carlos et Aztra sensiblement de même taille depuis peu, représentant respectivement 31 %, 36 % et 20 % de la production qui atteint 324 000 t. en 1977 pour l'ensemble du pays contre 171 000 t. en 1967. L'augmentation de la consommation interne, 11 % par an, et l'augmentation de la demande de l'industrie chocolatière (14 %) encouragent la production de sucre mais la croissance reste modeste en dépit des prix mondiaux avantageux en 1974/1977 par suite de restrictions gouvernementales imposant des quotas de vente pour le marché interne, dont une partie à ENPROVIT à un prix imposé. La faiblesse des prix internes a provoqué de sérieux conflits et pertes en 1977-1978. Les exportations se sont limitées à 17 000 t. seulement en 1976. Or elles avaient atteint 94 000 t. en 1972. La mélasse est exportée par contre régulièrement (34 000 t. en 1976). De nombreuses *fincas* de petits producteurs de canne jouxtent ces grandes plantations. L'essentiel de leur activité est la production de la mélasse. Le secteur de Najanjito en particulier regroupe 6 000 ha de petits champs de canne qui fournissent à la production totale 80 % de la *panela*. La décennie 1970 fut marquée par une extension de la superficie des *fincas* des petits et moyens planteurs assurés par contrat de vendre leur production aux grandes usines.

Trois grandes plantations dominent la production

La Société Agricole et Industrielle de San Carlos regroupe plus de 20 400 ha, de part et d'autre, du rio Chimbo. Les champs de canne s'étendent sur 14 513 ha (10 220 en 1960). Le reste de la plantation comprend 411 ha de jachères, 150 ha de reboisement, 300 ha de cultures (riz) et surtout 4 600 ha de pâturages pour 6 000 têtes de bétail. 120 km de routes et pistes desservent cet ensemble presque compact autour de l'usine située au centre de la plantation. 350 km de petite voie ferrée parcourent enfin cette vaste étendue. La platitude de la zone est telle qu'il faut niveler pour obtenir 2 % de pente indispensable pour le drainage. Six à huit irrigations par an sont obtenues par gravité depuis les ríos Chimbo et Chan Chan. Vingt-cinq puits creusés à 100 m de profondeur fournissent le complément. La variété Ragnal prédomine à 67 %. La coupe se fait tous les 12 mois (contre 18 au Pérou). La mécanisation des activités est partielle pour planter ou pour récolter. Depuis 1977, le chemin de fer est peu à peu remplacé par des trailers (60 en 1977) et des camions (140) loués à des propriétaires indépendants venus du Manabí et de la Sierra. La production de sucre est envoyée en sacs de papier à Guayaquil, une papeterie s'étant installée en 1972 près de l'usine pour utiliser les déchets de feuilles de canne. Une grande partie de la main-d'œuvre de San Carlos s'est fixée autour de l'usine dans la ville de Naranjito, 1 500 à 1 700 travailleurs sont embauchés pendant la récolte (zafra). Venus sur contrat écrit, ils sont logés dans des campements dispersés ou dans les deux centres de San Carlos (Mariduena) et Naranjito. Ils viennent en grande partie de la Sierra. Au total, usine et plantation emploient près de 2 700 travailleurs dont 210 pour l'usine. La plantation de Valdéz possédée par la même famille jusqu'en 1977 correspond sensiblement aux conditions de production de l'usine de San Carlos. Elle possède l'hacienda San Rafaël avec 8 700 ha dont 3 000 pour l'élevage bovin (6 000 têtes), 1 700 ha pour des essais d'abaca et 200 pour la banane. L'eau d'irrigation pour la canne vient du Chimbo, pour laquelle existe depuis 1948 un contrat.

LA GRANDE RÉGION SUCRIÈRE

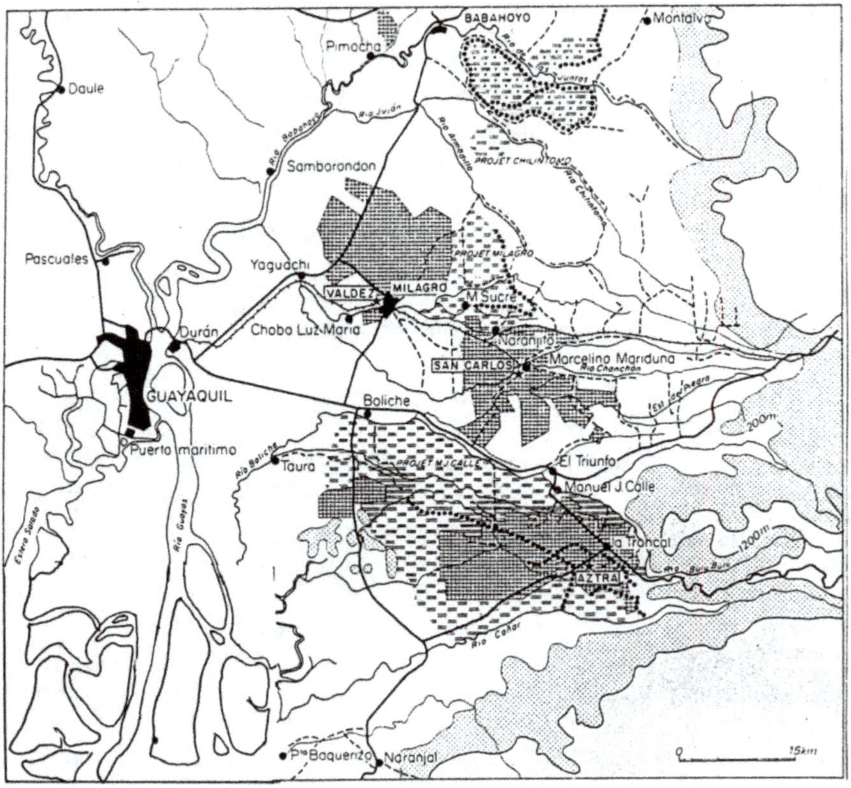

- Plantations de canne á sucre
- Projet Babahoyo (aménagement de rizieres) par la CEDEGE
- Projet d' irrigation de l'INERHI
- canal
- chemin de fer
- route
- piste d'été

La mécanisation a abaissé le nombre de travailleurs pour la *zafra* de 3 000 à 2 500 en 1972. Des trailers remplacent le petit chemin de fer. 1 100 personnes dont 400 à l'usine travaillent toute l'année. La ville de Milagro abrite une grande partie des travailleurs, l'usine étant située au bout d'une rue de cette ville. L'usine d'Aztra est implantée en partie sur l'ancienne *hacienda* de Taura Vainillo possédée par la *United Fruit* (*Compañía Agricóla del Guayas*) et vendue en 1954. Ces terres envahies par de nombreux occupants ou achetées par des moyens et grands propriétaires furent déclarées exemptes de la réforme agraire sur 10 000 ha. Cet avantage permit la constitution d'une grande plantation et d'une usine par un groupe guayaquilénien. L'usine commença à fonctionner en 1968 alors que la totalité des terres prévues ne lui appartenait pas encore. La plantation possède une usine mais seulement 6 000 ha de canne et dépend de ce fait des 10 500 ha plantés par des *cañicultores* (63) dont quatre ont plus de 600 ha chacun. La dispersion des parcelles a posé de gros problèmes pour la construction des canaux, des drains et des routes de desserte. La plus lointaine est à Taura à 50 km. La pente est suffisante en général, mais les eaux superficielles trop abondantes posent des problèmes de drainage. L'eau est fournie par les rios situés dans le périmètre irrigué de M.J. Calle organisé par INERHI. La main-d'œuvre comprend 2 000 personnes environ dont 1 600 pour la récolte (*zafra*). Originaires en grande partie de la Sierra, ces coupeurs de canne sont logés surtout à Truncal, M.J. Calle et dans quelques campements. La coupe est manuelle, la charge est mécanique. Le transport se fait uniquement par camions dont 70 % appartiennent à l'usine ; les autres viennent de tout le pays (Manabí et Sierra). La récolte est faite par l'*ingenio* sur toutes ses terres et sur celles des autres producteurs. Les travailleurs fixes viennent de Guayaquil, Milagro, El Triunfo ou El Truncal, transportés par autobus chaque jour. L'usine n'a aucune extension de pâturages ni de culture.

La participation des petits et moyens planteurs

Depuis quelques années, les *ingenios* ont augmenté leurs achats de canne aux petits planteurs voisins. Encouragés par des facilités de crédits et par ces contrats écrits de longue durée de la part des usines, des planteurs ont transformé leurs rizières, allant parfois jusqu'à 500 ha, en champs de canne.

Ces coupeurs de canne (*cañicultores*), fort encadrés par l'usine, qui leur assure semence, engrais, conseils techniques, coupe et transport, ont profité de la situation favorable du sucre des années 1970-1980. San Carlos a acheté ainsi la production de 1 848 ha répartie entre 33 planteurs dont le plus grand, Los Janeiros au sud de la route de Guayaquil, possède 800 ha. Valdéz achète à vingt planteurs et Aztra à soixante-dix planteurs – dépendance indispensable pour la dernière usine – mais aussi les excédents de Luz María et Isabel María situés à proximité. Beaucoup plus aléatoire reste le sort des *finqueros*, producteurs de mélasse (*panela*), qui obtiennent des contrats de courte durée (un an) auprès des usines. Cette fabrication est remise en question chaque année par le manque de main-d'œuvre.

11. Milagro, ville de services et réserve de main-d'œuvre

Le développement des plantations attira et fixa très tôt les migrants, en provenance de la Sierra, dans les premiers foyers urbains de la région. San Carlos, Naranjito, El Truncal, El Triunfo et M.J. Calle ont, de ce fait, enregistré des taux de croissance spectaculaires depuis 1962, de 10 à 12 % par an. Autant de villes champignons jaillies sur la route de Guayaquil à Naranjal ou à proximité des *haciendas* sucrières. Milagro est la dixième ville de l'Équateur et la sixième cité côtière après Guayaquil. Or elle est assez récente (900 habitants en 1842). La construction de la grande hacienda sucrière de Valdéz attira dans ce petit hameau une partie de la main-d'œuvre. Elle s'est peu à peu fixée, travaillant en dehors de la récolte de canne (*zafra*) dans les plantations du voisinage (cacao). Milagro est restée l'agglomération agro-industrielle du début. Les plantations de canne, petites ou grandes, trouvent en ville leur main-d'œuvre, les cacaoyères et les bananeraies de même. L'essor du riz a fixé aussi tous les moins chanceux dans les plantations. Milagro est, en 1978, une ville de 80 000 habitants au taux de croissance de 8 % par an. Le fait que plus d'un tiers de la population travaille dans le secteur agricole et un quart à la transformation des produits agricoles (moulin à riz) confère à la ville une ambiance particulière. C'est presque une cité dortoir avec peu de commerces et de services pour donner de l'animation. Milagro est à l'écart de la route qui relie l'est du Guayas et la Sierra, la distance avec Guayaquil représentant moins de 35 km, limitant ainsi sa fonction d'entrepôt. Néanmoins ses entrepôts regroupent une petite partie des productions locales de cacao, café et maïs avec notamment deux marchés foires. C'est un grand centre rizicole avec 15 moulins sur les 24 du canton. Les propriétaires de moulins sont souvent, en même temps, les transporteurs et les commerçants de Milagro.

12. L'amélioration de la production par l'irrigation

L'ensemble du secteur est déjà doté de vastes périmètres irrigués contrairement aux autres régions de la Côte, grâce aux travaux individuels réalisés depuis les années 1960. L'inégale distribution de l'eau accentue les contrastes entre les secteurs d'*haciendas* bien dotés et ceux délaissés des petits métayers et paysans. Les périmètres desservis intéressent 60 000 ha auxquels on peut ajouter 88 000 ha prévus dans le sud du Guayas (Naranjal-Siete).

Tableau n°70

L'irrigation dans le secteur oriental

Projets	Origine de l'eau	Surface irriguée	Familles	Coût en millions sucres
Milagro	Chimbo	13 000	900	407
Chilintomo	Chilintomo	2 000	100	28
M.J. Calle	Cañar	15 000	1 100	524
Banco de Arena	eaux souterraines	13 000	1 000	260
Yaguachi	eaux souterraines	10 000	2 000	300
Churute	Cañar	5 000	2 000	150
Achiotes	Chan Chan	2 000	500	60
Siete Naranjal	eaux souterraines	88 000	4 000	2 600

Sources : INERHI (1977)

Comme les autres villes, Milagro est sous-équipée une fois les rues centrales dépassées et ce n'est pas le gonflement rapide de sa population qui facilite les progrès de la ville. Le niveau d'infrastructure freine la transformation de cette agglomération importante en une vraie cité aux activités variées. Tout est dû au fait qu'une partie des retombées des affaires agricoles échappe à Milagro, au profit de Guayaquil très proche. En effet, les deux très grandes *haciendas* sucrières sont organisées à partir de bureaux situés près du port ; quant aux autres grandes *haciendas* de cacao, de bananes et de riz, elles court-circuitent également les entrepôts de la cité. Il ne reste alors que les petits riziculteurs en marge des *haciendas* pour dépendre des moulins à riz (*piladoras*) de Milagro. Il en est de même pour ceux plus favorisés par un salaire fixe obtenu dans les plantations mais seulement pendant une partie de l'année. Les dépôts bancaires effectués dans les trois succursales de Milagro sont donc plus à l'image de la richesse des plantations que des activités urbaines. L'influence de Milagro est limitée au nord par Babahoyo, le chef-lieu où se trouvent des services administratifs provinciaux et au sud par la route qui relie directement aux équipements de Guayaquil.

13. Le Guayas méridional

De grandes plantations et des noyaux de colonisation enfin reliés par la route

Le Guayas méridional malgré sa position marginale par rapport au développement des fleuves du Guayas, participa à la première phase cacaoyère grâce au cabotage maritime. Tout le secteur est traversé par des cours d'eau parallèles, traversant très rapidement la frange côtière d'est en ouest de 30 km de large. L'humidité apportée par la cordillère (2 000 mm) et le littoral avec ses *garuas* favorise l'agriculture à condition de drainer très sérieusement ces terres traversées par des torrents fougueux. Le cabotage a donc facilité la création des *haciendas* du cacao à Balao, Tenguel et Naranjal et rapproché cette zone du grand commerce de Guayaquil. Naranjal représentait d'autre part une étape sur la route des hautes terres même si les échanges entre le port et Cuenca étaient faibles (sel, farine, sucre, etc.) ; des pâturages ont occupé très tôt le voisinage des cacaoyères tandis que les forêts immédiates étaient exploitées pour le bois transporté par les cours d'eau. À leur estuaire, dans la mangrove, un embarcadère servait de port d'embarquement sur des bateaux à destination de Guayaquil. Isolés les uns des autres, ces premiers noyaux étaient peuplés en grande partie de travailleurs serranais. La crise du cacao laissa ces foyers de colonisation dans une situation dramatique jusqu'en 1950. Entre 1930 et 1940 de grandes *haciendas* furent vendues à des compagnies étrangères qui firent les premiers essais de banane avant sa diffusion dans tout le reste du pays.

Toutes les paroisses, aux dimensions souvent très vastes par rapport aux régions de mise en valeur ancienne, ont doublé leur population en douze ans dans les années 1960-1970. L'essor de Naranjal, Taura et San Carlos s'explique par la route et l'achèvement de la liaison Taura-Naranjal qui intéresse non seulement ces foyers de colonisation mais la zone d'El Oro désormais plus proche de Guayaquil en évitant le détour par M.J. Calle. L'analyse de l'origine des migrants, en 1963, montre une très grande diversité de provenance. En effet, sur 3 667 migrants, 1024 viennent de l'Azuay, 585 de Cañar, 216 d'El Oro, 588 du Guayas, 638 de Los Ríos et 227 du Manabí. Au-delà des blocs compacts des grandes plantations, le manteau forestier était encore en 1970 troué çà et là de clairières. Le défrichement a commencé au début de la construction de la route par des serranais et avec l'essor des bananeraies. On passe de 38 *haciendas* déclarées à la DNB à 177 entre 1969 et 1974, et de 4 626 à 9 656 ha.

14. La plantation de Tenguel et l'United Fruit

Une origine latifundiaire

Tenguel est une des grandes propriétés côtières d'origine coloniale. Elle fut donnée par le roi d'Espagne à Dona Francisca Tomala, qui avait participé financièrement à la défense de Guayaquil contre les attaques du pirate Dutch à la fin du XVIIIe siècle. Les terres sont toujours restées dans la famille dont une descendante mariée à un Caamaño au moment du cacao. À la fin du XIXe siècle dernier, c'est la plus grande hacienda de cacao de l'Équateur sous le nom de Caamaño Tenguel Estates Limited avec plus de trois millions d'arbres. La crise frappa durement la plantation qui fut liquidée par la Banque Territoriale en 1926. Un peu plus tard, l'United Fruit Company acheta la plantation même de Tenguel : 18 000 ha pour 80 000 sucres, transaction menée par un de ses intermédiaires, the Canadian Ecuadorean cacao Cy. La compagnie acheta aussi la Isla (15 000 ha) puis en 1935 les 30 000 ha de l'ensemble Taura Vainillo situé à l'est de Guayaquil par l'intermédiaire de la Compañía Agricóla del Guayas, au total de très grandes surfaces de réserve jusqu'ici peu exploitées en dehors des cacaoyères de Tenguel. Lorsque le mal de Panama gagne fortement toutes les plantations de l'Amérique centrale en 1945-1946, les bananeraies de Tenguel sont prêtes à prendre la relève du cacao. En 1933, l'United Fruit achète pour un million de sucres environ 38 400 hectares de terres forestières à 40 km au nord de Machala. L'installation de la compagnie étrangère marque en Équateur une ère nouvelle en préparant le démarrage bananier. La plantation de Tenguel comprend en fait plusieurs *haciendas* avec des secteurs de forêts, de pâturages et de zones inondables à mangrove. La production est confiée à l'entreprise Canadian Ecuadorean Cacao Cy qui exploitera le domaine jusqu'en 1962. La commercialisation et l'exportation appartiennent à l'United Fruit Cy. Si Tenguel est davantage connue par ses immenses bananeraies, elle n'en a pas moins encore 500 hectares de cacao et d'immenses pâturages. La banane occupait la première place avec plus de 4 000 hectares de Gros Michel organisés à l'exemple des plantations de la compagnie au Costa Rica. D'immenses parcelles dépendaient d'un réseau de voies ferrées construites spécialement pour transporter les régimes à Puerto Conchero, embarcadère construit sur le rio Tenguel, et gagner Guayaquil en bateau.

Une organisation extensive de la production bananière

La production bananière de Tenguel a toujours eu des rendements supérieurs au reste de la Côte. Peu à peu, les techniciens étrangers venus encadrer les débuts de la plantation ont été remplacés par des cadres équatoriens. Autour du village de Tenguel, situé sur le rio du même nom, sont répartis cinq campements : San Rafael, Fortuna, Pagua, Cotopaxi et Chimborazo. Les maisons contiguës et alignées pour former des rues parallèles frappent au premier abord par leur allure plus nord-américaine qu'équatorienne. Les constructions sont faites de larges planches de bois avec peu d'ouvertures et posées sur le sol, ce qui n'a rien à voir avec les maisons locales de bambous, sur pilotis, aux toits de feuilles. Au total, 500 chefs de famille originaires du Guayas et de l'Azuay bénéficient d'un salaire supérieur à ceux de tout le pays.

La compagnie avait construit en outre des équipements propres à la production (routes, pistes, voies ferrées, embarcadères, canaux, une école, deux dispensaires à Pagua et Chimborazo et un hôpital). Ces équipements étaient, à l'époque, absents des campagnes côtières. L'hôpital avec ses médecins tant américains qu'équatoriens était le meilleur du pays en 1941. Enfin, autre fait unique à l'époque, l'eau et l'électricité arrivaient jusqu'aux maisons des ouvriers. L'action de l'United Fruit ne s'est pas limitée à la production de Tenguel. Elle s'intéressa à l'achat de fruits et encouragea les premiers planteurs à créer des bananeraies. Effectivement, en organisant les exportations, elle a incité les grands et moyens planteurs de cacao à se reconvertir et, par la suite, les petits colons installés sur des terres vendues à bas prix par l'État ont suivi. En 1948-

1950, lorsque la demande américaine en banane s'accroît, le terrain matériel et psychologique est prêt. D'autres compagnies se sont alors intéressées à cette production, des Équatoriens se lancèrent également dans l'aventure, sollicités par les exportateurs de Guayaquil. Mais les temps changèrent. Les difficultés de la production, les aléas des politiques nationalistes ont freiné les exportateurs pour créer des plantations comme celle de Tenguel. Les exportateurs ont dû concentrer leurs efforts sur le transport et la distribution des fruits. La banane équatorienne sera donc le fait de moyennes plantations et surtout d'une foule de petits colons.

La comparaison avec les plantations de "Mamita Yunai" au Costa Rica est difficile car l'échelle est autre avec 84000 hectares plantés et 112 miles de voies ferrées. La date compte aussi puisque les premières installations qui remontent à 1899 sur la Côte atlantique, furent abandonnées en 1917 à la suite de l'attaque du mal de Panama, au profit du littoral pacifique. Ce dernier est atteint en 1945 par la maladie. Il faudra attendre 1955 pour que de nouvelles variétés, capables de résister aux maladies, soient plantées dans le secteur de Golfito par la Compagnie. L'étude des plantations d'Amérique centrale met en évidence les points communs de la politique de la United, appliqués à l'Équateur : ouverture à la production de vastes terres vides, organisation de la production en vue de l'exportation, appel à une main-d'œuvre des régions voisines attirée par des salaires fixes et élevés, des méthodes de culture plus modernes que celles des régions agricoles voisines, des privilèges fiscaux ; enfin à de gros investissements et de grands risques correspondent des bénéfices largement rémunérateurs.

Le choix d'une création nouvelle en Équateur par l'United Fruit correspond aux besoins de terres vierges exemptes de maladies mais aussi de risques de cyclones qui ravagent l'Amérique centrale. La sécurité de la production devait compenser les coûts de transports plus élevés dus à l'éloignement du marché encore essentiellement américain. Au total, l'United a joué un rôle plus important que les autres compagnies venues par la suite. En 1957, elle représentait avec 6 % de ses plantations, 1/5 des exportations de banane de l'Équateur. En 1980, il est difficile de connaître son impact car elle n'intervient qu'indirectement en Équateur. Mais c'est elle qui, par sa présence et ses encouragements, ouvrit ce pays au marché mondial de la banane.

L'abandon de l'United Fruit

Plusieurs raisons d'importance inégale sont données comme explication au rapide retrait de la United Fruit, de ses plantations de Tenguel : les conflits avec les ouvriers (1956-1961) de la plantation et l'extension du mal de Panama.

Les grèves ont révélé l'état de crise de cette plantation à la suite des baisses de rendement dues au mal de Panama, raison pour laquelle la Compagnie avait tenté une implantation hors d'Amérique centrale. Les conflits, toujours plus nombreux dans les *haciendas* les mieux organisées, aux salaires les plus élevés, ont éclaté entre cette main-d'œuvre fixe et les ouvriers temporaires et les transporteurs. Cette explication, mise en évidence par les Équatoriens pour montrer la force d'une lutte ouvrière face à la plus puissante des compagnies fruitières d'Amérique du nord, a accéléré le départ mais trouve sa vraie dimension dans la reconversion de la Compagnie. Celle-ci, pour ne pas recommencer l'expérience du Costa Rica, a cherché à limiter son intervention à la commercialisation et au transport vers les pays consommateurs. Libérée en Équateur des soucis de production, elle a, au contraire, encouragé la diffusion de la banane dans toutes les régions à partir des petits et moyens planteurs qui supporteront seuls les risques de la diffusion des maladies et le changement de variété. Au début des années 1960, elle vend une partie de ses terres à des planteurs guayaquiléniens avec lesquels la UFC organisa une sorte d'accord pour préserver son marché bananier et ses achats en Équateur. 23 000 hectares seront ainsi vendus à des particuliers. Déjà, dès 1954, l'ensemble de Taura-Vainillo commença à être démembré et vendu en 39 propriétés dont une de 11 000 ha, 2 de 4 000 et 5 000 hectares, les autres de 150 à 1 000 hectares. L'Institut National de Colonisation reçut également 6 300 ha en 1961 (la Colonia Velasco Ibarra). Mais le cœur même de la plantation, soit 6 000 ha, le village et les campements ont été repris à l'État par l'Institut National de Colonisation au profit des travailleurs dont le nombre avait fortement augmenté puisqu'en 1963 on compte plus de 4 000 familles. Entre 1960 et 1963, l'I.N.C. institue un projet pilote (Réforme agraire) et regroupe les 500 travailleurs en onze coopératives de 150 membres à San Rafael à 22 membres à Ferroviaros. Une douzaine de coopératives d'élevage fut créée indépendamment.

Chaque coopérative est propriétaire d'un secteur appelé communal, travaillé en commun, qui s'étend de 20 à 100 hectares. Chaque membre est propriétaire d'une parcelle travaillée individuellement de 4 à 10 hectares achetée à l'IERAC à 320 sucres par hectare payables en dix ans et d'une maison à 900 sucres. Des aides internationales ont permis de remplacer le Gros Michel par la Cavendish sur 750 hectares à côté des vieilles cacaoyères et des anciens pâturages. Les parcelles individuelles portent en général un ou deux hectares de Cavendish, de Gros Michel, des cacaoyers et des cultures vivrières (maïs, manioc et plantain) ces dernières vendues au marché de Tenguel et si possible ailleurs mais les excédents sont rares. Née de la division en deux de la coopérative la Esperanza en 1961, la coopérative San Vicente possède, en 1976, 26 hectares de bananes, 150 têtes de bétail, 55 ha de cacao dont certains arbres ont plus de 70 ans ! Soit au total 500 hectares pour 46 membres car trois familles seulement sont parties. La dette de la coopérative s'élève à 900 000 sucres pour le communal mais il n'est pas question de la régler.

Des coopératives prennent une succession tendue

Les difficultés sont apparues très vite. L'absence d'organisation commerciale oblige chaque coopérative à vendre elle-même. Par manque d'encadrement, les coopératives n'ont pu chercher à produire autre chose que des bananes pour lesquelles elles manquaient de routes puisque la nouvelle variété est plus délicate à transporter. Habitués à attendre une aide, les travailleurs aigris et entourés de familles sans cesse plus nombreuses, n'ont d'autre solution que de refuser de payer l'IERAC. Les éléments jeunes et dynamiques sont partis puisqu'ils ne pouvaient rester sur place, seuls les anciens demeurent, chacun ayant déjà, pour la plupart, divisé leur parcelle en un grand nombre de lots. Vingt-cinq ans après le départ de l'United, la plantation offre un aspect de pauvreté et d'abandon général qui contraste avec les *haciendas* voisines bien entretenues. En fait la superficie est mal connue, l'entretien varie beaucoup d'un secteur à l'autre; les voies ferrées ont été enlevées, le drainage n'a pas été entretenu depuis 15 ans et 5 000 hectares de pâturage ont été ainsi perdus, l'électricité est déficiente, l'eau manque même. Le bétail est vendu pour pallier le manque d'argent. Plus grave encore est l'état d'esprit des membres des coopératives. Les promesses n'ont pas été tenues. L'échec de la colonisation officielle est visible. On pourrait gagner de nouvelles terres entre la forêt et la mangrove mais il faudrait de sérieux efforts de drainage. En 1966, des techniciens israéliens ont tenté d'introduire le système des kibboutz mais sans succès. Seul en est resté le nom d'une coopérative "Israël". Depuis l'IERAC cherche à liquider sa tutelle en réglant le problème financier par des titularisations..

15. Le maintien de grandes plantations

Le contraste est de plus en plus marqué entre les petits hameaux de colons pionniers, les coopératives de Tenguel et les grandes plantations. De nouveaux espaces défrichés gagnent la route située souvent sur la limite des provinces serranaises et côtière au pied de la cordillère. Si, en 1970, la forêt l'emportait sur les zones colonisées, en 1977 elle cède de plus en plus la place aux plantations mais surtout aux pâturages dominés encore par des palmiers royaux. Les pentes trop fortes sont restées boisées. Le nord compte les plus grandes *haciendas* avec los Alamos (2 000 ha de banane), Balao, Chico, Secadal, Sta Carla, San Rafael, Texas… toutes ont entre 1 000 et 12 000 ha. Plus au sud, les *haciendas* ont en moyenne de 100 à 200 ha. Proches de la zone de production d'El Oro privilégiée par les compagnies d'exportation, elles ont pu vendre en dépit de la mauvaise route qui reliait les *haciendas* au réseau routier d'El Oro. Aujourd'hui le cacao reprend une certaine place mais l'élevage gagne sans cesse du terrain sur ces espaces souvent trop humides au voisinage de la cordillère. L'hacienda San Rafael est un exemple de ces grandes propriétés rachetées à l'United. Située à 12 km de Tenguel, elle compte 1 500 hectares dont 250 en Cavendish en 1971 (contre 410 en 1969). La pente est trop forte et l'irrégularité des débits des torrents est telle qu'ils dévalent les 7 à 8 km de la Sierra et la mangrove en arrachant et en inondant tout sur leur passage en dépit de quelques murs élevés déjà du temps de l'United Fruit. Aussi, l'élevage apparaît préférable surtout après la division de la propriété entre quatre frères. 1 000 hectares ont été transformés en pâturages pour des zébus Hollsteins et dans un petit élevage laitier pour le marché de Machala. Des bœufs pour la viande sont par contre vendus à Guayaquil. 1 500 bovins et 80 taureaux vivent dans ces pâturages de saboya. Quelques hommes seulement sont nécessaires, pour la traite et la surveillance des animaux. La pose, l'entretien des clôtures et le travail des bananeraies restantes se font par contrat. Une autre compagnie étrangère d'exportation s'était installée plus au nord de Tenguel près de Balao au moment de la crise cacaoyère : la Compañía Frutera Sudamericana, Société Chilienne de Valparaiso, la plus grande exportatrice de fruits du Chili. La plantation de Balao Chico, organisée à la fin du siècle dernier lui fut vendue en 1935 par le groupe Echeverria également chilien qui l'avait achetée peu de temps auparavant à une famille de Guayaquil. La Société Agricóla de Balao Chico transforma le groupe d'*haciendas* de Balao Chico, soit 22 000 ha, en immenses bananeraies à la fin de la décennie 1940.

À la fin de la décennie 1970 la même société exploite encore 12 000 ha. Les bananes ne couvrent plus que 500 ha. Avec l'extension du mal de Panama, la plupart des bananeraies avaient été reconverties en pâturages qui représentent alors 3 500 ha pour 6 400 têtes de bétail. Le cacao a repris la première place avec 1000 hectares. La production est loin d'être intensive car on limite encore les interventions de nettoyages, d'apports d'engrais ou de fumigation. Mais les efforts ont permis d'irriguer avec l'eau du río Soledad, de renouveler des cacaoyères âgées de 70 ans et de sécher le cacao au moyen d'équipements électriques. Les fèves sont envoyées par camions à Guayaquil, les bananes par bateau. Au total plus de 1 000 travailleurs regroupés en équipe autour de 30 à 40 *contratistas*. Seul le séchage du cacao demande une main-d'œuvre spécialisée (100). Outre 200 ha de riz, la Société a planté 500 hectares de palmiers à huile et a créé 300 hectares de lagunes préparées pour la pisciculture (*camarones*) utilisant ainsi son littoral à mangrove.

La propriété comprend quatre *haciendas* (11 343 ha) et une cinquième (Entre Ríos) de 11 000 ha actuellement dont une partie est cédée à l'IERAC. Sur les premières pentes de la cordillère, 1 000 ha divisés en lots de 5 à 20 ha ont été attribués aux travailleurs de l'*hacienda*.

Les collines du nord du Bassin du Guayas

Le nord du bassin du Guayas est, depuis les années 1970, une des grandes régions de production agricole orientée autant vers l'exportation que vers la consommation nationale de l'Équateur. Cette participation commença après la

Seconde Guerre mondiale lorsqu'un grand mouvement de colonisation s'empara de ces collines forestières pour les transformer en vastes bananeraies grâce au travail de petits et moyens colons venus de toutes les régions. Un vrai front pionnier s'est déplacé vers le nord à partir des rivières et de la plaine du Guayas. Ce rush bananier, même s'il a été suivi d'un temps de repli, a permis de tirer parti de ces sols très fertiles et bien arrosés du nord du bassin. Les transformations agricoles n'ont pas fini de faire évoluer ces collines du stade de la plantation extensive à l'agriculture moderne adaptée aux conditions de pente et d'un marché de plus en plus diversifié. Deux centres animent cette région, Sto Domingo mais surtout Quevedo qui sont autant de relais entre Guayaquil et Quito.

Un milieu de collines très favorables à une agriculture commerciale

Le nord du bassin du Guayas possède une grande unité dans son milieu comme dans sa mise en valeur qui l'oppose au sud. En effet, les vastes plaines alluviales traversées par les grands fleuves disparaissent au profit d'un ensemble de collines de formes différentes et d'altitude moyenne inférieure à 300 m qui relient à la Cordillère des Andes la petite chaîne du Manabí composée également de collines. Le piémont est très étroit (3 km) à la hauteur de Quevedo et plus large au nord au niveau de Sto Domingo où un vaste cône alluvial s'étend sur 15 km environ, assurant une transition entre les collines et les pentes de la Cordillère qui gagne rapidement 3 000 mètres. Cette région possède peu de terrasses et de bassins aux fonds plats, tant l'ensemble est sillonné de rivières très nombreuses. Bien alimentés dans cette zone, les cours d'eau sont torrentiels et dévalent en creusant sur leur passage de petites vallées étroites. Les rares bassins (Valencia, Puerto Ila), les pentes des collines les moins raides du nord et les grandes ondulations qui servent, au sud de Quevedo, de transition entre les plaines du Centre et du sud du Guayas offrent des conditions favorables à l'agriculture grâce au drainage naturel, à l'absence d'inondation et à des précipitations suffisantes pour n'avoir pas besoin d'irrigation. Effectivement, d'ouest en est, la région des collines reçoit des précipitations régulières qui vont de 1 000 mm à 3 000 mm et plus à l'approche de la Cordillères des Andes. Les écarts annuels sont faibles et si la saison sèche est plus marquée à Quevedo, il pleut par contre toute l'année à Sto Domingo. Ici la température est de 21° en moyenne contre 24° à Quevedo, mais surtout la nébulosité (8/8 contre 6 à 7/8 à Quevedo) alliée à une forte humidité, offre des conditions moins propices à certaines cultures. L'ensoleillement plus prolongé près de Quevedo, ainsi que des précipitations plus limitées, sont également plus favorables, par exemple à la banane, qu'à Sto Domingo où les maladies se propagent plus vite. Enfin, entre le Río Daule et la Cordillère des Andes, la richesse des sols contribue à favoriser cette région. On trouve des sols d'origine volcanique, très fertiles et qui n'avaient jamais été utilisés jusqu'ici. Le réseau hydrographique, en partageant en deux bassins cet ensemble de collines, a longtemps été déterminant dans l'orientation des relations de cette région. En effet, le nord de Santo Domingo est tourné vers le bassin de l'Esmeraldas, point de départ de grands fleuves comme le Quinindé et le Blanco, tandis qu'au sud les premiers tronçons des fleuves Daule et Vinces s'orientent résolument vers le sud. Enfin, de la Cordillère des Andes dévalent le Toachi et la Mana ou Pilao qui creusent des vallées de pénétration à travers la montagne.Cette orientation nord-sud des cours d'eau du Guayas a provoqué la convergence humaine et économique vers Guayaquil au contraire du bassin de l'Esmeraldas qui n'a jamais pu offrir les mêmes conditions de mise en valeur et de navigation.

16. Un front pionnier lié à l'essor de la banane

Les collines du nord du bassin du Guayas sont restées très peu peuplées pendant plusieurs siècles. Seul le groupe etnique des Colorados pratiquait une agriculture itinérante autour de Sto Domingo. Plus au sud, quelques Indiens du Manabí ainsi que des métis tentaient de tirer profit de la forêt. Les vallées, au débouché des Andes, portent depuis très longtemps des cultures réalisées par les Serranais comme complément écologique des terres d'altitude (café, fruits). Quelques domaines d'élevage enfin se sont créés au milieu de XXe siècle autour de Sto Domingo. Dans la zone de transition, quelques cacaoyères ont peu à peu pris place accompagnées souvent de caféière. Au total quelques milliers d'habitants sont répartis dans toutes ces collines. Pendant la Seconde Guerre mondiale cette région était parcourue par tous les chercheurs de bois, surtout le balsa, le caoutchouc ou le palmier, mais cette économie de cueillette s'est fortement ralentie après 1945. À cette même date, commence en Équateur un grand mouvement de conquête de nouvelles terres pour répondre à la demande bananière des pays occidentaux, mouvement qui va concentrer tous les efforts et les capacités d'investissement des Equatoriens. Outre les plantations traditionnelles de la plaine du Guayas qui fournissent les premières exportations, les compagnies encouragent la création de bananeraies dans toutes les directions. El Oro et le nord de Los Ríos seront les premières conquises parce que les plus proches, mais le mouvement gagnera ensuite le Pichincha côtier formant un vrai front pionnier qui remonte progressivement vers le nord tentant de gagner la vallée de l'Esmeraldas elle-même dont les rives proches de l'estuaire sont plantées en banane.

Vingt ans de progression vers le nord

Le mouvement de colonisation bananière a joué sur toutes les régions déjà mises en valeur de la Côte mais la zone centrale est rapidement défrichée pour répondre à la demande. En effet, le boum bananier trouve là au milieu du XXe siècle de vastes superficies vides, aux sols de qualité et particulièrement aptes à la culture de la banane par sa température, son régime annuel des pluies et par l'absence de vents forts toute l'année et surtout de cyclones. Les quelques *haciendas* latifundistes installées dans Los Ríos et autour de Santo Domingo vendent à prix très bas d'immenses lots non défrichés et sans moyens de communication ; de plus l'État propriétaire de terres forestières et de grandes zones considérées comme incultes vend aussi très facilement des lots de 50 ha aux colons. Enfin, les encouragements des compagnies grâce au crédit, la facilité de la culture de la banane et l'assurance de profits rapides aident à vaincre les obstacles nombreux de l'isolement et du manque de main-d'œuvre.

Le front pionnier dépasse très vite le cadre des vieilles plantations situées le long des berges des grands fleuves du Guayas pour gagner les collines du nord. Le transport des régimes de banane s'est fait au début par caravanes de mulets vers les rivières où des radeaux les entraînaient vers Guayaquil. Peu à peu les pistes et les ponts souvent créés par les grandes *haciendas* permettent de gagner la route en construction reliant les 150 km qui séparent la zone bananière du port. L'intensité et la rapidité des défrichements restent gravées dans les souvenirs des premiers planteurs installés dans la zone au début de la décennie 1950. Des estimations de superficie par province montrent l'importance des défrichements et des plantations. Estimées à 2 000 hectares de 1915 à 1945 pour toute la Côte, les bananeraies dépassent les 30 000 hectares en 1951 pour atteindre 153 000 hectares en 1954 et se réduire à 139 000 en 1960. La zone centrale (Los Ríos et Pichincha) représente alors la plus grande superficie avec plus de 80 000 hectares inscrits à la Direction Nationale de la Banane, le double peut-être, car une grande partie échappe à cette inscription surtout en 1960, date à laquelle les difficultés commencent dans la zone. On enregistrera encore une hausse des superficies en 1964-1965 et 1969, tant la fièvre de l'or vert est solidement ancrée. Le taux de croissance des exportations suit l'incorporation de nouvelles terres à l'exploitation bananière.

Au niveau national, l'exportation des bananes Gros Michel, en passant de trois millions à 34 millions de régimes, prend la première place dans le commerce extérieur devant le cacao et le café en assurant dès 1955 40 % des exportations en valeur et 53 % en 1963. Dans les premières années, tout est vendu, puis, peu à peu par la concurrence que se faisaient les planteurs équatoriens entre eux, la vente devient plus dure et les compagnies, devant la surproduction fruitière, choisirent leurs plantations en fonction d'une sécurité de production. Les planteurs souvent loin des routes, commencèrent donc à moins vendre. De toute façon aucune autre production ne pouvait rapporter autant, surtout dans une période où la demande extérieure se limitait au cacao, café, riz et fruits. Tout étant à profusion dans ce système de culture extensif , le gaspillage était secondaire devant le fait que la vente d'une production, même faible, rapportait toujours beaucoup, les coûts de culture étant limités au minimum dans cette région fertile et humide. La zone centrale prend bientôt le relais des bananeraies du Manabí et d'Esmeraldas moins favorisées par le sol et le climat. La construction de la route, au début des années 1950, entre Daule et Quevedo déclenche un mouvement de concentration des exportations à Guayaquil et permet de ne recourir qu'exceptionnellement aux petits ports de Bahía et Esmeraldas. Les Compagnies encouragent cette montée vers le nord qu'accompagne un mouvement migratoire sans précédent venant de tout le pays mais surtout du Manabí et de la Sierra. Chiffrer le mouvement bananier reste difficile. Il faut se contenter des premières statistiques réalisées par province et attendre 1961 pour connaître les premières estimations de superficies : 15 000 ha en Esmeraldas, 13 000 à Sto Domingo et 60 000 ha dans Los Ríos.

Mise en valeur par des petits colons

L'espace forestier a disparu d'abord le long des cours d'eau et des pistes où l'on trouve encore aujourd'hui des restes importants de cette frange bananière puis au-delà en fonction d'une parcellisation géométrique qui se manifeste par les tracés rectilignes des chemins et des pistes (*gardarayas*). Entre Quevedo et Sto Domingo, la répartition initiale en parcelle de 50 ha a fixé à intervalles réguliers l'hacienda, sa bananeraie et les restes de l'exploitation en forêt. Contrairement aux autres pays bananiers de l'Amérique latine, les plantations ont en majorité (75 %) moins de 50 ha. Au sud de Quevedo, la moyenne baisse à 60 % car quelques grandes propriétés ont pu se constituer à partir d'anciens *latifundios*. L'originalité de cette colonisation bananière éclate dans cette région centrale plus qu'ailleurs sur la Côte. En effet, les conditions favorables d'achat de la terre à l'État ou à des grands latifundios et la facilité de la culture comme sa rentabilité rapide ont attiré des colons non seulement des campagnes de la Côte et de la Sierra mais aussi des citadins des deux grandes villes du pays, de Quito et de Guayaquil. Sans attache terrienne, cette colonisation de citadins, des classes moyennes et des professions essentiellement du secteur tertiaire, a favorisé une certaine démocratisation de la propriété. Toutefois les "*professionales*", surtout ceux proches des ministères, ont obtenu plus de lots que les paysans sans terre du Manabí. Ces derniers n'ont pu occuper que des terres fort éloignées des voies d'accès, rencontrant des difficultés insurmontables pour le transport des régimes. En fait, dans les *fincas* de moins de 20 ha, la banane entre dans une combinaison culturale avec un peu de cacao, de café, de plantain, de manioc et de maïs. Elle n'est vendue que lorsque les *haciendas* voisines plus grandes manquent de fruits pour remplir leurs coupons. Le mouvement de colonisation de la zone centrale s'est effectué avec l'aide de coopératives formées essentiellement dans le but d'obtenir l'adjudication de terres à distribuer entre ses membres. Une fois la terre obtenue, elles disparaissaient d'elles-mêmes par manque d'activité.

Tableau n°71

Total des adjudications de terre réalisé en 1961 à des coopératives à des individus

Province	Bénéficiaires	Superficie	Bénéficiaires	Superficie
Pichincha	1 129	64 522	210	15 373
Los Ríos	281	16 725	56	7 797
Bolivar	200	10 000	5	198
Guayas	491	25 900	28	2 796
Total	2 101	117 147	299	26 164

Sources : *Institut National de Colonisation*

Le manque de camions pour le transport rapide des fruits a toujours été un problème crucial dans cette région en plein essor. Il explique la multiplication des petites coopératives de transport. La route sera construite à partir de 1 950. On trouve également quelques grandes *haciendas* constituées avec l'arrivée de la banane, parfois même par l'achat de plusieurs lots de 50 hectares. Il reste difficile de connaître la propriété réelle cachée, sous diverses exploitations dont souvent quelques-unes sont situées dans d'autres provinces. Il est vrai que 500 hectares permettent une véritable organisation rationnelle du travail. Peu nombreuses, d'un seul tenant, situées pour la plupart au sud de Quevedo où il faut déjà irriguer. Les propriétaires ont souvent eux-mêmes construit des pistes et des ponts pour atteindre leurs bananeraies, comme à l'hacienda Vergel et à Santa Rita près du rio San Pablo, facilitant ainsi l'ouverture d'une zone de production de près de 10 000 ha intéressant des *haciendas* de toutes tailles.

Pour attirer de la main-d'œuvre, les planteurs ont offert des salaires plus élevés que partout ailleurs dans le pays. Aussi, aux premiers arrivés, qui se fixaient sur la plantation, sont venus s'adjoindre des journaliers résidant le plus souvent dans les petits hameaux qui se sont constitués aux croisements des pistes et dans les centres urbains de Quevedo et de Sto Domingo devenus des foyers d'accueil pour une main-d'œuvre en réserve. L'extension rapide des superficies s'est faite grâce à ce volant de main-d'œuvre en renouvellement constant provenant en majorité de la Sierra et du Manabí.

Tableau n°72

Les exploitations des cantons de Quevedo et de Santo Domingo

Quevedo	nombre	%	Superficie en milliers d'hectares	%
de 0 à 10 ha	4 003	56	13	6,8
10 à 50	2 238	31	48	25
50 à 100	473	6,6	30	15
100 à 500	305	4,3	54	28
500	42	0,5	46	23
Total	7 061	100	193	100
Santo Domingo	nombre	%	Superficie en milliers d'hectares	%
de 0 à 10 ha	28 913	71	52	6
10 à 50	7 662	18	199	23
50 à 100	2 904	7	170	20
100 à 500	1 008	2,5	173	20
500	167	0,4	249	29
Total	40 654	100	845	100

Source : Recensement agropastoral, 1974.

C'est ce qui explique la croissance de Quevedo de 5 000 habitants en 1950 à 20 000 en 1962, ainsi que l'apparition de centres comme el Empalme (Velasco Ibarra). Grâce à l'éradication de la malaria et de la fièvre jaune, le front bananier coûta moins cher en vies humaines que la progression cacaoyère des siècles passés. La composition familiale s'équilibre progressivement avec la disparition de la surpopulation masculine caractéristique des zones pionnières.

17. Une tentative de colonisation semi-dirigée : le projet de Santo Domingo de los Colorados

En 1957, le gouvernement équatorien entreprit un vaste programme de colonisation semi-dirigée dans la région de Santo Domingo dans le but d'occuper un ensemble de plus de 270 000 ha dans un secteur de 600 000 ha, dont plus de la moitié est possédée par l'État et de distribuer des terres à des colons à qui l'État donnerait un titre de propriété et une assistance technique. C'est l'Institut National de Colonisation qui est chargé de cette colonisation sur le vaste cône alluvial qui descend d'Alluriquin (1 000 m d'altitude) à moins de 300 m plus à l'ouest. Pour comprendre les circonstances du démarrage de cette colonisation officielle, il faut rappeler que le rush bananier dure déjà depuis sept ans et que des colons commencent à arriver de toutes parts pour défricher toutes les terres disponibles. Très vite, les collines près de Quevedo sont défrichées et le mouvement se glisse de part et d'autre des *haciendas* d'élevage déjà en place. Les travailleurs de ces mêmes *haciendas* plantent des bananiers sur des brûlis situés souvent à plus de trois ou quatre km de la piste ! Lorsque le premier projet, le Plan Pilote, démarre en 1957, la population immigrante est considérablement renforcée : de 600 personnes en 1957 à plus de 3 000 par an entre 1958 et 1962.

Le Plan Piloto, une première étape de l'aménagement du Guayas

Le gouvernement décide, pour stimuler la colonisation, la réalisation entièrement dirigée d'un secteur appelé Plan Piloto. Situé à une quarantaine de km de Santo Domingo à l'ouest de la Concordia, le projet prévoit l'installation de 80 familles dotées d'une assistance complète pour mettre en culture 8 000 hectares. L'Institut de Colonisation doit faire les études, choisir les colons, apporter l'aide financière initiale, construire l'infrastructure et organiser le marché des productions. La première difficulté vient de l'absence de sélection des colons en préférant des Serranais, l'expérience est compromise. Comment sans encadrement ces colons, provenant d'un autre milieu géographique, pouvaient-ils venir à bout de difficultés ? Chaque colon recevait en plus de son lot, une maison, des semences, une vache et 1 500 sucres pendant un an. L'Institut, peu préparé à ce genre d'activités, prévoyait quatre types de *fincas* : familiales, petites, moyennes et grandes, et quelques jardins. Les avant-dernières étaient en fait des *haciendas* privées approuvées par l'Institut mais ne recevant aucune aide. En 1959, on avait réparti 1 200 ha pour 40 fincas familiales de 30 ha ; 800 ha pour 16 de 50 ha, 1 150 ha pour 23 de 50 ha et 50 ha pour 100 jardins. On en comptait également 10 grandes de plus de 200 ha (2 000 ha). Tous les lots avaient un front réduit sur la route d'environ 150 à 250 m contre 2 000 m en profondeur, ce qui signifiait l'isolement pour les colons de la deuxième ligne.

Le choix des cultures ne fut guère plus judicieux. En effet, le cacao et le café ne rendaient pas sur terrain trop accidenté et la culture des palmiers à huile était trop difficile. En second, l'orientation était donnée à la banane, l'ananas, le maïs, l'arachide, le manioc et les haricots. Les pâturages devaient occuper 40 % de la superficie. Très vite, les déceptions provoquèrent des abandons. Sur les 33 premières adjudications, 13 colons partirent. Il est vrai qu'ils étaient employés (4), militaires (3), commerçants (1), de professions libérales et artisans et que sur les 33 lots, en 1959, neuf seulement étaient attribués à des agriculteurs, et en 1960 sur 23 autres lots, trois seulement. On retrouve ici le même problème que partout dans la zone de Santo Domingo : l'essor bananier attira des citadins qui pensaient faire fortune, quelques-uns d'entre eux seulement y parvinrent.

Les difficultés sont venues immédiatement, en grande partie liées au retard du crédit. En 1964, 1 200 ha étaient mis en culture dont 800 en pâturages sur les 5 322 ha répartis. Les entreprises de grande taille se différencièrent très vite des *fincas* des colons par leur dynamisme et leur crédit privé. C'est à cette époque que s'organisa la Cia Anonima Furukawa Plantaciones del Ecuador qui entreprit pour la première fois sur une vaste échelle la culture de l'*abaca*. En 1975, Plan Piloto est un village qui porte la marque de son abandon. Tout reflète le manque de dynamisme. La seule initiative des colons fut la construction d'un pont sur le Mache permettant l'accès aux *fincas* de l'autre rive. Tout autour, on trouve des petites plantations de café, de cacao (1/2 ha), du manioc, des arbres fruitiers, des herbages. Au total 98 *fincas* le long de la piste qui les relie à El Diablo (Monterrey) et Villagas. Quelques-unes ont fait de l'*abaca*, le marché de cette fibre étant en hausse.

La deuxième étape : le projet d'aide à la colonisation spontanée de Santo Domingo

Situé au sud-est de la ville de Santo Domingo, le projet souvent appelé "Polygono del BID" porte sur 270 000 hectares de forêt à coloniser par 3 000 familles. Dès 1962, 1 600 bénéficiaires s'installent sur 170 000 hectares. La Banque Nationale de Développement, la BID et l'Institut de Colonisation devenu en 1964 Institut National de Réforme Agraire et de Colonisation (IERAC) commencent un programme d'assistance de crédit auprès des colons. L'absence de relevés topographiques et cadastraux ralentit les travaux de l'Institut qui devait également construire toute l'infrastructure (180 km de routes), des ponts et des écoles. Le nombre initial des colons prévus fut largement dépassé. Plus de 6 000 colons étaient déjà sur place avec le rush bananier en 1969. Ils venaient des provinces serranaises de Loja (643); Bolívar (628) et Cotopaxi (370) et enfin de Los Ríos (671), et du Manabí (417) pour la Côte. Le rôle de la sécheresse dans les provinces de Loja et du Manabí ainsi que le premier repli bananier pour Los Ríos expliquent ces départs. Par exemple, les membres de la coopérative riobambena du Chilinpe venus dès 1950 travailler dans une plantation sur la route de Chone ont peu à peu trouvé des terres vides à 18 km à l'ouest de Sto Domingo. En 1967, les 22 membres avaient défriché la moitié de leurs 700 ha. Pour répondre aux exigences de l'IERAC, les colons formèrent des coopératives chargées de négocier avec l'institution l'attribution de terres. Un lot de 50 hectares environ de bonnes terres leur était attribué. En principe, le colon achetait la terre à IERAC et payait en premier les frais de cadastre et 10 % du prix du lot. Le reste était remboursé en dix ans. Le colon pouvait acheter plusieurs lots, sortir de la coopérative, vendre sa terre et cultiver ce qu'il voulait. Sans orientation de marché et sans encadrement technique, le colon en fait, pratiquait un peu d'élevage, de porc et de volailles à usage personnel, un peu de plantain, de café, de maïs et de riz dont les excédents étaient vendus sur les marchés locaux. En 1970, on enregistre 150 coopératives au total, disséminées entre les *haciendas* soit 1000 familles installées de 1970 à 1975 contre 12 000 dans la période précédente (1960-1968). Quatre-vingt Coopératives Agricoles de Santo Domingo appelées "*el Consorcio*" se sont réunies pour servir d'intermédiaire entre l'IERAC et les colons en assurant un service juridique. Ce groupement a même reçu en 1968 1 000 hectares en propriété et l'appui financier de l'IERAC pour organiser un magasin de semences, d'insecticides, d'engrais et de matériel. Les autres coopératives n'ont guère été plus loin. Six seulement ont tenté d'organiser un marché. L'IERAC voulait développer un vrai coopérativisme mais celui-ci s'est limité à l'acquisition des terres. Le manque de compétence et de confiance et le sous-encadrement technique ont mené l'échec du mouvement. L'IERAC et la Banque de Développement devaient financer 100 % des plans de production des agriculteurs mais la Banque ne disposa pas de ressources suffisantes. Un premier bilan en 1968 montre que 3 000 familles ont été installées sur 78 000 hectares dans le Polygone du BID, soit 26 ha par famille. Une autre source indique que 3 278 titres de propriété ont été attribués sur 123 000 hectares, soit une moyenne de 37 ha par famille. On est donc loin des premiers lots de 50 ha distribués. Seules les *fincas* situées à moins de 2 km d'une route pouvaient réussir, ce qui limitait les chances à seulement 60 000 hectares. Rares sont les *fincas* qui ont pu commercialiser régulièrement leurs productions. La crise bananière commence alors que les colons achèvent à peine de s'installer. Les années qui suivirent provoquèrent l'abandon d'un grand nombre avec rachat des lots par d'autres propriétaires. Quelques-uns réussirent cependant à se lancer dans d'autres productions.

L'agro-industrie réactive la production et stabilise la population

En effet, cette zone de colonisation créée non seulement en retard par rapport au démarrage bananier, mais aussi à l'écart à cause de la lenteur de la construction de la route avait en quelque sorte servi à préparer le terrain pour de nouvelles productions. Après une dizaine d'années d'incertitudes et d'essais de toutes sortes, le début de la décennie 1970 marque le démarrage d'une deuxième étape : celle de la diversification et de l'intensification. Les plantations de palmiers à huile, de fibres et d'oléagineux à cycle court sont en expansion. Les lots des colons les mieux situés par rapport à la route de San Domingo prennent une valeur nouvelle. Aussi n'est-il pas étonnant de trouver de chaque côté de la route les *haciendas* les plus dynamiques et notamment les palmeraies ou les champs de soja. Les extractrices locales envoient leur production aux huileries de Manta, Guayaquil, et ensuite à Quito et Santo Domingo. La diversification des cultures eut pour effet de rompre les effets négatifs de la monoproduction qui avaient profondément marqué la région lors du repli bananier. Les salaires fixes des plantations font vivre un grand nombre de personnes résidant dans les petites villes où le commerce local et la construction y sont particulièrement florissants. Mais le travail procuré à des ouvriers temporaires recrutés par des intermédiaires maintient une population flottante de travailleurs venus de toute part dans ces agglomérations-refuges. Totalement inconnus, tant pour leur nom que pour leur nombre, ils sont les premiers à la merci de ces "*contratistas*", d'une récession ou d'une crise éventuelle. L'orientation vers l'agro-industrie a permis d'intégrer plus rapidement cette région au reste du pays. Sa mise en valeur se poursuit tout autour de ce noyau dynamique que constitue l'axe routier.

18. Quevedo et Santo Domingo, de nouveaux relais régionaux

Très liés au front pionnier bananier, Quevedo et Santo Domingo ont gonflé rapidement leurs effectifs pour devenir des centres de services pour les *haciendas*. Mais elles ont subi aussi les contrecoups de la crise bananière en accueillant les travailleurs refoulés des *haciendas* et les quartiers périphériques regroupent des habitations spontanées dépourvues d'équipements élémentaires.

Tableau n°73

La population de la région Quevedo -Santo Domingo (en milliers d'habitants)

Province		1950	1962	1974	1982
Guayas	El Empalme				
	Canton			32	52
	Ville		4	7	16
Manabí	El Carmen				
	Canton			34	38
	Ville		4	7	11
Pichincha	Santo Domingo				
	Canton			103	132
	Ville			30	66
	Alluriquin			1	
Los Ríos	Quevedo				
	Canton	33	77	103	161
	Ville	4	20	45	73
	Mocache		2	2	
	Valencia		2	3	

Sources : Recensements. Le canton d'El Empalme fut créé en 1974.
Le canton de Santo Domingo, ancienne paroisse du canton de Quito, fut créé en 1962.

En 1980, l'une et l'autre, avec la reprise générale de l'agriculture, offrent des commerces et des services non seulement pour leurs habitants mais aussi pour les campagnes et petites bourgades voisines. L'encadrement technique et commercial est assuré par les représentants des compagnies d'exportation, des agents des dépositaires de Guayaquil des grandes marques internationales, des techniciens des différents programmes de production des ministères. Mais la fonction de regroupement n'est pas suivie par la transformation sur place des produits. Une usine de farine de banane, une scierie pour le balsa, une huilerie en construction (Santo Domingo), c'est encore trop peu pour offrir des emplois industriels. Les aires d'influence des deux villes comme leur importance ne sont pas les mêmes. Santo Domingo est tournée vers l'Esmeraldas, elle lui sert de relais pour toute la zone sud et pour les foyers de colonisation. En quelques années, elle est devenue un centre de regroupement des productions locales destinées à la capitale. Trois routes venant du nord, de l'ouest et du sud de la Côte s'y rejoignent avant de gravir la Cordillère et gagner Quito.

Quevedo, plus importante par sa position au cœur des campagnes déjà plus diversifiées, est moins marquée par la colonisation officielle. L'essor des oléagineux (soja et arachide), des céréales (riz et maïs) et du cacao a transformé les paysages ruraux, introduit la mécanisation et diversifié de ce fait les activités commerciales qui dépendent de la ville. Orientées à la fois vers la demande interne et externe, les campagnes continuent à ne plus retenir leur population qui trouvent refuge en ville et se contente d'un sous-emploi et d'équipements urbains rudimentaires. La zone de Quevedo et de Santo Domingo est entrée dans l'aire d'approvisionnement des deux métropoles. Grâce à la route, Quito se trouve à deux heures trente des terres tropicales qui peuvent lui fournir des productions complémentaires plus facilement que l'Oriente ; Lago Agrio est alors à sept heures de camion. En effet, le nouveau dynamisme des campagnes des collines du nord du bassin du Guayas vient de l'accroissement de la demande urbaine. Même si l'exportation et l'attraction des usines du Guayas sont décisives, on a observé des créations d'usines à Quito s'approvisionnant dans la région de Santo Domingo et de Quevedo et modifiant l'attraction du Guayas. Manta, de son côté, sollicite toujours les récoltes de café et d'oléagineux pour ses entrepôts et pour son huilerie.

L'aménagement du bassin du Guayas, clef de voûte de l'essor côtier

Le contrôle des ressources en eau demeure l'unique solution au grave problème de l'alternance des inondations et de la sécheresse. Or, cette lutte n'est possible que par un aménagement global du bassin hydraulique. En 1964, une mission technique de l'OEA réalise à la demande du gouvernement une première recherche sur les possibilités de développement du bassin du Guayas qui amène le gouvernement à créer en 1965 la Comisión de Estudios para el Desarrollo de la Cuenca del Rio Guayas (CEDEGE). Celle-ci est chargée de diriger les premières études[1] confiées à un groupe de sociétés équatoriano-

[1] Pour la CEDEGE, la Cuenca del Guayas comprend le système hydrographique des rios Daule et Babahoyo et couvre une extension approximative de 34 000 km² qui recoupe des

canadiennes (Guayas Consult : Ingledow and Associates Limited) financé par des fonds canadiens et équatoriens relayés et administrés par des prêts internationaux (BID) de 1 260 000 dollars canadiens. Les premières études terminées en 1970 ont mis en évidence les grandes priorités. Le projet de Babahoyo constitue la première étape de l'aménagement. Conçu comme une entreprise pilote, il comprend un programme d'irrigation, de drainage et de contrôle des inondations sur 11 000 ha situés à l'est de la ville, un programme de diversification agricole, accompagné d'une restructuration agraire associée à un développement communautaire. 90 % des terres du projet (36 *haciendas*) ont été expropriés par l'IERAC et remis aux paysans, métayers le plus souvent, réunis en coopératives de production et encadrés par des services techniques de la CEDEGE. Les réalisations techniques de ce premier projet terminées, les retards des transformations sociales provoquent des mécontentements[1].

En 1980 un deuxième projet,"Travaux multiples du Guayas", beaucoup plus vaste est lancé. Il couvre presque tout le bassin du Guayas à l'exception de la partie méridionale, prévoit de protéger contre les inondations 200 000 ha et d'assurer de l'eau d'irrigation à une partie des terres de part et d'autre du Daule. Un vaste réservoir situé à la confluence des ríos Daule et Peripa régularisera le fleuve et servira à une centrale d'une capacité prévue de 30 MW. Il constitue aussi une réserve d'eau pour la saison sèche particulièrement longue. Le programme prévoit pour plus tard le détournement des excédents d'eau vers la péninsule de Santa Elena et un canal de dérivation près de Balzar pour amener de l'eau aux ríos Macul et Vinces. Les inondations destructrices des crues du Daule réduiront les pertes annuelles de l'agriculture.

Enfin, près de la séparation des ríos Vinces et Pula, on doit construire un autre barrage desservant des canaux pour irriguer toute la zone située au sud entre les ríos Daule et Babahoyo. Des routes surélevées sur les bords des canaux comme dans le projet serviront de digues. Les dommages causés par les inondations du Daule sont plus importants que ceux du Vinces et du Babahoyo pour la simple raison que la pente naturelle du sol s'incline du nord- ouest au sud-est dans la plaine du Guayas[2]. Dès la rive gauche du Daule les inondations s'étendent jusqu'au Babahoyo. En années sèches, quand le Daule ne quitte pas son lit, cette zone dépressive manque de drainage pour évacuer les eaux de pluie.

---

territoires de 9 provinces : Guayas, los Ríos, Manabí, Cañar, Bolivar, Chimborazo, Tungurahua, Cotopaxi et Pinchincha.

[1] À. Collin Delavaud, *Encadrement des paysans dans un secteur d'aménagement hydraulique de la Côte Equatorienne* – le projet Babhoyo, IHEAL 1979.

[2] Les crues exceptionnelles du Daule, une tous les 10 ans, sont estimées capables de recouvrir 80 à 170 000 ha, une toute les 50 années 170 à 220 000 ha. Une crue moyenne dépasse 5 000 m³ par seconde.

AMÉNAGEMENT DU BASSIN DU GUAYAS

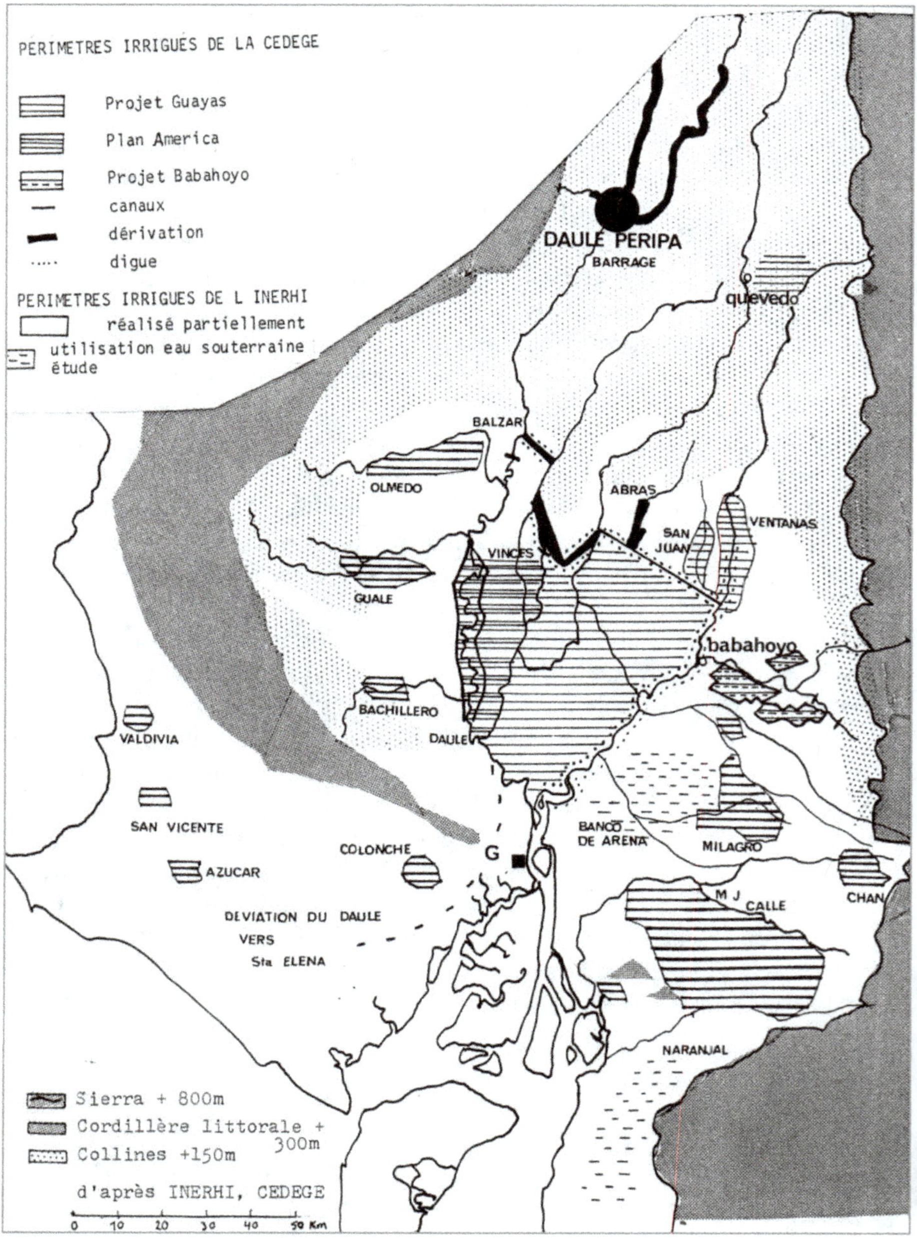

Source : INERHI, CEDEGE.

Les barrages réservoirs de Daule et Peripa ainsi que celui de Vinces devaient régulariser les crues, aidés par la dérivation du río Macul-Vinces. La dépression naturelle Abras de Mantequilla au nord de la ville de Vinces servant également à accumuler l'eau en hiver afin d'en garder une partie pour l'été, l'eau sera alors canalisée sur le Vinces lorsque le niveau de celui-ci baissera. L'énumération des projets d'infrastructure, d'assistance technique et de crédit de la CEDEGE et d'autres autorités du Guayas montre le souci de la mise en valeur globale du potentiel du bassin. Le projet Babahoyo est alors achevé, au moins sur le plan de l'infrastructure. Le projet de « travaux multiples du Guayas », en cours de réalisation dans la décennie 1980, a pour clef de voûte le barrage de Daule-Peripa, duquel dépendront tous les autres équipements.

CHAPITRE VIII

EL ORO
UNE ANTENNE DE GUAYAQUIL

Étroite frange côtière entre le fond du golfe de Guayaquil et la cordillère des Andes, les terres basses de la province d'El Oro ont réussi à vaincre de sérieux handicaps : l'éloignement de Guayaquil et les contraintes du milieu. En effet, les difficiles conditions de mise en valeur ne prédestinaient pas ce cône alluvial traversé par un fleuve capricieux, le río Jubones, au lit instable, à devenir la plus grande zone de production bananière de l'Équateur, grâce à l'aménagement des terrasses, résultat d'une action concertée entre les habitants et les compagnies d'exportation. La présence d'une rade en eau profonde permet à El Oro de jouer un rôle décisif dans l'économie côtière en assurant, depuis 1970, près de la moitié des exportations nationales de bananes. Privilégié par rapport à la zone centrale, le cœur des terres basses d'El Oro continue à vivre la prospérité bananière en améliorant qualité et rendements grâce à une plus grande sécurité de vente.

1. Un milieu contraignant et morcelé

Formée de sédiments récents encore mal consolidés, la plaine côtière se divise en fonction de l'orientation est-ouest des rivières qui la traversent. Les conditions climatiques déterminent des bandes de végétation parallèles nord-sud. Ce quadrillage aboutit à fixer les premières plantations assez loin (5 km) du littoral pour profiter des précipitations plus abondantes au pied de la Sierra. Mais la faible superficie de terres favorables n'autorise guère son extension car aux secteurs bien cultivés succèdent très vite de vastes espaces marécageux, de mangroves ou de steppes à cactus. On distingue donc, à l'ouest, la frange littorale et les îles, la vallée du Jubones et les collines du Piémont et au sud, une zone semi-aride avec les vallées de Santa Rosa, Arenillas et Zarumilla.

Le río Jubones constitue l'ossature de la région en fournissant l'eau indispensable et le limon. Mais, en dévalant la pente andine il érode les versants déboisés et semi-arides pour atteindre la plaine littorale très étroite et à trop faible pente. Les matériaux arrachés se déposent dès la diminution du versant à hauteur de Cerritos, la couche de sédiments dépasse 500 m de profondeur). Le fleuve se traîne sans réussir à former de vrais méandres, à tel point que les éléments argileux forment un delta à l'arrivée sur le littoral. Le tracé des rives du fleuve se modifie constamment en fonction des irrégularités annuelles du régime. On estime que le Jubones aurait changé trois fois de lit dans les

50 dernières années. Le dernier déplacement eut lieu en 1970. L'accès à la mer se déplace au fur et à mesure que la sédimentation augmente. D'immenses étendues d'eau privées de leur approvisionnement fluvial se forment alors. Ce sont les *tembladeras* qui, ensuite, lorsque l'évaporation est trop forte, se couvrent de croûtes salées (*salitrales*). L'occupation du sol est très marquée par cette topographie de lits abandonnés, ces méandres, ces bancs de sable et ces *tembladeras* et *salitrales*. La perte de terrains de culture par l'érosion des rives est en général compensée par les gains des zones de dépôts mais lorsque le fleuve change de lit, toute l'organisation se trouve détruite : ponts, routes, câbles, canaux et réservoirs sont emportés ou comblés. Les *haciendas*, en perdant des portions de bananeraie voient disparaître, non seulement leurs limites de propriété, mais aussi tout leur système d'exploitation. Irrigation et drainage doivent être refaits à partir des nouvelles rives.

L'occupation de plus en plus intensive du sol et la densité de l'habitat ne peuvent plus supporter de telles pertes. Les moyens de défense actuels n'endiguent même pas les crues moyennes. Les efforts étaient jusqu'ici trop modestes et individuels. Il était permis à quiconque d'effectuer des travaux sur les rives et de pomper l'eau sans contrôle. On attend donc avec beaucoup d'intérêt les travaux d'aménagement situés en amont du Jubones, dans la Sierra dans le cadre du Programme d'Aménagement Régional du sud (PREDESUR) mis en place en 1974. Le climat d'El Oro se définit par des précipitations insuffisantes (625 mm en moyenne) et surtout très mal réparties puisqu'une longue saison sèche s'étend de juin à décembre (20 mm). L'insuffisance et l'irrégularité des précipitations imposent l'irrigation, tandis que la faible pente et l'inondation rendent nécessaire le drainage. La diminution très rapide des précipitations au fur et à mesure de l'éloignement de la Côte offre ici un raccourci unique. En effet, en moins de 40 km, on passe de la forêt sempervirente au pied de la Sierra (à Pasaje, 800 mm) à la forêt décidue puis à la forêt claire près d'El Cambio pour gagner la savane arborée qui commence dès Machala (450 mm) pour se transformer vers le sud en steppe à cactus et à kapokier annonçant les étendues désertiques du Pérou.

La région littorale d'El Oro ressemble en plus petit au delta du Guayas. Une Côte au rivage instable et imprécis, des ensembles d'îles, une mangrove côtière pénétrant dans les nombreux *esteros* et un chenal d'eau profonde abritant un port. Cette réduction d'échelle ne doit pas faire oublier l'étroitesse de l'arrière-pays d'El Oro. Le littoral n'a pas de tracé définitif car les dépôts alluviaux ont favorisé la formation d'un delta qui ne trouve guère de courants marins pour l'attaquer dans cette position de fond de golfe. Les plages de sable et les étendues vaseuses évoluent sans cesse ; la végétation gagne peu à peu les nouveaux secteurs protégés. Des formations végétales différentes s'établissent en fonction de la salinité et de la marée.

L'OCCUPATION DU SOL AU NORD DE PASAJE
PAYSAGE DEL ORO

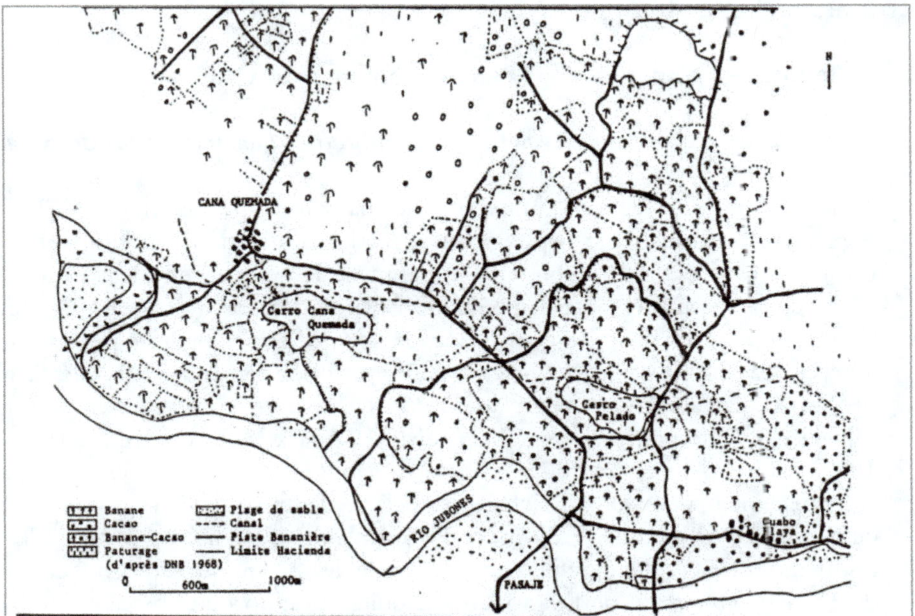

FORMATION DU CONE ALLUVIAL DU RIO JUBONES

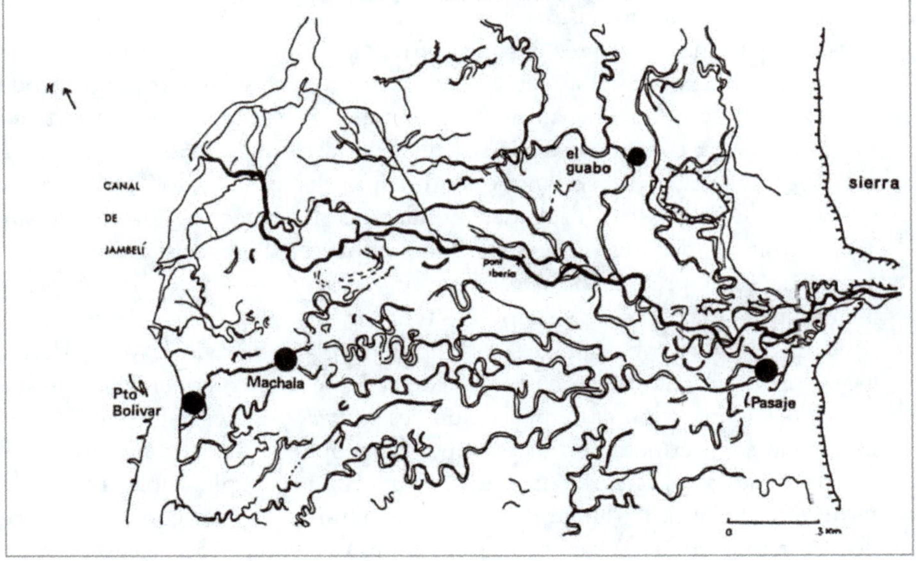

Les palétuviers commencent dès le delta des rios Turnbes et Zarumilla. Ils entourent toutes les îles et pénètrent dans les *esteros*. Puerto Bolívar est construit sur la mangrove balayée chaque jour par le flux de la marée. Le canal de Jambelí bénéficie de la marée et des courants marins favorables aux reflux des sédiments. Les bateaux peuvent entrer et sortir quelle que soit la marée grâce à la profondeur de 10 à 1 3 m.

2. Le rôle des planteurs dans l'aménagement d'El Oro

Les bases de la mise en valeur contemporaines : les haciendas du cacao

Avant de devenir une grande zone bananière, la province d'El Oro connaissait une relative prospérité basée sur les productions traditionnelles du cacao, du café et de l'élevage. Dès le début de la grande période du cacao, la forêt recule devant les défrichements. On plante des cacaoyères dont les fèves étaient regroupées dans les centres locaux avant d'être expédiées par cabotage vers Guayaquil. El Oro devint peu à peu une zone réputée pour le cacao. Elle profita du déclin des mines d'or de Zaruma et Pinas en offrant des emplois aux travailleurs. Une petite vie régionale se développa à la fin du XIXe siècle. En 1909, la province regroupe 45 000 habitants dont 4 000 étrangers, essentiellement péruviens. Machala est déjà le centre principal avec au moins cinq maisons de commerce d'export. Pasaje a le double d'habitants mais n'a pas les mêmes services. Une petite voie ferrée relie les 22 km qui séparent cette ville de Machala et surtout de Puerto Bolívar qui sert de port aux bateaux à vapeur étrangers. Guabo (4 000 habitants) regroupe les productions du nord de la région dans ses 68 magasins et Santa Rosa joue le même rôle pour le sud desservie par une voie ferrée qui gagne Arenillas et même un peu au-delà.

La région exporte, non seulement du cacao, mais bien d'autres produits traditionnels de la Côte équatorienne comme du café, du tabac, du caoutchouc, des noix de *tagua*, des écorces de palétuvier et des bambous de Guayaquil. Les échanges avec la partie serranaise se font par des pistes jusqu'à Zaruma. On trouve sur les terrasses à l'abri des inondations des cacaoyers, des caféiers, des arbres fruitiers, de la canne à sucre. On compte, en 1900, sans liaison terrestre avec Guayaquil, près de 977 *haciendas* avec plus de 6 618 cacaoyers soit presque autant que le Manabí qui regroupe 1 440 propriétés.

Après 1950, les bananeraies prendront la place des vieilles cacaoyères et gagneront de nouveaux secteurs. Au fur et à mesure, en fonction des travaux individuels d'irrigation et de protection, les *haciendas* se divisent pour aboutir au morcellement permettant l'accession à la propriété d'un grand nombre de colons attirés par la fièvre bananière. L'important n'est plus alors d'avoir de la terre mais de l'eau. La limite des zones de cultures intenses correspond à celle des secteurs irrigués. Par contre la zone de Santa Rosa, peu propice à l'irrigation, n'a guère changé. Les premières pentes sont dominées par les caféiers et les arbres fruitiers (oranges-citrons) et plantains. Les collines et les interfluves inondables portent des pâturages. Il faut y ajouter également l'exploitation des bambous, du caoutchouc, des palmiers et du tabac.

3. **L'essor bananier**

Si la production bananière, par bien des aspects répète une évolution semblable à celle des autres zones, elle montre par contre, très tôt, un souci constant d'amélioration. Mais la concurrence, l'éloignement et des conditions de mise en valeur moins faciles (irrigation et drainage obligatoires) ont renforcé la cohésion sociale et économique au point d'avoir maintenu la suprématie des productions d'El Oro sur le marché international par une action très efficace auprès des Compagnies.

La première étape du Gros Michel et la mise en place d'une infrastructure

Dès le début de la fièvre bananière, quelques familles remplacent les vieilles plantations de cacao par des bananes Gros Michel dans le secteur de Guabo-Pasaje. Très vite, celles-ci gagnent El Cambio et s'approchent de Machala. Puis l'extension porte vers La Victoria, Tendales au nord et Santa Rosa au sud.

Cette initiative est encouragée par les Compagnies d'exportation qui financent souvent les planteurs pour qu'ils remplacent plus vite les cacaoyères ou qu'ils défrichent de nouvelles terres en échange d'un accord de vente. Devant les premiers résultats, une cohésion d'intérêts représentée par la Junta de Fomento, reprise ensuite par le Consejo Provincial, entreprend des travaux d'équipements uniques alors sur la Côte, pour faire face aux précipitations insuffisantes et aux inondations. Le système d'irrigation mis en place dans toute la province, officiel ou privé, couvre 57 532 hectares, soit 25 % des terres cultivées en 1960, puis 96 400 hectares en 1970 (y compris le secteur d'Arenillas). La plaine alluviale du río Jubones couvre 50 000 hectares, dont 30 000 sont irrigués, sur lesquels la banane occupe 25 000 hectares. Le sud du Jubones est irrigué à partir du système Cerritos et Pasaje-Machala créé en 1948 qui donne de l'eau à 10 185 hectares grâce à 102 km de canaux. Le nord correspond au système (1954-1961) de Cerritos, Guabo, Barbones et Tendales, soit 34 110 hectares avec 67 km de canaux. Le système de Laluguro, Sta Rosa, Tembladera et El Jumon dessert 1 200 hectares (58 km de canaux) avec l'eau du Caluguro jusqu'à la Tembladera (1961). Plus au sud enfin, celui des Arenillas avec 65 km de canaux. Ces deux dernières régions sont insuffisamment irriguées par manque d'eau. Déjà dans la vallée même du Jubones, la croissance de la demande en eau est beaucoup plus forte que les possibilités actuelles. La région compte au moins 120 km de canaux de drainage creusés et 80 km constitués par les cours d'eau et anciens lits. Le projet d'aménagement (W. Halcrow) prévoit 18 000 hectares supplémentaires et une meilleure utilisation de l'eau.

La deuxième étape de la Cavendish : une progression décisive

Le mal de Panama survenu dès 1956 frappa toutes les plantations et marqua un temps de pause dans la croissance des superficies. En 1 960, les bananeraies sont même laissées à l'abandon. Implantée pour la première fois dans El Oro, en 1965, la nouvelle variété Cavendish connut un nouvel élan. Elle bénéficie non seulement de sols alluviaux qui assurent des rendements supérieurs à ceux de la zone centrale, mais surtout de travaux d'irrigation réalisés pour le Gros Michel, alors que le reste du pays commence seulement à les effectuer. El Oro gagne donc de vitesse les marchés et augmente plus vite ses superficies en direction de Santa Rosa, puis de la vallée d'Arenillas. Les bonnes terres étant toutes occupées et les derniers pans de forêt défrichés, la banane gagne des terres marginales aux rendements médiocres (30 à 40 caisses par semaine contre 60 à Pasaje). On retrouve le même phénomène qu'ailleurs, là où le .petit planteur a encore intérêt à vendre, même irrégulièrement. Une bonne année fait oublier le gaspillage énorme que représente la mévente des autres années.

Alors que les exportations bananières stagnent autour de 1,2 millions de tonnes par an et que les bananeraies de la région centrale sont abandonnées ou reconverties, la province d'El Oro continue à miser sur l'or vert ; la superficie augmente toujours malgré les interdictions de la DNB.

Tableau n°74

L'évolution des superficies bananières d'El Oro (en milliers d'hectares)

Année	Total	Varietés		% Superficie nationale
		Cavendish	Gros Michel	
1960	26		26	18
1965	28	8	20	16
1968	31	18	13	19
1970	24	23	1	19
1974	25	25		27
1977	26	26		39

Sources : DNB, Superficies enregistrées.

La sécurité de vente est tellement plus forte dans El Oro par rapport aux autres zones que plus de 15 000 ha ne sont pas enregistrés à la Direction de la Banane et sont en principe traités par les planteurs eux-mêmes. L'actuel maintien de la production bananière est surtout lié à l'action efficace des propriétaires résidant en général sur place, dont quelques-uns sont devenus exportateurs, à la tête de groupements. Créés en 1970, ils comprennent huit à dix producteurs qui vendent directement à l'étranger à partir de Puerto Bolívar.

Une région privilégiée par les compagnies d'exportation

L'action des compagnies d'exportation fut également décisive en encourageant fortement les bananiers d'El Oro au détriment des autres régions. La qualité ne justifie pas vraiment le choix, plutôt une sécurité de production et un encadrement technique. La Standart Fruit projetait même d'acheter 500 000 t par an dans El Oro pendant 10 ans en garantissant un prix et en offrant une assistance technique. Le marché japonais s'est déjà solidement implanté dans la région, « zone bananière réserve » lorsque les cyclones frappent les nouvelles plantations de Taïwan, des Philippines et du Mindanao (sud Japon) plus proches des grands centres consommateurs asiatiques.

Une zone intermédiaire moins favorisée : Santa Rosa

Les environs de Santa Rosa offrent un paysage nouveau relativement ouvert correspondant à une frange intermédiaire entre les secteurs du Jubones, très occupés, et les brousses sèches et désertes du sud. Le manque d'eau, la salinité et la faible pente rendent difficile la mise en valeur. On y trouve pourtant de petites plantations de bananes (2 642 ha), cacao et palmiers et un peu d'élevage (10 500 bovins)[1]. Dans la grisaille générale du ciel et des arbustes s'ouvrent parfois d'immenses prairies vert clair survolées par des vols d'échassiers blancs sur un fond de collines déboisées couvertes de pâturages vert moyen, surmontées par les premières pentes forestières vert foncé de la cordillère. Les immenses étendues d'eau des *tembladeras* et des *salitrales* (croûtes salées) éclaircissent par endroit la forêt sèche ; mais à cette gamme colorée s'ajoutent également près de Santa Rosa les chaumes jaunis des rizières ou les fleurs blanches des cotonniers, ou bien encore les zébus qui s'abritent sous les bouquets d'arbres éparpillés dans les pâturages de Janeiro. Les rizières couvrent 7 617 ha. Il s'agit de très petites unités de production (1 ou 2 ha) utilisant les dépressions où stagne l'eau pendant la période des pluies.

4. Faiblesses et espoirs des activités non bananières

Une diversification agricole indispensable

Le bon niveau des rendements actuels s'explique par la grande fertilité des sols et la jeunesse des plantations. Mais l'insécurité des ventes, les risques d'inondations ralentissent les innovations. 20 000 ha ont été inondés en 1972. Gérés par le Consejo Provincial, les canaux demeurent alors insuffisants et

[1] Entre Arenillas et Santa Rosa, 1 835 ha seraient alors utilisables à condition d'utiliser l'eau souterraine.

même inadéquats pour répondre aux besoins de la Cavendish. Trois *haciendas* irriguaient par aspersion en 1970. De plus en plus indispensable, la diversification est commencée comme le confirme l'augmentation des superficies des productions autres que la banane. Le cacao, partout présent, représente 6% de la superficie cacaoyère de la Côte avec 16 000 ha dont 10 000 sont complantés de caféiers et 6 000 ha avec des bananiers. Comme ailleurs, le cacao apparaît à long terme comme une spéculation intéressante, beaucoup moins prenante et exigeante que la banane, les arbres fruitiers (orangers, citronniers, pamplemoussiers) gagnent en importance grâce à l'achèvement de la route qui a élargi les débouchés en réduisant les frais de transport. Le développement des liaisons avec la Sierra méridionale offre de nouveaux débouchés. L'élevage se développe très rapidement dans les cantons côtiers sur les terres inondables et sur les collines. Il représente pour beaucoup une source de revenus non négligeables grâce aux possibilités de vente sur la Côte, la Sierra et au Pérou. Les progrès techniques commencent à améliorer la production. Le canton de Machala regroupe 17 000 bovins, soit 36% du cheptel de la partie côtière de la province (47 000). Les *haciendas* les plus à même d'échapper à la monoculture sont celles situées à la fois sur la plaine et le piémont, car aux terrasses bananières s'ajoutent les premières pentes des collines où les parcelles de café sont souvent associées aux cacaoyers, aux vergers, au maïs et aux pâturages. C'est le cas par exemple de l'hacienda La Esperanza (2 000 ha) qui en plus des orangers possède 1 800 ha de pâturages semés pour un cheptel de 2 000 têtes (1972).

L'essor extraordinaire des bassins d'élevage de crevettes (Camaroneras)

Vingt-deux communautés de pêcheurs maintiennent une activité artisanale le long du canal Jambelí et dans les nombreuses îles qui composent l'archipel. Au total moins de 500 personnes éparpillées en petits groupes de 3 à 8 familles, à l'exception de Puerto Bolívar et de Costa Rica qui regroupent respectivement 200 et 70 pêcheurs. Avant même de devenir un port bananier ouvert sur le monde, Puerto Bolívar jouait un rôle de centre de pêche par sa situation entre les îles et le continent, entre le littoral et la Sierra. Le volume de poissons pêchés, consommés ou commercialisés reste très faible en fonction du niveau d'équipement lui-même très rudimentaire. Les poissons séchés et salés sont vendus dans les villages d'El Oro et de la Sierra méridionale. Les coquillages (concha prieta surtout) et les crabes sont commercialisés principalement à Guayaquil. Les langoustiniers qui pêchent surtout dans le canal de Jambelí et le long du littoral déchargent une partie de leur produit à Puerto Bolivar concurrençant, pour le poisson, les pêcheurs des communautés voisines.

LES LAGUNES AMÉNAGÉES AU SUD DE MACHALA

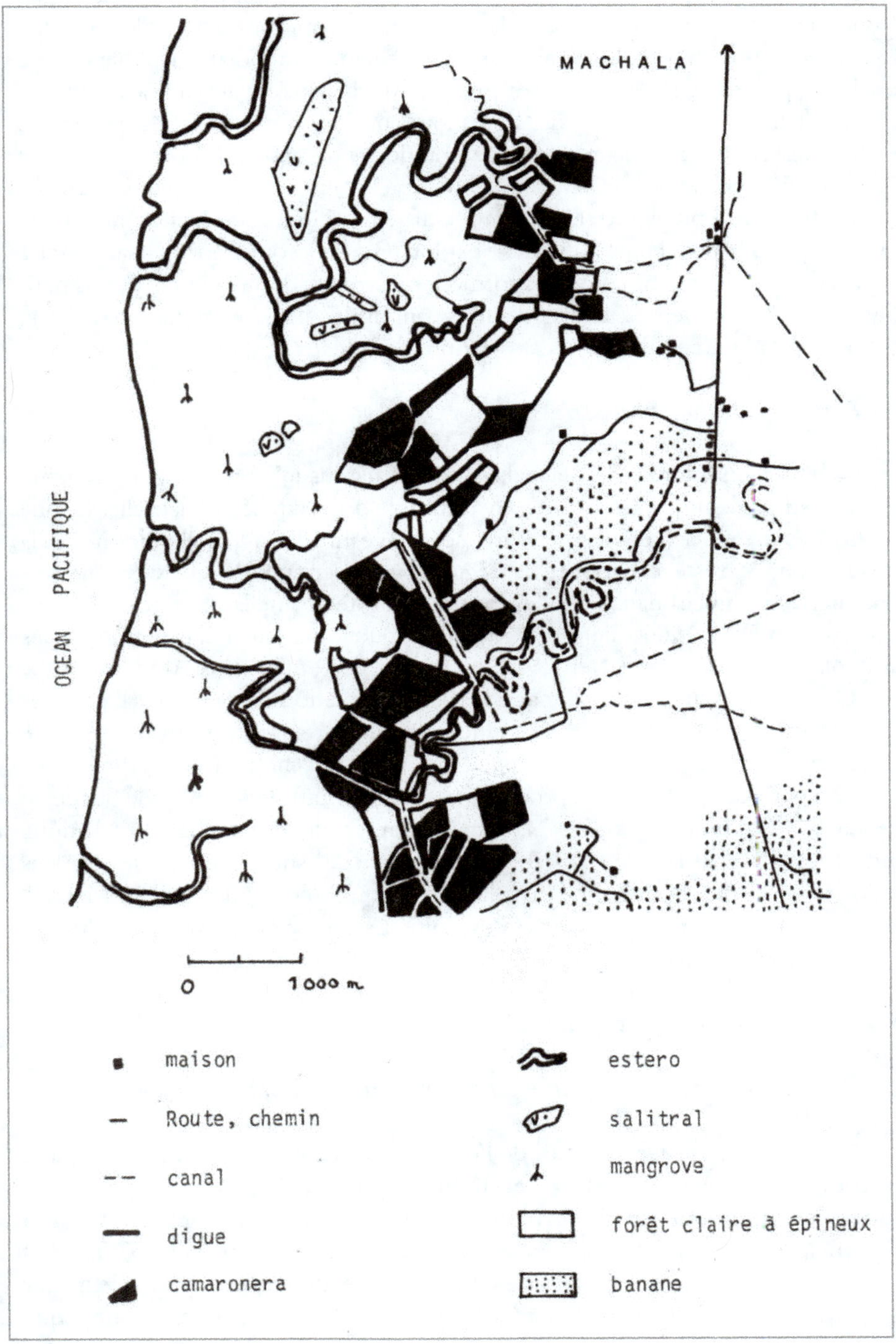

Grâce à ses lagunes et à la qualité des eaux, la Côte équatorienne permet un type de pêche particulier de la crevette (*camaron*) sur d'immenses plans d'eau. Cette situation relativement rare dans les eaux tropicales est exploitée alors récemment pour répondre à une grande demande mondiale. En dehors de quelques petites lagunes exploitées près de Machala, c'est au sud, à La Pitaya, qu'un planteur de bananes de la région eut l'idée de faire les premières recherches en 1965 et d'aménager les grandes *tembladeras* qui bordent le canal Jambelí (500 hectares en 1972). Malgré une adaptation écologique difficile, Langostino Cia a pu exporter aux États-Unis en 1971 une production de 60 000 livres congelées. Depuis d'autres exploitants se sont lancés dans cette spéculation fort rentable qui transforme les paysages du littoral en y dessinant de très vastes casiers. Depuis, d'autres ont imité cette exploitation qui est devenu le quatrième produit d'exportation (pétrole exclus).

Une région sans industrie

La bourgeoisie locale de Machala et Pasaje n'a jusqu'à présent guère orienté ses investissements et ses efforts en direction de l'activité industrielle. Si une partie des bénéfices de l'agriculture se réinvestit dans l'amélioration de la production, le reste échappe à la région, à l'exception de quelques affaires commerciales situées dans les villes locales. En effet, toute la province d'El Oro ne représente en 1966 que 1,6 % de la production industrielle nationale, les emplois sont insignifiants : en 1970, moins de 1000 personnes, dont la moitié dans le secteur minier de Zaruma. En 1980, la situation est la même. Parmi les dix entreprises recensées en 1972, une seule importante : Macarsa. C'est une fabrique d'emballages carton installée près de Machala depuis 1964. Elle importe par Puerto Bolívar des rouleaux de papier kraft des USA et de Suède.

La Corporation Financière Nationale chargée de faciliter les installations industrielles accordait, en 1978, 30 millions de sucres pour des petites industries. On prévoyait enfin l'installation d'un complexe sidérurgique à Puerto Bolívar lorsque le gaz du Golfe sera exploité. La crise sidérurgique mondiale et les difficultés du Groupe Andin ont fait abandonner ce projet.

5. Les atouts du développement régional

Une utilisation du sol et une structure foncière déjà évoluées

À l'exception des terres salées de l'ouest et des brousses trop sèches du sud, la comparaison entre les deux recensements de 1954 et 1968 montre une augmentation du nombre des exploitations de 116% (+ 9 800), de 133 % de la superficie utilisée en 14 ans (de 130 000 ha). Le secteur irrigué (57 532 ha) représente 40 % des terres exploitées, pourcentage atteint nulle part ailleurs sur la Côte. La répartition des *haciendas* en fonction de leur surface montre que

85 % des exploitations ont moins de 20 ha, 12 % de 20 à 100 ha et 3 % plus de 500 ha. Contrairement aux plantations du Guayas et de Los Ríos, les bananeraies sont de dimensions réduites. Les problèmes du *minifundio* se posent dans une grande partie des *haciendas*. 90 % de la superficie agricole sont exploités par leur propriétaire en faire valoir direct, soit 67 % des exploitations (16,2 ha en moyenne). Une partie des propriétaires comme des locataires loue également des terres. Ces exploitants résident à Pasaje, Santa Rosa et Machala en majorité. Un très petit nombre à Guayaquil, surtout lorsqu'ils possèdent des terres dans d'autres zones. Une partie des travailleurs, agriculteurs et techniciens résident également en ville ou dans les petits centres car les faibles distances facilitent les déplacements quotidiens. Le système coopératif a fonctionné très tôt dans cette région. En 1970, on comptait 43 coopératives bananières de 198 membres pour 7 234 ha. La superficie par membre varie de 5 à 50 ha selon les coopératives. La banane a réussi à s'implanter rapidement grâce à une structure agraire relativement ouverte. Dès le début 1954-1960, il semble même que le système de tenure ait favorisé l'expansion de la banane puisque le propriétaire permettait au métayer d'intercaler des bananiers pour son propre compte au milieu des jeunes cacaoyers. L'utilisation du sol atteint de ce fait une densité assez rare sur la Côte où les cultures s'harmonisent au mieux avec des conditions physiques pourtant capricieuses. La superficie moyenne des bananeraies (22 hectares en 1974) est inférieure à celles des autres régions. La densité suit le niveau de développement des régions agricoles. Les cantons dynamiques de Machala et de Pasaje ont respectivement 80 et 56 h au km^2, ceux de Santa Rosa et Arenillas ont 27 et 12 h au km^2. De telles densités sont récentes sur la Côte, à l'exception des vallées manabites. La population d'El Oro a triplé en 24 ans ; de 90 000 habitants en 1950 elle est passée à 260 000 en 1974 et à 337 000 en 1982. La comparaison entre les cantons serranais et côtiers de la province reflète bien l'inégale croissance démographique et confirme l'origine d'une partie des nouveaux venus des terres basses de la province.

6. La persistance des migrations vers El Oro côtier

La mise en valeur de cette zone méridionale n'a pu se réaliser que grâce à un apport humain essentiellement serranais, (entre 1950 et 1962, le bilan migratoire positif en faveur d'El Oro porte sur 32 500 personnes). Le phénomène de descente d'une main-d'œuvre indienne sur les terres basses intéresse ici surtout l'Azuay, Loja et El Oro dans sa partie andine (Pinas et Zaruma), c'est-à-dire les régions voisines et principalement celles affectées par la sécheresse. Azuay, Loja et Guayas ont fourni entre 1950 et 1962, plus de 78 % des migrants vers El Oro, parmi eux le groupe des Lojanais reste le plus important. La première étape entre 1950 et 1963, est marquée par une très forte arrivée correspondant au démarrage du Gros Michel et à des salaires plus élevés que dans la Sierra. La seconde commence en 1968 à la suite de la grande sécheresse sur Loja aggravée ensuite en 1970 par un tremblement de terre. Actuellement, le mouvement migratoire se compose surtout de petits colons qui défrichent les pentes des collines semi-arides du sud frontalier ; 14 000 ha ont été ainsi légalisés par IERAC entre 1964 et 1974.

Tableau n°75
L'évolution démographique d'El Oro

Année	1950	1963	1974	1982
Machala	18	49	97	117
Pasaje	11	24	36	26
Santa Rosa	16	18	32	43
Piñas	13	21	28	30
Zaruma	29	33	38	27
Total	89	160	260	337

Sources : recensements*

Il faut ajouter El Guabo 23 072, Huaquillas 20 227 et Portovelo 8 814. La moitié des habitants des quartiers marginaux de Machala est née dans El Oro, un quart dans le Guayas et le reste à Loja. Malgré un taux d'emploi supérieur à la moyenne nationale, (l'agriculture occupe 62,8 % de la population active, contre 55 % en Équateur) le chômage et le sous-emploi maintiennent ces nouveaux venus dans une grande instabilité.

7. Une croissance urbaine rapide

Comme le reste de la Côte, les villes d'El Oro ont accueilli très vite une partie des migrants et les excédents démographiques des campagnes. La population urbaine est passée de 23 300 habitants en 1950 à 60 186 en 1963 (37 %) et à 125 367 en 1974 (48 %). Cette progression de toutes les cités côtières contraste avec la régression des centres andins d'El Oro. Quelques années auparavant Zaruma, l'ancienne capitale, était plus importante que Machala.

Bien des petits villages sont devenus de véritables villes malgré la proximité des chefs de canton et de la capitale provinciale. Même les centres les plus proches ont bénéficié d'une forte croissance, contrairement à ce qui se passe souvent autour d'une capitale trop absorbante. Par contre le canton d'Arenillas présente une augmentation plus modeste en raison de son isolement et de ses possibilités de mise en valeur plus réduites comme il sera vue plus loin. La croissance d'Huaquillas (20 000 h), poste frontalier, reste un cas exceptionnel sans lien avec son arrière-pays.

On peut distinguer: des villes champignons comme Guabo et El Cambio, des villes traditionnelles au développement un peu moins rapide comme Pasaje et Santa Rosa, ces derniers centres ont un rôle limité par suite de la concentration des activités tertiaires d'encadrement rassemblées dans le chef-lieu, Machala, situé à une quarantaine de km seulement.

Tableau n°76

La croissance des chefs-lieux des cantons cotiers (en milliers d'habitants)

	Machala	Pasaje	Santa Rosa	Arenillas
1950	7	5	4	
1963	32	17	12	6
1974	69	24	22	9
1982	106	26	27	8,8

Recensements - aire urbaine et périphérie

8. Puerto Bolivar, premier port bananier depuis 1970

Cette première place gagnée en 1970 sur Guayaquil reflète bien le rôle économique d'El Oro dans les exportations équatoriennes, résultat non seulement de l'augmentation de la production locale mais également grâce à l'ouverture de la route Machala-Guayaquil, de l'attraction exercée sur tout le Guayas méridional qui envoie ses fruits par Puerto Bolívar. En effet, de 29 % en 1968, les exportations bananières passent à 66 % en 1972 contre 38 % à Guayaquil et 11 % à Esmeraldas. Une partie de cet essor s'explique par la croissance de la demande japonaise, 61 % des achats contre 21 % pour les USA et 13 % pour les Allemands. En 1975, les exportations de Puerto Bolívar dépassent en volume celui de Guayaquil et représentent la moitié des exportations nationales, pétrole non compris. En dehors des bananes (95 %) les ventes comprennent des fruits, du café et des produits de la pêche.

Tableau n°77

L'évolution du trafic de Puerto Bolivar (en milliers de tonnes)

Année	Importations	Exportations	%[1]
1968	18	143	15
1970	20	506	33
1974	58	713	41
1976	84	794	50

Puertos Ecuatorianos - Dirección de la Marina Mercante

[1] Pourcentage par rapport aux exportations totales du pays, pétrole non compris.

Les importations sont très faibles, constituées, en dehors du ciment, presque uniquement de rouleaux de papier kraft (40 000 tonnes), amenés dans la moitié des cas par les bananiers. Que resterait-il du trafic de Puerto Bolívar si les bananiers ne passaient plus par là et si des taxes avantageuses ne favorisaient le port ? Pour les navires, la distance entre le Pacifique et les ports de Puerto Bolívar ou de Guayaquil est pratiquement la même, mais le chargement dans le premier est plus rapide et moins coûteux. Les équipements actuels répondent en partie aux besoins, il est vrai peu exigeant, du trafic. Les bateaux ne sont pas obligés, contrairement à Guayaquil, d'attendre la marée. Les uns s'ancrent dans la rade et chargent les cartons de bananes à partir de dizaines de petits bateaux (20 %), d'autres accostent au quai ou à la jetée et chargent à partir de camions et de trailers. (Le quai fut construit en 1964 par Junta de Reconstrucción d'El Oro, la Standart Fruit a son propre quai. Il en est prévu un nouveau de 372 m. Ce port, équipé pour répondre à une exportation précise est une sorte d'antenne des compagnies d'exportations, ce qui n'a eu aucun effet d'entraînement sur le développement d'autres activités dans la région. Toutefois, le port constitue un atout primordial pour cette région en pleine croissance à condition que les futures productions agricoles et industrielles soient suffisantes pour justifier la venue de navires.

9. L'isolement de la zone méridionale

Un milieu semi-aride

Jouxtant le désert côtier péruvien, les confins méridionaux équatoriens constituent la grande zone défavorisée de la province d'El Oro. La faiblesse des précipitations (534 mm) et leur grande irrégularité n'offrent que des possibilités agricoles réduites. Les petits cours d'eau qui traversent les collines du piémont et la plaine basse ont alors une direction sud-nord, prenant leur source dans une cordillère andine basse et semi-aride. Les cultures se concentrent sur les terrasses basses où l'on peut irriguer. La sécheresse durcit les sols argileux, le drainage se fait mal et provoque la stagnation de l'eau sur de vastes superficies. Enfin, l'arrivée des pluies sur de courtes durées occasionne de graves inondations des terrasses lorsque le trop-plein ne peut plus se déverser dans les zones déprimées. Plus on descend vers le sud plus longue est la saison sèche et la forêt claire de guayacan et d'algarrobo cède alors la place à la savane arborée de kapokiers et de cactus, avec par endroits des fourrés et de larges espaces de steppe jaunie. Quelques collines adoucissent la rigueur de cette plaine frontalière: vers l'est, elles atteignent 500 à 600 m et forment une sorte de pré-cordillère assez étendue par rapport au reste du piémont de la cordillère occidentale. Ici la couverture forestière plus humide laisse place de temps en temps aux pâturages et, à partir d'Arenillas, à une brousse sèche. Quelques plantations récentes de bananes cachent la grande diversité des cultures qui assuraient plus ou moins bien une alimentation et des productions commerciales. Depuis près d'un siècle l'économie traditionnelle reposait sur la polyculture. L'habitat se fixait impérativement près des cours d'eau dont les rivages portaient des cultures de tabac et les terrasses des cacaoyers, des caféiers, des orangers et des bananiers tandis que les arrières-berges servaient de pâtures aux troupeaux refoulés de plus en plus vers l'intérieur au fur et à mesure des inondations. La forêt sèche, en plus de la production de charbon de bois, permettait la cueillette de la laine du kapokier, du ricin sauvage et la chasse. Les caïmans étaient encore nombreux dans les étangs comme d'ailleurs les iguanes dans les *esteros*. À cela s'ajoutait sur le littoral et les îles, l'exportation des écorces et du bois des palétuviers.

10. Une oasis fluviale : la vallée de l'Arenillas

Dans toute la région méridionale, les habitants ont fui les interfluves désolés pour se regrouper le long des cours d'eau reliés au reste du pays par des pistes. L'amélioration de la route vers le Pérou n'a guère modifié la répartition du peuplement ni les routes stratégiques militaires qui sillonnent les confins frontaliers car elles sont dépourvues de points d'eau. La vallée d'Arenillas apparaît comme une véritable oasis fluviale traversant cette brousse semi-aride. Entre Jumón et Arenillas, soit plus de 15 km à vol d'oiseau, les terrasses irriguées portent des cultures et des pâturages. Sur la rive droite, les *haciendas* pompent directement dans la rivière pour alimenter leurs propres canaux tandis que sur la rive gauche plus de 65 km de canaux ont été construits par le Conseil Provincial. On pompe l'eau dans les tembladeras voisines qui servent également au drainage et à recueillir le trop-plein d'eau lors des inondations. La fièvre bananière a gagné cette vallée dont le fond était utilisé par l'élevage et les terrasses par le café, le cacao, le tabac et un peu de riz par de très petites exploitations. Les bananeraies ont commencé en 1970 ; elles couvraient 1 800 hectares entre Jumon et Arenillas en 1972 et moins de 1300 hectares en 1974, répartis entre 62 *haciendas*. Elles ont toutes moins de 50 ha et en moyenne 10-15 ha. L'hacienda Santa Marta possède, par exemple, 25 ha de banane, 3 ha de cacao, des arbres fruitiers, des cocotiers et un petit élevage domestique. La vallée est une zone marginale dans la production bananière par ses trop petites exploitations frappées par les irrégularités climatiques. En vain des lois successives depuis 1968 interdisent les nouvelles plantations de bananes et de ce fait leur fumigation. Mais, comme ailleurs, il suffit d'une année de vente exceptionnelle pour que la superficie augmente immédiatement. Les frais de transport et la concurrence des bananeraies du Jubones n'autorisent que des ventes très occasionnelles. De petits hameaux de Jumon, El Jobo, San Antonio, San Augustin, perdus en pleine broussaille sont situés sur une terrasse haute. Ils abritent la main-d'œuvre des petites *haciendas*. Une école et un dispensaire dans le meilleur des cas constituent leur seul service.

On attend de grands changements dans ce secteur liés à différends projets : nouvelle plantation de canne à sucre, construction à Tahuin (PREDESUR) d'un barrage de (210 millions de m^3) pour contrôler les inondations du río Arenillas, permettront d'irriguer 7 000 ha et d'assurer de l'eau potable au sud d'El Oro. La vallée du río Zarumilla est irriguée par le canal international qui alimente les puits permettant d'arroser quelques petites bananeraies près de Chacras, Carcabon et Guabillo, assurées de vendre officiellement ou clandestinement leur production au Pérou. Les projets péruano-équatoriens amélioreront progressivement les conditions de mise en valeur, comme d'ailleurs ceux en cours d'étude des bassins des rios Puyango (Turnbes) et Catamayo (Chira) qui intéressent directement le territoire national. Arenillas, le chef-lieu et Huaquillas, le poste frontière, animent cette région. La nouvelle route achevée en 1972 relie ces deux centres à Machala et à Guayaquil. La petite ville, de plus, a une fonction militaire liée à sa position stratégique. Le poste frontalier d'Huaquillas étonne par son animation en pleine zone aride. La frontière y a fixé dans des conditions particulières une forte population (plus de 20 000 habitants). Chaque année, des boutiques nouvelles allongent la rue principale de dizaines de mètres. À côté des voyageurs, les acheteurs de Guayaquil et du Pérou se livrent à un infatigable commerce sous le soleil brûlant. Officiellement le trafic demeure modeste : 0,2 % des exportations nationales en 1967 dont 85% de bananes. La contrebande est restée très dynamique (trafic de bananes, de bovins et de fruits).

11. Le développement des activités urbaines

La dépendance des centres locaux de Santa Rosa et Pasaje

La ville de Santa Rosa fondée en 1 600 maintient une certaine animation dans la région comprise entre le Jubones et les confins frontaliers et avec 27 000 habitants semble ne plus prospérer comme autrefois, non tant par le manque de vitalité de sa région qu'en comparaison avec les activités de Machala et de Pasaje. Pourtant on trouvait ici le tandem ville-port, Puerto Jeli étant situé sur un estero à 5,5 km. L'avantage a été pris par Puerto Bolívar mieux placé et doté d'un arrière-pays plus fertile. Santa Rosa demeure aujourd'hui une grosse bourgade qui rassemble les productions agricoles de sa proche région avec ses coopératives, ses entrepôts de riz et café et quelques services commerciaux et administratifs. La construction de la route qui traverse El Oro a ruiné le petit trafic de Puerto Jeli. Fondée à la même époque, Pasaje était la ville principale des terres basses d'El Oro jusqu'à l'ascension de Machala et le développement du port. Pasaje a gardé de son passé quelques belles maisons plus andines que côtières. Avec l'essor bananier, la ville a continué d'être un lieu de résidence des propriétaires terriens. Mais comme toutes les villes de la région, elle croît à un rythme trop rapide auquel ne correspondent pas des possibilités d'accueil, d'emploi et d'équipements. Son extension doit se faire obligatoirement vers le sud en raison des crues du Jubones qui, chaque année, menacent la cité. Un mur de pierre a été élevé entre Cerritos et la ville où un quai a été érigé en 1972. Comme Santa Rosa, Pasaje est un relais modeste de Machala par suite de la proximité du chef-lieu.

12. Les limites du rôle de chef-lieu de Machala

Comme son port, Machala doit son essor au commerce extérieur du cacao mais surtout de la banane. Son accession au rang de chef-lieu de province à la place de Zaruma lui assure la fonction administrative qui lui faisait défaut. Ce transfert montre bien la nécessité d'un pouvoir de décision près des centres économiques. L'éloignement du port de Guayaquil lui confère une certaine liberté qui renforce son pouvoir. Bien avant les autres régions côtières, une Junta de Fomento prend en charge les travaux d'équipement qui seront décisifs dans le choix de la région comme zone privilégiée d'exportation bananière. Le Consejo Provincial reprendra ensuite cette tâche. Il n'est donc pas étonnant de trouver dans Machala un secteur tertiaire d'un niveau relativement important. Les secteurs bancaires et commerciaux et les services techniques sont particulièrement bien développés pour répondre aux besoins des planteurs de bananes. Créée en 1962, la Banque de Machala a des succursales dans tous les centres locaux. À côté des techniciens du Programme National de la Banane, on trouve les représentants des compagnies d'exportation, des compagnies de fumigation, des succursales de véhicules et machines agricoles. Enfin c'est à Machala que sont installés seize exportateurs nationaux et étrangers et dix importateurs. L'université technique de Machala est au tout début de ses activités orientées tout naturellement vers les questions agricoles bananières. Enfin, chaque année, en septembre, la "Feria del Banano" est célébrée comme une victoire non tant d'un produit que comme la réussite d'une communauté sur le reste du pays. En 1978, une agence de la Corporation Financière de Développement (C.F.N.) s'ouvre à Machala. La ville dépasse en 1985 les 115 000 habitants. Son taux de croissance était de 8 % entre 1962 et 1974 contre 5,3 % entre 1974 et 1982. Les équipements sociaux (santé, école), la voirie, l'eau potable, l'énergie demeurent déficients. Le risque d'épidémies menace constamment tant l'insalubrité persiste à Puerto Bolívar avec, à marée haute, la stagnation d'eau polluée sous les maisons dont la moitié n'ont ni eau ni électricité. Machala est entourée de quartiers d'habitat spontané sur des terrains souvent inondés, les travaux de comblement sont toujours très lents à être effectués. Dans tout El Oro seulement 7 % de la population a de l'eau potable.

Mais tout peut évoluer vite sur la Côte : entre 1970 et 1974 l'aspect du centre de la ville avait complètement changé, grâce à une voirie refaite, des immeubles à étages et des commerces plus variés. L'achèvement de la route Tenguel-Balao-Naranjal a étendu l'arrière-pays sans pour autant avoir donné à Machala de nouveaux pouvoirs sur ces régions en plein essor qui appartiennent administrativement au Guayas. Une certaine dépendance des maisons commerciales de Guayaquil se maintient donc malgré le développement des affaires commerciales sur place. Mais l'étroitesse du marché d'El Oro limite les tentatives. En général les bénéfices obtenus par la banane sont réinvestis dans la construction urbaine et dans le commerce de détail à Machala mais parfois à Guayaquil. Enfin, l'absence d'entreprise industrielle pénalise la ville qui continue d'attirer des travailleurs vers le tertiaire déjà pléthorique. Cette déficience la place donc au même rang que les autres cités côtières en dehors de Guayaquil et Manta. L'action de Machala est limitée jusqu'ici à la Côte. En effet, située à 200 km de Cuenca et à 320 km de Loja, Machala manquait de liaison routière correcte pour entretenir des échanges avec les hautes terres. La route Loja-Machala terminée en 1981 changera très vite les perspectives locales.

CONCLUSION

En comparaison avec les autres régions de la Côte, les basses terres d'El Oro apparaissent, au moins pour les cantons de Machala et de Pasaje, au stade de mise en valeur déjà évolué atteint par quelques secteurs du bassin du Guayas. El Oro a supporté les cycles traditionnels en s'adaptant assez vite et a même su en profiter pour réaliser un véritable aménagement du sol. Bien sûr, celui-ci par comparaison avec d'autres pays est encore trop orienté vers une seule production. Mais il n'en demeure pas moins qu'une meilleure utilisation de l'espace permet une plus grande densité humaine et une occupation continue du sol contrastant avec le stade pionnier des régions voisines. Comme dans le Manabí, les campagnes sont desservies par un embryon de réseau urbain déjà hiérarchisé autour du chef-lieu, l'ensemble Machala-Puerto Bolívar anime une région économique de plus en plus vaste en marge de la capitale côtière.

La dépendance, née de la mono-production, envers les Compagnies d'Exportation, devrait s'atténuer avec les efforts de diversification entrepris avec l'extension des lagunes (viviers de crevettes) et avec l'arrivée de l'énergie électrique de la Sierra, la région mono-exportatrice passant alors à un stade plus diversifié. De ces réalisations dépendent l'amélioration des conditions de vie et l'emploi.

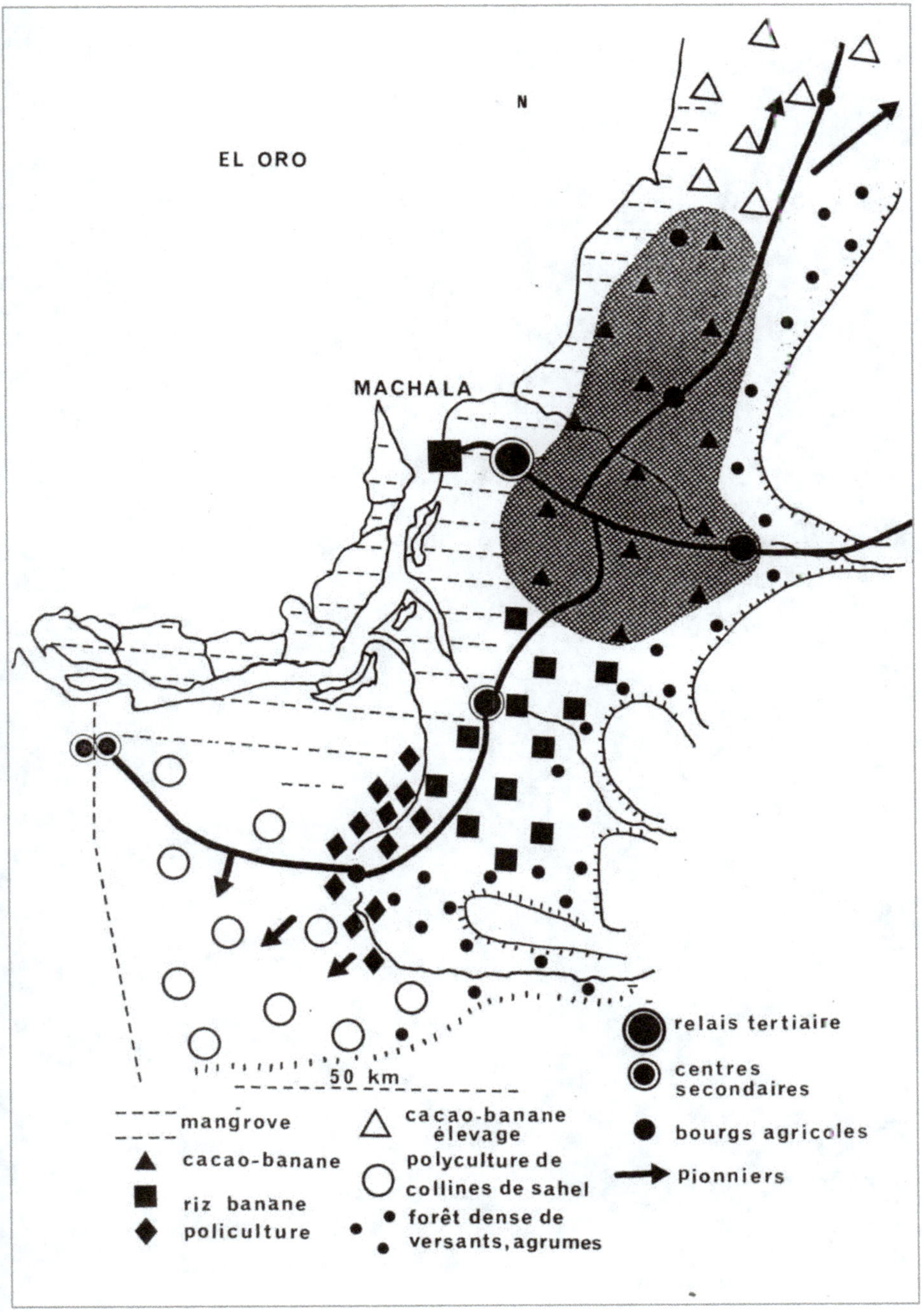

N
EL ORO
MACHALA
50 km
mangrove
cacao-banane
riz banane
policulture
cacao-banane élevage
polyculture de collines de sahel
forêt dense de versants, agrumes
relais tertiaire
centres secondaires
bourgs agricoles
Pionniers

CHAPITRE IX

LA PÉNINSULE DE SANTA ELENA

Jadis réputée pour ses forêts et ses pâturages, la péninsule de Santa Elena offre à a fin du XXe siècle un paysage triste marqué par une maigre végétation xérophile que vient couvrir un ciel nuageux blanchâtre, ôtant tout relief aux broussailles grises et aux branches tentaculaires des kapokiers, d'où s'effilochent des mousses et des épiphytes. Pourtant, cette péninsule a connu de meilleures destinées; bien drainée et facile à défricher, elle fut un des grands foyers de peuplement des premières civilisations précolombiennes, grâce à sa position maritime. L'occupation coloniale fut peu attirée par cette région sans attrait pour les Espagnols. Aussi, sombra-t-elle dans l'oubli, à peine fut-elle décrite par les chroniqueurs. Les communautés indigènes y maintinrent leur genre de vie de pêcheurs et de petits agriculteurs jusqu'à la fin du XVIIIe siècle, où ils fournirent la main-d'œuvre aux premières plantations de cacao du Guayas. Ses forêts servirent aux constructions de Guayaquil et à ses chantiers navals.

La péninsule reprendra une place importante dans l'économie côtière au début du XXe siècle, avec la découverte du pétrole d'Ancón et de la Libertad. Hélas, la faiblesse de la production ne permettra pas un véritable essor. L'essor de la pêche, d'une agriculture irriguée (puits) et surtout le développement du tourisme, de fin de semaine des Guayaquiléniens, permettant depuis peu à la péninsule de reprendre une meilleure place. Cette succession d'essors et de reculs peut être attribuée aux conditions particulièrement difficiles du milieu.

1. Un bas plateau littoral subaride

La cordillère de Colonche-Chongón sépare de la grande plaine du Guayas et des cordillères du Manabí la péninsule de Santa Elena. Cet ensemble de collines de faible altitude ne dépasse pas 300 - 400 m, alors qu'il atteint 1 000 m plus au nord, où la cordillère se rapproche de la mer. À l'inverse de la région manabite plus septentrionale, cette faible altitude empêche la cordillère de jouer un rôle de barrière climatique. L'orientation nord-sud de la cordillère de Chanduy, sépare deux ensembles hydrographiques, l'un tourné vers le Guayas et l'autre vers le Pacifique. À l'ouest, les vallées sont courtes et à pente forte, tandis que celles vers le sud et l'est sont plus larges et plus inclinées. Les surfaces planes sont rares. Les quatre bassins de Javita, Zapotal, Baren et Chongón représentent 80 % des surfaces plates de la péninsule. La région orientale est beaucoup plus proche du système du delta et de l'estuaire du Guayas[1].

2. Le problème de l'eau

L'insuffisance et l'irrégularité des précipitations

La faiblesse des précipitations, leur irrégularité et leur répartition sur moins de quatre mois font de la péninsule une zone aride beaucoup plus voisine du désert péruvien que du reste de la Côte équatorienne. L'extrémité de la péninsule reçoit moins de 200 mm et même moins de 100 mm dans la pointe même de Salinas, tandis que l'ensemble ne bénéficie pas de plus de 600 mm L'altitude des cordillères septentrionales assure davantage de précipitations au voisinage du Pacifique que dans les plaines donnant sur le delta du Guayas et dans la presqu'île. Les mois de plus grandes précipitations se situent entre janvier et avril pour la partie centrale et méridionale et de décembre à mai pour la partie septentrionale. Les températures moyennes annuelles sont de l'ordre de 24,5° avec un maximum de 39° et un minimum de 15,6°. Au nord, une couche de nuages bas s'installe en permanence dans le secteur côtier de Valdivía (8/10) et assure 40 % de l'humidité. L'ensoleillement domine pendant la période de mai à décembre. Tout au moins, le ciel se dégage dans l'après-midi. Cette garua, comme celle du désert péruvien est due au courant froid de Humboldt, qui s'approche de la Côte pendant cette saison.

De la forêt claire au sahel

Le fort contraste saisonnier des précipitations se marque dans les formations végétales. La forêt claire relaie, dès les basses pentes de la cordillère de Chongón, la forêt dense décidue. Les nuances sèches sont moins marquées par le tapis herbacé, rarement en savane nue des clairières, que par l'appauvrissement en espèces. La population des arbres aptes à résister pendant de longs cycles de sécheresse augmente tandis que les grands arbres voient leur densité diminuer. La haute silhouette des ficus et des kapokiers domine, de loin en loin, un étage d'arbres de taille très moyenne et souvent aux troncs tordus, aux branches nues pendant six à huit mois, comme les lauriers en difficulté par

[1] La région occidentale correspond au reste non effondré du bassin sédimentaire de Progresso, aplani à plusieurs reprises et disloqué pendant tout le tertiaire et le quaternaire. Une surface d'érosion à l'Eocène supérieur, puis une seconde durant le Miocène et enfin, le grand niveau d'abrasion Pléistocène du tablazo ont successivement nivelé le secteur que les mouvements tectoniques ont découpé en de nombreux compartiments. Le tablazo formé de dépôts coquillers, parfois indurés de lumachelles prolonge ceux du Nord du Pérou (*Cf*, Cl : Collin Delavaud), donne, grâce à sa couche dure, un modelé de bas plateaux sub-horizontaux à l'extrêmité de la péninsule. À l'Est, les plateaux taillés dans les schistes et les grès éocènes ont été disséqués en innombrables éperons et collines aux pentes raides où les thalwegs, au fond étroit, forment un chevelu mal hiérarchisé.

rapport aux algarrobos (Prosopis Juliflora) semblant mieux résister. Conservée sur les reliefs plats bien drainés et non lessivés sous le climat actuel, la forêt tropicale décidue, relativement dense pour la nuance sèche du climat (400 à 700 mm) se renouvelle très mal là où on a défriché depuis une trentaine d'années. Des espèces plus petites et plus xérophile la remplacent.

Au fur et à mesure que l'on avance vers l'ouest l'altitude baisse de 250 à 40 m. Les collines s'estompent et on pénètre sur les bas plateaux, les *tablazos*, peu attaqués par l'érosion sauf à proximité du littoral. C'est un domaine franchement sub-aride. La proximité de la forêt claire s'accentue moins au profit des formations herbacées qu'aux fourrés d'acacias, de barbascos (Jacquinia Pubescens) de crucitas (Raudia Armata), pega pega (Pisonia Macranthocarpa) et de succulents. Les Capparis (Zapote) relaient les derniers kapokiers isolés en sentinelle et l'on passe en moins de 40 km de la forêt décidue claire à un sahel à épineux, cactus et zapotes rampants qui évoquent en année sèche ou normale une steppe tandis qu'en année pluvieuse, tous les quatre ou cinq ans, le sol nu qui avait conservé les rhizomes, se couvre d'un tapis de graminées très hautes et la péninsule prend une allure de belle savane.

L'analyse des précipitations montre la très grande irrégularité d'une année à l'autre, de 18 à 300 mm à Salinas de 1970 à 1971 ou encore, à Corozo, plus dans l'intérieur de 170 à 355 mm de 1968 à 1969. Mais l'amplitude des moyennes annuelles passe d'un extrême à l'autre. Plusieurs années peuvent s'écouler sans précipitations à Salinas et ensuite 300 mm pendant deux années de suite pour revenir à une situation sans pluie[1].

On peut distinguer trois ensembles climatiques :

1. La région orientale, tournée vers le Guayas, a des précipitations moyennes de 600 mm par an concentrées pendant 4 à 5 mois de janvier à mai qui coïncident avec l'hiver à Guayaquil et dans une grande partie du Guayas. La faible altitude de la cordillère transversale de Chanduy ne modifie guère le climat. Ce n'est qu'à quelques kilomètres au sud de Guayaquil que le total des précipitations sera de 600 mm alors que cette isohyète atteint le nord de Valdivía à proximité du littoral. Les rivières sont intermittentes, sèches une grande partie de l'année avec cependant quelques crues importantes.

2. Dans la péninsule proprement dite, les pluies tombent également en hiver mais le total n'atteint pas 150 mm par an en moyenne. Les rivières qui présentent des écoulements éventuels sont celles qui proviennent de la ligne de partage des eaux de la cordillère de Chongón, tel le río Azúcar.

3. Dans la région septentrionale de Valdivía, la situation est différente car 40 % des précipitations annuelles tombent en été (hiver austral), soit approximativement 400 mm sur les 900 mm annuels qui constituent la moyenne. Elles assurent une meilleure répartition de l'humidité et permettent

[1] Les années exceptionnelles de pluie de 1972 et 1973 sont venues bouleverser les données écologiques en assurant des quantités d'eau peu connues au moins depuis le début du siècle, à l'exception de 1939 où il est tombé 1 182 mm à Ancón.

des écoulements plus réguliers des petits cours d'eau. On est parvenu ici aux limites de la cordillère de Colonche de climat tropical à longue saison humide grâce au relief élevé.

La diminution séculaire des précipitations

Les conséquences de la baisse des précipitations dans la péninsule sont très nombreuses. Les témoignages vécus abondent et complètent l'observation scientifique des années 1960). Pour certains, la baisse des précipitations remonte à une cinquantaine d'années, tandis que pour d'autres, à plus d'un siècle. L'impression d'hiver plus frais est ressentie ainsi que la présence de *garuas* ou de nuages sur la Sierra de Colonche au cours des après-midi d'hiver, tandis que les matinées restent dégagées. Or, la *garua*, plus courante sur le littoral même, est rare dans l'intérieur. Effectivement, les arbres et les broussailles sont couverts de mousses, de lianes et de lichens de toute sorte[1]. La végétation a changé dans son ensemble, les récits du XIXe siècle décrivent une grande forêt dans la péninsule et des prairies d'élevage. On trouve, encore aujourd'hui, des troncs d'arbres pétrifiés de grande taille qui ne correspondent guère à ceux de notre époque. Ce n'est pas, en effet, avec les arbres d'aujourd'hui, qu'ont été construits les bateaux du Pacifique ni la ville de Guayaquil ou le chemin de fer. On sait que les pâturages d'El Morro et Posorja permettaient d'approvisionner Guayaquil en viande et en fromage. Enfin, la sécheresse est invoquée pour expliquer le départ des habitants vers Guayaquil et vers les plantations du Guayas. La déforestation est évoquée aussi dans cette région d'approvisionnement de bois dur de Guayaquil. Depuis, la culture sur brûlis, l'élevage de chèvres et la fabrication du charbon de bois ont encore appauvri la forêt. Cette dernière activité est, pour beaucoup de petits éleveurs, la principale ressource monétaire. Enfin, la disparition du troupeau bovin et son remplacement par des chèvres achèvent de ravager les broussailles qui avaient succédé aux arbres de la forêt.

3. La recherche de l'eau

C'est un problème crucial pour cette région et plus particulièrement pour les secteurs de forte densité humaine. Lorsqu'on connaît la faiblesse des précipitations, leur irrégularité et la croissance de la population à laquelle il faut ajouter des milliers d'estivants, la situation prend un tour tragique pendant certaines périodes où il faut recourir alors à de l'eau amenée d'ailleurs et revendue très cher. Les puits privés ou publics creusés dans la région n'ont pas toujours donné de bons résultats. L'eau souterraine lorsqu'elle existe est

---

[1] Aplicación Meteorologica en El Ecuador (INERHI 1970). Maggio a calculé en 1965 la diminution des précipitations qu'il estime à 15 mm par an à Ancon et de 11,6 mm à Salinas. Cette baisse peut atteindre 20 et 25 mm à Guayaquil, à Bahía et à Esmeraldas.

rarement potable ; la quantité de sel et de sulfates en interdit souvent la consommation. Dans les centres balnéaires de Salinas et de Playas, l'eau potable vient de Guayaquil. On rencontre la majorité des puits en amont de la vallée du río Verde. Creusés par la Ecuadorian Oilfield, ces puits sont exploités actuellement par Cautivi Empresa Petrolera. Depuis 1963, la municipalité de Salinas exploite également des puits dans ce site grâce à une canalisation de 26 km. La recherche de l'eau dans le río Verde et à Engunga est très ancienne puisqu'on perfora entre 1929 et 1939 plusieurs puits (Porvenir) dans le tablazo entre 25 et 59 m. En dehors de Chapucal, on ne trouve guère d'eau douce provenant de nappe aquifère de roche sous-jacente solide. On en a obtenu dans des aquifères d'alluvions non consolidées dans les vallées actuelles où l'eau souterraine est recueillie normalement à partir de puits creusés à la main. Le déficit général est grand. Actuellement la distillation de l'eau de mer réalisée à Salinas par trois unités de distillation est encore trop coûteuse. L'ensemble de ces systèmes d'approvisionnement ne permet toujours pas de fournir de l'eau potable en quantité suffisante aux villes et aux communautés voisines qui se contentent d'une eau locale plutôt saumâtre. Or, la péninsule de Santa Elena regroupe une population de 140 000 personnes réparties très irrégulièrement à travers le littoral et les collines de l'intérieur. En effet, 40 % de la population se localisent dans l'extrémité la plus aride de la partie occidentale, dans les trois centres contigus de Salinas, Santa Elena et La Libertad.

Un habitat groupé d'origine communautaire

À l'exception récente de l'habitat échelonné le long de la route centrale, la dispersion de l'habitat est très rare dans cette région de tradition communautaire. Il existe encore 56 communautés indigènes dans la péninsule dont 41 dans les paroisses de Colonche et de Manglaralto. Mais aujourd'hui, ces *comunas* sont relativement peu importantes par leur nombre d'habitants, puisqu'au total, elles en regroupent près de 17 800 et ne concernent plus les centres très peuplés, notamment les anciennes communautés de Santa Elena, de La Libertad, de Playas ou de Chanduy. L'extension comme d'ailleurs l'attachement à ces terres communales varient beaucoup. Celle de Colonche, une des plus vastes, couvre 76 100 hectares, mais 8 898 hectares sont possédés en privé, dont 1 052 propriétaires ont moins de 5 hectares. La *comuna* est définie par les lois de 1937 et 1959 qui reconnaissent la légalité de la propriété collective comme élément générateur de ressources. Une enquête sur 20 *comunas* réalisée par la CEDEGE reprise par CESA en 1976, montre que les problèmes de terres sont encore nombreux parce que tous les *comuneros* ne possèdent pas de titres individuels de propriété. Or la loi interdit le maintien de la propriété privée en terres communales. Dans ces 20 *comunas*, 60 % des paysans ont moins de 5 hectares de terre, 36 % de 5 à 20 hectares. Les premiers fabriquent surtout du charbon de bois. En fait, la population de la péninsule en dehors de petits hameaux isolés de l'intérieur ou de la

Côte septentrionale vit en majorité dans des centres relativement importants situés en bordure du rivage, anciennes communautés de pêcheurs régénérées par la pêche ou le tourisme. Cette concentration de la population apparaît d'autant plus forte que les possibilités du milieu naturel ne supportent pas de telles densités : 50 à 60 habitants au km² pour la péninsule même et 18 à 20 habitants pour le reste de la région. La dispersion, lorsqu'elle existe, n'est pas régulière car la recherche de l'eau oblige les hameaux et les villages à se fixer près des lits de rivière comme celles de Valdivía, de Javita, de Tambo ou de Verde. L'habitat se disperse alors linéairement. Sur la Côte méridionale on assiste souvent à un dédoublement des villages. C'est le cas de San Miguel qui se situe à quelques 3 km de Puerto San Miguel installé sur l'*estero* du même nom donnant accès au golfe de Guayaquil. Entre le port et le village, une tentative de rapprochement se manifeste par Sitio Nuevo. L'éloignement entre El Morro et Puerto El Morro témoigne également du souci de conserver la double économie de pêche et d'agriculture et d'élevage. S'ils sont éleveurs et charbonniers, les habitants de San Rafael envoient leurs fils travailler aux usines de poisson de Chanduy. La bicyclette relaie l'âne ou la mule.

Tableau n°78

La population de la péninsule Santa Elena en milliers d'habitants

Paroisses	1962	1974	1982
Chongón	2	3	5
Progresso	3	5	4
El Morro	2	2	3
Playas	7	10	17
Posorja	2	4	8
Julio Moreno	4	4	5
Chanduy	6	8	10
Total secteur Oriental	30	35	52
Santa Elena	17	19	24
Salinas	8	12	17
La Libertad	13	26	41
Anconcito		2	4
Atahualpa	1	2	2
Muey	2	3,3	4
Total secteur Occidental	44	64	92
Colonche	9	15	18
Manglaralto	10	14	14
Total secteur septentrional	20	29	42
Total des 3 secteurs	94	128	186

Sources : Recensements.

Densité de la population : Secteur oriental :16 h/km² - Secteur occidental 60 h/km² - Secteur septentrional 20 h/km².

Le site d'abri en arrière du cordon dunaire est le fait d'El Real, Engabao, Engunga ou Data de Villamil. Des bateaux sont amenés pour être réparés sur des rondins dans ces villages à plusieurs centaines de mètres de la mer. Dans l'ensemble, les baies ont constitué d'excellents sites pour les villages de pêcheurs comme celles de Playas, Chanduy, Santa Elena, Salinas, San Pablo ou Manglaralto. Dans l'intérieur, des fincas dispersées ou regroupées en très petits écarts parsèment les collines et affirment l'isolement de ces petits agriculteurs le long de l'unique route. Une *hacienda* un peu plus grande se manifeste de temps en temps par l'étendue des défrichements, par la meilleure tenue des champs cultivés et parfois par l'aspect plus verdoyant en été grâce à un système de puits et de pompe.

Une forte croissance démographique

Un taux de croissance très élevé de 3,4% de moyenne par an caractérise la région de Santa Elena qui double sa population en l'espace de vingt ans environ, malgré un taux de mortalité relativement élevé 10,2 ‰[1]. En fait, le taux de natalité de 44,5 ‰ reste très supérieur à la moyenne. Il est vrai que le taux de mortalité infantile est presque le double de la moyenne provinciale avec 115 ‰ contre 67 ‰. Les villages situés en bordure de route et les stations balnéaires atteignent des taux de croissance de 4 à 6 %. Toutefois, la zone de Colonche et de Manglaralto, avec un taux de croissance supérieur à la moyenne nationale et régionale avec 3,6 %, montre qu'en dépit de l'isolement, les communautés de pêcheurs ont maintenu sur place leur population de jeunes, le tourisme n'avait pas encore atteint cette région dans la décennie 1970.

Le secteur de Salinas-Santa Elena a subi une croissance moindre (3 %) à l'exception de Salinas (6 %). Cette croissance dépasse largement les possibilités d'absorption locales en ce milieu aride qui ne peut subvenir sans faire venir sa nourriture, non seulement pour les estivants, mais encore celle de ses propres habitants. La présence ancienne des activités de pêche, puis l'installation des puits de pétrole et des raffineries ont contribué à fixer bien avant l'essor du tourisme une main-d'œuvre sur place. Salinas (17 000 h) double certainement le nombre de ses habitants en février.

Les deux seules paroisses urbaines de toute la péninsule, Santa Elena et Salinas représentent en 1977, 24 000 et 17 000 habitants. La Libertad, considérée comme paroisse rurale, dépasse cependant 41 000 habitants. Cet ensemble regroupe 75 000 habitants, soit la moitié de la population de la péninsule. Mais la péninsule demeure une terre de départ à destination de Guayaquil dans les chantiers de construction ou l'artisanat. Temporaires, les

---

[1] La moyenne pour la province du Guayas est de 7 ‰ pour le taux de mortalité et de 33,5 ‰ pour le taux de natalité.

migrations le sont aussi vers le Manabí pour la récolte du café, vers Guayas pour celle du coton. Les salaires proposés par les nouvelles conserveries de pêche, les raffineries ramènent parfois des migrants. Il n'en reste pas moins comme ailleurs sur la Côte une masse flottante de chômeurs totaux ou partiels.

4. Une occupation agricole discontinue dans le temps et dans l'espace

La vie agricole est profondément liée aux contraintes climatiques particulièrement rigoureuses dans le Guayas occidental et qui vont en se dégradant vers l'ouest. On observe ici une véritable discontinuité dans le temps et dans l'espace proprement dit. Les petits noyaux de cultures temporaires liés à la présence d'un hameau contrastent avec une plus grande continuité de l'occupation du sol (toute relative) observée le long de la route Guayaquil-Salinas. De vastes secteurs de végétation naturelle et des jachères plus ou moins anciennes séparent les zones cultivées des *haciendas* qui s'échelonnent tout au long de la route, en particulier de Progresso à Guayaquil. L'agriculture permanente n'existe que dans l'extrême nord de la péninsule plus humide autour des puits et petits réservoirs. La population côtière locale est, par tradition, tournée davantage vers la pêche. La séparation des activités demeure bien marquée. Les habitants de l'intérieur sont avant tout éleveurs et charbonniers. On les estime à moins de 14 000 personnes, soit 33 % de la population active de la péninsule, leur isolement est grand, les pistes n'étant pas praticables toute l'année, notamment dans la zone de Chongón-Corozo-Colonche. Au paysage verdoyant de l'hiver succède un tapis d'herbes jaunies couvert dans la majeure partie de la péninsule de broussailles grises d'où surgissent quelques fleurs jaunes ou violettes. Des kapokiers isolés ou par petits groupes accentuent par leurs bras tentaculaires gris vert, et pour peu qu'il y ait de la garua, l'aspect désolé et triste de l'été. Pendant les trois quarts de l'année, seules quelques clôtures de fil de fer mais le plus souvent de haies d'épineux, de cactus ou de branchages entrelacés pour se protéger des animaux, rappellent l'existence de la vie agricole. Si on pouvait les estimer, les terres effectivement productives sont certainement en très faible proportion par rapport aux terres reconnues dans les UPA. Près de trois quarts des paysans ont moins de 5 ha et souvent moins d'un ha, le manque d'eau aggrave encore la situation.

Tableau n°79

Les exploitations de la péninsule Santa Elena

	Nombres d'U.P.À.	Superficie en milliers d'ha	Répartition des U.P.À.			
Canton Guayaquil	1360	99	1072	127	96	64
Canton Chongón *	354	77	157	71	72	54
Canton Salinas	135	0,1	135			
Canton Santa Elena	4 094	51	3 434	1 055	353	62
Total Péninsule	6 399	151	4 641	1 182	449	126
			72 %	18 %	7 %	2 %

Sources : *Censo agropecuario 1974 – UPA (Unité de Production Agricole)*

* Total des 5 paroisses du canton. La paroisse de Chongón elle-même est de loin la plus vaste avec 6 exploitations de plus de 2 500 hectares.

Une agriculture de secano

Elle domine encore aujourd'hui dans plus de 90 % des exploitations mais bien souvent les mauvaises conditions pluviométriques ne la permettent pas chaque année. Après défrichement, les paysans mettent le feu aux arbres et broussailles séchés et pratiquent ensuite un faible grattage du sol avant de semer des légumes (tomates, melons), des céréales comme le sorgho ou de planter du coton ou du ricin au début de la saison des pluies. Les cultures de cycle court dominent. De grandes superficies de ricin sont réapparues en 1974 à la suite de la montée des prix à l'exportation. L'incertitude de la récolte n'incite pas les petits agriculteurs à améliorer leur système de culture. Les semences sont de mauvaise qualité, les engrais absents. Quelques champs complantés (maïs-coton ou maïs-ricin) montrent les efforts pour tenter d'obtenir quelques productions au cas ou l'une des plantes ne donnerait rien. Dès les mois de juin-juillet, commence la jachère pour de longs mois ou de longues années.

Les rendements sont faibles et peu encourageants. Sur les 463 ha des 79 fincas de la vallée de Valdivía, seulement 154 sont cultivés, les autres (309) sont en jachère ou en broussaille. Quelques agriculteurs ont creusé des puits pour compléter l'apport fluvial par un système d'arrosage manuel et par quelques petits canaux. Leur nombre est encore trop faible. Les fortes pluies de 1972 et 1973 avaient provoqué la remise en production de nombreuses terres en jachère mais, dès 1974, les paysans devaient suspendre leurs efforts à cause de la faiblesse des précipitations. Dans le secteur côtier nord à partir du río Javita les *garuas* de l'été permettent d'ajouter un deuxième cycle de culture complémentaire. Les petites vallées profitent de meilleures conditions par suite de la faible profondeur de la nappe phréatique et de la rivière proche qui permet, grâce à des pompes d'amener l'eau en surface. Le secteur de Valdivía est un peu plus modernisé grâce à des investissements qui, mêmes faibles, sont les signes de nouvelles possibilités de crédit. 15 % des propriétaires se sont spécialisés dans la tomate et le melon à destination des centres balnéaires et de Guayaquil. Dans l'ensemble, cette agriculture est vivrière et complémentaire de l'élevage et du charbonnage pour les gens de l'intérieur, et, de la pêche, pour ceux du littoral. Les meilleures années, elle assure des revenus grâce à la commercialisation des légumes qui trouvent un débouché à Guayaquil.

La création des petits périmètres irrigués

En dehors du projet alors grandiose et futuriste consistant à dévier les eaux du Daule, en direction de la péninsule, plusieurs projets de petite envergure ont été retenus pour périmètre de développer des secteurs d'agriculture irrigués et compléter ainsi les cultures de secano. Le barrage d'El Azúcar, commencé en 1968 par l'INERHI, doit irriguer un millier d'hectares. Mais il n'a guère servi aux petits agriculteurs locaux car ce sont des entrepreneurs venus d'ailleurs qui ont loué la terre aux paysans. Depuis 1974, une route praticable toute l'année relie le barrage à la route de Guayaquil et facilite le transport des primeurs par camions. Dans le bassin du río Javita le barrage de San Vicente (1979), permet d'irriguer 500 hectares et d'assurer à 220 familles deux récoltes de légumes et fruits par an. La répartition est alors de 87 ha en jachère, 793 ha incultes et 228 ha en culture dont 110 en maïs, 60 en ricin, le reste en cycle court. Les barrages de Chongón (1979) et Valdivía devraient irriguer 845 et 315 hectares. Des petits réservoirs, situés au pied des collines, sont alors prévus également dans plusieurs secteurs. San José, Chanduy, Sacachi, Cienaga, Engaboa et Sube y Baja doivent fournir de précieuses ressources aux populations locales. Les réservoirs, près d'El Morillo et Engunga sont prévus dans un vaste plan de développement de l'élevage. L'arrivée de l'eau accélère le processus d'éclatement de la vie communautaire ; manquant de capitaux, de crédits, de tout matériel, le paysan vend ou loue sa terre dont il devient ensuite le travailleur salarié. Jusqu'ici le travail se faisait entre *comuneros* avec appel parfois aux paysans des communautés voisines. Nouveau salarié, le *comunero* ne l'est en général que temporairement. Les périmètres irrigués récemment créés sont en fait loués aux précaristes bénéficiaires par des propriétaires dotés de capitaux qui progressivement achètent le sol au *comunero* et aux propriétaires ou sociétés venus d'ailleurs. Si les petits centres de la péninsule sont parfois des relais à la commercialisation, l'essor de la production est orienté vers Guayaquil, les huileries, conserveries et fabriques d'aliments balancés, les produits de pêche suivent le même chemin.

5. Le charbon de bois et la dévastation des forêts

La production de charbon de bois reste une activité relativement importante dans l'intérieur de la péninsule. Elle assure une occupation aux longs mois sans agriculture et procure un revenu monétaire régulier. Cette demande n'est pas près de s'épuiser car le butagaz n'est alors pas encore arrivé dans toutes les maisons suburbaines de Guayaquil. Des petites caravanes de mulets chargés de sacs de charbon de bois traversent les mauvaises pistes pour gagner la route où passe le camion de Guayaquil. Les tentatives de lutter contre la dévastation séculaire sont très insuffisantes. Le long terme ne concerne pas directement ces petits charbonniers-éleveurs à la recherche de ressources quotidiennes. La forêt de la péninsule de Santa Elena a souffert considérablement de son voisinage avec le port de Guayaquil. Sa richesse en bois dur lui a été fatale car à la construction de Guayaquil, puis de plusieurs reconstructions de la ville, après les incendies, il faut ajouter la fourniture de bois à plusieurs villes de la Côte pacifique péruvienne et notamment Lima. Les chantiers navals de Guayaquil lui doivent leur renommée. Enfin, la construction du chemin de fer Guayaquil-Quito a pris ses traverses dans cette région, là où d'ailleurs les Compagnies pétrolières ont trouvé du bois dur pour les chevalets de puits de forage.

Un élevage de plus en plus difficile

La zone au sud de la cordillère de Chongón était réputée au XIXe siècle pour ses fromages et son beurre. Les bovins profitaient d'un climat plus salubre et plus sec que dans la Sabana de Guayaquil. Aujourd'hui, quelques rares bovins parcourent désespérément ces collines de broussailles et d'épineux à la recherche d'un herbage jauni et maigre disputé aux nombreuses chèvres plus à l'aise dans cette région qu'elles continuent de dégrader. Les régions plus humides du nord et de l'est offrent de meilleures conditions. Toutefois, la difficulté d'assurer de l'eau et des fourrages pendant les années sèches aboutit souvent à des catastrophes qui font préférer les chèvres aux bovins. Les zones d'élevage actuelles les plus prospères sont Chanduy, Colonche, Cerezal, Aguadita, Corozo, San Juan, San Lorenzo et Manglaralto. Dans cette dernière communauté, on trouve le premier centre important de volailles de la péninsule, nourries de farine de poissons artisanale.

6. La pêche, une grande activité du littoral

L'importance de la pêche

La pêche sur le pourtour de la péninsule de Santa Elena se pratique avec des techniques très rudimentaires dont quelques-unes perpétuent les gestes et les instruments en vigueur plusieurs siècles auparavant. Les progrès et les efforts de modernisation pénètrent très lentement dans ces communautés à l'exception des plus grandes, particulièrement bien situées et en contact avec une pêche plus moderne rattachée à Guayaquil comme c'est le cas à Posorja ou à Chanduy. L'essor des exportations de poissons est lié en partie à celui de la pêche de la péninsule. C'est la grande zone de la sardine, du poisson blanc et secondairement des crevettes. La prépondérance de la sardine lui assure la première place depuis une décennie : les pêches passèrent de 55 à 320 000 tonnes entre 1972 et 1977. Les ventes extérieures de 4,5 à 16 000 tonnes. Tout le reste est transformé sur place en farine de poisson et conserves, nouveaux venus dans les exportations. Le potentiel saisonnier est lié aux déplacements du Humboldt. Très occasionnellement, les bancs de thon se dirigent certaines années vers la péninsule. Les variations enregistrées dans le régime des courants océaniques maintiennent parfois les conditions de l'hiver avec de fortes pluies et une température des eaux plus élevée. Elles provoquent le déplacement des bancs de thons de la pointe de Santa Elena, vers le sud-ouest. Cette situation s'est répétée en 1972 et 1973 mais la région manquait de bateaux et les thoniers basés à Manta, ne purent parvenir dans ces zones, car le manque d'équipement des navires équatoriens et l'absence de congélation à bord, ne leur laisse qu'une autonomie très faible de l'ordre de 16 heures. Les thoniers étrangers (Purse Seiner) profitent alors en toute tranquillité de leur liberté d'action.

La répartition des communautés de pêcheurs

Dans la péninsule, la pêche concerne plus de 15 300 personnes et occupe environ 9 300 pêcheurs, répartis en 33 centres, correspondant à 23 % de la population active de la péninsule, soit le cinquième des pêcheurs artisanaux de l'Équateur et 11 % de la population totale de la région. La Côte orientale de la péninsule regroupe 11 communautés d'importance variable. En effet, les plus actives sont celles de Playas, Posorja et Chanduy, comme centres de crevettes et de sardines pour l'industrie où les petits pêcheurs arrivent à disposer d'embarcations à moteur. La collecte des coquillages continue d'être une activité lucrative près d'El Morro. On estime que 30 % de la population de ce secteur travaille dans la pêche. La région occidentale de la péninsule avec seulement cinq communautés principales dans les paroisses de Salinas, La Libertad, Anconcito, regroupe la plus grande partie de la population de pêcheurs. Les communautés qui peuvent abriter de 80 à 450 pêcheurs ne sont pas aussi homogènes que celles de la région orientale car les emplois industriels et urbains ont modifié profondément les activités locales. La pêche y est un peu plus moderne, pratiquement toutes les embarcations sont à moteur en 1980. Les 20 communautés de la région septentrionale de la péninsule sont plus nombreuses et s'échelonnent régulièrement sur le littoral avec souvent moins de 30 habitants pour 13 d'entre elles. Les plus importantes sont Palmar, San Pedro et Monteverde avec respectivement 400, 178 et 110 habitants. Valdivía si connue comme centre archéologique de première importance en Équateur pour l'ancienneté de sa population et son maintien pendant plusieurs siècles, ne comptait qu'une soixantaine de personnes en 1971. La pêche est dans cette zone une activité complémentaire de l'agriculture. On ne notait aucun moteur en 1971 et la capacité des 145 embarcations s'élevait à 65 tonnes en moyenne, ce qui est très faible.

Tableau n°80
L'essor spectaculaire des exportations des produits de la mer (en milliers de kg)

	1971	1975	1981
Poissons (thon)	15 065	19 812	21 873
Crevettes	2 974	3 751	9 725
Crustacés	44	72	119
Conserves et congelés	4 644	6 173	35 653
Total	22 727	29 808	67 370

Sources : Bulletin annuaire, Banque central de l'Équateur.

La construction d'une route littorale va modifier les possibilités d'échanges de cette région marginale en permettant aux camions de pénétrer et de desservir ces petits centres reliés par une mauvaise piste impraticable en hiver. Seul le cabotage a permis une liaison régulière avec le Guayas. La production est vendue directement aux fabriques d'aliments balancés de Guayaquil, Cuenca, Ambato et Quito. Ce procédé permet le maintien de petites communautés sur le littoral dans des sites souvent isolés. On trouve encore quelques points de salaison à La Libertad, Anconcito et surtout Santa Rosa. Depuis quelques années, de nombreuses lagunes ont été transformées pour la production de crevettes destinée à la congélation et à l'exportation. Cette production nouvelle bouleverse les paysages littoraux par son organisation de l'espace géométrique.

Le bond des industries de la pêche

Les industries récentes

Trois secteurs se sont spécialisés dans la transformation des produits de la pêche : Santa Rosa, Salinas, Chanduy et Posorja. Ce dernier devenu le grand port sardinier de l'Équateur et prévu alors comme le futur port de Guayaquil doit bénéficier d'équipements portuaires nouveaux comme celui de Manta. La plupart des entreprises sont de petite taille et n'emploient qu'un nombre restreint d'ouvriers et une partie de l'année seulement par suite de l'irrégularité de la pêche. Toutefois les quatre fabriques de Chanduy donnent du travail à plus de 800 personnes et achètent du poisson aux petits pêcheurs lorsqu'elles en ont besoin. À partir des années 1975, des camions commencèrent à apparaître dans la péninsule en provenance de Guayaquil. Pour une partie de la pêche non vendue le trajet ne s'arrête pas à Guayaquil ; en effet le surplus est transporté ensuite vers la Sierra. Malgré une progression rapide, les fabriques de farine de poisson sont encore peu nombreuses en comparaison avec la Côte péruvienne mais il est vrai que l'anchoveta si indispensable reste rare dans les eaux équatoriennes.

Les entreprises travaillent pour le marché national sauf quelques-unes d'entre elles exclusivement pour l'exportation (thons, langoustes et langoustines). Des bateaux frigorifiques étrangers viennent charger la marchandise en ancrant en mer à proximité des rives où est installé le frigorifique. De petits pêcheurs se chargent d'effectuer le plus rapidement possible le transport des produits congelés de l'usine aux caves frigorifiques du navire. L'encouragement bancaire fourni par l'État et les prix élevés à l'étranger jouent un rôle stimulant de première importance auprès des entrepreneurs de Guayaquil. Les contrastes les plus vifs qui subsistaient entre la pêche au Pérou et en Équateur tendent à diminuer. Plusieurs organismes internationaux ont apporté leur soutien au développement de la pêche en facilitant le crédit, pour l'achat de moteurs et de filets en fibres synthétiques. L'Équateur a entrepris de son côté l'inventaire de ses ressources bio-aquatiques et accueille les divers projets de participation étrangère pour l'équipement de la flotte malgré une certaine réticence des industries locales. Tous ces efforts ont permis aux produits de la pêche de prendre le quatrième rang dans les exportations équatoriennes non compris le pétrole, derrière le cacao, le café et la banane.

7. De nouvelles activités de raffinage

La zone pétrolière se trouve dans la pointe occidentale de la péninsule de Santa Elena, près de La Libertad et Anconcito. Le gisement principal (Ancón) représente un nombre considérable de 1 714 petits puits mais très peu sont en production. L'extension du gisement n'est pas continue par suite de la présence de nombreuses failles et les secteurs productifs se trouvent à Ancón même, Tigre et Santo Tomas. La proximité de la mer facilite les embarquements de pétrole et n'a nécessité qu'un oléoduc de faible capacité (10 pulsations) pour relier les 18 km qui séparent Ancón de La Libertad. Une bouée et un pipe-line unissent le continent au bateau. Plusieurs compagnies étrangères et nationales sont à l'origine de cette exploitation. Les concessions, assez nombreuses pour une si faible superficie, sont dominées par la Cie anglaise "*Anglo-Ecuadorian Oilfields Company*" qui détient 80 % de la production actuelle. C'est cette Compagnie qui effectua les recherches en 1922 et le premier embarquement de 50 000 tonnes à destination de l'Angleterre. Les réserves étaient estimées, en 1966, à 4 millions de m^3 ce qui représentait des réserves pour seulement une dizaine d'années. La production s'est ensuite abaissée à 4000 barils par jour à partir de 400 puits. L'extrémité de la péninsule a bénéficié, grâce au pétrole, d'une infrastructure routière bien avant le reste de la Côte; le tourisme en a profité par la suite.

Tableau n°81

Production et raffinage de la péninsule (en milliers de barils)

Année	Production	Raffinage
1960	2 806	4 242
1965	2 921	5 400
1970	1 480	8 719
1975	831	14 544
1977	688	14 466

Sources : Ministère des Ressources Naturelles et Énergétiques : par comparaison la production de pétrole cru est de 27 millions de barils en 1972 et de 66 millions en 1977, la raffinerie d'Esmeraldas mise en route en 1977 a une capacité de 55 000 barils par jour.

Des huit compagnies qui avaient encore des concessions en 1965 il en restait seulement trois qui fusionnèrent en une seule en 1970. La Cautivo Empresa Petrolera Ecuadorian (CEPECA) détient une concession de 17 600 hectares dans la péninsule. La politique du gouvernement, par l'intermédiaire de la CEPE (Corporación Estatale Petrolera), créée en 1972, est de continuer l'exploration dans la région. Des investissements importants ont été réalisés sur de nouvelles concessions et des recherches *offshore* sont en cours. La capacité de stockage des réservoirs a été augmentée. Quatre raffineries, petites et vétustes, fonctionnaient jusqu'à ce que la compagnie Anglo-Équatorienne n'augmente en 1972 la capacité de ses installations de 7 500 à 34 000 barils par jour. Ces raffineries utilisent essentiellement du pétrole de l'Oriente amené par cabotage depuis Esmeraldas. Enfin, il est prévu de construire à Atahualpa une nouvelle raffinerie de pétrole au cours de la décennie 1980. Sa capacité sera de 70 000 barils par jour. L'exploitation des salines fournit environ 60 % de la consommation équatorienne de sel et en exporte même certaines années par le port de Salinas. L'exploitation la plus moderne, avec bassins réservoirs et stations de pompage, s'effectue sous la direction de la Compagnie ECUASAL qui extrait le sel des lagunes côtières près de Salinas, Pacoa et Punta Carnero, bénéficiant de la très forte évaporation locale. Huit entreprises de tailles diverses assurent la production régionale. La péninsule fournit également un peu de gypse, notamment à Punta Carnero, El Morro et Colonche (Sociedad Yesera del Pacífico). On extrait aussi du calcaire pour la fabrication du ciment.

8. Le renouveau de la péninsule

La péninsule qui avait toujours entretenu de nombreuses relations avec le Guayas bénéficie de l'essor économique général de la métropole pour s'intégrer davantage à la vie de la Côte. Plusieurs facteurs ont provoqué des changements prometteurs pour l'avenir.

Une nouvelle zone d'approvisionnement pour Guayaquil grâce à l'intégration.

Cette région à moins de 50 km de Guayaquil offre un intérêt nouveau aussi l'extension du domaine cultivé y est spectaculaire de part et d'autre de la route jusqu'à Progresso; on y trouve les *haciendas* et les *fincas* les plus modernes par leur équipement et les plus importantes par leurs investissements Le ravitaillement de Guayaquil et de ses industries alimentaires ou textiles oriente le choix des cultures. Il s'agit d'une nouvelle région, créée non plus pour l'exportation, mais bien pour le marché régional urbain. Des tentatives de mise en valeur par des techniques d'irrigation modernes sont depuis peu pratiquées par des propriétaires venus des plantations du Guayas ou de celles des côtes péruviennes et chiliennes. Ces nouveaux entrepreneurs ont effectué des essais d'agriculture irriguée par pompage de l'eau dans des puits tubulaires. Les légumes dominent la production avec la tomate, le melon, les poivrons et pastèques qui mûrissent vite et demandent beaucoup d'eau.

Les travaux des petits barrages à peine terminés permettaient déjà à onze fincas, près d'El Azucar, d'arroser 78 hectares, dont 65 en tomates sur les 168 disponibles grâce à un crédit de de la Banque de Développement. Le réservoir Velasco Ibarra contribute également à favoriser la production de tomates sur 13 hectares. Ces deux secteurs privilégiés assurent 56 % de la production de la tomate régionale, respectivement 1 417 et 220 tonnes, avec un rendement moyen élevé de 23 tonnes par ha. Le reste est fourni par des *fincas* isolées et par les petites vallées près de Valdivía. Les projets de développement de l'élevage dépendent essentiellement de la construction des réservoirs d'eau pour les bêtes et les pâturages comme près d'Engunga. Dans un autre genre de réalisation, il faut citer une initiative d'un planteur près de Playas qui a réussi à élever sur un immense domaine de plus de 40 000 ha de brousse sèche à kapok un troupeau de bovins sélectionnés, composé en grande partie de zébus. Le climat sec convient parfaitement au bétail. Une centaine d'ouvriers recrutés localement, conduit les bêtes d'un parc à l'autre. En été, des camions amènent des *haciendas* exploitées par le propriétaire dans d'autres régions, les résidus des productions de banane, de maïs ou d'oléagineux. La distance relativement faible entre les zones écologiques variées est un atout pour la Côte comme le prouve cet exemple.

L'amélioration des conditions de vie par la rupture de l'isolement

La route Salinas-Guayaquil apparaît comme la véritable épine dorsale de la péninsule qui totalise 426 km de routes utilisables toute l'année, dont 300 asphaltés et 710 km de pistes d'été. Mais depuis sa construction, peu d'efforts avaient été entrepris jusqu'ici pour relier les communautés entre elles.

Une route asphaltée de 117 km relie Progresse à Posorja en passant par

Playas. Les pistes qui relient les rares villages de ce secteur rejoignent toutes la route. L'extrémité de la péninsule de Santa Elena même est la mieux desservie grâce aux installations pétrolières. La route construite en 1974 le long du littoral a modifié, plus fortement qu'ailleurs, les conditions locales. En effet, chemin d'été, route sur plage et cabotage n'avaient guère rompu l'isolement des communautés de pêcheurs et d'agriculteurs. Tous les chemins descendant de la cordillère côtière ont donc tout naturellement gagné la nouvelle route parallèle au rivage. À côté des grands projets de ravitaillement en eau des centres urbains de la péninsule, il est prévu une amélioration de l'électrification avec le plan INECEL 1973-1977 dans le cadre du système Guayas-Los Ríos, mis en place avec Empresa Electrica Guayas.

L'essor du tourisme

De nouvelles activités sont venues animer les communautés de La Libertad, de Santa Rosa et de Santa Elena; en effet, le pétrole provoqua quelques changements dans ce secteur densément peuplé. Mais la faiblesse des activités déçut très vite les espoirs d'emplois nouveaux. La création de petites entreprises de conserveries ou de farine de poisson assura quelques possibilités mais l'irrégularité des emplois reste un handicap lourd de conséquences dans ces villages fortement peuplés. L'essor du tourisme dans quelques points privilégiés a davantage bouleversé les conditions de vie traditionnelles. La construction de villas et d'immeubles à Salinas a permis à des artisans des communautés voisines de s'installer sur place et de profiter de ce nouveau marché qui n'est pas prêt de s'arrêter dans ce secteur. Le gardiennage des maisons, le service domestique, les hôtels, les restaurants, même s'ils ne fonctionnent pas toute l'année, offrent des possibilités de revenus. Le ravitaillement de ces centres qui multiplient leur population en fin de semaine et pendant les vacances n'a pu être entièrement assuré par les jardins maraîchers par suite du manque d'eau. Si toutes les stations sont nées à partir de communautés de pêcheurs, une seule, Salinas, bénéficie d'une attraction nationale et même internationale. Lancée comme station balnéaire, Salinas reçoit autant de Quiténiens que de Guayaquiléniens. L'aéroport de Guayaquil a capté les vacanciers de la capitale au détriment de Bahía et d'Atacames pourtant plus proches mais moins bien desservies. Enfin, sa réputation de centre de pêche sportive à l'espadon lui attire quelques clients nord-américains qui descendent à Punta Carnero, premier hôtel construit sur un rocher exposé au rouleau du Pacifique.

L'équipement hôtelier et résidentiel était encore très médiocre en 1970. Depuis, de nouveaux immeubles et des villas ont été construits pour loger les estivants des deux grandes villes de l'Équateur. Salinas, avec ses premières constructions en hauteur, dès 1971, a perdu son aspect de petit centre balnéaire autour d'une plage bordée de cocotiers pour prendre l'allure d'une station internationale. Si les estivants aisés résident à Salinas, les classes moyennes de

Guayaquil trouvent des locations à La Libertad et à Santa Elena ou encore dans les petites communautés, comme à San Pablo, des lotissements apparaissent chaque année dans les dunes qui bordent la baie et les zones d'habitat contiguës à l'ensemble Salinas-La Libertad ne cessent de se prolonger. Sur la Côte méridionale, les communautés accueillent un nombre plus restreint d'estivants, à l'exception de Playas qui offre une immense plage bordée de cocotiers. À ses services hôteliers et commerçants qui s'améliorent chaque année, s'ajoute la présence de pêcheurs utilisant des embarcations de balsas uniques en Équateur, qui animent particulièrement cette plage tout au long de l'année. L'étendue de la zone habitée a largement dépassé le centre de la communauté de Playas pour gagner la route de Playas à Posorja, où s'alignent, sur plusieurs rangs, des "villas" de toutes sortes. Les anciennes stations du début du siècle reliées jadis par cabotage à Guayaquil, reprennent peu à peu vie grâce à la route (Posorja). Les sources thermales de Volcancito et de San Vicente constituent un autre attrait.

9. L'ensemble urbain Salinas-La Libertad-Santa Elena

Situées dans la Baie de Santa Elena, les communautés de Salinas, La Libertad, Muey et Santa Elena constituent un ensemble particulier. En effet, ces quatre communautés sont aujourd'hui contiguës, après avoir absorbé les villages voisins (Santa Rosa), ou les lotissements récents. Les deux seules paroisses de la péninsule considérées comme urbaines s'y trouvent séparées par moins de deux kilomètres: Salinas et Santa Elena, toutes deux chefs de canton de dimensions différentes. Une forte densité de population et des activités variées caractérisent cette extrémité de la péninsule. Une densité de plus de 80 habitants au km^2, une succession ininterrompue de maisons semi-rurales et urbaines, un quadrillage de petites rues joignant les lotissements balnéaires, des routes partant dans toutes les directions vers le sud, des cités ouvrières près des raffineries, des dépôts de pétrole, des oléoducs surprennent après une longue route à travers la brousse sèche qui ressemble à un bout du monde. Le poids de cet ensemble est déterminant dans la vie de la péninsule car il représente plus de 44 % de la population active avec, en particulier, un secteur secondaire et tertiaire plus développé qu'ailleurs (72 %). La pêche constitue un élément important dans l'économie locale mais elle n'est pas la seule activité. Pourtant, on y trouve 26 % des pêcheurs actifs de la péninsule, dont un nombre important possède un équipement plus moderne, dépassant le cadre artisanal. À côté de l'exploitation des mines de sel, le raffinage du pétrole et le maintien des puits assurent environ un millier d'emplois sur les 2 000 emplois que représente le secteur minier dans son ensemble. L'essor de la construction est spectaculaire depuis dix ans environ, elle occupe 10 % de la main-d'œuvre et représente 90 % en valeur par rapport au reste de la péninsule. Sur les 1 495 employés, plus de la moitié travaillent sur Salinas (798), qui s'étend démesurément. Les matériaux viennent de Guayaquil. L'ensemble Salinas-Santa Elena représente une activité commerciale très supérieure à la moyenne côtière. En effet, les boutiques doivent faire face, d'une part à la demande locale importante car la main-d'œuvre salariée y est nombreuse et, d'autre part, à des vacanciers habitués à des services et commerces de qualité.

CONCLUSION

Malgré la diminution des précipitations, la région pourrait, dans les conditions présentes, fournir de meilleures ressources. L'eau, si elle est rare en certaines années, permet des récoltes satisfaisantes lors des années normales. La péninsule a été en quelque sorte abandonnée aux paysans et aux pêcheurs, ancrés dans leurs coutumes, sans grande possibilité de réaction devant l'irrégularité des précipitations. En effet, au début du siècle, la péninsule avait connu une certaine fièvre avec la découverte et l'exploitation du pétrole. Mais la région sombra dans un certain repli par suite de l'essor des plantations de la plaine du Guayas qui concentra tous les efforts des milieux d'affaires de Guayaquil. L'évolution récente est marquée par l'essor des communautés de pêcheurs revitalisées les unes par la modernisation de la pêche et la transformation sur place des produits, les autres par un bond extraordinaire du tourisme national. Des transformations spectaculaires modifient l'aspect désolé et l'occupation discontinue de l'espace. L'introduction tant de techniques modernes d'irrigation (petits barrages et puits tubulaires) que de capitaux extérieurs à la péninsule ont permis le développement de quelques périmètres de production de légumes pour le marché de Guayaquil.

La construction des routes secondaires vers les communautés les plus importantes de pêche a ouvert tous les foyers de peuplement restés jusqu'alors en marge du développement côtier. L'exploitation traditionnelle du charbon de bois, l'élevage des chèvres et une petite agriculture de *secano* au cours des hivers pluvieux, se maintiennent un peu partout dans l'intérieur tandis que sur le littoral, les petits pêcheurs pratiquent une pêche artisanale qui n'a guère évolué depuis plusieurs siècles. Mais pour combien de temps la péninsule pourrait-elle jouer le rôle de réserve de Guayaquil, non seulement pour la main-d'œuvre, mais aussi pour la terre elle-même?

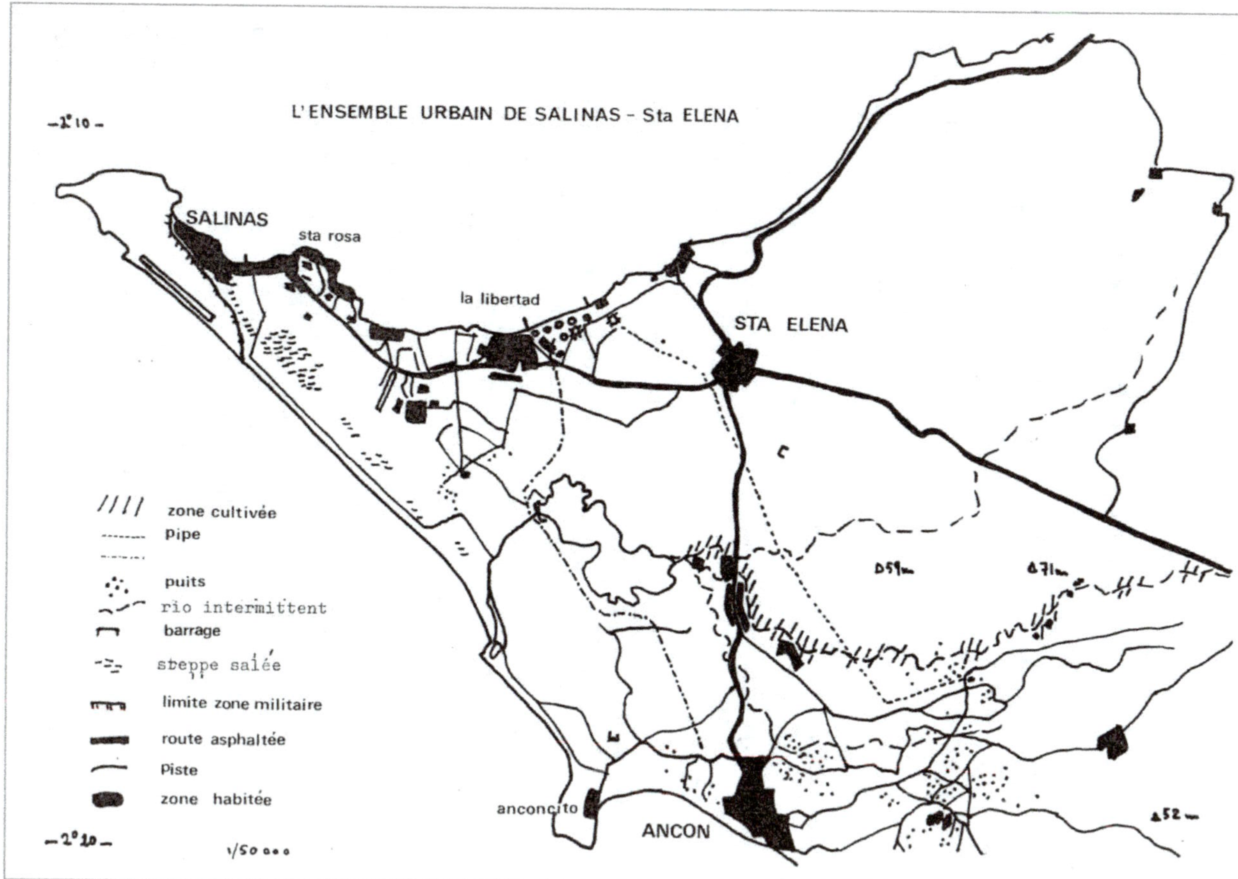
L'ENSEMBLE URBAIN DE SALINAS - Sta ELENA
SALINAS
sta rosa
la libertad
STA ELENA
ANCON
anconcito
zone cultivée
Pipe
puits
rio intermittent
barrage
steppe salée
limite zone militaire
route asphaltée
Piste
zone habitée
1/50 000

Tableau n°82

Vivre dans la péninsule de Santa Elena

	Salinas	La Libertad	Santa Elena	Total*	Total Peninsule
Population 1982	17 000	41 000	24 000	83 000	178 000
Population 1974	5 208	4 867	5 846	17 764	39 763
Fabrique de poissons	8	1		10	17
Puissance installée	366 kw	5000 kw			
édifices construits depuis 1968	606		242		
Habitat permanent	911	1 624	1 226		6834
Santé	**Dispensaire**		**Hopital**		
Population analphabète	10 421	10 968	13 832		
Nbre d'écoles	7	12	19	38	92
Nbre de collèges	2	3	4	10	

Sources très diverses

* dont 8 de plus de 4 étages en 1974

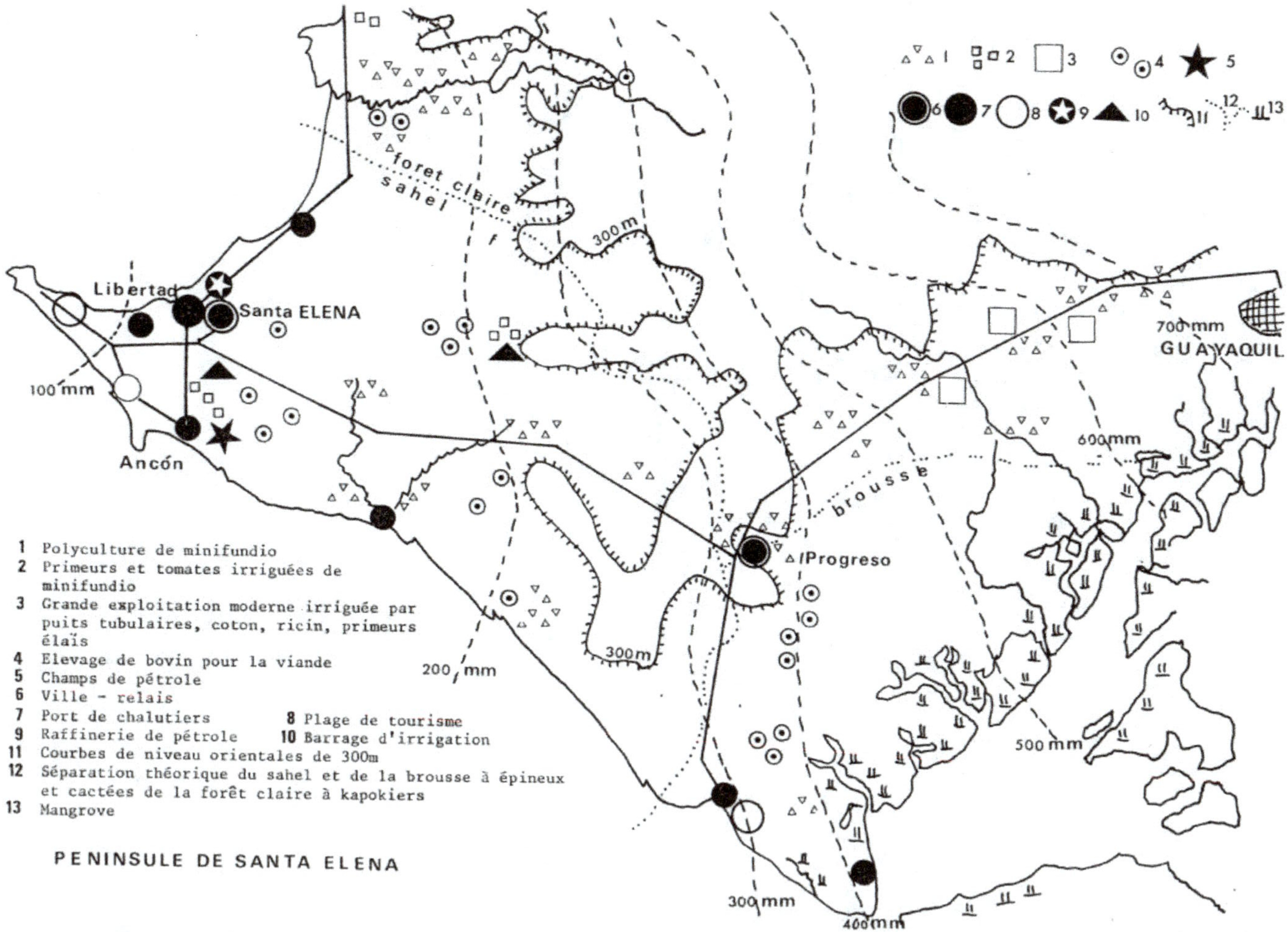

1 Polyculture de minifundio
2 Primeurs et tomates irriguées de minifundio
3 Grande exploitation moderne irriguée par puits tubulaires, coton, ricin, primeurs élaïs
4 Elevage de bovin pour la viande
5 Champs de pétrole
6 Ville - relais
7 Port de chalutiers
8 Plage de tourisme
9 Raffinerie de pétrole
10 Barrage d'irrigation
11 Courbes de niveau orientales de 300m
12 Séparation théorique du sahel et de la brousse à épineux et cactées de la forêt claire à kapokiers
13 Mangrove

PENINSULE DE SANTA ELENA

CHAPITRE X

LE MANABÍ
UNE RÉGION MOINS MARQUÉE PAR L'INFLUENCE DE GUAYAQUIL

1. Une mise en valeur des milieux différents du reste de la Côte

La situation maritime au centre de la Côte aurait pu faire du Manabí le point de départ de toute la colonisation côtière parce que bénéficiant d'une population nombreuse et d'un début de mise en valeur plus facile que dans les zones forestières humides. Mais l'absence d'estuaire abrité, de terrains plats suffisants et d'une rivière navigable pour traverser une partie des 250 km de collines boisées qui séparent l'océan de la Cordillère des Andes, ont donné la supériorité à Guayaquil. La forte centralisation des productions amenées par voies fluviales, puis par les routes construites, en priorité vers Guayaquil a toujours défavorisé les efforts de participation du Manabí situé à plus d'une journée de cabotage. Les terrasses alluviales du Manabí trop limitées et peu nombreuses portent du cacao, des bananes, du riz, mais en petites quantités, et, de ce fait, directement dépendantes du système commercial du Guayas. Mais avec plus d'un million d'habitants, le Manabí, avant d'exporter, doit nourrir sa population. Celle-ci croît toujours rapidement malgré les migrations séculaires qui ont permis de peupler le bassin du Guayas, d'élargir l'espace cultivé dans toutes les vallées et d'organiser une colonisation périphérique de plus en plus étendue.

Le Manabí aujourd'hui encore, affirme une mise en valeur originale très variée, orientée à la fois vers le commerce intérieur et vers l'exportation. De plus, la province a à sa tête deux villes qui, par leur complémentarité, renforcent encore l'originalité de cette région occidentale. On passe en moins de 100 km très rapidement d'un littoral semi-aride (300 mm) à des collines recevant 1 200 mm de précipitations. Mais surtout la région est frappée par des années de sécheresse parfois successives. Le relief formé par la Cordillère côtière divise l'espace entre l'est et l'ouest mais les cours d'eau qui la traversent créent un quadrillage favorable à la circulation. Des milieux se différencient en fonction de l'orientation des versants qui assurent une protection contre le vent, la brise de mer et les pluies. La végétation varie aussi selon la disposition de la pente des collines. La chaleur (25 °) et l'insolation sont les plus fortes de l'Équateur après Salinas. Le ciel bleu du Manabí est libéré du couvercle nuageux du Guayas et de Los Ríos. On passe successivement de la savane sèche, arborée à kapokier, à la broussaille épineuse, puis à la forêt sèche qui occupe toutes les collines du sud. La forêt devient rapidement, vers le nord-est, caduque puis sempervirente dans les confins septentrionaux de la province.

La Cordillère sert de limite au partage des eaux à de très petites rivières de faible débit qui se faufilent entre les collines vers le Pacifique, tandis qu'au contraire vers l'est des rivières plus longues se dirigent vers le Daule. L'irrégularité des précipitations et leur concentration en quatre mois provoquent des crues violentes qui détruisent tout sur leur passage, conduisant à la mer une eau précieuse qui manque terriblement toute l'année pour assurer la sécurité des récoltes. Au total, on estime à 307 000 hectares la superficie favorable à l'agriculture. Orientation des lignes de crête, disposition en auréoles des isohyètes et traversée des cours d'eau sont responsables de la grande variété des milieux du Manabí et de l'occupation humaine de cet espace. On distinguera un Manabí des collines plus vaste et relativement peuplé et un Manabí des vallées plus réduit mais plus riche. Cette forte opposition se répète au fur et à mesure de la colonisation des secteurs périphériques du noyau central que constitue la vallée du Portoviejo.

2. Le Manabí des collines

Le café des collines au Manabí

Le paysage forestier de la cordillère côtière qui constitue l'ossature de toute la province du Manabí masque une occupation du sol et une densité de peuplement relativement élevée. Chaque pente, chaque type de sol ont été mis à profit par une occupation du sol sélective où l'exploitation forestière, l'élevage, les cultures vivrières et les plantations de café correspondent à un milieu de collines tropicales mais aussi à une colonisation humaine ancienne basée sur l'exploitation familiale. Les versants trop raides portent une forêt de feuillus et les sommets disparaissent sous une forêt dense tandis que le bas des versants abrite des caféiers sous un ombrage arboré plus faible. Au pied des collines, de petits champs de maïs et de haricots grimpent parfois sur les pentes. Quelques replats défrichés constituent des clairières pour l'élevage. Les collines de l'est de Jipijapa offrent de meilleures possibilités non seulement à une agriculture vivrière mais surtout à des cultures commerciales comme le café et récemment les oléagineux et les fibres. Le peuplement se disperse partout sur les collines, sur les pentes et même sur les sommets, dans les vallées et le long des routes. Souvent des chemins suivent la ligne faîtière des crêtes et on voit des sentiers grimper à la verticale pour y gagner une maison. La pente ne constitue pas ici un obstacle à l'implantation humaine. Depuis l'achèvement de la route vers Guayaquil, le secteur forestier entre Cascol et Jipijapa s'est troué de nombreux défrichements comme Cana Blanchal. Les collines plus basses (200 m) du versant tourné vers le bassin du Guayas sont très défrichées au-dessous d'une limite reliant Paján, Lascano, Cojímies et Noboa, et constituent autant de clairières se prolongeant par des antennes le long des méandres du rio Paján avant de gagner les interfluves inondables du bassin du Daule. Les collines méridionales et occidentales sont plus arides et peu habitées. La forêt sèche cède la place à une brousse (*matoral*) d'épineux, de cactées et de kapokiers qui domine tout le littoral. Près de Manta, elle disparaît même pour une savane puis une steppe très appauvrie. Avec la *garua* la forêt déjà grise se couvre de grands épiphytes chevelus. La sécheresse et l'intermittence des ríos expliquent le vide du versant pacifique. Partout, on note des traces de pâturages et de champs abandonnés. Les arbres repoussent difficilement. Les maigres pluies de l'hiver maintiennent quelques petits agriculteurs, éleveurs de chèvres qui vivent dans un grand dénuement. Mais d'une vallée à l'autre, une légère différence d'humidité transforme le paysage qui passe du gris au vert. Sur le littoral, des falaises très hautes, échancrées par de petites baies, abritent des hameaux de pêcheurs. Ailleurs, l'habitat se concentre sur de rares replats en hameaux d'une quinzaine de maisons en ordre lâche ou le long des vallées, des pistes et des sentiers qui mènent au littoral et à l'unique route.

Le secteur des collines

Le pays des collines (*lomas*) est plus humide, plus vert et plus densément occupé, surtout sur les versants directement ouverts sur les vallées. À la variété des formes répond une très grande diversité de réponses de l'occupation humaine. La dispersion de l'habitat y est maintenue très forte. Les hameaux y sont rares mais toutefois des zones vides s'intercalent entre ces régions peuplées sans que la pente en donne la raison. De petits champs portent du riz pluvial, du maïs, du coton, du ricin semés en files verticales dans le sens de la pente, très souvent en association pour limiter les risques. Cette habitude très largement répandue dans le Manabí rend plus aisé le travail, mais facilite la descente de la terre et l'érosion. Les sommets plats et les replats portent des pâturages naturels appelés "*savana*" et des pâturages de Saboya et de Janeiro. C'est là que se réfugie le bétail des vallées. Des pistes sillonnant en tous sens les collines permettent à des mulets d'apporter des sacs de charbon de bois, de coton ou de laine de kapokier au bord de la route pour la vente. Lorsque les conditions le permettent, on trouve des caféiers, un peu de canne à sucre pour l'eau de vie et du cacao qui assurent quelques rentrées monétaires. Au nord de Portoviejo, vers Calceta, on trouve de petits réservoirs naturels et construits (albarradas) au pied de collines qui collectent l'eau de pluie. Possédés par cinq ou six familles, ces petits réservoirs gardent l'eau jusqu'en octobre-novembre. Les collines du nord et de l'est encore plus humides ont par contre un relief plus disséqué. Des pentes raides rendent plus difficiles la mise en valeur. À 20 km de Chone, commence la grande zone de pâturages associés aux palmiers royaux qui trouent en autant de clairières la forêt toujours verte. La surface des exploitations y est plus grande. Plus vers l'est encore, à 80 km du littoral, tout le long d'une route en "montagne russe" des fincas de taille moyenne associent du café, du cacao, du maïs et du plantain. On se rapproche progressivement du système économique du nord du Guayas orienté vers Quevedo et Santo Domingo. Dans ce Manabí intérieur, la densité du peuplement est étonnante. Au-delà des exploitations situées sur les deux routes transversales, on trouve à des distances assez prononcées de la route des petits colons dispersés qui pratiquent avec l'élevage une petite agriculture vivrière et commerciale très variée. Les vides forestiers se réduisent peu à peu. La dispersion des colons s'est faite spontanément assez loin de la route ou seules des pistes à mulets permettent de vendre quelques excédents. La déforestation aggrave l'érosion des pentes, elles-mêmes plus vulnérables par l'extension rapide des pâturages.

Le Manabí des collines voit partir chaque année une partie de sa population jeune, temporairement ou définitivement. En hiver, les habitants restent pour travailler la terre avec l'arrivée de la pluie, mais, en été, après la récolte ils partent dans les *haciendas* de Los Ríos. En Esmeraldas, ils forment la majorité des colons des nouveaux foyers de peuplement.

3. Le Manabí des Vallées

Le Manabí bénéficie de vallées fertiles aux sols alluviaux composés d'argiles épaisses sur des terrasses étroites mais bien drainées, irriguées par pompage, assurant une récolte annuelle, parfois deux.

La vallée de Portoviejo

Enserrée dans les Cerros de Puca et de Balsamo, la vallée apparaît comme une oasis agricole prospère au milieu des collines de savanes ou de forêt claire. Les hautes densités rurales (116h/km^2) et l'ingéniosité agricole des habitants ont façonné de longue date de riches terroirs basés sur un aménagement des terrasses fluviales. Jadis, l'essentiel des cultures étaient vivrières et reposait sur un système de culture sèche. Elle tirait profit des pluies hivernales et de la proximité de la nappe phréatique pour les parties les plus éloignées du fleuve. Peu à peu, une irrigation à partir d'ouvrages simples et individuels fut organisée par les *haciendas* installées en bordure du fleuve. Très étroite en amont, avec seulement 4 km de large, mais longue de 50 km, la vallée s'élargit à partir de Rocafuerte en un immense cône alluvial très plat, victime des débordements en saison des pluies vers Charapoto. La sécheresse augmente vers l'ouest et dès Santa Ana, apparaissent les kapokiers. L'horticulture domine sur les terrasses les plus basses avec le coton, le maïs, l'arachide, le manioc, le ricin, les légumes (tomates, haricots), les pastèques, le riz et les plantes fourragères sur de petites parcelles souvent complantées ou sous ombrage des tamarindos ; sur les terrasses hautes au pied des collines, prospèrent de petites plantations d'arbres fruitiers : papayers, agrumes, bananiers, café et cacao. L'aridité du climat protège les plantations de la profusion des insectes et des maladies à condition qu'il y ait de l'eau en saison sèche pour permettre de bons rendements et une double culture. Face à ces jardins et vergers toujours verts, le versant jauni des collines offre de bien maigres récoltes. Dans la vallée de Portoviejo, le coton domine dans le premier tronçon jusqu'à Santa Ana, puis l'horticulture et le riz jusqu'à Portoviejo et enfin le riz et les pâturages de Rocafuerte au littoral. L'élevage est surtout laitier. Dans cette vallée prospère, l'irrégularité des précipitations frappe la plupart des agriculteurs qui ne possèdent pas une pompe. Les progrès en faveur de l'irrigation sont lents : les 1 152 hectares irrigués en 1962 passent à 3 400 hectares en 1972 mais 2 400 hectares le sont effectivement. Dans la vallée, sur les 17 000 hectares, 10 000 haectares seraient irrigables : les deux récoltes par an ne sont pas encore réalisables partout. Pour pallier le manque d'eau en saison sèche, un barrage de retenue a été construit en 1971 par les Allemands à Poza Honda en amont du río Portoviejo. Une réserve d'eau de 100 millions de m^3 sert à régulariser et à alimenter deux canaux principaux qui courent de chaque côté de la rivière jusqu'à l'océan. Les canaux secondaires tardent à se réaliser. Aussi l'eau ne profite qu'à ceux dotés de pompes. Quelques dérivations sont utilisables, comme celle de Salazar Banaga et des réservoirs comme El Ceibal, La Jagua et La Guayaba. Pour l'instant, seulement 1 500 personnes bénéficient de l'eau. Le système est rattaché à celui du río Chico, à la hauteur de Rocafuerte ce qui forme un ensemble de 44 km de canaux. Une mise en valeur déjà ancienne a morcelé la terre en très petites exploitations : 3 197 propriétaires se partagent 10 332 hectares. Les systèmes de métayage sont très peu nombreux. Mais 70 % des exploitations totalisent moins de 2 300 hectares représentant 22 % à peine de la superficie irrigable, moyenne qui ne permet pas à la famille manabite de rester sur sa terre.

La vallée du río Chico

La petite vallée du río Chico présente la même opposition entre les terrasses humides aux deux cultures annuelles, les terrasses hautes et les versants moins favorisés. La Caisse Nationale d'Irrigation a construit de petits barrages (la Cienaga, el Pechinche et Pasaje) qui permettaient d'irriguer 500 hectares en 1970 sur 1 200 irrigables dans le secteur de Rocafuerte. Ce sont des plantations de banane qui profitaient le plus de cet apport d'eau encore insuffisant par manque de canaux secondaires. Après Rocafuerte, la vallée s'épanouit, le peuplement se disperse sur les terrasses en quelques hameaux. La nappe phréatique assez haute ici permet d'avoir de bons pâturages toujours verts et de cultiver du riz à haut rendement IR 8 sur de très vastes parcelles tandis qu'à quelques centaines de mètres, une savane à kapokier et cactus nourrit à peine quelques vaches créoles. La rivière avant les barrages régulateurs changeait parfois de lit. Plusieurs hameaux et villages situés souvent au débouché des petites vallées du secteur des collines servent de petits centres de regroupement. Rocafuerte (6 700 h), au contact de la zone d'élevage et de l'oasis fluvial est un marché local pour les productions des zones voisines. Le plus gros marché est celui de Santa Ana (6 000 h) qui approvisionne Manta et Portoviejo. C'est un centre de regroupement du cacao, du café et de la *tagua* pour les agents des exportateurs de Manta et Guayaquil. Un important trafic de camions transporte également dans la Sierra les excédents de fruits et légumes en échange des céréales (blé) et pommes de terre. Ce rôle de marché reste très important dans le Manabí.

Le bassin du Chone et du Calceta

Le Rio Calceta et le Río Chone forment le deuxième grand bassin du Manabí avec une mise en valeur intensive. Le secteur de Chone, de Calceta et de Tosagua se distingue des autres vallées : en plus des cultures traditionnelles, de petites exploitations se sont lancées depuis 1969 dans la production bananière, favorisée ici par de bonnes conditions écologiques, notamment des terrasses assez vastes. Le voisinage du port de Manta et même celui de Bahía, envisagé pendant un temps, avait encouragé le Direction de la Banane (DNB) à créer des bananeraies à l'écart des zones humides de centre qui sont favorables aux maladies : grâce au climat plus sec, ces nouvelles productions seraient épargnées des maladies sévissant au centre de la Côte. Les propriétaires manabites ont cru un moment que leur région profiterait aussi de l'or vert : ils réussirent à planter plus de 16 000 hectares de Cavendish. Seules les grandes *haciendas* pouvaient réaliser ces plantations irriguées par des pompes en conservant, par sécurité, toujours une superficie de cacao et de pâturages. Quelques planteurs sont même venus de Quevedo dans les années 1970 tenter une reconversion (*hacienda* La Estancilla 200 hectares). Ces tentatives aussi vite encouragées par la DNB que délaissées ensuite ont retenu un peu de main-d'œuvre sur place. La fumigation trop coûteuse ici, et surtout le choix des compagnies d'exportation au profit des plantations du sud, firent abandonner les 16 000 hectares. La superficie est tombée à 10 000 hectares en 1975, avec la mévente et la hausse des coûts de production (les engrais ont doublé entre 1972 et 1974). Les *haciendas* ont alors reporté leurs efforts sur le cacao, les arbres fruitiers et les cultures de cycle court. Si les terrasses portent quelques petites plantations, les terres basses du delta de Chone sont inondables une partie de l'année et engorgées d'eau le reste du temps. Ces terres servent de pâturage aux bovins qui s'y enfoncent et se nourrissent de plantes aquatiques. C'est une des plus grandes zones d'élevage bovin pour la viande et le lait, également de chevaux et de porcins.

Tableau n°83

L'irrigation de la vallée de Portoviejo en 1974

Rio Portoviejo	Zone irrigable avec le système actuel	Zone irriguée	Bénéficiaires	Canaux km	Potentiel de superficies irrigables en ha
De Santa à Portoviejo	700	350	200	48	1 500
De Portoviejo à Rocafuerte	1 200	650	300	44	4 000
De Rocafuerte à la mer	1 500	1 400	1 000	66	4 500
Total	3 400	2 400	1 500	158	10 000
Rio Chico	1 200	500		44	3 200
Répartition des exploitations dans la vallée de Portoviejo					
Taille des exploitations	Nombre	%	Superficie	%	
1 hectare	1 439	45	920	9	
1 à 4 hectares	1 293	39	2 865	27	
4 à 10 hectares	280	87	1 893	19	
10 à 20 hectares	112	3,5	1 300	14	
20 à 50 hectares	60	1,8	1 879	18	
Plus 50 hectares	13	0,4	1 272	12	
Total	3 197		10 332		

Sources : *CRM-INERHI- Projet Poz Honda, 1974*

L'ORGANISATION DE L'ESPACE DU MANABÍ

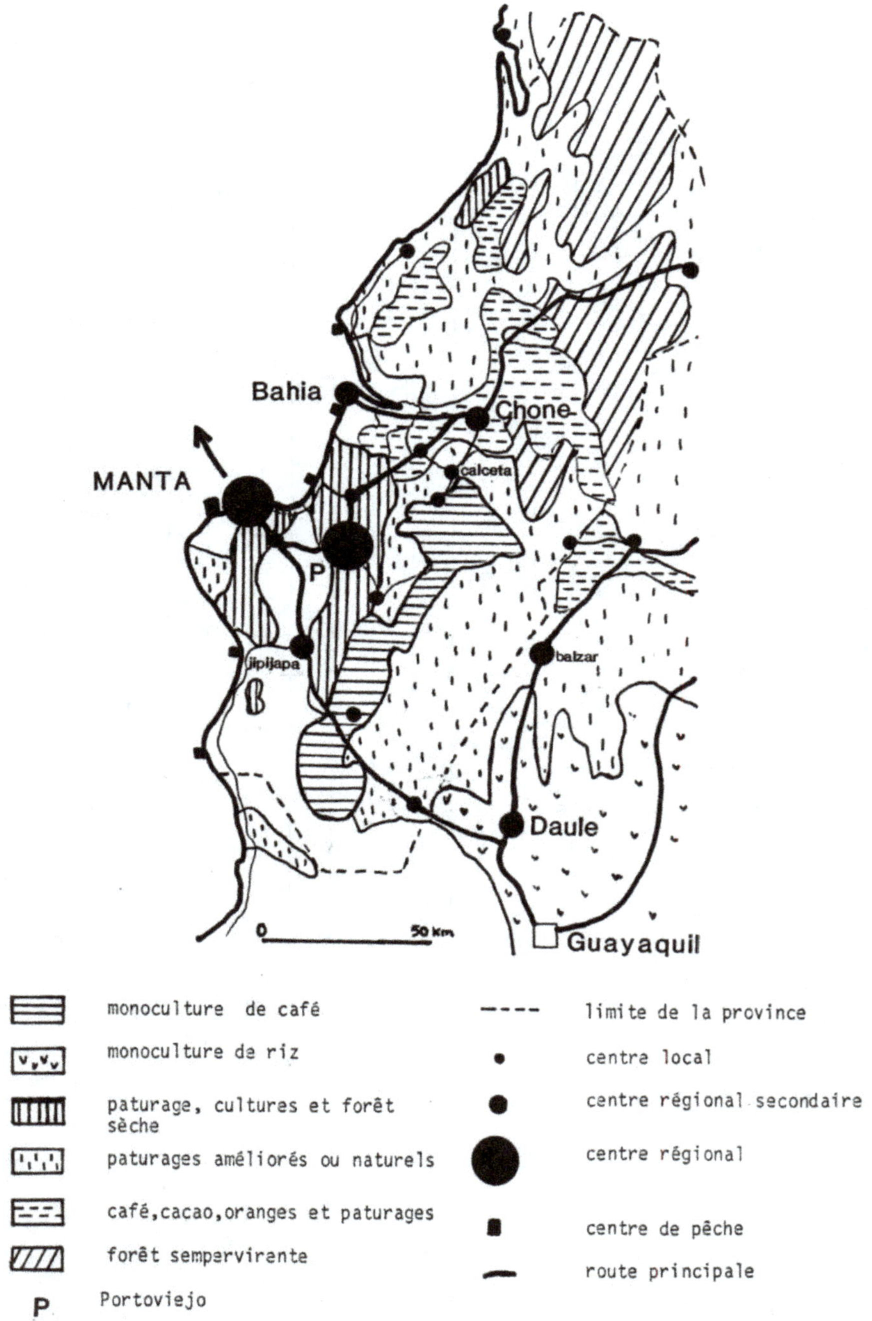

Au fur et à mesure de la pénétration vers l'est, les petites huertas comprenant des cacaoyers, des caféiers, des orangers, des plantains, des manguiers, des cocotiers et du manioc alternent avec des petits champs de maïs, de coton et de pâturages artificiels sur les premières terrasses. Le cacao l'emporte largement vers l'est sur les terrasses bien drainées. Des collines à kapokiers on passe aux collines de forêt caduque trouée de pâturages naturels, à quelque 10 km de Chone, soit à 60 km de l'océan. Se succèdent donc, en parfaite adaptation au milieu, des paysages de prés humides, des vergers, des ilots de polyculture très densément occupés donnant une impression de fouillis végétal typique des petites exploitations du monde tropical, des plantations traditionnelles de dimension moyenne et enfin la forêt caduque puis sempervirente. Sur les collines, les défrichements laissent de plus en plus la place aux pâturages. À la très grande hacienda d'élevage se mêlent des plantations de 100 à 200 hectares de fruits et de cacao et de très nombreuses petites *fincas* de un à deux hectares. À cette grande variété de production, il faut ajouter les activités secondaires qui reprennent une certaine place pendant les années sèches. Elles sont, en effet, vitales pour les habitants des collines voisines : charbon de bois, élevage de chèvres, laine de kapok, écorces de palétuviers de l'estuaire du Chone, récolte de muyoya (gomme pour la colle), bois divers et enfin la pêche dans les rivières, les lagunes et les marécages. La pêche en mer pratiquée par les communautés du littoral complète celle d'eau douce.

Le problème de la sécheresse frappe également ce bassin du Chone et du Calceta. Les travaux d'irrigation ne concernent que les plus grandes *haciendas* qui pompent dans les rivières. La construction du barrage de retenue « la Esperanza » sur le río Carizal à 21 km de la commune de Calceta permettra d'irriguer 15 000 à 20 000 hectares avec deux grands canaux et d'avoir une usine de traitement d'eau potable. Dès 1970, des travaux ont facilité l'irrigation de 1000 hectares dont 500 par pompe mais mal préparés et mal financés, ils sont le plus souvent inachevés. On a dans la région quelques puits tubulaires. Mais surtout le problème des inondations est loin d'être réglé. Les travaux d'irrigation devaient transformer ces terrasses en véritables jardins avec une place plus grande donnée aux oléagineux (sésame, ricin, arachide et soja) ainsi qu'au riz et aux plantes fourragères, avec si possible, deux récoltes par an grâce à l'apport d'eau régulier, à un drainage et à un contrôle des eaux des terres basses car les sols sont très fertiles et l'insolation permet la maturité des plantes. Or jusqu'ici la sécheresse contrarie parfois l'unique récolte annuelle. Les collines du nord du Manabí enserrent des vallées très courtes par suite du rapprochement de la cordillère vers le littoral pacifique. De l'autre côté (à l'est) au contraire coulent de longues rivières orientées sud-nord et qui appartiennent déjà au bassin de l'Esmeraldas.

À l'ouest les petits ríos Briseño, Canoa et Jama sont autant de petites oasis fluviales où seules les plus grandes *haciendas* peuvent irriguer par pompage. À Jama, seulement 350 hectares bénéficient de l'eau grâce à trois km de canaux. Le coton et les bananes dominent, avec un peu de café et de maïs, sur les autres cultures traditionnelles. Le handicap majeur de ces petites oasis vient de leur isolement. Jusqu'en 1974, une piste, souvent sur la plage, praticable en été, permettait d'évacuer les excédents à San Vicente (en face de Bahía) acheminés ensuite par une petite route qui contourne l'estuaire. Depuis la construction du pont facilite les échanges.

4. La forte croissance démographique freine l'essor économique

Importance et variété des productions du Manabí

Le Manabí occupe une place importante parmi les provinces côtières pour la production du maïs, manioc, plantain et fruits, autant de créneaux que cette province a su saisir pour maintenir une position de premier plan sans subir la concurrence du Guayas, devenant la première région de production du café et la troisième pour le cacao. Le Manabí assure dans des conditions très archaïques 67 % du café du pays à partir de très petites plantations : en moyenne de 2 hectares dans le canton de Pajan et de 5 hectares dans celui de Sucre. L'âge des plantations, leur renouvellement par des plants de qualité inférieure, l'entretien, le séchage déficient des cerises aboutissent à des rendements très bas qui n'obtiennent souvent qu'un prix de vente de misère auprès des intermédiaires collecteurs. Des mesures sont envisagées par le programme du café pour marginaliser les régions les moins aptes ou gravement atteintes par l'érosion. Ainsi les caféiers des meilleures zones de Jipijapa, Paján, Santa Ana seraient renouvelés par de bons plants et améliorés par des engrais. La montée des prix des années 1974 à 1978 a répété le phénomène devenu classique sur la Côte et qui est un véritable obstacle au développement : la demande mondiale a permis de dépasser le quota équatorien et à tous les petits planteurs de vendre du café quelle qu'en soit la qualité. De ce fait, cela n'encourage guère le changement ni l'amélioration des arbustes mais à maintenir le tout dans l'attente d'une nouvelle hausse sans entretien pendant les périodes creuses.

Depuis 1973, le programme du coton et des oléagineux tente de diversifier au maximum les productions manabites en les orientant vers des cultures de cycle court. Le coton a connu de sérieux progrès, mais les difficultés de vente sont telles qu'elles découragent les producteurs ; la variété Cocker à fibre moyenne est cultivée sur les parties basses, tandis que le coton criollo se maintient sur les pentes Les oléagineux connaissent un succès incontestable depuis peu. Le ricin, le piñon, le sésame et l'arachide accompagnent depuis longtemps les autres cultures mais connaissent avec le soja, introduit récemment, un essor important dans les secteurs irrigués. Là encore l'instabilité des prix contrarie tout effort de planification. En 1973, le quintal de ricin valait 60 sucres, en 1974 il atteint 280 sucres pour retomber dès 1975.

La multiplication des cultures est l'unique solution pour le petit agriculteur manabite pour pallier les aléas des prix comme du climat

Tableau n°84

Productions agricoles du Manabí (en milliers d'hectares)

	1968	1975
Café	99	121
Plantain	9,7	25
Fruits	1,1	3,2
Maïs	18	40
Manioc	3,3	22
Oléagineux		5,1
Coton	3,3	5,5
Cacao	38	40
Pâturages articficiels	290	420
Bovins (en nbre de têtes)	406	403

Sources : Recensement - Junta de Planificación Programmes de la banane, du cacao et du coton. Les chiffres ne concordent pas toujours entre les sources. L'année 1968 (recensement) fut frappée par une forte sécheresse.

L'élevage représente en Manabí l'effort le plus grand et le plus durable. En 1974, c'est la plus grande province d'élevage avec plus de 403 798 bovins contre 327 000 au Guayas et 293 000 pour le Pichincha. Les cantons de Chone et de Sucre regroupent respectivement 136 000 et 90 0000 bovins qui représentent une des meilleures valorisations des collines éloignées du nord, un peu plus humides mais trop pentues pour des cultures. Pour la Côte, le Manabí vient au premier rang pour les pâturages cultivés, avec 420 000 hectares. Grâce à la salubrité du climat, les résultats obtenus encouragent les éleveurs. Le Manabí occupe la première place en Équateur pour les porcins, liée également à cette agriculture très diversifiée, la croissance de la production de volailles et d'œufs est spectaculaire. Tout au long de la Côte, de petites communautés de pêcheurs pratiquent une pêche artisanale fort semblable à celle de Santa Elena. Seul, le port de Manta concentre des équipements très modernes de niveau international avec la pêche au thon. De plus, de très vastes lagunes transformées en bassins d'aquaculture pour la crevette (*camaroneras*) occupent un espace de plusieurs centaines d'hectares occupant parfois des terres agricoles. En échange, elles retardent l'émigration des jeunes ruraux en offrant des emplois.

Une intensification indispensable

Terre de contraste, le Manabí l'est fortement avec cette opposition entre :

1. les vallées bien mises en valeur, mais de faibles superficies, densément peuplées mais encore trop dépendantes des pluies par suite du retard de l'aménagement hydraulique.

2. les immenses zones de collines souvent surpeuplées pour leurs possibilités, mal utilisées et aux récoltes aléatoires qui en font des terres de survie dans bien des cas.

Dans le Manabí, près de la moitié des exploitations ont moins de 5 hectares. Dans le canton de Portoviejo, 70 % de minifundistes ont moins de 5 hectares. Contrairement à d'autres régions de pays arides, le Manabí n'a trouvé de solution que dans le départ de ses habitants. Le retard est frappant, les méthodes culturales encore archaïques, les rendements faibles, même pour le café, sans compter le gaspillage de l'eau avec l'irrigation par sillons inondés.

Les programmes d'intensification passent aujourd'hui par les travaux d'irrigation, seul moyen d'aboutir à deux récoltes par an. De 6 150 hectares irrigués en 1970-1974, on espère passer à 16 500 hectares en 1990 avec l'achèvement des travaux de Poza Honda, de la Esperanza et d'autres barrages plus petits. Pour les collines, on dispose de puits et de petits réservoirs d'eau de pluie (*albarradas*) mais on compte surtout sur des programmes de coopératives et de développement industriel et artisanal pour retenir les gens des collines.

Tableau n°85

La répartition des petites exploitations du Manabí

	U.P.À. en nbre	Superficie utilisée (en milliers hectares)	0 à 5	%	5 à 20	%
Portoviejo	6 087	41	4 318	70	1 294	21
Bolivar	5 162	108	2 109	40	1 625	31
Chone	9 179	350	2 857	31	2 475	26
Sucre	6 701	271	2 782	41	1 748	26
El Carmen	2 935	105	391	13	672	22
Jipijapa	8 878	96	5 848	65	2 307	26
Junin	1 685	23	1 054	62	412	24
Total	40 627	997	19 352		10 534	
%	100		47		25	

Source : *II censo agropecuario,* 1974. UPA : Unité de Production Agricole

Malgré tous ces travaux, les débits sont trop irréguliers pour assurer chaque année la quantité d'eau nécessaire. Aussi envisage-t-on d'aller chercher de l'eau plus loin. En 1965, un projet de déviation du río Toachi, près de Santo Domingo, était envisagé pour compléter les débits insuffisants des ríos Portoviejo et Calceta.

Une région jeune contrainte à l'émigration

Le Manabí doit nourrir une population sans cesse croissante de petits paysans qui, malgré un niveau de vie souvent infrahumain, arrive à dégager quelques excédents vivriers et quelques productions commerciales. En effet, avec près d'un million d'habitants, le Manabí est la troisième province pour le nombre d'habitants, derrière le Guayas et Pichincha. Il compte plus du double de population que Los Ríos (460 000). Le Manabí a maintenu près de 600 000 ruraux malgré la présence de nombreuses villes et bourgades. Son taux de croissance annuel est le plus fort du pays avec près de 3,8 %. Son taux de natalité est toujours très élevé (47 %) alors que la mortalité a baissé fortement depuis quelques années (7 %). Le taux de mortalité infantile serait inférieur à la moyenne nationale (70 %), mais on ne compte que deux médecins pour dix mille habitants contre 7 dans le Guayas. Plus de la moitié de la population du Manabí a moins de 15 ans. L'émigration vers les villes n'apporte aucune solution car la plupart ne sont que de grosses bourgades rurales. Même la capitale Portoviejo n'avait encore que peu d'emplois dans le secteur secondaire en 1974. Manta affirme au contraire une vocation industrielle liée à ses activités portuaires. Avec 200 000 citadins répartis dans 22 centres de plus de 2 000 habitants dont 13 de plus de 5 000 habitants, le Manabí garde un taux d'urbanisation modeste (25 %). Les centres les plus anciens et les plus importants enregistrent des taux de croissance annuels de 4 à 9 % à l'exception de Bahía (2 %) à cause du déclin de ses activités portuaires. Il faut aussi tenir compte de la transformation rapide des petites communautés villageoise (5 000 habitants). Pourtant le Manabí connaît un éclatement de son noyau initial en envoyant des colons vers ses marges les plus hospitalières. Son solde migratoire est négatif en 1962 (-63 000 habitants) et en 1974 (-55 000 habitants) soit un taux d'émigration de 0,7 %.

Depuis quelques années, les Manabites ne partent plus seulement vers les plantations du Guayas et de Los Ríos ou vers les terres forestières de l'Esmeraldas mais colonisent de façon très spontanée les collines périphériques de la province elle-même. Le mouvement est déjà ancien pour le secteur de Chone qui a bénéficié de ses aptitudes pour le cacao. Jama a été gagné plus récemment ainsi que les collines de part et d'autre des axes transversaux qui relient le Manabí à Santo Domingo et à Quevedo. Là, à plusieurs kilomètres des routes achevées dans la décennie 1970, vivent des petits colons dans l'isolement le plus total. Plus récents sont enfin les colons de la route du sud Manabí vers Guayaquil où ils ont rejoint ceux du Guayas pour les plantations de coton du secteur Pedro Carbo. Terre de départ, le Manabí l'est depuis deux siècles et demi ; aussi peut-on dire que les Manabites ont colonisé la Côte équatorienne accompagnés, surtout depuis soixante-dix ans, par les Indiens de la Sierra. La réduction de la natalité sera lente étant donné le bas niveau de vie et le sous-équipement des villes mêmes. En 1974, seulement six villes ont de l'eau potable et bien sûr aucune communauté rurale. La réforme agraire ne peut guère apporter de solution non plus. Les exploitations sont en majorité au-dessous du seuil vital. Les plus grandes sont peu nombreuses et bien entretenues ; les enfants y travaillent souvent pendant la période de récolte. L'eau joue un rôle plus important que la terre. Les invasions d'*haciendas* sont rares et l'IERAC s'occupe surtout de donner des titres de propriété aux nombreux petits colons, occupants de fait, sur la périphérie de la province.

Une absence industrielle en dehors de Manta

Comme les autres régions côtières, le Manabí a très peu d'emplois industriels : 11 500 dans l'industrie manufacturière en 1974 et 4 000 dans la construction ; les services regroupent plus de 46 000 personnes. C'est bien peu de chose, puisque la population considérée comme active correspond à 430 000 personnes. Ainsi, moins de la moitié serait pourvue d'un emploi ; selon les données de 1974 un quart de la population travaille pour subvenir aux trois quarts restants. Le deuxième emploi, celui de la femme, serait fort bien venu pour compléter les maigres ressources familiales, mais il n'en est pas question avant longtemps dans ces régions de sous-emploi et de chômage.

5. Un réseau urbain dirigé par deux villes

Des marchés agricoles animés autour de Portoviejo

Le réseau urbain du Manabí est relativement dense et déjà bien hiérarchisé au profit des deux grandes villes, Manta et Portoviejo. En dépit d'une croissance démographique importante, toutes les petites bourgades sont essentiellement des centres de regroupement des productions agricoles, sans autres activités artisanales ou services. La position de Bahía dans l'estuaire d'une rivière doté d'un arrière-pays riche en cacao lui avait donné un certain essor, avec la présence de quelques agents commerciaux. Mais l'absence de port, puisque les bateaux devraient charger dans la baie au-delà de la barre, avantage Manta et son port en eau profonde. Il n'y a pas de place pour deux ports à 40 km de distance. Aussi ne reste-t-il à cette petite cité qu'une fonction balnéaire grâce à sa plage de cocotiers. Après l'abandon du projet de port bananier, Bahía, par sa position en cul de sac, ne peut même pas être un centre de regroupement des matières premières : Chone envoie tout, directement à Manta. Le petit chemin de fer construit en 1914, reliant Chone à Bahía, a cessé de fonctionner. Or, on avait projeté de gagner Guayaquil par la voie ferrée.

Le cas de Portoviejo est différent. Première fondation urbaine des Espagnols en Équateur, cette cité n'avait toujours été qu'une bourgade pauvre avec quelques colons blancs isolés en pays indien. Aujourd'hui, l'animation et le dynamisme commercial caractérise cette capitale de province qui compte plus de 95 000 habitants en 1982. Le marché du dimanche matin apporte une grande animation dans la ville où paysans de Manabí, grossistes (250), détaillants (875) et transporteurs se retrouvent avec des commerçants de la Sierra (surtout de Latacunga). Son influence régionale s'étend également par la présence d'activités tertiaires : tous les services d'encadrements administratifs et techniques qui lui confèrent un rôle de décision régionale s'y trouvent concentrés. En effet, outre quelques succursales et agences des ministères et un début d'université, Portoviejo a des organismes propres comme le Programme du café, décentralisation utile d'un service qui se rapproche des producteurs, au lieu d'être à Manta ou à Guayaquil près des exportateurs. Le Centre de Réhabilitation du Manabí, organisme de planification et d'action régionale, implanté également à Portoviejo est chargé de l'aménagement hydraulique, de la diffusion, de l'innovation en matière agricole, avec l'aide de la station expérimentale de l'INIAP, de la transformation des communautés indiennes en coopératives (Programa de Desarrollo Social Triple A), d'établir, avec la "Comisión Especial de Poza Honda" des programmes d'éducation, de développement de l'artisanat et de l'industrie. Pour cette dernière activité, Portoviejo est en position très inférieure à celle de Manta. Elle emploie seulement 5 % de sa population active dans le secteur secondaire (une fabrique de boissons et une entreprise textile). Les liens n'en sont pas moins intenses puisque des navettes de minibus relient chaque quart d'heure les deux cités distantes de 25 km seulement. Les petits chefs-lieux de canton ont tous entre 3 000 et 33 000 habitants, forment un réseau urbain de plus en plus hiérarchisé, dirigé par les deux grandes villes. Chone au nord, Jipijapa au sud sont de vrais centres locaux au cœur d'une région de polyculture pour la première et des collines de café pour la seconde. Les autres petites bourgades : Calceta, El Carmen, Rocafuerte et Santa Ana, constituent les maillons indispensables dans ces zones de forte densité et dans ce milieu très morcelé. Chaque vallée a, en quelque sorte, une ville-centre local accompagnée d'autres bourgades plus petites. Par contre, les petits centres (Pajan et Junin) trop à l'écart progressent lentement.

Manta, un port de pêche et une ville industrielle de la Côte

Les activités portuaires

L'orientation très différente des activités de Manta a permis aux deux grandes cités du Manabí de se maintenir, complémentaires plus que concurrentes. Manta, avec plus de 100 000 habitants aujourd'hui, offre un urbanisme et une ambiance différente des autres villes de la Côte. La construction d'une jetée de 740 m et l'aménagement d'un front de mer gagné par remblaiement a permis la construction d'un premier plan d'immeubles modernes qui cachent les maisons de bois traditionnelles des ports du Pacifique et qui illustrent une certaine volonté de devenir un port moderne.

Tableau n°86

Les villes du Manabí (en milliers d'habitants)

	1930	1962	1974	1982
I -Centre régional				
Manta	19	33	67	98
Portoviejo	16	32	60	101
II Centre local				
Chone	8	12	23	33
Jipijapa	8	13	19	27
Bahía	9	8	11	12
II Sous-centre local				
Calceta	3,7	5	7	10
Montechristi	2	4,5	6	8
Rocafuerte	3	4	5	7
Santa Ana	4	4	5	6
Sucre	1,4	2,5	3	4
El Carmen			7	11
Junin		1,9	2	3
Pajan	3	4	5	5

Sources : Recensements et estimations

Escale de navigation, Manta n'a pu servir de port à l'Équateur par la trop grande difficulté de le relier aux autres régions et à la Capitale Quito. Aussi ses activités ne se développent qu'au XVIIIe siècle lorsque l'arrière-pays commence à exporter (cacao, caoutchouc, tabac, chapeaux de paille dits de panama). Au début du siècle, d'importantes maisons commerciales dont certaines d'origine locale se sont installées pour exporter du cacao, du café des chapeaux, de la *tagua* et du caoutchouc. On y trouve alors des consignataires, des agences bancaires, des représentants, des compagnies de navigation et des grossistes. Quelques fabriques de savon, de cire et des huileries étaient déjà en place en 1933. Manta est devenu le grand port du café et de la pêche du pays. Des compagnies d'exportation y sont sur place ainsi que des succursales de Guayaquil (60 grossistes). Le trafic portuaire bénéficie de taxes inférieures à celles de Guayaquil, ce qui lui permet d'avoir des marchandises en transit acheminées ensuite par la route vers Guayaquil. Tout le matériel nécessaire à la construction de l'oléoduc a été déchargé à Manta, ce qui fit passer ses importations de 11 000 t en 1968 à 136 000 t en 1970. La diversification de son trafic est plus manifeste dans les exportations.

Tableau n°87

Le trafic du port de Manta (en milliers de tonnes)

	1968	1970	1972	1974	1976	1977
Exportations	47	66	61	61	74	65
Importations	11	136	133	170	195	389
Total	68	202	201	231	269	454

Sources : *Puertos ecuatorianos - Dirección de la Marina Mercante 1977*

En 1977, les produits de la pêche et le café représentaient 15 000 t. et 20 000 t. Dans les débarquements, le ciment se place en tête avec 211 000 t (53 %) mais ce rang est récent puisqu'il ne représentait que 6 000 t en 1975-1976. Le papier avec 65 000 t. (17 %), les produits métalliques 32 000 t (5 %), les véhicules et les machines 28 000 t. (8 %) constituent les importations principales. Toutefois, en valeur, les permis d'importation par Manta ne représentent que 4 millions de dollars contre 447 millions par Guayaquil en 1976. La transformation des produits agricoles a permis à Manta de se doter d'une industrie qui progresse fortement : huileries, savonneries, conserveries, fabriques de pâtes, d'aliments balancés (Manabal), moulins, corderies et fabriques de sacs en fibres naturelles (*cabuya*) offrent les seuls emplois industriels de la région. Manta est d'ailleurs avec Guayaquil la seule ville à avoir une véritable population ouvrière sur la Côte. La fonction d'entrepôt est également importante car elle suppose tout un réseau commercial d'intermédiaires et de transporteurs. Au total, 2 500 personnes travaillaient dans une quinzaine d'entreprises en 1968. Depuis, le nombre a augmenté en fonction de nouvelles créations, comme la plus grande fabrique d'huile de ricin (Castor Ecuatoriana) ; le ricin, production bien manabite, était jusque-là exporté sans aucune transformation. L'usine Ales, installée depuis longtemps avec des capitaux quiténiens travaille toutes sortes d'oléagineux pour répondre à la demande nationale en savon et corps gras. La transformation récente du cacao a donné naissance à la première chocolaterie de la ville (Manacoa), par contre le café continue d'être exporté en grains.

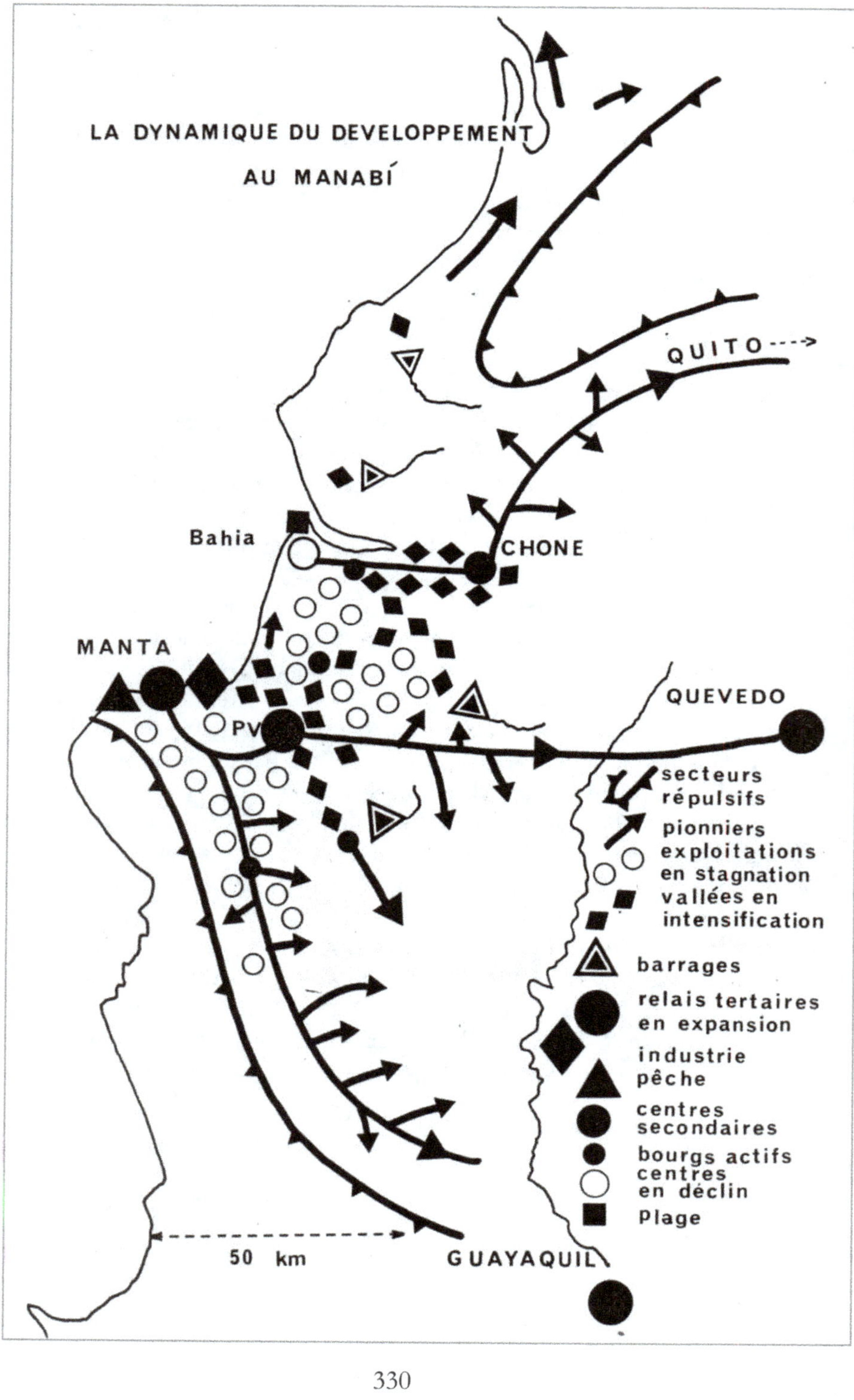
LA DYNAMIQUE DU DEVELOPPEMENT
AU MANABÍ
QUITO
Bahia
CHONE
MANTA
PV
QUEVEDO
secteurs répulsifs
pionniers
exploitations en stagnation
vallées en intensification
barrages
relais tertaires en expansion
industrie
pêche
centres secondaires
bourgs actifs
centres en déclin
Plage
50 km
GUAYAQUIL

Le port thonier de l'Équateur

Grâce à sa position pacifique face aux Galápagos, Manta est devenu le troisième port du thon dans le monde. La production de thon (Barrilete et Aleta Amarilla) est passée de 3 000 tonnes en 1958 à 29 000 tonnes en 1973. Cette pêche irrégulière, marquée par la disparition des bancs, (comme en 1972 et 1973) est placée entre les mains de sociétés étrangères mixtes et de quelques gros armateurs, eux-mêmes dépendants de compagnies nord-américaines.

La production passera en 1982 à 80 000 tonnes, grâce à la construction de chalutiers dans les chantiers navals de Manta, pour compléter les 72 thonniers et les six bateaux frigorifiques en place. Ceci pour lutter contre la concurrence étrangère (79 000 tonnes en 1969) qui ne respecte guère la limite des 200 miles marins. La pêche de poissons blancs (Sardina et Pichagua) a enregistré une progression spectaculaire en passant de 8 500 t en 1968 à 73 000 t en 1973. Elle alimente un commerce interne à travers tout le pays et aussi des conserveries et des frigorifiques approvisionnés par les communautés de pêcheurs voisines. Manta compte 14 entreprises de conserveries et frigorifiques pour le thon et les sardines. On ne compte encore que très peu d'usines de farine de poisson. La transformation des produits de la pêche à Manta fournit des emplois à 145 personnes dans l'industrie et 840 dans l'artisanat, sur 1 422 pêcheurs industriels et 2 847 pêcheurs artisans dans tout le Manabí soit 29 et 44 % des pêcheurs du pays en 1973. Les contrastes sont très importants d'une usine à l'autre, comme d'un bateau à l'autre. Les quatre plus grandes entreprises de Manta emploient 350 personnes, possèdent près de 30 chalutiers et produisent pour une valeur de 76 millions de sucres (1972) 70 % de leur capital est étranger. Récemment, avec l'aide de la Corporation Financière Nationale s'est installée l'usine de Conserves Isabel Ecuatoriana. À terre, l'usine dispose de 5 000 m³ d'entrepôts de congélation.

Très rapidement, grâce à des prêts internationaux, l'Équateur tente de rattraper son énorme retard pour la pêche. Des petits armateurs locaux, regroupés en coopératives, continuent de jouer un certain rôle. Mais plus de la moitié des embarcations n'est pas équipée de système de réfrigération. Aussi les industriels ont-ils intégré, au sein d'une même société, les activités de pêche, de stockage et de conserverie. Depuis peu, l'Entreprise de Pêche Nationale intervient auprès des pays étrangers pour la construction de bateaux destinés aux communautés de pêcheurs. Son rôle s'exerce non seulement à Manta mais aussi dans d'autres ports avec des crédits de la Banque Mondiale et des fonds financiers équatoriens. Si l'Institut de la Pêche et la Direction Générale de la Pêche se trouvent à Guayaquil, c'est à Manta qu'une école de pêche a été créée en 1978. Enfin un projet d'agrandissement et de modernisation du port de pêche de Manta est à l'étude. Car Manta participe directement au dynamisme des exportations nationales qui s'élèvent à 73 millions de dollars en 1977 (10 en 1971) pour les produits de la pêche en 1976, soit 9 % des exportations nationales (pétrole exclu). Le thon a rapporté 32 millions de dollars en 1977.

Les activités de Manta ont un développement qui échappe en partie à l'action de Guayaquil, au profit de Quito dont les décisions administratives ont favorisé Manta, même si elles demeurent insuffisantes. C'est un port d'exportation direct et un centre de décision locale au niveau de la pêche. Mais, les grandes orientations viennent des USA ainsi que le financement des banques de Quito. Ces relations se retrouvent également dans l'industrie. Quelques-uns de ses industriels sont quiténiens (Ales). Toutefois, Guayaquil est influent par ses banques, par les importations de matériel et, depuis quelques années, par ses productions industrielles. Le rôle bancaire de la ville suit l'ensemble de ces activités qui se marquent par une certaine indépendance à l'égard de Guayaquil, même si quelques affaires sont liées. En 1976, 28 sociétés anonymes ont, par exemple, fixé leur siège principal à Manta. C'est encore peu mais c'est significatif d'un dynamisme local.

CONCLUSION

L'avenir renforcera l'unité urbaine composée à la fois par les deux villes de Manta et Portoviejo et de leurs satellites tant les activités sont de plus en plus en situation de complémentarité. Montecristi (6 400 h) abrite des travailleurs de Manta. Jaramijó (4 300 h) grosse communauté de pêcheurs apporte sa contribution au port voisin. Avec plus de 200 000 personnes, cette cité bipolaire dépasse alors Cuenca (150 000 h en 1982) pour devenir la troisième ville d'Équateur même si l'écart est grand avec Quito et surtout Guayaquil. Cet ensemble constitue un des points forts de l'espace côtier grâce à son arrière-pays agricole et ses activités industrielles et portuaires. Les migrations et la multiplication des échanges n'ont pas détruit le fond manabite car l'amélioration de la route est trop récente pour ouvrir démesurément la région. L'intégration d'un "étranger" en terre manabite est alors, semble-t-il, peu aisée. L'isolement a marqué durablement la province et l'a habituée à vivre à l'écart en ne recevant au mieux que les miettes de la prospérité des affaires commerciales du Guayas.

CHAPITRE XI

ESMERALDAS
UN DÉMARRAGE TARDIF PROVOQUÉ PAR QUITO

La forêt tropicale humide couvre tout l'espace côtier du nord-ouest équatorien, jusqu'ici très peu mis en valeur, à l' exception de quelques secteurs le long du littoral, des fleuves et de l'unique route reliant la capitale de la province au reste de la Côte et à la Sierra. Marginale jusqu'ici, avec moins de 300 000 habitants répartis sur 21 000 km^2, l'Esmeraldas est devenue à la fin du XXe siècle la grande zone de colonisation de l'Équateur en offrant de vastes terres tant aux colons qu'aux concessions forestières. La frontière agricole sans cesse repoussée vers le nord, de part et d'autre des axes fluviaux et routiers, change considérablement les paysages et le peuplement de cette région bien placée au nord du pays. En effet, plus proche non seulement de Quito, mais encore de Panama, elle permet aux navires internationaux de gagner un jour de voyage. Le choix stratégique de la part de la capitale d'y installer le point d'arrivée de l'oléoduc de l'Oriente et une raffinerie montre bien la volonté d'occupation de cet espace nord occidental, le dernier disponible sur la Côte après 30 ans de colonisation intense.

1. La forêt équatoriale

La région du nord-ouest équatorien forme l'extension la plus méridionale de la grande forêt tropicale sempervirente, des terres basses de la Côte occidentale de l'Amérique du Sud. Elle s'étend presque intacte jusqu'au rio Esmeraldas ; elle continue un peu vers le sud marqué par des précipitations limitées à 500 mm au lieu des moyennes comprises entre 2 500 et 4 500 mm qui caractérisent la zone septentrionale. Les affinités floristiques directes sont plus accentuées avec la Colombie, Panama et les zones occidentales de l'Amérique centrale qu'avec l'Amazonie elle-même.

La forêt sempervirente

La forêt sempervirente couvre la plus grande superficie du territoire avec quelques modifications liées au milieu et à la latitude. Au sud, à proximité du rio Verde, on rencontre une forêt de terres basses (moins de 500 m d'altitude) adaptée à une moyenne de précipitations de 1 500 à 2 500 mm par an et à la présence d'une saison sèche de juillet à novembre où la moyenne mensuelle tombe à 30 mm seulement. Les pentes les plus faibles et bien drainées sont défrichées pour l'agriculture et l'élevage tandis que les secteurs les plus raides et les fonds de vallées trop humides restent entièrement boisés. Lorsque l'aridité s'accentue, comme c'est le cas dans le secteur côtier de l'Esmeraldas, dès Viche (1 500 m), on trouve une forêt tropophyte qui se prolonge ensuite de façon plus étendue dans les collines du Manabí septentrional. On observe également le passage à la savane après plusieurs répétitions du brûlis. Seules les pentes les plus raides ou exposées au vent ont conservé intacte leur forêt. L'augmentation de l'altitude sur le versant de la cordillère occidentale andine (500 à 1000 m et plus) et des précipitations régulières (3 000 à 8 000 mm) pendant toute l'année ainsi qu'une couverture nuageuse modifient considérablement la forêt. Les arbres sont de plus petite taille et couverts de mousse et d'épiphytes caractéristiques de la forêt "*de nubes*". La forêt marécageuse d'eau douce se rencontre sur les terrasses des rives des régions basses d'estuaire et en arrière des zones de palétuviers. Ce milieu représente environ 7 000 hectares de dépôts mal drainés de boue noire. Parmi les arbres, le Cuangare est très important, poussant en général par petits groupes.

La mangrove littorale

Présente tout le long du littoral septentrional dans la baie de Valdéz, les îles et l'estuaire du rio Verde, cette mangrove presque intacte prolonge celle de la Côte colombienne. Le Rhizophora se présente sous deux aspects : l'un est un arbre de grande taille et de tronc droit qui se trouve en forêts-galeries le long des rives fangeuses sur une largeur de quelque 50 m couvrant une zone de 8 900 hectares. Des Avicennia Nitida sont également présents, mais en plus petites quantités. L'autre forme de Rhizophora apparaît lorsqu'on pénètre vers l'intérieur ; il se dégrade beaucoup, perd son tronc pour une forme buissonnante d'un à deux mètres de hauteur, composée de racines et de branches entremêlées. Dans l'estuaire du rio Cayapaz, l'influence de l'eau douce a empêché le développement du Rhizophora et ces secteurs ont été colonisés par la Mora Oleifora.

2. "Cent ans de solitude" ou l'isolement des confins forestiers septentrionaux

La mise en valeur encore limitée et la faiblesse numérique du peuplement ont contribué à renforcer l'isolement extrême de ces régions forestières situées trop à l'écart des centres d'intérêt.

Un faible peuplement d'Indiens et de Noirs

Les Indiens Cayapaz

La population indienne a fortement diminué dans toute cette région au moment de l'arrivée des Espagnols, plusieurs groupes indiens se répartissaient le territoire : au nord en Colombie, les Sunas descendant des Chibchas, les Chocos et plusieurs parents des tribus Chibchas dont les Coaiques à la frontière actuelle et les Cayapaz plus au sud[1].

---

[1] J. Murra, *Handbook of South American Indians*, 1946.

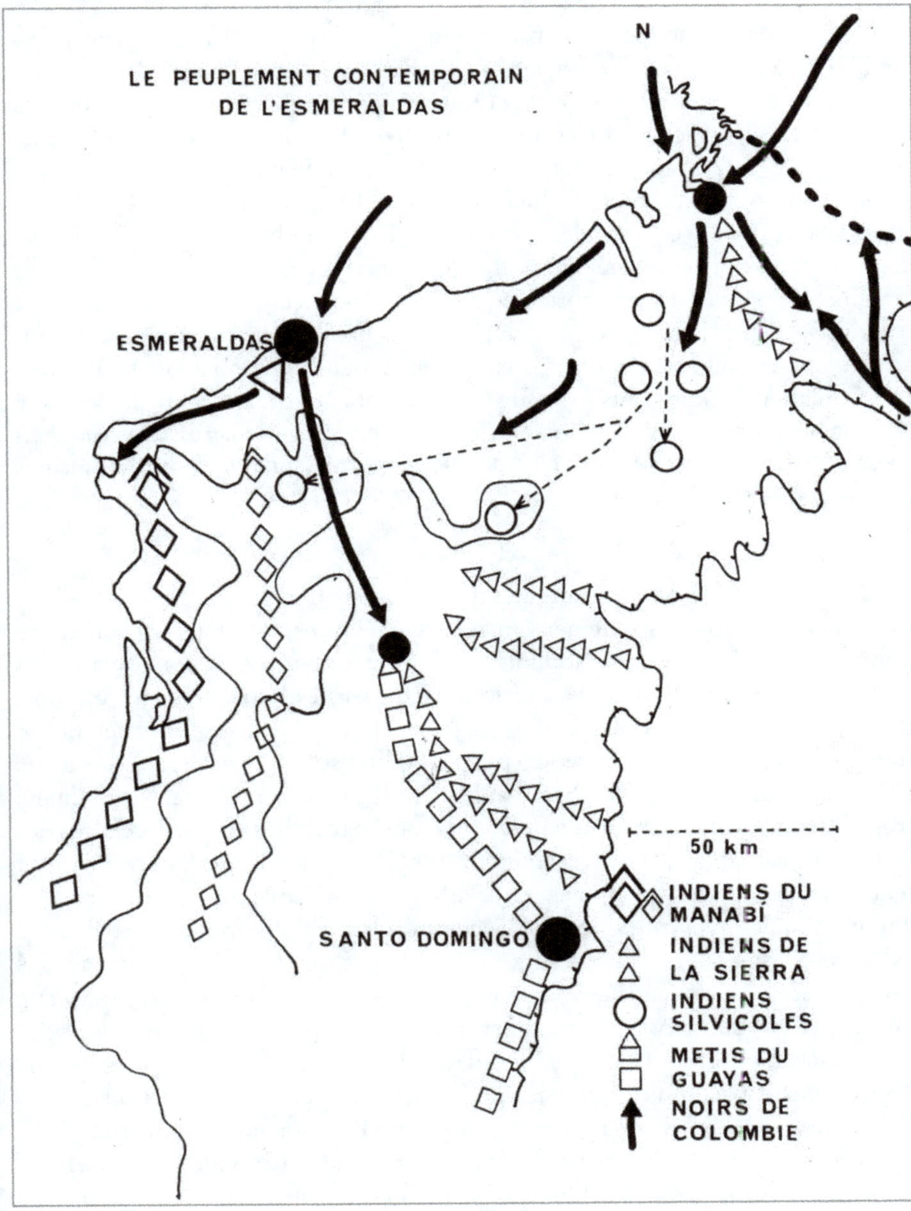
LE PEUPLEMENT CONTEMPORAIN
DE L'ESMERALDAS
N
ESMERALDAS
SANTO DOMINGO
50 km
INDIENS DU
MANABI
INDIENS DE
LA SIERRA
INDIENS
SILVICOLES
METIS DU
GUAYAS
NOIRS DE
COLOMBIE

Les Cayapaz seraient descendus dans les terres basses d'où ils ont été peu à peu repoussés depuis une centaine d'années par les migrations noires. On estime alors leur nombre à plus de 6 000. Ils sont installés en amont des fleuves Onzole, Santiago, Cayapaz et Sapalo Grande, ainsi que sur leurs affluents. Des familles ont émigré vers les rivières Guayllabamba, et à l'ouest de la rivière Bogota, en amont du fleuve Verde et même à l'ouest du fleuve Esmeraldas sur le haut Sucio et Viche. On comptait en 1976 dans le canton d'Eloy Alfaro environ 3 275 Cayapaz répartis en 33 communautés ; 800 en quatre communautés dont celle de Viche et Canande dans le canton d'Esmeraldas et enfin 600 dans le canton de Muisne en deux communautés. Les grandes maisons plurifamiliales occupent les hautes terrasses des rivières où les Cayapaz pratiquent un peu d'agriculture, de chasse et de pêche. Leur nourriture se compose essentiellement de plantain, maïs et manioc accompagnés de viande de chasse. Les contacts commerciaux existent cependant depuis longtemps avec les populations noires dans les centres de Borbón et de Limones. Ils vendent des bananes, des peaux, des bois et des pirogues. Ces dernières creusées dans un seul tronc, étaient fort réputées depuis la colonie sur tout le littoral jusqu'à Panamá.

La population noire

En majorité d'origine colombienne, la population noire s'est introduite récemment et surtout spontanément dans ces confins forestiers à l'abri d'une frontière peu contrôlée par l'administration équatorienne. Ces nouveaux venus sont les descendants des esclaves africains fixés par les Espagnols en Colombie et en particulier dans les mines d'or des basses terres du Choco pour remplacer une population indienne trop peu nombreuse et très vite décimée. L'émancipation des esclaves commencée en 1821 et terminée en 1851 libéra progressivement cette main-d'œuvre dont une partie resta sur place dans les nouvelles plantations. Ils descendirent progressivement les rivières surtout depuis le grand centre minier de Barbacoas en direction du littoral. Ils colonisèrent les meilleures terres de culture et arrivèrent peu à peu dans le Valdéz et l'Esmeraldas sans avoir jamais rencontré de "frontière". Les Cayapaz ont toujours eu le souci de se maintenir à distance des Noirs et c'est pour cette raison qu'ils se sont spontanément retirés dans les interfluves et en amont des fleuves. Par rapport au Choco et au Guayas, l'Esmeraldas comptait très peu de Noirs pendant la colonie. Quelques-uns fortement métissés aux Indiens locaux provenaient d'un ou plusieurs bateaux négriers dont le naufrage sur cette Côte avait par force, rendu la liberté, mais à l'autre bout du monde à des esclaves destinés aux plantations du Guayas ou du Pérou côtier. Au XVIe siècle, des petits groupes assez structurés autour de leader avaient ainsi créé des territoires respectés les uns des autres y compris des nombreuses tribus indigènes originaires. L'un de ces leaders, Francisco Mangache, venu de Madagascar, était même allé à Quito réclamer la reconnaissance de son territoire forestier auprès du représentant de l'*Audiencia*. Au milieu du XIXe siècle, il faut ajouter quelques migrants des plantations de canne à sucre de la vallée du Chota (Sierra nord). Enfin au début du XXe siècle, une compagnie minière anglaise fit venir des Noirs de Jamaïque pour travailler à l'orpaillage le long du rio Santiago.

Après l'attraction provoquée par la collecte du caoutchouc et de la *tagua*, ces migrations se poursuivent jusqu'à nos jours un peu différemment puisqu'il s'agit surtout de déplacements d'éléments jeunes vers les centres urbains de Tumaco, Buenaventura en Colombie, Esmeraldas, Limones et San Lorenzo en Équateur. Quelques-uns partirent vers le canal de Panama ou le Darien et d'autres, peu nombreux, s'installèrent comme colons dans le secteur de Quinindé lors de l'essor de la banane des années 1948-1955. La densité du peuplement est d'ailleurs plus importante au nord de la frontière colombienne près de Tumaco que dans le Valdéz. En 1976, on releva dans 22 paroisses rurales du canton Eloy Alfaro 35 000 Noirs, 6 156 métis et 3 338 indigènes pour une population de 44 522 personnes. Depuis 1952, on observe un mouvement de remontée des Noirs le long de la voie de chemin de fer. En effet, tous les hameaux sont habités par des Noirs qui vivent de la forêt plus que de l'agriculture jusqu'à Station Carchí. Là commencent deux ou trois hameaux de *zambos* puis les suivants sont totalement indiens lorsque la pente s'élève pour gagner la Sierra.

3. La petite agriculture associée à l'élevage et à la pêche

La *roça* ou brûlis est encore pratiquée souvent collectivement. C'est la *minga* ou travail collectif au profit d'un voisin en échange de service semblable. Les surfaces mises en culture sont très faibles et limitées aux terrasses non inondables ou sur les basses terres qui reçoivent des alluvions lors des crues. L'introduction récente du riz permet d'utiliser quelques bas-fonds bien drainés.

L'agriculture repose sur trois produits de base pour l'alimentation : le maïs, le plantain et le manioc doux. Le maïs était cultivé bien avant l'arrivée des Espagnols. Les Cayapaz qui utilisaient exclusivement le maïs doux, ont beaucoup perdu en le remplaçant par le plantain. On trouve également des bananes, des patates douces (*Ipomea patatas*), des rascaderas (*Xanthosomo sagittifolium*). À proximité des maisons, on rencontre un grand nombre de plantes, d'arbres fruitiers. La récolte de la noix de coco arrive à point entre celle du maïs et celle du plantain. Les Espagnols ont introduit les citronniers et les orangers. L'arbre à pain arrivé d'Asie au début du XIXe siècle se retrouve presque partout auprès de chaque maison (*Artocarpus comunis*). Près de la maison, toujours construite sur pilotis, se dressent des plates-formes surélevées portant de petits jardins de plantes aromatiques et médicinales. La chasse complète un petit élevage de canards, poules, dindons et porcs. Des familles noires du sud de l'Esmeraldas ont même adopté le cochon d'Inde venu des Andes. Quelques bovins apportent des ressources supplémentaires, principalement sur les pâturages en bordure du littoral. Quelques arbres sont recherchés comme le cèdre (*cedrela oderata*) pour la construction des pirogues, les bambous (*gadua angustifolia*), l'achiote comme colorant, enfin le caoutchouc (*caucho negro*) et l'ivoire végétale (*tagua*) constituent avec l'orpaillage une ressource occasionnelle. La pêche reste une des principales activités des habitants riverains des fleuves et de l'océan. Les deux populations pratiquent de façon fort semblable cette activité. Toutefois, les villages de pêcheurs sont très peu nombreux par rapport au reste de la Côte équatorienne. On ramasse également les coquillages, les crustacés abondants dans la mangrove. Les femmes trouvent dans cette collecte un moyen de ressources monétaires.

4. L'impossible chemin de Quito à Esmeraldas

De nombreux efforts ont été tentés depuis déjà plusieurs siècles afin de remédier à l'éloignement de la capitale de l'océan Pacifique. L'estuaire de la vallée de l'Esmeraldas apparut très tôt comme un point de contact possible avec l'extérieur parce que beaucoup plus proche de Quito que l'estuaire du Guayas. Cette vallée est, en outre, bien reliée par les vallées du rio Quinindé, puis du Toachí à Santo Domingo, où l'on accède à la Sierra grâce à un col assez bas. Malgré tous ces avantages, cette voie d'accès ne sera pas utilisée tant que les régions qu'elle parcourt ne seront pas mises en valeur de façon durable, c'est-à-dire vers la fin du XXe siècle. Des expéditions de reconnaissance eurent lieu dès le XVIe siècle à partir de Guayaquil, la première conduite en 1577 par Cabello Balboa, les suivantes pour la plupart en provenance de Quito. Au XVIIe siècle l'*Audiencia* de Quito, pour maintenir son autorité sur ces régions forestières, fonda le gouvernement d'Atacames et accorda le titre de "gouverneur à vie" à qui réussirait cette jonction. Malgré ce privilège, il faudra attendre 1735 pour avoir le premier projet sérieux avec Don Pedro Vicente Maldonado qui prévoit l'établissement d'un village toutes les cinq lieues, de transformer San Mateo, port de mer, en capitale du gouvernement du nord et le développement agricole le long du chemin. Administrativement les régions forestières de l'Esmeraldas étaient considérées comme les provinces basses de Quito, mais avec la répétition des échecs et la consolidation des habitudes de commerce par Guayaquil, les autorités se sont davantage tournées vers la mise en valeur de l'Amazonie. Il faudra attendre 1861 pour que soit créée la province d'Esmeraldas qui rompt en partie la dépendance administrative de la Sierra.

Alors que les autres provinces enregistrent une grande poussée démographique soit par croissance naturelle dès le XVIIIe siècle, soit par migration, l'Esmeraldas reste à l'écart, bénéficiant très peu de la grande époque cacaoyère. Villavicencio décrit le vide de la région, en 1855, une fois quittées les rives du río Esmeraldas. On y commercialisait un peu de tabac, de *tagua*, de la canne à sucre, des plantes à fibre et du cacao. L'absence de mise en valeur durable de cette vaste région s'explique aussi par l'abondance des terres vides et fertiles à proximité du Guayas qui a porté une concurrence fatale aux régions septentrionales, même si on gagnait deux jours de transport maritime en choisissant Esmeraldas comme port d'embarquement plutôt que Guayaquil situé plus au sud et au fond d'un golfe encombré d'îles. Mais cet avantage ne put jouer contre l'organisation commerciale de Guayaquil, le réseau fluvial relayé ensuite par le réseau routier du bassin du Guayas. Toutefois, afin d'acheminer les bananes par Esmeraldas on commence le défrichement de la route entrepris par des Noirs réputés excellents bûcherons. Le tronçon Quinindé-Santo-Domingo achevé en 1963 sert aussitôt pour le transport des régimes vers Guayaquil. La fin de la route Esmeraldas-Quinindé (96 km) mettra encore quelques années pour être praticable toute l'année. Ce retard routier fut fatal pour l'essor régional. En 1969, 50 km sont asphaltés et abîmés aussitôt par les camions bananiers et le manque de maintenance. L'achèvement véritable ne se fera qu'avec la construction de l'oléoduc et de la jonction indispensable avec le nouveau port pétrolier en 1972. Mais, de nouveau, les camions chargés de lourds matériels détruisent le revêtement routier qui est refait en 1977.

5. L'isolement du Valdéz et l'échec de la liaison ferroviaire Sierra-Pacifique

L'ensemble du Valdéz se distingue des autres régions de l'Esmeraldas par sa position encore plus septentrionale et par l'orientation de son bassin hydrographique, qui lui vaut un retard considérable de sa mise en valeur. C'est un "bout du monde" tant de l'Équateur côtier ou serranais que des régions colombiennes limitrophes. En effet, aucune route ne pénètre le Valdéz relié uniquement par cabotage à la Colombie et à Esmeraldas et depuis 1952 seulement à la Sierra par un petit chemin de fer. Ce grand bassin doit son unité à la convergence des fleuves dans la baie de Valdéz. Le seul grand fleuve, le Mira qui franchit les Andes en ouvrant une large vallée se dirige vers la Colombie. Les autres fleuves du Valdéz sont étroits et navigables sur une faible distance. Aussi les bateaux de mer se maintiennent-ils dans la baie et gagnent pour les plus petits d'entre eux le port de San Lorenzo, terminal de la voie ferrée, ou Borbón. La pénétration par le Pacifique n'a pas trouvé ici comme ailleurs de grands estuaires communiquant avec l'intérieur. Au contraire, pour atteindre la terre ferme on doit franchir un ensemble d'îles à palétuviers et remonter sur de grandes distances des rivières affectées par la marée avant de gagner des monts à pente douce. Seul, un petit cabotage de contrebande de produits manufacturés entretient des liaisons côtières entre Tumaco, Limones et Esmeraldas.

On chercha plus au nord à relier la Sierra par la vallée du rio Mira à la baie du Valdéz par une petite voie ferrée assurant ainsi le désenclavement des confins forestiers septentrionaux. Les buts économiques semblaient justifier cette construction qui devait desservir les plantations de canne à sucre de la haute vallée du Mira près de la raffinerie de sucre de Salinas (20 000 t) et faciliter l'exploitation forestière projetée depuis longtemps.

Un organisme, la Junta Autonoma del Ferrocaril Quito-San Lorenzo créé en 1949 fut chargé de la construction de la ligne, de la colonisation, de la reforestation de la zone adjacente à la voie ainsi que du développement du port de San Lorenzo et de l'urbanisation de cette ville. Il s'agissait d'un vaste plan de développement régional reposant sur la liaison ferroviaire et un port pour l'exportation des bois, du sucre et des produits de la nouvelle colonisation. Or la voie ferrée n'a pas rompu véritablement l'isolement par suite du retard et de la faiblesse des rares travaux d'infrastructure réalisés. Cette ligne dessert les 200 km qui séparent San Lorenzo d'Ibarra, elle-même reliée à Quito par le chemin de fer. Depuis son achèvement vers 1959, la voie ferrée n'a guère de trafic. Le train de marchandises circule deux fois par semaine et met deux jours pour gagner San Lorenzo à 25 km/h. Les arrêts fréquents du trafic par suite d'éboulements ou de ponts rompus ne facilitent guère les échanges vers une population, il est vrai, peu nombreuse et à faible niveau de vie. La voie sert même de piste pour les hameaux situés sur son passage. Un essai de colonisation officielle avait voulu favoriser le peuplement du tronçon situé dans les terres basses. Ce fut un échec total. On ne trouve que quelques hameaux en amont de Lita dans la vallée du río Mira parce que celle-ci est le passage le plus facile pour les caravanes de mules vers le Pacifique en passant par la Colombie où se jette le fleuve. Mais ensuite, de Lita à San Lorenzo, c'est le vide humain. Le terminal ferroviaire et portuaire n'a pu animer seul son arrière-pays.

La société de construction de chemin de fer avait obtenu la concession d'une bande de terre de 10 km de large le long de la voie sur 70 km de long. Placées depuis 1968 sous l'administration du ministère de l'Agriculture, ces terres ont conservé des privilèges concernant les impôts territoriaux et les droits d'abattage de la forêt. Mais en vain. Trois concessions se sont constituées sur 2 000 hectares et la FAO projetait d'installer de nouveaux colons le long de cette voie. En fait, à cette époque, le pays mettait en valeur d'autres régions forestières plus proches de Guayaquil et plus faciles à rendre productives pour la banane. Le front bananier s'est arrêté à la vallée de l'Esmeraldas sans toucher les confins forestiers du Valdéz. La frontière septentrionale n'offrait de plus aucun souci par rapport aux limites amazoniennes.

6. Une succession de cycles très brefs

Les comptoirs des compagnies étrangères

L'Esmeraldas subit avec un certain recul les effets des cycles économiques qui ont tant marqué le reste de la Côte. La région a connu une succession de prospérité éphémère sans qu'aucune production n'arrive à dominer et à se maintenir. Le caoutchouc, le balsa, la *tagua* constituèrent les grandes ressources vendues par le port d'Esmeraldas. Tous sont des produits de la cueillette, seul le tabac amena un effort de plantation jusqu'en 1880. Le cacao apparut sur les terrasses du fleuve Esmeraldas mais ne dépassa pas les 200 000 arbres au début du xxe siècle. Il connut les mêmes vicissitudes que le Guayas en 1920. Le caoutchouc avait attiré un grand nombre de personnes à Limones et à Borbón (créé en 1886) point de regroupement du latex. Mais il fallut sans cesse s'enfoncer de plus en plus loin dans la forêt pour trouver les Castillas Panamensis et, dès 1913, la demande tarit. La *tagua* fut également très recherchée par les marchands. Le décorticage nécessitait une grande main-d'œuvre essentiellement composée de femmes et d'enfants à Esmeraldas.

À côté d'un artisanat de sculpture, on trouvait dans la ville des fabriques de boutons de *tagua* (ivoire végétal) dont les deux derniers ateliers ont cessé seulement leurs activités dans la décennie 1970 à la suite de la concurrence des boutons de plastique. L'orpaillage attira un grand nombre de Colombiens Noirs, quelques aventuriers et même des compagnies étrangères. Au début du XXe siècle, une compagnie anglaise amena un groupe de Noirs de la Jamaïque pour chercher l'or sur le Santiago. Les sables des rivières offraient de petits placers relativement accessibles pour l'or et le platine sur les fleuves Cayapaz et Santiago. Villavicencio, en 1858, signale quatre paroisses qui regroupent environ 900 chercheurs d'or. Le lavage de l'or demeure aujourd'hui encore le fait de quelques individus isolés.

Des sociétés étrangères s'intéressèrent à l'exploitation des grandes forêts mais une seule s'est véritablement implantée pendant plusieurs décennies. La Compañía Inglesa de Terrenos Ecuatorianos del Ecuador ou Ecuadorian Land Company, d'origine anglaise, avait obtenu des droits d'exploitation à la suite de services rendus par l'Angleterre au moment de l'accession à l'Indépendance. Depuis 1860, ses bureaux et agents locaux étaient basés à Campana sur le fleuve Mataje. Les comptoirs de la Ecuadorian Land Company achetaient auprès des Noirs et des Indiens de la *tagua*, des bois précieux, du balsa, de l'or, des écorces de palétuviers, des peaux et des plantes médicinales. Les petits centres de Borbón, Concepción et Limones servaient de point de regroupement de ces produits exportés par San Lorenzo appelé "Puebla de Pailón" jadis. La compagnie anglaise céda ses droits à une société allemande "Casa Tagua" en 1902. Celle-ci continua le commerce de divers produits de la forêt et en particulier de la *tagua*, de l'or et du bois. Avec ses comptoirs, elle continua les activités jusqu'en 1930, mais conserva la propriété jusqu'à la fin de la Seconde Guerre mondiale. On retrouve des succursales de la Casa Tagua à Manta et à Guayaquil dans l'exportation du cacao, du café et de la *tagua*. Ces deux sociétés ont joué un certain rôle dans le développement local en offrant des possibilités de commercialisation à une main-d'œuvre noire venue des forêts septentrionales vers les rives des fleuves et vers la frange littorale. Les crises sporadiques qui frappaient les produits les uns après les autres ont marqué les petits centres créés et animés en fonction des phases de prospérité.

7. Les plantations de bananes dans l'Esmeraldas

L'essor bananier laissait espérer un démarrage économique de tous les secteurs à proximité des rivières. Dès 1947, une première grande plantation de banane s'installe, bientôt suivie de beaucoup d'autres dans la vallée navigable de l'Esmeraldas et le long de la route de Quinindé, les berges des fleuves Santiago et Cayapaz et de l'estuaire de Muisne. Quelques plantations se sont même fixées sur les rios Verde et Cojimies. Après la phase de dépression qui suivit la demande des produits forestiers provoquée par la guerre mondiale, la région s'est lancée à fond dans la banane. Cinq ans après le démarrage, la région exporte 4,5 millions de régimes en 1952 et 5,8 millions en 1955, soit un tiers des exportations bananières du pays par le port d'Esmeraldas. Les 12 000 ha sont atteints en 1960. Le port de San Lorenzo servait de point de regroupement des bananes du Valdéz et la construction du chemin de fer devait permettre l'installation de nouvelles plantations près de la voie. Les bananeraies sont situées en majorité dans la vallée de l'Esmeraldas. La plus grande compagnie Fruit Trading Corporation, possédait plusieurs *haciendas* entre Timbre et Quinindé (7 000 ha) et transportait plus de 45 000 régimes par semaine au port d'Esmeraldas. La commercialisation était effectuée par les compagnies subsidiaires Astral et Estrel Fruit Schipping. La première installée à Esmeraldas vendait ses fruits à Panama d'où la seconde les envoyait à New-Orleans.

D'autres compagnies d'exportation s'installèrent à Esmeraldas lors de l'essor bananier 1949-1955. Avec la mévente des années 1960, il ne resta plus que les agences des compagnies implantées à Guayaquil, la Banana Export, Bananera Ecuatoriana, Sudamericana et Dapelo H. Yannuzelly, se sont maintenues plusieurs années, au moins jusqu'en 1969. On comptait 14 compagnies en 1955, huit en 1962 et seulement trois en 1970. Une partie de la production venait des colons Noirs et indiens installés le long des rivières sur les berges bien drainées. Le transport des régimes se faisait par pirogue vers les petits ports reliés par cabotage à celui d'Esmeraldas. La venue d'immigrants ranima des centres comme Borbón et Limones qui végétaient depuis l'époque de l'or, de la *tagua* et du caoutchouc.

La crise bananière et ses conséquences

La crise bananière toucha cette région dès 1954 bien avant les autres zones de production par suite de l'extension de la maladie appelée Sigatoka. Apparue en 1940, en Colombie, elle gagna, dans les années 1950, l'Équateur. Les premiers ravages commencèrent en 1952 où on enregistra la première baisse des rendements que l'on compensait par l'augmentation des superficies. Plusieurs bananeraies furent abandonnées comme celles près des fleuves Verde et Santiago et même sur la route de Quinindé. Des problèmes graves de mévente provoquèrent des conflits sociaux qui ne furent pas étrangers au désintéressement par les compagnies vers 1956 de cette région en faveur d'autres plus faciles. Le coût des premières campagnes phytosanitaires (1957) dans cette zone si éloignée et si humide et aux plantations dispersées pesait sur l'Association des planteurs et ne justifiait pas le maintien de ces *haciendas*. Les grandes plantations de la Fruit Trading Corporation cessèrent leurs activités lorsque la maladie envahit les bananeraies et que surgirent les grèves. Or Astral exportait plus de la moitié de la production de la province. La crise frappa aussi les agents intermédiaires, les dockers et les transporteurs d'Esmeraldas. Toutefois les migrants continuèrent d'arriver tandis que d'autres repartaient déjà vers Guayaquil (Barrio Chola). On pense alors aux secteurs de Muisne, Cojimies et Chone qui offrent des conditions moins humides tout en étant proches de l'océan. Un regain de faveur apparaît au profit de l'ancien port du cacao, Bahía, relié à Chone par un petit chemin de fer.

Tableau n°88

La banane dans l'Esmeraldas, évolution par variété

Année	Superficie en ha	Année	Gros Michel	Cavendish
1951	8 000	1968	20 950	212
1960	12 000	1970	12 160	490
1964	11 000	1972	8 350	280
1967	22 000[1]	1977	3 500	

Répartition de la superficie en 1971-1972[2]

	Gros Michel	Nbre de producteurs	Nbre d'hacienda
Esmeralda-Quinida	2 954	58	86
Quinida-La Concordia	2 363	35	80
Santo Domingo-Chone			
Cafi-Puerto Ila	3 393	42	64

Les exportations de banane par Esmeraldas[3]

Année					tonnes	%	
1950	1 955	Milliers de régime	29,68	1969	12 380	1	
1955			21,98	1970	7 640	0,5	
1960			12,38	1971	80 950	6,18	
1966		tonnes	4,98	1972	170 000	13	
1968			3,98	1975	147 000	11	
				1976	27 000	2	

Source : Statistiques de la Direction Nationale de la Banane devenue en 1972 le Programme National de la Banane.

[1] À partir de 1967, la zone de Santo Domingo est incluse dans les statistiques.

[2] Plantations inscrites à la Direction de la Banane pour le contrôle phytosanitaire.

[3] Reprise des exportations grâce à des tarifs préférentiels de 1972 à 1976.

Les régions les plus proches mais aussi les plus dynamiques près de Guayaquil retiennent l'attention des compagnies. Les forêts de Santo Domingo et Quevedo suffisent amplement. La route en construction permettait déjà à des camions d'acheminer les régimes vers le Guayas et d'abaisser les prix de transport en évitant les transbordements de la pirogue à la route puis de nouveau en petits bateaux jusqu'au navire. Très vite l'Esmeraldas devient une zone réserve des compagnies qui ne pouvaient rien vendre tant qu'il existe des excédents dans les zones proches de Guayaquil. Seul le secteur entre Santo Domingo et Quinindé se maintient car les régimes s'évacuent par la route vers le sud et non plus vers Esmeraldas comme dans les premières années par le fleuve Quinindé puis celui de l'Esmeraldas. Cet axe est entré dans l'orbite de l'influence de Guayaquil alors que la géographie l'amenait à se tourner vers le nord. Une autre circonstance beaucoup plus grave que la Sigatoka est venue ruiner la production bananière de l'Esmeraldas : le changement de variété en 1964 et ses conséquences. La modification de la demande étrangère, en portant ses habitudes de consommation vers la Cavendish, banane plus fragile mais résistante à certaines maladies, a entraîné une remise en cause de la plupart des zones bananières de la Côte. Les exigences de sols, d'engrais, d'irrigation et d'emballage ont ruiné les petits planteurs incapables d'effectuer la reconversion surtout après plusieurs années de crise. Les planteurs d'Esmeraldas n'ont pas su lutter contre l'organisation commerciale qui s'est centralisée à Guayaquil autour d'un petit nombre de compagnies. Celles-ci choisirent Puerto Bolivar et El Oro comme port et région annexe pour la banane. Le trop faible volume de Gros Michel de l'Esmeraldas ne justifiait plus un arrêt des bateaux, encore moins à Muisne où en 1968 cessèrent complètement les embarquements de bananes. La chute des superficies plantées aurait dû être encore plus brutale, si l'espoir d'une reprise n'existait pas toujours en permanence chez les Équatoriens habitués à une succession de prospérités et de crises. Elle ne laisse pas moins dans un état d'abandon les petits colons. Les grands planteurs vendirent leurs terres. Les superficies sont passées de 12 000 hectares en 1970 à 3 550 hectares en 1978. La Direction Nationale de la Banane n'avait plus aucune plantation inscrite dans le Valdéz et Atacames en 1974.

8. Les nouvelles terres pionnières

Le grand foyer d'attraction de la Côte

Après avoir reculé pendant l'ère bananière au-delà de Santo Domingo vers Quinindé et le secteur de Muisne, le mouvement de colonisation gagne le Centre et le nord de l'Esmeraldas, la frontière agricole avance sans cesse non seulement vers le nord, mais surtout dans les interfluves. Des centaines de petits colons occupent spontanément les collines et les rares terrasses de l'Esmeraldas. La route Esmeraldas-Quinindé-Santo Domingo joue alors le rôle fondamental de point de départ vers l'intérieur. Colonisés plus tôt, les abords font aujourd'hui l'objet d'une reconversion par des *haciendas* de taille moyenne ; dans l'intérieur des terres, de petits fronts pionniers de type familial se forment à partir d'une piste, d'un fleuve, d'un versant de la cordillère des Andes. Seuls, deux grands secteurs échappent encore à cette intensification, c'est le Muisne et l'Eloy Alfaro qui présentent encore des espaces très faiblement occupés.

Tableau n°89

La distribution des exploitations en Esmeraldas

hectares	1954	%	1968	%	1974	%
0 à 20 ha	5 148	81	8 050	65	8 055	54
20 à 100	986	14,8	3 441	28	5 889	39
100 à 500	237	3,6	612	5	804	0,5
+ de 500	36	0,5	118	1	86	0,05
Total	6 677		12 221		14 834	

Source : INEC 1974.

Tableau n°90

La répartition des superficies (en milliers d'hectares)

hectares	1954	%	1968	%	1974	%
0 à 20 ha	32	18,9	59	13,9	55	10
20 à 100	40	23,6	139	32,6	234	46
100 à 500	46	27	119	27,9	118	26
+ de 500	52	30	109	25,6	91	17
Total	171		427		519	

Source : INEC - 1974.

Les dernières années du xxe siècle sont marquées par la croissance de la superficie mise en valeur par un nombre important de petites et moyennes exploitations (UPA) reflétant bien l'aspect pionnier de la colonisation car il est difficile, pour un groupe familial de défricher et mettre en valeur plus de 10-15 hectares. La province est exploitée à 60 % par des occupants sans titre installés sur 43 % de la superficie des exploitations. Les occupations sont facilitées parce que la majorité des terres appartient à l'État. Le rôle de l'Institut de Réforme Agraire et de Colonisation (IERAC) est très important dans cette région pour légaliser ces invasions des terres domaniales. En effet, en 1974, sur 5 132 UPA avec un titre de propriété 2 227 sont bénéficiaires de l'IERAC. Surtout dans le Quinindé où le nombre des bénéficiaires (1951) dépasse celui des propriétaires de longue date. Le canton d'Esmeraldas, plus ancien dans sa mise en valeur, présente une situation inverse puisque sur 1 544 propriétaires, 181 seulement ont reçu leurs titres de l'IERAC. Les forêts n'apparaissent guère dans les statistiques du recensement agropastoral car n'ont été enregistrées que celles entrant dans les Unités d'Exploitation Agricoles. C'est pourquoi le Quinindé, fortement colonisé avec 42 % des terres en UPA, a encore 60 % de la surface non défrichés.

Les plantations permanentes sont importantes avec 27 000 ha par rapport aux cultures annuelles (8 000 hectares). Le canton d'Esmeraldas avec seulement 34 % de forêt dans ses UPA, a 14 000 hectares de plantation et 1 000 hectares de cultures annuelles. Par contre, l'élevage y est prépondérant avec 74 000 hectares de pâturage contre 36 000 dans le Quinindé. Le Muisne n'a guère évolué avec une faible reconversion pastorale après l'abandon des bananeraies. L'Eloy Alfaro garde l'essentiel de son territoire en concessions forestières de grande taille entre lesquelles se glissent des petits colons indiens ou Noirs.

Le gonflement des effectifs

Depuis plusieurs années, la province d'Esmeraldas accueille des colons venus du pays tout entier et surtout des provinces voisines. Or, pendant longtemps, l'Esmeraldas attirait plus qu'elle ne fixait les nouveaux migrants. En 1974, la balance migratoire a un taux de 8 % par an et le nombre des migrants restés est passé de 11 700 en 1962 à 17 000 en 1974. La région vient en quatrième position comme foyer attractif derrière le Pichincha (Quito), le Guayas (Guayaquil) et El Oro. La Côte fournit la majorité des nouveaux habitants de l'Esmeraldas avec toujours une nette prépondérance du Manabí (34 % contre 42 % en 1962). Les colons viennent ensuite du Guayas (12 %), de Los Ríos (8 %), du Pichincha (10 %) et un peu du sud de la Sierra de l'Azuay et de Loja. Les Colombiens représentaient 22 % des migrants en 1962.

Deux grands mouvements de peuplement sont discernables au milieu de la progression spontanée des migrants. Le premier correspond à l'essor bananier dans la vallée de l'Esmeraldas et le long de la route, le second plus récent se situe dans le cadre du démarrage pétrolier équatorien. L'arrivée de l'oléoduc à Esmeraldas provoque une nouvelle attraction vers cette région. De plus, le manque de terre dans les autres provinces force les colons à remonter davantage vers le nord, bien au-delà de Quinindé. Les *montuvios*, petits colons fortement métissés du Guayas ont rejoint les Noirs venus de la frontière. Du côté du Manabí, la progression s'effectue régulièrement depuis deux décennies, soit le long du littoral, soit par les fleuves. Il n'est pas rare de rencontrer des hameaux à dominante indienne du Manabí et à quelque distance un hameau noir, ainsi que des Indiens Cayapaz venus s'installer près de Muisne. De leur côté, les Serranais du Pichincha glissent le long de la Cordillère dans le secteur de Los Bancos. Les Esmeraldéniens ont gonflé leurs effectifs de 75 000 à 280 000 habitants en trente ans (1950-1980) soit 7 000 habitants de plus par an. Le taux de natalité est élevé (35 %). Le taux de mortalité n'a guère baissé (9,6 %) et le taux de mortalité infantile est parmi les plus forts du pays (103 %). Le sous-équipement général et le faible encadrement sanitaire expliquent cette situation démographique marquée par une croissance plus faible que celle des autres régions côtières.

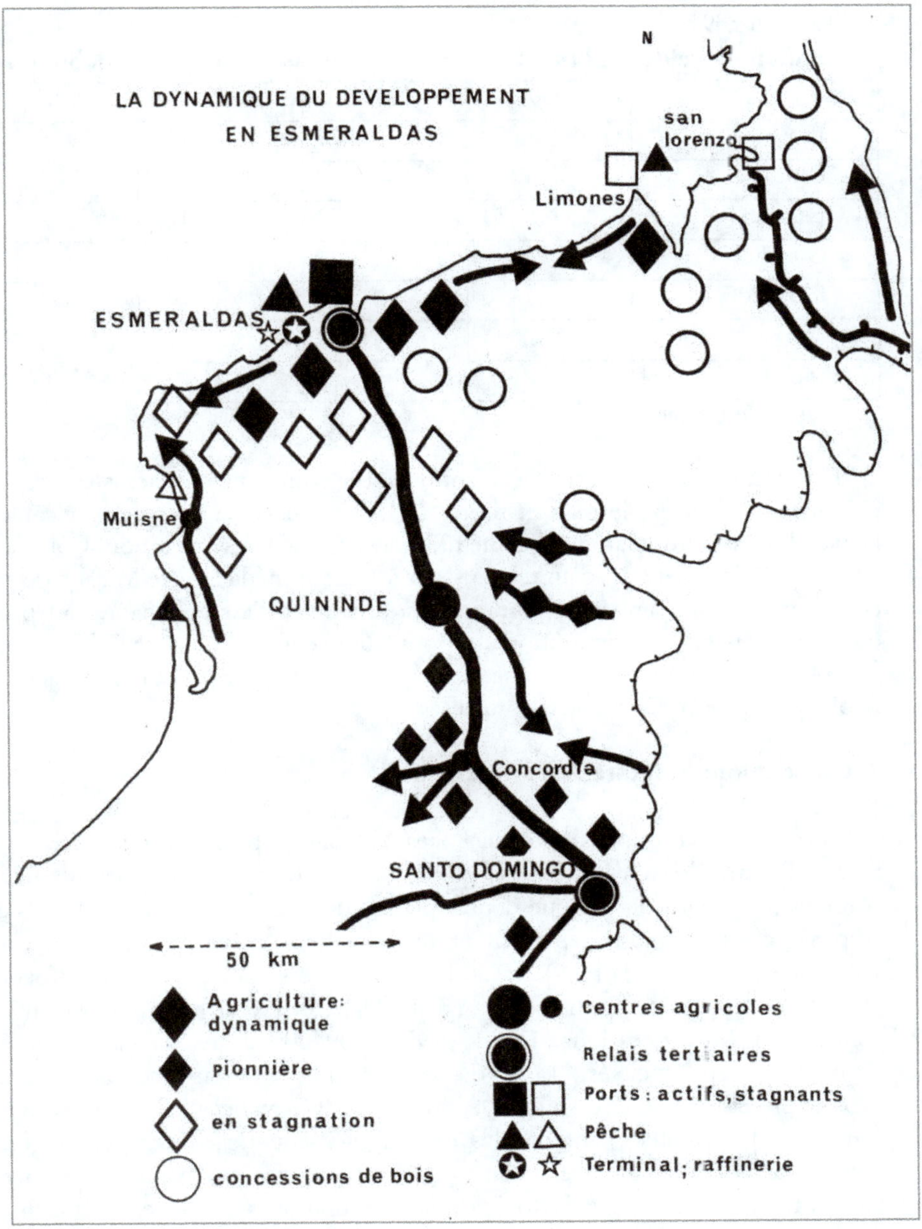
N
LA DYNAMIQUE DU DEVELOPPEMENT
EN ESMERALDAS
san
lorenzo
Limones
ESMERALDAS
Muisne
QUININDE
Concordia
SANTO DOMINGO
50 km
Agriculture:
dynamique
pionnière
en stagnation
concessions de bois
Centres agricoles
Relais tertiaires
Ports : actifs, stagnants
Pêche
Terminal; raffinerie

Tableau n°91

La croissance de la population de l'Esmeraldas (en milliers d'habitants)

	1950	1962	1974	1982
Province	75	124	214	247
Canton				
Esmeraldas	54	79	105	141
Quinindé			51	45
Eloys Alfaro	20	30	42	23
Muisne		15	15	16
San Lorenzo				21

Source : Recensements.

Les conditions sanitaires de la population sont souvent désastreuses. Le paludisme (A.Vivax), le pian et toutes les autres maladies tropicales accablent l'ensemble de la population déjà anémiée par une mauvaise nutrition. Comment en serait-il autrement avec un tel sous-encadrement médical ? Le Muisne de son côté a perdu de nombreux migrants accourus avec l'essor bananier au point qu'on enregistra une diminution de population entre 1962 et 1974, situation exceptionnelle sur la Côte. L'apparition du canton de San Lorenzo cache la faible progression des dernières années.

9. Une exploitation forestière encore limitée

Favorisées par la proximité de l'océan et par la présence de rivières, les forêts d'Esmeraldas n'en ont pas pour autant été très exploitées ni même connues jusqu'ici. Ce n'est que depuis peu qu'une véritable fièvre du bois s'est emparée de ces régions représentant deux millions d'hectares de forêt dont 1 239 000 étudiés par la FAO en 1971 qui en a dressé pour la première fois un inventaire des espèces principales. À cette date, 581 000 hectares avaient été concédés à 14 concessions. Depuis 1974, 509 000 autres hectares ont été attribués à sept sociétés. 43 % du canton d'Eloy Alfaro sont désormais exploitables par ces concessions. De dimensions très variées, elles sont souvent restées non exploitées tant par les compagnies équatoriennes qu'étrangères. Mais cette politique de réserve tant de l'État que des compagnies forestières vise avant tout à protéger la forêt de la colonisation spontanée. En gelant le territoire, on évite le gaspillage végétal mais en même temps on freine le développement agricole en constituant une barrière à la progression pionnière.

Pour les paysans sans terre, l'invasion reste le seul moyen de déjouer cet obstacle. On estime à plus de 130 000 hectares la superficie occupée par les colons dans les concessions. Les Noirs et les Cayapaz ont théoriquement le droit d'utiliser une frange de deux kilomètres de large le long des rives des fleuves qui traversent ces concessions. Mais rejoints par les colons plus nombreux encore, les *esteros* sont alors réclamés. Ces colons, s'ils sont accusés par les forestiers de gaspillage par leurs brûlis, n'en constituent pas moins pour les compagnies la main-d'œuvre indispensable ; en effet, seules, la Plywood Ecuatoriana et la Industria Maderera Robalino exploitent directement leurs concessions. Les autres s'approvisionnent auprès des bûcherons qui vendent leurs grumes à des intermédiaires, ceux-ci les acheminant vers les scieries et les usines. La superficie taillée représente 10 à 15 000 hectares par an dont seulement 2 000 hectares sous contrôle de l'État. Depuis peu, des permis d'exploitation de 50 hectares pour un an sont octroyés à des colons afin de régulariser les exploitations illégales (125 000 hectares). Basés à San Lorenzo, les qualificateurs des compagnies se chargent des achats de bois auprès des scieries qui effectuent le transport des grumes jusqu'au point d'embarquement. Les espèces recherchées par les Américains sont : le Chalviande, le Cuangare, le Sande, le Sajo et le Chanul. Le balsa est regroupé à Esmeraldas avant d'être amené à Guayaquil d'où il est ensuite exporté vers l'Europe et les États-Unis. Mais la grande région de production du balsa se situe dans les collines du nord du Guayas. Sur les 48 scieries recensées en Esmeraldas, 13 sont dans le canton d'Esmeraldas, 18 dans l'Eloy Alfaro, 12 Dans le Quinindé et cinq dans le Muisne. De nombreuses autres, plus ou moins clandestines, se sont installées depuis, ceci en fonction de l'ouverture des pistes. Il faut ajouter trois fabriques de parquet, 80 charpenteries mais surtout trois usines de contreplaqué à San Lorenzo (Chapas y Maderas), à Borbón (CREART) et à Esmeraldas (CODESA). Travaillant à moitié de leur capacité, elles fournissent 50 à 70 000 m^3 de contreplaqué. Une quatrième a été installatée dans la décennie 1970-1980, (Industrial Forestal Cayapaz) pouvant traiter jusqu'à 300 000 m^3 de bois. Au total, elles emploient moins de 4 000 travailleurs du bois dont la moitié pour le transport. L'étude de la FAO confirme la faible capacité des installations dans ce secteur. Le marché de la Sierra absorbe principalement le bois pour des coffrages à l'exception des deux scieries de San Lorenzo qui approvisionnent des fabriques de meubles et de parquets à Quito. Le marché côtier concentré à Guayaquil est desservi par la voie maritime. Quelques scieries sont affiliées à des usines de Guayaquil. Les espèces commercialisées dans le pays sont surtout le cuangare (33 %), le sande (10 %) et le balsa (21 %).

10. Des régions différemment concernées par la mise en valeur

Le bassin du Valdéz et le Muisne demeurent isolés

L'orientation du bassin hydrographique des fleuves Santiago, Onzole, Cayapaz et Bogota explique le maintien de l'isolement de ces confins forestiers. Tourné vers le nord et la baie du Valdéz, le canton d'Eloy Alfaro est le moins peuplé de toute la Côte. On estime que seulement 27 % de son espace est occupé. Sa surface de culture cache la nécessité d'une jachère longue après une culture sur brûlis pendant deux ou trois ans. Le plantain, le maïs dur, les cocotiers et les bananes sont prépondérants par rapport au manioc et cultures arbustives. La faiblesse de l'occupation du sol n'a pas empêché la formation de très petites exploitations puisque 12 % ont moins de 10 hectares et 34 % de 10 à 50 hectares. En réalité à côté de ces fincas de polyculture, l'espace utile est accaparé par de moyennes et quelques très grandes exploitations destinées essentiellement à l'élevage (54 % des U.P.A. ont plus de 50 hectares).

La paroisse de la Tola (18 000 h) constitue la grande zone d'élevage du nord avec 14 650 têtes de bétail (sur les 20 900 du canton). Les terrasses et les collines de la frange côtière offrent de bons pâturages qui prolongent ceux du littoral un peu moins humides. Quelques *haciendas* de plus de 500 ha s'y trouvent. Le seul centre important est Limones (7 000 h), point d'arrivée des radeaux de bois à la confluence des fleuves et lieu d'embarquement des navires de mer. Ce chef de canton est le marché local le plus animé pour toutes les populations riveraines pour lesquelles il représente l'unique contact urbain tant est distante Esmeraldas accessible uniquement par cabotage. La contrebande d'articles colombiens (textile) anime un peu les boutiques de la rue centrale. À quelques mètres de celle-ci accostent des pirogues chargées de fruits et de poissons, tandis que de petits cargos ancrés un peu plus loin chargent des grumes. San Lorenzo, au point d'arrivée du chemin de fer d'Ibarra devait connaître une destinée plus prospère. L'échec de la colonisation n'a pas freiné l'arrivée de nombreux migrants. Depuis 1965, le nombre de Métis et de Blancs en provenance de la Sierra ou de la Côte n'a pas cessé d'augmenter, venant grossir le nombre de Colombiens noirs. En démarrant avec l'essor bananier, le Muisne aurait pu profiter à fond de sa position littorale, mais trop pionnière la région n'a pu offrir qu'une route fort précaire vers Manta et Bahía, régions limites pour ce fruit. Le Muisne tire l'essentiel de ses ressources de la mer, d'un peu d'agriculture et de la collecte de la *tagua*, du caoutchouc et du balsa. Les compagnies d'Esmeraldas essayèrent d'y organiser des plantations avec des colons accourus de toutes parts : la ville de Muisne doubla entre 1950 et 1962. Mais la crise bananière frappa le secteur de Muisne, entraînant le départ des petits planteurs. Les plus grandes *haciendas* s'orientèrent vers l'élevage avec près de 15 000 bovins élevés pour la viande, à destination de Manta et d'Esmeraldas en second lieu. L'achèvement de la route reliant Muisne à Esmeraldas devrait rompre l'isolement. En dehors de Muisne, animé par quelques fonctions commerciales et administratives liées à son rôle de chef de canton, huit autres petits villages regroupent une population noire en majorité masculine, les femmes allant tenter leur chance à Esmeraldas. La pêche et la collecte des coquillages assurent quelques revenus.

L'axe dynamique Santo Domingo-Esmeraldas

La province de l'Esmeraldas se structure sur cette route achevée en 1960 et refaite en 1974 qui relie Santo Domingo à Esmeraldas en passant par Quinindé.

De la banane aux oléagineux

Cette vallée et cette route ont fait l'objet d'une première colonisation linéaire, point de rencontre de la mise en valeur depuis le port d'Esmeraldas et de celle liée à la montée du front pionnier bananier du nord du bassin du Guayas. Dans les années 1970, on assiste à la consolidation des *haciendas* installées le long de cette route qui, après le repli bananier, s'étaient souvent reconverties à l'élevage. Certaines d'entre elles, dans une troisième étape, cultivent des oléagineux à cycle court (soja) ou des palmiers à huile. En arrière de cette route, de nouvelles *haciendas* se sont souvent organisées à partir de lots achetés aux colons bénéficiaires de la colonisation. En effet, ces derniers découragés par les difficultés ont vendu. Loin en arrière, on retrouve la forêt où de nouveaux colons tentent de survivre. La grande exploitation l'emporte donc dans les deux cantons d'Esmeraldas et de Quinindé où respectivement 75 et 61 % des exploitations ont plus de 50 ha. La paroisse de Cube compte 96 *haciendas* de 100 à 1 000 hectares totalisant 22 792 hectares. Les cultures commerciales prédominent avec le café, le cacao, l'abaca et le palmier à huile qui ont remplacé les bananiers. L'élevage occupe une place comparable avec 56 000 têtes pour le canton d'Esmeraldas, 33 000 pour celui de Quinindé. De beaux pâturages (janeiro et saboya) couvrent les collines complantées parfois de palmiers royaux. Des clôtures facilitent la rotation des prairies.

Un secteur relais, le Quinindé

Trop en amont des fleuves tant du bassin du Guayas que de celui de l'Esmeraldas, le secteur de Quinindé n'avait pas non plus la chance de se trouver au débouché d'une vallée accédant à la cordillère andine. C'est pourquoi cet ensemble de collines et de terrasses basses fertiles situées au Centre-nord de la Côte restera jusqu'au milieu du siècle à l'écart de tout développement. La paroisse de Quinindé, simple étape entre la navigation sur l'Esmeraldas et le départ à pied vers Quito n'est créée qu'en 1927, celle de Viche en 1939 et le canton en 1967 seulement. Il faut en effet attendre les années 1940 pour que ce secteur soit parcouru par les collecteurs de balsa, *tagua* et caoutchouc. L'essor de la banane au début des années 1950 ne favorise que secondairement ce secteur qui profite cependant de l'effort routier reliant Quinindé à Santo Domingo puis à Esmeraldas. Le long de la rivière comme le long de la route se sont installés des colons qui transportaient en pirogue leurs régimes de banane à Quinindé devenu le point de rupture de charge entre les interfluves et le fleuve jusqu'au port d'Esmeraldas. La population augmente très vite, passant de 15 000 h en 1962 à 48 000 h en 1974, soit une croissance de 10 % par an. C'est essentiellement le long de cet axe routier que s'installent les plus grandes *haciendas* bananières, ce sera aussi cette région qui, la première, abandonnera cette production laissant la forêt reprendre sa place en attendant une nouvelle orientation. Toutes les tentatives sont présentes dans les paysages : bananeraies, cacaoyères, plantations d'hévéas, de palmiers à huile, d'abacas, pâturages et champs de maïs, de soja ou d'arachide montrent bien qu'à la monoproduction commerciale succède une reconversion fort variée correspondant à une demande autant nationale qu'internationale. L'abaca arrive en deuxième place après le palmier à huile dans la région et juste avant la banane, on trouve ce bananier à fibres en plantation de taille moyenne. Sa culture est facile et une main-d'œuvre familiale aidée de quelques ouvriers permet de couper les tiges de la plante et d'en extraire les fibres. Cette production, moins coûteuse en investissement initial est de ce fait accessible à des petits paysans et en particulier aux colons. De vastes secteurs défrichés par les Quiténiens lui sont consacrés le long de la route de Plan Piloto. L'extension des surfaces s'est stabilisée en relation avec la baisse des prix et la concurrence des Philippines et de l'Indonésie.

Les plantations de palmiers à huile en essor

En encourageant la production des oléagineux par les prêts à moyen terme, le gouvernement a, en quelque sorte, permis le démarrage des plantations de palmiers à huile (Elaïs, Guinensis) dans le secteur de Santo Domingo-Quinindé, la première expérience date de 1953, mais c'est en 1964 que s'organisent les plantations qui passent rapidement au nombre de 170 environ, leur superficie variant de plus de 4 000 hectares, quatre d'entre elles couvrent plus de 700 hectares. En 1977, la superficie plantée atteint 22 000 hectares dont 18 000 en production. Les meilleures conditions de production du palmier africain se trouvent réunies dans cette région côtière : moins de trois mois de saison sèche, 800 à 2 200 mm de précipitation et une température de plus de 18° de moyenne. Toutefois la trop grande nébulosité et la saison sèche parfois trop marquée ainsi que les pentes souvent fortes des collines affectent les rendements. Le regroupement le long des axes existants est indispensable pour l'évacuation des régimes jusqu'aux extractrices. Le transport doit être très rapide et soigné pour éviter l'acidification qui diminue la qualité de l'huile. On trouve six extractrices dans la région pour l'huile de palme et l'huile palmiste et quelques petits pressoirs. Elles appartiennent à de grands propriétaires qui achètent la production aux planteurs voisins (sauf Palmeras de los Andes). Toute l'huile extraite est ensuite envoyée dans les huileries pour être raffinée. Celles-ci au nombre de neuf, sont à Guayaquil (6), à Manta (1), à Quito (1) et Santo Domingo (1) (PAECA) sur le lieu de la production. La production nationale d'huile de toute origine était estimée à 35 000 tonnes en 1977.

On espérait exporter dès 1980. L'huile de palme représente alors 26 % de l'huile extraite dans le pays. Les efforts de planification ont porté surtout sur la concentration des plantations en refusant des crédits en dehors de la zone de Santo Domingo, mais l'importance des besoins nationaux encourage le doublement des surfaces. On prévoit de planter encore 12 000 hectares dans les six ans à venir. Les surplus de production sont destinés au marché andin qui pourra accueillir 38 000 t. en 1980 et 52 000 t. en 1990 selon les estimations.

L'encadrement, ou plutôt la domination du grand extracteur est manifeste dans tout le secteur. Il détient l'extractrice en priorité pour sa production, mais cette dernière ne pouvant suffire il fait appel à un nombre élevé de planteurs pour éviter les risques d'approvisionnement. Les capacités installées, suffisantes jusqu'en 1978, doivent doubler en qautre ans. On retrouve alors le schéma classique observé dans les autres productions : on laisse planter et on encourage même avec les crédits de l'État les plantations sur des surfaces plus étendues qu'il ne faudrait. La plantation de Palmeras de Los Andes, la plus grande, possède 2 800 ha net de palmiers à huile sur 4 000 ha de plantation (143 palmiers à l'hectare). Appartenant à une société qui a également des plantations en Colombie, elle s'est formée peu à peu sur une partie des *haciendas* de l'ancienne plantation d'Andersen, un Suédois qui en 1945-1947 avait défriché et créé de grandes bananeraies et qui exportait par la Fruit Trading Corporation, jusqu'à sa ruine (1969)[1]. Jusqu'alors, Palmeras de Los Andes complétait ses terres en achetant des lots aux anciens colons. La plantation possède une extractrice Agropalmas (7t) à Quinindé mais elle est insuffisante pour sa production estimée alors sur une moyenne de rendement de 10 à 15 tonnes d'huile par ha en 1979. Tout est vendu directement à Danec à Quito. Depuis le début, Palmeras de los Andes n'achète aucun régime de palmier à d'autres planteurs. Sa production est destinée au marché intérieur. Enfin la Compagnie emploie 70 salariés permanents qui travaillent dans l'administration de la plantation et surtout un nombre variable d'ouvriers recrutés par des *contratistas* dans les campagnes environnantes mais aussi dans tout le pays.

Les nouveaux secteurs de la colonisation du Quinindé

Le canton de Quinindé a vu passer en 12 ans sa population de 15 000 à 500 000 habitants, soit un taux de croissance de 10 % par an. Sa densité (72 h/km²) dépasse celle du canton d'Esmeraldas 21 h/km². Par rapport à la province, cette région représente 83 % des adjudications de terre entre 1964 et 1974 par l'IERAC qui, par ses légalisations, a permis de ne pas trop diviser la terre en lots et de la valoriser. Malgré tout des petits colons se sont glissés un peu partout avec 5 ha en moyenne, mais ils sont moins nombreux qu'ailleurs.

La lutte pour la terre est dure, quatre groupes s'affrontent : les Indiens

[1] Connue sous le nom de Tatiana, la propriété comprenait plusieurs haciendas regroupant près de 7 000 hectares.

Cayapaz, les Noirs, les colons venus de la Côte et de la Sierra dès les annés 1960, ceux en cours d'installation et enfin les *haciendas* et sociétés qui cherchent à étendre leur propriété ; de plus la partie nord du canton est divisée entre les intérêts des concessions et des petits colons. Comme les Noirs et les Cayapaz sur la rivière Canande qui réclament à la Plywood le droit théorique d'utiliser une frange large de 2 km le long de la rivière et ses *esteros* qu'ils utilisent déjà. Deux mouvements de colons se juxtaposent dans cette région, le premier correspond à la progression des colons du secteur de Santo Domingo à partir des coopératives organisées pour obtenir des terres de l'IERAC. Ces lots sont encore pour 40 % de la surface en forêt, le reste en plantain, café, cacao, maïs et *abaca*, le palmier à huile dans les lots les plus grands. Le niveau de mise en valeur est très variable selon l'ancienneté de l'établissement et sa situation par rapport à un moyen de circulation. Le café est en progrès partout, son essor lié à la forte demande mondiale a permis à de nombreux colons d'obtenir quelques ressources monétaires malgré les difficultés et les coûts de transport pour atteindre les agents intermédiaires (*acopiadores*) installés aux bords des pistes ou à la confluence de deux rivières. Le second mouvement c'est la descente des Serranais dans le secteur de Los Bancos qui occupe tout le versant et le piémont de la cordillère. La colonisation est plus avancée de part et d'autre de la nouvelle route reliant Quito à Quinindé, en passant par San Miguel de Los Bancos et Puerto Quito.

Tout ce qui caractérise une première étape de colonisation se retrouve ici dans les paysages comme dans la mise en valeur. La forêt est encore prépondérante sur 64 % du secteur, les pâturages sur 22 % et seulement 13% en cultures permanentes. Les 3/4 des lots sont occupés par leurs nouveaux propriétaires, mais un quart n'y réside pas encore. Tout le secteur de Los Bancos est en cours de légalisation par l'IERAC depuis 1968 dont le projet couvre 158 000 hectares situés autour des paroisses de Los Bancos, San Pedro, San Vicente, Maldonado et Puerto Quito. La pente est ici assez forte, entre 300 m à l'ouest et 1 300 m à l'est. Soixante et une coopératives sont déjà en place avec 3 483 membres occupant 160 000 hectares.

Les premières années, les colons vendent du bois aux petites scieries installées provisoirement un peu partout puis font un peu de cultures vivrières et plantent du café et un peu de cacao et, s'ils en ont les moyens, pratiquent un peu d'élevage. Peu encadrés, les colons souvent absentéistes, revendent leurs lots.

LA COLONISATION PIONNIÈRE PRÈS DE QUININDE

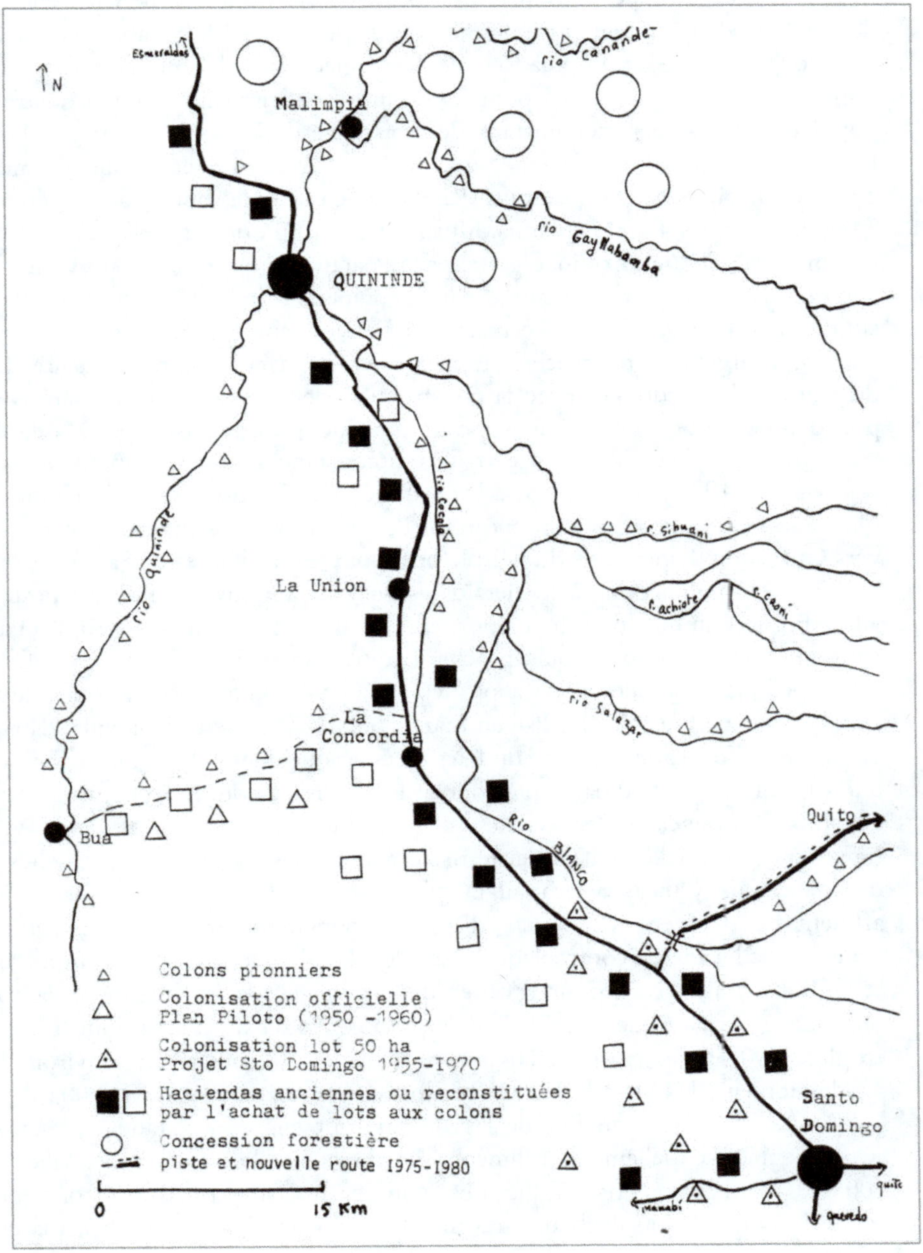

11. Un chef-lieu de rayonnement limité, Esmeraldas

La concentration de la population urbaine en une seule grande ville reflète le déséquilibre de cette région pionnière dont la densité est de 8 habitants au km^2 mais où 30 % de la population s'est réfugiée dans la capitale. En effet, Esmeraldas, seule grande cité pour tout le nord côtier a multiplié par quatre sa population en 24 ans avec un taux de croissance de 7 % par an. Avec 90 000 habitants, Esmeraldas, septième ville du pays, reste la seule ville du nord entourée de chefs-lieux de cantons demeurés de modestes bourgades (Quinindé 7 000 h, Limones 4 000 habitants, Muisne 4 000 h). Pourtant le développement urbain de la ville ne s'explique guère par ses activités. Sa fonction portuaire est encore très limitée. Très en retard dans l'équipement projeté, le port moderne situé sur la rive gauche de l'estuaire du fleuve Esmeraldas, au contact avec l'océan, a largement remplacé le transbordement effectué dans l'estuaire. Les dragages mal coordonnés avec la construction des jetées n'ont pas permis au port d'importer le matériel (tubes) pour l'oléoduc qui a dû passer par Manta. Le trafic très irrégulier reste lié à certaines circonstances : l'abaissement du tarif portuaire de 1972 à 1976 favorisa l'acheminement des bananes de la région de Quevedo vers le nord, le renouveau de l'exploitation forestière et le cabotage vers Guayaquil d'une partie du pétrole brut pour les raffineries de Santa Elena.

L'arrivée de l'oléoduc à Esmeraldas suscita un renouveau d'intérêt pour la ville choisie comme futur foyer portuaire et industriel pour le nord du Pays dans un avenir plus ou moins proche. L'implantation de la raffinerie confirma cette politique de décentralisation voulue par Quito pour contrecarrer l'importance de Guayaquil. Mise en marche en 1977, à 4 km de la ville, dans la petite vallée du Teaone séparée du Pacifique par quelques collines, la raffinerie a une capacité de 55 000 barils par jour et les industries du bois enregistrent un dynamisme nouveau. Des scieries se sont installées en amont de la ville travaillant essentiellement à la transformation des grumes en planches à destination de Quito, Guayaquil et l'étranger. Le fleuve Esmeraldas et ses affluents constituent le bassin d'approvisionnement des scieries comme d'ailleurs de l'usine de contreplaqué installée à l'entrée de la ville. Très moderne, la CODESA fut créée pour profiter des avantages de la situation à la fois proche des forêts et de l'océan dans la perspective d'exporter un jour. L'usine emploie 200 employés fixes, 60 transporteurs et 200 bûcherons environ. La production en 1974 était de 15 000 m^3 alors que la capacité est de 30 000 m^3.

Toutes les autres activités de la ville en sont encore au stade artisanal et concernent essentiellement l'alimentation liée aux besoins d'une ville de 100 000 habitants. Frigorifiques et conserveries de poissons sont peu nombreux. Les 2 500 pêcheurs travaillent pour leur subsistance et le marché urbain. La pêche industrielle se pratique surtout par bateaux venant de Guayaquil et de Manta pour les langoustes et les crevettes notamment. La ville d'Esmeraldas essaie de tirer parti de ces nouvelles ressources pour améliorer ses équipements et ses services destinés à une population en augmentation. En 1980, on espère surtout la réalisation de projets industriels comme la création d'un complexe pétrochimique et de quelques usines liées à la présence de la raffinerie du pétrole. En attendant le manque d'emploi pèse lourdement sur la cité. La ville offre un véritable kaléidoscope de population. Le commerce est entre les mains des Libanais et des Chinois. Des agents de Guayaquil représentent les grandes maisons d'export-import. Quelques étrangers sont là pour des travaux précis, les Français pour le dragage du port, les Japonais et les Coréens pour la construction de la raffinerie. Celle-ci fonctionne avec 450 personnes environ presque tous venus d'ailleurs et en majorité de Quito. Enfin, tout le tertiaire comme le secteur industriel (pétrole, bois) attirent des fonctionnaires et des techniciens de Quito.

Esmeraldas avait toujours attiré des Manabites qui se livraient aux activités de la pêche et vivaient avec la population noire locale en évitant les conflits grâce à une juxtaposition de quartiers de résidence. Mais Esmeraldas gonfle très vite ses effectifs attirés de toutes les régions côtières à la recherche d'un emploi dans cette "cité de l'avenir" comme le vantaient les journaux à propos du "miracle pétrolier". Tous ces nouveaux migrants sont loin de s'intégrer. Les revenus du Consejo Provincial et du Municipio reflètent une prospérité soudaine avec les rentrées des taxes pétrolières.

Tableau n°92

Les revenus de la ville d'Esmeraldas en milliers de sucres

	Consejo Provincial	Indice	Municipio	Indice
1969	1 813	100	6 530	100
1970	9 186	506	7 360	112
1972	11 338	626	26 306	402
1974	46 257	2 551	60 550	927

Source : OIPE 1976.

L'OCCUPATION DU SOL EN ESMERALDAS

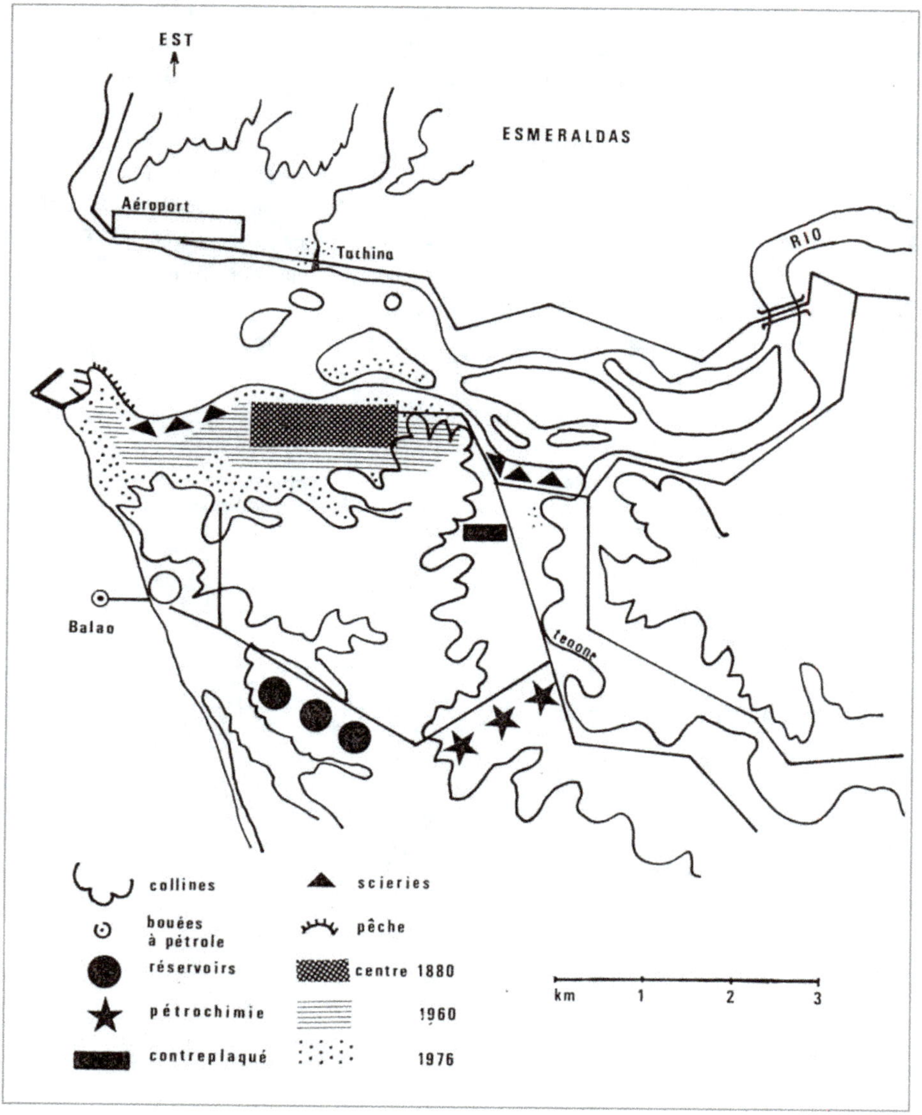

L'installation d'un foyer industriel à Esmeraldas comme pôle de développement correspond au souci de stratégie économique nationale, Quito souhaite incorporer ces forêts à l'espace utile, et si possible sous son influence. Malgré un début de planification nationale, rien n'aurait changé sans le pétrole. Mais, dans les années 1970, la ville a pu améliorer quelques équipements, le plus souvent au profit des nouveaux venus plutôt qu'à celui des gens sur place. L'absence de tradition industrielle freine considérablement les tentatives d'implantation malgré les encouragements de la Loi sur le Développement Industriel. Les problèmes sociaux particulièrement aigus découragent les efforts pour Esmeraldas réputées pour ses grèves fortes longues. Infrastructure et équipements urbains souffrent d'un grand retard pour répondre aux besoins élémentaires de la ville et encore plus d'un éventuel pôle de développement capable d'accueillir une population de cadres et techniciens. Malgré quelques immeubles administratifs et commerciaux construits en béton depuis 1972, la ville compte seulement 30 % de ses maisons en dur. L'eau potable a manqué en 1976, les pluies transforment régulièrement en bourbier l'ensemble de la cité où seules les deux rues centrales étaient cimentées en 1978. D'autre part, la ville n'a guère d'espace pour se développer et accueillir de nouveaux logements et des entreprises. L'environnement du port n'autorise même pas l'extension pour des dépôts, des silos, des chantiers de réparations navales, des pêcheries, tant la ville est enserrée par les collines. La seule ressource est de les contourner. C'est la vallée du Teaone qui abrite la raffinerie, les logements pour les ouvriers et CODESA. Elle devrait servir dans une première étape à l'extension urbaine, à condition de contrôler les inondations.

12. L'avenir de l'Esmeraldas fixé par Quito

L'impact du développement nouveau de l'Esmeraldas est encore trop récent en 1980 pour mesurer les résultats de cette planification régionale entreprise dans le nord côtier. Un souci de contrôle des exploitations forestières avec une répartition en concessions doit, si les moyens de surveillance sont réels, empêcher le pillage de la forêt. L'encadrement des colons installés le long des pistes et des rivières par l'Institut de la Réforme Agraire et de la Colonisation devrait accélérer l'occupation du sol et de la mise en valeur de vastes surfaces, mais la colonisation des terres basses ne semble pas avoir supprimé le *minifundio* car après les propriétés (lots) de 50 hectares on voit apparaître le même *minifundio* et la prolétarisation que la colonisation prétendait éliminer, 37 % de la population agricole est salariée dans le canton de Quinindé avec des revenus très bas et irréguliers. Seul le développement de l'agro-industrie peut offrir des emplois fixes. Mais c'est surtout l'achèvement des routes qui doit désenclaver la région de l'axe Esmeraldas-Santo Domingo avec les deux pistes qui partent vers le nord (La Tola) et vers le sud (Bahía) à partir de la ville mais également avec la nouvelle route qui relie Quito à Los Bancos et Quinindé et raccourcit les relations entre la capitale et son port.

Les résultats tardent cependant malgré le gonflement des effectifs dans la province entière. Le crédit offert par les banques nationales continue de favoriser le commerce et reflète bien les faiblesses locales. Il manque à l'Esmeraldas une ancienneté de mise en valeur et la présence d'une élite de planteurs et d'une bourgeoisie d'affaires capables de profiter des changements et des faveurs de Quito. Le désenclavement non seulement routier mais aussi démographique et psychologique devrait faciliter l'intégration au dynamisme côtier de ces confins forestiers. Le pouvoir d'Esmeraldas sur sa province est faible, handicapé même par le gonflement de ses effectifs. Incapable de surmonter ses difficultés urbaines, on voit mal comment la ville peut encadrer les activités nouvelles industrielles et agricoles sur un espace encore trop pionnier et mal relié dans l'ensemble à l'axe principal qui traverse la partie sud de la province. Les petits chefs-lieux de canton sont trop peu nombreux et trop sous-équipés pour n'être que de très modestes relais commerciaux souvent rattachés à d'autres villes qu'Esmeraldas ; Quinindé n'est-il pas plus proche de Santo Domingo et de Quito ? Muisne commerce uniquement avec Bahía et le Manabí septentrionnal. Quant à Limones, son isolement avec le reste de la province est aussi prononcé. Les fleuves, par leur orientation même, n'ont pas renforcé le pouvoir stratégique d'Esmeraldas qui ne draine bien que sa propre vallée le long de laquelle s'est construite une route. Tant que ne seraient pas créées les transversales indispensables, chacune des régions subira de façon indépendante cette poussée dynamique venue du sud.

La dépendance économique du Guayas continue de marquer le développement général du nord, manifeste avec l'abandon de la banane, la production commerciale est encore beaucoup trop sous la tutelle des agents de Guayaquil (exportateurs et industriels) à l'exception du bois (contreplaqué seulement). La pêche, par exemple, est liée aux armateurs et compagnies de Guayaquil qui commercialisent les captures de coquillages et crevettes. Enfin il ne semble pas que les terres du nord puissent continuer encore longtemps d'absorber le trop plein des autres provinces du pays. Le taux de population est déjà élevé. On estime que 48 % de l'espace est peuplé et que, si on enlève les concessions, 7 929 km², il resterait 258 000 hectares correspondant à 17 % de la province. Les cantons de Quinindé et d'Esmeraldas ont déjà 81 % de leur espace peuplé. Seul le nord frontalier garde alors des possibilités pour quelques années seulement. Déjà le sud connaît, non seulement le partage des lots rendant négatif le travail de l'IERAC, soucieux d'éviter le *minifundio*, mais aussi la vente de ces lots à des planteurs venus d'ailleurs. Terre pionnière, l'Esmeraldas est pour sa partie méridionale, entrée dans la deuxième phase d'intensification et d'intégration.

LA COSTA, RÉGION OCCIDENTALE DE L'ÉQUATEUR

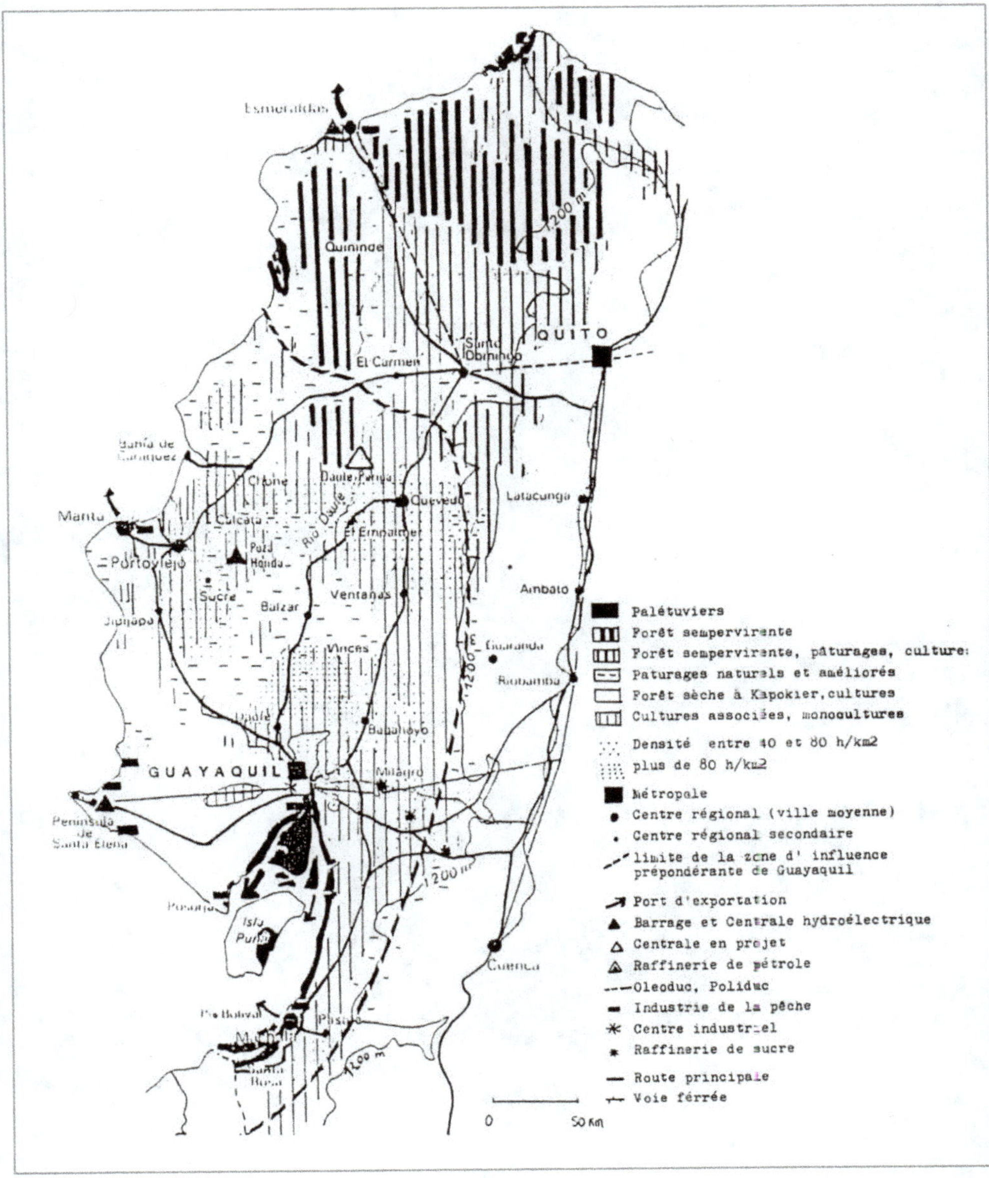

CONCLUSIONS GÉNÉRALES

DE LA CONCURRENCE RÉGIONALE À L'INTÉGRATION NATIONALE

L'onde de choc est partie de Guayaquil et a frappé différemment les régions côtières en fonction de l'éloignement et du potentiel physique et humain capable ou non de répondre à l'appel des compagnies d'exportation. Les espaces forestiers vides, chauds et humides les plus proches ont été davantage marqués que les zones plus sèches, plus peuplées et les zones forestières trop lointaines. Quelques relais – Manta, Machala – ont été mis en place au bout d'un certain nombre d'années par les Compagnies, plus pour des raisons pratiques pour les embarquements que par une décision d'organisation de l'espace de production. Ils ont bénéficié d'une certaine indépendance et ont vu s'installer à leur profit des équipements et des réseaux commerciaux axés sur la métropole portuaire. Chance qui ne peut être partagée par les villes du Guayas et de Los Ríos (Babahoyo, Milagro, Quevedo et Santo Domingo) qui demeurent de simples points de passage et de collecte primaire sans pouvoirs de décision ni même d'encadrement, face aux interventions directes de Guayaquil et de Quito. L'influence de Guayaquil apparaît encore très forte dans les années 1970, même si le commerce extérieur n'est plus le seul moteur de la production, ni le seul créateur de ressources financières du pays tout entier. Les schémas simples qui ont animé le développement côtier se diversifient maintenant au profit d'une intensification des systèmes de production et d'une multiplication soudaine des équipements. Guayaquil garde toutefois alors la prédominance et assure la propre relève de ses activités commerciales avec une industrialisation et des services qui concernent directement un million et demi d'habitants et indirectement plus de trois millions de régionaux.

L'étude des différents secteurs côtiers a mis en évidence les retards accumulés par certaines régions tant de la part du peuplement de petits colons que de celle des entrepreneurs agricoles soutenus par des compagnies. Et Guayaquil est loin d'encadrer les populations et les activités de tout l'espace côtier. Les régions littorales très vastes du nord du Manabí à Esmeraldas, des secteurs de collines forestières de Santo Domingo sur le piémont andin, échappent à l'attraction de Guayaquil. Faute d'emprise des exportateurs, le développement de l'agriculture y a été faible et, partant, la domination commerciale et financière de Guayaquil très réduite. Or les tentatives d'aménagement du territoire se sont d'abord développées dans un esprit de rééquilibrage des influences de Guayaquil et de Quito. Dans les secteurs économiques, l'administration des entreprises industrielles échappe à l'emprise de Guayaquil ainsi qu'à celle des succursales de banques quiténiennes. Géographiquement, les percées de Quito vers le littoral pacifique, du chemin de fer de Valdéz, des routes de Santo Domingo à Bahía et Manta, de l'oléoduc d'Esmeraldas, se sont accompagnées d'investissements dans le bois, la pêche, l'industrie pétrochimique et les installations portuaires. Cependant, si une incontestable rivalité économique et politique a pu présider à certaines décisions d'équipement et d'investissement sur la Côte, les effets à moyen terme et sûrement à long terme semblent dépasser cette concurrence.

Le clivage Côte-Sierra est d'un simplisme qui ne doit pas faire illusion. Un Équateur partagé selon les courbes de niveau, faisant apparaître deux grands écosystèmes, dominés par deux métropoles urbaines, s'appuyant sur deux types de sociétés, aurait abouti, sans la centralisation du pouvoir politique à Quito et l'intérêt d'expansion économique de Guayaquil, à la quasi juxtaposition de deux états où les liens fédérateurs eussent été des dominations réciproques d'administration et de grand négoce. Ces échanges ont d'abord permis de maintenir la cohésion de l'état équatorien quels que soient les aspects concurrentiels et ils ont évité à ce pays la croissance d'une métropole unique. L'encadrement de la Sierra et de l'Oriente par Quito, le développement financier et industriel de cette capitale, ont fait contrepoids au grand négoce extérieur, aux banques et aux industries de Guayaquil. Mais le rééquilibrage sectoriel et géographique du binôme Quito-Guayaquil se complète à partir des années 1970 par une amorce d'intégration nationale entre les espaces côtiers et andins. Le Nord de la Côte est relié à la Sierra comme le Sud de la Sierra l'Est à la Côte. Le décalage en latitude des métropoles permet une organisation de l'espace en diagonale, mais avant tout, l'existence de deux axes Guayaquil-Quito, l'un par Santo Domingo, l'autre par Riobamba, permet tout un échange de flux qui dépasse de loin le simple trafic ouvert par la route.

1. L'inégale utilisation de l'espace et des hommes

Le gaspillage écologique

Cette étude a fait apparaître, non seulement une inégale emprise de l'homme sur un milieu, mais surtout, depuis la fin du siècle dernier, un gaspillage de plus en plus exacerbé par l'effet combiné des brusques sautes de la demande extérieure et des nouvelles pressions démographiques naturelles ou migratoires.

Les plaines littorales marécageuses du sud, le bassin du Guayas, les collines forestières du nord et tout le piémont andin, représentent initialement un désert humain offert à la fois aux communautés indiennes surpeuplées des collines littorales du Manabí et à celles de la cordillère andine. Encore faut-il que ces migrations soient encadrées par un mouvement de colonisation agricole, lui-même supporté par un marché. La mise en valeur des régions humides a donc reposé sur un système dont les éléments étaient l'exportation, la structure latifundiaire lâche, la main-d'œuvre mobile et un espace très vaste mais au milieu hétérogène. Un tel système s'appuyant sur une exploitation ni capitalisée ni technicisée consomme l'espace. Le milieu du bassin du Guayas a offert ses bourrelets de rive pour le cacao, colonisation linéaire laissant de vastes interfluves pratiquement inoccupés. Méandres morts, marais, terrasses inondables sont abandonnés à eux-mêmes comme les terrasses hautes sont laissées à la forêt ou à un élevage entièrement extensif. Quant aux collines du haut bassin, l'éloignement du réseau fluvial navigable les a fait coloniser seulement à partir de 1940 ; leurs versants raides comme les fonds marécageux en ont rendu l'occupation discontinue. La forêt est défrichée sur de vastes superficies, notamment là où il n'y a pas de dépôts alluviaux. Par contre des savanes arborées vont être très faiblement utilisées en pâturages naturels, de qualité médiocre faute de moyens et d'un marché accessible. À peine plus de deux millions de paysans vivent sur une dizaine de millions d'hectares dont les deux tiers ont déjà été mis en culture. Or, d'après le recensement agricole de 1974 qui englobe aussi bien les pâturages que l'exploitation forestière, l'occupation ne dépasse pas trois millions d'hectares, eux-mêmes très diversement mis en valeur.

Le gaspillage des terres existe donc à plusieurs échelles, tant par les terres occupées puis rendues à la nature, plus ou moins dégradées, que par la très faible intensification des cultures et surtout des pâturages. C'est plutôt l'anarchie de la poussée d'occupation de la colonisation qui a entraîné une surconsommation d'espace. Ensuite les strates de population trahissent les arrivées d'immigrants, en fonction de telle ou telle époque. Le reflux des cultures laisse une population désemparée. La Côte équatorienne ressemble à une mosaïque de noyaux de population qui ne coïncident pas, à notre époque, avec les aires productives. La consommation d'espace en est à l'origine mais la succession des cycles de cultures en est la cause profonde dans le système guayaquilénien.

La succession trop rapide des cultures

L'impact très différent de Guayaquil, selon les régions, révèle l'inégalité de l'emprise spatiale des vagues commerciales successives de la métropole portuaire. En effet, la spéculation exige non seulement de produire le plus vite possible, mais aussi au moindre coût ; pour ce faire, de vastes superficies sont défrichées. Par exemple, pendant l'ère bananière, la forêt primaire disparut dans le secteur Quevedo-Santo Domingo remplacée par 100 000 ha de bananeraies dont une partie sera abandonnée moins de vingt ans après, au profit d'une forêt secondaire qui sera reprise par d'autres cultures, lorsque des marchés nouveaux se seront organisés.

L'AIRE D'INFLUENCE ÉCONOMIQUE DE GUAYAQUIL

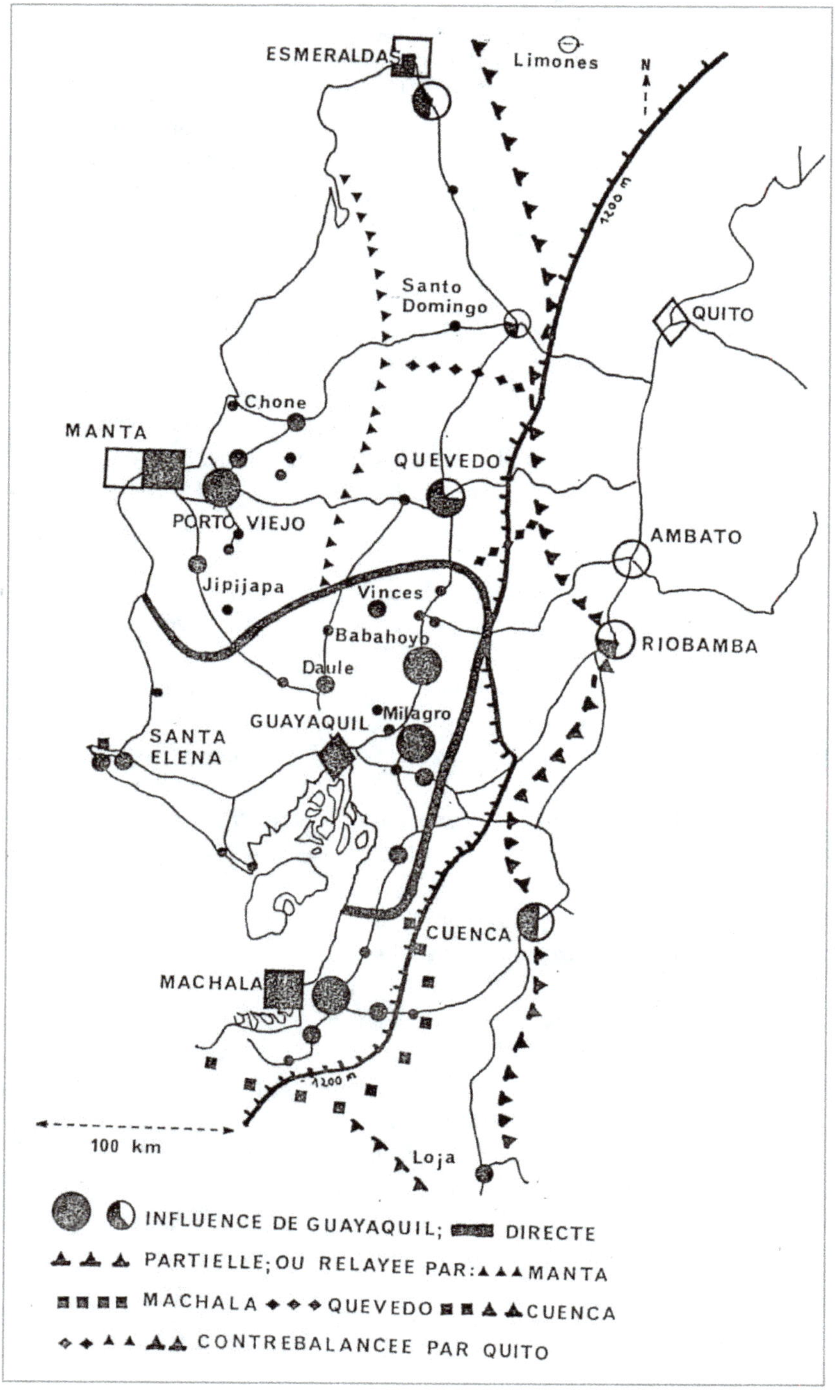

Heureusement les sols alluviaux, et notamment ceux à allophanes, sont très fertiles et maintiennent une production constante sans dégradation notable et sans nécessité d'engrais, car supporter pendant 25 ans la culture du bananier, sans apport extérieur, souligne bien la richesse exceptionnelle des sols d'origine volcanique du nord du Guayas. Cependant, lorsque l'on sème de l'arachide, du maïs ou du soja, il faut envisager un renouvellement de la fertilité et une rotation des cultures. Les coûts de production alourdis par des frais de machines et d'intrants (engrais et pesticides), ne sont plus les mêmes. La crise bananière fit éviter le pire en matière de gaspillage forestier du fait que les petits colons n'ont pu défricher tout leur lot de 50 hectares et ont maintenu, par la force des choses, des lambeaux de forêt fort utiles pour freiner l'érosion de cette zone de collines à forte pente. La succession des cultures n'est pas accessible à tous et provoque bien des découragements, des erreurs et des gaspillages. En effet, s'il a été possible pour un grand nombre de se lancer dans la banane Gros Michel, il n'en est déjà plus de même pour la reconversion en Cavendish. Le coût de préparation du terrain (nivellement), engrais, eau d'irrigation, interdisaient au petit planteur appauvri par plusieurs années de mévente de se lancer dans cette nouvelle production. Les pistes ont dû être améliorées. Dépenses très bien supportées par les planteurs du Guayas et d'El Oro qui n'ont pratiquement jamais cessé de vendre et qui ont compensé les frais de cette reconversion en vendant des terres.

Chaque tentative vers l'une ou l'autre production coûte cher à celui qui l'entreprend car les circuits commerciaux ne sont pas toujours coordonnés avec la production et la demande. Si tel produit encouragé par des prêts spéciaux des banques nationales ne trouve pas preneur au moment de la récolte, tout reste sur place. Les silos de maïs, par exemple, sont apparus très tardivement alors que le programme était lancé depuis plusieurs années. Cette disharmonie entre la planification et la production renforce les aléas et le mécontentement des meilleurs producteurs. Toutes ces incertitudes et ces changements ne peuvent qu'aboutir à un gaspillage de capitaux mal orientés, de travail et même de production ; la moitié de la production bananière pourrit sur place, est jetée à la rivière et, dans le meilleur cas, sert à l'alimentation du bétail si celui-ci est sur les lieux de production.

Les hommes de ces nouveaux pays

Le faible enracinement des hommes est le résultat de ces changements successifs. Ceux-ci, en passant de la plantation fruitière à la culture céréalière à cycle court (maïs) s'impriment forcément dans le paysage mais aussi dans le mode de vie de ceux qui demeurent moins attachés à la terre que dans les régions de vieille civilisation rurale. L'hacienda n'est plus la maison d'origine ou de naissance des familles de la Costa comme c'était le cas pour les grandes familles du cacao il y a deux générations. En général, l'hacienda est un ensemble de terres dont une partie est encore souvent boisée. La maison-hacienda n'existe pas toujours puisque la plupart des propriétaires d'importance même moyenne ne résident pas sur place. Elle sera un peu plus grande et de même style (en bois, sur pilotis) que les maisons locales. Plus meublée, plus confortable, avec l'eau courante, elle servira les fins de semaine ou lors des visites hebdomadaires du propriétaire à moins qu'un des fils ou un des membres de la famille n'y séjourne quelques années.

Ces gaspillages successifs, ces arrêts brutaux et l'incertitude du redémarrage découragèrent les colons et provoquèrent souvent les départs vers de nouvelles zones attractives plus prospères. Mais certains ouvriers salariés des *haciendas* reçurent quelques hectares donnés par les propriétaires qui ne pouvaient plus payer ni salaires ni indemnités de départ. Il leur est difficile de perdre alors cette petite propriété sur laquelle on peut faire en attendant mieux du manioc et du plantain et continuer un peu de banane. Mais, pendant ce temps, les circuits commerciaux se détournent de ces zones mal situées et peu rentables tant sur le plan quantitatif que qualitatif. Il ne reste plus qu'à survivre en autosubsistance. Les bananeraies sont laissées à leur propre sort et la végétation reprend le dessus, spectacle sinistre qui pouvait frapper toute personne circulant sur la route de Quevedo à Santo Domingo vers 1972. Les propriétaires restaient souvent seuls, les ouvriers agricoles étant partis dans des régions plus favorables ou à Guayaquil.

Si les planteurs spéculateurs et bénéficiaires de la Colonisation Agricole sont redevenus citadins à part entière, les petits colons ont été les grandes victimes puisqu'il leur fallut attendre plusieurs années pour que redémarre la zone centrale. Celle-ci s'orienta vers un système de cultures fortement mécanisé de type occidental, avec des ouvriers plus mécaniciens que manœuvres temporaires et de ce fait migrants serranais. Les crédits accordés par les banques depuis le pétrole, mais aussi les conflits sociaux liés à la réforme agraire, le changement de relations entre propriétaires et ouvriers agricoles incitèrent à investir de plus en plus dans le matériel. Alors que la banane avait au début donné sa chance à tous, petits ou grands, l'orientation se fait au détriment des plus petits. Cependant la réalité apparaît plus complexe car ce sont souvent les petites *fincas* qui supportent le mieux les à-coups et permettent le maintien d'une densité rurale. En vivant en marge du rentable, les petits planteurs de café, de ricin, de coton savent spéculer sur l'abondance des pluies en étendant au maximum leur terrain de culture lorsque l'année s'annonce normale. En diminuant les risques, la pratique de la polyculture à petits profits s'oppose à la spécialisation des grandes et moyennes plantations du Guayas et de los Ríos. Mais celles-ci n'ont-elles pas gardé quelques cacaoyères en réserve ? On a vu très souvent de jeunes cacaoyers sous les bananiers lorsque ceux-ci ont commencé à rapporter moins. On trouve également des pâturages sur les terres les moins propices. Cette présence continue du cacao rappelle que celui-ci a traversé les décennies avec des bonds en avant mais aussi des replis parfois très longs.

De tout ceci résulte une répartition des hommes extrêmement inégale sur toute la Côte. Il y a déjà de grands secteurs géographiques homogènes mais contrastés entre eux. Les collines du Manabí demeurent relativement surpeuplées par rapport à leurs possibilités et les collines forestières du nord désertes. Le bassin du Guayas est marqué par des cycles culturaux qui ont laissé chacun leurs alluvions humaines. Les anciens métayers des vieilles *haciendas* cacaoyères végètent sur place en gros villages urbanisés (Palenque, Ventanas, Baba). Au contraire, les petits planteurs indépendants comme les ouvriers des bananeraies éphémères des collines de Quevedo restent dispersés dans les hameaux et les petits villages. Les ouvriers des grandes plantations de Cavendish d'El Oro, au sud, ont été regroupés dans de nombreux gros villages qui s'apparentent plus à des petites villes (Guabo, Tenguel). Pendant ce temps, les nouvelles cultures de soja, d'arachide, de sésame ou de palmiers à huile ont attiré des ouvriers qualifiés, pour des systèmes de productions plus technifiés, qui vivent dans de véritables centres urbains (Quevedo, Santo Domingo, Milagro, Naranjal ou M.J.Calle). Et chaque cycle dépose une strate humaine qui n'est pas toujours reprise par le suivant. Or rarement un secteur de cultures commerciales abandonné est réoccupé par une paysannerie vivant en autosubsistance. Elle se regroupe en effet peu à peu sur les villes créées par les moyens colons et les commerçants qui survivent aux cycles et très généralement prospèrent à chacun d'entre eux. En fait, les seules paysanneries vivant en contact étroit avec les exploitations demeurent celles dont la campagne n'a pas changé de système de cultures au cours des années 1960-1980 : les métayers riziculteurs devenus propriétaires et les petits paysans des collines sèches du Manabí. Le reste se meut vers la ville, peut-être à contretemps des cycles nouveaux de culture qu'il aurait pu stabiliser, mais il se meut.

2. Le gonflement trop rapide des villes

L'agriculture et les villes

La croissance accélérée des effectifs urbains s'explique par de nombreux facteurs économiques et sociologiques, en particulier cette instabilité provoquée par la succession des cultures qui suscite la mobilité des colons de région en région pour finir le plus souvent en ville. On met parfois en rapport croissance urbaine et recul du dynamisme des exportations par repli de la paysannerie sans débouché. Mais l'attraction citadine est aussi forte dans les périodes de fièvre colonisatrice. Les activités urbaines attirent les campagnards qui trouvent en ville, en plus de l'encadrement commercial, l'administration et les services techniques. Les grands et moyens propriétaires résident en ville et gagnent chaque jour les *haciendas* souvent très distantes les unes des autres.

Dans les magasins, le propriétaire peut acheter les semences, les engrais, faire réparer son matériel, s'entretenir avec un technicien, obtenir le coupon d'exportation ou louer un camion. Les villages sont peu nombreux et sous-équipés : les familles ne peuvent y scolariser complètement leurs enfants. L'ensemble des services offerts aux planteurs se trouve donc rassemblé en une ville souvent unique pour chaque région, ce qui lui confère aussitôt un certain rôle local, voire même régional.

Le contrecoup de cette croissance démographique et économique apparaît dans l'extension démesurée de l'habitat spontané qui abrite des milliers de ruraux attirés par un éventuel emploi et aussi l'espoir de profiter des équipements scolaires et sanitaires. D'où ce gonflement rapide autour d'un noyau urbain qui ne vit que pour la production commerciale. Or, avec les années, il devient lourd à encadrer. Le centre urbain bénéficie seul des améliorations d'équipement en eau potable, égouts et rues cimentées et lui seul possède quelques maisons à étages. Tout autour s'agglomèrent des maisons urbaines en bois avec quelques parties en dur, enfin à la périphérie des maisons de bambous sur pilotis très proches de l'habitat des campagnes, mais sans leur environnement d'arbres et de jardins ; plus loin encore sur les plus mauvais terrains (pente et inondation) se sont installés les derniers venus dans des maisons très précaires. Pour tous, c'est la recherche du travail : les journaliers dans les *haciendas* ou les petits métiers marginaux attendant un emploi fixe dans le commerce ou la petite fabrique artisanale. Guayaquil, comme les autres villes, et dans une proportion plus grande, accueille chaque année des dizaines de milliers de personnes qui font reculer la mangrove entourant la ville pour s'y installer à jamais. Guayaquil prolifère à un rythme impossible à contrôler ; presque la moitié de sa population vit en habitat spontané et Guayaquil devrait consacrer une part considérable de son budget à l'amélioration des équipements élémentaires de ces quartiers précaires. Tous les efforts industriels, c'est-à-dire de création d'emploi, se feront aussi en priorité à Guayaquil pour répondre au chômage croissant dans cette ville. Les futures implantations seront donc perdues pour les autres villes de la Côte.

Dans les décennies 1970-1980 les migrations et la croissance démographique ont fait jaillir de petites villes dispersées sur toute la Côte. Le principal facteur du démarrage urbain, en l'absence de création d'emplois industriels, demeure avant tout la situation sur la route. Aussi la plupart des petits centres urbains se sont créés spontanément à la croisée des pistes et des routes, près d'un pont, parfois même sur une limite provinciale. Un groupe de maisons à un carrefour se transforme en moins de dix ans parfois en un petit centre urbain de 5 000 habitants, si les terres environnantes sont fertiles et si la distance avec les autres bourgades est suffisante pour être un relais routier puis commercial. Tel est le cas d'El Empalme (Velasco Ibarra), étape routière sur l'axe Guayaquil-Quevedo au départ de la route du Manabí. La densité de population du tissu rural joue un rôle certain, notamment dans le Manabí ou dans El Oro, où plusieurs centres urbains sont très proches les uns des autres. La politique de redistribution ou de création d'entreprises dans les centres urbains secondaires pour offrir de nouveaux emplois industriels hors de la métropole est encore trop nouvelle pour laisser des résultats si des efforts sont réels. Ils se font surtout au profit des villes portuaires telles Manta. Il n'en demeure pas moins que des villes abritent alors 70 000 habitants comme Quevedo sans accueillir la moindre industrie ou comme Milagro pourtant liée à l'agro-industrie environnante des grandes plantations de canne, de riz et de cacao. On ne trouve que des ateliers de réparation de véhicules et de machines agricoles, des moulins et des entrepôts ainsi que les inévitables usines à embouteiller les sodas. La plupart des villes de la Côte conservent donc leur rôle de foyer d'accueil de services et de commerces pour les campagnes sans offrir d'autres possibilités. L'absence de transformation des produits de l'agriculture et de l'élevage reste liée à la forte concentration de la collecte de la production vers Guayaquil. Or cette centralisation offre encore trop d'avantages pour qu'une politique de décentralisation puisse être imposée.

Des villes moyennes étroitement liées au commerce

Les villes les plus dynamiques et les plus diversifiées dans leurs activités correspondent encore aux ports qui ont su associer au simple regroupement de ruraux déracinés les fonctions du commerce de détail et depuis 1970 celles d'une première transformation. C'est le cas de Manta surtout et bientôt de Machala. Esmeraldas et la Libertad ont, de leur côté, ajouté au pétrole l'industrie du bois pour la première et de la pêche pour la seconde.

Un autre type s'impose avec les grosses bourgades agricoles devenues relais commerciaux et administratifs dans des campagnes denses et actives. Ces villes comme Babahoyo qui en est le type le plus achevé, Milagro, Pasaje, Portoviejo offrent les services techniques indispensables à l'essor agricole, tracteurs, pompes, engrais, insecticides et stations-services. Quevedo et Santo Domingo, villes pionnières très animées, ont évolué très rapidement pour apporter les mêmes services à leurs zones de plantations. Toutes offrent un faible encadrement administratif public, mais accueillent tous les techniciens des programmes nationaux, les agents des Compagnies, les représentants de matériel, etc. Les succursales de banque occupent aussi une place décisive avec l'essor du crédit. Toutefois la faiblesse du pouvoir de décision est telle que le recours à Guayaquil est systématiquement obligatoire.

HIÉRARCHIE URBAINE SUR LA CÔTE

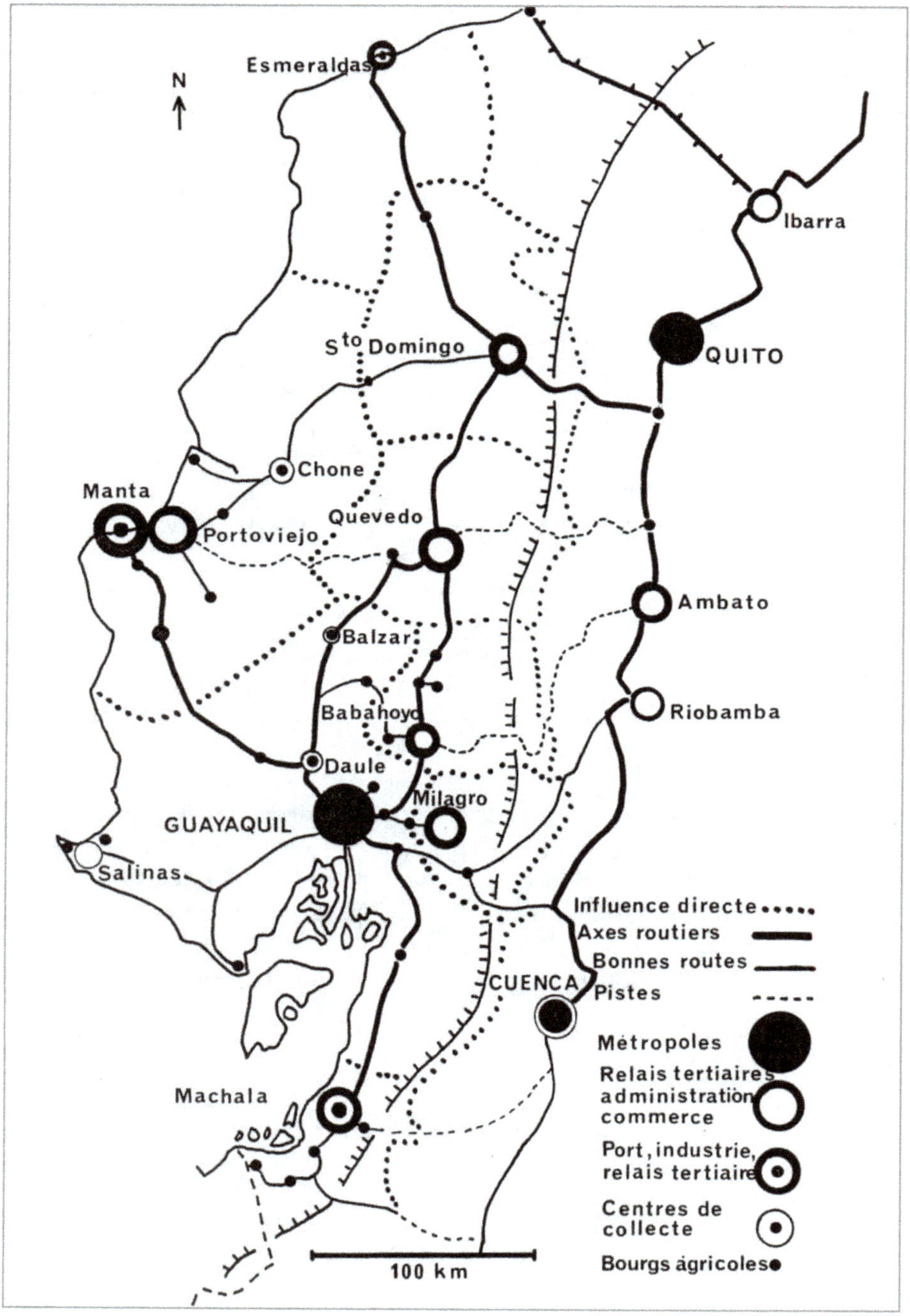

Les techniciens, fonctionnaires et commerçants constituent une bourgeoisie moyenne d'entrepreneurs mal fixés pour un grand nombre. Mais ces villes abritent aussi dans leurs quartiers périphériques une population déracinée de la campagne. Ils constituent une réserve de main-d'œuvre pour les plantations tout en espérant acquérir tôt ou tard un emploi de type urbain. À côté de ces foyers animés, on trouve de petits centres dispersés à travers les campagnes de mise en valeur ancienne. Bourgades agricoles qui constituent autant de centres de regroupement des productions locales. Ceux trop proches d'une ville ont du mal à offrir des services autres qu'élémentaires. Les vieux bourgs du cœur du Guayas, Puebloviejo, Catarama, Balzar, Santa Rosa, Jipijapa et même Daule bénéficient beaucoup plus d'une croissance de leurs effectifs par le fait du repli général des campagnes vers les villes que par l'attraction des services et la création d'emplois. Enfin, certaines petites villes du cacao, brusquement mises à l'écart parce qu'elles ne sont pas desservies par un grand axe routier, demeurent à l'écart de la croissance (Baba, Palenque et Vinces). Tout autre est la situation des nouveaux petits centres jaillis sur les routes pour offrir les premiers services commerciaux (El Truncal, El Empalme, Naranjal, El Triunfo). Les confins forestiers du nord faiblement urbanisés vont voir surgir de nouvelles villes à partir des bourgs pionniers mis en place progressivement par les colons et les commerçants (Quinindé).

Un encadrement des campagnes très faible

L'encadrement de l'arrière-pays agricole reste donc très déséquilibré. Les entrepreneurs de gros travaux, les collecteurs, de produits, les transporteurs, les réparateurs, les fournisseurs d'intrants agissent directement sur la production des petits et moyens exploitants à l'encontre des grandes plantations qui les courcircuitent. Leur pouvoir d'incitation à produire et leur capacité de maintenance du matériel sont, depuis les années 1970, suffisants pour permettre aux moyens paysans de suivre l'évolution du marché, avec un retard limité à deux ou trois ans sur les grands producteurs. En revanche, les banques, sans évoquer ici les compagnies d'assurance quasiment inexistantes, n'atteignent à travers leur succursale que les cadres, ingénieurs et commerçants. Les grandes entreprises sont liées directement à Guayaquil ou Quito et les petites ne sont pas concernées par le crédit. Le créneau des succursales bancaires reste celui des dépôts et les mouvements de fonds dans un pays où le chèque n'est utilisable que par une agence bancaire. Quant aux services publics, ils demeurent dans un pays très centralisé extrêmement faibles. L'encadrement administratif se limite à la transmission de dossiers que l'on a du reste intérêt à porter soi-même à Guayaquil et à Quito. Car, au contraire de la faiblesse administrative, lois et règlements d'application sont innombrables tant la législation est prolifique. Autorisations, taxes et règles douanières constituent un maquis impénétrable pour des petites entreprises qui doivent passer par des intermédiaires spécialisés, courtiers et agents douaniers qui se rendent à la capitale ou au port. Le rôle de l'Éducation publique comme du cadre médical demeure circonscrit à la population urbaine. Pour l'enseignement secondaire, il n'y a pas d'internat et si les hôpitaux accueillent évidemment les ruraux, l'absence totale de médecins de campagne comme la faiblesse des revenus y limitent pratiquement aux graves accidents l'arrivée d'un petit paysan. En fait, les salariés des très grosses entreprises sont beaucoup mieux encadrés de ce point de vue au sein même de l'exploitation et l'intervention massive du service de santé ne se produira que lors d'une épidémie, quand la nation, voire une partie du continent, est en jeu et non plus la région. Au total, comme il aura été vu tout au long de l'analyse régionale, les villes ont bien vu leur croissance liée à l'essor de la production agricole et à ses conséquences sur une population rurale devenue mouvante. Mais ces petits centres urbains ont suivi les mutations agricoles sans réellement les provoquer. Ce sont des relais commerciaux et techniques qui cristallisent, çà et là, une maintenance aux opérations agricoles déclenchées par Guayaquil et Quito. Et leur encadrement sur les campagnes voisines demeure extrêmement réduit.

3. Les changements de la société rurale et urbaine

Les groupes sociaux culturels consolidés

L'histoire économique de la Côte présente de grandes transformations dans la composition, le nombre et la localisation du peuplement. Dès le départ, c'est une mosaïque de peuples répartis en fonction de leur possibilité d'adaptation aux milieux et de leurs techniques. Les Indiens du littoral sont les plus nombreux et les plus actifs. Ils forment toute la population du Manabí et de la péninsule de Santa Elena, les rives à mangroves de Guayas et d'El Oro. Leur pénétration vers l'intérieur est plus forte dans le Manabí où ils pratiquent l'agriculture, dans les vallées et les pentes les moins raides, associée à la pêche voisine. Ils constituent actuellement un groupe culturellement métissé au point de ne parler que l'espagnol. Les forêts du nord du Guayas servaient de refuge à des populations indiennes vivant de la forêt qui, contrairement aux Indiens du littoral, avaient très peu de contact avec les Blancs. Parmi eux, seuls les Colorados près de Santo Domingo et les Cayapaz sur le fleuve Santiago en Esmeraldas ont réussi à maintenir leur unité, surtout les seconds malgré la colonisation agricole. Les Indiens de la Sierra n'avaient pas attendu la mise en valeur du Guayas pour descendre sur les pentes, aux débouchés des vallées qui traversent le court piémont et pour tirer parti des terres tropicales en complétant leur agriculture tempérée. La colonisation avait fixé des Espagnols uniquement dans les bassins serranais et dans quelques rares points de la Côte, à Guayaquil et à Babahoyo, sur le chemin de la capitale ainsi qu'à Puertoviejo dans le Manabí.

Quelques esclaves africains avaient été amenés aux XVIIe et XVIIIe siècles pour pallier le manque de main-d'œuvre, conséquence du déclin démographique des populations indiennes, et mettre en valeur les terres humides du Guayas très malariennes et consommatrices d'hommes. Mais ils sont venus en très petit nombre, se regroupant très vite à Guayaquil près du port. Seul un groupe venu de Colombie réussit à s'implanter dans l'Esmeraldas en nombre suffisant pour être aujourd'hui majoritaire régionalement au contraire de celui du Guayas qui représente une minorité infime. C'est dans cet ensemble très hétérogène qu'intervient la demande extérieure du cacao qui va provoquer la première étape des modifications humaines et économiques. Les cacaoyères du Guayas et de quelques autres secteurs favorables vont attirer les Indiens des zones périphériques et les amener à occuper cette zone vide. Les Blancs de Guayaquil et quelques étrangers quittent le port pour gagner les terres malsaines du centre de la Côte où poussent les arbres de "*la pepa de oro*" qui leur assure une fortune telle qu'ils continueront à coloniser et à susciter la venue d'Indiens attirés par un salaire et par la liberté pour les Serranais. Ce premier mouvement de rencontre d'Indiens de l'est et de l'ouest des zones arides et de l'altitude amorce un métissage renforcé par des apports Blancs et Noirs qui aboutira à former le "*montuvio*" habile et capable de s'adapter aux changements économiques pour avoir su changer de milieu et de vie sociale.

La Côte, en 1940, approche du million d'habitants. La division en *fincas* de petits agriculteurs indépendants du Manabí et du piémont andin et en plantations travaillées par des salariés va évoluer encore plus vite avec le grand boom bananier. Cette fois ce n'est plus en un siècle mais en moins de vingt ans que s'opère la grande révolution côtière, à la fois démographique (plus de quatre millions d'habitants au début des années 1980) et économique avec la mise en valeur des trois quarts de la Côte. Les migrations amorcées pendant le cacao vont se multiplier et s'accélérer avec le boom bananier qui attire d'autant plus qu'il est accessible à un grand nombre. L'intensité des défrichements et de la demande bananière attire les Indiens de toutes parts vers les nouvelles zones de production, c'est-à-dire les forêts vides du nord du Bassin du Guayas. Les Colorados doivent composer avec ces nouveaux venus et se mettent à la production bananière tout en perdant une grande partie de leur territoire. Les petits colons indiens de la Côte et de la Sierra accompagnent le mouvement pionnier de la grande vague menée par les propriétaires blancs de Guayaquil renforcée par quelques Chinois et Libanais et par les propriétaires indiens et blancs de la Sierra. C'est donc une société cosmopolite qui assure la grande colonisation du nord du Guayas. Guayaquil est à l'image de ce melting pot comme le seront les nouveaux foyers de Santo Domingo et Quevedo. En 1950, la société côtière est donc très différente de celle de 1920, dominée par quelques grandes familles blanches de Guayaquil. Le repli des plantations de banane du nord a contraint au déplacement les colons vers d'autres secteurs ou leur a fait gagner les villes. Il en est résulté un brassage très important.

Toutefois, le boom bananier a permis à un grand nombre de petits colons de devenir propriétaires et à d'autres de monter dans la hiérarchie sociale en se lançant dans les affaires. Une véritable classe moyenne a donc pu démarrer sur la Côte, formée de tous ceux qui ont su s'adapter aux changements économiques.

Les nouveaux **"montuvios"**

La situation des Costeños est, au début des années 1980, plus complexe en fonction de l'impact des transformations sur l'habitat des régions rurales. On peut les diviser en petits propriétaires ou occupants de fait, en minifundistes ou précaristes et en travailleurs agricoles sans terre, salariés ou temporaires. Les premiers sont les plus nombreux et dans certains cas deviennent les employeurs des autres. En fonction de leur adaptation au marché plus qu'à la superficie dont ils disposent, ces petits propriétaires dépendent essentiellement du choix de leur production commerciale ou vivrière. Ce sont eux qui réussissent à traverser les crises en maintenant toujours une part de production vivrière sur leur hacienda.

Leur niveau de vie est très variable selon les régions et les périodes. Parmi eux se situent les colons implantés par la réforme agraire et la colonisation comme, par exemple, ceux de Santo Domingo. Ce sont eux qui constituent l'essentiel des mouvements pionniers vers le nord en occupant des terres qu'ils feront reconnaître par la suite. Les minifundistes se retrouvent un peu partout sur la Côte mais ils sont plus nombreux dans les secteurs de mise en valeur ancienne où la terre a dû être partagée plusieurs fois entre les membres de la famille. Ils sont souvent, eux aussi, les victimes de la sécheresse qui frappe leur récolte, déjà insuffisante, en période normale. Les précaristes suivant le décret 1001 de la Réforme Agraire comprennent aussi ceux qui travaillent la terre sur contrat oral ou écrit de métayage. Les locations de terre sont très différentes de celles de la Sierra. Sur la Côte, il s'agit dans l'ensemble de système de mise en route de plantation. Pendant quelques années, le paysan (*sembrador* ou *finquero*) reçoit une terre à défricher et à planter sur laquelle il pourra faire des cultures vivrières pour son propre compte avant de remettre au propriétaire la plantation en état de production. Souvent trois ou quatre ans après pour la cacao ou le café, mais bien avant pour les bananes. L'instabilité est leur sort comme d'ailleurs celui des riziculteurs du Guayas qui, en échange de lopins·de terre, font du riz qu'ils partagent, quels que soient les risques (sécheresse-inondation), avec le propriétaire selon un accord oral. Une fois la récolte obtenue il faut partir. C'est pourtant ce type de contrat archaïque et incontrôlé qui a attiré sur la Côte un grand nombre d'Indiens serranais qui venaient le temps d'une récolte de riz avant de repartir travailler dans leurs communautés.

Ces minifundistes servent de main-d'œuvre de réserve pour les plantations qui les emploieront comme salariés temporaires. Mais en temps de récession, ce travail complémentaire manque. Or, il ne s'agit le plus souvent pas de cas isolés mais de zones entières minifundistes comme dans le Manabí ou le Daule. La situation est la même pour ceux répartis entre les moyennes et grandes plantations du bassin du Guayas. Les travailleurs agricoles des plantations sont salariés et disposent en général de conditions de vie bien meilleures que les petits propriétaires insuffisamment dotés ou les métayers. Ils sont plus nombreux dans les zones d'*haciendas* anciennes et habitent sur les terres mêmes de l'hacienda ou dans les hameaux voisins. Ils ont des lopins de terre pour leurs cultures vivrières. En plus de la "protection paternaliste" du propriétaire, ils disposent d'électricité, d'une école, d'un dispensaire, de bus et de camions qui relient la plantation au bourg voisin. Ils reçoivent un treizième, voire un quatorzième mois de salaire chaque année et une indemnité de départ qui peut être une parcelle de terre. Quelques producteurs de banane pendant la crise, ne pouvant plus payer les salaires, ont vendu des terres pour financer la conversion en Cavendish ou autre production et ont donné des lots à leurs ouvriers. Chaque changement amène aujourd'hui une réduction de personnel. Les travailleurs, de plus en plus syndiqués et politisés, surtout dans le Guayas et Los Ríos, connaissent tout l'intérêt de la Réforme Agraire et des expropriations des *haciendas*. Les "invasions" ont accéléré le processus de Réforme Agraire.

En attendant, les propriétaires opèrent leur conversion, ils remplacent leurs travailleurs par des tracteurs et des machines et font appel de plus en plus à des salariés engagés pour un temps limité par des *contratistas*.

Le prolétariat urbain

La mobilité générale facilite la formation et l'importance du prolétariat urbain. Il reflète la soudaineté de l'urbanisation traduite par la venue en ville d'éléments de toutes catégories sociales et de toutes origines géographiques. Métis et Indiens viennent souvent directement de la campagne à la ville sans passer par des étapes urbaines comme c'est le cas dans les phases d'urbanisation lente. Outre la sécheresse qui favorise le départ immédiat, on trouve en ville tous ceux qui ne peuvent rester dans un milieu incapable d'assurer leur subsistance. À ces paysans du Manabí et de la Sierra s'ajoutent les travailleurs chassés par une crise de mévente et par la mécanisation et les petits colons qui ont échoué. Tous viennent à la recherche d'un emploi en sachant qu'il faudra attendre plusieurs mois avant de le trouver. Mais on vient aussi pour bénéficier des équipements scolaires et sanitaires qui font défaut dans les campagnes. Les villes représentent pour tous la rupture de l'isolement individuel, la possibilité pour un très petit nombre de réussir, mieux que si l'on était resté au village ou dans la forêt. Avec le développement industriel implanté exclusivement en ville et fort concentré à Guayaquil, le pouvoir d'attraction s'est augmenté de cette possibilité d'un emploi ouvrier fixe et stable. Ainsi toute une population (de plus en plus importante) d'ouvriers, d'artisans, de petits commerçants, de camionneurs s'ajoute aux chômeurs à la recherche de ces petits emplois temporaires qui peuvent permettre à ce prolétariat urbain de se fixer, en particulier à Guayaquil. Ce groupe est informel, très divisé et sans grande solidarité. Les syndicats sont faibles mais il est vrai qu'ils peuvent rapidement devenir une véritable force de pression capable d'entraîner les ouvriers à emploi fixe et les autres dans un même mouvement. Les *suburbios* de Guayaquil enserrent dangereusement le centre des affaires et les quartiers résidentiels. La ville doit les absorber, les intégrer le plus vite possible. L'attente d'une amélioration par un emploi fixe est d'autant plus difficile qu'ici les conditions de vie sont rendues extrêmement mauvaises par l'insalubrité du milieu : une mangrove défrichée et balayée par la marée, sans aucune possibilité de maintenir, comme dans beaucoup de villes des tropiques, un petit jardin vivrier.

L'apparition de la classe moyenne

Le nombre et l'action des représentants de la classe moyenne sur la Côte montrent bien le dynamisme de cette région. Leur présence dans le monde rural et urbain est un des traits les plus originaux de l'espace côtier par rapport aux autres pays tropicaux. Elle est née de la possibilité de participer aux différents cycles commerciaux. Le boom bananier accessible à tous, ruraux et citadins, a enrichi un grand nombre d'entre eux, facilitant leur ascension sociale. L'accession à la terre était relativement aisée par la colonisation en lots de 50 ha ou par la simple occupation de terres forestières. Militaires, commerçants, fonctionnaires, artisans n'utilisèrent pas, le cadre de l'hacienda traditionnelle mais ces lots vendus ou reconnus par l'État et portèrent tous leurs efforts sur une seule plante spéculative. Au moment des crises, seuls les vrais planteurs restèrent pour tenter une autre spéculation ou passer à une véritable exploitation agricole et pastorale. Si les abandons ont été douloureux pour les petits colons qui n'ont pas su se retirer à temps et pour tous ceux qui n'avaient pas d'autres métiers il est certain que, pour une grande partie des citadins qui ont profité pendant quelques années de cette spéculation, il est resté une amélioration qui se traduit dans les affaires commerciales et artisanales des petites villes créées à l'époque et à Guayaquil même. Les liens avec la campagne sont toujours très forts. Une partie de cette classe moyenne urbaine se compose d'étrangers, que ce soit à Guayaquil ou dans les villes de la Côte. Des émigrants européens, du Moyen-Orient ou chinois ont joué un rôle d'innovateurs parmi les nationaux. Ils ont les premiers, comblé le vide qui existait partout entre les élites et les paysans petits propriétaires ou travailleurs des villages et des campagnes. Arrivés sans bagage, ils se sont lancés dans l'artisanat et le commerce. Ils réussirent à accaparer certaines activités comme la vente du textile, l'hôtellerie et la restauration. Dans les petites villes, ils tiennent la plupart des commerces. La classe moyenne urbaine est également liée aux entreprises créées par les élites guayaquiléniennes. Les affaires industrielles et commerciales s'appuient sur des techniciens, des employés, des ingénieurs, des comptables de plus en plus nombreux qui ne peuvent se trouver qu'en ville en raison du développement scolaire et de l'université. Le secteur public assure enfin une base également vaste et mieux répartie que celle de la classe moyenne. L'armée, l'administration et l'éducation fixent des techniciens, des enseignants, des employés et des cadres dans toutes les villes. La dépendance du secteur public est beaucoup moins grande à Guayaquil qu'à Quito où le secteur privé est moins fort qu'à Guayaquil. Les "*professionales*" sont à la jonction des deux.

Cette classe moyenne de plus en plus importante capte l'attention et les efforts d'équipement du gouvernement au détriment des classes moins aisées et surtout des ruraux. Elle représente une force de pression réelle en raison de sa diversité, c'est une catégorie sociale capable de se défendre face à la hiérarchie et au pouvoir. C'est enfin une classe de consommateurs sur laquelle repose une partie des affaires commerciales et industrielles. On observe très nettement la tendance à profiter de cet acquis pour copier les habitudes de consommation des élites, elles-mêmes calquant leur mode de vie sur les Occidentaux. Chaque période de progrès économique s'accompagne du renforcement de cette classe moyenne mais son pouvoir reste modeste tant les élites locales et étrangères contrôlent la plupart des activités importantes du pays. L'insécurité de l'emploi demeure présente dans un système paralysé par des structures bureaucratiques, par une dépendance de l'étranger pour la majorité des affaires dynamiques et par l'instabilité des politiques nationales.

Le maintien et l'évolution des élites traditionnelles

Moteur de la transformation économique et sociale de la Côte la bourgeoisie commerçante, héritière des grandes familles du cacao, joue encore un rôle prépondérant. Le temps des somptuosités à Paris ou à Londres n'est plus qu'un souvenir de la Belle Époque. Pour tous, la crise de 1920 détermina un choix entre l'abandon ou la restauration de la plantation. Les difficultés économiques des décennies suivantes entretinrent l'esprit de lutte de cette élite qui, pour survivre, doit sans cesse s'adapter, se tourner vers d'autres activités pour éviter la dépendance d'une mono-exportation ou quitter l'agriculture parfois pour des affaires urbaines (Banques, Assurances, Immobilier), un très petit nombre s'orientant vers l'industrie. Cette élite est devenue aujourd'hui un groupe social plus diversifié dans ses activités. Les exportateurs ne sont plus les seuls à dominer l'économie côtière avec l'aide de la Banque et des Assurances, ils doivent compter sur les industriels. Les vieilles familles se sont souvent alliées avec des entrepreneurs jaillis de la base ou venus de l'étranger.

La base initiale, c'est-à-dire la production et l'exportation du cacao, puis de la banane, demeure présente, mais elle dépend de plus en plus des secteurs secondaires et tertiaires nettement plus dynamiques. Formée aux changements et aux risques, l'élite foncière, pour maintenir son niveau de vie, a modifié ses sources de revenu en les détachant de la terre continuellement en proie à des crises de mévente et à partir de 1964 à l'échéance plus ou moins longue de la réforme agraire. Trois temps distincts dans l'action des élites guayaquiléniennes: premièrement, l'association de la production à l'exportation et l'importation, deuxièmement, du commerce d'exportation à l'immobilier, à la banque et aux assurances, troisièmement, de ces dernières activités à l'industrialisation. Pour cette dernière, le démarrage a été très lent en raison des choix précédents en faveur des investissements à court terme et de l'absence d'encouragement de la politique industrielle mais sa progression est devenue ensuite très rapide car les conditions ont été nettement meilleures depuis 1970. On peut diviser aussi l'élite de Guayaquil en quatre groupes :

1. les exportateurs et les importateurs liés au commerce international ;
2. les banquiers et financiers liés aux activités nationales et au commerce extérieur ;
3. les grands entrepreneurs des secteurs industriels, transports, services et immobilier ;
4. les professions libérales avec les avocats surtout.

Pour l'élite quiténienne, les troisième et quatrième groupes dominent, suivis d'un cinquième représenté par les militaires. Les propriétaires fonciers ont sur la Côte, comme sur la Sierra, perdu de leur importance sauf pour ceux qui se sont lancés dans les affaires et l'administration. L'évolution des activités des membres des grandes familles montre bien le maintien des liens entre les affaires et la base terrienne grâce à la pyramide familiale qui se complique d'associations étroites avec les cousins et alliés. Effectivement, au bout de deux ou trois générations se constituent des noyaux très solides orientés vers tous les secteurs clefs de l'économie. Aujourd'hui, malgré une forte concurrence due à l'élargissement de la société, les groupes familiaux se maintiennent et enrichissent leur cercle de clients, d'amis et associés dans des secteurs économiques et géographiques variés qui continuent cette stratégie initiale. Cette solidarité permet la dispersion indispensable à la sécurité économique et sociale du noyau familial. Avec le temps les groupes familiaux se sont imbriqués entre eux sans pour autant fermer leur porte aux étrangers. En cela, Guayaquil maintient sa tradition d'accueil aux personnes et sociétés étrangères déjà présente par toutes les filiales commerciales liées aux activités portuaires. Les capitaux étrangers se servent donc de ces bases accueillantes. Planteurs, commerçants et industriels y trouvent leur intérêt et chargent les "*professionales*" avocats de leur famille de défendre leurs positions auprès de l'administration centrale quiténienne avec qui on entretient toujours de bonnes relations entre membres d'une même classe. Les mariages entre Quiténiens et Guayaquiléniens restent cependant peu fréquents. L'étude des affaires met en évidence l'indépendance apparente des sociétés entre elles car les liens familiaux des actionnaires ne sont pas toujours aisés à saisir après deux générations sans retracer les arbres généalogiques. Au niveau même de la propriété terrienne la dispersion entre cinq ou six *haciendas* de taille moyenne ne facilite pas la tâche.

Les entreprises nationales et les sociétés anonymes ont, dans leur majorité, conservé un caractère familial. G. Navarro, en 1970, a même regroupé les principaux groupes familiaux en super groupes. L'origine des membres et la localisation des sociétés montrent bien le départ souvent guayaquilénien et la dispersion des affaires dans les provinces voisines avec même des localisations andines et quiténiennes. En général, les entreprises ont d'abord des succursales dans le chef-lieu avant d'en ouvrir dans les provinces voisines. De toutes les sociétés installées sur la Côte, ce sont celles de Guayaquil qui sont les plus nombreuses et les plus puissantes. Quelques groupes familiaux sont restés homogènes tandis que d'autres sont associés à des étrangers. À partir d'une certaine spécialisation à l'origine, la plupart des sociétés se sont diversifiées et, de ce fait, se dispersent également géographiquement même si l'intégration horizontale ou verticale n'est guère poussée. Une étude des propriétés des sociétés montre que, déjà en 1971, 4 000 personnes participent à environ 70 % des investissements. La forte concentration des revenus dans un petit nombre de mains a des conséquences graves sur le développement lorsque celui-ci est orienté pendant plus d'un siècle essentiellement vers des investissements à court terme. En effet, si on peut attribuer à cette élite un rôle constructif dans la mise en valeur de l'espace côtier, il faut lui reconnaître aussi des aspects négatifs (retards dans la course au profit, provoquant gaspillage et inégalités nombreuses au niveau des hommes, des villages et des régions). Le développement très rapide du secteur pétrolier bouleversa l'économie équatorienne qui jusqu'alors était intégrée au marché mondial par l'exportation des produits tropicaux

Ce changement de spécialisation de l'économie eut deux conséquences principales : d'une part, il transforma l'organisation sociale en affaiblissant les propriétaires fonciers et la bourgeoisie commerciale (agro-exportation), d'autre part, il renforça le secteur industriel intégré au marché andin qui lui offrait des bases élargies de reproduction du capital. C'est dans cette phase de renforcement de la bourgeoisie industrielle et de crise de l'hégémonie politique traditionnelle des classes dominantes, que se produisirent le coup d'État et l'instauration de la dictature militaire en février 1972.

4. Les efforts récents de la planification

La planification nationale

L'instabilité de la demande extérieure, les oscillations des prix et l'absence d'interventions internes ont pesé lourdement sur les tentatives de planification tant au niveau national que régional. À la fin du XXe siècle, les habitants de la Côte maintiennent leurs habitudes d'utiliser extensivement les superficies, puis d'améliorer les rendements lorsque la terre manque ou lorsque le marché extérieur réclame une meilleure qualité. Les bénéfices réalisés servent à étendre la production, à moderniser le mode de production, le reste est investi depuis le début dans l'immobilier, les compagnies d'assurance, les voyages, lorsque la crise arrive, on resserre tout superficie, investissements, travaux et on attend, parfois plusieurs années. Lorsque le coût de production devient supérieur aux revenus, on abandonne. Cette attente est encouragée par des sursauts de vente qui retardent l'abandon et la reconversion. Cette dernière sera lente et difficile car elle survient dans une période de rentrées d'argent très faibles et repose donc essentiellement sur le crédit.

Cette instabilité de la demande favorise l'orientation à court terme de tous les efforts. Le passé a toujours prouvé que la grande souplesse valait mieux que la planification. Ces adaptations successives ont abouti dans les secteurs de mise en valeur plus anciens à des aménagements durables pour lesquels les investissements publics ont toujours manqué. C'était avant tout des travaux individuels de protection. La province d'El Oro est la seule à avoir eu un regroupement des efforts individuels pour une œuvre commune de route et de canaux. L'essentiel du budget équatorien vient des taxes sur les exportations. Tout projet d'aménagement passe donc par cette nécessité préliminaire de stabilisation et d'augmentation des productions commerciales et des rentrées de devises. Il faut donc porter tous les efforts vers les secteurs productifs les plus efficaces, c'est-à-dire l'arrière-pays de Guayaquil au détriment d'autres secteurs périphériques, eux-mêmes rentables mais un peu moins bien placés dans la compétition. Toutes les décisions gouvernementales devaient favoriser l'action de Guayaquil, du moins ne pas la freiner pour maintenir le budget national. C'est donc une politique de laisser-faire qui a permis à Guayaquil d'agir sans être encombré d'obligations en matière d'infrastructures, d'équipements sanitaires et scolaires à répartir comme l'aurait été moralement obligée la capitale Quito. Mais, là encore, les efforts n'ont guère été poussés loin puisque l'étude précédente a montré la faiblesse des équipements des régions d'agriculture commerciale et la supériorité des villes sur les campagnes. Les capitaux privés ont largement dépassé les investissements publics et les contrastes sont encore très marqués.

Les premières mesures de planification sont prises dans les périodes de crise des exportations, c'est-à-dire lorsque tout va mal, mais il est souvent trop tard. De ce fait, en préconisant une baisse des importations indispensables pour rétablir l'équilibre, elles ne rencontrent que des oppositions sauf lorsqu'elles améliorent les secteurs économiques de pointe. Pour la première fois en 1954, la Junta Nacional de Planificación y Coordinación Económica est chargée de conseiller le pouvoir public en matière de planification pour le développement national et régional. Le premier objectif est de préparer le Plan Général de Développement Économique. La convergence d'intérêts entre les groupes dominants et l'État facilite les choix dans le processus de développement selon le modèle agro-exportateur en vigueur depuis plusieurs décennies. La stabilité permet aux initiatives privées de commencer une certaine diversification agricole et une industrialisation de substitution des produits importés. Les premières mesures portent donc sur la rationalisation des secteurs douaniers, de crédits, la formation de la main-d'œuvre et divers encouragements à l'industrie. Électrification, routes, ponts et aménagements portuaires servent à dynamiser au maximum les forces productives. Le Plan Général de Développement Économique et Social de 1962 intéresse tous les secteurs et toutes les régions. Il porte pour la première fois un diagnostic sur chacun des secteurs du pays. Trois moyens sont alors préconisés pour un meilleur emploi des ressources nationales : la réforme de l'administration publique, la réforme des impôts et la réforme agraire. Les deux derniers aspects ne trouveront pas écho ; par contre l'administration publique gagnera en considération comme secteur clef du développement. Pouvoir limité très vite à l'infrastructure par manque de ressources, le secteur privé se chargeant du reste. Des plans de développement locaux sont ainsi lancés depuis vingt ans à la demande des banques étrangères et des organismes internationaux gui réclamaient ces études indispensables à leur participation financière. Cette intervention difficilement réalisable par les Équatoriens peu préparés à ces travaux d'approche et de planification maintenait une dépendance de l'extérieur. Ce sont les bureaux d'études étrangers qui connaissent mieux les besoins et ce qui doit être fait : les contacts avec les autorités amènent toujours à choisir soit des travaux de prestige assez coûteux et dont les résultats se font attendre longuement, soit des réalisations pour améliorer la production exportable et augmenter ainsi les rentrées en devise. La préférence est donnée alors aux zones de production commerciale au détriment des zones de polyculture ou de *minifundio*. Autorités et étrangers sont fiers de leurs plans qui ne verront que très rarement le jour. On crée des organismes de planification financière : la Corporación Financiera Nacional, la Comisión de Valores et des départements de planification dans les ministères. Enfin pour coordonner le secteur public on organise le Secrétariat de l'Administration publique.

5. La planification régionale

La centralisation de la capitale Quito n'avait guère favorisé la mise en place de plans provinciaux ou régionaux. Pratiquement inexistante avant les années 1970-1975, la régionalisation s'effectue souvent d'après les plans nationaux. Puis, devant les difficultés et le manque de connaissance des milieux locaux, on créa des institutions autonomes chargées sur place de régler les problèmes. Ainsi, en 1958, lorsqu'une forte sécheresse dans le sud de la Sierra aggrave une situation déjà difficile, on créé le premier organisme régional, le C.R.E.A., Comité de Réhabilitation de l'Azuay. Dans le même état d'esprit quelques années plus tard, en 1962, le ministère de l'Agriculture crée le C.R.M., Comité de Réhabilitation du Manabí, après la sécheresse qui frappa le centre et le sud de cette province. Cet organisme concentra ses efforts sur la réalisation du barrage de Poza Honda qui offre une réserve d'eau à la vallée du Portoviejo pendant la saison sèche et facilite l'irrigation.

Le Plan Intégral de Développement du Guayas est conçu comme un plan à long terme avec, comme base principale, des investissements du secteur public dans des projets d'infrastructure économique. L'agriculture et l'élevage sont considérés comme le moteur de la croissance qui requiert d'urgence l'amélioration ou la création d'infrastructures physiques et institutionnelles. En effet, dans la stratégie économique nationale, la Côte doit développer les exportations, la Sierra les sources d'énergie hydroélectrique, et, l'oriente le pétrole. Dans une perspective régionale, le renforcement du Guayas s'impose par son potentiel éminemment favorable et par ses relations privilégiées avec Guayaquil. De plus celle-ci, grâce au Groupe Andin, doit jouer un rôle important, en particulier avec l'industrialisation. À côté de la réforme agraire considérée comme l'unique solution au problème foncier, la diversification et l'intensification des cultures s'imposent fortement après la spécialisation bananière. Ainsi la CEDEGE, créée dès 1965 comme l'organisme unique d'application du développement régional. Avec son siège à Guayaquil et deux petites antennes à Babahoyo et Daule, elle a réduit progressivement l'influence des techniciens étrangers pour mettre en place un bureau technique équatorien. Celui-ci répond davantage aux aspirations des élites de Guayaquil, mais propose par contre une approche plus technocratique du développement. Des milliers de pages d'études ont tenté de cerner les problèmes et les besoins de ce grand bassin. De même des projets de faisabilité furent préparés pour des réalisations hydrauliques, délaissant les petits projets à court terme plus aisés à réaliser et plus utiles rapidement mais n'ont guère intéressé les responsables. Les ouvrages de prestige attirent davantage les politiciens, les industriels et les constructeurs, quitte à maintenir la dépendance vis-à-vis de la technologie et des moyens financiers étrangers.

L'étude des potentiels de ressources du bassin du Guayas met l'accent sur le développement régional intégrant les conditions physiques et humaines grâce à une meilleure utilisation des ressources en eau. Trois grands projets publiés en 1970 proposent un plan d'aménagement hydraulique de la vallée du Chimbo dans la province de Bolívar, un plan d'irrigation de Babahoyo et surtout, grâce à un grand barrage-réservoir (Daule-Peripa), une meilleure mise en valeur de tout le bassin. Par la suite, la péninsule de Santa Elena fut intégrée au projet avec notamment une éventuelle dérivation de l'eau excédentaire du Daule. Le projet Babahoyo a été réalisé dans la décennie 1970.

Dans le Manabí, le C.R.M. a pour objectif le développement économique et social à partir de travaux d'irrigation et de canalisation permettant d'améliorer la situation des petits paysans des vallées. Après le barrage de Poza Honda, achevé en 1970, et la réalisation de canaux dans les années suivantes, le C.R.M. entreprend la deuxième phase de son action avec la Campagne d'Action de

Regroupement des paysans en coopératives. Le projet Carrizal-Chone enfin, permet l'irrigation de 14 000 hectares. L'action de la C.R.M. se limite aux vallées du cœur du Manabí soit 30 000 hectares sur 1 900 000 hectares que représente la province. De plus tous les projets n'intéressent que l'agriculture et l'élevage délaissant la pêche, l'industrie, la forêt et l'artisanat. Plus récemment fut mis en place en Esmeraldas, avec l'Assistance technique de l'O.E.A., un organisme regroupant les autorités provinciales et municipales pour préparer un plan de développement intégral régional. C'est l'O.I.P.E. (Oficina Integrada de Planificación) basé dans un chef-lieu. En même temps, la région s'insère dans des programmes des bassins du Río Esmeraldas et Santiago, intéressant à la fois la Sierra et la Côte (CORFONOR). L'O.I.P.E. a pour objectif un plan intégral de Transformation et de Développement de l'Esmeraldas pour la période 1975-1977 et un Plan d'Ordonnance Urbaine du Chef-lieu. Actuellement, le Plan Général de travail s'oriente vers de nombreuses études sectorielles en omettant bien des aspects spatiaux et en accordant plus de faveurs à la ville d'Esmeraldas qu'aux zones rurales. Le chef-lieu est même appelé pôle de développement industriel depuis la création de la raffinerie. Or, ce développement urbain abaisse la population des zones rurales et urbaines sans encadrer vraiment les mouvements pionniers du Quinindé ou de l'Eloy Alfaro.

Dans le sud, PREDESUR est chargé des aménagements d'El Oro, Loja et Morona Santiago. Le conseil provincial a lancé des études avec des consultants étrangers sur le bassin du Jubones concernant la lutte contre les inondations qui perturbent les zones de plantations. Les programmes d'intégration frontalière sont également remis à l'ordre du jour malgré des situations historiques peu propices aux travaux collectifs. Avec le Pérou notamment, les travaux d'aménagement des bassins de Puyango-Tumbes et Catamayo-Chira devraient améliorer l'irrigation dans la zone frontalière semi-aride. À partir de 1973, la Junta de Planificación chargée des études régionales tente d'opérer une première régionalisation par un découpage qui associe des provinces serranaises et côtières ou amazoniennes, sous une autorité multi-provinciale pour effectuer des brassages d'hommes et des productions de zones écologiques différentes dans le sens est-ouest, rompant avec la traditionnelle division longitudinale imposée par le relief. Une première application est faite avec la création de CORFODEC et de CORFONOR. De ce fait, ce dernier par exemple couvre le nord côtier, serranais et amazonien. Mais on trouve également des départements, des ministères et des Instituts de Quito qui ont leurs propres plans, comme ceux de la colonisation de l'I.E.R.A.C. des programmes routiers, télécommunications et électricité. Enfin chaque ville se doit d'avoir des plans locaux concernant essentiellement les aménagements urbains (port, aéroport, pont et urbanisme) sous le nom de plan *regulador*.

6. La planification après le pétrole

Après la réalisation de petits travaux souvent laissés inachevés par manque de financement, les projets anciens et nouveaux ont enregistré un réveil général depuis que la manne pétrolière permet d'envisager une certaine continuité des projets et leur réalisation. On se trouve donc en 1977 avec un nombre assez important de travaux en cours d'étude et d'organismes chargés de leur réalisation. Les autorités se chevauchent, se concurrencent. Certaines sont étouffées par les nouvelles administrations. On se trouve alors avec des régions suradministrées, d'autres au contraire sont plus isolées, un peu oubliées. À la confusion des institutions s'ajoute la variété des liens entre les autorités de développement régional et le gouvernement national avec ses intermédiaires comme les divers ministères et instituts de la capitale. La coordination s'impose entre, par exemple, la C.E.D.E.G.E., l'I.N.E.R.H.I., I.E.R.A.C. et l'I.N.E.C.E.L.

Le Plan de Développement 1973-1977, défini par R. Bromley, comme "un exercice pour donner aux gouvernements un document politique symbolique pour attirer les investissements étrangers", échappe entièrement à ceux à qui il est destiné : les Équatoriens. La participation de la population au changement social et économique reste méconnue. Ce plan n'est même pas suivi puisqu'il suffit qu'un groupe de pression fasse entendre sa cause pour qu'elle soit exécutée avant les priorités. Ce plan à peine publié était déjà en partie périmé puisqu'il était basé sur une production quotidienne de pétrole de 400 000 barils. Or la moitié seulement est produite et vendue alors que, par contre, le prix de chaque baril projeté par ce plan était multiplié par quatre en 1973. On comprend alors l'euphorie financière qui fait la relève du boom des exportations bananières, mais cette fois au niveau du pays et directement contrôlable par le gouvernement. Les autorités quiténiennes connaissent, enfin, ce phénomène de fièvre qui frappait jusqu'ici les élites de Guayaquil. Cet apport de devises, exceptionnel et imprévisible, bouleverse les données, facilite le gaspillage mais permet d'achever ou de démarrer le financement de travaux d'infrastructure indispensables au nouvel État pétrolier et d'entamer des programmes de développement agricole et industriel par une distribution généreuse du crédit. Le plan prévoit une meilleure intégration de l'espace national, l'amélioration des conditions de vie, y compris des secteurs marginaux et la rationalisation de l'espace économique. Réforme Agraire et colonisation sont les grands moyens mais sans grandes mesures concrètes en vue de leur application.

Les nouvelles données après le coup d'État de 1972 et les transformations proposées n'aboutissent pas à de grands changements mais au maintien du modèle agro-exportateur. Depuis cinq ans, le pétrole a même consolidé le schéma traditionnel au lieu de changer les structures. Il a accéléré la participation du secteur public, et de ce fait, affaibli le pouvoir de décision du secteur privé et surtout de Guayaquil. L'insuffisance ou l'inexistence, dans certains domaines, des groupes privés nationaux a accru le pouvoir de l'État. Celui-ci a transféré, d'une part, les décisions politiques et économiques de Guayaquil à Quito, d'autre part, ce sont maintenant davantage les hommes d'affaires de Quito qui s'approprient et contrôlent les nouvelles ressources économiques. En effet, ce ne sont plus seulement les exportateurs-importateurs de Guayaquil qui captent les excédents de l'économie, mais aussi les secteurs les plus dynamiques comme l'industrie, les banques et l'importation plus souvent liés à Quito et au secteur public. Influences demeurées au cours de la dernière décennie en équilibre mais que le pétrole a fait pencher sérieusement au profit de la capitale.

7. La persistance du rôle de la demande extérieure

Toute l'histoire économique de la Côte équatorienne demeure liée à la demande extérieure et à ses aléas. La vente de productions primaires reste toujours le seul moyen pour ce petit pays de disposer de devises pour financer les importations croissantes de biens de consommation et d'équipement. En 1980, la dépendance n'est plus le seul fait de l'exportation agricole mais aussi du pétrole et de l'industrie naissante où les capitaux et la technologie étrangère jouent un rôle déterminant. L'accent mis sur le développement à tout prix qui caractérise le pays dès 1960, stimule la croissance économique générale mais celle-ci se réalise dans cet esprit de dépendance. Le dualisme social s'accentue, séparant de plus en plus le pays en secteurs modernes, mais dépendants, et en secteurs traditionnels. Les régions les plus productives correspondent à celles qui sont profondément marquées par cette influence extérieure mais elles sont aussi les plus soutenues par le secteur public. Ce dernier perpétue donc le déséquilibre et aggrave l'écart entre secteurs productifs et archaïques, qui correspondent également à des secteurs géographiques, centraux ou périphériques. Cette dépendance s'est accentuée encore depuis 1972 avec le pétrole, en dépit d'efforts réels pour obtenir des contrats moins défavorables. Cependant les crises politiques récentes qui secouent l'Équateur sont directement liées à la politique pétrolière en fonction du durcissement des positions du pays ou des compagnies. Ces dernières à tout moment gardent le dernier mot en refusant d'acheter un pétrole dont le prix ne tiendrait pas compte du marché. L'Équateur reste très vulnérable aux crises économiques mondiales, la situation au début des années 1980 montre bien les effets de la crise sur ce pays.

Actuellement, en devenant, grâce au pétrole, plus crédible auprès des organismes internationaux, pour des prêts concernant des projets d'aménagement, l'Équateur est devenu un champ clos pour la compétition des experts de tous les pays appuyés par des prêts très variés. La multiplication des études de projets semble livrer le pays à la technologie et aux modèles de développement étrangers sans que le pays lui-même ne puisse intervenir.

Pourtant, une prise de conscience de participation réelle est née à travers les divers organismes parallèles, concurrentiels, voire intégrés à ces équipes étrangères. Or la décision du financement prise à l'extérieur ne donne que peu de pouvoir aux entités nationales et aucun aux forces locales. Le pétrole, en accélérant l'industrialisation commencée entre 1960 et 1972, a diminué le pouvoir des groupes nationaux issus de l'agro-exportation au profit d'une nouvelle catégorie d'entrepreneurs équatoriens liés à l'étranger. L'industrie nationale est étroitement solidaire de l'extérieur ; son avenir dépend des accords d'intégration andine en raison de l'inexistence d'un marché national. Ces nouvelles industries côtières et andines sont donc les maillons d'une chaîne technologique et commerciale dont le centre de décision se trouve hors des frontières nationales. Les capitaux étrangers ont en effet choisi le secteur industriel comme plus à même de fournir une rentabilité forte et régulière. Ils ont saisi ce créneau, au moment le plus favorable, avec l'augmentation du pouvoir d'achat des habitants, alors que quelques entrepreneurs équatoriens avaient tenté, sans grande aide de l'État, d'amorcer cette transformation des produits d'exportation et avaient le plus souvent abouti à un échec parce que le moment n'était pas encore favorable et qu'aucune protection ne leur permettait de franchir le cap des premières années. Le capital étranger s'est implanté dans les secteurs industriels les plus dynamiques du pays (chimique et mécanique), les secteurs traditionnels modernisés capables de supporter la concurrence étrangère, l'énergie, le système bancaire et les compagnies d'assurance. Ce sont aussi les secteurs liés à la consommation urbaine des deux métropoles du pays.

En renforçant l'économie nationale, il a permis à l'État de nationaliser les secteurs décisifs comme l'industrie pétrochimique et l'électricité et de prendre en main le contrôle du commerce alimentaire national de base : ENAC et EMPROVIT. Le poids des exportateurs guayaquiléniens s'amenuise en s'exerçant dans des secteurs de l'économie nationale moins vastes qu'autrefois. Seule une alliance entre l'élite économique traditionnelle et les nouveaux entrepreneurs, qu'ils soient quiténiens ou guayaquiléniens, peut aider à surmonter les difficultés. L'amélioration du développement agricole est liée à l'extérieur ou à l'État. De plus, les exportations dépendent d'un appareil commercial équatorien, trop faible pour imposer ses vues sur le marché mondial des matières premières tropicales.

8. La redistribution des rôles et des aires d'influence de Guayaquil et Quito sur la Côte

Les limites

L'étude de chacune des régions de la Côte a mis en évidence la domination plus ou moins forte de la capitale côtière sur son espace avoisinant. Les limites de l'action de Guayaquil se font sentir surtout dans les domaines administratifs, énergétiques et commerciaux. Guayaquil n'a pu étendre la redistribution des produits importés ou manufacturés dans ses entreprises à l'ensemble de la Sierra. La limite administrative est de loin le plus grand frein apporté à l'action de Guayaquil. Les succursales ou agences que Quito octroie à Guayaquil comme représentation des ministères et d'instituts nationaux n'ont qu'un faible pouvoir limité au seul niveau provincial. La Junta de Planificación, l'actuel CONADE, qui pourrait coordonner tous les plans et projets concernant la Côte n'a que très peu de moyens et ce sont bien souvent des Serranais qui descendent sur place pour administrer et diriger. Les seules administrations bien établies à Guayaquil le sont pour des raisons évidentes : l'Institut National de la Pêche, l'Institut Océanographique, la Direction de la Marine Marchande et le Bureau d'Éradication de la Malaria (OMS). Qu'il s'agisse de plan et de programme d'intégration frontalière ou de développement de régions serranaises et côtières, c'est toujours à Quito que se trouve l'institution principale. Les organismes mis en place pour le développement régional de certaines provinces sont justement créés dans les capitales provinciales (CRM, CREA, OIPE) sans aucun regard pour Guayaquil qui n'a même pas droit à une filiale. La CEDEGE constitue la seule exception avec un siège social à Guayaquil et un pouvoir d'action sur plusieurs provinces. Mais si son action porte sur un espace non limité administrativement, le bassin hydraulique du Guayas, elle n'intervient pleinement que sur deux provinces côtières : le Guayas et Los Ríos. Ailleurs, son action se limite aux portions souvent réduites et le plus souvent périphériques, des provinces du Manabí ou serranaises comme Bolivar, Cotopaxi.

Une grande portion de territoire échappe à Guayaquil avec tout le Pichincha côtier comprenant le secteur de Santo Domingo. L'emprise récente de la capitale sur l'économie de ce secteur ne permet guère d'envisager la séparation de cet espace et la création d'une province nouvelle autour de Quevedo-Santo Domingo comme le réclament certains. En attendant, la Concordia, petite bourgade née autour de quelques maisons au bord de la route vers Esmeraldas (au croisement de la route vers Plan Piloto et Bua, elle ne sait toujours pas si elle appartient au Pichincha ou Esmeraldas et n'apparaissait pas dans le recensement de 1974 pour cette raison). La délégation des pouvoirs est donc très limitée et ne dépasse guère le niveau provincial, élargi parfois à la province voisine de Los Ríos. Il est vrai que les Guayaquiléniens sont peu attirés par l'administration où les tâches sont peu lucratives comparées au commerce et aux services liés à l'économie agricole. En dépit du poids économique aucune succursale, agence ou annexe des ministères et instituts n'est devenue plus importante que le siège principal de Quito. Cette absence de pouvoir constitue une des grandes faiblesses de l'action de Guayaquil qui ne peut encadrer son espace économique comme il le faudrait. Les limites de la main mise foncière ont freiné l'avance de Guayaquil sur le Centre nord. L'intégration sociale rapide en terre pionnière cache la part importante prise par les Serranais dans la mise en valeur de la Côte. Très tôt, ceux-ci sont venus renforcer les noyaux de planteurs et commerçants de Guayaquil. L'utilisation des terres basses, pour des productions tropicales, par les communautés andines est fort ancienne. Les limites administratives des provinces serranaises montrent bien leur présence sur le versant occidental de la cordillère et sur le piémont surtout au débouché des vallées andines où des échanges de productions entre zones écologiques complémentaires sont effectués depuis longtemps. L'essor du cacao a déplacé le centre d'intérêt des Serranais vers l'ouest. C'est surtout la banane qui a le plus attiré les propriétaires terriens de la Sierra, les fonctionnaires, les militaires et les professionnales de la Sierra. La colonisation officielle organisée par l'État autour de Santo Domingo a plus favorisé les fonctionnaires de Quito par sa distribution de lots que les petits paysans sans terre. Ceci explique un abandon d'autant plus rapide que les attaches terriennes sont moins fortes. L'attraction de la Côte a largement dépassé le petit groupe humain de Guayaquil numériquement trop faible pour réaliser cette mise en valeur. Les propriétaires serranais se sont adaptés très rapidement aux changements de systèmes de production (climat, plante et main-d'œuvre salariée) grâce à une rentabilité presque immédiate des efforts. Mais quelle est la part des bénéfices réalisés sur la Côte et réinvestis dans la Sierra ? La mainmise foncière serranaise est beaucoup plus forte dans les secteurs proches de la Cordillère. Elle permet de conserver des terres dans les deux milieux pour les plus grands propriétaires, les systèmes d'exploitation restant toutefois très indépendants. Des échanges ne se font parfois qu'au niveau de l'élevage avec l'adaptation des bovins.

Les limites de la formation commerciale ne se font sentir que dans le secteur de distribution des bassins de la Cordillère. L'emprise de Guayaquil est en effet sans limite dans le domaine des exportations sur toutes les provinces, même serranaises, mais ne concerne qu'une partie du trafic interne, c'est-à-dire la redistribution des articles importés ou manufacturés dans ses usines. Une partie des importations va directement dans la Sierra à Quito et à Cuenca qui peuvent même parfois les réexpédier dans quelques secteurs côtiers. Pour la commercialisation des produits agricoles à destination interne, Guayaquil n'exerce qu'un faible rôle. On ne trouve pas ici de phénomène de centralisation du ravitaillement autour des marchés de gros qui redistribueraient ensuite à travers la Côte et la Sierra. Le bas niveau des consommateurs, même urbains, se contente des productions régionales. Ces dernières ne se font pas encore concurrence étant donné les frais élevés de transport et les routes insuffisantes.

Guayaquil n'a pas cherché non plus à vendre ses produits tropicaux vers la Sierra. Trop occupés à vendre à l'extérieur, les planteurs ont laissé les camionneurs serranais acheter leurs excédents pour les revendre dans les communautés d'altitude. Il est assez remarquable de voir ceux-ci traverser la Cordillère des Andes puis les collines de la cordillère littorale pour échanger sur les marchés du Manabí céréales et pommes de terre contre fruits et légumes. Ils sont également présents sur les marchés de Guayaquil. La demande urbaine de la Sierra, non seulement des 800 000 quiténiens mais aussi des autres villes, a orienté la production des propriétaires serranais installés sur la Côte Grâce à un contact souvent familial avec les villes de la Sierra, ils travaillent désormais au ravitaillement des cités andines en fruits, légumes et produits du petit élevage (œufs). Le secteur de Santo Domingo-Quevedo a fait une partie de sa reconversion dans cette direction. On commence même à voir une première transformation se réaliser sur place (huilerie), évitant d'aller à Guayaquil. On voit également des éleveurs de la Sierra tenter une expérience d'élevage laitier sur la Côte, évitant l'acheminement du lait de la Sierra à la Côte. Les limites de l'industrialisation de Guayaquil sont liées aux distances respectives des métropoles urbaines. Les Quiténiens, dans leurs choix d'investissements sur la Côte, ont été amenés à s'intéresser à la transformation des produits agricoles sur le site de la production, évitant le coûteux détour par le port lorsqu'il s'agit de produits destinés à la Sierra. L'intervention est également très forte dans le secteur forestier avec les concessions forestières de l'Esmeraldas : l'usine de contreplaqué de la capitale provinciale fut créée à partir de capitaux quiténiens. Il en est de même des efforts réalisés dans la pêche à Manta. Dans ces deux secteurs, il ne s'agit plus seulement d'approvisionnement urbain, mais d'exportation. Le poids de l'industrie quiténienne est assez semblable à celui de Guayaquil tant pour le nombre des emplois et entreprises que pour la valeur de la production, les deux villes ayant profité à part égale des créations industrielles récentes suscitées par les transformations économiques liées au pétrole. L'éloignement des transports maritimes et le manque d'eau de Quito pour le développement industriel pouvaient amener à Guayaquil l'implantation préférentielle des industries lourdes mais la capitale a préféré, dans un premier temps, installer à Esmeraldas la raffinerie dans un port destiné à devenir celui de la capitale et du nord de tout le pays.

Les secteurs d'influence de Quito sur la Côte

Les vides laissés par l'influence de Guayaquil n'ont pas pour autant été occupés par d'autres villes, ni surtout par Quito. Secteurs forestiers peu peuplés, leur rattachement ne s'imposait pas. Aussi ce n'est qu'avec la montée de la colonisation que des choix se sont posés mais, là encore, l'orientation agricole a été déterminante. Pendant plusieurs siècles, Quito a manifesté un souci constant d'étendre son action sur la Côte mais n'a jamais eu les moyens de sa politique. Depuis une décennie, la nécessaire reconversion des zones bananières du centre nord a cependant orienté sa production agricole vers le ravitaillement de la capitale, profitant de la croissance de la consommation alimentaire. Cette région du centre nord est marquée par cette double influence. Il en était de même, mais cette fois à cause de l'éloignement, de Guayaquil et de l'Esmeraldas où les tentatives quiténiennes demeurèrent longtemps modestes. Depuis 1972, les conditions ne sont plus les mêmes, avec le renforcement de l'État, tandis que la capitale est bénéficiaire directe des revenus pétroliers. Dès lors, Quito a les moyens d'organiser son arrière-pays, d'étendre celui-ci au-delà de l'aire d'influence traditionnelle et cela devient même une des priorités. La pression démographique et la demande en produits tropicaux associées à la nécessité d'occuper entièrement l'espace national se trouvent facilitées par le voisinage des terres vides de l'Esmeraldas.

Cette fois le développement agricole ne va pas se réaliser à partir d'un port et de son arrière-pays pour le commerce extérieur, mais d'une ville située dans un autre milieu écologique, de l'intérieur et non plus de l'extérieur. Pourtant, si les conditions du marché international avaient été plus favorables au pays, peut-être Guayaquil aurait-elle cherché à produire davantage en gagnant ces terres septentrionales, mais il y avait des espaces libres suffisamment importants, plus proches et plus accessibles avant d'intégrer le nord du Manabí et de l'Esmeraldas dans le système exportation-colonisation. Depuis le début du siècle et jusqu'en 1970, les tentatives de Quito pour gagner le littoral n'ont cependant guère abouti. Distance et milieu physique ont joué contre Quito et souvent même autant contre Guayaquil. De même, les faibles moyens de Quito ne permettaient pas de lutter contre les habitudes commerciales séculaires pour des résultats économiques assez faibles. Depuis la Colonie, l'acharnement à gagner un port sur le Pacifique n'a jamais été au-delà de pistes tracées qui disparaissent aussi vite que les hameaux de colonisation implantés pour maintenir un peuplement. Plus récemment, les difficultés à maintenir une emprise dans les confins septentrionaux ont amené le gouvernement à construire la voie ferrée du nord, réalisée par une société française en 1950, et à y tenter vraiment une colonisation. Elle aurait dû provoquer un élan de mise en valeur au moins forestier et agricole tout en occupant une région frontalière. En dehors du bois tropical et du sucre en très petite quantité, il n'y eut pratiquement pas d'échanges entre la Sierra et le Pacifique, faute d'une véritable politique d'encadrement d'une paysannerie et des sociétés.

Face à ces difficultés, Quito a tenté de reprendre le vieux rêve d'avant 1914 quand une ligne de chemin de fer avait été entreprise entre l'estuaire de Bahía de Caráquez et Quito. La voie ferrée ne dépassera pas Chone et une mauvaise piste se faufilant entre les collines du Haut Bassin du Guayas ne sera retracée et asphaltée qu'en 1959. Et Bahía, dont l'estuaire est à la fois fort ensablé et coupé par une mauvaise barre, restera réduite au rang de ville balnéaire modeste.

Ailleurs, l'emprise quiténienne s'est heurtée non seulement à l'action de Guayaquil mais aussi à l'indépendance de certaines provinces en raison de leur développement et de la distance. C'est le cas du Manabí entouré d'une cordillère de collines qu'aucune rivière navigable ne traverse pour faciliter les contacts. La faiblesse des productions commerciales a détourné l'intérêt de Guayaquil. Par contre, en dépit de difficultés incroyables, les commerçants serranais sont venus très tôt collecter des productions vivrières. Quant aux activités de Manta, elles sont vraiment propres à la région grâce à l'appui de

Quito. Avec Manta, c'est moins l'extension de l'influence agricole que recherche Quito qu'un courcircuitage de Guayaquil, aux deux sens de l'expression : en raccourcissant un peu le trajet mais surtout en évitant le négoce guayaquilénien. Manta avec un port creusé en eau profonde gagne toutes les faveurs de Quito qui y dirige tous les efforts en faveur de la pêche et de l'industrie alimentaire, notamment des huileries. Cependant, en dépit des améliorations des deux routes de liaison vers la Sierra, la distance défavorisera Manta lorsque le port d'Esmeraldas sera terminé. En effet, Esmeraldas apparaît comme le débouché naturel de Quito. Son site est assez bon mais avant tout sa situation permet à la fois d'en faire le port de Quito mais aussi d'y tenter l'établissement d'un centre de développement dans un secteur culturellement et territorialement très marginal. Une piste routière avait été ouverte jusqu'à Quinindé dès 1941 mais ce n'est qu'en 1950 que la route atteint Esmeraldas. La jonction Quito-Santo Domingo à la fin des années 1960 redonnera vigueur au projet d'Esmeraldas pour le terminal de l'oléoduc transandin qui permet d'envisager un foyer industriel pour lequel on creuse un port en eau profonde. Quito délivre donc l'Esmeraldas de sa position marginale en ouvrant des routes de liaisons de part et d'autre de l'axe routier actuel, lui-même en cul-de-sac. Ce désenclavement est essentiel pour réaliser le programme de colonisation. L'offensive est lancée à partir de cadres, techniciens, fonctionnaires et industriels provenant de Quito, porteurs de décisions administratives et de capitaux. Parallèlement à ces ouvertures vers la mer s'effectue la modernisation des percées andines reliant les hauts bassins à la Côte d'une part, et la mise en place de deux grandes routes modernes de Guayaquil à Quevedo encadrant le bassin du Guayas. Cet ensemble routier a créé un axe rapide entre Guayaquil et Quito, donc entre la Sierra et la Côte mais aussi entre le sud et le nord. Dans la foulée, on projeta la construction d'une autoroute Guayaquil Santo Domingo-Quito qui sera doublée en Sierra par une autoroute Quito-Riobamba-Guayaquil, doublant sur ce tronçon la route longitudinale des bassins andins déjà très améliorée de la frontière colombienne jusqu'à Loja.

Quito et Guayaquil, deux métropoles complémentaires dans un seul espace national

Le réseau routier mis en place au cours de la décennie 1970 a été tout à la fois effet et cause de l'intégration nationale. Le circuit fermé qui vient d'être décrit a d'abord répondu à une demande, géographique et sectorielle: réponse à la complémentarité des productions et des échanges nécessaires entre la Côte et la Sierra, réponse à l'énorme flux matériel entre Guayaquil et Quito mais aussi réponse aux mises en valeur linéaires de la Sierra à partir de Quito et de la Côte à partir de Guayaquil. Réponse, enfin, aux deux principales complémentarités régionales Côte-Sierra entre Cuenca et Guayaquil et Esmeraldas et Quito. C'est sur cet anneau reliant les deux métropoles que se grefferont toutes les routes secondaires mais aussi l'axe international de la Panaméricaine. En 1979, le réseau routier asphalté équatorien est le plus dense des pays des Andes centrales. Avec sept liaisons Côte Sierra sur moins de 400 km auxquelles il faut ajouter deux voies ferrées, l'Équateur possède une solide infrastructure d'échange et ceci depuis 1969, trois années avant les premières exportations pétrolières.

Il est une base d'intégration territoriale nationale, renforcé par la présence sur la Sierra et sur la Côte, au nord et au sud, de deux métropoles de poids comparable et de complémentarité de plus en plus objective.

Au schéma historique de deux types de société établis où deux milieux écologiques étaient encadrés par deux grandes cités (schéma profitable au développement respectif des deux grands ensembles naturels du pays) il fallait ajouter des modes de domination concurrentiels aux effets inégaux. À Quito, la classe latifundiaire tenait les leviers du pouvoir politique national. Mais, issue historiquement de la possession de la terre dans la Cordillère, elle encadrait tout le domaine andin où prédominait l'activité agricole. Une chaîne de villes moyennes assumait le relais administratif et commercial de la Sierra et déjà, loin vers le sud, Cuenca abritait depuis longtemps une bourgeoisie urbaine forte de son autonomie culturelle, commerciale et même financière. À Guayaquil, au contraire, avec beaucoup de retard se développait une classe cosmopolite de grand négoce et d'investisseurs qui allait faire coloniser et peupler puis encadrer la plus grande partie de la Côte. Aux spécialisations historiques évidentes portuaires et politiques ont correspondu peu à peu le développement et l'encadrement régional puis une industrialisation dont le pouvoir de Quito a empêché le déséquilibre en faveur de la métropole portuaire et financière.

Dans l'ensemble national, la Côte offre ses ressources agricoles dynamiques toujours aptes à suivre l'évolution du marché mondial et national. Ses ports, comme ses villes-relais, ses transports, offrent autant pour Guayaquil que pour Quito un réseau d'encadrement, dans leur secteur territorial respectif. Et le dualisme national s'estompe. Les classes dirigeantes des deux grandes métropoles ont suivi l'évolution des activités des cités. Celle de Quito a maintenant une vocation industrielle et financière, celle de Guayaquil prétend à la conduite de la nation. Certes l'intégration nationale exige une fusion culturelle et sociale, mais les bases d'encadrement régional au sein du même espace national sont fournies par la grande diagonale Quito-Guayaquil. La Côte, encore négligeable il y a un siècle, représente la moitié du territoire et de la population. Elle a contribué à l'éveil économique de façon décisive et elle est en voie de se souder aux vieilles terres andines.

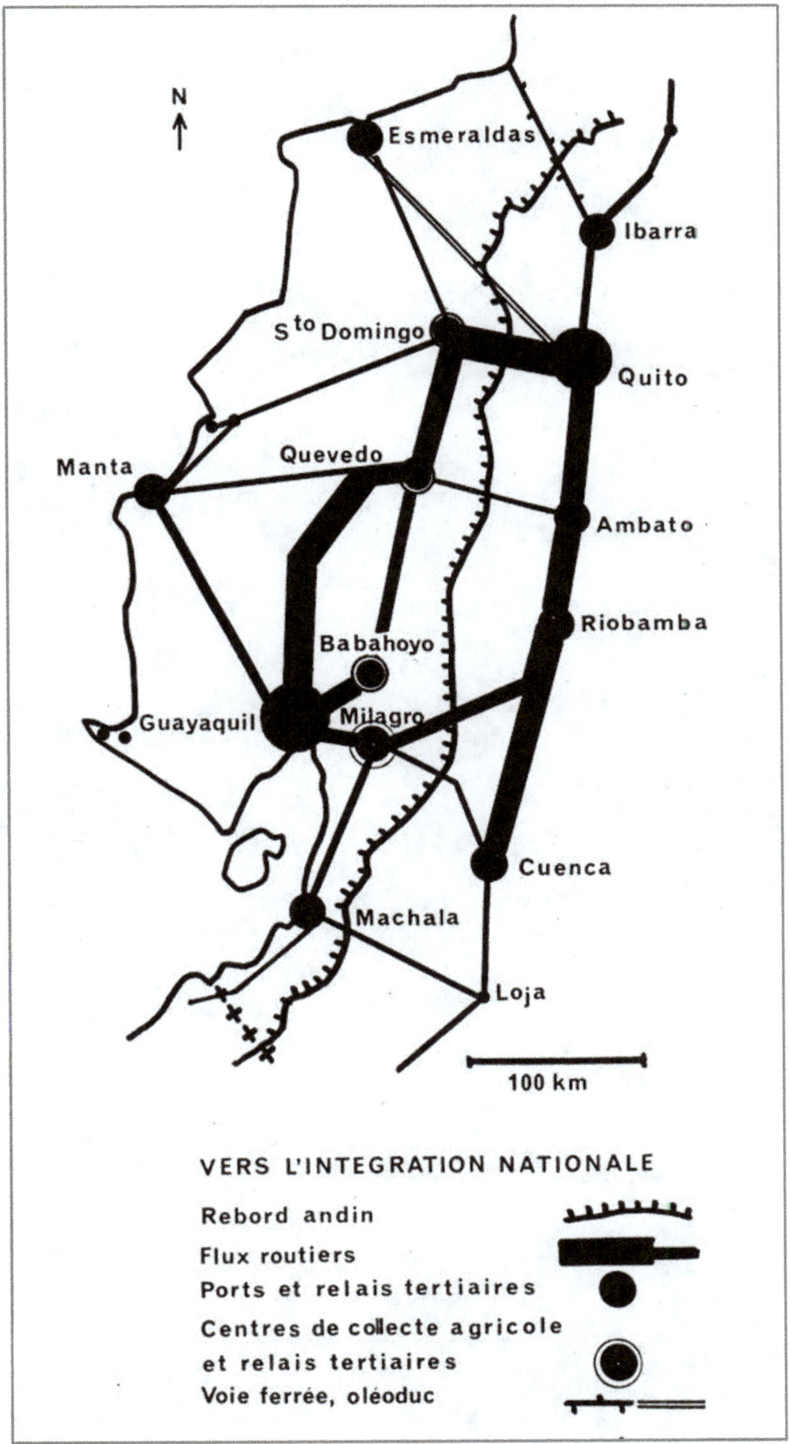
N
Esmeraldas
Ibarra
Sto Domingo
Quito
Manta
Quevedo
Ambato
Riobamba
Babahoyo
Guayaquil
Milagro
Cuenca
Machala
Loja
100 km
VERS L'INTEGRATION NATIONALE
Rebord andin
Flux routiers
Ports et relais tertiaires
Centres de collecte agricole et relais tertiaires
Voie ferrée, oléoduc

BIBLIOGRAPHIE

ACCIÓN INTERNACIONAL TÉCNICA - *El otro Guayaquil. Servicios sociales del suburbio.* Junta Cívica de Guayaquil, Guayaquil, 1976.
ACOSTA SOLIS M. - *El Noroccidente ecuatoriano*, Ed. Santo Domingo, Quito, 1959.
– *Los recursos naturales del Ecuador y su conservación*, 3 vol., Mexico, 1965-1966.
– *Investigadores de la geografía y la naturaleza de América tropical*, Quito, 1977.
ACTAS DEL CABILDO COLONIAL DE GUAYAQUIL - *Publicaciones del archivo histórico del Guayas*, Guayaquil, 1972 à 1975.
AGRAR UND HYDROTECHNIC - *Estudios hidro-económicos de Manabí*, CRM, Portoviejo, 1972.
ALBUM GUÍA DE LA CIUDAD DE GUAYAQUIL – Guayaquil, 1929.
ALCINA FRANCH J., RIVERA DORADO M. - *Exploración arqueológica en la Costa de Esmeraldas*, Ecuador, Madrid, 1971.
ASPIAZU CARBO M. - *Organización agrícola en el Ecuador*, Guayaquil, 1935.
– *Las fundaciones de Santiago de Guayaquil primera etapa de la colonización del Ecuador*, Guayaquil, 1955.
ATLAS OCEANOGRÁFICO - Vol.1, 1971-1972, *Armada del Ecuador, Instituto océanográfico*, Guayaquil, 1973.
AVILES M. - *Land tenure structure in the rice production areas Guayas*, AID, Quito, 1968.
BANCO CENTRAL DEL ECUADOR - Memoria de 1968 à 1985, Boletín anuario.
BANCO DE GUAYAQUIL - Guayaquil frente al futuro 1923-1973, conferencias, Guayaqui, 1974.
BARAONA R. - Cambias de tenencia de la tierra y de la demanda externa en la costa ecuatoriana, Colloque CNRS, *Problèmes agraires des Amériques latines*, Paris, 1965.
BARRAL H. - *Comparación entre la colonización del Nororiente y del Noroccidente ecuatoriano*, ORSTOM, Quito, 1978.
BARRETT S.À. - *The Capayas Indians of Ecuador*, 2 vol. Heye fondation, New-York, 1925.
BEAUJEU-GARNIER J. - *La géographie, méthodes et perspectives*, Paris 1971, Masson.
BENITES L.- *Ecuador: Drama y paradoja, Fondo de cultura económica*, Quito, 1986.
BID - *Proyecto de diversificación agropecuaria del área central de la Costa*, Quito, 1966.
BID-CENDES, *Oportunidades en la industria de alimentas ecuatoriana*, Quito, 1972.
BIROU A.- *Forces paysannes et politiques agraires en Amérique latine*, Paris, 1970.
BLANDIN LANDIVAR C. - *El clima y sus características en el Ecuador*, Quito, 1977, IGM.
BLANKENSTEIN C. - *Agrarian reform in Ecuador*, Madison University of Wisconsin land tenure center, 1974.
BLASKSTEN G. - *Ecuador: constituciones and caudillos*, Berkeley, 1950.
BOHORQUEZ I. *La situación actual de la producción bananera en el Ecuador*, FAO-DNB, Guayaquil, 1972.
BOLETIN DE LA OFICINA SANITARIA PANAMERICANA - *La fiebre amarilla y la erradicación del Aedes Aegypti*, Guayaquil, 1966.
BOTTOMLEY A. - Planning in an underutilization economy: the case of Ecuador, *Social and Economic Studies*, 1966.
BOURGEOIS F. - *El Instituto nacional de Pesca y el resultado de sus labores 1961-1966*, Guayaquil, 1966.
BREAUDEAU J. - *Le cacaoyer*, Ed. Maisonneuve, 1969.
BROMLEY R.J. - El intercambio de productos agrícolas entre la Sierra et la costa ecuatoriana, *Revista geográfica*, Mexico, 1973.
– *Inter-regional marketing chains and alternative marketing reform strategies in Ecuador*, Univ. Calgary, Canada, 1973.
BROMLEY R.J. - *Development planning in Ecuador*, Sussex, 1977.
BROMLEY R. *The demographic background to urban growth and decline in the Central Sierra of Ecuador 1780-1900*, Leeds, 1973.

BURT À.L. - Santo Domingo de los Colorados, a new pioneer zone in Ecuador, *Econ. geogr.* Vol. 36, 1960.
CADBURY BROTHERS - *El cultivo del cacao en Venezuela*, Colombia y Ecuador, Londres, 1955.
CAMARA DE COMERCIO - *Guía general de comerciantes*, Guayaquil 1955, 1961, 1974.
CAMARA DE INDUSTRIA - *Guía de las empresas afiliadas a la cámara de industriales de Pichincha y del Guayas.*
CARBO L.À. - *Historia monetaria y cambiara del Ecuador*, Imp. del Banco Central, Quito, 1953.
– *Las tendencias seculares de las exportaciones del Ecuador*, Economía colombiana, 1955.
CARRERA DE LA TORRE - *La aventura internacional del Puyango* -Tumbes, Quito, 1976.
CASAGRANDE J.B., THOMPSON S.I., YOUNG P.D. - *Colonization as a research frontier: the Ecuadorian case*, Aldine Publishing, Chicago, 1964
CEBALLOS GARCIA G. - *Reflexiones sobre la historia del Ecuador*, Cuenca, 2 vol., 1957-1960.
CEDEGE - Comisión de Estudios para el Desarrollo de la Cuenca del Rio Guayas. Ingledow T, Asoc L. Guayasconsult.
– Investigación de las oportunidades de desarrollo económico de la Cuenca del rio Guayas, 1970 -1971.
– Proyecto de riego Babahoyo (Suelos y uso actual de la tierra)
– Primer Plan regional de desarrollo para la Cuenca del Guayas
– Diversificación agrícola en la región septentrional
– Sistemas de electrificación de la Cuenca del Guayas
– Potencial hidroléctrico rio Chimbo
– Estudio de desarrollo forestal
– Estudio de transporte en la Cuenca del Guayas
– Tenencia de la tierra y reforma agraria
– La Cuenca del Guayas y su relación con el desarrollo urbano de Guayaquil, 1973.
– Las inundaciones en la Cuenca del rio Guayas, 1975.
– Características de la población en la Cuenca del Guayas, 1975.
Proyecto de propósito múltiple Guayas, Primera Etapa de Desarrollo, 1974.
CENDES -Diagnóstico preliminar de la industria manufacturera de alimentos establecida en la Costa ecuatoriana, Guayaquil, 1970.
CENTRO DE DESARROLLO INDUSTRIAL (CENDES) - *Situación y perspectivas en la subrama alimenticia de cacao*, Quito, 1972, - 532 p.
CHAMPION J. -*Las bananeras en Ecuador*, ANBE IFAC, Guayaquil, 1959.
– *Le bananier*, Ed. Maisonneuve Larose, Paris, 1969.
CHAVEZ FRANCO M; - *Crónicas del Guayaquil antiguo*, Ariel, Guayaquil, 1970.
CHAUNU P. - *L'Amérique et les Amériques*, A.Colin, Paris, 1964.
CHIRIBOGA M. - *La pesca en el Ecuador*, Instituto Nacional de Pesca, Guayaquil, 1966.
CISNEROS CISNEROS C. - Indian migrations from the Andean zone of Ecuador to the lowlands, *America Indigena*, vol. 19, 1959.
CLAYTON L. A. - Guayaquil y la defensa de la hegemonía española en el Pacífico oriental durante los siglos XVI y XVII, *Revista del archivo histórico del Guayas*, Guayaquil, 1973.
COLLIN DELAVAUD A. - Migrations, colonisations et modifications des structures agraires sur la Côte équatorienne, *Cahiers des Amériques Latines* n° 7, IHEAL, Paris, 1973.
– El papel de la colonización agrícola en la integración del espacio costeño en el territorio ecuatoriano, *Revista Geográfica*, México, 1976.
– La morphogénèse des plaines et des collines du secteur occidental de l'Équateur, *Bulletin de l'Institut Français d'Études Andines*, n° 3-4, Lima, 1976.
– Esmeraldas, un foyer industriel national dans une zone forestière non intégrée, Foyers industriels nouveaux en Amérique latine, IHEAL, LA 111, 1978.
– De la colonisation au développement agricole: l'exemple de la Costa Equatorienne, in *Environment, Society and rural change in Latin America*, dirigé par D. Preston, John Wiley, 1979.
– L'encadrement des paysans dans un secteur d'aménagement hydraulique de la Côte équatorienne : le projet Babahoyo, IHEAL-CREDAL, Paris, 1979.

– *Atlas del Ecuador*. Sous la dir. ACD, Ed. J À, Banco Central del Ecuador, 1982
– Situation de l'agro-industrie côtière en Équateur. Document de Recherche du CREDAL n° 7, CREDAL-IHEAL, Paris, 1983.
– Guayaquil : première métropole de l'Équateur, croissance et dynamisme. Document de recherche du CREDAL, Paris, 1985.
COLLIN DELAVAUD À. et HUETZ de LEMPS À. - *La canne à sucre en Espagne, au Pérou et en Équateur*, Ed. du CNRS, Bordeaux.
COLLIN DELAVAUD Cl. - *Les régions côtières du Pérou septentrional*, Institut Français d'Études Andines, Lima, 1968.
-Milieux géographiques et naissance d'une organisation régionale sur la Côte équatorienne, Cahiers des Amériques Latines n° 7, IHEAL, Paris 1973
– Sous la direction de - L'Amérique latine, approche géographique générale et régionale, Bordas, Paris, 1973, 2 tomes.
– L'Équateur de 1966 à 1976, dix années qui ont profondément marqué l'Équateur, *PAL*, Documentation Française, Paris, 1976.
COLMET DAAGE F. – *Études préliminaires des sols des régions bananières d'Équateur*, "Fruits", Paris, 1962.
– Caractéristiques de quelques sols d'Équateur dérivés de cendres volcaniques, Cahier ORSTOM, Paris, 1967
COLMET DAAGE F. et CUCALON F. – *Características hídricas de ciertos suelos de las regiones bananeras del Ecuador*, DNB, Guayaquil, 1964.
COLMET DAAGE F. et GAUTHEYRON DIAZ V. et TAZAN L. – *Características de algunos suelos de aluvión del Guayas oriental, Ecuador*, Dirección nacional del Banano, 1966.
COMISION NACIONAL DE ARROZ - *Informe anual de labores*, MAG, Guayaquil, 1969.
COMITE INTERAMERICANO DE DESARROLLO AGRICOLA (CIDA) – *Ecuador Tenencia de la tierra y desarrollo, socio-económico del sector agrícola*, Washington D.C., 1985.
CONFORTI E. - *Colonización, reforma agraria, migraciones internas*, J.N.P.C., Quito, 1960.
CORPORACION ESTATAL PETROLERA ECUATORIANA (CEPE) – Informes anuales, Quito.
COSTALES SAMANIEGO A. - *Condiciones del Trabajo agrícola en la Costa*, J.N.P. Quito, 1962.
COSTALES A. y PENAHERRA de COSTALES - *Historia social del Ecuador*, t. II, Aspectos socio-económico de la estructura agraria ecuatoriana, t. IV, Reforma agraria, Quito 1964, 1971, Casa de la Cultura.
CREMIEUX R. - *Geografía económica del Ecuador, economía agraria e industrial*, 2 vol. Salvat, Barcelona, 1975.
CRESPO T. - *El problema de la tierra en el Ecuador*, Editorial casa de la cultura ecuatoriana, Quito, 1961.
CRISTRE. et TAYLOR. A. - *Ecuador*, Focus, 1967.
CUEVA A. - *Notas sobre la economía ecuatoriana en la época colonial*, Univ. Central, Quito, 1972.
Del autogolpe de 1970, al nuevo régimen militar, *Economía n° 61*, Quito, 1974.
CUEVA JARAMILLO J. - *Relaciones interétnicas*, Economía, Quito, 1974.
CUEVA SILVA J. - *Comercialización del banano ecuatoriano*, Quito, 1964.
CUNILL P. - *L'Amérique Andine*, PUF, Paris, 1968.
DALMASSO E. - Influences comparées de Quito et Guayaquil, Bull. Asso. Géo. Fr., N° 382, 1970 .Quito et Guayaquil : aspect de l'organisation spatiale de l'Équateur, *Cahiers des Amériques Latines*, IHEAL N° 7, 1973.
DELER J.P. -L'espace national équatorien, un modèle de structure géographique, *l'Espace géographique*, N° 5, Doin, Paris, 1975.
– L'évolution du système urbain et la formation de l'espace en Équateur, *Bull. Inst. Fr. Et. And.* Lima, 1976.
DENIS P.Y. - Organización del espacio en Ecuador, contrastes y bipolarización, *Revista geográfica*, N° 84, México, 1976.
DERRUAU M. - *Un modèle linéaire de développement : Quito*, Bordeaux, 1978.

DILLON L. - *La crisis económica, financiera del Ecuador*, Ed. Artes Gráficas, Quito, 1927.
DIRECCION GENERAL DE RECURSOS HIDRAULICOS - *Lluvias y Sequias en el Ecuador*, MAG, Quito, 1965.
DUBLY À. - *Encuesta sobre la comercialización por el campesino de la Costa*, CESA, Guayaquil, 1972.
DIRECCIÓN DE LA MARINA MERCANTE Y DEL LITORAL - *Informe del sistema portuario ecuatoriano*, Guayaquil, 1978.
– *Estudio de factibilidad de Puertos Pesqueros*, Guayaquil, 1974.
DIRECCIÓN NACIONAL DE SALUD - *Campaña nacional de control de las enfermedades trasmisibles*, Quito, 1970.
DIRECCIÓN NACIONAL DEL BANANO - *Listados de productores por zona y sector fumigación aéreo, Guayaquil 1969, 1971, 1974, 1976*, Guayaquil.
DOLLFUS O. -*Les Andes centrales du Pérou et leurs piémonts, étude morphologique*, Lima, IFEA, 1965.
– *Le Pérou, introduction géographique à l'étude du développement*, Paris, 1967.
DURIN F. et B. - *El bananero de Quevedo*, Guayaquil, 1970.
ESPINEL E. - *La industria de alimentas en el Ecuador*, Junta de Planificación, Quito, 1970.
ESTRADA E. - *Los Huancavilcas, últimas civilizaciones prehistóricas de la costa del Guayas*, Ed. Vida, Guayaquil, 1957.
– *Las culturas preclásicas, formativas o arcáicas del Ecuador*, Publicación del Museo V. Emilio Estrada N°5, Guayaquil, 1958
E., MEGGERS B. - À complex of transpacific origin on the North Coast of Ecuador, *American Anthropologist*, 1961.
ESTRADA YCAZA J. - *El puerto de Guayaquil*, t. 1: la mar de Balboa; t. 2: cronica portuaria, Archiva histórico del Guayas, Guayaquil, 1972-1973.
ESTRADA YCAZA J. - *El Hospital de Guayaquil*, Archiva histórico del Guayas, Guayaquil, 1974.
– *Los Bancos del Siglo XIX*, Archiva histórico del Guayas, Guayaquil, 1976.
– *Regionalismo y migración*, Archiva histórico del Guayas, Guayaquil, 1977.
ESTUPINAN TELLO J. - *El Negro en Esmeraldas*, Quito, 1967.
EVANS C., MEGGERS B., ESTRADA E. - *Cultura Valdivía*, Ed. Vida, Guayaquil 1959.
FAO - *Cacao, tendances actuelles de la production*, Rome, 1957.
– *La production mondiale de banane*, 1970.
– *L'économie mondiale du café*, Rome, 1962.
– *Groupe d'études de la banane*, Rome, 1964.
FAUCHER B., SAVOYAT E. - Esquisse géologique des Andes de l'Équateur, *Revue de géographie physique et de géologie dynamique*, vol. XV, Paris 1973.
FERMIN CEVALLOS - *Historia del Ecuador*, 6 t., Ariel, Quito, 1970-1975.
FERNANDEZ J., LOYOLA D. - *Genesis y constitucién de la burguesa agroexportadora en el Ecuador y su lucha por el poder en el siglo XIX*, IDIS, Cuenca, 1977.
FLORES CAAMANO - *Antiguedades históricas de la colonia, Relacion inédita de la ciudad y provincia de Guayaquil, 1765*, Ed. de Quito, 1925.
FOWLER R., LOPEZ G. - Informe: the cacao industry of Ecuador, 1949.
FRANCH À. - *Exploracion arqueológica en la Costa de Esmeraldas*, Madrid, 1977.
GALARZA J. - *El yugo Feudal, visión del campo ecuatoriano*, Ediciones Solitierra, Quito, 1973.
– *El festin del petróleo*, Quito, 1972.
– *Piratas en el Golfo*, Ediciones Golitrissa, 1974.
GIBSON L. - *Foreign Trade in the economic development of small nations the case of Ecuador*, Praeger publishers, New-York, 1977.
GOMEZ N. - *El área metropolitana de Quito, estudio de Geograf a urbana*, IPGH, Quito, 1977
GONDARD P. - *Estudio de la infraestructura de la educacion, para la regionalizacién agrícola del Ecuador*, Quito, Ostom, 1976
– Estudio de la infraestructura de salud para la regionalizacion del Ecuador.
GONZALEZ SUAREZ F. - *Historia general del Ecuador*, 3 vol., Quito, 1931, réédité, 1969-1972.
GOUROU P. - *Les pays tropicaux*, Paris 1969, PUF.
– *Leçons de géographie tropicale*, Paris 1971, Mouton.

– *L'Amérique latine Tropicale et Australe*, Hachette, 1976.
GUERRERO À. - Ensayo sobre la acumulación originaria en el Ecuador, hacendados cacaoteros, banqueros y comerciantes en Guayaquil (1890 -1910), manuscrit 1977.
Renta diferencial y vías de disolución de la hacienda pre-capitalista en el Ecuador, *Caravelle* N° 28, Toulouse 1977.
GUERRERO R. - *Los ingenios en el desarrollo del capitalismo en el Ecuador 1900-1954*, CIESE, Quito, 1978.
GUÍA COMERCIAL AGRICOLA E INDUSTRIAL DE LA REPUBLICA - Guayaquil, 1909, 1328 p.
GUINARD J. - *Estudio de comercialización del banano en el Ecuador*, mission francesa, Quito, 1964.
HAGEN V. Von - *Ecuador, the unknow*, New-York, Oxford City Press 1940.
HAMMERLY M. - *Historia social y económica de la antigua provincia de Guayaquil 1763-1842*, Guayaquil, 1973.
HANDBOOK OF SOUTH AMERICAN INDIANS - Vol 2, *The andean civilizations*, Washington, 1946.
HANSON D. - *Political decision Making in Ecuador, the influence of business groups*, Univ. of Florida, Gainesville, 1971.
HERRERA C. - *El cultivo del banano en el Ecuador*, Quito, 1963.
HOLDRIGE L.R. – *The Forests of western and central Ecuador*, Forest service, U.S. Department of agriculture, Washington D.C., 1947.
HOLM O., ZEVALLOS MENENDEZ C. - *Excavaciones arqueologicas en San Pablo*, Guayaquil, 1960.
HOLM O. - *Cultura Milagro-Quevedo*. Banco Central del Ecuador, 1981
– Arquitectura precolombina en el litoral, Guayaquil, 1985.
HUMBOLDT À. Von - *Viaje a las regiones equinocciales del nuevo continente hecho en 1799, 1801 y 1804*, Biblioteca venezolana de cultura, 5 t., Caracas, 1941.
HURTADO. - *Dos mundos superpuestos*, Quito, 1971.
– *La formación del poder político*, Quito, 1978.
INGLEDOW INGENIEROS CONSULTORES - *Recursos de agua*, Provincia Manabí del rio Calceta, del río Jama, recursos hidro-electricos del río Toachi, 1965.
INSTITUTO ECUATORIANO DE ELECTRIFICACION - *El plan nacional de electrificación*, Quito, 1974.
INSTITUTO ECUATORIANO DE REFORMA AGRARIA Y COLONIZACION (IERAC), 1969.
– Plan de colonización en la région Nororiente del Ecuador para 1971, Quito, 1970.
– El proceso de reforma agraria en el Ecuador, Quito, 1974.
– Estadísticas de las adjudicaciones legalizadas en Reforma agraria y colonización, Quito, 1964-1976.
INSTITUTO FRANCO-ECUATORIANO DE INVESTIGACIONES AGRONOMICAS (IFAC) - *Résultats de recherches à Pichilingue*, Guayaquil, 1962.
INSTITUTO GEOGRAFICO MILITAR - *Atlas geográfico de la República del Ecuador*, Quito, 1978.
INSTITUTO DE INVESTIGACIONES Y FINANCIERAS - *Diagnóstico de la economía ecuatoriana*, Quito, 1975.
– *Visión de Ecuador*, Univ. Central, Quito, 1974.
INSTITUTO NACIONAL DE ESTADISTICAS - *Encuesta de Población y ocupación, área urbana*, Quito - Guayaquil, Quito, 1976.
– Division territorial de la República del Ecuador, Quito 1968, 1973, 1977.
– Encuesta annual de comercio interno, 1966, 1 968, 1 972, Quito.
– Encuesta de manufactura y minería, 1962,1967, 1970, 1974, Quito.
– Encuesta de edificaciones, permisos de construcción, 1971, 1973, 1976, Quito.
INSTITUTO NACIONAL DE METEOROLOGÍA - *Valores meteorológicos medios de algunas localidades ecuatorianas*, Quito, 1967.

INSTITUTO NACIONAL DE PESCA DEL ECUADOR - Puertos pesqueros del Ecuador, M. Quiroga y M. Chiriboga, informe 9, 1967.
Apuntes e informaciones sobre las pesquerlas en las provincias de Guayas y de los Ríos, Guayaquil, 1964.
INSTITUTO NACIONAL DE PESCA - H. Chiriboga, la Pesca en el Ecuador, Guayaquil, mai 1966.
INTER AMERICAN TROPICAL TUNA COMISSION - Oceanographic observations in the Gulf of Guayaquil 1962 - 1963, California, 1966.
JIRON Y CAAMANO J. - El Ecuador interandino y occidental antes de la conquista Castellana, Ed. Ecuatoriana 3 t. Quito, 1940-1943.
JUNTA DE PLANIFICACION - Plan general de Desarrollo economico y social, 1962.
– *Programa de desarollo agropecuario, ganadería, agricultura*, Quito, 1964, 3 vol.
– *El crédite agropecuario en el período* 1964, 1967, 1968.
– *Evaluación del programa de transportes y comunicaciones*, Quito, 1969.
– *La industria de alimentes en el Ecuador*, 1970.
– *Productos agropecuarios: censo de entrada a la ciudad de Guayaquil*, Quito, 1972.
– *El estrato popular urbano informe sobre Guayaquil*, Quito, 1973.
– *Lineamientos fundamentales del plan integral de transformación y desarrollo*, Quito, 1973-1977.
– *Regionalización del Ecuador*, Quito, 1975.
– *Machala, Puerto Bolivar, el estrato popular urbano*, Quito, 1976
KONIG M. - *El papel de la clase media en el desarrollo económico del Ecuador*, Bilbao, 1972.
KRUG C.À. - *Enquête mondiale sur le cacao*, ONU, FAO, 1966. KRUG C.À. et de POERCK R. - Enquête mondiale sur le café, FAO, ONU, 1969.
LA CONDAMINE - *Journal du voyage fait par ordre du roi à l'Équateur*, Paris, 1751.
LARA D. - *Viajeros franceses al Ecuador en el siglo XIX*, Ed. Casa de la cultura ecuatoriana, 1972.
LARREA C.M. - *La cultura incásica del Ecuador, notas históricas y cronológicas*, Mexico, 1965.
Notas de prehistoria e historia ecuatoriana, Quito, 1971.
LEBRET L.J. - *Dynamique concrète du développement*, Ed. Ouvrières, Paris, 1962.
LEVI V. - *La cáscara del banano*, Guayaquil, 1968.
LINKE L. - *Ecuador country of contrasts*, Oxford University Press, Londres, 1960.
LINNEMANN H. - *Regiones económicas del Ecuador su integración y desarrollo*, JNP, Quito, 1965.
LOPEZ CORDOVEZ L.À. - *Zonas agricolas del Ecuador*, JNP, Quito 1961
LUZURIAGA C. - Tendencias actuales del desarrollo urbano, *Revista Geografica n° 21*, Quito, 1984.
MAILLARD J .Cl. - *Le marché international de la banane. Étude géographique d'un système commercial*, 1200 p., Bordeaux, 1983.
– Le commerce mondial de la banane, *Cahiers d'Outre -Mer*, Bordeaux, 1973.
MARTINEZ L. - *A la Costa*, Casa de la cultura, Quito, 1969.
MARTZ J. - *Ecuador: conflicting political culture and the quest for progress*, Allyn and Bacon, Boston, 1972.
MAY STACY et PLAZA LASSO G.- *The United Fruit Company in latin America*, National Planning Association, Washington, 1958.
MEGGERS B., EVANS c, ESTRADA E. - *Early formative period of coastal Ecuador: the Valdivía and Machalilla phases*, Washington, 1965.
MEGGERS B. - *Ecuador, Thames and Hudson*, Londres, 1966.
MEJIA I., VELASCO F., MONCADA J., MOREANO À., CUEVA À., BAEZ R.
– *Ecuador: Pasado y presente, Instituto de Investigaciones Economicas*, Quito, 1976.
MENDOZA L.À. - *Geografía economica del Ecuador*, Quito, 1972.
MERRITT R. St., GUILLEN O., SANTORO J. - *Atlas de las aguas costaneras del Océano pacífico en la América del Sur*, Guayaquil.
MICHAUX H. - *Ecuador, journal de voyage*, Gallimard, Paris, 1929.
MINGUET C. - *Alexandre de Humboldt, historien et géographe de l'Amérique espagnole, 1799-1804*, Travaux et Mémoires de l'Institut des Hautes Études de l'Amérique latine, N° 23, Paris, 1969.

MINISTERIO DE AGRICULTURA Y GANADERÍA - *Políticas para el sector agropecuario, Dirección General de Planificación*, Quito, 1978.
MAG - JUNAPLA - IERAC - *Evaluación de la reforma agraria ecua- toriana, 1964-1976.* Quito, 1978.
MINISTERIO DE INDUSTRIAS, COMERCIO E INTEGRACIÓN – Directorio industrial 1957-1974, Quito.
– *Boletín de información de las empresas acogidas a la ley de Fomento industrial*, Quito 1974 -1977.
– *Comercio exterior del Ecuador con los paises de Alalc y grupo andino*, Quito 1978.
MINISTERIO DE OBRAS PÚBLICAS - PARSONS - National transportation plan report on railroads, Quito, 1964.
– El plan maestro de programación vial de Ecuador, Tippetts Abbet, Munich, 1973.
– Primer plan nacional de vialidad, 1953-1963.
– Segundo olan nacional de vialidad, 1964-1973.
– Tercer plan vial, 1969-1981.
MOLESTINA E. - El estado de la industria azucarera en El Ecuador, 1944, Direccíon general de industrias.
MOMSEN R.P. - Precipitations patterns of West Central Ecuador, *Revista Geográfica*, Mexico, 1968.
MONBEIG P. - *Les franges pionnières*, in Géographie Générale, Pléiade, 1966.
Pionniers et planteurs de Sao Paulo, A. Colin, Paris 1952.
MORENO CORNEJO À. - Ecuador, capitalisme y dependencia, *Cuader-nos Amanecer*, Quito, 1973.
MUNOZ BAQUERIZO B. *Lecciones de Geografía económica del Ecuador*, Guayaquil, 1954.
MURRA J. - *The historie tribes of Ecuador* in Steward II
The Cayapa and Colorado in Steward IV 1946-1948 in Hand- book of South american indians.
NAVARRO ANDRADE U. - *Geografía económica del Ecuador*, 2 t., Quito, 1965
NAVARRO G. - *La concentración de capitales en el Ecuador*, Quito, 1976.
NELSON M. - *The development of tropical lands policy issues in latin America*, Ed. John Hopskins, University Press, Londres, 1973.
NEPTALI ZUNIGA - *Fenómenos de la realidad ecuatoriana*, Quito, 1940.
ODELL P.R., PRESTON D.À. - *Economies and societies in latin America, a geographical interpretation*, Ed. Wiley, London, 1973.
- Investigacion de las posibilidades de desarrollo de la cuenca del rio Guayas del Ecuador, Washington, 1964.
- Situacion, principales problemas y perspectivas del desarrollo, económico y social del Ecuador, Washington, 1975.
O .E.C.E.I. - Ecuador sîntesis económica y financiera N° 2, FIAT, 1965.
ONU - FAO - PERFUMO - *Las concesiones forestales en el Noroccidente del Ecuador*, Quito, 1974.
OQUENDO RENAN - *Los desequilíbrios especiales en el Ecuador*, Planificación N° 7, Quito noviembre, 1976.
ORELLANA J.G. - *Gula Comercial Geografía*, Quito, 1928.
ORGANISATION INTERNATIONALE DU CAFÉ - *Équateur, résumé du plan caféier national*, Londres, 1971.
ORTIZ À. - *Juyungo, historia de un negro, una isla y otros negro*, Guayaquil, 1953.
ORTIZ J.L. - El proceso de desarrollo y subdesarrollo en el Ecuador 1930-1970, *Revista Interamericana de Planificacion*, 1975.
ORSTOM-MAG - Estudio hidro-meteorólogico e hidro-geológico preliminar de las cuencas del río Guayas de los Rios de la peninsula y de Manabí, Quito, 1978.
OIPE - Diagnóstico socio-económico de la provincia de Esmeraldas, Quito, 1975.
– Diagnóstico de la estructura urbana de la Ciudad de Esmeraldas, Quito, 1975.
PARSONS J. - Bananas in Ecuador: a new chapter in the history of tropical agriculture, economic geography, Worcester, 1957.
– *Anticruefio Colonization in western Colombia*, Berkeley, 1968.
– *Ridged fields in the río Guayas valley*, Ecuador, 1969.

– Campos de cultivos prehistóricos con camellones paralelos en la cuenca del río Guayas, 1973.
PAULSERS - *Preliminary account of the archeological survey of Calanche*, Salinas, 1971.
PAZ Y MINO Luis - *Ecuador, síntesis geográfica*, Rio de Janeiro, 1956.
PAREJA DIEZCANSECO À. - *Historia del Ecuador, Casa de la cultura ecuatoriana*, Quito, 1958.
– Historia de la República, 2 t., ARIEL, 1962.
PNUD FAO - *Estudio de Preinversión para el desarrollo forestal del Noroccidente*, Rome, 1971.
PORRAS P. - *Breves notas sobre la arqueología ecuatoriana*, Quito, 1973.
PORTAIS M. - *Las migraciones de poblacíon en el Ecuador*, MAG- ORSTOM, Quito, 1975.
PORTAIS M. - *El manejo del espacio en el Ecuador. Geografía básica del Ecuador*, CEDIG, Quito, 1983.
PRESTON D. A. - *Changes in the economic geography of banana production in Ecuador. Transactions and Papers*, Londres, 1965.
– Rural emigration and agricultural development in highland Ecuador, University of Leeds, 1976.
PROGRAMA REGIONAL PARA EL DESARROLLO DE LA REGION SUR DEL ECUADOR (PREDESUR) - Diagnéstico socio-económico integrado de las provincias de Loja y el Oro, Quito, 1974-1977.
QUATERLY ECONOMIC REVIEW - *Ecuador, annual supplement 1970- 1982.*
REDCLIFT M. - *El papel de las cooperativas agrícolas en la transformacion del campesino de la cuenca del Guayas*, Central Ecuatoriana de Servicios Agricolas (CESA), Guayaquil, 1976.
– Agrarian reform and peasant organisation on the ecuatorian coast. The Athlone Press, Institut of Latin American Studies, 1978.
REDCLIFT M., PRESTON D. - Agrarian reform and rural change in Ecuador, in environment *Society and rural change in Latin America*, J. Wiley, Londres, 1979.
REVEL-MOUROZ J. - *Aménagement et colonisation du Tropique humide mexicain*, IHEAL, Paris, 1971.
RIVET P. - *Ethnographie ancienne de l'Équateur*, Paris, 1912.
– *Les origines de l'homme américain*, Paris, 1957.
ROBALINO DIAZ H. - *Plan nacional de política cafetera del Ecuador*, Ministerio de Agricultura, Quito, 1970.
ROCHEFORT M. - *Méthodes d'étude des réseaux urbains, intérêt de l'analyse du secteur tertiaire de la population active.* Ann. de Géographie, Paris, 1957.
ROCHEFORT M. - L'armature urbaine et le réseau urbain. Notions et problèmes méthodologiques d'analyse. *Rev. Geografica*, Rio, 1965.
SAENZ À. - *Cambio tecnologico y modernizacion agraria en el sector arrocero ecuatoriano*, CEPLAES, Quito, 1978.
SAINT-GEOURS Y. - Travaux historiques en cours sur les relations entre l'Équateur et l'Europe de 1830 à 1930.
SALGADO G. - *Ecuador y la integración económica de America Latina*, Buenos Aires, 1970.
SAMANIEGO F. - *Viaje a Ancón, el fin del mundo*, Quito, 1971.
– *Ecuador, un mundo verde junto al sol*, Delroisse, Paris, 1979.
SAUER W. - *Geología del Ecuador*, Ministerio de Educacion, Quito, 1965.
SAUTTER G. *L'étude régionale : réflexion sur la formule monographique en géographie humaine*, Paris, 1961.
SCHAAP À. - *Consideraciones sobre la integración economica de las diversas regiones del Ecuador*, Planificacion, Quito, 1962.
SCRIMSHAW S. - *The importance of fertility in the socio-económic adaptation of urban in-migrants in Guayaquil. International Institute for the study of human reproduction*, Colombia University, 1970.
SEMINARIO S. - Estudio comparativo de dos paises tropicales, Costa de Marfil y Ecuador, notas sobre produccion de exportaciones: banano, café y cacao. Manuscrit, le Havre, 1968.
TERAN V. - *El Ecuador de hoy y sus problemas*, Univ. Central, Quito, 1933.
UGGEN J. - *Peasant mobilización in Ecuador Guayas province*, Univ. Miami, 1975.
UHLE M. - Las antiguas civilizaciones esmeraldeñas, *Anales de la Universidad Central*, Quito, 1927.
UNIVERSIDAD CENTRAL - *La producción y la distribución de médicos en el Ecuador*, Quito 1969.
VASCONEZ HERRERA C. - *Variaciones de la pluvialidad en la región occidental del Ecuador*, Guayaquil, 1968.
VARGAS F. - *Ecuador, monumentos historicos y arqueológicos*, Mexico, 1953.

VARGAS J.M. - *La economía política del Ecuador durante la Colonia esquema histórico*, Ed. Universitaria, Quito, 1957.
VELASCO F. - El modelo agroexportador ecuatoriano, *Economía* N° 57, Quito 1973.
VERA ARRATA À. - *Historia de un triste banano*, Guayaquil, 1972.
VILLACRES MOSCOSO J. - *Política económica internacional del Ecuador*, Univ. de Guayaquil, 1959.
VILLAVICENCIO M. - *Geografía de la República del Ecuador*, New-York, 1958.
VILLAGIS MOLINA - *Huasipungo y reforma agraria en Ecuador*, Mundo nuevo, Quito, 1968.
WATKINS R. - *Expanding Ecuador's exports, a commodity study with projections to 1973*, Praeger, New-York, 1967.
WEINMAN L.J. - *Ecuador and cacao: domestic responses to the boom collapse mono-export cycle*, Uni. of California, Los Angeles, 1970 (non publié).
WEST R. - *The Pacifie lowlands of Colombia*, Bâton Rouge, 1967.
WHITTEN N. – *Class kinship and power in Ecuadorian town; the Negroes of San Lorenzo*, Stanford, 1965.
– The ecology of race relations in Northwest Ecuador, *Journal de la Société des Américanistes*, Paris, 1971.
– Strategies of adaptative mobility in the Colombian Ecuadorian littoral, *American Anthropologist*, 1969.
WOLFT T. - *Geografía y Geología del Ecuador*, Leipzig 1982. Casa de la Cultura, Quito, 1975.
ZOOK D. - *Zarumilla-Marañon, the Ecuador -Peru dispute*, New- York, 1964.
ZUNIGA NEPTALI - *Fenómenos de la realidad ecuatoriana*, Quito, 1940

SOURCES STATISTIQUES

Autoridad Portuaria - Boletín estadístico, anuario, Guayaquil. Banco Central del Ecuador - Información Estadísticas, Boletín,
Memoria, Boletín-Anuario, Quito.
Dirección General de Estadisticas y Censos - Boletín estadístico, 1950-1960, Quito.
Direccion General de Minas e Hidrocarburos - Estadísticas Petroleras, Quito, puis Ministerio de Recursos Naturales, Quito.
Dirección de la Marina Mercante y del Litoral
- Boletín estadístico, Puertos ecuatorianos, Guayaquil.
Dirección Nacional del Banano - Estadísticas bananeras, G., 1966.
Instituto Ecuatoriano de Electrificación - Información estadística, Quito.
Instituto Nacional de Pesca - Estadísticas de la actividad pesquera en el Ecuador, Guayaquil, 1970.
Segundo Censo Pesquero Nacional, vol. 1, Guayaquil 1971.
Instituto Nacional deEstadística - Anuario de estadísticas, 1965-1970, Quito, 1973.
Serie Estadística 1968-1 973, Quito, 1976.
Anuario de Estadísticas hospitalarias, Quito, 1969-1971.
Anuario deEstadísticas vitales, 1968 à 1976.
Anuario de Estadísticas de Transportes, 1966 à 1973
Primer censo de comercio interno, encuestas, 1968 à 1975.
Anuario de Comercio Exterior.
Encuesta de Manufacturera y Minera, 1966 à 1974.
Junta Nacional de Planificación – Primer Censo Industrial, 1955.
Encuesta Agropecuaria Nacional, Quito, 1968.
Estadísticas de Trafico Aéreo, 1968 et 1976.
Encuesta de Hogares del área urbana, 1968.
Población de 12 años y más por clasificación económica, a nivel cantonal, Quito, 1975.
Indicadores básicos regionales provinciales, Quito, 1976- 1977.
Características de la Población y vivienda del Ecuador, 1964.
Indicadores económicos, 1970.
Ministerio de Agricultura y Ganadería - Estimación de la superficie cosechada y de la producción agrícola, 1962 à 1976.
Oficina de los Censos Nacionales - II Censo agropecuario 1974. Programa Nacional del Café - Estadísticas, Portoviejo.
Programa Nacional del Arroz y Matz - Estadísticas, Balance general del movimiento de arroz en piladoras, Guayaquil, 1970 à 1977.
Programa Nacional del Algodón - Estadísticas, Informes. Programa Nacional del Banano y de Frutas Tropicales - Listados
Guayaquil Económico, 1968, 1970 et 1973, Univ. de Guayaquil.
Universidad de Quito - Estadísticas universitarias, 1960 à 1969.
Ministerio de Economía - Primer Censo de Población del Ecuador 1950, Quito, 1960.
Instituto Nacional de Estadisticas - Segundo Censo de Población y Primer Censo de Vivienda, Quito, 1962.
Tercer Censo de Población y Segundo Censo de Vivienda, 1974.
Junta de PlanificaciÔn - Proyecciôn de la Población urbana cantonal y de las cabeceras parroquiales, 1962-1965.
Proyeccion de la Población del Ecuador, 1960-1980.

BIBLIOGRAPHIES

BROMLEY R.J. - *Bibliografía a del Ecuador, Ciencias sociales económicas y geográficas*, CEGET, IHEAL, 1971.
FAO-ONU - *Selected Bibliography*, Centre de Documentation, Rome, 1973.
HAMERLY M.T. – La demografía a histórica de Ecuador, Perú y Bolivia. Bibliografía preliminar. *Revista del Archivo Histórico de Guayas*, Guayaquil, 1974.
Institut des Hautes Études de l'Amérique latine - *Bulletin d'information Laboratoire 111 du CNRS* et bibliographie des revues sélectionnées.
Institut National de Recherche et de Documentation Pédagogique, *Catálogo, exposición del libro ecuatoriano*, Paris, 1973.
Instituto Latinoamericano de Investigaciones Sociales, Junta de Planificación Alzamora L. : Ecuador, aspectes socio-econó- micos, Quito, 1977.
Junta Nacional de Planificación: *Bibliografía socio-económica y política del Ecuador*, Quito, 1974.
OCEDE - *Bibliographie sur l'Équateur*, Paris, 1965.
RYDER R.H. - Bibliografía anotada de las principales obras geográficas del Ecuador, *Revista Geográfica*, 1972.
Universidad Central del Ecuador - Anuario bibliográfico ecuatoriano y bibliografía ecuatoriana.
COLLIN DELAVAUD Anne - *Études et recherches françaises contemporaines sur l'Équateur*, CREDAL, Paris, 1981.

REVUES

Autoridad Portuaria de Guayaquil - Boletín informativo, Guayaquil.
Anuario de Comercio Exterior.
Banco Central - Boletín, Anuario, Memoria, Boletín Anuario, Cultura.
Boletín del Centro de Investigaciones Históricas, Guayaquil. Corporación Financiera Nacional - Boletin, Memoria.
Cuadernos de Historia y Arqueología, Casa de la Cultura, Guayaquil.
Instituto Geografico Militar - Revista Geográfica, Quito. Sección Nacional del Ecuador del IPGH (Inst. Panam. de Geo. y Hist.).
Servicio Nacional de Meteorologia e Hidrología - Boletín climatológico, Boletín de Hidrologia, Quito, 1970-1976.
Comisión Nacional del Azúcar - Boletín, Quito. Junta de Planificación - Planificación, Quito.
Instituto de Reforma Agraria - Ley de Reforma Agraria 1970, 1974, Quito.
Superintendencia de Compañías - Revista, Quito Memoria. Superintendencia de Bancos - Boletin, 1964, Quito.
Programa Nacional del Cacao - Boletín informativo, Guayaquil.
Programa Nacional del Banano - Listados de *haciendas*, Guayaquil. Revista del Archivo Historico del Guayas, Guayaquil.
Economía, Quito, Univ. Central.
Revista Ecuatoriana de Higiene y Medicina Tropical, Guayaquil. WeeklyAnalysis, ed. Spurrier W, Guayaquil.
Cahiers de l'Institut des Hautes Etudes de l'Amérique latine, Paris.
Annales de Géographie, Paris.
Bulletin de l'Association des Géographes Français, Paris. L'Espace Géographique, Paris.
Bulletin de l'Institut Français d'Etudes Andines, Lima. CEDIG.

CARTOGRAPHIE

Institut Géographique militaire, QUITO.
Cartes topographiques 1 /50 000, les deux tiers de la Côte
1 /20 000, quelques secteurs
1 /100 000
1 /5 000 quelques plans de ville.
1 /1000 000 l'Équateur, 1974.
Servicio Nacional de Geología y Minería et Institut Français du Pétrole.
Carte géologique 1 /1000 000 deux feuilles couvrant le pays, Instituto Minero y Petrolero.
Cartes géologiques1 /50 000 huit feuilles pour la Côte CEDEGE.
Carte du Bassin du Guayas1 /1 00 000 quatre feuilles ORSTOM-MAG.
Gondard P. - Cartografía de la utilización del suelo y de los paisajes vegetales de la Sierra, 1976.
Estudio de la infrastructura de salud para la regionalización agrícola del Ecuador, 1976.
Portais M. et Gondard P. - Mapa de la evolución de la población a nivel parroquial en 1962 y 1974.
Portais M. et Cevallos E. - Mapas de distribución de la población pecuaria en el Ecuador, 1977.
Institut Géographique Militaire.
Fonds de carte avec la toponymie effectués pour le recensement de 1974 pour les secteurs dépourvus de cartes topographiques.

ATLAS

MORALES y ELOI - *Atlas histórico-geográfico*, Quito, 1942.
Atlas geográfico de la República del Ecuador. Instituto Geografico Militar, 1977.
Atlas del Ecuador, sous la direction d'Anne COLLIN DELAVAUD, Banco Central, ed. J. A., 1982.

VOCABULAIRE

Abaca : Babannier des Philippines dont le fruit n'est pas comestible mais dont les pétioles foliaires, qui peuvent atteindre 2 m, fournissent une fibre textile
Adobe : brique séchée au soleil
Aparcero : métayer
Apodero : fondé de pouvoir
Arrendatario : fermier
Asiento : Contrat entre la Couronne d'Espagne et un individu, une compagnie ou un État leur donnant un monople commercial
Bajiales : fonds humides
Baldias : terres vacantes qui n'avaient pas été attribuées, ni par les autorités coloniales, ni vendues depuis l'indépendance. Considérées comme terres de l'État, elles sont terres de colonisation
Balsa : bois très léger (Ochroma lagopus) par dérivation : radeau
Banano : banane fruit ; plátano : banane légume
Cabildo : réunion publique, conseil
Cabuya : fibre végétale
Cacahuero : ouvrier du cacao
Cacique : à l'origine, chef d'une communauté indienne
Camarón : grosse crevette (gamba en Espagne)
Caña : bambou
Cañicultor : travailleur agricole de la canne à sucre. Sur la Côte, exploitant vendant de la canne aux sucreries.
Carga : mesure = 91 livres
Cedula : certificat (d'hypothèque au début du siècle)
Ceibo : kapokier
Cerro : colline, butte
Chacra : champ, très petite exploitation
Colono : colon achetant un lot vendu par l'État
Comuna : communauté agraire indigène où la propriété était collective dans le Manabí et la péninsule de Santa Elena.
Consorcio : groupe de coopératives
Contratista : recruteur de main-d'œuvre journalière ou saisonnière
Corregidor : gouverneur de province
Costa : région occidentale de l'Équateur
Costeño : habitant de la Costa
Cuadra : mesure contemporaine = 7 056 m^2 (distance entre deux angles de rues).
Denuncia : déclaration d'occupation de terre vacante ; par extension, actuelle revendication d'une terre d'hacienda auprès de l'Institut de Réforme Agraire.
Desmonte : défrichage, déboisement.
Desmontero : métayer
Encomienda : droit de lever un tribut sur les populations indigènes d'un territoire accordé par le Vice- Roi à un *encomendero*.
Espeque : bâton à fouir
Estero : bras de rivière, affluent
Finca : petite propriété
Finquero : exploitant d'une *finca*, parfois métayer

Fomentador : ou prestamista : usurier
Gardaraya : piste bananière non carrossable
Garua : crachin de brouillard dense
Hacienda : exploitation agricole ou d'élevage en général de grande taille dont le propriétaire est l'*hacendado*
Huerta : verger, jardin mais aussi petite plantation de canne.
Ingenio : sucrerie industrielle
Jaguales : citernes, réserves d'eau naturelles dans le Manabí
Labrador : ouvrier agricole (laboureur)
Lancha : barque, petit bateau
Latifundio : très grand domaine sous-exploité
Loma : colline du Manabí
Machete : machette, sabre d'abattis
Matoral : taillis de forêt sèche
Minga : aide mutuelle (quechua)
Minifundio : très petite exploitation ne permettant pas l'auto-subsistance de toute la famille
Montuvio : habitant métissé de la Côte (de *monte* : forêt)
Neblina : bruine et brouillard denses
Obraje : atelier textile dans la Sierra
Ocupantes : occupants de terres sans titres
Oriente : toute la région située à l'est de la Cordillère des Andes Amazonie équatorienne
Pampa ou **salitral** : steppe salée (en Équateur)
Panela : mélasse de canne à sucre
Parrochia : paroisse ; plus petite division administrative après le canton (l'équivalent de la commune)
Partidario : métayer
Partido : circonscription administrative historique
Piladora : moulin à riz
Poza : mare naturelle
Pozo : puits
Precarista : travailleur agricole insuffisamment pourvu en terre, ou métayer, ou travailleur sans terre, selon la loi d'abolition du précarisme de 1970
Presa : réservoir
Pueblo : gros village
Quintal : 45,5 kg
Reversión : retour d'une terre à l'État (réforme agraire)
Rio : fleuve, rivière
Rio Guayas : estuaire formé par la confluence des rios Daule et Babahoyo
Saboya : pâturage semé
Salitral : steppe salé
Secano : culture sèche
Sembrador : métayer
Sierra : la montagne, la cordillère des Andes, région andine
Suburbio : quartier d'habitat précaire à Guayaquil
Sucre : monnaie nationale remplacée en 1999 par le dollar américain
Tablazo : plateau littoral (d'abrasion)
Tagua : ivoire végétal provenant de la noix d'un palmier appelé aussi : corozo, cade, cadi, yarima (Oriente)

Tembladera : lagune littorale
Tola : tertre funéraire
Trapiche : moulin à sucre traditionnel mu par un animal
Tugurio : quartier résidentiel taudifié du centre ville
U.P.A. : Unité de Production Agricole et Pastorale depuis le recensement agricole de 1974
Vecinos : habitants du port de Guayaquil pendant l'époque coloniale (initialement : voisins)
Vega : versant de berge aux sols limoneux
Zafra : campagne de coupe de la canne à sucre

LISTE DES TABLEAUX PREMIÈRE PARTIE

LISTE DES TABLEAUX DEUXIÈME PARTIE

LISTE DES CROQUIS PREMIÈRE PARTIE

LISTE DES CROQUIS DEUXIÈME PARTIE

TABLE DES MATIÈRES

DEUXIÈME PARTIE

Amérique latine
aux éditions L'Harmattan

Dernières parutions

LES RÉGIMES PASSENT, L'ÉTAT DÉVELOPPEMENTALISTE DEMEURE
Le cas de la Banque nationale de développement économique et social (BNDES) au Brésil
Gambacurta-Scopello Ruggero - Préface de Patrick Le Galès
L'économie politique du Brésil est depuis longtemps caractérisée par la forte implication d'un État dont le but est de sortir le pays de la dépendance économique par l'utilisation massive de capitaux publics, la création d'entreprises d'État ou la mise en place de plans directeurs pluriannuels. Après avoir brossé l'histoire de cet État «développementaliste», l'auteur examine le rôle très significatif de la Banque nationale du développement économique et social dans l'économie du pays. Ceci permet non seulement de mieux connaître cette institution clé mais aussi de mieux comprendre le rôle de l'État dans le capitalisme contemporain
(Coll. Inter-National, 27.00 euros, 270 p.)
ISBN : 978-2-343-11216-9, ISBN EBOOK : 978-2-14-004322-2

UNE MÈRE EN PRISON OU L'APPRENTISSAGE DE LA RÉSISTANCE
Uruguay (1972-1976) – Récit
Burgos Basallo Viviana
Un jour Viviana Burgos, jeune femme de 22 ans, voit le monde autour d'elle s'effondrer. Idéaliste, pleine d'espoir et un peu naïve, elle se trouve soudain transportée dans le monde des ténèbres des casernes militaires où le régime totalitaire uruguayen enfermait ses prisonniers politiques. Seule, enceinte, puis avec son nouveau-né, en compagnie d'autres femmes, mères avec leurs enfants elles aussi, séparée de sa fille plus tard et seule à nouveau, elle réapprend que la force de la source intérieure de chacun reste le seul rempart face à l'éternelle oppression.
(Coll. L'Autre Amérique, 23.50 euros, 228 p.)
ISBN : 978-2-343-12010-2, ISBN EBOOK : 978-2-14-003863-1

SIGNIFICATION ET FONCTION DES JEUX DANS LE PÉROU PRÉHISPANIQUE ET COLONIAL
Roberge Denis - Préface de Jean-Philippe Husson
Ce livre, premier ouvrage entièrement consacré aux jeux andins, constitue un apport de grande valeur sur le Pérou préhispanique. Inventions sociales, les jeux y remplissaient un rôle déterminant dans le processus de prise de décision pour un partage et une redistribution équitable des biens, tâches et responsabilités tant au niveau individuel que collectif. Leur étude minutieuse aboutit à une meilleure compréhension des institutions et de l'organisation administrative de l'empire inca.
(Coll. Recherches Amériques latines, 33.00 euros, 324 p.)
ISBN : 978-2-343-11682-2, ISBN EBOOK : 978-2-14-003623-1

DEVOIR MARRONNER AUJOURD'HUI DANS L'ESPACE DES GUYANES
Roy Joël - Préface d'Antoine Lamoraille
L'abolition de l'esclavage s'est faite, mais qu'en est-il du marronnage aujourd'hui ? Le Marron est-il outillé pour résister à l'emprise de la société actuelle, uniformisante ? Depuis la

départementalisation de 1946, il faut résister encore. Résister à l'assimilation, c'est refuser la dissolution dans un mode de vie où ses coutumes, ses dieux, ses esprits, n'ont pas de place, quand c'est en s'appuyant sur ces croyances mêmes que le Marron a forgé une société stable depuis trois siècles. C'est cette cohésion sociale qui est désormais l'enjeu du marronnage aujourd'hui.
(15.50 euros, 144 p.)
ISBN : 978-2-343-11747-8, ISBN EBOOK : 978-2-14-003409-1

AMÉRIQUE LATINE GLOBALE
Histoire connectée, globale et internationale
Sous la direction de Daniel Emilio Rojas
Afin d'interpréter la place du sous-continent latino-américain dans l'histoire du monde, ce volume réunit les travaux de chercheurs désireux d'écrire une histoire moderne et contemporaine «à parts égales», capable de comprendre les connexions des peuples à des échelles temporelles et géographiques diverses. Les thématiques abordées dans ces pages sont multiples, allant de la circulation de l'information à l'intérieur de l'Empire espagnol au XVIIIe siècle aux migrations germanophones en Namibie et en Argentine au XIXe siècle.
(Coll. Recherches Amériques latines, 23.00 euros, 226 p.)
ISBN : 978-2-343-11517-7, ISBN EBOOK : 978-2-14-003557-9

JUSTICE, JUSTICE TRANSITIONNELLE ET FORCES MILITAIRES EN AMÉRIQUE LATINE
L'exemple de la Colombie
Bernal Pulido Carlos, Correa Henao Magdalena
Cet ouvrage propose une analyse critique des conséquences du processus de paix sur la structure et les fonctions des forces armées en Colombie. En prenant en considération certaines expériences étrangères, principalement en Amérique latine, dans une optique de droit constitutionnel comparé, il propose des réformes pouvant contribuer à renforcer, sur le plan institutionnel, les forces armées dans l'après-conflit colombien, et envisage des solutions qui pourraient inspirer d'autres processus de justice transitionnelle actuels ou futurs.
(Coll. Droit comparé, 15.50 euros, 144 p.)
ISBN : 978-2-343-11032-5, ISBN EBOOK : 978-2-14-003375-9

JEUX DE MORT
Ivresse et rites funéraires dans les Andes boliviennes
Geffroy Céline - Prologue de Pascale Absi
Comment concilie-t-on mort, ivresse et jeu dans les Andes boliviennes ? Accompagnés de rituels d'inversion, de transgression ainsi que de travestissement identitaire, les jeux funéraires ont des pouvoirs performatifs sur la «vie» après la mort du défunt pour lui permettre d'accéder au monde des morts. Ils apportent la joie nécessaire au défunt pour quitter ce monde et le guident dans son épopée ; ils permettent à la famille et aux personnes dans la douleur de surmonter momentanément leur tristesse.
(Coll. Recherches et documents Amériques latines, 21.50 euros, 200 p.)
ISBN : 978-2-343-11778-2, ISBN EBOOK : 978-2-14-003332-2

PAROLES D'EXIL
Treize auteurs latino-américains témoignent
Boscher-Gontier Marianne, Vicens Mathieu
Cet ouvrage regroupe les témoignages de treize écrivains latino-américains, exilés politiques au temps des dictatures de 1960 à 1990. D'origines multiples, ils évoquent les circonstances de leur départ, leurs souffrances physiques et morales, leur résilience dans les pays d'accueil et les vertus de l'écriture comme autre forme de combat. Autant de destins qui donnent à relire les périodes les plus sombres de l'Amérique latine. Parmi eux : Isabel Allende, Zoé Valdés, Carlos Liscano, Eduardo Galeano, Sergio Zamora...
(Coll. Documents Amériques latines, 17.50 euros, 162 p.)
ISBN : 978-2-343-11164-3, ISBN EBOOK : 978-2-14-003311-7

RIO GURUPÁ
Journal d'un ethnologue dans les Quilombos en Amazonie brésilienne
Gérard Chabenat
Celui qui s'immerge dans le fleuve Gurupá ne pourra jamais oublier, et toujours reviendra... Murmures du fleuve, qui me raconte son histoire. Un couple d'esclaves en fuite se serait fait reprendre ici. Depuis, le lieu s'appelle *guru pa* : l'erreur du couple... L'homme caresse le fil de l'eau avec sa pagaie. Aucun bruit au lever du jour, sinon le chant du Bem-te-vi. Flottement de mon esprit, porté par le rythme régulier de la rame... Garder les sens en éveil, à la rencontre d'autres régions inexplorées de mon âme. Captation des instants. Vers une nouvelle anthropologie du sensible.
(Coll. L'Autre Amérique, 14.00 euros, 122 p.)
ISBN : 978-2-343-11763-8, ISBN EBOOK : 978-2-14-003323-0

TRADITION TEXTILE MAYA DU YUCATÁN (Mexique XXIe siècle)
Usages rituels et codes symboliques
Dupiech Cavaleri Danielle
Cinq siècles après la Conquête espagnole, les textiles mayas du Yucatán ont-ils encore un sens ? Face à la perte irréparable d'une tradition et d'un savoir-faire, l'auteure a entrepris une œuvre de sauvetage pluridisciplinaire entre archéologie, histoire, ethnohistoire, ethnologie et linguistique. Cet ouvrage nous entraîne dans l'exploration de l'univers cosmologique de vieilles brodeuses mayas du Yucatán, gardiennes d'une culture de plusieurs millénaires.
(Coll. Recherches Amériques latines, 40.00 euros, 382 p.)
ISBN : 978-2-343-11324-1, ISBN EBOOK : 978-2-14-003200-4

LES AMÉRIQUES CRÉATIVES
Regards croisés sur les discours et les pratiques
Sous la direction de Charlotte Pujol, Émilie Doré, Félicie Drouilleau, Susana Villafuerte et Vanessa Tinteroff
Des civilisations précolombiennes à l'*American Way of Life*, les Amériques ont constitué un espace propice aux mythes et aux utopies. Terres de migrations, parfois forcées, elles sont constituées de multiples lieux de rencontres, de conflits et d'échanges culturels. Aujourd'hui les phénomènes d'innovation technologique, identitaire ou politique témoignent du fait que les Amériques, du Nord au Sud, demeurent un terreau de créativité. C'est un kaléidoscope qui est ici proposé aux lecteurs, une diversité d'approches de ces forces créatives qui les font voyager de l'Alaska au Brésil.
(Coll. Recherches Amériques latines, 37.00 euros, 356 p.)
ISBN : 978-2-343-09659-9, ISBN EBOOK : 978-2-14-003004-8

AMERICA CENTRAL
En la narrativa femenina ficcion y realidad
Palma Milagros
Este trabajo trata del aprendizaje, imposición y memorización de los estereotipos de género. A partir de los personajes de ficción de autoras centroamericanas publicadas durante los últimas cuatro décadas del siglo XX, este estudio muestra cómo en un medio social privilegiado, se inculcan desde la más tierna infancia los comportamientos de género así como el papel materno, la violencia física y símbolica de dicho proceso. Los aportes de trabajos de antropología, estadísticas y sociología en la región han permitido un acercamiento a la realidad socialpuesta en escena por la ficción.
(34.00 euros, 330 p.)
ISBN : 978-2-343-10949-7, ISBN EBOOK : 978-2-14-003037-6

DROITS DE L'HOMME, SUJET DE DEVENIR
L'expérience contemporaine du Cône sud d'Amérique latine
Raffin Marcelo - Préface de Jacques Poulain
Ce livre se propose de penser philosophiquement le problème du sujet à partir des droits de l'homme dans le contexte des dictatures des postdictatures du Cône de l'Amérique latine. Il

s'agit, plus particulièrement, d'analyser le rapport entre les formes du terrorisme d'État (dont notamment les violations massives et systématiques des droits de l'homme) et les formes de la subjectivité.
(Coll. La philosophie en commun, 33.00 euros, 322 p.)
ISBN : 978-2-343-11123-0, ISBN EBOOK : 978-2-14-002980-6

HONDURAS
Chemins de résistance 2009-2017
Rispail Marielle, Henriquez Jesus, Merlo Melissa
Dans la plus grande indifférence du monde, un drame se noue au Honduras depuis juillet 2009, date à laquelle un coup d'État balaya les deux ans d'une jeune et fragile démocratie. Exil du gouvernement, répression féroce, pillage des ressources du pays, corruption au pouvoir, fraudes généralisées... le schéma est connu de tous les pays auxquels les grandes puissances essaient d'imposer leurs lois, leur marché et leur monnaie. Mais le peuple résiste, comme il a su résister depuis des siècles. Le peuple ne veut pas « laisser la politique aux politiciens ». Ce livre est le témoin d'un espoir en marche.
(Coll. Horizons Amérique Latine, 15.50 euros, 142 p.)
ISBN : 978-2-343-11316-6, ISBN EBOOK : 978-2-14-002936-3

CONSTRUIRE UNE LÉGITIMITÉ QUILOMBOLA
Le Brésil face à ses revendications
Silva da Costa Marcilene
Au Brésil, la Constitution de 1988 prévoit l'émission de titres de propriétés collectives de terres aux habitants descendants de Noirs Marrons, communauté désormais identifiée comme quilombola. Cet ouvrage décrit et analyse la manière dont les habitants des communautés candidates à ce statut réagissent, interprètent et intègrent ce statut dans leurs expériences. Quels sont alors les effets de ces politiques d'action affirmative sur la perception qu'ils ont d'eux-mêmes, de leur apparence et de leur appartenance ?
(Coll. Audiovisuel et communication, 31.00 euros, 304 p.)
ISBN : 978-2-343-09319-2, ISBN EBOOK : 978-2-14-002900-4

L'ARGENTINE DES KIRCHNER (2003-2015)
Une décennie gagnée
Lancha Charles
Ce livre décrit la montée en puissance de Néstor Kirchner, investi président de la République argentine le 25 mai 2003 et qui, porté par un idéal péroniste de gauche, va arracher son pays à l'abîme. Osant affronter le FMI et les créanciers, il parvient à relancer l'économie du pays. En 2007, c'est sa femme, Cristina Fernandez de Kirchner, qui lui succède en tant que présidente. Cet ouvrage rend compte des principaux épisodes de ces mandats et insiste sur le rôle capital des grands médias dans l'échec final du kirchnérisme.
(Coll. Recherches Amériques latines, 30.00 euros, 290 p.)
ISBN : 978-2-343-10610-6, ISBN EBOOK : 978-978-2-14-002732-1

CHILI ACTUEL : GOUVERNER ET RÉSISTER DANS UNE SOCIÉTÉ NÉOLIBÉRALE
Chile actual : gobernar y resistir en una sociedad neoliberal
Sous la direction d'Antoine Faure, Franck Gaudichaud, María Cosette Godoy H., Fabiola Miranda P. et René Jara R.
Le mot «néolibéralisme» renvoie assez souvent au Chili. Pour toute une génération, le traumatisme du coup d'État de 1973 ne met pas simplement fin au rêve porté par le président Salvador Allende et à «la voie chilienne au socialisme» : l'intervention militaire enclenche aussi la mise en œuvre de mesures néolibérales sur le continent latino-américain, et plus généralement à l'échelle mondiale. Mais de quoi parle-t-on lorsqu'on affirme que le Chili est un pays «néolibéral»? Depuis 40 ans, la question ne cesse d'alimenter réflexions et débats au sein des sciences sociales comme de la sphère publique (des articles en français et en espagnol).
(Coll. Recherches et documents Amériques latines, 29.00 euros, 280 p.)
ISBN : 978-2-343-09732-9, ISBN EBOOK : 978-2-14-002538-9

L'HARMATTAN ITALIA
Via Degli Artisti 15; 10124 Torino
harmattan.italia@gmail.com

L'HARMATTAN HONGRIE
Könyvesbolt ; Kossuth L. u. 14-16
1053 Budapest

L'HARMATTAN KINSHASA
185, avenue Nyangwe
Commune de Lingwala
Kinshasa, R.D. Congo
(00243) 998697603 ou (00243) 999229662

L'HARMATTAN CONGO
67, av. E. P. Lumumba
Bât. – Congo Pharmacie (Bib. Nat.)
BP2874 Brazzaville
harmattan.congo@yahoo.fr

L'HARMATTAN GUINÉE
Almamya Rue KA 028, en face
du restaurant Le Cèdre
OKB agency BP 3470 Conakry
(00224) 657 20 85 08 / 664 28 91 96
harmattanguinee@yahoo.fr

L'HARMATTAN MALI
Rue 73, Porte 536, Niamakoro,
Cité Unicef, Bamako
Tél. 00 (223) 20205724 / +(223) 76378082
poudiougopaul@yahoo.fr
pp.harmattan@gmail.com

L'HARMATTAN CAMEROUN
TSINGA/FECAFOOT
BP 11486 Yaoundé
699198028/675441949
harmattancam@yahoo.com

L'HARMATTAN CÔTE D'IVOIRE
Résidence Karl / cité des arts
Abidjan-Cocody 03 BP 1588 Abidjan 03
(00225) 05 77 87 31
etien_nda@yahoo.fr

L'HARMATTAN BURKINA
Penou Achille Some
Ouagadougou
(+226) 70 26 88 27

L'HARMATTAN SÉNÉGAL
10 VDN en face Mermoz, après le pont de Fann
BP 45034 Dakar Fann
33 825 98 58 / 33 860 9858
senharmattan@gmail.com / senlibraire@gmail.com
www.harmattansenegal.com

www.ingramcontent.com/pod-product-compliance
Lightning Source LLC
LaVergne TN
LVHW021152061026
849535LV00002B/439